Unilaterale präventive Gewaltanwendung

Res Publica

ÖFFENTLICHES UND INTERNATIONALES RECHT

Herausgegeben von Udo Fink, Dieter Dörr
und Rolf Schwartmann

Band 11

PETER LANG
Frankfurt am Main · Berlin · Bern · Bruxelles · New York · Oxford · Wien

Michael Kühn

Unilaterale präventive Gewaltanwendung

Eine Untersuchung zur ‚präventiven Selbstverteidigung' im Völkerrecht

PETER LANG
Internationaler Verlag der Wissenschaften

Bibliografische Information der Deutschen Nationalbibliothek
Die Deutsche Nationalbibliothek verzeichnet diese Publikation in der Deutschen Nationalbibliografie; detaillierte bibliografische Daten sind im Internet über <http://www.d-nb.de> abrufbar.

Zugl.: Mainz, Univ., Diss., 2009

Gefördert mit Mitteln des Bundes

D 77
ISSN 1614-838X
ISBN 978-3-631-59440-7

www.peterlang.de

Meinen Kindern

Lucie Sophie und Tom Levi

VORWORT

Die vorliegende Untersuchung wurde im Wintersemester 2008/2009 vom Fachbereich Rechts- und Wirtschaftswissenschaften der Johannes Gutenberg-Universität Mainz als Dissertation angenommen.

Besonderer Dank gebührt zunächst meinem Doktorvater Prof. Dr. Udo Fink. Er hat mein Interesse auf den Untersuchungsgegenstand gelenkt und war während der gesamten, nahezu siebenjährigen Bearbeitungszeit ein stets geduldiger und Richtung weisender Betreuer. Prof. Dr. Rolf Schwartmann danke ich für die zügige Erstellung des Zweitgutachtens. Beiden Berichterstattern sowie Prof. Dr. Dieter Dörr danke ich darüber hinaus für die Aufnahme in die vorliegende Schriftenreihe; dem Auswärtigen Amt danke ich in diesem Zusammenhang für die Gewährung eines Druckkostenzuschusses.

Nicht unerwähnt bleiben darf an dieser Stelle mein ‚Ausbilder' und langjähriger Freund, Rechtsanwalt Dr. Ulrich Mühl. Er war mir in jeder Phase der Bearbeitung eine sichere Anlaufstelle - fachlich und persönlich.

Besonderen Dank schulde ich der Sozietät RITTERSHAUS, die es mir ermöglicht hat, wesentliche Teile der Untersuchung parallel zu meiner anwaltlichen Berufstätigkeit anzufertigen. Für die stets verständnisvolle, persönliche Begleitung danke ich eigens Rechtsanwalt Dr. Wolf-Henrik Friedrich und Rechtsanwalt und Notar Wendelin Frhr. von Ketelhodt.

Die Tiefe der Dankbarkeit, die ich gegenüber meinen Eltern und meinem Bruder, meiner Frau und meinen beiden Kindern empfinde, kennt keinen sprachlichen Ausdruck. Ich habe Eure Zeit und Kraft bisweilen bis zur Erschöpfung strapaziert, Ihr habt unzählige Stunden gelesen, korrigiert, diskutiert, mich klaglos gestützt und aufgerichtet - mir meine Abwesenheit verziehen.

Mainz, im Juli 2009
Michael Kühn

INHALTSVERZEICHNIS

EINLEITUNG **1**

A. Thematik und Zielsetzung der Untersuchung 1

B. Gang der Untersuchung 9

ERSTER TEIL
GRUNDLAGEN **15**

1. KAPITEL
PERSÖNLICHER ANWENDUNGSBEREICH -
KONFLIKTAKTEURE UND DEREN RECHTLICHE ERFASSUNG **16**

A. Vorüberlegung 16
I. Möglichkeiten der personellen Zuordnung physischen Bedrohungsverhaltens 17
II. Konsequenzen der unterschiedlichen Zuordnungsmodelle 17
1. Bilaterale Konstellation - Zurechnungsansatz 18
2. Echte Dreieickskonstellation - Subjektsansatz 18
3. Unechte Dreieckskonstellation - der "Auffangadressat" 18

B. Die einzelnen Konflitkakteure 19
I. Staaten 19
II. Staatsähnliche Konfliktakteure 21
1. Insurgenten, Belligerenten 22
2. De facto-Regime 24
3. Nationale Befreiungsbewegungen 26
a. Allgemeine Charakteristika 26
b. Exkurs zur Staatenpraxis - Die Situation in Palästina 29
aa. Die jüngere Geschichte Palästinas 31
bb. Herleitung des Besatzungsstatus 32
(1.) Die Situation nach Mandatsbeendigung 1948 33
(2.) Die Situation nach dem Sechs-Tage-Krieg 1967 34
(3.) Zwischenergebnis: Israel als Besatzungsmacht 36
cc. Ergebnis: Irrelevanz der Besatzungspraxis für den Untersuchungsgegenstand 37
4. 'failed states' 38
a. Allgemeine Charakteristika 39
b. Bilaterale Konstellation - Zurechnungsansatz Der 'failed state' als Zurechnungssubjekt 41

aa. Verhaltensbedingte Zurechnung 42
(1.) Zurechnung durch aktive Verwicklung 42
(2.) Zurechnung durch passive Verwicklung 44
(3.) Prinzipielle Unmöglichkeit der verhaltensbedingten Zurechnung 45
bb. Statusbedingte Zurechnung 46
c. Unechte Dreieckskonstellation - Der 'failed state' als Auffangadressat 47
d. Zwischenergebnis 48
III. Nicht-staatliche Konfliktakteure 48
1. Internationale Organisationen - die Vereinten Nationen 48
2. Transnationale terroristische Vereinigungen 49
a. Terroristische Gewalt in der bisherigen völkerrechtlichen Betrachtung 50
b. Einbeziehung terroristischer Vereinigungen in das Gewaltregelungsregime 54
aa. Bilaterale Konstellation - Zurechnungsansatz Das Problem der Transnationalisierung 55
bb. Echte Dreieckskonstellation - Subjektansatz Terrororganisationen als gekorene Völkerrechtssubjekte? 59
cc. Unechte Dreieckskonstellation Die Vielzahl der potentiellen Auffangadressaten 61

C. Zusammenfassendes Ergebnis zum 1. Kapitel - Adressatenlücke 62

2. KAPITEL
SACHLICHER ANWENDUNGSBEREICH
GEFÄHRDUNGSSZENARIEN UND DER BEGRIFF DER GEFAHR **64**

A. Entwicklungslinien der Konfliktrealität 64
I. Die Konfliktrealität bis zum Zweiten Weltkrieg 64
1. Staatszentriertheit von Gewalt 64
2. "Hegung" von Gewalt 65
3. Schwerfälligkeit und technische Symmetrie von Gewalt 66
4. Der Wandel zum "totalen Krieg" 67
II. Die Konfliktrealität seit dem Zweiten Weltkrieg 68
1. Fortschreitende Dominanz der Technik - Beschleunigung von Gewalt 69
2. Massenvernichtung: Kernwaffen - Existenzialisierung von Gewalt 69
a. Technische Asymmetrie: Neudefinition des "bewaffneten Angriffes"? 70

b. Wiederentstehen faktischer Symmetrie: Gesicherte Zweitschlagskapazität und "Rest-Rationalität" 72
c. Erneute Transformation der nuklearen Bedrohung nach Ende des Kalten Krieges: "Schurkenstaaten" 73
3. Stellvertreterkriege, "low intensity conflicts" und indirekte Kriegführung - beginnende Entstaatlichung von Gewalt 74
4. Terrorismus - nicht-staatliche Gewalt 77
a. "Large Scale Terror" 77
b. Terrorismus und Massenvernichtungswaffen 79
5. Wachsende Irrationalität - Unberechenbarkeit von Gewalt 80

B. Analyse - Entwicklung von einer überwiegend symmetrischen zu einer überwiegend asymmetrischen Konfliktrealität 81
I. Personale Asymmetrie 82
II. "Rationalitäts-Asymmetrie" 82
III. Technische Asymmetrie 83
IV. Asymmetrie fördert Prävention 83

C. Zum tatbestandlichen Begriff der Gefahr 83
I. Erfordernis einer praxisorientierten Differenzierung in Anbetracht der Einschätzungsprärogative des Aktivlegitimation beanspruchenden Staates 84
II. Die maßgeblichen Kriterien 85
1. Individualisierbarkeit 86
2. Wahrscheinlichkeit 86
3. Unmittelbarkeit 86
III. Erfordernis einer einzelfallbezogenen Betrachtung 87

D. Zusammenfassendes Ergebnis zum 2. Kapitel - Definitionen 88
I. Konkrete Gefahr 88
II. Abstrakte Gefahr 88

3. KAPITEL
TERMINOLOGIE **89**

A. Vorüberlegung 89
I. Reduktion und Entpolitisierung der Begriffsvielfalt 89
II. Differenzierung des Untersuchungsgegenstandes 90

B. Begriffsgruppen 91
I. Prävention - Antizipation - Interzeption - Präemption 91
1. Prävention 91
2. Antizipation 92
3. Interzeption 92
4. Präemption 93
II. Selbstverteidigung - Defensive Aktion - Krieg - Angriff - Gewaltanwendung 96
1. Selbstverteidigung - Defensive Aktion 96
2. Krieg - Angriff 97
3. Gewaltanwendung 98

C. Zusammenfassendes Ergebnis zum 3. Kapitel - Definitionen 98
I. Interzipierende Selbstverteidigung 99
II. Antizipierte Selbstverteidigung 99
III. Präemptive Selbstverteidigung 99
IV. Präemptive Gewaltanwendung 99

ZWEITER TEIL
RECHTSGRUNDLAGE DER PRÄVENTIVEN GEWALTANWENDNUNG 101

4. KAPITEL
PRÄVENTIVE GEWALTANWENDUNG IN DER ENTWICKLUNG DES VÖLKERRECHTLICHEN GEWALTREGELUNGSREGIMES 102

A. Die Zeit bis zur Gründung der Vereinten Nationen 102
I. Der gerechte Krieg ('bellum iustum') 102
1. Antike Wurzeln - MARCUS TULLIUS CICERO 103
2. Christianisierung und Moraltheologie 105
a. AURELIUS AUGUSTINUS 105
b. THOMAS VON AQUIN 107
3. Säkularisierung - Formalisierung - Abstrahierung 108
a. FRANCISCO DE VITORIA 109
b. FRANCISCUS SUAREZ 111
c. BALTHAZAR AYALA 113
d. ALBERICO GENTILI 115
e. HUGO GROTIUS 117
f. EMER DE VATTEL 118
4. Positivismus 121
5. Zusammenfassung 122
6. Zwischenergebnis 124

II. Die freie Kriegführung 125
1. Entwicklung in der Praxis 125
2. Diskussion in der Lehre:
Freies Kriegsführungsrecht oder völkerrechtliche Indifferenz? 126
3. Zwischenergebnis 128
III. Die Entwicklung des Kriegsverbots 128
1. Formelle Beschränkungen des freien Kriegsführungsrechts 128
a. Die Haager Friedenskonferenzen 129
b. Die DRAGO-PORTER-Konvention 129
c. Die BRYAN-Verträge 130
d. Die Völkerbundsatzung 131
2. Materielle Beschränkungen 132
a. Der BRIAND-KELLOG-Pakt 132
b. Umstrittene Verbotsreichweite - Krieg oder Gewalt 133
c. Umkehrung der Regel-Ausnahme-Systematik 134
d. Erlaubnistatbestände nach dem BRIAND-KELLOG-Pakt 134
IV. Zwischenergebnis 136
V. Einzelkonzepte mit tatbestandlichem Bezug
zu präventiver Gewaltanwendung 137
1. Verhältnis des 'liberum ius ad bellum' zu einzelnen Gewaltrechten 137
2. Gleichgewicht der Kräfte 139
3. Provokation 142
a. Herkunft des Konzepts 142
b. Gewaltanwendung infolge Provokation
als eigenständiges Gewaltrecht? 143
c. Provokation als selbständige Tatbestandsalternative
der Selbstverteidigung? 145
d. Provokation als Form der Aggression 147
e. Zwischenergebnis 148
4. Selbsterhaltung und Selbstverteidigung 148
a. Herkunft der Konzepte 148
b. Niedergang des Konzepts der Selbsterhaltung 150
c. Konkretisierung des Tatbestandes der Selbstverteidigung 151
d. Staatenpraxis 153
aa. Der Caroline-Vorfall (29./30. Dezember 1837) 153
(1.) Sachverhalt 153
(2.) Bewertung 156
bb. Die deutsche Invasion in Norwegen und Dänemark
(9. April 1940) 159
(1.) Sachverhalt 159
(2.) Bewertung 164
e. Zwischenergebnis 167

B. Die Zeit seit Gründung der Vereinten Nationen 168
I. Das Gewaltverbot 168
II. Die chartiale Ausnahmentrias 171
1. Kollektivmaßnahmen - Selbstverteidigung - Feindstaatenklauseln 171
2. Präventive Gewaltanwendung 171
III. Einzelkonzepte mit tatbestandlichem Bezug zu präventiver Gewaltanwendung 174
1. Notstand 174
2. Geschäftsführung ohne Auftrag 178
a. Grundsätzliche Bedeutung für ein Recht zur präventiven Gewaltanwendung 179
b. Anwendungsgebiete im Speziellen 181
c. Die GoA als Institut des Völkerrechts 181
3. Repressalie 184
a. Historische Entwicklung und heutige Bedeutung 184
b. Abgrenzungsproblematik 186
aa. "Nadelstichtaktik" - Akkumulationstheorie 186
bb. Abgrenzung allein über die Chronologie der Einzelakte 190

C. Zusammenfassendes Ergebnis zum 4. Kapitel 191

5. KAPITEL
DIE CHARTA DER VEREINTEN NATIONEN ALS ABSCHLIESSENDES GEWALTREGELUNGSREGIME? 193

A. Konsequenzen in Bezug auf ein Recht zur präventiven Gewaltanwendung 193
I. Innerchartiale Rechtsgrundlage Auslegung - Analogie - Sekundärrecht 194
II. Innerchartiale Rechtsgrundlage Änderung der Charta 195

B. Rechtsnatur des chartialen Gewaltregelungsregimes 196
I. Einzelbetrachtung der Tatbestände 198
1. Dritter Erwägungsgrund Präambel - Abgeschlossenheit auf Grund des "Verfassungscharakters"? 198
2. Siebter Erwägungsgrund Präambel - Gewalt und gemeinsames Interesse 200
a. Zentralnorm eines abschließenden Regelungsregimes? 201
b. Kein eindeutiger Verklammerungstatbestand 202

c. Zwischenergebnis - Möglicher Verklammerungstatbestand 204
3. Art.2 Ziff.4 CVN - Das Gewaltverbot 204
a. Der Einwand des eingeschränkten sachlichen Anwendungsbereichs 205
aa. Teleologische Auslegung 206
bb. Systematische Auslegung 207
cc. Genetische Auslegung 207
dd. Zwischenergebnis 210
b. Der Einwand des eingeschränkten persönlichen Anwendungsbereichs 210
aa. De facto-Regime 211
bb. Nationale Befreiungsbewegungen und transnationale terroristische Vereinigungen 212
cc. Zwischenergebnis 213
c. Zwischenergebnis - Das Gewaltverbot als Prinzipalnorm 214
4. Art.24 Abs.1, 2 i.V.m. Art.39, 42 CVN - Das Gewaltmonopol des Sicherheitsrates 214
a. Art.24 CVN - Die Hauptverantwortung für den Weltfrieden 215
b. Art.39, 42 CVN - Weite Einschätzungsprärogative und weites Ermessen 216
c. Zwischenergebnis - Das Gewaltmonopol des Sicherheitsrat als Regelausnahme 218
5. Art.51 S.1 1.Hs CVN - Das Selbstverteidigungsrecht 219
a. Grammatische Auslegung 219
aa. Die Artikeleinleitung 219
bb. Der "bewaffnete Angriff" 221
cc. Die "Naturgegebenheit" 223
(1.) Quellenhinweis - Naturrecht oder Souveränität 224
(2.) Das Selbstverteidigungsrecht als ius cogens? 226
(3.) Zwischenergebnis 229
b. Systematische Auslegung 229
c. Genetischer Aspekt - Regelung des Selbstverteidigungsrechts 230
d. Zwischenergebnis 231
6. Art.53 Abs.1 S.2 2.Hs und Art.107 CVN - Die Feindstaatenklauseln 231
a. Struktur und Rechtswirkung der Feindstaatenklauseln 232
b. Rückschlüsse im Hinblick auf den Charakter des Chartaregimes 234
c. Zwischenergebnis - Die Charta als formell abschließendes Gewaltregelungsregime 235
7. Art.103 CVN - Normenhierarchie 236
II. Systematik 237
1. Zusammenfassung bisheriger Indikationen 237
2. Gesamtsystematik 238
a. Die Stellung von Art.51 im VII. Kapitel 238

b. Die Stellung der Feindstaatenklauseln
im VIII. und XVII. Kapitel 239
aa. Art.107 CVN 239
bb. Art.53 Abs.1 S.2 2.Hs CVN 240
(1.) Diskussion um den Standort
von Art.53 Abs.1 S.2 2.Hs CVN 240
(2.) Übergeordnete Systematik
der Konfliktlösungsmechanismen 243
3. Zwischenergebnis -
Die Charta als formell abschließendes Gewaltregelungsregime 244
III. Spätere Übung 244
IV. Zwischenergebnis 247
V. Genese 247
1. Vorbereitende Arbeiten 247
a. Die Dumbarton Oaks Proposals 247
aa. Das Gewaltverbot 248
bb. Berechtigte Gewaltanwendung:
Gewaltmonpol des Sicherheitsrats 252
cc. Zwischenergebnis 253
b. Die Jalta-Formel und der Regionalismus 255
aa. Abstimmungsmodus im Sicherheitsrat - das Vetorecht 255
bb. Reaktionen der Staatengemeinschaft 257
c. Änderungsvorschläge 259
2. Die Umstände des Vertragsschlusses 265
a. USA und die lateinamerikanischen Staaten 265
b. Frankreich und Sowjetunion 269
c. Großbritannien 271
d. Die pazifischen Staaten: Australien und Neuseeland 272
3. Zusammenfassende Bewertung 275
a. Unilaterale kollektive Gewaltanwendung 275
b. Unilaterale individuelle Gewaltanwendung 277
aa. Rekapitulation der maßgeblichen genetischen Aspekte 278
bb. Folgerungen 279
(1.) Keine Freiheit der unilateralen individuellen
Gewaltanwendung - Art.51 CVN als Rechtsgrundlage
des Selbstverteidigungsrechts. 279
(2.) "Naturgegebenheit" als Brücke - "bewaffneter Angriff"
als Abgrenzungskriterium zur Derogation 280
cc. Zwischenergebnis - Doppelnatur von Art.51 CVN 281
c. Zwischenergebnis 283

C. Zusammenfassendes Ergebnis zum 5. Kapitel 283

6. KAPITEL

DIE EINZELNEN BEGRÜNDUNGSANSÄTZE 285

A. Vertragsrechtliche Ansätze 285
I. Außerchartialer Ansatz - Das Recht bi- und multilateraler Beistandsverträge 285
1. These 285
2. Bewertung 286
II. Innerchartiale Ansätze 288
1. Sicherheitsratsbeschlüsse 289
a. Die rechtlichen Anknüpfungspunkte 289
b. Bewertung 291
aa. Abgrenzung zwischen legislativem und exekutivem Handeln - Resolution 1373 (2001) als Völkerrechtssatz oder Allgemeinverfügung? 291
bb. Kompetenz 294
(1.) Verbandskompetenz 294
(2.) Organkompetenz und Ermächtigungsgrundlage 295
cc. Verfahrensmängel 297
dd. Spezifische Grenzen des chartialen Gewaltregelungsregimes für legislatives Handeln des Sicherheitsrates 300
c. Zwischenergebnis 301
2. Feindstaatenklauseln 302
a. Die rechtlichen Anknüpfungspunkte 302
b. Bewertung 304
c. Zwischenergebnis 304
3. Das Selbstverteidigungsrecht (Art.51 CVN) 305
a. Der zeitliche Anwendungsbereich 305
aa. These 305
bb. Bewertung 305
(1.) Grammatische Auslegung 305
(2.) Teleologische Auslegung 308
(3.) Systematische Auslegung 310
(a.) Systematisches Verhältnis von Art.2 Ziff.4 CVN zu Art.51 CVN 310
(b.) Systematisches Verhältnis von Art.39 CVN zu Art.51 CVN 311
(c.) Systematisches Verhältnis von Art.53 Abs.1 S.2 2.Hs CVN zu Art.51 CVN 313
(d.) Die Aggressionsdefintion 313
(4.) Zwischenergebnis 316
(5.) Genetische Auslegung 316
(a.) Offizielle Verhandlungsprotokolle 317

(b.) Informelle Vorverhandlungen der fünf Großmächte 318
(c.) US-Delegationsinterne Gespräche 319
(d.) Zwischenergebnis 320
cc. Zwischenergebnis 321
b. Der persönliche Anwendungsbereich 322
aa. Mittelbare Erweiterung:
Modifikation des Zurechnungsregimes 322
(1.) Grenzüberschreitung ("external link") -
These und Bewertung 323
(2.) Gewährung einer Zufluchtsstätte
("safe haven" / "harboring doctrine") -
These und Bewertung 325
(3.) Objektive Vorhersehbarkeit -
These und Bewertung 330
(4.) Zwischenergebnis 331
bb. Unmittelbare Erweiterung:
Nicht-staatliche Akteure als Adressaten 332
(1.) These 332
(2.) Bewertung 333
(a.) Grammatische Auslegung 333
(b.) Teleologische Auslegung 333
(c.) Systematische Auslegung 335
(d.) Dynamische Auslegung 337
(3.) Zwischenergebnis 342
c. Zwischenergebnis 342

B. Gewohnheitsrechtliche Ansätze 343
I. Methodische Problematik - Die Natur des Völkergewohnheitsrechts 343
1. Konstitutive Merkmale von Gewohnheitsrecht 344
a. Allgemeine Übung 344
b. Entsprechende Rechtsüberzeugung 345
2. Gewichtungsregeln 346
II. Prächartiales Völkergewohnheitsrecht 347
1. These 347
2. Bewertung 347
3. Zwischenergebnis 349
III. Spontan entstandenes postchartiales Gewohnheitsrecht 349
1. These 349
2. Bewertung 350
3. Zwischenergebnis 351
IV. Zwischenergebnis 351

C. Ansätze mit Bezug zu allgemeinen Rechtsgrundsätzen 352
I. Notstand 352
1. Die rechtlichen Anknüpfungspunkte 352
2. Bewertung 352
3. Zwischenergebnis 354
II. Geschäftsführung ohne Auftrag 354
1. Die rechtlichen Anknüpfungspunkte 354
2. Bewertung 355
3. Zwischenergebnis 356

D. Quellen sui generis - Herdegens "Konstruktives Völkerrecht" 356
I. These 357
1. Zur Methodik 357
2. Zum Untersuchungsgegenstand 359
II. Bewertung 360

E. Zusammenfassendes Ergebnis zum 6. Kapitel 362

DRITTER TEIL
PRAXISBETRACHTUNG 364

7. KAPITEL
STAATENPRAXIS 365

A. Methodik der Fallaufarbeitung 365

B. Untersuchte Einzelfälle 367
I. USA - Kuba / UdSSR: Die "Kuba-Krise"
(24. Oktober - 20. November 1962) 367
1. Sachverhalt 367
a. Hintergrund 367
b. Geschehensablauf und Staatenreaktion 369
2. Bewertung 380
a. Einordnung: Präemptive Selbstverteidigung 380
b. Opinio iuris 380
II. Israel - Ägypten/Jordanien/Syrien: Der "Sechs-Tage-Krieg"
(5. -10. Juni 1967) 383
1. Sachverhalt 383
a. Hintergrund 383
b. Geschehensablauf und Staatenreaktion 385

2. Bewertung 393
a. Einordnung: Reaktive Selbstverteidigung 393
b. Opinio iuris 394
III. Israel - Irak: Zerstörung des irakischen Atomreaktors Tamuz 1 (7. Juni 1981) 395
1. Sachverhalt 395
a. Hintergrund 395
b. Geschehensablauf und Staatenreaktion 397
2. Bewertung 405
a. Einordnung: Präemptive Selbstverteidigung 405
b. Opinio iuris 406
c. Exkurs: Prozedurale Aspekte 408
IV. USA - Libyen: Bombardierung militärischer Objekte in Tripoli und Bengasi (15. April 1986) 408
1. Sachverhalt 408
a. Hintergrund 408
b. Gesehehensablauf und Staatenreaktion 411
2. Bewertung 418
a. Einordnung: Präemptive Selbstverteidigung 418
b. Opinio iuris 419
V. USA - Sudan / Afghanistan: Raketenangriffe auf eine pharmazeutische Fabrik und mutmaßliche Terroristenausbildungslager (20. August 1998) 420
1. Sachverhalt 420
a. Hintergrund 420
b. Vorbemerkung 420
c. Geschehensablauf und Staatenreaktion 422
2. Bewertung 427
a. Einordnung: Präemptive Gewaltanwendung 427
b. Opinio iuris 428
VI. USA / Großbritannien u.a. - Taliban / Al Qaida in Afghanistan: Operation Enduring Freedom (seit 7. Oktober 2001) 428
1. Sachverhalt 428
a. Hintergrund 428
b. Geschehensablauf und Staatenreaktion 431
aa. Operation Enduring Freedom 431
bb. ISAF unter NATO-Führung 434
cc. Staatenreaktion 435
2. Bewertung 441
a. Einordnung: Unilaterale Präemption 441
b. Opinio iuris 443
VII. USA / Großbritannien u.a. - Irak: Operation Iraqi Freedom (seit 19. März 2003) 445
1. Sachverhalt 445

a. Hintergrund 445
b. Geschehensablauf und Staatenreaktion 448
aa. Resolution 1441 (2002) 448
bb. US-Präsentation im Sicherheitsrat am 5. Februar 2003 449
cc. Azorengipfel und US-Ultimatum 452
dd. Beginn der OIF am 20. März 2003 454
ee. Sicherheitsratsdebatte vom 26./27. März 2003 456
2. Bewertung 459
a. Einordnung: Unilaterale Präemption oder "enforcement of the collective will" 459
b. Opinio iuris 460

C. Zusammenfassendes Ergebnis zum 7. Kapitel 461

ZUSAMMENFASSUNG UND ERGEBNIS DER UNTERSUCHUNG 463

LITERATURVERZEICHNIS 467

ABKÜRZUNGSVERZEICHNIS

a.A.	anderer Ansicht
a.a.O.	am angegebenen Ort
a.E.	am Ende
Abb.	Abbildung
abgedr.	abgedruckt
ABl. EG	Amtsblatt der Europäischen Gemeinschaften
Abs.	Absatz
AdG	Archiv der Gegenwart
AGfVR DDR	Arbeitsgemeinschaft für Völkerrecht beim Institut für Internationale Beziehungen an der Akademie für Staats- und Rechtswissenschaften der DDR
Aggressionsdefinition	Definition of aggression, A/Res/3314 (XXIX) v. 14.Dezember 1974, Annex
AI	Air India
AL	Arabische Liga / Arab League
Am J Int'l L	American Journal of International Law
Am Pol Sci Rev	The American Political Science Review
Am Soc'y Int'l L	American Society of International Law
Am Soc'y Int'l L Insights	American Society of International Law Insights
Am Soc'y Int'l L Papers	American Society of International Law Task Force on Terrorism Papers
Am Soc'y Int'l L Proc	American Society of International Law Proceedings
Am U Int'l L Rev	American University International Law Review
Anm.	Anmerkung
ANZAC	Australian and New Zealand Army Corps
ANZUS	Security Treaty between Australia, New Zealand and the United States of America
App.	Appendix
Art.	Artikel
ATS (electr.)	Australian Treaty Series (electronic)
AU	African Union
AusPuZ	Aus Politik und Zeitgeschichte
auszugsw.	auszugsweise
AVR	Archiv des Völkerrechts
AWACS	Airborne Warning and Control System
Az	Aktenzeichen
Baltic YB Int'l L	Baltic Yearbook of International Law
BayVBl	Bayerische Verwaltungsblätter

BC Int'l & Comp L Rev	Boston College International and Comparative Law Review
Bd.	Band
BDGV	Berichte der Deutschen Gesellschaft für Völkerrecht
Bearb.	Bearbeiter
Begr.	Begründer
BGH	Bundesgerichtshof
BKA	Bundeskriminalamt
Brit & Foreign St Papers	British and Foreign State Papers
Brit Docs Foreign Aff	British Documents on Foreign Affairs: Reports and Papers from the Foreign Office Confidential Print
Brit YB Int'l L	British Year Book of International Law
Brooklyn J Int'l L	Brooklyn Journal of International Law
Bsp.	Beispiel/e
Cal W Int'l L J	California Western International Law Journal
Can Dept Ext Aff	Canada Department of External Affairs
Can YB Int'l L	Canadian Yearbook of International Law
CARICOM	Caribbean Community
Case W Res J Int'l L	Case Western Reserve Journal of International Law
Chi J Int'l L	Chicago Journal of International Law
chp.	Chapter
Colum J Tnt'l L	Columbia Journal of Transnational Law
Commentaries to the ILC-DASR (2001)	Commentaries to the draft articles on responsibility of States for internationally wrongful acts adopted by the International Law Commission at its fifty-third session (2001)
Conf. Ser.	Conference Series
Cong.	Congress
Cornell Int'l L J	Cornell International Law Journal
Cornell L Rev	Cornell Law Review [vormals: Cornell Law Quarterly]
CSP	Contemporary Security Policy
CTC	Counter-Terrorism Committee
CTS	Consolidated Treaty Series
CVN	Charta der Vereinten Nationen
d.	des/der
DDR	Deutsche Demokratische Republik
dens.	denselben
Dept External Aff	Department of External Affairs [Canada]
Dept Foreign Aff and Trade	Department of Foreign Affairs and Trade [Australien]

Dept St Bull	Department of State Bulletin
ders.	derselbe
DGVN	Deutsche Gesellschaft für die Vereinten Nationen
Dick J Int'l L	Dickinson Journal of International Law
dies.	dieselbe/n
Doc	Document
Dok	Dokument
DOP	Proposals for the establishment of a general international organization, Dumbarton Oaks, Washington, 7. Oktober 1944 [auch: Dumbarton Oaks Proposals]
DPR	Division for Palestinian Rights
DRL	Deutsches Rechts-Lexikon
Duke J Comp & Int'l L	Duke Journal of Comparative & International Law
Duke J Comp & Int'l L	Duke Journal of Comparative and International Law
DuR	Demokratie und Recht
E	Enthaltung
ebd.	ebenda
EC J Int'l L & Trade Pol'y	Estey Centre Journal of International Law and Trade Policy
Ed.	Editor/\o
eig. Übers.	eigene Übersetzung
EPIL	Encyclopedia of Public International Law
EST	Eastern Standard Time
et al	et altera, und andere
EuGRZ	Europäische Grundrechte-Zeitschrift
Eur J Int'l L	European Journal of International Law
f. (ff.)	folgende (mehrere folgende)
FAZ	Frankfurter Allgemeine Zeitung
Fed Reg	Federal Register
FHIG	Fontes Historiae Iuris Gentium
Fla J Int'l Law	Florida Journal of International Law [vormals: Florida International Law Journal]
Fla J Tnt'l L & Pol'y	Flordia Journal of Transnational Law and Policy
Fn	Fußnote/n
FR	Frankfurter Rundschau
Friendly Relations Declaration	Declaration on principles of international law concerning friendly relations and cooperation among states in accordance with the Charter of the United Nations, A/Res/2625 (XXV) v. 24. Oktober 1970, Annex

FS	Festschrift
FTD	Financial Times Deutschland
FW	Die Friedenswarte
GAOR	General Assembly Official Records
Ga J Int'l & Comp L	Georgia Journal of International and Comparative Law
gem.	gemäß
Geo Wash L Rev	George Washington Law Review
Geo Wash U Nat'l Sec Archive	The National Security Archive, George Washtington University
Georgetown L J	Georgetown Law Journal
Ger L J	German Law Journal
Ger YB Int'l L	German Yearbook of International Law [vormals: Jahrbuch für internationales und ausländisches öffentliches Recht; Jahrbuch für Internationales Recht]
ggf.	gegebenenfalls
GoA	Geschäftsführung ohne Auftrag
Green Bag 2nd Ser	The Green Bag (Second Series) [vormals: The Green Bag]
GUS	Gemeinschaft unabhängiger Staaten
Gut.	Gutachten
GV	Generalversammlung
Harv Int'l L J	Harvard International Law Journal
Harv J L & Pub Pol'y	Harvard Journal of Law and Public Policy
Hb	Handbuch
HB	Hamburger Beiträge zur Friedensforschung und Sicherheitspolitik
HbdVr	Handbuch des Völkerrechts
Hervorh. hinzugef.	Hervorhebung vom Verfasser hinzugefügt
Hervorh. im Orig. weggelassen	Hervorhebungen im Original bei der Zitierung weggelassen
Hervorh. v. NAME	Hervorhebung vom Verfasser des zitierten Textes
H Exec Doc	House Executive Document [USA]
h.L.	herrschende Meinung in der Literatur
HLKO	Ordnung der Gesetze und Gebräuche des Landkriegs, Anhang zum IV. Abkommen, betreffend die Gesetze und Gebräuche des Landkriegs v. 18. Oktober 1907
h.M.	herrschende Meinung
HNA	Hessische/Niedersächsische Allgemeine
Hofstra L Rev	Hofstra Law Review
Houston J Int'l L	Houston Journal of International Law
Hs	Halbsatz

html	Hypertext markup language
HuV-I	Humanitäres Völkerrecht - Informationsschriften
IADA	International Atomic Development Authority
IAEA	International Atomic Energy Agency
IALANA	International Association Of Lawyers Against Nuclear Arms
ICISS	Internationale Commission on Intervention and State Responsibilty
ICJ	International Court of Justice
ICJ Pleadings	International Court of Justice Pleadings, oral arguments, documents
ICJ Rep.	International Court of Justice Reports of judgements, advisory opinions and orders
ICTY	International Tribunal for the prosecution of persons responsible for serious violations of international humanitarian law commited in the territory of the former Yugoslavia since 1991
i.d.F.	in der Fassung
i.d.R.	in der Regel
i.e.	id est
IECL	International Encyclopedia of Comparative Law
i.e.S.	im engeren Sinne
IGH	Internationaler Gerichtshof
IHT	The International Herald Tribune
ILC	International Law Commission
ILC Rep.	Report of the International Law Commission
ILC-DASR (1996)	Draft articles on Responsibility of States for internationally wrongful acts adopted by the International Law Commission at its fourty-eighth session (1996)
ILC-DASR (2001)	Draft articles on Responsibility of States for internationally wrongful acts adopted by the International Law Commission at its fifty-third session (2001)
ILIB	International Law In Brief
ILM	International Legal Materials
ILSA J Int'l & Comp L	International Law Students Association Journal of International & Comparative Law
IMGH Nürnberg	Internationaler Militärgerichtshof Nürnberg
Indian YB Int'l Aff	Indian Yearbook of International Affairs
insb.	insbesondere
Int'l & Comp L Q	International and Comparative Law Quarterly
Int'l Aff	International Affairs

Int'l Conciliation	International Conciliation
Int'l L Ass'n	International Law Association
Int'l L Ass'n Rep	International Law Association Report of the … Conference
Int'l L F	International Law Forum du droit international
i.R.d.	im Rahmen der/des
ISAF	International Security Assistance Force
i.S.d.	im Sinne der/des
i.S.e.	im Sinne einer/eines
Is L Rev	Israel Law Review
Israel MFA	The Israel Ministry of Foreign Affairs [Israel]
i.V.m.	in Verbindung mit
J	Ja [bei Abstimmungen]
J Arm'd Conf L	Journal of Armed Conflict Law [nachfolgend: Journal of Conflict & Security Law]
JA	Juristische Arbeitsblätter
JAG	Judge Advocate General
JAG J	The JAG Journal
J Conf & Sec L	Journal of Conflict & Security Law [vormals: Journal of Armed Conflict Law]
Jg.	Jahrgang
JIR	Jahrbuch für Internationales Recht [vormals: Jahrbuch für internationales und ausländisches öffentliches Recht; nachfolgend: German Yearbook of International Law]
J Tnt'l L & Pol'y	Journal of Transnational Law and Policy
JURA	Jura
jw	junge welt
KAL	Korean Air
Kap.	Kapitel
Kath U Leuven Fac L Inst Int'l L Working Papers	Katholieke Universiteit Leuven, Faculty of Law, Institute for International Law,Working Papers
Keesing's Rec World Events	Keesing's Record of World Events [vormals: Keesing's Contemporary Archives]
KJ	Kritische Justiz
krit.	kritisch
La L Rev	Louisiana Law Review
LAS	League of Arab States
LdR	Lexikon des Rechts
Legal Aff	Legal Affairs
Leiden J Int'l L	Leiden Journal of International Law
lit.	littera

Lit.	Literatur
LNTS	League of Nations Treaty Series
m.a.W.	mit anderen Worten
Max Planck YB UN L	Max Planck Yearbook of United Nations Law
Melb J Int'l L	Melbourne Journal of International Law
Mich L Rev	Michigan Law Review
Mich St U - Det C L J Int'l L	Michigan State University - Detroit College of Law Journal of International Law [vormals: Detroit College of Law Journal of International Law and Practice]
Milit L Rev	Military Law Review
Min. Ausw. Angelegenh. UdSSR	Ministerium für Auswärtige Angelegenheiten der UdSSR
MIPT	National Memorial Institute for the Prevention of Terrorism
m.N.	mit Nachweis
m.w.N.	mit weiteren Nachweisen
MW	Megawatt
N	Nein [bei Abstimmungen]
Nat'l Def U WMD Center Occasional Papers	Center for the Study of Weapons of Mass Destruction, National Defense University, Occasional Papers
NATO	North Atlantic Treaty Organization
Naval L Rev	Naval Law Review
New Eng L Rev	New England Law Review
NILR	Netherlands International Law Review
NJ (DDR)	Neue Justiz
NJW	Neue Juristische Wochenschrift
No.	Number
Nordic J Int'l L	Nordic Journal of International Law
Nos.	Numbers
NSS	National Security Strategy
NYU J Int'l L & Pol	New York University Journal of International Law and Politics
NZWehrr	Neue Zeitschrift für Wehrrecht
NZZ	Neue Züricher Zeitung
NZZ-online	Neue Züricher Zeitung Online
o.ä.	oder ähnliche/s
OAS	Organization of American States
OAU	Organization of African Unity
o.D.	ohne Datum
ÖHbdVr	Östereichisches Handbuch des Völkerrechts
OIC	Organization of the Islamic Conference
OLC	Office of Legal Counsel

o.N.	ohne Name/n
op. Abs.	operativer Absatz
o.T.	ohne Titel
Oz	Ordnungsziffer
ÖZöR NF	Östereichische Zeitschrift für Öffentliches Recht (Neue Folge)
PA	Palestinian Authority
Pan Am	Pan American
PAU	Pan Amercian Union
PLAS	Pact of the League of the Arab States
PLO	Palestine Liberation Organization
Pol Stud	Politische Studien
präamb. Abs.	präambulärer Absatz
RAND	RAND Corporation
RC	Receuil des Cours de l'Académie de Droit International de La Haye
Repertoire Practice SC	Repertoire of the Practice of the Security Concil
Repertory Practice UN Organs	Repertory of Practice of United Nations Organs
Rn	Randnummer/n
Rz	Randziffer/n
S.	Seite/n / Satz
SA YB Int'l L	South African Yearbook of International Law
SC	Security Council
SCOR	Security Council Official Records
SdN J Off	Société de Nations Journal Officiel
Ser.	Series
Sess.	Session
s.o.	siehe oben
sog.	so genannte/n/r
SR	Sicherheitsrat
St Mary's L Rev Minority Issues	The Scholar: St. Mary's Law Review on Minority Issues
Stan J Int'l L	Stanford Journal of International Law
stellv.	stellvertretend
str.	strittig
s.u.	siehe unten
Suppl.	Supplement
Syracuse J Int'l L & Comm	Syracuse Journal of International Law and Commerce
Syracuse L Rev	Syracuse Law Review
SZ	Süddeutsche Zeitung

SZIER	Schweizer Zeitschrift für internationales und europäisches Recht
TASS	Telegrafnoe Agentstwo Sowjetskowo Sojusa
Temp Int'l & Comp L J	Temple International and Comparative Law Journal
Transactions Grotius Soc'y	Transactions of the Grotius Society
tw.	teilweise
u.a.	unter anderem/n
UAR	United Arab Republic
Übers.	Übersetzung
U Det Mercy L Rev	University of Detroit Mercy Law Review
U.N.	United Nations
UN	United Nations
UNAEC	United Nations Atomic Energy Commission
UNAMA	United Nations Assistance Mission in Afghanistan
UNCIO	United Nations Conference on International Organization
UNEF	United Nations Emergency Force
UNISPAL	United Nations Information System on the Question of Palestine
UNMOVIC	United Nations Monitoring, Verification and Inspection Commission
UNSCOM	United Nations Special Commission
UNTS	United Nations Treaty Series
UNYB	United Nations Yearbook
Urt.	Urteil
U.S.	United States of America
US	United States of America
US CENTCOM	United States Central Command
US Dept St Bull	US Department of State Bulletin (später: 1990- U.S. Department of State Dispatch)
US Dept St Dispatch	US Department of State Dispatch (vormals: -1989 U.S. Department of State Bulletin)
US Dept St Publ	US Department of State Publication
US Foreign Rel	Papers relating to the Foreign Relations of the The United States (1861-1931) Foreign Relations of The United States (1932-)
US Gov Dept St	United States Government, Department of State
UTA	Union de Transport Aériens
u.U.	unter Umständen
v.	vom / von

v.a.	vor allem / vor allen
Va J Int'l L	Virginia Journal of International Law
Va J Int'l L	Virginia Journal of International Law
Vand J Tnt'l L	Vanderbilt Journal of Transnational Law
VB	Völkerbund
VB Drucks.	Völkerbund Drucksache
VBS	Völkerbundsatzung
vgl.	vergleiche
VN	Vereinte Nationen
Vol.	Volume
Wash Q	Washington Quarterly
Wash U J L & Pol'y	Washington University Journal of Law and Policy
Weekly Comp Pres Doc	Weekly Compilation of Presidential Documents
WEU	Western European Union / Westeuropäische Union
wg.	wegen
WHO	World Health Organisation
Wis Int'l L J	Wisconsin International Law Journal
WMD	Weapons of mass destruction
WU	Westunion
WU-Vertrag	Treaty of Economic, Social and Cultural Collaboration and Collective Self-defense [Westunion-Vertrag]
W Va L Rev	West Virginia Law Review
WVK	Wiener Übereinkommen über das Recht der Verträge vom 23. Mai 1969
Yale J Int'l L	Yale Journal of International Law
Yale L J	Yale Law Journal
YB Int'l L C	Yearbook of the International Law Commission
ZaöRV	Zeitschrift für ausländisches öffentliches Recht und Völkerrecht [auch: Heidelberg Journal of International Law]
z.B.	zum Beispiel
ZfP	Zeitschrift für Politik
Ziff.	Ziffer
zit.	zitiert
ZöR	Zeitschrift für öffentliches Recht
ZP	Zusatzprotokoll
ZRP	Zeitschrift für Rechtspolitik

EINLEITUNG

A. Thematik und Zielsetzung der Untersuchung

Jedes Rechtssystem gesteht es seinen Rechtssubjekten unter bestimmten Voraussetzungen zu, sich gegen gewaltsame Beeinträchtigungen der eigenen Rechtspositionen zu wehren, nötigenfalls auch mit Gewalt - "*vim vi repellere omnia jura permittunt*"[1]. Im Zentrum dieser Selbsthilferegelungen steht die Notwehr gegen einen gegenwärtigen Angriff. Auch das Völkerrecht sieht dieses *reaktive Selbstverteidigungsrecht* vor. Seine völkervertragsrechtliche Ausprägung hat es in Art.51 CVN gefunden:

> "Diese Charta beeinträchtigt im Falle eines bewaffneten Angriffs gegen ein Mitglied der Vereinten Nationen keineswegs das naturgegebene Recht zur individuellen oder kollektiven Selbstverteidigung, bis der Sicherheitsrat die zur Wahrung des Weltfriedens und der internationalen Sicherheit erforderlichen Maßnahmen getroffen hat.
> Maßnahmen, die ein Mitglied in Ausübung dieses Selbstverteidigungsrechts trifft, sind dem Sicherheitsrat sofort anzuzeigen; sie berühren in keiner Weise dessen auf dieser Charta beruhende Befugnis und Pflicht, jederzeit die Maßnahmen zu treffen, die er zur Wahrung oder Wiederherstellung des Weltfriedens und der internationalen Sicherheit für erforderlich hält."[2]

Seit geraumer Zeit diskutiert die Völkerrechtswissenschaft darüber hinaus - seit Gründung der Vereinten Nationen vorrangig im Rahmen der vorgenannten Vorschrift - einen Tatbestand, der häufig als *präventive Selbstverteidigung* bezeichnet wird. Danach soll es Staaten bereits in Ansehung einer noch nicht in eine tatsächliche Schädigung umgeschlagenen Gefahrenlage, namentlich eines in Zukunft bevorstehenden bewaffneten Angriffes, erlaubt sein, Gewalt anzuwenden.

Und während sich Völkerrecht und Konfliktrealität im Verlauf der vergangenen Jahrhunderte nachhaltig verändert haben,[3] geht es im Kern der Auseinandersetzung noch immer um die grundlegende Frage, *ob* diese Rechtsfigur überhaupt *existiert* - wenngleich auf Befürworterseite die *Regelungsreichweite* nicht minder Anlass zu Streit gibt.

---

1 Decretalium D. Gregorii Papae IX, V, XXXIX, 3.

2 Amtliche Fassung nach BGBl. 1973-II, S.431; der deutsche Wortlaut ist nicht bindend.

3 Vgl. DELBRÜCK, Zur Effektivität völkerrechtlicher Vertragsregime am Ende des 20. Jahrhunderts - Effektivität des UN-Gewaltverbotes, FW 74 (1999) 1/2, S.140. Überblick bei SEIDEL, Völkerrechtsordnung an der Schwelle zum 21. Jahrhundert, AVR 38 (2000) 1, S.23-47.

Intensive Debatten um das *Recht zur präventiven Gewaltanwendung* - dieser Terminus wird nachfolgend als Oberbegriff dienen[4] - haben in den vergangenen sechs Jahrzehnten wiederkehrend[5] im Zuge von Konflikt- und Gefahrensituationen stattgefunden, die strukturell bedeutsame Sachverhalte aufwiesen und zugleich von einiger weltpolitischer Bedeutung waren. Hierzu zählen neben dem Abwurf der ersten Atombomben 1945[6] insbesondere die sog. Kuba-Krise 1962[7], der sog. Sechs-Tage-Krieg 1967[8], die israelische Bombardierung des irakischen Atomreaktors Tamuz 1 1981[9], der amerikanische Luftangriff auf Tripoli/Begasi 1986[10], das amerikanische Vorgehen im Sudan und Afghanistan im Anschluss an die Sprengstoffanschläge auf die amerikanischen Botschaften in Kenia und Tansania 1998[11] sowie jüngst der bewaffnete Konflikt in Afghanistan seit 2001[12] und der Irakkrieg seit 2003[13]. Bereits bei grober Betrachtung dieser Konfliktszenarien lassen sich die zentralen Ansatzpunkte der Debatte seit Gründung der Vereinten Nationen identifizieren.

- Zum Ersten wird ein Recht zur präventiven Gewaltanwendung insbesondere dann in Betracht gezogen, wenn es um *existenzielle Bedrohungen für die Staatlichkeit* geht, d.h. - im Sinne der Drei-Elemente-Lehre - Staatsvolk, Staatsgebiet oder die effektive Staatsgewalt von Vernichtung oder zumindest erheblichem Schaden bedroht sind.[14] So sahen sich die USA während der Kuba-Krise 1962 angesichts einer Flugdauer von nur wenigen Minuten jeder reaktiven Abwehrmaßnahmen gegen einen potentiellen Angriff mit den auf Kuba stationierten, sowjetischen Atomraketen beraubt und mussten für den Fall

4 Von einem *Recht zur präventiven Gewaltanwendung* spricht bereits VATTEL, Le droit des gens ou principes de la loi naturelle appliqués à la conduite et aux affaires des nations et des souverains (1758), III, iii, 44 nach der dt. Übers. von EULER, Emer de Vattel, Das Völkerrecht oder Grundsätze des Naturrechts in ihrer Anwendung auf das Verhalten und die Angelegenheiten der Staaten und der Staatsoberhäupter, in: SCHÄTZEL, Die Klassiker des Völkerrechts, Bd.3 (1959), S.389.

5 So spricht SIMMA in: SCHINDLER/HAILBRONNER, Die Grenzen des völkerrechtlichen Gewaltverbots, BDGV 26 (1986), S.122 [Diskussionsbeitrag] treffend von einer "'wellenartige[n] Bewegung'" der Aktualität. Ähnlich KOLB, Ein Recht auf präventive Verteidigung?, NZZ v. 23. Juni 2003, S.5: "Bei jeder sicherheitspolitischen Neuerung wurde die Diskussion über präventive Verteidigung wieder aufgewärmt."

6 Zur Bedeutung der Entwicklung von Kernwaffen sub Erster Teil - 2. Kapitel - A. - II. - 2. , S.69.

7 Vgl. hierzu eingehend sub Dritter Teil - 7. Kapitel - B. - I. , S.367.

8 Vgl. hierzu eingehend sub Dritter Teil - 7. Kapitel - B. - II. , S.383.

9 Vgl. hierzu eingehend sub Dritter Teil - 7. Kapitel - B. - III. , S.395.

10 Vgl. hierzu eingehend sub Dritter Teil - 7. Kapitel - B. - IV. , S.408.

11 Vgl. hierzu eingehend sub Dritter Teil - 7. Kapitel - B. - V. , S.420.

12 Vgl. hierzu eingehend sub Dritter Teil - 7. Kapitel - B. - VI. , S.428.

13 Vgl. hierzu eingehend sub Dritter Teil - 7. Kapitel - B. - VII. , S.445.

14 Vgl. HERDEGEN, Asymmetrien in der Staatenwelt und die Herausforderungen des "konstruktiven Völkerrechts", ZaöRV 64 (2004) 3, S.573; VON BUTLAR, Rechtsstreit oder Glaubensstreit?, in: BRÖHMER ET AL, FS-Ress (2005), S.19.

eines Angriffes die Vernichtung wesentlicher Teile des Staatsgebiets und -volkes befürchten.[15] Im Vorfeld des Sechs-Tage-Krieges 1967 äußerte die israelische Regierung die Befürchtung, ein Angriff durch Ägypten, Jordanien, Irak und Syrien verfolge das Ziel, den israelischen Staat auszulöschen.[16] Auch 1981 war die Angst vor einem existenzvernichtenden - diesmal potentiell atomaren - Angriff durch den Irak der Beweggrund für die israelische Regierung, die Zerstörung des irakischen Reaktors Tamuz I anzuordnen, der mutmaßlich zur Herstellung einer Atomwaffe genutzt werden sollte.[17]

- Existenzielle Bedrohungen werden - zum Zweiten - vor allem im Zusammenhang mit der Herstellung, Verschaffung oder Stationierung von *Massenvernichtungswaffen*[18] wahrgenommen. So war Auslöser der Kuba-Krise 1962 die für die USA strategisch ungünstige Stationierung sowjetischer Atomraketen. Die Bombardierung des irakischen Reaktors Tamuz I 1981 sollte dagegen schon die Herstellung von Kernwaffen verhindern. Im Irakkrieg 2003 war schließlich die Annahme, der Irak könne einsatzfähige Massenvernichtungswaffen vor den UN-Waffeninspekteuren versteckt halten bzw. über Einrichtungen zu deren Herstellung verfügen, einer der verkündeten Beweggründe für die militärische Vorgehensweise der US-geführten "Koalition der Willigen".[19]

- Drittens werden zunehmend Befürchtungen geäußert, dass auch nichtstaatliche Akteure potentiell über Massenvernichtungswaffen verfügen, ihren Besitz zumindest anstreben, womit sich der *Kreis der an existenziellen Bedrohungen beteiligten faktischen Konfliktakteure über die Staatenwelt hinaus vergrößert.*[20] So äußerte die Bush-Administration im Vorfeld des Irakkrieges 2003 den Verdacht, dass eine Verbindung zwischen Irak und dem Netzwerk der al-Qaida bestehe, was die Besorgnis einschloss, dass Massenvernich-

---

15 Maßgeblich war insofern, dass das Raketenfrühwarnsystem - das sog. DEW Line System - die sowjetischen Raketen nicht rechtzeitig genug hätte erkennen können, um diese noch im Flug abzufangen, vgl. hierzu McDOUGAL, The Soviet-Cuban quarantine and self-defense, Am J Int'l L 57 (1963) 3, S.601f.

16 Vgl. TOMUSCHAT, Völkerrecht ist kein Zweiklassenrecht, VN 51 (2003) 2, S.42 bei Fn15.

17 Vgl. BLUM (Israel) in der SR-Sitzung vom 12. Juni 1981, S/PV.2280, §§81ff..

18 Vgl. zum Begriff der Massenvernichtungswaffe DETTER, The Law of war (2000), S.233ff..

19 Vgl. POWELL (USA) in der SR-Sitzung v. 5. Februar 2003, S/PV.4701, S.2ff. sowie das britische Irak-Dossier, http://www.number10.gov.uk/files/pdf/iraqdossier.pdf [letzter Abruf: 1. Dezember 2007], S.17-32; ferner DAALDER, The use of force in a changing world - US and European perspectives, Leiden J Int'l L 16 (2003) 1, S.179.

20 Vgl. etwa FROWEIN, Der Terrorismus als Herausforderung für das Völkerrecht, ZaöRV 62 (2002) 4, S.879; HOFFMAN, Terrorismus (2002), S.263-265; KRAJEWSKI, Selbstverteidigung gegen bewaffnete Angriffe nicht-staatlicher Organisationen - Der 11. September 2001 und seine Folgen, AVR 40 (2002) 2, S.183.

tungswaffen bzw. Know-How an Terroristen weitergegeben werden könnten.[21] Spätestens durch die Anschläge vom 11. September 2001 besteht indes Gewissheit, dass nicht-staatliche Akteure auch ohne Massenvernichtungswaffen im herkömmlichen Sinne als faktische Konfliktakteure neben die klassischen Völkerrechtssubjekte getreten sind.[22]

- Schließlich ist festzustellen, dass Gewalt immer dann unilateral präventiv angewendet wurde, wenn das *System kollektiver Sicherheit* aus Sicht eines im Einzelfall Beteiligten versagt hatte:[23] Während der Kuba-Krise wurde - wegen vorhersehbarer Ausübung des Vetorechts - keiner der drei Resolutionsentwürfe zur Abstimmung im Sicherheitsrat gestellt. Im Sechs-Tage-Krieg begründete Israel sein unilaterales Vorgehen unter anderem mit dem Abzug der UNEF-Truppen vom Sinai, wo sie eine entmilitarisierte Pufferzone zu Ägypten sichern sollten.[24] Im Falle der Bombardierung von Tamuz I führte die israelische Regierung aus, dass die Inspektionen der IAEA, denen der Irak unterlag, zu leicht zu umgehen gewesen seien.[25] Und vor dem Irakkrieg 2003 wurde von amerikanischer Seite die Unfähigkeit des Sicherheitsrates gerügt, die zuletzt durch Resolution 1441 (2002)[26] intensiviert vorgesehenen Waffeninspektionen im Irak effektiv durchzusetzen.[27]

Die fundamentale Natur der genannten Aspekte - Schutz der *staatlichen Existenz*, insbesondere vor Bedrohungen durch *Massenvernichtswaffen* und *Terro-*

---

21 Vgl. POWELL (USA), a.a.O. (Fn19), S.14-17; ferner AREND, International law and rogue states: The failure of the Charter, New Eng L Rev 36 (2002) 4, S.739; BOTHE, Der Irak-Krieg und das völkerrechtliche Gewaltverbot, AVR 41 (2003) 3, S.257 m.w.N. in Fn4-6.

22 So auch DAALDER, a.a.O. (Fn19), S.172; FROWEIN, Der Terrorismus als Herausforderung für das Völkerrecht, ZaöRV 62 (2002) 4, S.889; TIETJE/NOWROT, Völkerrechtliche Aspekte militärischer Maßnahmen gegen den internationalen Terrorismus, NZWehrR 44 (2002) 1, S.12 m.w.N. in Fn68.

23 So etwa DARBY, Self-Defense in Public International Law: the Doctrine of Pre-emption and Its Discontents, in: BRÖHMER ET AL, FS-Ress (2005), S.33; vgl. auch HERDEGEN, ebd. (Fn14); plakativ - zum generellen Verhältnis der Selbstverteidigung zum System kollektiver Sicherheit - WILDHABER, Gewaltverbot und Selbstverteidigung, in: SCHAUMANN, Völkerrechtliches Gewaltverbot und Friedenssicherung (1971), S.149: "[J]e *mehr* kollektive Sicherheit, desto *weniger* Selbstverteidigung; je *weniger* kollektive Sicherheit, desto *mehr* Selbstverteidigung" (Hervorh. v. WILDHABER).

24 Vgl. EBAN (Israel) in der SR-Sitzung v. 6. Juni 1967, S/PV.1348, §§162-165.

25 Vgl. BLUM (ISRAEL) in der SR-Sitzung vom 19. Juni 1981, S/PV.2288, §§62-76; ferner WEISBURD, Use of force - The practice of states since World War II (1997), S.288 m.w.N. in Fn168;

26 S/Res 1441 (2002) v. 8. November 2002.

27 So äußerte US-Präsident BUSH in der Rede zur Nation v. 17. März 2003, http://www.whitehouse.gov/news/releases/2003/03/iraq/20030317-7.html [letzter Abruf: 3. Dezember 2004], dass angesichts des angedrohten Veto "[of] some permanent members […] [t]he United Nations Security Council has not lived up to its responsibilities, so we will rise to ours."

rismus sowie die Frage nach der *Funktionsfähigkeit des Systems kollektiver Sicherheit* - indiziert bereits, dass die Auseinandersetzung über eine nüchtern geführte Diskussion hinausgeht. Dass es sich in weiten Bereichen vielmehr um einen *völkerrechtspolitischen* Streit handelt, beweist schließlich ein Blick auf die - vermeintlich - schlagendsten Argumente pro und contra:

So bringen *Kritiker* vor, die unilaterale präventive Gewaltanwendung anzuerkennen, öffne die Büchse der Pandora. Sie fürchten eine unerträglich hohe Missbrauchsgefahr und prognostizieren die völlige Wirkungslosigkeit des Gewaltverbots, manche gar das Ende des Systems kollektiver Sicherheit.[28] Für die *Befürworter* ist es hingegen selbstverständlich, ein Recht zur präventiven Gewaltanwendung anzuerkennen. Schließlich sei das Völkerrecht kein "suicide pact",[29] welcher einen Staat angesichts eines drohenden Angriffs verdamme, gleich einer "sitting duck"[30] den möglicherweise vernichtenden Schlag hinzunehmen. Die Selbstverteidigung in Antizipation eines Angriffes stelle angesichts eines in Schlüsselsituationen noch immer ineffektiven kollektiven Sicherheitssystems daher nicht nur eine legitime, sondern legale Handlungsoption des Völkerrechts dar.[31] Im Kern geht es damit abermals um den Spannungszustand zwischen "alter und neuer Ordnung"[32], der staatlichen Souveränität einerseits und dem System kollektiver Sicherheit andererseits.[33]

---

28 Vgl. hier nur BOTHE, Terrorism and the legality of pre-emptive force, Eur J Int'l L 14 (2003) 2, S.227, 238; QUIGLEY, Israel's destruction of Iraq's nuclear reactor, Temp Int'l & Comp L J 9 (1995) 2, S.444; SCHALLER, Massenvernichtungswaffen und Präventivkrieg - Möglichkeiten der Rechtfertigung einer militärischen Intervention im Irak aus völkerrechtlicher Sicht, ZaöRV 62 (2002) 3, S.657f.; WOLFRUM, Irak - eine Krise auch für das System der kollektiven Sicherheit (2003), http://www.mpil.de/shared/data/pdf/irak4.pdf [letzter Abruf: 21. Juli 2006], S.6; KRAJEWSKI, Preventive use of force and military actions against non-state actors: Revisiting the right of self-defence in insecure times, Baltic YB Int'l L 5 (2005), S.18 unter Hinweis auf FRANCK, Who killed article 2 (4)? or: Changing norms governing the use of force by states, Am J Int'l L 64 (1970) 5, S.809ff..

29 So etwa ROSTOW, Law is not a suicide pact, N.Y. Times v. 15. November 1983, S.A35; US-Außenminister SCHULTZ, zit. bei LEVITT, Intervention to combat terrrorism and drug trafficking, in: DAMROSCH/SCHEFFER, Law and force in the new international order (1991), S.226 bei Fn4. Vgl. auch BERES/TISDDON-CHATTO, Reconsidering Israel's destruction of Iraq's Osiraq nuclear reactor, Temp Int'l & Comp L J 9 (1995) 2, S.438 und DARBY, ebd. (Fn23).

30 Diese vielfach zitierte Wendung geht auf MCDOUGAL/FELICIANO, Law and minimum world public order (1961), S.236 zurück.

31 Etwa HERDEGEN, ebd. (Fn14). BERES/TISDDON-CHATTO, a.a.O. (Fn29), S.440 sprechen im Zusammenhang der israelischen Bombardierung des irakischen Atomreaktors 1981 gar von einem "heroic and indispensable act of law enforcement"; in diese Richtung auch MENK, Gewalt für den Frieden (1992), S.209.

32 KRISCH, Selbstverteidigung und kollektive Sicherheit (2001), S.1ff. m.w.N. in Fn1.

33 Der Spannungszustand wird sehr deutlich etwa bei DARBY, a.a.O. (Fn23), S.31. Vgl. ferner DAALDER, a.a.O. (Fn19), S.177f.. Im Hinblick auf die politische Brisanz treffend,

Die *völkerrechtliche* Fragestellung nach Existenz und Umfang eines Rechtes kann indes nicht auf Grundlage politischer Erwägungen[34] oder deduktiv auf Basis einer - vermeintlichen - normativen Homogenität des Völkerrechts ("Top-Down-Schluss") beantwortet werden. Derartiges Vorgehen verbietet sich aus zwei Gründen:

Zum Einen stellt das moderne Völkerrecht trotz des nicht gerade seltenen Vergleiches der Charta mit einer Verfassung[35] *kein kohärentes* Rechtsystem dar. Anders als innerstaatliche Systeme, die regelmäßig der Machtvollkommenheit einer zentralen Instanz entspringen, mangelt es dem Völkerrecht an planvoll verbundener und damit einheitlicher Gestaltung.[36] Es ist genossenschaftlich gesetztes, fragmentarisches Recht und ist wegen der weitestgehenden Identität von Rechtserzeugenden und Rechtssubjekten einem ständigen Prozess der Veränderung unterworfen. Obgleich es deshalb nicht seinen Charakter als Recht verliert, freilich auch über Strukturprinzipien verfügt - im Mittelpunkt steht dabei die

---

wenn auch juristisch nicht gerade weiterführend die Einordnung des Streits um präventive Gewaltanwendung als "Glaubensstreit" durch VON BUTLAR, a.a.O. (Fn14), S.20f..

34 Vgl. aber NEUHOLD, Internationale Konflikte - verbotene und erlaubte Mittel ihrer Austragung (1977), S.138, der meint, es sei "sinnvoller, sich mit einem beschränkten Verbot präventiver Selbstverteidigung zu begnügen, das einigermaßen Aussicht auf Einhaltung hat und einen wirksamen psychologischen Druck auf die 'decision-makers' ausübt, als an einem absoluten Verbot festzuhalten, dessen Ineffektivität die Norm zur Gänze in Frage stellt". Ähnlich FALK, The Beirut raid and the international law of retaliation, Am J Int'l L 63 (1969) 3, S.427ff. nach dem die Gewaltanwendung, die nach der Charta (dem "first-order level") rechtswidrig ist, durch gewohnheitsrechtliche "second-order levels" des *klassischen* Völkerrechtes in verhältnismäßige Bahnen gelenkt werden soll, womit der "test of relative legality" (S.428) bestanden wäre; FALK ordnet sich hierbei ausdrücklich "national interests" unter. Vgl. schließlich die Nachweise bei VON BUTLAR, a.a.O. (Fn14), S.22f., 28 zum "Mittelweg", wonach "am rechtlichen Verbot festzuhalten [ist], um im Ernstfall eine moralische oder politische Rechtfertigung zu akzeptieren". Derartige Argumentationen verwischen indes jede "Grenzziehung zwischen Völkerrechtspolitik und Völkerrechtsanwendung", so zu Recht KREß, Gewaltverbot und Selbstverteidigungsrecht nach der Satzung der Vereinten Nationen bei staatlicher Verwicklung in Gewaltakte Privater (1995), S.33.

35 Vgl. nur FASSBENDER/BLECKMANN, Article 2 (1), in SIMMA ET AL, A Commentary (2002), Bd.1, S.84, Rn47 a.E.; ferner SEIDEL, a.a.O. (Fn3), S.36; TOMUSCHAT, a.a.O. (Fn16), S.42; VERDROSS/SIMMA, Universelles Völkerrecht (1984), S.72, §91und S.221, §374; WOLFRUM, Preamble, in: SIMMA ET AL, a.a.O., Bd.1, S.34, Rn2 leitet den Verfassungscharakter schon von der Bezeichnung als "Charter" ab. Zu Recht krit. KARL, Vertrag und spätere Praxis im Völkerrecht (1983), S.347: "[D]ie Begriffsjurisprudenz feiert fröhliche Urständ', wenn der *Verfassungs*charakter der Satzungen dazu herhalten soll, um den Zugriff der Mitgliedstaaten auszuschließen". In diese Richtung - wenn auch in erster Linie polemisch gegen die "Civil Law tradition of code analysis" - DARBY, a.a.O. (Fn23), S.31.

36 DAHM/DELBRÜCK/WOLFRUM, Völkerrecht, Bd.I/1 (1989), S.83 sprechen von der fehlenden, "notwendigen Regelungsdichte"; in diese Richtung auch IPSEN ET AL, Völkerrecht (2004), S.246, §19, Rn8; krit. auch BLECKMANN, Völkerrecht (2001), S.89, Rn238.

souveräne Gleichheit der Staaten[37] -, fehlt dem Völkerrecht trotz der Charta der Vereinten Nationen die Koheränz und Einheitlichkeit von Rechtssätzen, die für jeden Bereich eine Lücken füllende Deduktion zuließe.[38] Dies bedeutet zwar nicht, dass deduktive Ansätze als solche keinen Anwendungsbereich im Völkerrecht hätten: die methodisch auf der Deduktion beruhende Analogie ist schließlich in Völkerrechtslehre und -praxis anerkannt.[39] Eine Analogie setzt aber eine Regelungslücke voraus, kann also erst dann zur Anwendung kommen, wenn festgestellt ist, dass kein expliziter Rechtssatz den betroffenen Lebenssachverhalt regelt. Insoweit verbietet sich aber auch der völkerrechtspolitisch motivierte - voreilige - Analogieschluss für oder gegen ein Recht auf präventive Gewaltanwendung, solange nicht festgestellt ist, dass insofern tatsächlich eine - "planwidrige" - Regelungslücke besteht.

Zum Anderen offenbart sich im gegenwärtigen Völkerrechtsregime *kein reines* System. Weder die Idee der kollektiven Sicherheit noch die der staatlichen Souveränität ist voll verwirklicht. Exemplarisch dafür ist die Situation des Sicherheitsrates der Vereinten Nationen. Als Sachwalter der kollektiven Sicherheit nach außen ist er doch nach innen stets mit einem potentiellen Veto gem. Art.27 Abs.3 CVN konfrontiert - der Manifestation des Souveränitätsdenkens. Das aktuelle Völkerrechtsregime stellt also vielmehr eine dynamische Mischform dar, in der mal der eine, mal der andere Topos überwiegt. Auch dieser Umstand erschwert ein deduktives Vorgehen. Prämissen und normative Leitgedanken des

---

37 Vgl. statt vieler BERNHARDT, Ungeschriebenes Völkerrecht, ZaöRV 36 (17976) 1, S.53, 55, 57; HOBE/KIMMINICH, Völkerrecht (2004), S.342; HILLGRUBER, Das Verhältnis von Frieden und Gerechtigkeit - völkerrechtlich betrachtet, ZfP 50 (2003) 3, S.245, 255f.; TALMON, Grenzen der "Grenzenlosen Gerechtigkeit", in: MÄRZ, FS-Vitzthum (2003), S.106 ("wesensbestimmende[s] Prinzip der Völkerrechtsordnung").

38 Vgl. BLECKMANN, Grundprobleme und Methoden des Völkerrechts (1982), S. 208f. und HAILBRONNER, Die Grenzen des völkerrechtlichen Gewaltverbots, in: SCHINDLER/HAILBRONNER, Die Grenzen des völkerrechtlichen Gewaltverbots, BDGV 26 (1986), S.56 m.N. in Fn22, der insoweit zu Recht feststellt, dass [d]ie Bedeutung der Charta als eine 'living constitution' [...] im Blick auf die Praxis zu erschließen" ist; vgl. schließlich WEHBERG, Krieg und Eroberung im Wandel des Völkerrechts (1953), S.27: "Aber die Praxis des Völkerrechts, auf die es hier ankommt, hat sich nicht darum gekümmert, ob das Verhalten der Staaten mit einem einheitlichen System des Völkerrechts vereinbar sei oder nicht. Wir dürfen nicht aus dem Bestreben heraus, ein lückenloses System des Völkerrechts aufzustellen, die Praxis anders gestalten, als sie bisher gewesen ist. Unsere Aufgabe ist vielmehr, zunächst zu untersuchen, von welchen Grundsätzen das Recht zum Kriege im europäischen Völkerrecht geregelt wurde, und erst dann eine Systematik des Völkerrechts aufzustellen." A.A. wohl aber HERDEGEN, a.a.O. (Fn14), S.581f., der - unter Hinweis auf TOMUSCHAT - ein "konstruktives Völkerrecht" aufkeimen sieht, das unter anderem von "der deduktiven Sicherung innerer Stimmigkeit durch Syllogismen [lebt]". Zu HERDEGENS Ansatz in Bezug auf den Untersuchungsgegenstand vgl. sub Zweiter Teil - 6. Kapitel - D. , S.356ff..

39 Vgl. BLECKMANN, a.a.O. (Fn38), S.219ff., insb. S.242; DERS., a.a.O. (Fn36), S.94, Rn254; IPSEN ET AL, a.a.O. (Fn36), S.245, §19, Rn6.

einen oder anderen - theoretisch - reinen Systems können in dem faktischen Mischsystem nicht isoliert als Ausgangspunkt der Deduktion dienen, um die Frage nach der Existenz des hier untersuchten Rechts zu beantworten.

Freilich -

> "[j]ede Rechtsordnung, wenn sie nicht Gefahr laufen will, als bloß abstrakt juristisches 'Kunstwerk' an ihrer eigentlichen Aufgabe des *social control* vorbeizugehen, muß die tatsächlichen Gegebenheiten in der Gesellschaft, in der sie wirksam werden soll, berücksichtigen."[40]

Die damit angesprochene dynamische Betrachtung darf jedoch nicht mit einer auf politischer Opportunität basierenden *Begründung* eines Rechtes verwechselt werden. Denn es geht bei der dynamischen Auslegung nicht um die (politische) Entscheidung, *ob ein neues Recht entsteht*, sondern lediglich um eine an der Wirklichkeit orientierte *Auslegung* des *rechtlichen Status-Quo*.[41]

Insofern versteht sich diese Arbeit nicht als Plädoyer für oder wider eines der vorgenannten reinen Systeme, nicht als Plädoyer für und wider ein Recht zur präventiven Gewaltanwendung; sie verfolgt vielmehr das Ziel, festzustellen, ob und ggf. in welchem Umfang im Rahmen des gegenwärtigen Gewaltregelungsregimes[42] ein - unilaterales - *Recht zur präventiven Gewaltanwendung mit Blick auf die Gefahr eines bewaffneten Angriffes bzw. eines nicht-staatlichen Angriffsgeschehens* existiert.

---

40 RANDELZHOFER, Gründe für den nur beschränkten Erfolg der Kriegsverhütung durch Völkerrecht, in: HAILBRONNER ET AL, FS-Doehring (1989), S.754 (Hervorh. v. RANDELZHOFER). In diese Richtung auch GLENNON, Limits of law, prerogatives of power: interventionism after Kosovo (2001), S.557, nach dem "[n]o rules will work that do not reflect underlying geopolitical realities"; VERDROSS/SIMMA, a.a.O. (Fn35), S.51, §68, die in Anlehnung an KRÜGER die "besondere Wirklichkeitsnähe" [Hervorh. im Orig. weggelassen] des Völkerrechts unterstreichen; ferner VITZTHUM, Begriff, Geschichte und Quellen des Völkerrechts, in: DERS., Völkerrecht (2007), S.28, Rn57.

41 Ebenso VITZTHUM, Begriff, Geschichte und Quellen des Völkerrechts, in: DERS., Völkerrecht (Vorauflage 2001), S.18 in Fn53: "[W]omit nicht behauptet werden soll, daß sich aus [politischen] Tatsachen Sollenssätze gewinnen lassen".

42 Unter Gewaltregelungsregime wird dabei die Gesamtheit der "rules relating to the use of force in international relations" (IGH, *Military and Paramilitary Activities* (Nicaragua/USA), Urt. v. 27. Juni 1986, ICJ Rep. 1986, S.98, §187) verstanden, also Art.2 Ziff.4, Art.39ff., Art.51, Art.53 und Art.107 CVN sowie korrespondierende bzw. ergänzende gewohnheitsrechtliche Normen. Das 'ius in bello' bleibt dagegen ausgeklammert.

B. Gang der Untersuchung

Gerade mit Blick auf die zu fordernde besondere Wirklichkeitnähe des Völkerrechts darf dabei nicht unberücksichtigt bleiben, dass sich die Figur der präventiven Gewaltanwendung in der jüngeren Völkerrechtsgeschichte zu einem außerordentlich komplexen Konzept entwickelt hat, was nicht zuletzt mit dem *grundlegenden Wandel der tatbestandsrelevanten Lebenswirklichkeit* zusammenhängt: Zuvorderst sind hier der inzwischen stark vergrößerte Kreis der rein tatsächlich wirkenden Konfliktakteure wie auch die Veränderung der im Recht abzubildenden Gefahren zu nennen, also diejenigen Umstände, die den möglichen *persönlichen und sachlichen Anwendungsbereich* eines Rechts zur präventiven Gewaltanwendung betreffen. Im Mittelpunkt des ersten Teils der Untersuchung steht daher die Frage nach der völkerrechtlichen Erfassung der physischen Bedrohungsurheber, also derjenigen Wirkungseinheiten, die durch ihr Verhalten Anlass für die Beanspruchung eines Rechts zur präventiven Gewaltanwendnung geben können (1. Kapitel); daneben gilt es die möglichen rechtsauslösenden Gefahrenlagen zu identifizieren und zu definieren (2. Kapitel). Im Anschluss hieran wird dann der Untersuchungsgegenstand für die weitere Aufarbeitung terminologisch differenziert (3. Kapitel).

Die Untersuchung, auf welche konkrete Rechtsgrundlage ein Recht zur präventiven Gewaltanwendung gestützt werden kann, folgt im zweiten Teil der Arbeit. Materiellrechtlicher Ausgangspunkt für die gegenwärtige Rechtslage ist der in seiner Auslegung hochumstrittene[43] Art.51 CVN. Auf Seite der *Befürworter*[44]

---

43 Vgl. allgemein nur MEIER, Der bewaffnete Angriff (1963); KENNY, Self-defence, in: WOLFRUM ET AL, United Nations: Law, policies and practice (1995), S.1163ff., Rn6ff.; BRYDE, Self-defence, in: BERNHARDT ET AL, EPIL, Bd.4 (2000), S.362f.; RANDELZHOFER, Article 51 in: SIMMA ET AL, A Commentary (2002), Bd.1, S.792ff., Rn9-20; DERS., Use of force, in: BERNHARDT ET AL, EPIL, Bd.4 (2000), S.1253.

44 Exemplarisch (chronologisch): WALDOCK, The regulation of the use of force by individual states in international law, RC 81 (1952-II), S.496-498; SVARLIEN, An introduction to the law of nations (1955), S.339ff.; FITZMAURICE, The general principles of international law considered from the standpoint of the rule of law, RC 92 (1957-II), S.171; BOWETT, Self-defence in international law (1958), S.71, 187-192; DERS. Reprisals involving recourse to armed force, Am J Int'l L 66 (1972) 1, S.4; kasuistisch FAWCETT, Intervention in international law, RC 103 (1961-II), S.361ff.; KAPLAN/KATZENBACH, The political foundations of international law (1961), S.211ff., insb. S.212 bei und in Fn3; HIGGINS, The development of international law through the political organs of the United Nations (1963), S.199-204, ausdrücklich "affirmative" (S.201); DIES., Problems and process (1994), S.242f.; MCDOUGAL, a.a.O. (Fn15), S.598-601; KOOS, Völkerrechtliche Würdigung der Blockademassnahmen der USA gegen Kuba (1967), S.128-130; WILDHABER, a.a.O. (Fn23), S.150-154, in engen Grenzen bejahend (S.153); SCHWEBEL, Aggression, intervention and self-defence in modern international law, RC 136 (1972-II), S.478-481; CASSIN ET AL, The General Assembly, 29th Session: The definition of aggression, Harv Int'l L J 16 (1975) 3, S.606 a.E. sowie S.609, insb. Fn109; GREIG, International law (1976), S.892-894; NEUHOLD, a.a.O. (Fn34), S.136-138; KÜHN, Terror-

eines Rechts zur präveniven Gewaltanwendung lassen sich hier im Wesentlichen zwei Argumentationsketten unterscheiden. Ein Teil kommt durch extensive

---

ism and the right of self-defence, SA YB Int'l L 6 (1980), S.46f.; LEVENFELD, Israel's counter-Fedayeen tactics in Lebanon: Self-defense and reprisal under modern international law, Colum J Tnt'l L 21 (1982) 1, S.26-30; MALLISON/MALLISON, The Israeli aerial attack of June 7, 1981, upon the iraqui nuclear reactor: Aggression or self-defense?, Vand J Tnt'l L 15 (1982) 3, S.420-424; SCHACHTER, International law in theory and practice, RC 178 (1982-V), S.150-152; BIRNBERG, The sun sets in Tamuz 1: The Israeli raid on Iraq's nuclear reactor, Cal W Int'l L J 13 (1983) 1, S.102-105, insb. S.104 a.E.; GROSS, The legal implication of Israel's 1982 invasion into Lebanon, Cal W Int'l L J 13 (1983) 3, S.479-481; JOYNER/GRIMALDI, The United States and Nicaragua: Reflections on the lawfulness of contemporary intervention, Va J Int'l L 25 (1985) 3, S.658-660 in engen Grenzen bejahend; COLL, The limits of global consciousness and legal absolutism: Protecting international law from some of its best friends, Harv Int'l L J 27 (1986) 2, S.610f.; HAILBRONNER, a.a.O. (Fn38), S.80-84 sowie These Nr.9, S.109 in engen Grenzen; BAKER, Terrorism and the inherent right of self-defense (a call to amend Article 51 of the United Nations Charter), Houston J Int'l L 10 (1987) 1, S.45-49 insb. S.46; CHAYES, The Cuban Missile Crises (1987), S.62-66; FEDER, Reading the U.N. Charter connotatively: Toward a new definition of armed attack , NYU J Int'l L & Pol 19 (1987) 2, S.418ff.; GREENWOOD, International law and the United States' air operation against Libya, W Va L Rev 89 (1987) 4, S.942-944; INTOCCIA, American bombing of Libya: An international legal analysis, Case W Res J Int'l L 19 (1987) 2, S.203ff., insb. S.205; MCCREDIE, The April 14, 1986 bombing of Libya: Act of self-defense or reprisal?, Case W Res J Int'l L 19 (1987) 2, S.229-234 krit., im Ergebnis aber bejahend (S.230); AREND, International law and the recourse to force: A shift of paradigms, Stan J Int'l L 27 (1990) 1, S.29; ASRAT, Prohibition of force under the UN Charter (1991), S.211 bei Fn76 & S.229; GARDNER, Commentary on the law of self-defense, in: DAMROSCH/SCHEFFER, Law and force in the new international order (1991), S.51f.; LINNAN, Iran Air flight 655 and beyond: Free passage, mistaken self-defense, and state responsibility, Yale J Int'l L 16 (1991) 2, S.338f. - in Untersuchung der Putativselbstverteidigung - prinzipiell bejahend; MCCORMACK, Anticipatory self-defence in the legislative history of the United Nations Charter, Is L Rev 25 (1991) 1, S.35ff., insb. S.42; DERS., Self-defense in international law (1997), S.179ff., insb. S.185; MENG, The Caroline, in: BERNHARDT ET AL, EPIL, Bd.1 (1992), S.538; AREND/BECK, International law and the use of force (1993), S.71-79, insb. S.79 a.E.; MCDOUGAL/FELICIANO, Law and minimum world public order (1961), S.232ff.; DELBRÜCK, Proportionality, in: BERNHARDT ET AL, EPIL, Bd.3 (1997), S.1141; MALANCZUK, Akehurst's modern introduction to international law (1997), S.314 bei und in Fn55; BERES/TSIDDON-CHATTO, In support of anticipatory self-defence: Israel, Osiraq and international law, CSP 19 (1998) 2, S.111f.; WALKER, Anticipatory collective self-defense in the Charter era: What the treaties have said, Cornell Int'l L J 31 (1998) 2, S.324f., S.374-376, und m.w.N zum Diskussionsstand S.322 in Fn1; BRENNAN, Avoiding anarchy: Bin Laden terrorism, the U.S. response, and the role of customary international law, La L Rev 59 (1999) 4, S.1204; BRUHA/BORTFELD, Terrorismus und Selbstverteidigung, VN 49 (2001) 5, S.165; FRANCK, When, if ever, may states deploy military force without prior Security Council authorization?, Wash U J L & Pol'y 5 (2001), S.58-62, 68; HOFMANN, International law and the use of military force against Iraq, Ger YB Int'l L 45 (2002), S.31, der anticipatory self-defense - im Gegensatz zu preemptive self-defense - zulässt; STAHN, International law at a crossroads? - The impact of September 11, ZaöRV 62 (2002) 1/2, S.233 insb. im Umkehrschluß zu Fn250.

Auslegung des Tatbestandsmerkmals des "bewaffneten Angriffs" zum Ergebnis, dass Art.51 CVN selbst Rechtsgrundlage sei.[45] Andere sehen hingegen im Hinweis auf das "naturgegebene Recht" die Möglichkeit, auf außerhalb der Charta liegende - prä- oder postchartiale - Rechtsquellen zurückzugreifen;[46] danach wäre Art.51 CVN nicht selbst Rechtsgrundlage, sondern lediglich eine "Brückennorm".[47] Die ein Recht zur präventiven Gewaltanwendung *ablehnende Ansicht*[48]

---

45 Vgl. hierzu SHAW, International law (1997), S.790 bei Fn66. GRAY, International law and the use of force (2000), S.115 meint feststellen zu können, dass sich diese Auffassung vor allem in der Staatenpraxis im Vordringen befindet. MENK, a.a.O. (Fn31), S.209 geht den Weg über eine *teleologische Reduktion der begrenzenden Wirkung* des Tatbestandsmerkmals "im Falle eines bewaffneten Angriffs."

46 Vgl. etwa BOWETT, Self-defence in international law (1958), S.191; GREIG, International law (1976), S.893; MALLISON/MALLISON, The Israeli aerial attack of June 7, 1981, upon the iraqui nuclear reactor: Aggression or self-defense?, Vand J Tnt'l L 15 (1982) 3, S.420f.; BERES/TISDDON-CHATTO, ebd. (Fn29); SCHLEI, Anticipatory self-defense, Green Bag 2nd Ser 6 (2003) 1, S.196.

47 Vgl. dazu DAHM, Das Verbot der Gewaltanwendung nach Art.2 (4) der UNO-Charta und die Selbsthilfe gegenüber Völkerrechtsverletzungen, die keinen bewaffneten Angriff enthalten, JIR 11 (1962), S.52 m.N. in Fn11; KRAJEWSKI, a.a.O. (Fn20), S.187 bei Fn18.

48 Exemplarisch (chronologisch): KUNZ, Individual and collective self-defense in Article 51 of the Charter of the United Nations, Am J Int'l L 41 (1947) 4, S. 878; BECKETT, The North Atlantic Treaty, the Brussels Treaty and the Charter of the United Nations (1950), S.12-15, der zwar nicht explizit die präventive unilate-rale Gewaltanwendung als völkerrechtswidrig ausschliest, gleichwohl Art.51 CVN so liest, "[that] it only allows this right [of self-defence] when there has been an armed attack" (S.13); JESSUP, Modernes Völkerrecht (1950), S.229-231; WEHBERG, Gutachten (1952), S.3 bei Fn1; VERDROSS, Idées directrices de l'Organisation des Nations Unies, RC 83 (1953-II), S.59; VERDROSS/VEROSTA/ZEMANEK, Völkerrecht (1964), S.554; SINGH, The right of self-defence in relation to the use of nuclear weapons, Indian YB Int'l Aff 5 (1956), S.24-26; SCHEUNER, Kollektive Sicherheit, in: STRUPP/SCHLOCHAUER, Wörterbuch des Völkerrechts (1961), Bd.2, S.245; SCHARMASANASCHWILI, Der Begriff der Selbsthilfe im Völkerrecht, in: ARZINGER, Gegenwartsproblme des Völkerrechts (1962), S.248, 251, 253-255; BROWNLIE, International law and the use of force by states (1963), S.257-261, S.275f.; DERS., The principle of the non-use of force in contemporary international law, in: BUTLER, The non-use of force in international law (1989), S.24f.; WRIGHT, The Cuban quarantine, Am J Intl'l L 57 (1963) 3, S.559-563; JIMÉNEZ DE ARÉCHAGA, La coordination des systèmes de l'ONU et de l'Organisation des États Américains pour le règlement pacifique des différends et la sécurité collective, RC 111 (1964-I), S.504; DERS., International law in the past third of a century, RC 159 (1978-I), S.95-98; WENGLER, Das völkerrechtliche Gewaltverbot - Probleme und Tendenzen (1967), S.5f.; SKUBISZEWSKI, Use of force by states in: SØRENSEN, Manual of public international law (1968), S.765-768 und insb. S.778; WITTIG, Der Aggressionsbegriff im internationalen Sprachgebrauch, in: SCHAUMANN, Völkerrechtliches Gewaltverbot und Friedenssicherung (1971), S.62f.; GÖRNER ET AL., Die völkerrechtlichen Mittel zur Durchsetzung des Grundprinzips des Gewaltverbots, in: AGFVR DDR, Völkerrecht (1973), Bd.2, S.238; OESER/STEINIGER/GRAEFRATH, Völkerrechtliche Verantwortlichkeit der Staaten (1977), S.129 bei Fn30 (m.N. auf sowjetische Lit.); HENKIN, How nations behave (1979), S.141-144; BLUMENWITZ, Das universelle Gewaltanwendungsverbot und die Bekämpfung des grenzüberschreitenden Terrorismus, BayVBl 32 (1986) 24, S.740; CASSESE, Internatio-

hält dagegen, Art.51 CVN lasse sich gerade nicht dahingehend ausgelegen, als sei er selbst Rechtsgrundlage. Denn bereits auf der VN-Gründungskonferenz von San Francisco 1945 sei eine Beschränkung des staatlichen Selbstverteidigungsrechts auf Fälle des bewaffneten Angriffes bezweckt worden.[49] Insofern

---

nal law in a divided world (1986), S.230ff., der jedoch nicht ausschließen möchte, dass sich ein neues, wenn auch sehr restriktives Gewohnheitsrecht etablieren könnte, unter dem präventive unilaterale Gewaltanwendung als völkerrechtskonform angesehen werden muss (S.233); vgl. aber auch DERS., International law (2001), S.310 a.E.; RÖLING, The ban on the use of force and the U.N. Charter, in: CASSESE, The current legal regulation of the use of force (1986), S.5, 7; AKEHURST, A modern introduction to international law (1987), S.262; dezidiert GENONI, Die Notwehr im Völkerrecht (1987), S.147; SEIDEL/SCHÖNFELDT, Das Verbot des Einsatzes von Nuklearwaffen durch das Völkerrecht, NJ (DDR) 41 (1987) 12, S.471 bei Fn10 und S.473; SINGH/MCWHINNEY, Nuclear weapons and contemporary international law (1988), S.86-92; KOLESNIK, The development of the right to self-defence, in: BUTLER, The non-use of force in international law (1989), S.154f.; MRAZEK, Prohibition of the use of force: Self-defence and self-help in international law, Can YB Int'l L 27 (1989), S.95f; MÜLLERSON/SCHEFFER, Legal regulation of the use of force, in: DAMROSCH ET AL, Beyond confrontation (1995), S.110f.; ALEXANDROV, Self-defense against the use of force in international law (1996), S.93-95 und insb. S.162f., 165 a.E.; ANTONOPOULOS, The unilateral use of force by states in international law (1997), S.299; DERS., The unilateral use of force by states after the end of the Cold War, J Arm'd Conf L 4 (1999) 1, S.144; IPSEN ET AL, Völkerrecht (2004), S.1088, §59, Rn29f..; DETTER, The law of war (2000), S.86f.; KIMMINICH/HOBE, Völkerrecht (Vorauflage 2000), S.28 (in der Folgeauflage indes relativierend, vgl. HOBE/KIMMINICH, Völkerrecht (2004), S.319); RANDELZHOFER, Use of force, in: BERNHARDT ET AL, EPIL, Bd.4 (2000), S.1253; DERS., Article 51 in: SIMMA ET AL, A Commentary (2002), Bd.1, S.803, Rn39, w.N. in Fn142; SEIDEL, a.a.O. (Fn3), S.24f., der vom "Chartaverbot der Erstanwendung von Gewalt" und in Bezug auf präventive Gewaltanwendung von "Minderheitenpositionen" (S.25) spricht; BOTHE, Friedenssicherung und Kriegsrecht, in: VITZTHUM, Völkerrecht (2007), S.653, Rn19, relativierend jedoch DERS., Terrorism and the legality of pre-emptive force, Eur J Int'l L 14 (2003) 2, S.227, wo er die *Präemption* als "unacceptable expansion of the *right of anticipatory self-defence*" ablehnt [Hervorh. hinzugef.] sowie DERS., Der Irak-Krieg und das völkerrechtliche Gewaltverbot, AVR 41 (2003) 3, S.261; DINSTEIN, War, aggression and self-defence (2001), S.172, der "anticipatory self-defence" ablehnt, die er mit "preventive strike" bzw. "preventive war" (S.165) gleichsetzt, gleichwohl (die von ihm so genannte) "interceptive […] self-defence", d.h. Selbstverteidigung nach Beginn der Angriffshandlung, aber noch vor Eintritt des Angriffserfolges als mit Art.51 CVN vereinbar ansieht (S.172 a.E.); KRISCH, a.a.O. (Fn32), S.54 bei Fn39; BYERS, Terrorism, the use of force and international law after 11 September, Int'l Comp L Q 51 (2002) 2, S.410f.; SLOSS, Forcible arms control: preemptive attacks on nuclear facilities, Chi J Int'l L 4 (2003) 1, S.52f. (in Bezug auf Präemptivschläge gegen nukleare Anlagen); WOLFRUM, a.a.O. (Fn28), S.5f., der sich "gegen jede Form von vorsorglicher Selbstverteidigung" (S.6) richtet, die "auf eine objektivierbare Feststellung des Angriffs [verzichtet]" (S.6); jedenfalls in Bezug auf präemptive Gewaltanwendung BRUHA/TAMS, Die Vereinten Nationen und das Völkerrecht, AusPuZ 22/2005, S.37. Zahlreiche weitere Nachweise bei KREẞ, a.a.O. (Fn34), S.199 in Fn845, der selbst keine Stellung bezieht.

49 So etwa JESSUP, Modernes Völkerrecht (1950), S.230f.; GENONI, Die Notwehr im Völkerrecht (1987), S.143f..

verbiete sich auch der Rückgriff auf außerhalb der Charta bestehende Rechtsquellen, schließlich sei Art.51 i.V.m. Art.2 Ziff.4, Art.39ff. und Art.53,107 CVN als eine abschließende Regelung in Bezug auf Gewaltanwendung zu verstehen.[50] Zumindest aber gehe das - ggf. bereits vor Gründung der Vereinten Nationen bestehende - völkergewohnheitsrechtliches Selbstverteidigungsrecht nicht über den insoweit restriktiven Art.51 CVN hinaus.[51]

Um alle Ansätze kritisch zu würdigen, werden die Überlegungen im zweiten Teil der Untersuchung dreigeteilt sein. In einem ersten Schritt wird - eingebettet in einen historischen Abriß zur Entwicklung des völkerrechtlichen Gewaltregelungsregimes - der Frage nachgegangen, ob und ggf. in welcher Form das Konzept der präventiven Gewaltanwendung vor Gründung der Vereinten Nationen zum völkerrechtlich anerkannten Normenbestand zählte (4. Kapitel). In einem zweiten Schritt muss dann festgestellt werden, ob die Charta tatsächlich ein abschließendes Gewaltregelungsregime darstellt; in diesem Fall entbehrten jedenfalls die Ansätze ihrer Grundlage, die in Art.51 CVN nur eine "Brückennorm" zu einem außerhalb der Charta liegenden Erlaubnistatbestand sehen (5. Kapitel). Im dritten Schritt werden die einzelnen Erklärungsansätze auf ihre Schlüssigkeit im Übrigen geprüft (6. Kapitel).

Der dritte Teil der Untersuchung ist schließlich der Betrachtung einschlägiger Staatenpraxis (7. Kapitel) gewidmet.

Wie der Gang der Untersuchung erkennen lässt, liegt ihr ein *induktiver* Ansatz zugrunde. Diese Vorgehensweise ist aus zwei Gründen die einzig tragfähige. Zum Einen begegnet die Deduktion angesichts der Natur des Völkerrechtssys-

---

50 Vgl. etwa DAHM, a.a.O. (Fn47), S.53f. mwN in Fn16; GENONI, a.a.O. (Fn49), S.106f., der in Art.51 CVN die "grosse Ausnahme vom Verbot der Gewaltanwendung" sieht, die "innerhalb der Kodifikation [CVN] abschließend geregelt ist"; HAILBRONNER, a.a.O. (Fn38), S.55; RANDELZHOFER, Use of force, in: BERNHARDT ET AL, EPIL, Bd.4 (2000), S.1251; RÖLING, On the prohibition of the use of force, in: BLACKSHIELD, FS-Stone (1983), S.277; SCHEUNER, Kollektive Sicherheit, in: STRUPP/SCHLOCHAUER, Wörterbuch des Völkerrechts (1961), Bd.2, S.245 ("Das Verbot der [...] Gewalt ist lückenlos, soweit nicht die Charter selbst Ausnahmen zulässt."); SCHINDLER, Die Grenzen des völkerrechtlichen Gewaltverbots, in: SCHINDLER/HAILBRONNER, Die Grenzen des völkerrechtlichen Gewaltverbots, BDGV 26 (1986), S.17; TOMUSCHAT, Der 11. September 2001und seine rechtlichen Konsequenzen, EuGRZ 28 (2001) 21/23, S.539 ("numerus clausus der anerkannten Rechtfertigungsgründe"); VERDROSS/SIMMA, a.a.O. (Fn35), S.287f., §469ff.; wohl auch VOIGTLÄNDER, Notwehrrecht und kollektive Verantwortung (2001), S.64; w.N. bei WILDHABER, a.a.O. (Fn23), S.150 bei und in Fn11, der selbst der restriktiven Lesart zuneigt.

51 So etwa SINGH/MCWHINNEY, Nuclear weapons and contemporary international law (1988), S.90ff.; MRAZEK, Prohibition of the use of force: Self-defence and self-help in international law, Can YB Int'l L 27 (1989), S.92; KRAJEWSKI, a.a.O. (Fn20), S.187 m.w.N. in Fn19-21.

tems, wie dargelegt, grundsätzlichen Bedenken. Zum Anderen ist sie anfälliger für das von Auffassung zu Auffassung variierend völkerrechtspolitisch Wünschenswerte und birgt damit die Gefahr einer verzerrten Abbildung der Realität. Dass sich diese Gefahr in der bisherigen Diskussion bereits realisiert hat, zeigt sich beispielhaft am sowohl von Befürwortern wie auch Kritikern des untersuchten Rechtes erhobenen Anspruch, für die sog. herrschende Meinung zu sprechen,[52] obgleich sich eine solche doch kaum feststellen lässt.[53] Um so dringlicher ist damit der Bedarf, die Frage nach einem Recht zur präventiven Gewaltanwendung ohne Rücksicht auf politische Wunschvorstellungen induktiv, am Ist-Zustand des Völkerrechtsregimes orientiert, zu beantworten.

---

52 Vgl. bei den Kritikern BOTHE, a.a.O. (Fn28), S.230 bei Fn2; BROWNLIE, The principle of the non-use of force in contemporary international law, in: BUTLER, The non-use of force in international law (1989), S.24; NEUHOLD, a.a.O. (Fn34), S.136f., S.253 bei Fn50; GRAY, a.a.O. (Fn45), S.112; HOFMANN, International law and the use of military force against Iraq, Ger YB Int'l L 45 (2002), S.30; von herrschender Lehre spricht WILDHABER, a.a.O. (Fn23), S.154 bei Fn30; bei den Befürwortern BERES, On assassination as anticipatory self-defense: The case of Israel, Hofstra L Rev 20 (1991) 2, S.332, Fn3, der gar den ius cogens Charakter (sic!) präventiver Selbstverteidigung meint feststellen zu können; in diese Richtung auch - im Ergebnis aber offengelassen - WALKER, Anticipatory collective self-defense in the Charter era: What the treaties have said, Cornell Int'l L J 31 (1998) 2, S.376 a.E.. Hingewiesen sei schließlich auf BOTHA, Anticipatory self-defence and reprisals re-examined. South African attacks on ANC bases in neighbouring states: The 'Guns of Gaborone' or 'rAIDS Disease'?, SA YB Int'l L 11 (1985-1986), S.148, der zwar auch behauptet, "that the majority of writers [...] acknowledg[e] the right of anticipatory self-defence", gleichsam aber - zu Recht - feststellt, dass "a head count does not prove anything in an issue like this."

53 Vgl. nur die Nachweise für beide Seiten in Fn44 und Fn48.

ERSTER TEIL

GRUNDLAGEN

Im ersten Teil werden die realen, rechtlichen und terminologischen Grundlagen für die Untersuchung geschaffen. Das Hauptaugenmerk liegt auf der Entwicklung und der rechtlichen Einordnung der zentralen Konfliktparameter - *Konfliktakteure* (1. Kapitel) und *Gefährdungsszenarien* (2. Kapitel) - also derjenigen Umstände, die sich auf den möglichen persönlichen und sachlichen Anwendungsbereich eines Rechtes zur präventiven Gewaltanwendung auswirken.

Zweck der Darstellung ist es, den Untersuchungsgegenstand in sinnvolle Einzelaspekte aufzugliedern, in Bezug auf diese Aspekte einzelfallunspezifische Grundlagen zu schaffen, Einzelprobleme zu identifizieren und abzuschichten sowie schließlich - durch den Abgleich von Konfliktrealität und Recht - Asymmetrien und Inkongruenzen herauszuarbeiten, die vor dem Hintergrund der zu fordernden Wirklichkeitsnähe[54] den Fokus für die weitere Betrachtung vorgeben.

Abschließend wird im 3. Kapitel die in der Diskussion um die präventive Gewaltanwendung verwendete *Terminologie* kritisch gewürdigt, vor dem Hintergrund der Fortentwicklung der Konfliktrealität differenziert und für die weitere Verwendung im zweiten und dritten Teil der Untersuchung definiert.

---

54 Vgl. hierzu supra Einleitung - B. , S.9f., insb. bei und in Fn40.

1. KAPITEL

PERSÖNLICHER ANWENDUNGSBEREICH

KONFLIKTAKTEURE UND DEREN RECHTLICHE ERFASSUNG

A. Vorüberlegung

Jedes Rechtsverhältnis setzt mindestens zwei Adressaten voraus, einen aktivlegitimierten und einen passivlegitmierten.[55] Da ein Recht zur präventiven Gewaltanwendung ausschließlich von Staaten in Anspruch genommen wird, stellt sich für den *persönlichen Anwendungsbereich* vor allem die Frage der Passivlegitimation. Angesichts des fortschreitenden Spannungsverhältnisses zwischen Konfliktrealität und Völkerrecht - Entstaatlichung völkerrechtlich relevanter Gewaltpotentiale bei gleichzeitig paradigmatischer Determination von Gewalt als staatlichem Umstand[56] - steht dabei im Mittelpunkt des Interesses, ob und wie *staatsähnliche und nicht-staatliche Gebilde*, die die faktische Fähigkeit aufweisen, grenzüberschreitende Gewalt auszuüben und insofern die tatbestandliche Gefahr eines Angriffsgeschehens verursachen können, *rechtlich erfasst* werden können.[57]

---

55 Vgl. SCHRÖDER, Verantwortlichkeit, Völkerstrafrecht, Streitbeilegung und Sanktionen, in: VITZTHUM, Völkerrecht (2007), S.586, Rn10.

56 Ebenso BRUHA/BORTFELD, Terrorismus und Selbstverteidigung, VN 49 (2001) 5, S.161; KOTZUR, "Krieg gegen den Terrorismus" - politische Rhetorik oder neue Konturen des "Kriegsbegriffs" im Völkerrecht?, AVR 40 (2002) 4, S.470; KRAJEWSKI, Selbstverteidigung gegen bewaffnete Angriffe nicht-staatlicher Organisationen - Der 11. September 2001 und seine Folgen, AVR 40 (2002) 2, S.183; MEISER/VON BUTTLAR, Militärische Terrorismusbekämpfung unter dem Regime der UN Charta (2005), S.7. Ebenso schon KERSTING, "Act of aggression" und "armed attack" Anmerkungen zur Aggressionsdefinition der UN, NZWehrr 22 (1981), S.142. Vgl. vertiefend sub Erster Teil - 2. Kapitel - A. - II. - 3. und 4. , S.74ff..

57 Der *wirkungsbezogene* Abgleich von Realität und Recht hinsichtlich einzelner Handlungseinheiten findet sich schon bei WENGLER, Der Begriff des Völkerrechtssubjektes im Lichte der politischen Gegenwart, FW 51 (1951-53), S.128, der imperativ fordert, dass "*Völkerrechtssubjekt* [...] in mehr oder weniger grossem Umfang [...] jede politisch relevante Interessensverknüpfung [...], sein [muss], die im internationalen Leben als *wirksamer Faktor* auftritt." [Hervorh. hinzugef.] Dazu auch MOSLER, Die Erweiterung des Kreises der Völkerrechtssubjekte, ZaöRV 22 (1962) 1, S.7, der seinerseits in *Wirkungseinheiten mit und ohne Rechtswirksamkeit* unterscheidet; krit. dagegen VON MÜNCH, Das völkerrechtliche Delikt in der modernen Entwicklung der Völkerrechtsgemeinschaft (1963), S.123-126, insb. S.125f..

I. Möglichkeiten der personellen Zuordnung physischen Bedrohungsverhaltens

Diese Erfassung kann grundsätzlich auf drei Wegen geschehen. Entweder ist der physische Urheber der Bedrohung zumindest in Bezug auf diese, also partiell *rechtsfähig*, tritt mithin *selbst als Normadressat* auf. Oder es wird mangels Rechtspersönlichkeit des physischen Bedrohungsurhebers mittels einer *Zurechnungsoperation* die Wirkung seines Bedrohungsverhaltens unmittelbar über eine zweite, ihrerseits rechtsfähige Person berücksichtigt, die dann *statt seiner als Normadressat* fungiert. Schließlich ist denkbar, dass das Bedrohungsverhalten auf keinem der vorgenannten Wege einer Rechtspersönlichkeit zugeordnet wird, sondern *objektive Bedingung* des untersuchten Tatbestandes darstellt.

II. Konsequenzen der unterschiedlichen Zuordnungsmodelle

Die Folgen der unterschiedlichen Ansätze sind von erheblicher Bedeutung. Sieht man von den Weltmeeren und dem pazifischen Sektor der Antarktis ab,[58] die für ein Recht zur präventiven Gewaltanwendung praktisch keine Rolle spielen,[59] erstreckt sich der *örtliche Anwendungsbereich* eines Rechtes zur präventiven Gewaltanwendung auf die Erdoberfläche und den Luftraum darüber.[60] Diese Räume sind in Gänze Staaten zugeordnet und somit grundsätzlich vor äußerer Gewaltanwendung geschützt, Art.2 Ziff.4 CVN. Folge dieser rechtlichen Verbindung von Gewaltanwendung und staatlicher Territorialität ist, dass - ungeachtet gegen welchen physischen Bedrohungsurheber sich die präventive Gewaltanwendung in concreto richtet - neben dem aktivlegitimierten Staat *stets ein zweiter Staat* an dem untersuchten Rechtsverhältnis beteiligt ist.[61] Je nach rechtlicher

---

58 Dies sind die einzigen hoheitsfreien Räume, vgl. nur VITZTHUM, Raum und Umwelt im Völkerrecht, in: DERS., Völkerrecht (2007), S.410, Rn30 bei und in Fn71.

59 Ebenso KOTZUR, a.a.O. (Fn56), S.474.

60 Mit Blick auf die *Weltmeere* wäre auch an die Rechtsfigur des "hot pursuit" zu denken, die hier nicht weiter bedacht wird. Vgl. hierzu nur DAHM, Das Verbot der Gewaltanwendung nach Art.2 (4) der UNO-Charta und die Selbsthilfe gegenüber Völkerrechtsverletzungen, die keinen bewaffneten Angriff enthalten, JIR 11 (1962), S.57f.

61 Vgl. auch TIETJE/NOWROT, Völkerrechtliche Aspekte militärischer Maßnahmen gegen den internationalen Terrorismus, NZWehrR 44 (2002) 1, S.13 m.w.N. in Fn71; MEISER/VON BUTTLAR, a.a.O. (Fn56), S.43; DELBRÜCK, The fight against global terrorism: Self-defense or collective security as international policy action? Some comments in the international legal implications of the "war against terrorism", Ger YB Int'l L 44 (2001), S.15. Vgl. zur Bedeutung unterschiedlicher *personaler* Zuordnung von Gewaltverhalten exemplarisch DOEHRING, in RAUSCHNING/RANDELZHOFER, Staatenverantwortlichkeit, BDGV 24 (1984), S.107f. [Diskussionsbeitrag]: "In dieser Hinsicht sollte man sich auch erinnern an die Kämpfe zwischen Israel und den Palästinensern im Libanon. Wenn die Israelis gegen Partisanengruppen kämpfen, die aus dem Territorium des Libanon in israelisches Territorium herüberschießen, erhebt sich die Frage, ob das militärische Eindrin-

Berücksichtigung des physischen Bedrohungsurhebers entsteht mithin ein Zwei- oder Drei-Personen-Verhältnis.

1. Bilaterale Konstellation - Zurechnungsansatz

Wird das Bedrohungsverhalten zugerechnet, bleibt es bei einer für das staatszentrierte Gewaltregelungsregime üblichen bilateralen Beziehung. Das Zurechnungssubjekt ist passivlegitimierte Partei.

2. Echte Dreieickskonstellation - Subjektsansatz

Verfügt der staatsähnliche oder nicht-staatliche - physische - Bedrohungsurheber dagegen im Hinblick auf das von ihm ausgehende Gewaltpotential über eine eigene Rechtspersönlichkeit, entsteht eine Dreieickskonstellation. Der bedrohte Staat übt sein Recht zur präventiven Gewaltanwendung zwar unmittelbar gegen den Bedrohungsurheber aus, so dass diese beiden Rechtssubjekte die "Hauptparteien" des Rechtsverhältnisses sind. Da dies jedoch in fremdem Staatsraum geschieht, muss für den betroffenen Drittstaat eine Duldungspflicht bestehen, die die Rechtfertigung für den handelnden Staat darstellt, gerade auf dem betroffenen Territorium gegen den Bedrohungsurheber vorzugehen. Da nach diesem Ansatz *drei Rechtssubjekte* beteiligt wären, kann von einer *echten* Dreieckskonstellation gesprochen werden.

3. Unechte Dreieckskonstellation - der "Auffangadressat"

Wird hingegen das Bedrohungsverhalten eines staatsähnlichen oder nichtstaatlichen Akteurs mangels eigener Rechtspersönlichkeit und mangels Zurechnungsmöglichkeit (nur) als rechtssubjektsneutrale, *objektive Bedingung* eines Rechtes zur präventiven Gewaltanwendung erfasst, entsteht eine *unechte Dreieckskonstellation*, wie sie in der Geschäftsführung ohne Auftrag oder dem Notstand abgebildet werden. Das *faktisch* dreipolige Geschehen wird *rechtlich* in einer bilateralen Beziehung abgebildet: Der sich präventiv Verteidigende greift zur Abwehr in die Gütersphäre einer an der Gefahrenlage unbeteiligten, gleich-

gen Israels in den Libanon als gerechtfertigte 'self-defence' zu werten ist. […] Kann man 'self-defence' gegen die Palästinenser ausüben, obwohl ihr Verband kein Völkerrechtssubjekt ist? Wie steht es mit einem Verteidigungsrecht gegen das Verhalten des Libanon? Der Libanon war vielleicht gar nicht in der Lage, die Palästinenser an ihren Aktivitäten zu hindern. Ist nun das Eindringen Israels in das Territorium des Libanon Notwehr oder nur Notstand […]?"

wohl passivlegitimierten Partei ein, die mangels subjektiver Erfassung des unmittelbaren Bedrohungsurhebers insofern als bloßer *Auffangadressat* fungiert.[62]

B. Die einzelnen Konfliktakteure

Vor diesem Hintergrund wird nachfolgend dargestellt, wie die faktische Konfliktfähigkeit verschiedener international agierender Wirkungseinheiten rechtlich erfasst wird.

I. Staaten

Ausgangspunkt (und Maßstab) der Betrachtung ist der "Prototyp" des internationalen Konfliktakteurs, des Staats. Die Verknüpfung von faktischer Konfliktfähigkeit und rechtlicher Erfassung wird hier durch die Entstehung des modernen Staatsbegriffes an sich verdeutlicht. Ihren Ursprung findet die Entwicklung im Westfälischen Frieden v. 24. Oktober 1648.[63] Mit ihm wurde nicht nur der Dreißigjährige Krieg beendet, er legte durch Anerkenntnis der territorialen *Souveränität* der Kürfürsten, Fürsten und Reichsstände auch den völkerrechtspraktischen[64] Grundstein für die Rechtssubjektsgleichheit und damit für die genossenschaftlich konzipierte Völkerrechtsordnung. Das bis dato geltende Prinzip der religiösen Herrschaftslegitimation (lex aeterna) wurde durch eine säkularisierte Begründung ersetzt, in deren Zentrum der Begriff der Souveränität[65] stand - in faktischer Hinsicht Voraussetzung für und in rechtlicher Hinsicht Wirkung von Herrschaft. Die so entstehende wechselseitige Bedingung von Souveränität und Rechtssubjektivität förderte während des 18. Jahrhunderts einen numerus clausus zu Tage, der bis ins 20. Jahrhundert hinein den Kreis der Völkerrechtssubjekte auf diejenigen Herrschaftsgebilde beschränkte, die unter den Voraussetzungen der Drei-Elemente-Lehre die innere und äußere Souveränität über das

---

62 Vgl. hierzu KREẞ, Gewaltverbot und Selbstverteidigungsrecht nach der Satzung der Vereinten Nationen bei staatlicher Verwicklung in Gewaltakte Privater (1995), S.158-160.

63 *Instrumentum Pacis Osnabrugense* [Friedensvertrag von Osnabrück] und *Instrumentum Pacis Monasteriense* [Friedensvertrag von Münster], beide v. 14./24. Oktober 1648, abgedr. in CTS 1 (1648), S.119 und S.271.

64 Bereits ein dreiviertel Jahrhundert zuvor hatte BODIN die Grundlagen für das auf souveräner Gleichheit basierende internationale System *rechtstheoretisch* dargelegt. Vgl. hierzu GREWE, Epochen der Völkerrechtsgeschichte (1984), S.198; QUARITSCH, Bodins Souveränität und das Völkerrecht, AVR 17 (1977-1978) 3/4, S.257ff.; VERDROSS/SIMMA, Universelles Völkerrecht (1984), S.26, §32. Vgl. hierzu auch die sub - Zweiter Teil - 4. Kapitel - A. - I. - 3. , S.108 beschriebene Entwicklung.

65 Vgl. IPSEN ET AL, Völkerrecht (2004), S.21ff., §2, Rn13-18; historischer und philosophischer Hintergrund bei FASSBENDER/BLECKMANN, Article 2 (1), in: SIMMA ET AL, A Commentary (2002), Bd.1, S.70ff., Rn3-21 und STEINBERGER, Sovereignty, in: BERNHARDT ET AL, EPIL, Bd.4 (2000), S.501-511.

beherrschte Territorium[66] *dauerhaft und effektiv ausüben* konnten.[67] Dazu gehörte, dass der Herrschaftsverband ultima ratio zur gewaltsamen Selbstbehauptung nach innen und außen im Stande war, d.h. über entsprechende Konfliktmittel frei verfügte, mithin das *Gewaltmonopol* auf dem beherrschten Territorium inne hatte.[68] Die faktische Konfliktfähigkeit von Staaten wurde somit nicht nur in deren Rechtssubjektivität erfasst und abgebildet - sie war zugleich Voraussetzung, um Souveränität und damit Rechtssubjektivität überhaupt annehmen zu können.

Wenngleich der Begriff der Souveränität heute nicht mehr als Inbegriff einer absoluten Rechtstellung verstanden wird - Art.2 Abs.1 CVN spricht bezeichnenderweise von der souveränen *Gleichheit* der Staaten und verdeutlicht damit eine der wesentlichen völkerrechtlichen Schranken der staatlichen Allmacht[69] - gelten angesichts des Effektivitätsgrundsatzes die Ausführungen zur Korrelation von Konfliktfähigkeit und Rechtsfähigkeit bei Staaten im Prinzip noch immer. Die damit zu treffende Feststellung, dass alle souveränen Staaten unmittelbar durch Rechte und Pflichten des Gewaltregelungsregimes adressiert werden, mag auf

---

66 Zu den Ausnahmen Heiliger Stuhl und Malteser Ritterorden, die beide *trotz Verlust des Hoheitsgebiets* ihre Völkerrechtssubjektivität behielten, VERDROSS/SIMMA, a.a.O. (Fn64), S.247-249, §§412ff. und 252f., §417 und HAILBRONNER, Der Staat und der Einzelne als Völkerrechtssubjekte, in: VITZTHUM, Völkerrecht (2007), S.177, Rn41f.

67 Vgl. DAHM/DELBRÜCK/WOLFRUM, Völkerrecht, Bd.I/2 (2002), S.306 bei Fn12; DELBRÜCK, Structural changes in the international system and its legal order: International law in the era of globalization, SZIER 11 (2001) 1, S.7; KRÖNERT, Die Stellung nationaler Befreiungsbewegungen im Völkerrecht (1984), S.66; MOSLER, a.a.O. (Fn57), S.10; SEIDL-HOHENVELDERN/STEIN, Völkerrecht (2000), S.133, Rn617. Dabei löste der *Effektivitätsgrundsatz*, der tw. als Ausdruck der Legitimität der Volkssouveränität verstanden wurde, das unmittelbar nach der Säkularisierung der Herrschaftsableitung entstandene Prinzip der *dynastischen Legitimität* ab. Vgl. hierzu m.w.N. nur HILLGRUBER, Die Aufnahme neuer Staaten in die Völkerrechtsgemeinschaft (1998), S.396f.; FROWEIN, Das de facto-Regime im Völkerrecht (1968), S.227.

68 So auch VERDROSS/SIMMA, a.a.O. (Fn64), S.226, §383, die als Beleg auf S.227 in Fn18 die Feststellung der vom VB eingesetzten Juristenkommission zur Prüfung der Rechtslage der Ålandinseln anführen, dass "Finnland erst ein unabhängiger Staat wurde, 'until the public authorities had become strong enough to assert themselves ... *without the assistance of foreign troops*'" [Hervorh. v. VERDROSS/SIMMA]; vgl. ferner BLECKMANN, Völkerrecht (2001), S.26, Rn80; HEINTZEN, Das staatliche Gewaltmononpol als Strukturelement des Völkerrechts, Der Staat 25 (1986) 1, S.19, 23; MENK, Gewalt für den Frieden (1992), S.46f..

69 Vgl. LAUBACH/PREUß/SCHMIERER/STOLL, Die Rolle des Völkerrechts in einer globalisierten Welt (2004), S.13; HILLGRUBER, Das Verhältnis von Frieden und Gerechtigkeit - völkerrechtlich betrachtet, ZfP 50 (2003) 3, S.245f., 255f., der das Prinzip durchaus treffend mit dem KANT'schen Imperativ beschreibt; IPSEN ET AL, a.a.O. (Fn65), S.40, §2, Rn66 beschreibt die Gesamtentwicklung pointiert "[v]on der völkerrechtsbegrenzenden Souveränität zum souveränitätsbegrenzenden Völkerrecht". Zur heutigen Bedeutung der Souveränität m.w.N. nur FASSBENDER/BLECKMANN, a.a.O. (Fn65), S.83ff., Rn45-70; STEINBERGER, a.a.O. (Fn65), S.511-518; w.N. bei KOTZUR, a.a.O. (Fn56), S.475 in Fn105.

den ersten Blick lapidar erscheinen. Bedeutung erlangt sie freilich mit Blick auf jene Staaten, denen in der Vergangenheit vermehrt die - nicht unzweifelhafte - Bezeichnung *Schurkenstaaten* ("*rogue states*"[70]) zuteil geworden ist. Denn selbst die permanente Verletzung völkerrechtlicher Pflichten - etwa die Duldung oder gar aktive Unterstützung grenzübergreifend agierender terroristischer Gruppierungen - macht einen Staat nicht, wie die Begrifflichkeit impliziert, zu einem Völkerrechtssubjekt zweiter Klasse, dessen Rechte oder Pflichten per se eingeschränkt oder gar aufgehoben wären. Ungeachtet der Fragen, welche Instanz anhand welcher Kriterien auf welcher Rechtsgrundlage zu entscheiden hätte, welcher Rechte ein Staat verlustig geht, ist eine solche Herabstufung eben mit dem Strukturprinzip[71] der Gleichheit aller Staaten (Art.2 Abs.1 CVN) nur schwerlich vereinbar.[72] Das rechtlich zu missbilligende Verhalten muss und darf daher nur im konkreten Einzelfall Berücksichtigung finden - etwa über die Zurechnung privaten Verhaltens im Rahmen einer berechtigten Gewaltanwendung oder bei der Feststellung einer Friedensbedrohung seitens des Sicherheitsrates.[73]

II. Staatsähnliche Konfliktakteure

Historisch gesehen sind neben die Staaten zunächst die *staatsähnlichen* Konfliktakteure getreten. Darunter werden solche Wirkungseinheiten verstanden, die regelmäßig die Staatlichkeit - sei es durch Sezession oder Ersetzung einer etablierten Herrschaftsgewalt - anstreben, aber gemessen an der Drei-Elemente-Lehre noch nicht alle Voraussetzungen erfüllen bzw. trotz deren Erfüllung im internationalen Rechtsverkehr faktisch keine Anerkennung als Staat finden.[74]

---

70 Ebenso wie der Ausdruck "war on terror" stellt die Bezeichnung "rogue states" primär *politische* Semantik dar, die verstärkt durch die US-Regierung in den internationalen Sprachgebrauch eingeführt worden ist, vgl. etwa *The National Security Strategy of the United States of America*, http://www.whitehouse.gov/nsc/nss.pdf [letzter Abruf: 29. September 2006], passim, insb. S.13-15 sowie Nachweise bei MINNEROP, Rogue states - State sponsors of terrorism?, Ger L J 3 (2002) 9, http://www.germanlawjournal.com/ article.php?id=188 [letzter Abruf: 29. September 2006], §8 in Fn9f..

71 Vgl. Nachweise supra Einleitung - A. , S.7 in Fn37.

72 Ebenso LAUBACH/PREUß/SCHMIERER/STOLL, a.a.O (Fn69), S.34f.; in Bezug auf die Feindstaatenklauseln RESS/BRÖHMER, Article 53, in: SIMMA ET AL, Commentary (2002), Bd.1, S.879, Rn65. Zur Vergleichbarkeit des Konzepts der "Schurkenstaaten" mit dem der "Feindstaaten" sub Zweiter Teil - 6. Kapitel - A. - II. - 2. , S.302.

73 Vgl. auch TOMUSCHAT, Der 11. September 2001 und seine rechtlichen Konsequenzen, EuGRZ 28 (2001) 21/23, S.541; BLUMENWITZ, Der Präventivkrieg und das Völkerrecht, Politische Studien 54 (2003) 5, S.27f..

74 I.d.S. sprechen von *staatsähnlichen* Gebilden auch CASSESE, International Law (2001), S.69 (in Bezug auf Aufständische); DAHM/DELBRÜCK/WOLFRUM, a.a.O. (Fn67), S.316 (in Bezug auf die PLO); GINTHER, Liberation movements, in: BERNHARDT ET AL, EPIL (1997), Bd.3, S.212 (allg. in Bezug auf nationale Befreiungsbewegungen); RAUSCHNING, Die Geltung des völkerrechtlichen Gewaltverbots in Bürgerkriegssituationen, in: SCHAU-

Nicht zuletzt wegen der in Zeiten des Kolonialismus und Imperialismus installierten Fremdherrschaften bzw. der damit verbundenen willkürlichen Grenzziehung - ohne Rücksicht auf vor Ort bestehende ethnische, religiöse, sprachliche oder kulturelle Grenzen[75] - waren und sind solche Bestrebungen bis heute mit der Anwendung von Gewalt verbundenen, die häufig auch grenzübergreifende Wirkung zeitigen.

1. Insurgenten - Belligerenten

Die Staatszentriertheit des Völkerrechts wurde erstmals anlässlich der Bürger- und Unabhängigkeitskriege des 18. und 19. Jahrhunderts herausgefordert.[76] Es bildeten sich - nach klassischem Rechtsverständnis innerstaatliche - Konflikte aus, die im Maß ihrer Zerstörung und Grausamkeit und in ihrer Dauer einem zwischenstaatlichen Krieg kaum nachstanden. Hinzu kam, dass aufständische Bürgerkriegsparteien, in Befehlsstrukturen organisiert und mit nach außen erkennbaren Repräsentanten, zunehmend für namhafte Zeiträume in Teilen eines Staatsgebiets die etablierte Regierung verdrängten und die effektive Herrschaftsgewalt übernahmen. Angesichts der kriegsähnlichen Auswirkungen entstand - wenn auch nur "sehr langsam"[77] - das Bedürfnis und die Bereitschaft sowohl bei den unmittelbaren Konfliktakteuren als auch bei mittelbar betroffenen (Nachbar-)Staaten, bestimmte Aspekte dieser neuen Konfliktrealität durch das Völkerrecht zu regeln. Im Vordergrund stand dabei jedoch nicht das 'ius ad bellum', sondern die Anwendbarkeit des '*ius in bello*', des *Neutralitäts- und Fremdenrechts* und die Frage der *völkerrechtlichen Verantwortlichkeit*: Während die unmittelbaren Konfliktakteure darauf bedacht waren, einen humanitären Mindeststandard für die kämpfenden Einheiten bzw. die Zivilbevölkerung zu gewährleisten,[78] ging es Drittstaaten meist darum, eigene Staatsangehörige oder deren Eigentum im Konfliktgebiet wirksam zu schützen bzw. durch den Status der Neutralität einer Ausdehnung des Konfliktes in den eigenen Herrschaftsbe-

---

MANN, Völkerrechtliches Gewaltverbot und Friedenssicherung (1971), S.78 und WENGLER, a.a.O. (Fn57), S.124 (in Bezug auf de facto-Regime).

75 Vgl. etwa IPSEN ET AL, a.a.O. (Fn65), S.420, §29, Rn6 a.E.; CASSESE, a.a.O. (Fn74), S.67.

76 Ausgehend vom amerikanischen Unabhängigkeitskrieg (1775-1783), sind hier etwa die Unabhängigkeitskriege der spanischen Kolonien in Lateinamerika (ca.1810-1825), Belgiens (1830-1833), Griechenlands gegen das Osmanische Reich (1821-1830) sowie die Gründung des Königreiches Rumänien nach dem Krieg gegen die Türken (1856) wie auch der spanisch-kubanische Krieg (1895-1898) zu nennen. Bsp. aus DAHM/DELBRÜCK/WOLFRUM, a.a.O. (Fn67), S.305f. und CASSESE, a.a.O. (Fn74), S.66f..

77 BOTHE, Friedenssicherung und Kriegsrecht, in: VITZTHUM, Völkerrecht (2007), S.720, Rn120 bei Fn558.

78 Vgl. DAHM/DELBRÜCK/WOLFRUM, a.a.O. (Fn67), S.296 a.E., 297f., 299, 302; RIEDEL, Recognition of belligerency, in: BERNHARDT ET AL, EPIL, Bd.4 (2000), S.47.

reich vorzubeugen.[79] Kam es dennoch zur Verletzung dritter Rechte durch die Aufständischen, lag es im Interesse der etablierten Regierung, sich zumindest der Haftung auf Wiedergutmachung oder Entschädigung entledigt zu haben.[80]

Die für alle vorgenannten Punkte erforderliche (partielle) Völkerrechtssubjektivität der aufständischen Bürgerkriegspartei wurde *für die Dauer des Konfliktes* durch eine Anerkennung als Insurgenten (Aufständische) bzw. eine Anerkennung als Belligerenten (Kriegführende) *inter partes* begründet.[81] Die Anerkennung konnte von der etablierten Regierung prinzipiell zu jeder Zeit des bestehenden Konfliktes, von Drittstaaten nur ultima ratio ausgesprochen werden, wenn die etablierte Regierung im Bürgerkriegsgebiet den Schutz dritter Staatsangehöriger bzw. deren Rechte nicht mehr gewährleisten konnte.[82] So wurde die Aufnahme von völkerrechtlichen Beziehungen - auf die oben genannten Bereiche begrenzt - ermöglicht, ohne jedoch die aufständische Bewegung auf von dieser kontrolliertem Gebiet als Staat anzuerkennen. Damit kam nicht zuletzt zum Ausdruck, dass es sich trotz der Anerkennung um einen *innerstaatlichen* Konflikt handelte, bei dem jede Unterstützung der Aufständischen von dritten Staaten gegen das Interventionsverbot verstieß.[83] Gleichsam war klargestellt, dass der aufständischen Bewegung das den Staaten vorbehaltene Recht, Krieg zu führen, nicht zukam. Entsprechend konnten niedergeschlagene Aufständische - anders als Staatsoberhäupter von im Krieg unterlegenen Staaten - als Kriminelle verurteilt werden.[84]

Was die *Zurechnung von Gewaltverhalten* der Aufständischen zum Staat betrifft, gilt bis heute, dass diese nur möglich ist, wenn die Aufständischen erfolg-

---

79 Vgl. CASSESE, a.a.O. (Fn74), S.68; DAHM/DELBRÜCK/WOLFRUM, a.a.O. (Fn67), S.298; IPSEN ET AL, a.a.O. (Fn65), S.107, §8, Rn14; FROWEIN, a.a.O. (Fn67), S.22 und 30; SEIDL-HOHENVELDERN/STEIN, a.a.O. (Fn67), S.157, Rn787f.;.

80 Vgl. DAHM/DELBRÜCK/WOLFRUM, a.a.O. (Fn67), S.298 a.E.; SEIDL-HOHENVELDERN/STEIN, a.a.O. (Fn67), S.157, Rn785. HEINTZEN, a.a.O. (Fn68), S.28. Krit. m.w.N. aber ZISCHG, Nicht-internationaler bewaffneter Konflikt und Völkerrecht (1996), S.50 bei und in Fn25.

81 Zur (str.) Abgrenzung der beiden Institute und vertiefend, jeweils m.w.N.: DOEHRING, Völkerrecht (2004), S.119f., Rn263-266; VERDROSS/SIMMA, a.a.O. (Fn64), S.240, §404; WILSON, International law and the use of force by national liberation movements (1988), S.22-29; ZISCHG, a.a.O. (Fn80), S.53f..

82 Andernfalls war die Anerkennung durch Drittstaaten völkerrechtswidrig, vgl. IPSEN ET AL, ebd. (Fn79); differenzierend DAHM/DELBRÜCK/WOLFRUM, a.a.O. (Fn67), S.297 m.w.N.. Zu den Voraussetzungen der Anerkennung DIES., a.a.O. (Fn67), S.296f.; CASSESE, a.a.O. (Fn74), S.67.

83 Vgl. HAILBRONNER, Die Grenzen des völkerrechtlichen Gewaltverbots, in: SCHINDLER/HAILBRONNER, Die Grenzen des völkerrechtlichen Gewaltverbots, BDGV 26 (1986), S.78; RIEDEL, Recognition of insurgency, in: BERNHARDT ET AL, EPIL, Bd.4 (2000), S.55.

84 Vgl. RIEDEL, a.a.O. (Fn78), S.48; DERS., a.a.O. (Fn83), S.54.

reich sind und die etablierte Regierungsgewalt vollständig ersetzt haben.[85] Diese Zurechnung entfaltet auf Grund ihres rückwirkenden Charakters allerdings nur Bedeutung für den Bereich der Wiedergutmachung oder Entschädigung und kommt für ein Recht zur präventiven Gewaltanwendung nicht zum Tragen.

Die konstitutive Anerkennung von Insurgenten bzw. Belligerenten, die ihren zentralen Anknüpfungspunkt im bestehenden gewaltsamen Konflikt hatte, läßt sich in der Staatenpraxis seit Ende des 2. Weltkrieges nicht mehr nachweisen.[86] Sie ist in ihrer Bedeutung vor allem durch die Rechtsfigur des de facto-Regime ersetzt worden.[87]

2. De facto-Regime

Während die Staatenwelt im 18. und 19. Jahrhundert, wie soeben gezeigt, völkerrechtliche Beziehungen zu staatsähnlichen Gebilden vorwiegend anlässlich von Bürger- bzw. Unabhängigkeitskriegen aufnahm, verstärkte der epochale Paradigmenwechsel vom europäischen Koexistenz- zum universellen Kooperationsvölkerrecht zu Beginn des 20. Jahrhunderts,[88] verbunden mit dem Zerfall der bis zu diesem Zeitpunkt bestehenden Imperien, das Bedürfnis der etablierten Staatenwelt *auch unabhängig von kriegerischen Konfliktsituationen* mit der steigenden Zahl staatsähnlicher Gebilde in rechtlichen Kontakt zu treten.

Die bis dato herrschende Praxis war hierfür jedoch nur bedingt brauchbar: Sie bot zum Einen lediglich die Alternativen, ein Gebilde bei Vorliegen der konstitutiven Elemente - Volk, Territorium, effektive und dauerhafte Herrschaftsgewalt - *als Staat* oder während eines bestehenden Konfliktes eine Gruppe von

---

85 Vgl. nur Art.10 ILC-DASR (2001), A/CN.4/L.602/Rev.1 v. 26. Juni 2001, sowie ausführlich EPINEY, Die völkerrechtliche Verantwortlichkeit von Staaten für rechtswidriges Verhalten im Zusammenhang mit Aktionen Privater (1992), S.136ff..

86 So DAHM/DELBRÜCK/WOLFRUM, a.a.O. (Fn67), S.295, 299; HEINTZEN, a.a.O. (Fn68), S.28 in Fn55; HOBE/KIMMINICH, Völkerrecht (2004), S.169; RIEDEL, a.a.O. (Fn78), S.48; DERS., a.a.O. (Fn83), S.55; VERDROSS/SIMMA, a.a.O. (Fn64), S.240, §404 a.E.; WILSON, a.a.O. (Fn81), S.27 bei Fn60. SCHEUNER, Krieg und Bürgerkrieg in der Staatenwelt der Gegenwart, in: BLUMENWITZ/RANDELZHOFER, FS-Berber (1973), S.478 sieht den Wendepunkt im spanischen Bürgerkrieg (1936-39).

87 Vgl. m.w.N. VERDROSS/SIMMA, a.a.O. (Fn64), S.240, §405 bei Fn4. Im Bereich des '*ius in bello*' haben ferner Kodifikationen eine Ausweitung auf nicht-internationale Konflikte unabhängig von der Anerkennung der aufständischen Partei gebracht (v.a. Art.3 der vier Genfer Abkommen, ferner Art.1 Abs.4 i.Vm. Art.96 Abs.3 ZP I sowie das ZP II in den Grenzen dessen Art.1 Abs.2), hierzu BOTHE, a.a.O. (Fn77), S.720ff., Rn120-124; RIEDEL, a.a.O. (Fn78), S.49f..

88 Kennzeichnend hierfür war die Ersetzung des "Gedanke[ns] der [europäischen] Zivilisationsgemeinschaft" durch die Idee der "universellen Rechtsgemeinschaft des ganzen Menschengeschlechts", GREWE, a.a.O. (Fn64), S.685 sowie S.687 unter Hinweis auf TRUYOL Y SERRA in Fn4.

Aufständischen als *Insurgenten oder Belligerenten* anzuerkennen. Für reale Zustände, die weder in der Vollanerkennung noch in der zeitlich wie funktional beschränkten Anerkennung von Aufständischen abgebildet werden konnten, gab es hingegen keine Handhabe. Zum Anderen barg die von Drittstaaten ausgesprochene *Anerkennung* vor dem Hintergrund des Prinzips der Nicht-Intervention in innere Angelegenheiten stets das Risiko der Völkerrechtswidrigkeit.[89] Schließlich war und ist die Anerkennung - selbst wenn sie objektive Kriterien voraussetzt - eine subjektive Entscheidung der etablierten Staaten und damit vor allem Mittel der Politik.[90] Dass es aber im modernen Völkerrecht weniger von der politischen Entscheidung, sondern vielmehr von der tatsächlichen Einbindung in den Rechtsverkehr abhängt, ob einer faktischen "Wirkungseinheit"[91] partielle Rechtssubjektivität zukommt, ergibt sich nicht nur aus dem Postulat der besonderen Wirklichkeitsnähe des Völkerrechts[92], sondern auch aus dem bona fides-Prinzip bzw. dessen Konkretisierung im Grundsatz des venire contra factum proprium. Wie FROWEIN nachgewiesen hat,[93] ist die Staatenwelt daher verstärkt mit der Teilung einiger Staaten[94] seit Ende des Zweiten Weltkrieges[95] dazu übergegangen, *nicht unstreitig* als Staat anerkannte Gebilde[96] ohne Weiteres, also insbesondere ohne ausdrückliche Anerkennungserklärung,[97] als berechtigtes und verpflichtetes *de facto-Regime* zu behandeln, soweit wesentliche "Rudimente

---

89 Vgl. dazu BLECKMANN, a.a.O. (Fn68), S.37, Rn122; DAHM/DELBRÜCK/WOLFRUM, a.a.O. (Fn67), S.297; SEIDL-HOHENVELDERN/STEIN, a.a.O. (Fn67), S.142, Rn667 sowie S.158, Rn795; VON MÜNCH, a.a.O. (Fn57), S.101 m.w.N. in Fn735; ZISCHG, a.a.O. (Fn80), S.47 und S.52, Fn33f..

90 Vgl. RANDELZHOFER, Article 2 (4), in: SIMMA ET AL, A Commentary (2002), Bd.1, S.122, Rn30; VON MÜNCH, a.a.O. (Fn57), S.101 nach Fn739; WILSON, a.a.O. (Fn81), S.105.

91 MOSLER, a.a.O. (Fn57), S.7; DAHM/DELBRÜCK/WOLFRUM, a.a.O. (Fn67), 5.Abschnitt, passim.

92 Vgl. dazu schon supra Einleitung - B. , S.8 bei Fn40.

93 FROWEIN, Das de facto-Regime im Völkerrecht (1968).

94 Nämlich Deutschland, Korea, Vietnam und China.

95 Vgl. FROWEIN, a.a.O. (Fn67), S.2 a.E. und S.7 a.E..

96 Vgl. die Ausführungen zur Auswahl der untersuchten Staatenpraxis bei FROWEIN, a.a.O. (Fn67), S.26-32.

97 Wohl a.A. HILLGRUBER, a.a.O. (Fn67), S.754ff., der davon ausgeht, dass die partielle Völkerrechtssubjektivität dem de facto-Regime - etwa was Bindung an und Schutz durch das Gewaltverbot betrifft - nur durch "völkerrechtlich erhebliche Rechtsakte [...] zugewiesen" (S.755) wird: "Es verhält sich also nicht so, 'daß ein de facto-Régime aufgrund seiner Existenz eine bestimmte Rechtsposition einnimmt, ohne daß es dafür einer besonderen Anerkennung bedarf', sondern umgekehrt: Wenn und soweit einem staatlichen Gebilde ein und sei es auch nur begrenzter, unverletzlicher internationaler Status durch einen es nicht als Staat [...] anerkennenden, anderen Staat oder durch die organisierte Staatengemeinschaft mit verbindlicher Wirkung für den nicht anerkennenden Staat eingeräumt worden ist, ihm also in diesem Sinne die 'Anerkennung' zumindest teilweiser Völkerrechtssubjektivität zuteil geworden ist, gelten das Gewaltverbot und [...] möglicherweise auch andere allgemeine Regeln des Völkerrechts." (S.755f.) [Hervorh. im Orig. weggelassen].

des Staatsbegriffs"[98] erfüllt sind. Die Rechtsfigur ist heute etabliert. Mit Blick auf das Gewaltregelungsregime sind de facto-Regime Staaten weitestgehend gleichgestellt, unterliegen insbesondere Bindung und Schutz durch das Gewaltverbot.[99]

3. Nationale Befreiungsbewegungen

a. Allgemeine Charakteristika

Eine weitere - in ihrer modernen Form[100] durch die Entkolonialisierung während der 1950er bis 1980er Jahre entstandene - Gruppe staatsähnlicher Akteure sind die sog. nationalen Befreiungsbewegungen. Im Gegensatz zu Insurgenten, Belligerenten und de facto-Regimen üben sie keine oder nur sehr eingeschränkte, dann aber keineswegs effektive territoriale Herrschaftsgewalt aus.[101] Gleichzeitig erheben sie aber den Anspruch, für die unter Fremdherrschaft stehende Bevölkerung(-sgruppe) die *einzig legitime* Herrschaftsvertreterin zu sein. Als Rechtsgrundlage für diesen Herrschaftsanspruch dient das Selbstbestimmungsrecht,[102] das Befreiungsbewegungen typischerweise *sowohl mit politischen als auch militärisch-gewaltsamen Mitteln* durchzusetzen suchen.[103] Dabei finden Gewaltakte nicht nur auf dem Territorium eines Staates statt. Immer wieder

---

98 DOEHRING, a.a.O. (Fn81), S.117, Rn259. Dazu zählt vor allem die territorial bezogene Herrschaftgewalt, mithin die Erlangung des *Gewaltmonopols*, so HEINTZEN, a.a.O. (Fn68), S.21.

99 Vgl. nur FROWEIN, a.a.O. (Fn67), S.67-69; ferner BOWETT, Self-defence in international law (1958), S.154; WENGLER, Das völkerrechtliche Gewaltverbot - Probleme und Tendenzen (1967), S.7ff.; später NEUHOLD, Internationale Konflikte - verbotene und erlaubte Mittel ihrer Austragung (1977), S.75f.; RANDELZHOFER, a.a.O. (Fn90), S.121, Rn28 m.w.N. in Fn69; RAUSCHNING, a.a.O. (Fn74), S.78; m.w.N. in Fn53; SCHINDLER, Die Grenzen des völkerrechtlichen Gewaltverbots, in: SCHINDLER/HAILBRONNER, Die Grenzen des völkerrechtlichen Gewaltverbots, BDGV 26 (1986), S.29f. m.w.N. in Fn53.

100 Als Vorläufer werden tw. die Nationalkommittees im Ersten Weltkrieg gesehen, vgl. etwa SEIDL-HOHENVELDERN/STEIN, a.a.O. (Fn67), S.158, Rn797; VERDROSS/SIMMA, a.a.O. (Fn64), S.243, §408 m.w.N. in Fn17f.; WILSON, a.a.O. (Fn81), S.92ff.. Nationale Befreiungsbewegungen der jüngeren Geschichte nach GINTHER, a.a.O. (Fn74), S.214 sind u.a. ANC, PAC (beide Südafrika, bis 1994), FRELIMO (Mosambik, bis 1975), SWAPO (Namibia bis 1990), PAIGC (Guinea, bis 1974), GRAE, FLNA, MPLA, UNITA (alle Angola, bis 1975). Weitere bei CASSESE, a.a.O. (Fn74), S.75.

101 Treffend GINTHER, a.a.O. (Fn74), S.212, der in Abgrenzung zur *effektiven territorialen Herrschaft* eines de facto-Regimes hinsichtlich Befreiungsbewegungen von "*political control* over […] the people they claim to represent" [Hervorh. hinzugef.] spricht.

102 Vgl. KLEIN, Nationale Befreiungskämpfe und Dekolonisierungspolitik der Vereinten Nationen: Zu einigen völkerrechtlichen Tendenzen, ZaöRV 36(1976) 1-3, S.640 bei Fn105; KRÖNERT, a.a.O. (Fn67), S.85ff..

103 Vgl. DAHM/DELBRÜCK/WOLFRUM, a.a.O. (Fn67), S.307; GINTHER, a.a.O. (Fn74), S.211f.; KRÖNERT, a.a.O. (Fn67), S.278.

kommt es zur Anwendung grenzüberschreitender Gewalt, wenn etwa die Befreiungsbewegung vom Territorium eines dritten Staates aus operiert und die Metropolitanmacht dort zur Abwehr erfolgter oder befürchteter Übergriffe einrückt.

Völkerrechtssubjektivität wird Befreiungsbewegungen zugestanden, sofern sie einen Mindeststandard an Organisation aufweisen - also handlungsfähig sind -, die Unterstützung der durch die Bewegung als repräsentiert bezeichneten Bevölkerung haben und eine Anerkennung durch die entsprechende Regionalorganisation (z.B. OAS, OAU, AL) oder die VN ausgesprochen wurde.[104] Die genaue *Reichweite* dieser partiellen Völkerrechtssubjektivität ist jedoch umstritten.[105] Weitestgehend anerkannt sind das Vertragsschlußrecht, ein erweitertes Recht auf Ausübung des diplomatischen Verkehrs sowie die Rechte- und Pflichtenträgerschaft im Rahmen der Genfer Abkommen, deren Zusatzprotokollen und der gewohnheitsrechtlich geltenden Normen der HLKO ('*ius in bello*'),[106] wobei es für das konkrete Ausmaß völkerrechtlicher Rechten- und Pflichtenbindung stets auch auf die Einzelfallumstände ankommt, etwa ob die Erklärung nach Art.96 Abs.3 ZP I abgegeben worden ist.[107]

Ungeklärt ist dagegen die Frage, ob und wie weit die partielle Völkerrechtssubjektivität in den Bereich des "ob" der Gewaltanwendung hineinreicht.[108] Intensiv diskutiert wurde diese Problematik im Rahmen eines *Rechtes zum bewaffneten Befreiungskampf*. Nach der vor allem von der sowjetischen Völkerrechtslehre und in der Dritten Welt vertretenen Ansicht ergab sich ein solches zumindest, wenn die Metropolitanmacht die Ausübung des Selbstbestimmungsrechtes gewaltsam verhinderte.[109] Zur Begründung wurde wahlweise Art.51 CVN bzw. das

---

104 Vgl. hierzu GINTHER, a.a.O. (Fn74), S.211f.; HAILBRONNER, a.a.O. (Fn66), S.176, Rn40; KLEIN, a.a.O. (Fn102), S.619-621; KRÖNERT, a.a.O. (Fn67), S.278.

105 Überblick bei GINTHER, a.a.O. (Fn74), S.211, 213f.; VERDROSS/SIMMA, a.a.O. (Fn64), S.245, §409.

106 Vgl. nur m.w.N. DAHM/DELBRÜCK/WOLFRUM, a.a.O. (Fn67), S.313f. bei und in Fn43-48; WILSON, a.a.O. (Fn81), S.120ff.; für die PLO und die palästinesische Selbstverwaltungsbehörde eingehend SINA, Der völkerrechtliche Status des Westjordanlandes und des Gaza-Streifens nach den Osloer Verträgen (2004), S.231-305.

107 Als solche wird - mangels Staatlichkeit Palästinas - die Erklärung der PLO gegenüber dem schweizerischen Außenministerium v. 21. Juni 1989 einzuordnen sein; Erklärung und Stellungnahme des Verwahrers auf http://www.icrc.org/Web/eng/siteeng0.nsf /htmlall/party_gc/$File/Conventions%20de%20Geneve%20et%20Protocoles%20additionnels%20ENG.pdf [letzter Abruf 9. August 2006].

108 Überblick bei KRÖNERT, a.a.O. (Fn67), S.160ff., 272ff. und NEUBERGER, Befreiungskriege und allgemeines Gewaltverbot unter besonderer Berücksichtigung der sowjetischen Auffassung (1980), S.66ff..

109 Vgl. KLEIN, a.a.O. (Fn102), S.645-650; RAUSCHNING, a.a.O. (Fn74), S.80f.; RÖLING, Aspects of the ban on force, Netherlands Int'l L Rev 24 (1977) 1/2, S.243f.. Zur sowjetischen Auffassung NEUBERGER, a.a.O. (Fn108), S.30-66; SCHEUNER, a.a.O. (Fn86),

gewohnheitsrechtliche Korrelat oder das Selbstbestimmungsrecht als Rechtsgrundlage sui generis angeführt.[110] Gerade für Letzteres schien auch die - unverbindliche - Resolutionspraxis der Generalversammlung zu sprechen, die zunächst die Gewaltanwendung durch die Metropolitanmacht gegen das nach friedlicher Selbstbestimmung strebende Volk als verboten ansah[111] und später die Gewaltanwendung auf Seiten der Befreiungskämpfer als legitimes Mittel anerkannte.[112] Die Gegenansicht, vertreten vom überwiegenden Teil der westlichen Welt, sah dagegen in nationalen Befreiungskämpfen Bürgerkriege, die dem Bereich der innerstaatlichen Angelegenheiten angehören. Nach dieser Ansicht sollten - mit Ausnahme des 'ius in bello' - keine völkerrechtlichen Regeln Anwendung finden, insbesondere weder das Gewaltverbot noch dessen Ausnahmen.[113]

Der Streit ist nach der Beendigung des Dekolonialisierungsprozesses stricto sensu - gegen den sog. 'salt-' bzw. 'blue-water colonialism' - nach Entlassung aller europäischen Überseekolonien in die Unabhängigkeit ohne Ergebnis im Sande verlaufen.[114] Zwar ließ nicht zuletzt die erwähnte Resolutionspraxis der GV[115] eine gewisse Tendenz in der Rechtsüberzeugung der Staatengemeinschaft erkennen, Befreiungskämpfe zu internationalisieren - was für ein eigene Rechtssubjektivität der Befreiungsorganisation in Bezug auf das Gewaltregelungsregime spräche.[116] Von einer *allgemeinen* gewohnheitsrechtlichen Anwendung des

---

S.485 m.w.N. in Fn66. Zur Praxis der Dritte-Welt- und ehem. Ostblockstaaten WILSON, a.a.O. (Fn81), S.94-97, 101.

110 Vgl. NEUHOLD, a.a.O. (Fn99), S.141ff. und S.191ff.; KLEIN, ebd. (Fn109); SCHINDLER, a.a.O. (Fn99), S.27f.; UIBOPUU, Wars of national liberation, in: BERNHARDT ET AL, EPIL (2000), Bd.4, S.1406f.; WILSON, a.a.O. (Fn81), S.131ff.; ZISCHG, a.a.O. (Fn80), S.129-136; alle Rechtfertigungsansätze im Überblick bei NEUBERGER, a.a.O. (Fn108), S.81ff..

111 Erstmals A/Res/1514 (XV) v. 14. Dezember 1960; 1654 (XVI) v. 27. November 1961; weitere Resolutionspraxis der GV bei BARBERIS, Nouvelles questions concernant la personnalité juridique internationale, RC 179 (1983-I), S.241f. KLEIN, a.a.O. (Fn102), S.644 bei und in Fn122 weist auf eine entsprechende Resolutionspraxis des SR hin.

112 Erstmals (auf Rhodesien bezogen) A/Res/2022 (XX) v. 5. November 1965; später allg. A/Res/2105 (XX) v. 20. Dezember 1965; A/Res/3070 (XXVIII) v. 30. November 1973; weitere Resolutionspraxis der GV bei BARBERIS, a.a.O (Fn111), S.242ff. und KLEIN, a.a.O. (Fn102), S.624ff.. BARBERIS, weist darauf hin, dass damit kein "absoluter Freibrief" erteilt werden sollte, sondern die Gewaltanwendung mit der Charta vereinbar sein muss. So auch DAHM/DELBRÜCK/WOLFRUM, a.a.O. (Fn67), S.309 bei Fn25.

113 So etwa NEUHOLD, a.a.O. (Fn99), S.142; RAUSCHNING, a.a.O. (Fn74), S.83; VERDROSS/SIMMA, a.a.O. (Fn64), S.246, §§410f.; WENGLER, a.a.O. (Fn99), S.37f.; m.w.N. SCHINDLER, a.a.O. (Fn99), S.27 in Fn45. Zur Auseinandersetzung mit den Argumenten der Gegenseite KLEIN, a.a.O. (Fn102), S.645-650. M.w.N. zur westlichen Staatenpraxis, WILSON, a.a.O. (Fn81), S.123-126.

114 Ebenso BOTHE, a.a.O. (Fn77), S.654f., Rn20; DERS., Terrorism and the legality of preemptive force, Eur J Int'l L 14 (2003) 2, S.230 spricht von "legal history"; KRÖNERT, a.a.O. (Fn67), S.279; SCHINDLER, a.a.O. (Fn99), S.26 bei Fn44 (unter Hinweis auf DOHNA), S.28 und S.40; UIBOPUU, a.a.O. (Fn110), S.1408.

115 Vgl. in Fn111.

116 Vgl. IPSEN ET AL, a.a.O. (Fn65), S.1080f., §59, Rn21.

Gewaltverbotes und seiner Ausnahmen auf Befreiungsorganisationen kann aber wegen des vehementen Widerstandes der westlichen Welt nicht gesprochen werden,[117] zumal sich unter den anfänglichen Befürwortern - inbesondere den ehemaligen Kolonien der Dritten Welt - inzwischen eine tendenziell entgegengesetzte Rechtsüberzeugung beobachten lässt, soweit auf deren Staatsgebiet Befreiungsbewegungen aktiv sind.[118]

Soweit also einer Befreiungsbewegung nicht nach der Betrachtung des Einzelfalles[119] eine eigene Völkerrechtssubjektivität im Hinblick auf das Gewaltregelungsregime zuzugestehen ist, kann die von ihr physisch ausgehende Gefahr eines bewaffneten Übergriffes nur über die Zurechnung oder im Rahmen einer unechten Dreieckskonstellation Berücksichtigung finden.

b. Exkurs zur Staatenpraxis - Die Situation in Palästina

Im Hinblick auf die Auswahl der Staatenpraxis soll an dieser Stelle die Lage in Palästina intensiver behandelt werden, scheint doch bereits bei flüchtiger Betrachtung der *Konflikt zwischen Israel und der Palestine Liberation Organisation* (PLO)[120] eine Brutstätte einschlägiger Fallgestaltungen für das untersuchte

---

117 So auch KRÖNERT, a.a.O. (Fn67), S.279; WILSON, a.a.O. (Fn81), S.127 und S.136; unklar NEUBERGER, a.a.O. (Fn108), S.136, These II. und III.

118 Vgl. WILSON, a.a.O. (Fn81), S.117:"[T]he willingness of Third World States to recognize a State prematurely when the territory involved is or was a *colony contrasts sharply* with the practice of these States when a territory secedes which is part of a self-governing State [...]. In these cases, the *principle of their territorial integrity and fear for their own vulnerablity determines their policies.*" [Hervorh. hinzugef.]. Ebenso TOMUSCHAT, a.a.O. (Fn73), S.538 und SCHINDLER, a.a.O. (Fn99), S.28.

119 Einer Einzelbetrachtung neigt auch WILSON, a.a.O. (Fn81), S.103f. zu.

120 1964 auf ägyptische Initiative gegründet, fungiert die PLO - gem Art.26 der Palästinensischen Nationalcharta vom 17. Juli 1968, dt. Übersetzung auf der Internetpräsenz der Generaldelegation Palästinas in der BRD, http://www.palaestina.org/dokumente/plo/palaestinensische_nationalcharta.pdf [letzter Abruf: 20. Juli 2006] - zum Einen als offizielle Vertretung der "palästinensischen arabischen Volksbewegung", zum Anderen als "Repräsentant der palästinensischen revolutionären Kräfte" und soll in dieser Funktion die zersplitterten palästinensischen Widerstandsgruppen zentralisieren und ihre Kräfte für den "bewaffneten Kampf" (Art.9) bündeln. Zu den in der PLO vereinigten Widerstandsbewegungen gehören neben kleineren Gruppen gegenwärtig die Arab Liberation Front (ALF), die Fatah, die Democratic Front for the Liberation of Palestine (DFLP), die Palestine Liberation Front (PLF), die Popular Struggle Front (PSF) sowie die Popular Front for the Liberation of Palestine (PFLP), nicht aber die Organisationen Hamas und islamischer Dschijhad, vgl. auch Informationen auf der Internetpräsenz der Generaldelegation Palästinas in der Bundesrepublik Deutschland, http://www.palaestina.org/politik/plo/plo.php [letzter Abruf: 25. Juli 2006]. 1974 wurde der PLO durch die Generalversammmlung Beobachterstatus gewährt, vgl. A/Res/3237 (XXIX) v. 22. November 1974.

Rechtsverhältnis zu sein. Insbesondere seit der Osloer Friedensprozess[121] durch die zweite, sog. al-Aqsa-Intifada ein vorläufiges Ende gefunden hat, häufen sich die Nachrichten über gezielte israelische Aktionen im Gaza-Streifen und Westjordanland, bei denen - aus israelischer Sicht - im Wege der "präventiven Selbstverteidigung"[122] Mitglieder und/oder Einrichtungen der PLO sowie der palästinensichen Autonomiebehörde[123] attackiert werden.[124] Gerade die Fallpraxis, in der die Gefahr eines bewaffneten Übergriffes *im Gaza-Streifen oder Westjordanland* ihren Ursprung hat, kann jedoch - unabhängig von der personenrechtlichen Einordnung der PLO - für ein Recht zur präventiven Gewaltanwendung keine Rolle spielen. Der Grund hierfür liegt im - nicht unumstrittenen - Status der vorbezeichneten Gebiete als *Besatzungsgebiet*, der nachfolgend dargestellt wird.[125]

---

121 Überblick über den Oslo-Prozess bei SINA, a.a.O. (Fn106), S.5ff..

122 Vgl. SINA, a.a.O. (Fn106), S.355 mit zahlreichen Nachweisen aus der israelischen Praxis in Fn34.

123 Die 'Palestinian Authority' (PA) wurde durch das zwischen Israel und der PLO geschlossene Gaza-Jericho-Abkommen vom 4. Mai 1994 (*Agreement on the Gaza Strip and the Jericho Area*, abgedr. in: ILM 33 (1994), S.622) ins Leben gerufen. Sie stellt zwar dogmatisch betrachtet ein von der PLO abzugrenzendes, eigenständiges partielles Völkerrechtssubjekt dar (eingehend statt aller SINA, a.a.O. (Fn106), S.29ff. sowie S.231ff., insb. S.301, 304), fällt aber - mangels Effektivität der von ihr ausgeübten Herrschaft (DERS., a.a.O., S.315-323 und S.338) - eher unter den Typus "Befreiungsbewegung" als den des "de facto-Regimes".

124 Nur beispielhaft: AG FRIEDENSFORSCHUNG AN DER UNI KASSEL, Nahostkonflikt: Israels "Präventivschläge" führen die Region an den Rand des Krieges - Anschlag auf Fatah-Führer Barguti - Internationale Kritik an Israel wächst [Zusammenfassung nach FR, SZ, NZZ, jw, HNA, FAZ und Netzeitung vom 1. bis 5. August 2001], http://www.uni-kassel.de/fb5/frieden/regionen/Nahost/nablus.html; DIES., Gewaltspirale im Nahen Osten dreht sich weiter - Im 12. Monat nach Beginn der Intifada: Terroranschläge hier - gezielte Liquidierungen dort [Zusammenfassung nach SZ, FR, spiegel-online und NZZ-online vom 7.-9. September 2001], http://www.uni-kassel.de/fb5/frieden/regionen/Nahost/gewaltspirale.html; DIES./STRUTYNSKI, Der Krieg im Nahen Osten eskaliert - Nach den Selbstmordattentaten Angriffe auf die Autonomiebehörde - Scharons Kriegserklärung im Wortlaut [nach dpa / FR vom 5. Dezember 2001], http://www.uni-kassel.de/fb5/frieden/regionen/Nahost/kriegserklaerung.html. DIES., 2.589 getötete und 41.000 verletzte Palästinenser - 915 Tote und 4.166 verletzte Israelis Schreckensbilanz der dreijährigen Intifada [Zusammenfassung verschiedener internationaler Quellen], http://www.uni-kassel.de/fb5/frieden/regionen/Nahost/bilanz-intifada.html [alle Seiten letzter Abruf: 26. Juli 2006].

125 Eingehend m.w.N. nur SINA, Der völkerrechtliche Status des Westjordanlandes und des Gaza-Streifens nach den Osloer Verträgen (2004); vgl. auch JACOBS, Mandat und Treuhand im Völkerrecht (2004), S.204ff.; MALANCZUK, Israel: Status, territory and occupied territories, in: BERNHARDT ET AL, EPIL, Bd.2 (1995), S.1468ff..

aa. Die jüngere Geschichte Palästinas

Als tatsächlicher Hintergrund sei zunächst die jüngere Geschichte Palästinas rekapituliert: Seit Beginn des klassischen Völkerrechts bis zum Ersten Weltkrieg standen die Gebiete des heutigen Israel, des Gaza-Streifens und Westjordanlandes unter osmanischer Herrschaft. Nach der Kapitulation des Osmanischen Reiches wurde das Gebiet am 24. Juli 1922 auf der Friedenskonferenz von Paris vom Völkerbund unter Festlegung der Mandatsbedingungen Großbritannien zur Verwaltung übertragen,[126] wobei nach dem zweiten Erwägungsgrund der Präambel sowie Art.2 des Mandats durch den Mandatar "the establishment of the Jewish national home" gesichert ("secure") bzw. verwirklicht ("putting into effect") werden sollte. Nach Auflösung des Völkerbunds am 19. April 1946 - die jedoch die Existenz des Mandats unberührt gelassen hatte[127] - wurde auf Betreiben Großbritanniens gem. Art.10 CVN die Generalversammlung der VN mit der Frage der "zukünftigen Regierung in Palästina" befasst.[128] Der Mandatar sah angesichts des gewaltsamen Widerstandes sowohl der jüdischen als auch arabischen Bevölkerungsteile keine Möglichkeit zur Fortsetzung des Mandates[129] und kündigte seinen vollständigen Rückzug aus Palästina zum 1. August 1948 an. Am 29. November 1947 stimmte die Generalversammlung nach zähen Diskussionen mehrheitlich für den sog. Teilungsplan,[130] der die Gründung eines jüdischen und eines arabischen Staates in Wirtschaftsunion vorsah.[131] Die Resolution definierte einen klaren Grenzverlauf, der von jüdischer Seite akzeptiert, von arabischer dagegen zurückgewiesen wurde.[132]

---

126 Mandatstext [engl. Originalfassung] bei SPIEGEL, Das völkerrechtliche Mandat und seine Anwendung auf Palästina (1928), Anhang VI., S.163ff.; dt. Übersetzung auf der Internetpräsenz der Generaldelegation Palästinas in der BRD, http://www.palaestina.org/dokumente/abkommen/palaestina_unter_britischem_mandat.pdf [letzter Abruf: 26. Juli 2006].

127 Vgl. SCHMIDT-SIBETH, Die völkerrechtlichen Probleme der Entstehung des Staates Israel (1965), S.8f.; JACOBS, a.a.O. (Fn125), S.218. Die Auffassung wird gestützt durch das Gutachten des IGH, *Status of South West Africa*, Gutachten v. 11.Juli 1950, ICJ Rep. 1950, S.134f.; beachte dabei insb. auch Judge MCNAIR (separate opinion), a.a.O., S.157 mit Bezug auf Palästina.

128 Eingehend zum Ablauf nur SCHMIDT-SIBETH, a.a.O. (Fn127), S.10f. m.w.N..

129 Vgl. UNISPAL/DPR, Die Palästinafrage (1983), http://domino.un.org/UNISPAL.nsf/99818751a6a4c9c6852560690077ef61/015a2ac6fec46d8585256cd20066e9d7!OpenDocument [letzter Abruf: 26. Juli 2006], unter Gliederungspunkt IV.

130 A/Res/181 (II) v. 29. November 1947.

131 Zur rechtlichen Bedeutung der Teilungsresolution im Einzelnen, SCHMIDT-SIBETH, a.a.O. (Fn127), S.12-29.

132 UNISPAL/DPR, a.a.O. (Fn129), unter Gliederungspunkt V; ausgewählte Stellungnahmen - Jemens, Syriens, der UdSSR und der USA - bei SCHMIDT-SIBETH, a.a.O. (Fn127), S.18f. m.w.N..

Am Tag des vorgezogenen britischen Abzuges - dem 14. Mai 1948 - proklamierte die jüdische Seite den israelischen Staat[133] "Kraft [ihres] natürlichen und historischen Rechts und aufgrund des Beschlusses der Vollversammlung der Vereinten Nationen [Resolution 181 (II)]"[134]. Noch in der folgenden Nacht besetzten Truppen Ägyptens, Syriens, Transjordaniens, des Libanon und des Irak die dem arabischen Staat zugedachten Gebiete, freilich mit der Zielrichtung, auch die jüdischen Gebiete zu erobern, um die Staatwerdung Israels zu verhindern.[135] Dieser Plan schlug fehl; Israel verzeichnete in der militärischen Auseinandersetzung nicht unerhebliche Landgewinne. Die Gebiete des heutigen Gaza-Streifens und des Westjordanlandes verblieben allerdings bis 1967 unter ägyptischer respektive jordanischer Kontrolle.[136] Erst im sog. Sechs-Tage-Krieg[137] eroberte Israel neben der Sinai-Halbinsel den Gaza-Streifen und das Westjordanland. Während der Sinai 1982 an Ägypten zurückgegeben wurde, blieben Gaza-Streifen und Westjordanland weiter unter israelischer Militärverwaltung, wenngleich beide Gebiete seit 1993 sukzessive unter eine verhältnismäßig weitgehende zivile palästinensische Selbstverwaltung gestellt worden sind.[138]

bb. Herleitung des Besatzungsstatus

Wie immer man die Staatswerdung Israels im Zusammenhang mit der britischen Mandatsaufgabe im Detail völkerrechtlich einordnet,[139] folgt aus dem Effektivi-

---

133 *Die Unabhängigkeitserklärung des Staates Israel, Tel Aviv, 14. Mai 1948*. Autorisierte engl. Übersetzung in MINISTRY OF JUSTICE, Laws of the State of Israel, Bd.1 (1948), Ordinances 5708; dt. Übersetzung auf der Internetpräsenz der Botschaft des Staates Israel in der Bundesrepublik Deutschland, http://berlin.mfa.gov.il/ mfm/web/main/document.asp?DocumentID=12166&MissionID=88 [letzter Abruf: 26. Juli 2006].

134 *Die Unabhängigkeitserklärung des Staates Israel* , a.a.O. (Fn133), neunter Absatz.

135 SCHMIDT-SIBETH, a.a.O. (Fn127), S.61ff.; JACOBS, a.a.O. (Fn125), S.224-229; PARTSCH, Israel and the Arab States, in: BERNHARDT ET AL, EPIL, Bd.2 (1995), S.1461.

136 UNISPAL/DPR, a.a.O. (Fn129), unter Gliederungspunkt V.; MALANCZUK, a.a.O. (Fn125), S.1482f., 1489f.. Während Ägypten hinsichtlich des Gaza-Streifens zu keinem Zeitpunkt einen Gebietstitel erhoben hat, annektierte Transjordanien das Westjordanland am 24. April 1950 förmlich. Diese Annexion wurde indes - mit nur zwei Ausnahmen, Großbritannien und Pakistan - international nicht anerkannt; 1988 hat Jordanien seinen Souveränitätsanspruch zugunsten des Palestinensischen Volkes aufgegeben. Dies führte unmittelbar zur Ausrufung eines palästinensischen Staates auf den Gebieten des Gaza-Streifens und des Westjordanlandes durch den Palästinensischen Nationalrat, der jedoch unter dem Gesichtspunkt der Effektivität zweifellos noch nicht zur Entstehung gelangt ist, m.w.N. SINA, a.a.O. (Fn106), S. 330-332; weiterführend auch MALANCZUK, a.a.O. (Fn125), S.1490f..

137 Dazu sub Dritter Teil - 7. Kapitel - B. - II. , S.383ff..

138 Überblick bei SINA, a.a.O. (Fn106), S.231ff.

139 Eingehend SCHMIDT-SIBETH, Die völkerrechtlichen Probleme der Entstehung des Staates Israel (1965).

tätsgrundsatz einerseits und dem Verbot gewaltsamer Annexion[140] andererseits, dass Gaza-Streifen und Westjordanland weder *ursprünglich* (1.) noch zu einem *späteren Zeitpunkt* (2.) zum israelischen Territorium gezählt haben; im Einzelnen:

(1.) Die Situation nach Mandatsbeendigung 1948

Dass Gaza-Streifen und Westjordanland schon ursprünglich nicht zum israelischen Staat gehörten, ergibt sich in erster Linie aus dem anfänglichen Fehlen einer effektiven Staatsgewalt Israels auf diesen Gebieten. Wie dargelegt, übten ab Mandatsbeendigung zunächst Ägypten und Transjordanien die effektive Kontrolle aus. Diese *objektive* Lage fehlender effektiver Herrschaft korrespondierte im Übrigen auch mit dem in der Unabhängigkeitserklärung dokumentierten *Beherrschungswillen* der israelischen Übergangsregierung. Darin wurde der VN-Teilungsplan mehrfach als Grundlage des neugegründeten Staates in Bezug genommen,[141] so auch hinsichtlich der Absicht Israels, sich "um die Herstellung der [vom VN-Teilungsplan vorgesehenen] gesamtpalästinensischen Wirtschaftseinheit"[142] zu bemühen. Da der Teilungsplan einen klaren Grenzverlauf zwischen jüdischem und arabischem Staat definierte und eine gesamtpalästinensische Wirtschaftseinheit ein arabisches Staatsgebilde auf dem ehemaligen Mandatsgebiet voraussetzt, lässt die israelische Bezugnahme nur den Schluss zu, dass sich auch der faktische Beherrschungswille lediglich auf das Gebiet bezog, das durch Resolution 181 (II) für die jüdische Seite vorgesehen war.[143] Dem wird gelegentlich entgegenhalten, der UN-Teilungsplan spiele mangels Bindungswirkung der Resolutionen der Generalversammlung keine Rolle, vielmehr sei allein auf die ursprünglichen Mandatsbestimmungen abzustellen; diese jedoch hätten die jüdische Heimstatt in *ganz* Palästina vorgesehen.[144] Dieser Einwand kann nicht überzeugen. Die Auslegung, *ganz* Palästina sei zur Gründung eines jüdischen Staates vorgesehen gewesen, überstrapaziert sowohl Wortlaut als auch Geist des Mandates. Tatsächlich orientierte sich das Mandat schon

---

140 Zurückgehend auf die nach dem amerikanischen Außenministers benannte STIMSON-Doktrin stellt das Verbot gewaltsamer Annexion heute eine Regel des universellen Völkerrechts dar, vgl. statt aller HOBE/KIMMINICH, a.a.O. (Fn86), S.85; VERDROSS/SIMMA, a.a.O. (Fn64), S.293, §477ff.. Vgl. ferner die *Friendly-Relations-Declaration*, A/Res/2625 (XXV) v. 24. Oktober 1970, Annex, op. Abs.1 (1. Prinzip, Abs.10) sowie die Aggressionsdefinition, A/Res/3314 (XXIX) v. 14. Dezember 1974, Annex, Art.5 S.4.

141 Vgl. bei Fn134.

142 *Die Unabhängigkeitserklärung des Staates Israel*, a.a.O. (Fn133), 12. Absatz.

143 Ebenso schon SCHMIDT-SIBETH, a.a.O. (Fn127), S.48; vgl. auch SCHWEBEL, What weight to conquest, Am J Int'l L 64 (1970) 2, S.346 und UNISPAL/DPR, a.a.O. (Fn129), unter Gliederungspunkt V.. Geringfügige Grenzverschiebungen, die auch nach dem *Plan of Partition with Economic Union*, Part 1, B., 3. - etwa zur Erhaltung organisch gewachsener Siedlungen - möglich sein sollten, bleiben hier unberücksichtigt.

144 So vehement JACOBS, a.a.O. (Fn125), S.217-224.

grammatisch nur an der *politischen* Zielsetzung[145] *einer* jüdischen Heimstatt *in* Palästina, nicht aber daran, dass ganz *Palästina* die jüdische Heimstatt werde;[146] diese Sichtweise entsprach auch der offiziellen Auffassung des Mandatars.[147] Gegen die Auslegung, *ganz* Palästina solle in einem jüdischen Staat aufgehen, spricht schließlich auch Sinn und Zweck des Völkerbundmandats an sich. Nach Art.22 VBS bildete "[d]as Wohlergehen und die Entwicklung [der] *Völker* eine heilige Aufgabe der Zivilisation." Das "Volk" Palästinas war aber 1947 noch zu 68,3% arabisch.[148] Insofern hätte es dem Konzept der *Selbstbestimmung* widersprochen, das Palästina-Mandat ausschließlich auf die Gründung eines jüdischen Staates auszurichten.[149]

(2.) Die Situation nach dem Sechs-Tage-Krieg 1967

Gelegentlich wird behauptet, der Gaza-Streifen und das Westjordanland seien spätestens durch die Eroberung im Sechs-Tage-Krieg israelisches Staatsgebiet, jedenfalls aber "mehr" als bloßes Besatzungsgebiet geworden. Kern dieser Argumentation ist ein vermeintlich "better title"[150] Israels - wahlweise historischer Natur oder aus den Mandatsbedingungen abgeleitet -, den es im Wege des sog. "defensive conquest"[151] habe durchsetzen können.[152]

---

145 Vgl. allgemein zur Zielrichtung der sog. A-Mandate SCHNEIDER, Das völkerrechtliche Mandat (1926), S.68 ("Programmpunkt für eine zunünftige Entwicklung"); zum Palästina-Mandat im speziellen MALANCZUK, a.a.O. (Fn125), S.1474 sowie SPIEGEL, a.a.O. (Fn126), S.75 und insb. S.89f., beide weisen darauf hin, dass - im Gegensatz zum Syrien- und Libanon-Mandat - Palästina rechtlich *wesentlich* unselbständiger war. Während in den entsprechenden Mandatsbestimmungen für Syrien und Libanon von der "allmählichen[n] Entwicklung [...] zu unabhängigen Staaten" die Rede ist, fehlt für Palästina dieser Programmsatz.

146 Ebenso SPIEGEL, a.a.O. (Fn126), S.79f..

147 Vgl. etwa *British Policy in Palestine, Enclosure in the letter of the Colonial Office of the Zionist Organisation* v. 3. Juni 1922, British White Paper Cmd. 1700, S.17ff., auszugsw. abgedr. bei SPIEGEL, a.a.O. (Fn126), Anhang VII., S.171ff.: "Unauthorized statements have been made to the effect that the purpose in view is to create a wholly Jewish Palestine. Phrases have been used such as that Palestine is to become 'as Jewish as England is English'. His Majesty's Government regard any such expectations as impracticable and have no such aim in view." Weitere Beispiele offizieller britischer Stellungnahmen bei MALANCZUK, a.a.O. (Fn125), S.1476. SCHÜCKING/WEHBERG, Die Satzung des Völkerbundes (1924), Art.22, S.706, meinen, dass die "Errichtung einer nationalen jüdischen Heimstätte" keineswegs die Errichtung eines jüdischen Staates bedeutete.

148 Vgl. UNISPAL/DPR, a.a.O. (Fn129), unter Gliederungspunkt V, Abb.3.

149 So auch MALANCZUK, a.a.O. (Fn125), S.1474; vgl. ferner DOEHRING, Self-Determination, in: SIMMA ET AL, Commentary (2002), Bd.1, S.51, Rn1; IGH, *Legal Consequences of the Construction of a Wall in the Occupied Palestinian Territory*, Gutachten v. 9. Juli 2004, ICJ Rep. 2004, S.171f., §88.

150 BLUM, Historic titles in international law (1965), S.2.

151 Eingehend SCHWEBEL, a.a.O. (Fn143), S.345, 347.

Auch dies kann nicht überzeugen. Soweit hinsichtlich des "besseren Gebietstitels" auf die *Bestimmungen des Palästinamandats* abgestellt wird, gelten die vorstehenden Ausführungen entsprechend: Das Mandat lässt sich wie gezeigt weder grammatisch noch genetisch oder teleologisch dahingehend auslegen, dass ganz Palästina zur Verwirklichung der Errichtung eines jüdischen Staates dienen sollte. Und auch der Ansatz eines "*historic title*"[153] als "besserem Gebietstitel" geht fehl. Die auf dem Gedanken *ex facto ius oritur* basierende Rechtsfigur stellt auf die Gebietsberechtigung eines Staates zu einem kritischen Zeitpunkt ("critical date"[154]) ab, wobei die Erhebung des ersten Anspruches auf das umstrittene Gebiet maßgeblich sein soll. Im Falle Israels müsste dieses kritische Datum auf die Zeit um 1000 v.Chr. datiert werden.[155] Voraussetzung für einen "Anspruch aus unvordenklicher Zeit" ist allerdings auch, dass das betroffene Gebiet für eine namhafte - idealiter ununterbrochene - Zeitdauer unter der effektiven Herrschaft des Anspruchstellers gestanden hat.[156] Letzteres wirft im Falle Israels erhebliche Probleme auf. Unterstellt man die regelmäßig in Bezug genommene biblischen Überlieferung als wahr, existierte ein jüdischer Staat in der maßgeblichen territorialen Ausdehnung - das Königreich Israel - gerade einmal rund 90 Jahre (von etwa 1010 v. Chr. bis 920 v. Chr.).[157] Selbst wenn man die Gebietsnachfolger - das Nordreich Israel und das südliche Reich Juda - in die Betrachtung einbezieht, bestand der Staatsverband bestenfalls bis ca. 585 v. Chr.[158] Verglichen mit der Unterbrechung der Herrschaft über rund 2500 Jahre, bestehen erhebliche Zweifel an der zur Begründung eines "historic title" erforderlichen Länge und Effektivität der Gebietshoheit, ganz zu schweigen von der

---

152 Vgl. JACOBS, a.a.O. (Fn125), S.233-240 m.w.N. sowie - inzident bei der Frage der Anwendbarkeit der Genfer Konventionen - MALLISON, A juridical analysis of the Israeli settlements in the occupied territories, in: UNISPAL/DPR, Question of Palestine: Legal aspects (1991), http://domino.un.org/UNISPAL.nsf/eed216406b50bf6485256ce10072f637/ed4c9480931667c78525611c00567ce0!OpenDocument [letzter Abruf: 9. August 2006].

153 Grundlegend BLUM, Historic titles in international law (1965); zusammenfassend DERS., Historic rights, in: BERNHARDT ET AL, EPIL, Bd.2 (1995), S.710-713.

154 Vgl. m.w.N. BLUM, a.a.O. (Fn150), S.208ff.

155 Maßgeblich ist der Gebietsanspruch eines *Staates* als einzigem Rechtssubjekt des klassischen Völkerrechts, vgl. auch BLUM, a.a.O. (Fn150), S.210. JACOBS, a.a.O. (Fn125), S.237f. stellt dagegen - ohne Begründung - auf die Ansprüche des jüdischen *Volkes* ab ("1. Mose 28, 13") und datiert daher den kritischen Zeitpunkt auf ca. 2000 v.Chr.. Konsequenterweise darf man aber frühestens auf die Gründung des ersten Königreichs Israel unter Saul abstellen (1. Samuel 8,1 und 9,15), der die Ammoniter (11,1) und die Philister (14,1) schlug und das maßgebliche Gebiet um 1000 v. Chr. unter dem ersten *Staat* Israel einte. Vgl. zur zeitlichen Einordnung, DONNER, Geschichte des Volkes Israel und seiner Nachbarn in Grundzügen, Bd.1 (2000), S.193ff. sowie Zeittafel Bd.2 (2001), S.508ff.

156 Vgl. BLUM, Historic rights, in: BERNHARDT ET AL, EPIL, Bd.2 (1995), S.712f; ferner StIGH, *Eastern Greenland Case*, Urt. v. 5. April 1933, PCIJ Series A/B, Bd.53 (1933), S.45f..

157 Vgl. DONNER, a.a.O. (Fn155), Bd.1 (2000), S.257-259.

158 Vgl. DONNER, a.a.O. (Fn155), Bd.2 (2001), S.402ff. sowie Zeittafel, S.510f.

Frage der im Übrigen notwendigen Nachfolge des Staates Israel in die Rechtstellung des ehemals existierenden Königreiches. Aber selbst wenn man die Voraussetzungen für Entstehung und Übergang eines historischen Gebietstitels auf Israel unterstellt, könnte dieser angesichts des Selbstbestimmungsrechts der Palästinenser[159] heute keine rechtliche Relevanz mehr entfalten: Stellt das umstrittene Gebiet die einzige territoriale Grundlage für eine effektive Selbstbestimmung dar, würde das Konzept des historischen Titels von vornherein die Verwirklichung des Selbstbestimmungsrechts vereiteln. Ein derartiges Präjudiz ist mit der überragenden Bedeutung des Selbstbestimmungsrechts im modernen Völkerrecht nicht zu vereinbaren. Ein "historischer Titel" vermag daher zwar das politische Interesse eines Staates an einem Gebiet erklären, als rechtliche Anspruchsgrundlage kann er indes nicht dienen.[160] Soweit aber kein materiell-rechtlicher Gebietstitel besteht, entbehrt zwangsläufig auch die Annahme eines "*defensive conquest*" - ungeachtet der grundsätzlichen Widersprüchlichkeit[161] dieser Rechtsfigur - einer tragfähigen Grundlage; das Argument, der Grundsatz *ex iniuria ius non oritur* stünde nicht entgegen, weil das Gebiet Israel zustehe und somit keine *iniuria* vorliege,[162] stürzt in sich zusammen.[163]

(3.) Zwischenergebnis: Israel als Besatzungsmacht

Mit der wohl herrschenden Ansicht in Literatur und Praxis ist daher im Hinblick auf die besprochenen Gebiete von einer *Besatzung* auszugehen, die angesichts der fortdauernden israelischen Militärpräsenz und dem fehlenden Friedensschluss zwischen Israel und der PLO[164] als *occupatio bellica* ("belligerent occu-

---

159 Vgl. A/Res/3236 (XXIX) v. 22 November 1974, inzwischen auch von Israel anerkannt: Briefwechsel zwischen Israels Premier RABIN und PLO-Präsident ARAFAT v. 9. September 1993, abgedr. in: Is L Rev 28 (1994) 3, S.440f..

160 Vgl. Judge Ad hoc FRANK (separate opinion) in IGH, *Case concerning sovereignty over Pulau Ligitan and Pulau Sipadan* (Indonesia/Malaysia), *Application by the Philippines for permission to intervene*, Urt. v. 23 Oktober 2001, ICJ Rep. 2001, S.655, §9, sowie insb. S.657f. , §§15, 18.

161 Ein "defensive conquest" kann einerseits begriffsnotwendig nur i.R.d. Selbstverteidigung geschehen, denn nur diese ist *defensiv*; andererseits widerspricht die *Eroberung* fremden Gebiets dem Grundgedanken der Selbstverteidigung, lediglich den *status quo* zu erhalten.

162 Vgl. JACOBS, a.a.O. (Fn125), S.234 unter Berufung auf SCHWEBEL, a.a.O. (Fn143), S.347.

163 Ebenso MALLISON, ebd. (Fn152); MALANCZUK, a.a.O (Fn125), S.1493; dass der Sechs-Tage-Krieg keinen rechtmäßigen Gebietserwerb zur Folge haben kann, hat der Sicherheitsrat in S/Res/242 (1967) v. 22. November 1967 (op. Abs.1 Ziff.(i)) - diplomatisch, aber deutlich - zum Ausdruck gebracht.

164 Die i.R.d. Oslo-Prozesses verhandelten Übereinkommen lassen sich trotz des beiderseitigen Bekenntnisses zur friedlichen Streitbeilegung nicht als Friedensvertrag, sondern nur als *pactum de negotiando* auslegen, vgl. MALANCZUK, Some basic aspects of the

pation") einzuordnen ist.[165] Dass mit Gaza-Streifen und Westjordanland dabei Gebiete betroffen sind, "die zu keinem stabilen souveränen Staat [gehören]",[166] ändert daran nichts. Denn der Besatzungsbegriff knüpft zum Schutze der Kombattanten und der Zivilbevölkerung ausschließlich an die tatsächliche Kontrolle über ein fremdes Gebiet an, Art.42 HLKO.[167] Wessen Gebiet dies ist - oder ob überhaupt ein Staat den Souveränitätsanspruch erhebt - ist dagegen irrelevant.

cc. Ergebnis: Irrelevanz der Besatzungspraxis für den Untersuchungsgegenstand

Der fortdauernde Zustand einer occupatio bellica in Gaza-Streifen und Westjordanland hat zur Folge, dass Vorfälle während der Besatzungszeit von vornherein aus der Untersuchung ausgeschieden werden können. Die Beurteilung der Rechtmäßigkeit von Gewaltanwendungen im Besatzungsgebiet am Maßstab des 'ius ad bellum' ist vielmehr durch den Besatzungszustand "eingefroren";[168] maßgeblich ist allein das humanitäre Konfliktrecht, welches seinerseits im Hinblick auf die Rechtmäßigkeit des Beginns der Gewalthandlung (das rechtliche "Ob") indifferent ist.[169] Hierfür spricht auch die für den Okkupanten gem. Art.43 HLKO bestehende Pflicht, die öffentliche Ordnung wiederherzustellen. Mit dieser Maßgabe wird ihm das Gewaltmonopol übertragen. Käme nun aber neben dem 'ius in bello' auch das 'ius ad bellum' zur Anwendung, bedeutete dies, dass *gleichzeitig* vom Grundsatz des *Gewaltverbots* und der Übertragung des *Ge-*

---

agreements between Israel and the PLO from the perspective of international law, Eur J Int'l L 7 (1996) 4, S.8 und insb. S.10 bei Fn37.

165 Statt vieler nur SINA, a.a.O. (Fn106), S.335f.; MALANCZUK, a.a.O (Fn125), S.1494 und kürzlich wieder der IGH im Grenzmauer-Gutachten, a.a.O. (Fn149), S.167, §78. Israel bestreitet diese Sichtweise freilich, spricht statt von "besetzten Gebieten" nur von "umstrittenen Gebieten" und hält die Genfer Konvention *de jure* nicht für anwendbar (IGH, a.a.O., S.173, §90) und MALLISON, ebd. (Fn152).

166 SINA, a.a.O. (Fn106), S.292. Erinnert sei daran, dass Ägypten zu keinem Zeitpunkt seit Mandatsende Souveränität über den Gaza-Streifen beansprucht, Jordanien seine - ohnehin unwirksame - Annexion des Westjordanlandes 1988 "zurückgenommen" hat, vgl. dazu schon in Fn136.

167 *Ordnung der Gesetze und Gebräuche des Landkriegs*, Anhang zum *IV. Abkommen, betreffend die Gesetze und Gebräuche des Landkriegs* v. 18. Oktober 1907, abgedr. mit Kommentierung bei STRUPP, Das internationale Landkriegsrecht (1914), S.25ff.. Vgl. dort auch S.95f., ferner BOTHE, Occupation, belligerent, in: BERNHARDT ET AL, EPIL, Bd.3 (1997), S.764.

168 So auch VOLK, Die Begrenzung kriegerischer Konflikte durch das moderne Völkerrecht (2005), S.95-97 und BOTHE, Terrorism and the legality of pre-emptive force, Eur J Int'l L 14 (2003) 2, S.234f..

169 Insofern weisen KLEIN, a.a.O. (Fn102), S.652 und MALANCZUK, a.a.O (Fn164), S.19 zu Recht darauf hin, dass sich der Rückschluss vom 'ius in bello' auf das 'ius ad bellum' verbietet.

waltmonopols ausgegangen werden müsste; ein schwerlich aufzulösender Widerspruch.[170] Vor allem aber fehlt während der Besatzung im Hinblick auf das völkerrechtliche Gewaltregelungsregime das *grenzüberschreitende Element*. Das besetzte Territorium steht unter der effektiven Kontrolle des Besatzers; Bedrohungen für den Okkupanten, die ihren Ursprung im besetzten Gebiet haben, sind damit quasi-interne Angelegenheiten.[171] Das Verständnis, nach dem das Gewaltregelungsregime während der Besatzungszeit keine eigenständige Rolle spielt, spiegelt sich endlich auch in der VN-Resolutionspraxis wider: Israelische Militäraktionen im Gaza-Streifen und Westjordanland sind in der Vergangenheit ausnahmslos am Maßstab des 'ius in bello' gemessen worden,[172] selbst einen präambulären Hinweis auf das Gewaltverbot wiesen die Resolutionen dagegen nicht auf.[173]

4. 'failed states'

Eine besondere Entwicklung, die im Wesentlichen auf erfolglose 'nation building'-Prozesse nach Beendigung der Entkolonialisierung und des Kalten Krieges zurückzuführen ist,[174] spiegelt sich im sog. 'failing' bzw. 'failed state'[175] wider. Im

170 Darauf weist auch TAMS, Light treatment of a complex problem: The law of self-defence in the Wall case, Eur J Int'l L 16 (2005) 5, S.969f., 975 hin, der in dem dem Okkupanten durch das 'ius in bello' übertragene Gewaltmonopol offenbar ein 'self-contained regime' sieht.

171 Vgl. insb. das Grenzmauer-Gutachten des IGH, a.a.O. (Fn149), S.194, §139 sowie Judge KOOIJMANS (seperate opinion), S.230, §36; a.A. Judge HIGGINS (seperate opinion), a.a.O., S.215, §34; wie Letztere auch TAMS, a.a.O. (Fn170), S.968ff., der das gesamte Urteil eher krit. würdigt.

172 Vgl. etwa S/Res 1544 (2004) v. 19 Mai 2004 (Angriff auf Flüchtlingslager in Rafah); S/Res 1435 (2002) v. 24 September 2002 (Besetzung des Hauptquartiers der Autonomiebehörde in Ramallah); A/Res/ES-10/10 v. 7 Mai 2002 und A/Res/ES-10/11 v. 10 September 2002 (Angriff auf Flüchtlingslager in Jenin); A/Res/43/21 v. 3 November 1988 (Intifadah I).

173 Eine Ausnahme besteht freilich im Zusammenhang mit der israelischen *Grenzmauer*, vgl. etwa A/Res/ES-10/14 v. 12 December 2003. Dass in präamb. Abs.3 dieser Resolution auf die "inadmissibility of the acquisition of territory *by force*" und damit inzident auf das Gewaltverbot (als Prämisse des Annexionsverbotes) hingewiesen wird, trägt aber allein dem Umstand Rechnung, dass durch die Errichtung des Grenzzaunes die Gefahr begründet wird, dass die Besatzung der so umschlossenen Gebiete in eine de-facto Annexion übergeht. Das Gewaltverbot spielt also weniger für die Handlung des Zaunbaues als vielmehr für die vom errichteten Zaun ausgehende Wirkung eine Rolle; vgl. hierzu auch IGH, a.a.O. (Fn149), S.171, §§86f., S.181f., §§115-117. A.A. aber wohl HERDEGEN, Völkerrecht (2006), S.240, Rn16.

174 Vgl. THÜRER, Der Wegfall effektiver Staatsgewalt: "The failed state", in: THÜRER/HERDEGEN/HOHLOCH, Der Wegfall effektiver Staatsgewalt: "The failed state", BDGV 34 (1996), S.11; ferner DELBRÜCK, "Failed States" - eine neue Aufgabe für den UN-Treuhandrat?, in: IPSEN/SCHMIDT-JORTZIG, FS-Rauschning (2001), S.434f..

Gegensatz zu den vorgenannten Gebilden ist er stricto sensu gar kein Konfliktakteur, sondern die Beschreibung eines - innerstaatlichen - *Konfliktzustandes*, der vor allem in der Diskussion um die humanitäre Intervention und der Frage nach der effektiven Verwirklichung des Selbstbestimmungsrechtes Bedeutung erlangt hat.[176] Seine Einordnung als *Akteur* erscheint unter diesem Aspekt sinnwidrig. Bedenkt man aber, dass die Entwicklung zum 'failed state' einen innerstaatlichen Konfliktzustand (i.d.R Bürgerkrieg[177]) voraussetzt, bei dem jegliche Herrschaftstruktur verloren geht (und insbesondere keine der um Herrschaft ringenden Gruppierungen als Völkerrechtspersönlichkeit Relevanz erlangt), wird deutlich, dass der "Rumpfstaat" tatsächlich als einziges fassbares Zuordnungssubjekt in Bezug auf zwischenstaatliche Gewaltanwendung verbleibt. Der 'failed state' könnte demnach im Hinblick auf die Adressatenfrage einen *staatsähnlichen Auffangtatbestand* darstellen.

a. Allgemeine Charakteristika

Zentrales Wesensmerkmal ist der fortschreitende Zerfall der staatlichen Ordnungsstrukturen ('failing state'), der schließlich zur völligen Auflösung derselben führt ('failed state').[178] Dies betrifft insbesondere den "*Kern* [...] *der Staatlichkeit*, [das etablierte] *Gewaltmonopol*"[179], was mangels adäquatem Ersatz ein Machtvakuum zur Folge hat. Per definitionem "herrscht" im 'failed state' Anarchie, der HOBBES'sche '*bellum omnium contra omnes*'.[180] Wendete man die Drei-

---

175 Vgl. allgemein nur GEIß, "Failed States" Die normative Erfassung gescheiterter Staaten (2005).

176 Vgl. nur HERDEGEN, Der Wegfall effektiver Staatsgewalt im Völkerrecht: "The failed state", in: THÜRER/HERDEGEN/HOHLOCH, Der Wegfall effektiver Staatsgewalt: "The failed state", BDGV 34 (1996); KREß, Die Rettungsoperation der Bundeswehr in Albanien am 14. März 1997 aus völker- und verfassungsrechtlicher Sicht, ZaöRV 57 (1999) 2/3, S.334; eingehend BARTL, Die humanitäre Intervention durch den Sicherheitsrat der Vereinten Nationen im "Failed State" Das Beispiel Somalia (1999).

177 Ebenso BARTL, a.a.O. (Fn176), S.77 bei Fn337 sowie S.75; BENEDECK und GUSY in: THÜRER/HERDEGEN/HOHLOCH, Der Wegfall effektiver Staatsgewalt: "The failed state", BDGV 34 (1996), S.168 und S.143f. [Diskussionsbeiträge]. A.A. wohl DOEHRING, a.a.O. (Fn81), S.73, Rn.161 der darauf hinweist, dass auch Naturkatastrophen, Armut und die Einwirkung von anderen Staaten zum 'failed state' führen können. Dem ist insofern zuzustimmen, als dies *auch* Ursachen für den Ausbruch des innerstaatlichen Konflitkzustandes sein können, an dessen Ende potentiell ein 'failed state' steht. In diese Richtung auch DELBRÜCK, a.a.O. (Fn174), S.430f., insb. bei Fn15.

178 Zum Verhältnis von 'failing' zum 'failed state' GUSY, a.a.O. (Fn177), S.144; MEISSNER in: THÜRER/HERDEGEN/HOHLOCH, Der Wegfall effektiver Staatsgewalt: "The failed state", BDGV 34 (1996), S.170f. [Diskussionsbeitrag]. Ferner auch BARTL, a.a.O. (Fn176), S.77.

179 THÜRER, a.a.O. (Fn174), S.12 unter Bezugnahme auf WEBER in Fn15 [Hervorh. v. THÜRER].

180 So BARTL, a.a.O. (Fn176), S.75; THÜRER, ebd. (Fn179).

Elemente-Lehre streng an, müßte der Untergang des Staates attestiert werden. Vor dem Hintergrund, dass den kämpfenden Gruppierungen im 'failed state' keine eigene Völkerrechtssubjektivität zukommt, entstünde mithin in Ermangelung eines territorial bezogenen Völkerrechtssubjekts ein völkerrechtsfreier Raum, eine '*terra nullius*'. Damit wäre die hier interessierende rechtliche Berücksichtigung von tatsächlicher, grenzübergreifender Gewalt mangels Adressat nicht möglich - weder die gewaltsame Einwirkung von Außen, noch die grenzübergreifende Auswirkung von Innen.

In der Praxis hat die Staatengemeinschaft - angetrieben durch humanitäre Erwägungen - eine Kompensation der mangelnden effektiven Herrschaftsgewalt durch eine Ausdehnung des Kontinuitätsprinzips vorgenommen:[181] Das fehlende Herrschaftssubstrat wird solange als bestehend *fingiert*, wie noch die vernünftige Aussicht besteht, dass die Staatsgewalt wieder hergestellt werden kann;[182] der 'failed state' behält seine Rechtspersönlichkeit, *ohne aktuell handlungsfähig zu sein.*[183] Völkerrechtliche Normen bleiben anwendbar, insbesondere gilt das Gewaltverbot im Verhältnis des 'failed state' zu anderen Staaten.[184] Stand ursprünglich bei dieser Fiktion der Schutz des 'failed state' bzw. seiner Bevölkerung vor Beeinträchtigung von Aussen - etwa einer Annexion[185] - im Vordergrund, wendet sich das Blatt bei Betrachtung eines Rechtes zur präventiven Gewaltanwendung. Kommt es nämlich zur Bedrohung eines Nachbarstaates, etwa durch ma-

---

181 Treffend HEINTZEN, a.a.O. (Fn68), S.23 m.N.: "Eine strenge Akzessorietät von völkerrechtlichem Staatsbegriff und staatlichem Gewaltmonopol würde hier eine zu große Rechtsunsicherheit nach sich ziehen." Am Bsp. Somalias eingehend zum Kontinuitätsprinzip, BARTL, a.a.O. (Fn176), S.80-82; vgl. ferner DELBRÜCK, a.a.O. (Fn174), S.430 (Somalia, Afghanistan, Ruanda, Liberia); DOEHRING, a.a.O. (Fn81), S.73, Rn161 (Deutsches Reich, Österreich, Somalia); KREß, a.a.O. (Fn176), S.334-336 (Albanien); THÜRER, a.a.O. (Fn174), passim (Libanon, Liberia, Somalia, Ruanda und - zeitweise als 'failing state' betrachtet - Russland).

182 Vgl. HERDEGEN, a.a.O. (Fn176), S.50 und S.53; KREß, a.a.O. (Fn62), S.282 bei Fn1229; DERS., a.a.O. (Fn176), S.334f..

183 Vgl. DELBRÜCK, a.a.O. (Fn174), S.435; THÜRER, a.a.O. (Fn174), S.13 a.E..

184 Vgl. statt vieler nur BARTL, a.a.O. (Fn176), S.170-174; EPINEY, a.a.O. (Fn85), S.258, bei Fn175; GEIß, a.a.O. (Fn175), S.123ff.; KREß, a.a.O. (Fn176), S.336 m.w.N. in Fn26; THÜRER, a.a.O. (Fn174), S.42; TIETJE/NOWROT, a.a.O. (Fn61), S.12. Zur so lautenden Resolutionspraxis der Generalversammlung etwa A/Res/51/55 v. 10. Dezember 1996 und A/Res/53/71 v. 4. Januar 1999. A.A. HERDEGEN, a.a.O. (Fn176), S.58-63 der Raum für eine *teleologische Reduktion* des Gewaltverbotes sieht; so schon HEINTZEN, a.a.O. (Fn68), S.33, in Bezug auf die Spannungslage zwischen "Gewaltverbot und mangelnde[r] innerstaatliche[r] Gewaltmonopolisierung", m.N. in Fn77 sowie KOKOTT, Mißbrauch und Verwirkung von Souveränitätsrechten bei gravierenden Völkerrechtsverstößen, in: BEYERLIN ET AL, FS-Bernhardt (1995), S.149f..

185 Vgl. zum untrennbaren Zusammenhang von Gewaltverbot und Annexionsverbot nur HOBE/KIMMINICH, a.a.O. (Fn86), S.85; ferner BOTHE, Die Erklärung der Generalversammlung der Vereinten Nationen über die Definition der Aggression, JIR 18 (1975), S.128, 135.

rodierende bewaffnete Banden[186], die über keine *eigene* Völkerrechtssubjektivität verfügen, ist eine Erfassung in erster Linie dadurch möglich, dass der 'failed state' als *Zurechnungssubjekt* dient.

b. Bilaterale Konstellation - Zurechnungsansatz Der 'failed state' als Zurechnungssubjekt

Strukturell handelt es sich dabei um Fälle der sog. 'indirekten Gewalt'. Ebenso wie die Reichweite des Begriffes[187] werden die damit assozierten Zurechnungstatbestände in Lehre und Praxis unterschiedlich bewertet.[188] Einigkeit besteht sicherlich hinsichtlich des Grundsatzes, dass privates Gewaltverhalten prima facie einem Staat *nicht als eigenes* zugerechnet werden kann,[189] was allerdings nicht bedeutet, dass der Staat im Zusammenhang dieses Fremdverhaltens nicht - auf Sekundärebene - *verantwortlich* gemacht werden kann, dann nämlich, wenn er es trotz völkerrechtlicher Verpflichtung unterlassen hat, das spezifische Privatverhalten zu verhindern. Hier spielt das private Gewaltverhalten aber nur als objektive Bedingung der Verantwortlichkeit[190] auf Entschädigungsebene eine Rolle.

Eine *Zurechnung* (Primärebene) ist indes nur dann möglich, wenn das Gewaltverhalten privater Urheberschaft in einem so engen Zusammenhang zum Staat steht, dass es gleichsam als staatliches Verhalten, als "act of state" anzusehen ist.

---

186 Diese gehen tw. mit äußerster Brutalität und Intensität vor, THÜRER, ebd. (Fn179) spricht in Bezug auf Liberia von "kollektivem Wahnsinn", BARTL, a.a.O. (Fn176), S.75 in Bezug auf Somalia von "irrationalen und an Radikalität kaum zu übertreffenden Greueltaten."

187 Instruktiv hierzu nur m.w.N. KREß, a.a.O. (Fn62), S.27f., insb. bei Fn15-20.

188 Vgl. dazu mit gutem Überblick nur KREß, a.a.O. (Fn62), insb. seine Bewertung der Praxis (S.129-142) sowie die zusammenfassende Darstellung der Lehrmeinungen (S.143-168).

189 Statt vieler DAHM/DELBRÜCK/WOLFRUM, Völkerrecht, Bd.I/3 (2002), S.906 und S.984; HERZOG, Terrorismus - Versuch einer Definition und Analyse internationaler Übereinkommen zu seiner Bekämpfung (1991), S.132; HIGGINS, Problems and process (1994), S.153; TIETJE/NOWROT, a.a.O. (Fn61), S.6 m.w.N. in Fn30; insb. WOLF, Zurechnungsfragen bei Handlungen von Privatpersonen, ZaöRV 45 (1985) 2, S.232 m.w.N. in Fn1 aus Rechtsprechung und Lehre; OESER/STEINIGER/GRAEFRATH, Völkerrechtliche Verantwortlichkeit der Staaten (1977), S.103. Wg. der Offenkundigkeit des Prinzips wurde die Regelung des Art.11 ILC-DASR (1996) in den ILC-DASR (2001) ersatzlos gestrichen.

190 Vgl. etwa IPSEN ET AL, a.a.O. (Fn65), S.646, §40, Rn34 a.E.; OESER/STEINIGER/GRAEFRATH, a.a.O. (Fn189), S.103; TIETJE/NOWROT, a.a.O. (Fn61), S.7 m.w.N. in Fn35; eingehend EPINEY, a.a.O. (Fn85), S.109ff., insb. S.112f. zur Kategorisierung der Privathandlung als "external event", sowie S.205-269 zur Frage der die Verantwortlichkeit regelnden Sekundärnormen (auf Primärnormen, d.h. konkrete Verhaltenspflichten, geht EPINEY nicht ein).

Da der Staat nur durch natürliche Personen - seine Organe - handeln kann, müssten die physisch handelnden Privaten also *de facto-Organe* des Staates sein.[191] Wann die de facto-Organeigenschaft anzunehmen ist, ist im Detail umstritten. Einen Überblick über die gewohnheitsrechtlich anerkannten Zurechnungstatbestände gibt hier der 2001 in zweiter Lesung verabschiedete ILC-Entwurf der *Draft Articles on State Responsibilty*[192] (ILC-DASR (2001));[193] auf Grund der Abkoppelung vom Primärnormbereich sind die ILC-DASR (2001) auch für die Zurechnungsfrage im Rahmen des Gewaltregelungsregimes anwendbar.[194]

aa. Verhaltensbedingte Zurechnung

(1.) Zurechnung durch aktive Verwicklung

Im Bereich der Zurechnung durch *aktive Verwicklung* besteht seit geraumer Zeit ein vergleichsweise klar definierter Standard: So hat der IGH im Fall *Military and Paramilitary Activities* auf eine "effective control"[195] abgestellt, also die jederzeit mögliche, steuernde Einflussnahme des Staats auf die Privaten in Bezug auf die spezifische Gewalthandlung.[196] Die Berufungskammer des ICTY[197] hat

---

191 Vgl. EPINEY, a.a.O. (Fn85), S.99-106; ZANARDI, Indirect military aggression, in: CASSESE, The current legal regulation of the use of force (1986), S.112f..

192 A/CN.4/L.602/Rev.1 v. 26. Juni 2001.

193 HOBE/KIMMINICH, a.a.O. (Fn86), S.242; IPSEN ET AL, a.a.O. (Fn65), S.618, §39, Rn2; SCHRÖDER, a.a.O. (Fn55), S.585, Rn7; STEIN/VON BUTLAR, Völkerrecht (2005), S.433, Rn1105.

194 Wie hier WOLFRUM, The attack of September 11, 2001, the wars against the Taliban and Iraq: Is there a need to reconsider international law on the recourse to force and the rules in armed conflict?, in Max Planck YB UN L 7 (2003), S.36f.; DERS./PHILIPP, The status of the Taliban: Their obligations and rights under international law, Max Planck YB UN L 6 (2002), S.591ff., insb. S.594 bei Fn133f.; SOMER, Acts of non-state armed groups and the law governing armed conflict, Am Soc'y Int'l L Insights 10 (2006) 21, http://www.asil.org/insights/2006/08/insights060824.html [letzter Abruf: 25. Oktober 2007]. Vgl. auch *Commentaries to the ILC-DASR* (2001), A/56/10 (Supp) v. 1. Oktober 2001, S.62, §5: "On the other hand the present articles […] are not limited to breaches of obligations of a bilateral character, e.g. under a bilateral treaty with another State. *They apply to the whole field of the international obligations of States, whether the obligation is owed to one or several States, to an individual or group, or to the international community as a whole.* Being general in character, they are also for the most part residual." [Hervorh. hinzugef.] Wie hier BYERS, Terrorism, the use of force and international law after 11 September, Int'l Comp L Q 51 (2002) 2, S.408 bei Fn38; zweifelnd BRUHA, Neuer internationaler Terrorismus: Völkerrecht im Wandel?, in: KOCH, Terrorismus - Rechtsfragen der äußeren und inneren Sicherheit (2002), S.69.

195 IGH, *Military and Paramilitary Activities* (Nicaragua/USA), Urt. v. 27. Juni 1986, ICJ Rep. 1986, S.65, §115.

196 Vgl. EPINEY, a.a.O. (Fn85), S.103-106; STAHN, International law at a crossroads? - The impact of September 11, ZaöRV 62 (2002) 1/2, S.218f.; TIETJE/NOWROT, a.a.O. (Fn61), S.6f., insb. bei Fn32.

dagegen im Fall *Prosecutor v Duško Tadic* eine *overall control*[198] genügen lassen, d.h. die prinzipielle Befehlsabhängigkeit vom Staat bei einem verbleibenden Entscheidungsspielraum des Privaten im Einzelfall.[199] Art.8 ILC-DASR (2001) zählt - in Präzisierung der früheren Entwurfsfassung[200] "acting on behalf of the state" - drei tatbestandliche Alternativen[201] auf, aus denen sich die "de facto-Organ"-Eigenschaft[202] ergibt, nämlich dass der Private "[is] acting on the *instructions* of, or under the *direction* or *control* of, that State in carrying out the conduct".[203] Art.3 lit.g Aggressionsdefinition[204] spricht schließlich von der "*Entsendung* bewaffneter Banden [...] oder der *wesentlichen Beteiligung* [daran]", die dann gem. Art.1 Aggressionsdefinition als "Anwendung von Waffengewalt *durch* einen Staat"[205] zu sehen ist. Ungeachtet der Nuancen, die hinsichtlich des Maßes der staatlichen Kontrolle vertreten werden - hier insbesondere durch das "effective" und "overall controll"-Kriterium von IGH und ICTY - kann man damit eine *operative Leitfunktion* des Staates für das konkrete Verhalten des Privaten identifizieren.[206]

---

197 Zur Beachtlichkeit des Urteils für die Frage der Staatenverantwortlichkeit angesichts des auf die Beurteilung der strafrechtlichen Verantwortlichkeit von Individuen beschränkten Mandats des ICTY, vgl. *Commentaries to the ILC-DASR* (2001), a.a.O. (Fn194), S.106, §5 sowie SCHMITT, Counter-terrorism and the use of force in international law (2002), S.52; STAHN, a.a.O. (Fn196), S.224f..

198 ICTY, Appeals Chamber, *Prosecutor v Duško Tadic*, Case No. IT-94-1-A, Urt. v. 15. Juli 1999, http://www.un.org/icty/tadic/appeal/judgement/tad-aj990715e.pdf [letzter Abruf: 6. September 2007], S.49, §120, allerdings unter ausdrücklicher Aufrechterhaltung des "'effective control'-test" des IGH bei privaten Einzelpersonen und unorganisierten Gruppen, vgl. nämlich S.48ff., §§118, 124, 132, 138f..

199 Vgl. ICTY, a.a.O. (Fn198), S.49ff., §§120-123, 130f., 137-139, 141; ferner DINSTEIN, War, aggression and self-defence (2001), S.183 bei Fn138f.; STAHN, a.a.O. (Fn196), S.223-226.

200 Vgl. CHINKIN, A critique of public/private dimension, Eur J Int'l L 10 (1999) 2, S.388 in Fn12.

201 Vgl. *Commentaries to the ILC-DASR* (2001), a.a.O. (Fn194), S.108, §7.

202 Obwohl Art.8 ILC-DASR (2001) den Terminus "de facto-Organ" nicht benutzt, bezieht er sich gleichwohl auf diese Konstellation. Vgl. *Commentaries to the ILC-DASR* (2001), a.a.O. (Fn194), S.104f., §§4f., die auf die Urteile des IGH im *Military and Paramilitary Activities*-Fall und des ICTY im *Tadic*-Fall Bezug nehmen und beide Urteile ihrerseits davon sprechen, dass das Kontrollverhältnis "equates the group with State organs proper" [ICTY, a.a.O. (Fn198), S.49, §121] bzw. dass "it would be right to equate the *contras*, for legal purposes, with an Organ of the United States Government" [IGH, a.a.O. (Fn195), S.62, §109, Hervorh. v. IGH]. Im Ergebnis ebenso EPINEY, a.a.O. (Fn85), S.99-106, insb. S104.

203 [Hervorh. hinzugef.].

204 A/Res/3314 (XXIX) v. 14. Dezember 1974, Annex.

205 [Hervorh. hinzugef.].

206 Auch der Zurechnungstatbestand der *nachträglichen Übernahme von Privatverhalten* (vgl. Art.11 ILC-DASR (2001)) - der gerade nicht auf die de facto-Organeigenschaft ab initio abstellt - vgl. *Commentaries to the ILC-DASR* (2001), a.a.O. (Fn194), S.119, §1 - weicht vom Erfordernis eines Steuerungs- oder Kontrollverhältnisses nicht ab. Wie EPI-

(2.) Zurechnung durch passive Verwicklung

Neben diesen, durchweg anerkannten[207] aktiven Verwicklungsformen wurden in der Vergangenheit von einer nicht unbedeutenden Minderheit - insbesondere der israelischen und anglo-amerikanischen Lehre - unter Berufung auf die einschlägige Handlungspflichten statuierenden Resolutionen der GV[208] - *Duldungs- oder andere Unterlassungskonstellationen* in Betracht gezogen.[209] Dabei wird zwar nicht auf die Zurechenbarkeit ("attributility") von Privatverhalten abgestellt, sondern an die Verantwortlichkeit ("responsibility") des Staates angeknüpft, der es unterlässt, gegen Gefahren, die in seinem Herrschaftsbereich für andere Staaten oder deren Angehörige entstehen, vorzugehen.[210] Rechtsfolgeseitig kommen

---

NEY, a.a.O. (Fn85), S.161-203 in eingehender Untersuchung dargelegt hat, ist wesentliches Merkmal dieses Zurechnungstatbestandes die *Übernahme der effektiven Kontrolle* durch den Staat nach Beginn der Privathandlung, aber noch vor deren Abschluß - m.a.W. die *Perpetuierung* der durch die Privaten initiierten Situation auf Grund nachträglicher tatsächlicher Handlungsherrschaft des Staates, was einen "gewissen Dauercharakter" des privaten Verhaltens voraussetzt (S.197). Ebenso SCHMITT, a.a.O. (Fn197), S.46f. und wohl auch STAHN, a.a.O. (Fn196), S.219-221, insb. S.220.

207 Vgl. nur SCHINDLER, a.a.O. (Fn99), S.35; TIETJE/NOWROT, a.a.O. (Fn61), S.7 m.w.N. in Fn38.

208 Insb. *Essentials for peace* (A/Res/290 (IV), v. 1. Dezember 1949, insb. op. Abs.2f.); *Friendly Relations Declaration* (A/Res/2625 (XXV) v. 24. Oktober 1970, Annex, op. Abs.1 (1. Prinzip, Abs.8f.); *Declaration on the enhancement of the effectiveness of the principle of refraining from the threat or use of force in international relations* (A/Res/42/22 v. 18. November 1987, Annex, hier insb. op. Abs.1, Ziff.I/6). Dazu KREß, a.a.O. (Fn62), S.103-117.

209 Zusammenfassend zur "Duldungs-, Unfähigkeits- und Sorgfaltswidrigkeitskonstellation" KREß, a.a.O. (Fn62), S.24 (Einleitung mit Definitionen), S.130-135 (Bewertung der Praxis) S.147-162 (Meinungsstand in der Lehre). KREß meint bzgl. der *Duldungskonstellation* "bei aller Vorsicht" eine h.L. (S.148f.) und herrschende Praxis (S.133) feststellen zu können, wobei er aber ausdrücklich nicht *von der Zurechnung* zum duldenden Staat ausgeht, sondern eine andere "Einbeziehung dieser Verwicklungsform in das Gewaltverbot [...] erkennen" will (S.273f., vgl auch S.342). Dies deutet eher auf eine *unechte, notstandsähnliche Dreieckskonstellation* (vgl. supra Erster Teil - 1. Kapitel - A. - II. - 3. , S.18) hin.

210 Vgl. etwa BLUM, State response to acts of terrorism, Ger YB Int'l L 19 (1976), S.236; FAWCETT, Intervention in international law, RC 103 (1961-II), S.358; FEINSTEIN, Self-defence and Israel in international law, Is L Rev 11 (1976) 4, S.540; FRANCK, Recourse to force (2002), S.64-68, insb. S.67. Außerhalb des angeprochenen Rechtskreises ansatzweise BOTHE, a.a.O. (Fn168), S.233; KILIAN, Zur völkerrechtlichen Verantwortlichkeit des Staates bei Akten des Internationalen Terrorismus, NZWehrr 24 (1982) 4, 122; TRAVALIO, Terrorism, international law, and the use of military force, Wis Int'l L J 18 (2000) 1, S.174. Weitere Vertreter bei KREß, a.a.O. (Fn62), S.151 in Fn615. Bei den Staaten treten vor allen die USA und Israel hervor, vgl. STAHN, "Nicaragua is dead, long live Nicaragua" - the right to self-defence under Art.51 UN Charter and international terrorism (2003), http://edoc.mpil.de/conference-on-terror/present/stahn.pdf [letzter Abruf: 12. Februar 2004], S.6 m.N. in Fn23.

die Vertreter dieses auf der Doktrin der '*implied state complicity*'[211] basierenden Ansatzes jedoch zum zurechnungsgleichen Ergebnis, "regarding the act [of the indivual] as the act of the state."[212] Damit wird die Zurechnung faktisch auf die Fälle erweitert, bei denen nach herrschender Auffassung das Privatverhalten nur eine objektive Bedingung der Verantwortlichkeit darstellt.[213] Gleichermaßen werden damit Primär- und Sekundärnormebene der Staatenverantwortlichkeit, d.h. Pflichtverletzung einerseits und Handlungszurechnung andererseits, vermischt.[214] Die Zurechnung auf Grund passiver Verwicklung ist daher in der Vergangenheit zu Recht abgelehnt worden.[215]

(3.) Prinzipielle Unmöglichkeit der verhaltensbedingten Zurechnung

Darauf kommt es freilich mit Blick auf die Zurechnungsproblematik beim 'failed state' gar nicht mehr an.[216] Denn allen Tatbeständen - gleich ob sie auf aktivem Tun, Duldung oder anderer Unterlassung des Staates, d.h. seiner de jure- oder de facto-Organe, als zurechnungsbegründendem Verhalten basieren - ist gemein, dass sie implizit von der aktuellen Handlungsfähigkeit des Staates ausgehen, die dem 'failed state' aber per definitionem gerade fehlt.[217] Abgesehen vom Bedrohungsverhalten marodierender ("ehemals") staatlicher Truppen, das möglicherweise noch wegen deren de jure-organschaftlicher Stellung als "act of the 'failed

---

211 Vgl. dazu nur BRIERLY, The theory of implied state complicity in international claims, Brit YB Int'l L 9 (1928), S.42-49; zur Abkehr von der 'complicity-doctrine' jeweils m.w.N. KREß, a.a.O. (Fn62), S.151 sowie 240-243; OESER/STEINIGER/GRAEFRATH, a.a.O. (Fn189), S.105,m.N. aus der sowjetischen Lit. in Fn100-102.

212 BRIERLY, a.a.O. (Fn211), S.42 a.E..

213 Vgl. bei Fn190.

214 Exemplarisch bei KILIAN, a.a.O. (Fn210), S.122: "[B]enutzen sie [die Terroristen] das Staatsgebiet als 'Basis' für Delikte im Ausland, so kann dies dem betreffenden Staat als *eigenes Handeln zuzurechnen* sein, sofern ihm im Zusammenhang dieser Taten ein *völkerrechtlicher Pflichtenverstoß vorzuwerfen* ist" [Hervorh. hinzugef.]; ebenso ZEMANEK, Völkerrechtliche Voraussetzungen, Rahmenbedingungen und Mittel zur Bekämpfung des internationalen Terrorismus, in: HUMMER, Sicherheit und Terrorismus (2005), S.117; vgl. auch HÄUßLER, Der Schutz der Rechtsidee, ZRP 34 (2001) 12, S.540f..

215 Vgl. BYERS, a.a.O. (Fn194), S.407; KREß, a.a.O. (Fn62), S.342; GENONI, Die Notwehr im Völkerrecht (1987), S.141; SCHMALENBACH, Die Beurteilung von grenzüberschreitenden Militäreinsätzen gegen den internationalen Terrorismus aus völkerrechtlicher Sicht, NZWehrr 42 (2000) 5, S.186f. unter Heranziehung von IGH, *Diplomatic and consular staff* (USA/Iran), Urt. v. 24. Mai 1980, ICJ Rep. 1980, S.29, §58; jüngst wieder KRAJEWSKI, a.a.O. (Fn56), S.190ff..

216 Vertiefend KREß, Gewaltverbot und Selbstverteidigungsrecht nach der Satzung der Vereinten Nationen bei staatlicher Verwicklung in Gewaltakte Privater (1995), mit Bezug auf den Primärnormbereich; davon weitestgehend losgelöst EPINEY, Die völkerrechtliche Verantwortlichkeit von Staaten für rechtswidriges Verhalten im Zusammenhang mit Aktionen Privater (1992).

217 Vgl. bei Fn183; ferner BOTHE, a.a.O. (Fn168), S.233.

state'" - wenn auch ultra vires - zu sehen wäre,[218] scheitert eine Zurechnung damit bereits an der prinzipiellen Unmöglichkeit einer verhaltensabhängigen Verwicklung des 'failed state'.[219]

bb. Statusbedingte Zurechnung

Folglich käme allenfalls eine Zurechnung unter Bezugnahme auf den *territorialen Aspekt* - die Bedrohung geht vom Staatsgebiet des 'failed state' aus - und/oder den *personalen Aspekt* - es sind Staatsangehörige des 'failed state', die die Bedrohung physisch verursachen - in Betracht. Es ist offenkundig, dass damit aber jede korrektive Wirkung der Zurechnung verloren ginge und eine uneingeschränkte Garantiehaftung der Staaten für Privathandlungen auf ihrem

218 Vgl. Art.7 ILC-DASR (2001); erforderlich - und im Einzelfall festzustellen - ist jedoch, dass die Truppen tatsächlich "in official capacity" gehandelt haben. Anderfalls wären sie wie private Gruppen zu behandeln, womit wiederum die Frage nach der Zurechnung gestellt wäre. Vgl. dazu *Commentaries to the ILC-DASR* (2001), a.a.O. (Fn194), S.102, §7 sowie S.91f., §13.

219 Im Ergebnis ebenso GEIß, a.a.O. (Fn175), S.269, 282; KREß, a.a.O. (Fn62), S.133 (Bewertung der Staatenpraxis), S.274 unter Verweis auf S. 269-271 (Gesamtauslegungsergebnis), sowie S.338 (unter (4)), S.340f. (unter (1)) und S.342 (nach (c)) (Endergebnisse), DERS., a.a.O. (Fn176), S.344 in Fn63; ferner SCHRÖDER, ebd (Fn55); TRAVALIO, a.a.O. (Fn210), S.153 bei Fn27; VON MÜNCH, a.a.O. (Fn57), S.130f.. A.A. DAHM/DELBRÜCK/ WOLFRUM, a.a.O. (Fn189), S.908 bei Fn20, die eine Zurechnung von Handlungen *aller* rivalisierenden Gruppen ohne Rücksicht auf die Handlungsunfähigkeit des 'failed state' vornehmen. Dies ergäbe sich "aus der Natur der von diesen Gruppen *wahrgenommenen [staatlichen] Funktionen*, die für sich in Anspruch nehmen, die oberste Gewalt in dem betreffenden Staat zu repräsentieren" [Hervorh. hinzugef.]. Offenbar interpretieren DIES. damit Art.9 ILC-DASR (2001) - vgl. nämlich S.907 bei Fn9 -, der eine Zurechnung privaten Verhaltens "in the absence or default of the official authorities", d.h. auch im 'failing' bzw. 'failed state', vorsieht, wenn der Private "is in fact exercising elements of the governemental authority [...] and in circumstances such as to call for the exercise of those elements of authority." Tatsächlich geht aber DAHM/DELBRÜCK/WOLFRUMS Ansatz am 'failed state' vorbei: Es ist nicht nachzuvollziehen, wie das anarchische Verhalten der Banden (das massenhafte und willkürliche Brandschatzen, Ausplündern, Vergewaltigen und Morden) unter die Wahrnehmung staatlicher Funktionen, allen voran die Herstellung einer öffentlichen Ordnung, subsumiert werden soll. Auch mit der Idee der *levée en masse*, die Art.9 ILC-DASR (2001) zugrunde liegt, haben diese Exzesse nichts gemein, vgl. hierzu *Commentaries to the ILC-DASR* (2001), a.a.O. (Fn194), S.109f., §2 und S.111, §6. Fragwürdig erscheint daneben auch die Orientierung DAHM/DELBRÜCK/WOLFRUMS an der Willensrichtung der rivalisierenden Gruppen ("die für sich in Anspruch nehmen, die oberste Gewalt [...] zu repräsentieren"). Dies kann offenkundig kein Zurechnungskriterium sein, vgl. EPINEY, a.a.O. (Fn85), S.137, m.w.N. in Fn11.

Staatsgebiet und/oder ihrer Staatsangehörigen entstünde, die mit Recht bisher abgelehnt wurde.[220]

c. Unechte Dreieckskonstellation
Der 'failed state' als Auffangadressat

Die vorstehenden Überlegungen haben gezeigt, dass es nach dem allgemein anerkannten Zurechnungsregime nicht möglich ist, den 'failed state' - als Ausdruck des "[Fest]halten[s] an der Zentralität des Staates für das Völkerrecht"[221] - als Zurechnungssubjekt heranzuziehen. Lösung dieses Problems könnte die Annahme einer *unechten Dreieckskonstellation*[222] sein. Dabei bestünde das Rechtsverhältnis originär und verhaltensunabhängig zwischen dem 'failed state' und dem Staat, der durch die vom Territorium des 'failed state' ausgehenden privaten Gewalthandlungen bedroht ist. Das private Verhalten wäre in dieser Konstellation lediglich objektive Bedingung eines Rechtes zur präventiven Gewaltanwendung.

Hinsichtlich der Adressatenfrage hat dieser Ansatz den praktischen Vorteil, dass er die Zurechnungs- bzw. Rechtssubjektsproblematik bei Privaten umgeht. Die rechtlichen Schwierigkeiten werden dadurch aber nicht gelöst, sondern nur in den tatbestandlichen Bereich verlagert. Gerade beim '*failing* state' stellt sich nämlich die Frage, ab wann eine Eingriffslage besteht. Allein der charakteristisch fortschreitende Zerfall der staatlichen Ordnungsstrukturen kann nicht genügen. Andernfalls wäre jeder 'failing' und erst recht jeder 'failed state' potentieller Schauplatz gewaltsamer Intervention - ein Ergebnis, dass die Fiktion fortbestehender Staatsgewalt und damit der Fortgeltung des Gewaltverbotes gerade verhindern soll.[223]

---

220 Vgl. nur EPINEY, a.a.O. (Fn85), S.107 bei und m.w.N. in Fn374-380 sowie S.207 bei und m.w.N. in Fn10; WOLF, a.a.O. (Fn189), S.234 bei Fn6. Das Nichtbestehen staatlicher Garantiehaftung dokumentieren auch - arg. e contrario - Art.2 lit.a i.V.m. Art.4-11 ILC-DASR (2001) sowie - noch explizit - Art.11 ILC-DASR (1996). Vgl. dazu insb. *Commentaries to the ILC-DASR* (2001), a.a.O. (Fn194), S.80f., §§1-3, m.w.N. in Fn97. Krit. jedoch CHINKIN, a.a.O. (Fn200), S.395.

221 RUDOLF in: THÜRER/HERDEGEN/HOHLOCH, Der Wegfall effektiver Staatsgewalt: "The failed state", BDGV 34 (1996), S.143 [Diskussionsbeitrag]; vgl. dazu STOLL, in: THÜRER/HERDEGEN/HOHLOCH, Der Wegfall effektiver Staatsgewalt: "The failed state", BDGV 34 (1996), S.162 [Diskussionsbeitrag].

222 Vgl. supra Erster Teil - 1. Kapitel - A. - II. - 3. , S.18.

223 Vgl. bei und m.N. in Fn184, 185.

d. Zwischenergebnis

Im Rahmen von Bedrohungssituationen, die vom Gebiet eines 'failed state' ausgehen, stößt das gegenwärtige Gewaltregelungsregime an seine Grenzen. Während die am Bürgerkrieg teilnehmenden Einzelgruppierungen unterhalb der Schwelle zum de facto-Regime *keine eigene Rechtssubjektivität* erlangen, scheitert die *Zurechnung* privaten Gewaltverhaltens zum fortbestehenden Rumpfstaat nach den allgemein anerkannten Zurechnungsregeln an dessen Handlungsunfähigkeit. Übrig bleiben nur die *unechten Dreieckskonstellationen*, die freilich die Adressatenproblematik nur zu Lasten einer eindeutigen rechtsgrundseitigen Eingriffslage auflösen können.

III. Nicht-staatliche Konfliktakteure

Unter dem Begriff der *nicht-staatlichen* Akteure werden schließlich all diejenigen Konfliktakteure gefasst, die die konstitutiven Staatsmerkmale - Volk, Territorium, Herrschaftsgewalt - prinzipiell nicht erfüllen können oder die Staatlichkeit nicht anstreben, gleichwohl über ein völkerrechtlich relevantes Gewaltpotential verfügen.

1. Internationale Organisationen - die Vereinten Nationen

Die erste bedeutsame Entwicklung im Bereich der nicht-staatlichen Konfliktakteure erfolgte im überstaatlichen Bereich - namentlich bei den internationalen Organisationen - und hat ihren Anfang mit der Einführung eines Systems kollektiver Sicherheit nach dem Ersten Weltkrieg genommen. Obwohl der Völkerbund weder über eigene rechtliche noch tatsächliche Instrumente (Ermächtigungsgrundlagen zur Anwendung von Gewalt sowie ausführende Streitkräfte) verfügte und damit schlicht unfähig war, an einem bewaffneten Konflikt als *selbständiger Akteur* teilzunehmen, zeichnete sich doch ab, dass die grenzüberschreitende Gewaltanwendung nicht mehr als ausschließliche Angelegenheit zweier Staaten begriffen wurde.[224] Eine enorme Weiterentwicklung und ihren bisherigen Höhepunkt hat diese "Entstaatlichung nach oben" mit der Gründung der Vereinten Nationen erreicht, für die - nicht zuletzt *wegen* des Scheiterns des Völkerbundes - gem. Art.39ff. CVN der *rechtliche* Rahmen geschaffen wurde, als nicht-staatliche Völkerrechtspersönlichkeit mit eigenen Konfliktmitteln ausges-

---

224 Vgl. insb. Art.10, 12, 13, 15 und 16 VBS, abgedr. [engl./frz.] in: KLUYVER, Documents on the League of Nations (1920), S.351-362 ; vgl. hierzu nur PARRY, League of Nations, in: BERNHARDT ET AL, EPIL, Bd.3 (1997), S. 178f.; RANDELZHOFER, a.a.O. (90), S.115, Rn7f..

tattet in gewaltsamen Auseinandersetzungen als Akteur aufzutreten.[225] Die Existenz dieser *rechtlichen Voraussetzungen* soll jedoch nicht darüber hinwegtäuschen, dass die VN in der *Praxis* gewaltsamer Zwangsmaßnahmen ('enforcement actions')[226] wegen des Fehlens von Sonderabkommen gem. Art.43 CVN nach wie vor Mitgliedstaaten zur Durchführung autorisieren müssen und so lediglich über eine "Auftragsbefugnis ohne Befolgungszwang ('operational control')"[227] verfügen. In diesem Fall aber sind wiederum allein die unter VN-Mandat handelnden Mitgliedstaaten völkerrechtliches Zurechnungssubjekt von Gewaltanwendung[228] - wenngleich durch das Mandat gerechtfertigt - und damit Konfliktakteure im Sinne dieser Untersuchung. Die Relevanz der VN als Konfliktakteur ist daher gering und bedarf keiner weiteren Vertiefung.

2. Transnationale terroristische Vereinigungen

Die jüngste - und im Untersuchungszusammenhang bedeutende - Weiterentwicklung des Kreises potentieller, nicht-staatlicher Konfliktakteure entstammt dem schwer überschaubaren Bereich des internationalen Terrorismus[229] und betrifft eine Erscheinungsform, die sich während der 1990er Jahre herauskristalli-

---

225 Vgl. IPSEN ET AL, a.a.O. (Fn65), S.1228f., §66, Rn20f. und S.1231f., §67, Rn5; MENG, Wai, in: BERNHARDT ET AL, EPIL, Bd.4 (2000), S.1335 m.w.N..

226 Davon zu unterscheiden sind die sog. Beobachtermissionen (*observer forces*) und die Entsendung von Friedenssicherungstruppen (*peacekeeping forces*), in deren Rahmen die VN regelmäßig durch ad hoc Vereinbarungen oder sog. "standby arrangements" im Wege der Organleihe (str.) auf nationale Streitkräfte-Kontingente zurückgreifen können und damit selbst das völkerrechtliche Zurechnungsobjekt darstellen. Hierzu weiterführend IPSEN ET AL, a.a.O. (Fn65), S.1114ff., §60, Rn18f., 24; SOMMEREYNS/BOTHE, United Nations Forces, in: BERNHARDT ET AL, EPIL, Bd.4 (2000), S.1115f..

227 IPSEN ET AL, a.a.O. (Fn65), S.642, §40, Rn21, S.1228, §67, Rn20; vgl. auch SOMMEREYNS/BOTHE, a.a.O. (Fn226), S.1114.

228 Vgl. etwa IPSEN ET AL, a.a.O. (Fn65), S.1231f., §67, Rn5; a.A. Doehring, a.a.O. (Fn81), S.208, Rn467 a.E..

229 Der Terminus *internationaler Terrorismus* ist ein Sammelbegriff. Darunter wird variierend sowohl privater Individual- und Gruppenterrorismus als auch Staatsterrorismus und staatlich geförderter Terrorismus gefasst. Eine autoritative Definition bzw. entsprechende Tatbestände existieren gleichwohl nicht. Dazu m.w.N. FRIEDLANDER/MARAUHN, Terrorism, in: BERNHARDT ET AL, EPIL, Bd.4 (2000), S.845-858. Speziell zur Problematik einer mangelnden international verbindlichen Definition von Terrorismus, vgl. nur HERZOG, Terrorismus - Versuch einer Definition und Analyse internationaler Übereinkommen zu seiner Bekämpfung (1991); SCHMALENBACH, Der internationale Terrorismus - Ein Definitionsversuch -, NZWehrr 42 (2000) 1, S.15ff., mit einer Definition auf kleinstem gemeinsamem Nenner (S.20) und m.w.N. in Fn23. Zur Vielfalt der Definitionen exemplarisch ZIMMER, Terrorismus und Völkerrecht (1998), S.5, m.w.N. in Fn12 (100 Einzeldefinitionen) und HOFFMAN, Terrorismus (2002), S.51 (empirische Untersuchung von 101 Einzeldefinitionen auf die häufigsten Charakteristika).

siert und im al-Qaida Netzwerk[230] ihren Archetyp gefunden hat: Transnationale terroristische Vereinigungen. Ihre Relevanz und Problematik für die Untersuchung erlangen derartige Gruppierungen - im Gegensatz zu anderen Erscheinungsformen des Terrorismus - durch Kulmination zweier charakteristischer Entwicklungstendenzen: Der signifikanten *Steigerung ihres Schädigungspotentials* einerseits und der *zunehmenden Transnationalisierung* hinsichtlich Organisation und Aktionsraum andererseits.[231]

Während das gesteigerte Schädigungspotential im Wesentlichen die Überschreitung der völkerrechtlichen Relevanzschwelle bedeutet, d.h. die Herausbildung einer faktischen Konfliktfähigkeit, die wirkungsbezogen mit originär staatlicher Gewalt vergleichbar ist,[232] wirkt sich die Transnationalisierungstendenz vor allem für die rechtliche Erfassung der terroristischen Organisation als physischem Gewalturheber aus. Wie zu zeigen sein wird, divergiert die Realität hierdurch so erheblich von den bestehenden rechtlichen Erfassungskategorien, dass eine Berücksichtigung de lege lata unmöglich erscheint.[233]

a. Terroristische Gewalt in der bisherigen völkerrechtlichen Betrachtung

Bis zum 11. September 2001 wurde nur selten in Zweifel gezogen, dass "[t]he goal of terror is to kill one and frighten 10,000"[234], dass "[t]errorists want a lot of people watching and a lot of people listening, not a lot of people dead."[235] Vor

---

230 Überblick über die Entwicklung des al-Qaida-Netzwerks bei SCHNECKENER, Netzwerke des Terrors (2002), http://www.swp-berlin.org/de/common/get_document.php?id=169 [letzter Abruf: 20. August 2006], S.20-22.

231 Vgl. etwa BRUHA/BORTFELD, a.a.O. (Fn56), S.161; DELBRÜCK, Zur Effektivität völkerrechtlicher Vertragsregime am Ende des 20. Jahrhunderts - Effektivität des UN-Gewaltverbotes, FW 74 (1999) 1/2, S.156; HOFFMAN, a.a.O. (Fn229), S.282, 284; KOTZUR, a.a.O. (Fn56), S.459-461; MEISER/VON BUTTLAR, a.a.O. (Fn56), S.9-11; PICKARD, Legalizing assassination? Terrorism, the central intelligence agency, and, Ga J Int'l & Comp L 30 (2001) 1, S.8.

232 Vgl. dazu eingehend sub Erster Teil - 2. Kapitel - A. - II. - 4. - a. , S.77.

233 Dass die *Transnationalisierung*, d.h. die "nicht-hoheitliche Interaktion über Staatsgrenzen hinweg" (NEUHOLD/HUMMER/SCHREUER, ÖHbdVr (1997), Bd.1, S.218, Rz1144) als *ein Wesensmerkmal der Globalisierung* in der immer noch vorherrschenden etatozentrischen Völkerrechtsbetrachtung per se Schwierigkeiten aufwirft, hat sich schon bei der Erfassung sog. trans- oder multinationaler Unternehmen gezeigt. Vgl. dazu nur DAHM/DELBRÜCK/WOLFRUM, a.a.O. (Fn67), S.243ff.; IPSEN ET AL, a.a.O. (Fn65), S.108f., §8, Rn16f.; zum Prozess der Globalisierung m.w.N. nur DELBRÜCK, a.a.O. (Fn67), S.1-36.

234 Chinesisches Sprichwort, zit. bei ADDICOT, Legal and policy implications for a new era: The "War on Terror", St Mary's L Rev Minority Issues 4 (2002) 2, S.212 bei Fn15 unter Berufung auf SUN-TZU.

235 JENKINS, International terrorism: A new mode of conflict, in: CARLTON/SCHAERF, International terrorism and world security (1975), S.15.

diesem Hintergrund galt der Terrorist in der völkerrechtlichen Betrachtung als "nichts anderes als ein Straftäter des nationalen Rechts"[236], und folglich war auch "die Terrorismusbekämpfung [...] *primär* eine Angelegenheit, die ‚ihrem Wesen nach zur inneren Zuständigkeit', zur ‚domaine réservée', eines Staates gehört[e]."[237] Grund für diese Beurteilung war zum Einen die Tatsache, dass sich der Aktionsradius terroristischer Gruppierungen bis in die frühen 1990er Jahre hinein regelmäßig nur auf einen Staat oder eine kleine Gruppe von Staaten als Gegner bezog,[238] und eine Grenzüberschreitung dabei regelmäßig nur der Erhöhung der medialen Aufmerksamkeit diente,[239] zum Anderen, dass die Mehrzahl der terroristischen Vereinigungen bis dato nur über ein "sehr begrenztes, taktisches Repertoire"[240] verfügte - namentlich Sachbeschädigung (Sprengstoffanschläge), Entführung und Geiselnahme sowie die gezielte Ermordung einzelner, in der Regel exponierter Individuen -, also Verhaltensweisen, die verwirklicht sowohl in *tatbestandlicher Hinsicht* als auch in Bezug auf das Ausmaß ihrer mißbilligten Wirkung trotz grenzüberschreitender Bezugspunkte regelmäßig nur als *Kriminalität* und damit als Sache des *nationalen Strafrechts* wahrgenommen wurden.[241]

---

236 OPPERMANN, Der Beitrag des Internationalen Rechts zur Bekämpfung des internationalen Terrorismus, in: VON MÜNCH, FS-Schlochauer (1981), S.504; ebenso MEISER/VON BUTTLAR, a.a.O. (Fn56), S.7 ("criminal acts").

237 BLUMENWITZ, Das universelle Gewaltanwendungsverbot und die Bekämpfung des grenzüberschreitenden Terrorismus, BayVBl 32 (1986) 24, S. S.737 [Hervorh. hinzugef.].

238 Vgl. etwa BRUHA/BORTFELD, a.a.O. (Fn56), S.161, die insoweit von der ersten und zweiten Generation des internationalen Terrorismus sprechen und "Gebietsansprüche, Unabhängigkeit oder Autonomieforderungen" als regelmäßigen Konfliktgegenstand identifizieren. Für diesen territorial determinierten "ethno-nationalistischen/separatistischen Terrorismus" (HOFFMAN, a.a.O. (Fn229), passim, insb. S.57ff.), hat sich in den 1970er/1980er Jahren im *Spannungsverhältnis zum Selbstbestimmungsrecht und antikolonialen/nationalen Befreiungskampf* (vgl. nur A/Res/3034 (XXVII) v. 18. Dezember 1972 sowie A/36/425 v. 21. September 1981) die aporische Wendung etabliert, dass "one man's terrorist is another man's freedom fighter", welche den Kern des Definitionsproblems (dazu schon Fn229) trifft. In diesem Sinne auch FRIEDLANDER/MARAUHN, a.a.O. (Fn229), S.846; UN Special Rapporteur KOUFA in E/CN.4/Sub.2/2001/31 v. 27. Juni 2001, §25. TRAVALIO, a.a.O. (Fn219), S.154 in Fn35 sieht dagegen in dieser Aporie nur ein Cliché.

239 Zur Rolle der Medien eingehend HOFFMAN, a.a.O. (Fn229), S.172-208; vgl. auch SCHNECKENER, a.a.O. (Fn230), S.16.

240 HOFFMAN, a.a.O. (Fn229), S.266 bei Fn21 auf JENKINS Bezug nehmend.

241 Vgl. etwa SCHINDLER, a.a.O. (Fn99), S.34; SCHMALENBACH, a.a.O. (Fn229), S.19 sowie WEBER, Gewalt, Gegengewalt, Gewaltverbot, VN 35 (1987) 2, S.51. Vgl. ferner das erste völkerrechtliche Anti-Terrorismus-Instrument, die - wiewohl nie inkraftgetretene - *Convention pour la prévention et la répression du terrorisme* v. 16. November 1937, VB-Drucks. C.546.M.383.1937.V, SdN J Off 19 (1938) 183, S.22-35, in dessen Art.1 Abs.2 der *terroristische Akt* als "*faits criminels* dirigés contre un Etat et dont le but ou la nature est de provoquer la terreur chez des personnalités déterminées, des groupes de personnes ou dans le public."[alle Hervorh. hinzugef.] definiert wurde.

Folglich befand sich - so OPPERMANN - "[v]ölkerrechtlich gesprochen [...] die terroristische Gruppe [...] in [ihrer] *tatsächlichen (quantitativen, effektiven) Bedeutsamkeit* unterhalb eines Status, wie ihn nach allgemeinem Völkerrecht die Aufständischen innehaben können, einschließlich der Ausweitungen, die der klassische Aufständischenstatus zugunsten sog. Befreiungsbewegungen [...] neuerdings erfahren soll."[242] Auch de lege ferenda dürfe es nicht darum gehen "- das kann nicht deutlich genug gesagt werden! -[,] dem Terroristen einen rechtssubjektiven Locus Standi auf der Ebene des Internationalen Rechts zu geben, etwa im Sinne einer erneuten Erweiterung des Kreises partiell völkerrechtsfähiger Rechtssubjekte."[243] Schließlich sei die angesprochene Erweiterung des Kreises der Völkerrechtssubjekte erfolgt "aus humanitären Gründen, sowie auch aus Drittstaatsinteressen in Anerkennung des Effektivitätsprinzips"[244] - Voraussetzungen, die bei privaten terroristischen Gruppen schlechthin fehlten. Insofern bei der Bekämpfung von Terrorismus - wegen grenzüberschreitender Auswirkung - das Völkerrecht bemüht werden müsse, könne Ziel nur der internationale Konsensus sein, dass "bestimmte Handlungen [...] unter allen Umständen mit den Mitteln des nationalen Rechts geächtet, verfolgt und bestraft werden [...]".[245] Völkerrechtssubjektivität kam terroristischen Gruppierungen damit nach traditioneller Auffassung nicht zu.[246]

Wie zutreffend OPPERMANN 1981 damit die *völkerrechtliche Erfassung* von privater terroristischer Gewalt für die Vergangenheit abbildete und gleichermaßen für die nachfolgenden 20 Jahre prognostiziert hat, zeigt sich exemplarisch an den einschlägigen internationalen Kodifikationen und der Resolutionspraxis der VN. So ergibt sich aus den zwölf relevanten internationalen Konventionen in Bezug auf Terrorismus[247] vor allem die *Verpflichtung der Vertragsstaaten*, spezifisches Individualverhalten nach nationalem Recht unter Strafe zu stellen, eine effektive Strafverfolgung zu gewährleisten und mit mutmaßlichen Tätern nach dem Grundsatz *aut dedere aut judicare* zu verfahren.[248] Der teleologische Schwerpunkt der Konventionen liegt damit *materiell* auf einer möglichst globalen Kriminalisierung bestimmter Verhaltensweisen durch vertragsstaatliches Strafrecht und *prozedural* auf der Koordination und Verknüpfung der vertrags-

---

242 OPPERMANN, a.a.O. (Fn236), S.497f.; ebenso noch HERZOG, a.a.O. (Fn189), S.105f., allerdings mit der Einschränkung, dass - zumindest was die Erstreckung des 'ius in bello' auf Terroristen betrifft - der "Übergang fließend sein kann".

243 OPPERMANN, a.a.O. (Fn236), S.504.

244 OPPERMANN, ebd. (Fn243).

245 OPPERMANN, a.a.O. (Fn236), S.505.

246 Vgl. neben OPPERMANN und MEISER/VON BUTLAR, ebd. (Fn236) auch DELBRÜCK, ebd. (Fn231); KILIAN, a.a.O. (Fn210), S.125; TIETJE/NOWROT, a.a.O. (Fn61), S.5f. bei Fn26.

247 Mit Fundstellennachweis und Ratifikationsstand (2003): TALMON, Grenzen der "Grenzenlosen Gerechtigkeit", in: MÄRZ, FS-Vitzthum (2003), S.112f..

248 Vgl. ASTON, Die Bekämpfung abstrakter Gefahren für den Weltfrieden durch legislative Maßnahmen des Sicherheitsrats - Resolution 1373 (2001) im Kontext, ZaöRV62 (2002) 1-2, S.261; TOMUSCHAT, a.a.O. (Fn73), S.537; TALMON, a.a.O. (Fn247), S.114f..

staatlichen Strafverfolgung in Bezug auf diese Verhaltensweisen. Eine Berücksichtigung privater terroristischer Gewalt im Rahmen des Gewaltregelungsregimes, insbesondere was eine Rechtfertigung von grenzüberschreitenden Gewaltmaßnahmen zur Abwehr terroristischer Gefahren betrifft, wurde indes nicht vorgesehen. Ein ähnliches Bild ergibt die VN-Resolutionspraxis. Sicherheitsrat und Generalversammlung haben es bis zu den Anschlägen vom 11. September 2001 vermieden, einen Terrorakt als "Bedrohung des Weltfriedens und der internationalen Sicherheit" zu verurteilen und ihm damit gem. Art.39 1.Alt CVN eine unmittelbare Relevanz für das völkerrechtliche Gewaltregelungsregime[249] zu bescheinigen. Die beiden Organe beschränkten sich vielmehr darauf, die Mitgliedstaaten zur internationalen Kooperation, insbesondere zum Beitritt und zur effektiven Umsetzung der Konventionen aufzufordern,[250] auf die Rechtswidrigkeit staatlicher Unterstützung hinzuweisen[251] und im Übrigen terroristische Handlungen als kriminell und nicht zu rechtfertigen zu bezeichnen.[252]

Zwar fanden sich mit Beginn der 1990er Jahren schließlich immer häufiger Andeutungen, dass Akten des internationalen Terrorismus eine Wirkung i.S.d. Art.39 1.Alt CVN zukommen *könnte*, gleichwohl fand eine rechtserhebliche Feststellung bis zum 11.September 2001 in keinem Fall statt.[253] So verurteilte

---

249 So auch ASTON, a.a.O. (Fn248), S.266f.; FROWEIN, Der Terrorismus als Herausforderung für das Völkerrecht, ZaöRV 62 (2002) 4, S.885f.; DERS./KRISCH, Article 39, in: SIMMA ET AL, A Commentary (2002), Bd.1, S.725f., Rn16, 23.

250 Vgl. etwa S/Res 579 (1985) v. 18. Dezember 1985, op. Abs.4; S/Res 638 (1989) v. 31 Juli 1989, op. Abs.5 (beide einzelfallbezogen) sowie - statt vieler - etwa A/Res/40/61 v. 9. Dezember 1985, op. Abs.4; A/Res/46/51 (1991) v. 9. Dezember 1991, op. Abs.5; A/Res/49/60 (1994) v. 9. Dezember 1994, Annex, op. Abs.II/8 (alle "Measures to prevent international terrorism [...]").

251 Vgl etwa S/Res 1189 (1998) v. 13. August 1998, op. Abs.5; S/Res 1214 (1998) v. 8. Dezember 1998, präamb. Abs.13 und op. Abs.13 sowie A/Res/40/61 v. 9. Dezember 1985, op. Abs.6; A/Res/46/51 (1991) v. 9. Dezember 1991, op. Abs.3; A/Res/49/60 (1994) v. 9. Dezember 1994, Annex, op. Abs.II/4, II/5/a (alle "Measures to prevent international terrorism [...]").

252 Vgl. etwa S/Res 1189 (1998) v. 13. August 1998, präamb. Abs.7 und op. Abs.3 sowie A/Res/40/61 v. 9. Dezember 1985, op. Abs.1; A/Res/46/51 (1991) v. 9. Dezember 1991, op. Abs.1; A/Res/49/60 (1994) v. 9. Dezember 1994, Annex, op. Abs.I/1 (alle "Measures to prevent international terrorism [...]"). Ebenso DAHM/DELBRÜCK/WOLFRUM, a.a.O. (Fn189), S.1108 a.E.

253 Vgl. etwa S/Res 635 (1989) v. 14. Juni 1989, präamb. Abs.1 ("Conscious of the *implications of acts of international terrorism for international security*"), S/Res 731 (1992) v. 21. Januar 1992, präamb. Abs.2 ("reaffirming the right of all States, [...], to protect their nationals from *acts of international terrorism that constitute threats to international peace and security*") sowie S/Res 1044 (1996) v. 31. Januar 1996, präamb. Abs.5 ("convinced that the suppression of acts of international terrorism, including [state- and/or state-sponsored terrorism] is an essential element for the maintenance of international peace and security") [alle Hervorh. hinzugef.]. Anzumerken ist, dass die beiden letztgenannten Resolutionen - wie sich aus ihrem operativen Teil und den Nachfolgeresolutionen (s.u.) ergibt - jeweils in Bezug auf *staatliches Verhalten im Zusammenhang mit der*

etwa der Sicherheitsrat in Resolution 1269 (1999) "all acts, methods and practices of terrorism as criminal and unjustifiable, [...] *in particular those* which *could* threaten international peace and security" und forderte ferner den Generalsekretär auf, "to pay sepcial attention to the need to prevent and fight the threat to international peace and security *as a result of* terrorist activities"[254]. Ähnlich formulierte auch die Generalversammlung in der *Declaration on measures to eliminate international terrorism*, dass "acts, methods and practices of terrorism constitute a grave violation of the purposes and principles of the United Nations, which *may pose* a threat to international peace and security [...]".[255]

Terroristische Gewalt wurde mithin bis in die jüngste Vergangenheit in völkerrechtlicher Hinsicht lediglich *mediatisiert adressiert.* Eine unmittelbare Rechtswirkung wurde lediglich über das vertragsstaatliche Strafrecht vorgesehen, nicht aber im Rahmen des völkerrechtlichen Gewaltregelungsregimes.[256]

b. Einbeziehung terroristischer Vereinigungen in das Gewaltregelungsregime

In Anbetracht des Gewaltpotentials transnationaler terroristischer Vereinigungen dürfte sich nach dem 11. September 2001 nicht mehr die Frage stellen, *ob* eine Einbeziehung in das Gewaltregelungsregime stattfindet, sondern auf *welchem Wege.*[257] Wie eingangs des Kapitels gezeigt, kommen grundsätzlich drei Möglichkeiten in Betracht: Entweder das Gewaltverhalten der terroristischen Organisationen kann mittels einer *Zurechnungsoperation* über ein anderes Völkerrechtssubjekt berücksichtigt werden (bilaterale Konstellation), oder die terroristische Organisation ist *(teil-)rechtsfähig* und damit selbst Normadressat (echte Dreieckskonstellation) oder das Bedrohungsverhalten der Terrororganisation wird als bloße *objektive Bedingung* eines bilateralen Verhältnisses zweier Staa-

---

Aufklärung terroristischer Anschläge ergingen, nämlich in beiden Fällen die Nichterfüllung der von Drittstaaten geforderten Auslieferung verdächtigter Staatsangehöriger. Entsprechend bezog sich die Feststellung einer Friedensgefährdung in den Nachfolgeresolutionen (S/Res 748 (1992) v. 31. März 1992, präamb. Abs.7 sowie S/Res 1054 (1996) v. 26. April 1996, preamb. Abs.10) auf die Nichterfüllung der auch resolutionsmäßig geforderten Auslieferung. Zur Bedeutung der Resolutionspraxis zu den Geschehnissen des 11. September 2001, insb. S/Res/1373 (2001) v. 28. September 2001, vgl. sub Zweiter Teil - 6. Kapitel - A. - II. - 1. , S.289 sowie 3. , S.305.

254 S/Res 1269 (1999) v. 19. Oktober 1999, op. Abs.1, 5 [Hervorh. hinzugef.].

255 A/Res/49/60 v. 9. Dezember 1994, Annex, op. Abs.I.2 [Hervorh. hinzugef.].

256 So auch BOTHE, a.a.O. (Fn77), S.647f., Rn11.

257 In diese Richtung schon KREß, a.a.O. (Fn62), S.308f.; TIETJE/NOWROT, a.a.O. (Fn61), S.9. Außerordentlich treffend BAKER, Terrorism and the inherent right of self-defense (a call to amend Article 51 of the United Nations Charter), Houston J Int'l L 10 (1987) 1, S.26 bei Fn3: "[I]n many cases terrorism is an *international law problem* with state *sovereignty the critical issue.*" [Hervorh. hinzugef.]

ten berücksichtigt, ohne dass es zu einer Zurechnung kommt (unechte Dreieckskonstellation).[258]

aa. Bilaterale Konstellation - Zurechnungsansatz Das Problem der Transnationalisierung

Wie im Rahmen der 'failed state'-Problematik dargelegt, bedarf es de lege lata einer *operativen Leitfunktion* eines Staates, um ihm Privatverhalten zuzurechnen.[259] Es ist jedoch fraglich, ob dieser Ansatz hinreicht, um Gewaltverhalten transnationaler terroristischer Vereinigungen rechtlich zu erfassen. Wie bereits angedeutet ist hierbei der Transnationalisierungstendenz besondere Berücksichtigung zu schenken.

Eine völkerrechtlich auf breiter Ebene akzeptierte Definition für das Phänomen der *Transnationalisierung* existiert bisher nicht;[260] dies darf auch insoweit nicht verwundern, als der Versuch unternommen wird, ein *Aliud zur Staatlichkeit* auf dessen Grundkategorien basierend - Territorium, Volk, Souveränität, Gewaltmonopol - zu erklären. Denn charakteristisch für die Erscheinung der Transnationalisierung - sei es in Bezug auf die Ökonomie, sei es in Bezug auf die "dritte Generation des internationalen Terrorismus"[261] - ist eine weitestgehende Ablösung von der Einheit Staat als kausaler, konditionaler, lokaler und finaler Bezugsgröße.[262] Die tatsächlichen Bezugsgrößen sind vielmehr religiöser, wirtschaftlicher, kultureller und/oder ideologischer Natur - Charakteristika, die in keinem zwingenden Bedingungszusammenhang zu den drei Elementen des Staatsbegriffs stehen und eher einer grenzübergeifenden, "vierten Dimension" zuzuordnen sind.

So rekrutiert etwa die al-Qaida - oder besser die mit dem al-Qaida-Netzwerk assozierten terroristischen Einzelgruppierungen[263] - ihre Aktivisten unabhängig

---

258 Vgl. dazu schon supra Erster Teil - 1. Kapitel - A. - II. , S.17.

259 Vgl. supra Erster Teil - 1. Kapitel - B. - II. - 4. - b. - aa. , S.42.

260 So DAHM/DELBRÜCK/WOLFRUM, a.a.O. (Fn67), S.245, vgl. aber NEUHOLD/HUMMER/SCHREUER, ebd. (Fn233).

261 BRUHA/BORTFELD, a.a.O. (Fn56), S.161.

262 Vgl. etwa GROTE, Between crime prevention and the laws of war, http://edoc.mpil.de/conference-on-terror/present/grote.pdf [letzter Abruf: 12. Februar 2004], S.4. DELBRÜCK, a.a.O. (Fn61), S.10 bei Fn3 spricht in diesem Zusammenhang plakativ von einem "non-territorialized, borderless global terrorism that clearly transcends not only the traditional but also the modern concepts of international warfare."

263 Grundlegende Informationen zu diesen Einzelgruppierungen in den jährlichen Berichten des US DEPT ST, Patterns of global terrorism, http://www.state.gov/www/global/terrorism/annual_reports.html (1998 und 1999) sowie http://www.state.gov/s/ct/rls/

von Nationalität oder Ethnie aus einem globalen Pool sog. islamistischer Fundamentalisten[264], die vor allem im Christentum und "der" westlichen Kultur - mit den USA als Gallionsfigur - durchaus aber auch in liberal eingestellten arabischen Staaten eine mit Gewalt zu bekämpfende Bedrohung (nämlich den sog. "al-Kufr al-Alami", den "internationale[n] Unglaube[n]"[265]) erblicken und zu einem "Neo-Djihad"[266] bereit sind.[267] Die Finanzierungs-, Ausbildungs- und Organisationsstruktur folgt - soweit diese im Einzelnen überhaupt zu überblicken ist - geradezu kompetitiven Gesichtspunkten: Solche Aktivitäten finden jeweils in dem Umfeld, also in den Staaten statt, in denen für einen bestimmten Zeitraum die günstigsten Parameter vorgefunden werden, d.h. etwa mangelnde staatliche Kontrollen, gesetzliche Schlupflöcher, wirtschaftliche Betätigungsmöglichkeiten, personelle und materielle Ressourcennähe, effektive Kommunikationsmöglichkeiten, etc..[268] Auch der Aktionsraum konkreter terroristischer Anschläge scheint auf Grund dieser Erwägungen ausgewählt zu werden.[269] Transnationalisierung bedeutet also in Bezug auf terroristische Gewalt modellhaft gesprochen:

> Ein einzelner terroristischer Anschlag kann auf dem Territorium des Staates **A**, von Hintermännern, die auf dem Territorium des Nachbar-

---

pgtrpt/ (seit 2000), jeweils insb. App. B des Berichts [alle Seiten letzter Abruf: 1. September 2007].

264 Vgl. zur großen Relevanz der Transnationalität im Islam, VITZTHUM, Begriff, Geschichte und Quellen des Völkerrechts, in: DERS., Völkerrecht (2007), S.42f., Rn86.

265 TIBI, Fundamentalismus und die Quelle des Terrorismus, in: BKA, Islamischer Terrorismus (2002), S.107.

266 TIBI, a.a.O. (Fn265), S.102-104.

267 Vgl. etwa HOFFMAN, a.a.O. (Fn229), S.281f., allerdings mit starker Fokussierung auf den mutmaßlichen Anführer der al-Qaida BIN LADEN als "legendäre Gestalt", der "die Geschichte des Terrorismus neu geschrieben" hat (S.279); abgeschwächt DUNN, Can al Quaeda be deterred from using nuclear weapons?, Nat'l Def U WMD Center Occasional Papers 11 (2005) 3, http://www.ndu.edu/WMDCenter/docUploaded/206-186_CSWMD_OCP3WEB.pdf [letzter Abruf: 4. September 2007], S.6f. der einen inneren von BIN LADEN befehligten Kreis und einen äußeren, nur lose assozierten und im Wesentlichen autonom agierenden Kreis identifiziert. Vgl. schließlich gegen die personelle Konzentration auf BIN LADEN TIBI, a.a.O. (Fn265), S.107f., der zuvor (S.96-98) stichhaltig darlegt, dass es sich beim gewaltbereiten islamistischen Fundamentalismus um eine schon seit den 1920er Jahren bestehende Strömung innerhalb der islamischen Zivilisation handelt: "[D]enn wenn wir Bin Laden nur entfernen, folgt ihm ein anderer nach." (S.108).

268 Beispielhaft TIBI, a.a.O. (Fn265), S.106: "[D]ie islamischen Fundamentalisten mögen Deutschland, weil in Deutschland wg. der Vergangenheit alles Fremde toleriert wird, auch wenn es von Fundamentalisten kommt. In der Tat hatten die islamischen Terroristen [des 11. September 2001] eine Ruhezone in Deutschland." Konkret zur Finanzierungstruktur der al-Qaida kurz KRAJEWSKI, a.a.O. (Fn56), S.193 m.N. in Fn59. Eingehend zur Netzwerkstruktur auch SCHNECKENER, a.a.O. (Fn230), S.19, 25ff..

269 Vgl. die Übersicht bei DUNN, a.a.O. (Fn267), S.9. Vgl. auch HOFFMAN, a.a.O. (Fn229), S.281 der die Attraktivität neuer Anschlagsgebiete (insb. in Afrika, Asien und Nordamerika) für den transnationalen Terrorismus darin begründet sieht, dass sie "vom internationalen Terrorismus bislang verschont geblieben waren."

staates **B** ihren dauerhaften Stützpunkt haben, unter Ausschöpfung von Finanzmitteln, die auf Grund gesetzlicher Schlupflöcher in Staat **C** erwirtschaftet wurden, geplant und vorbereitet werden und kurz darauf von sog. Schläfern - die bisher in den Staaten **D**, **E** und **F** ihren Einsatz abgewartet haben und zuvor im Staat **G** ausgebildet worden waren - mit Waffen, die von einem Unternehmen im Staat **H** an die Terroristen geliefert wurden, realisiert werden.[270]

Damit wird der *Territorialstaat* im Hinblick auf die Struktur und Wirkung transnationaler terroristischer Gewalt zur *Variablen*; die "moderne" Form terroristischer Gewalt ist *entstaatlicht*. So läßt sich zum Einen kaum noch eine isolierte Abhängigkeit von einem Staat als Mittelgeber oder gar ideologischer Steuerungsinstanz erkennen, wie es typischerweise beim staatlich geförderten ('state-sponsored') oder Staatsterrorismus der Fall ist. Durch die im Einzelnen undurchsichtige, gleichwohl im Prinzip bekannte Verquickung von Terrorismus mit Wirtschaft und organisierter Kriminalität,[271] verbunden mit der freien Verfügbarkeit von Waffen auf dem Weltmarkt, werden materielle Quellen erschlossen, die der Terrororganisation ein von staatlicher Unterstützung *autonomes Gewaltpotential* sichern.[272] Die ideologische Steuerung der Gewaltakte durch (Sponsor-)Staaten ist einer fundamentalistisch-religiösen Motivation gewichen, die in keinem Abhängigkeitsverhältnis zu einem spezifischen Staat steht.[273]

Daneben agieren transnationale terroristische Organisationen, nicht zuletzt *wegen* ihrer territorial ungebundenen Motivation, in Bezug auf Planung, Vorbereitung und Ausführung ihrer Anschläge nicht mehr statisch in eng - auf ein oder wenige Staatsgebiete - begrenzten Räumen, sondern global, in sich ständig den konkreten "Anforderungen" flexibel anpassenden terroristischen Interessensräumen, die sich länderübergreifend über den Erdball verteilen und dank moderner Kommunikationsmittel eng miteinander vernetzt sind. Transnationale terroristische Vereinigungen zeichnen sich mithin in ihrem Verhältnis zu Staaten - insbesondere in organisatorischer Hinsicht - durch *hochgradige Autonomie* und einer von Staatsgrenzen unabhängigen *globalen Vernetzung ihrer Aktivitäten* aus. Vor diesem Hintergrund ist aber - von Ausnahmefällen abgesehen - nicht anzunehmen, dass ein Staat bei der Vorbereitung oder Ausführung eines An-

---

270 Bsp. modifiziert nach STAHN, a.a.O. (Fn210), S.39 a.E.: "A single terrorist act can be planned in one country by terrorists from a second country, executed against targets in a third country, by terrorists recruited in a forth country using weapons acquired in a fifth country." Die Diversifizierung ist nahezu unbegrenzt.

271 Vgl. hierzu ROTH, Netzwerke des Terrors, http://www.bpb.de/veranstaltungen/PDNE03,0,0,Netzwerke_des_Terrors.html [letzter Abruf: 1. September 2007].

272 Ebenso BRUHA/BORTFELD, a.a.O. (Fn56), S.166; KRAJEWSKI, a.a.O. (Fn56), S.193 (in Bezug auf die al-Qaida); SCHMITT, a.a.O. (Fn197), S.3 und 29; TIETJE/NOWROT, a.a.O. (Fn61), S.9.

273 Unklar insofern DUNN, a.a.O. (Fn267), S.21, der der al-Qaida und BIN LADEN "'state-like' behavior" attestiert.

schlages einer transnationalen Terrororganisation eine zurechnungsbegründende *operative Führungsrolle* einnimmt.[274]

Die daraus entstehende Zurechnungsproblematik verschärft sich über die Frage des Zurechnungstatbestands hinaus mit Blick auf das Zurechnungssubjekt, wenn eine transnationale terroristische Vereinigung die bestehenden anarchischen Verhältnisse in einem 'failed state' nutzt, um sich ungestört von Ordnungsstrukturen eine territoriale Basis[275] zu schaffen.[276] Während nämlich in Bezug auf marodierende Bürgerkriegsparteien - die regelmäßig bereits im Zustand noch bestehender, wenn auch schon fragmentierter Staatsgewalt ('failing state') auftreten - ein *zurechnungsbegründendes* sorgfaltspflichtwidriges Unterlassen des 'failed state' vor Eintritt der vollständigen Handlungsunfähigkeit noch damit konstruiert werden könnte, dass es die im Zerfall befindliche Herrschaftselite unterlassen hat, zukünftige Gefahren für andere Staaten durch marodierende Banden effektiv zu verhüten - eine zurechnungsbegründende *omissio libera in causa*?[277] -, fehlt bei transnationalen terroristischen Vereinigungen, die erst nach Eintritt der Handlungsunfähigkeit auf dem entsprechenden Staatsgebiet tätig werden, selbst dieser vage Anknüpfungspunkt.[278]

Im Ergebnis lässt sich damit festhalten, dass das bestehende Zurechnungsregime wegen der hochgradigen Autonomie transnationaler Terrororganisationen in struktureller Hinsicht nicht genügt, um das von derartigen Vereinigungen ausgehende Gewaltverhalten zu erfassen; nur in - auf entsprechenden Tatsachen beruhenden - Ausnahmefällen wird eine *operative Leitfunktion* eines Staates die Zurechnung rechtfertigen.[279]

---

274 Ebenso BRUHA/BORTFELD, ebd. (Fn272); vgl. auch SCHNECKENER, a.a.O. (Fn230), S.6.

275 MEISER/VON BUTTLAR, a.a.O. (Fn56), S.14 weisen darauf hin, dass auch transnationale Terrororganisationen "bei aller Entterritorialisierung nicht gänzlich ohne staatliches Fundament auskommen." Vgl. auch BRUHA/BORTFELD, a.a.O. (Fn56), S.166; KRAJEWSKI, a.a.O. (Fn56), S.194.

276 So auch BOTHE, a.a.O. (Fn168), S.233; KRAJEWSKI, a.a.O. (Fn56), S.194 bei Fn66; MEISER/VON BUTTLAR, a.a.O. (Fn56), S.14 m.N. identifizieren 'failed states' als "bevorzugte Rückzugsgebiete" von transnationalen Terrororganisationen.

277 Vgl. hierzu explizit GEIß, a.a.O. (Fn175), S.277-280, der die Rechtsfigur für den Bereich der Staatenverantwortlichkeit schlechthin ablehnt.

278 So auch RANDELZHOFER, a.a.O. (Fn90), S.802, Rn36.

279 Ebenso ROMANO, Combating terrorism and weapons of mass destruction: Reviving the doctrine of a state of necessity, Georgetown L J 87 (1999) 4, S.1038; in diese Richtung ferner schon BRUHA/BORTFELD, a.a.O. (Fn56), S.166; KERSTING, "Act of aggression" und "armed attack" Anmerkungen zur Aggressionsdefinition der UN, NZWehrr 22 (1981), S.194; KRAJEWSKI, a.a.O. (Fn56), S.183f.; TIETJE/NOWROT, a.a.O. (Fn61), insb. bei Fn48f.; MEISER/VON BUTTLAR, a.a.O. (Fn56), S.49; a.A. GAJA, ebd. (Fn1610), der unter den Begriff des de facto-Organs eine "formally independent terrorist group" zählt, wenn diese "fights insurrectional movements or foreign governments", dagegen nicht "[i]f it fought the government".

bb. Echte Dreieckskonstellation - Subjektansatz Terrororganisationen als gekorene Völkerrechtssubjekte?

Eine andere Möglichkeit, das Gewaltverhalten transnationaler terroristischer Vereinigungen rechtlich zu erfassen, liegt im Zugeständnis einer partiellen (passiven) Völkerrechtssubjektivität.[280] Was deren dogmatische Begründung betrifft, könnte man eine *Analogie zum Institut der Anerkennung von Belligerenten* annehmen. Ungeachtet der Tatsache, dass diese Form der Anerkennung rechtsfolgenseitig eigentlich gar keine Völkerrechtssubjektivität im Bereich des 'ius ad bellum' nach sich zieht,[281] müsste jedenfalls eine vergleichbare Sach- und Interessenslage bestehen.

Dies ist allerdings zweifelhaft. Wie bereits dargestellt, handelt es sich bei Belligeranten um Aufständische, die über ein Mindestmaß effektiver territorialer Herrschaftsgewalt verfügen, regelmäßig eine Sezession oder die Übernahme der Staatsgewalt anstreben, als Verbandseinheit über eine minimale Binnenorganisation und nach außen auftretende Repräsentanten verfügen und schließlich die Bereitschaft zeigen, sich den für sie potentiell geltenden Regeln der Völkerrechts - vor allem dem 'ius in bello' - zu unterwerfen. Offenkundig erfüllen transnationale terroristische Vereinigungen die beiden erst genannten Voraussetzungen (effektive territoriale Herrschaftsgewalt und Anstreben der Staatlichkeit) nicht. Dies muss indes für eine Analogie noch kein Ausschlussgrund sein, weil zum Einen die territoriale Beziehung in keinem zwingenden Zusammenhang zur Völkerrechtssubjektivität mehr steht,[282] und es sich zum Anderen gerade um die durch den Analogieschluss zu überwindende Realitätsveränderung handelt; *transnationale* Akteure können schließlich nicht an *Territorialität* gemessen werden.

---

280 So wohl de lege lata (!) KRAJEWSKI, a.a.O. (Fn56), S.197 und BRUHA/BORTFELD, a.a.O. (Fn56), S.163, 166; dagegen nur de lege ferenda angesprochen bei DELBRÜCK, a.a.O. (Fn231), S.156; GROTE, a.a.O. (Fn262), S.6; KREß, a.a.O. (Fn62), S.286 bei Fn1245; TIETJE/NOWROT, a.a.O. (Fn61), S.12f.; WOLF, Terrorismusbekämpfung unter Beweisnot, HuV-I 14 (2001) 4, S.210f.. Vgl. zur Frage der den passiv legitimierten Staat dann treffenden *Duldungspflicht* BRUHA/BORTFELD, a.a.O. (Fn56), S.166 ("zusätzliche Legitimation"), die allerdings - wie wohl auch STAHN, a.a.O. (Fn210), S.42 a.E. - eine Duldungspflicht bereits aus der Unfähigkeit oder dem Unwillen des Drittstaats herleiten, gegen die terroristische Bedrohung selbst vorzugehen bzw. auf eine Güterabwägung stützen. Die Existenz einer Duldungspflicht wohl kategorisch ablehnend TIETJE/ NOWROT, a.a.O. (Fn184), S.13, die schlussfolgern, "dass die praktischen Auswirkungen [...] auf die Möglichkeit eines Vorgehens gegen Terroristen in hoheitsfreien Räumen beschränkt sind."

281 Vgl. supra Erster Teil - 1. Kapitel - B. - II. - 1. , S.23 bei Fn84.

282 Neben internationalen Organisationen verfügen auch der Heilige Stuhl und der Malteser Ritterorden nicht über ein Herrschaftsgebiet, vgl. zu Letzteren bereits supra Erster Teil - 1. Kapitel - B. - I. , S.20 in Fn66.

Anders verhält es sich dagegen mit dem Erfordernis einer *Binnenstruktur* und *Repräsentanten*[283] sowie der *Bereitschaft*, sich prinzipiell den Regeln des *Völkerrechts zu unterwerfen*. Sinn und Zweck solcher "Formalerfordernisse" ist die Gewährleistung eines effektiven Rechtsverkehrs, der prozeduralen Kehrseite materieller Rechtsbeziehungen. Auf ihr Vorliegen kann nicht verzichtet werden - andernfalls stellte die Rechtsordnung die faktischen Voraussetzungen ihres eigenen Funktionierens in Frage. Obwohl man bei transnationalen terroristischen Vereinigungen Befehls- bzw. Entscheidungsstrukturen feststellen kann, mit Individuen wie BIN LADEN oder dem inzwischen getöteten AL ZARQAWI[284] möglicherweise auch organsiationsintern "legitimierte Repräsentanten" vorfindet, bestehen doch erhebliche Zweifel, ob damit den formalen Voraussetzungen hinreichend Rechnung getragen wird. Zudem ist fraglich, inwieweit die vorgenannten Personen - über ihre Stellung als ideologische Idole hinaus - auch operativ Einfluß nehmen und *letztverantwortlich* Entscheidungen treffen. Die amorphe Struktur des Terrornetzwerkes, die mehr oder minder lose Zusammenfassung kleiner Aktionsgruppen unter dem Dach al-Qaida, spricht jedenfalls dagegen. In diesem Zusammenhang wäre auch zu klären, welche Entität überhaupt Träger der Rechtsubjektivität sein soll: al-Qaida, die "operativen Aktionsgruppen" - oder beide? Darüber hinaus darf das gelegentliche "Auftreten"[285] von "Führungspersönlichkeiten" nicht darüber hinwegtäuschen, dass eine Kontaktaufnahme von außen faktisch nicht möglich ist. Das Vorhandensein einer minimalen Binnenstruktur und eines Vertreters als Grundvoraussetzung eines jeden Völkerrechtssubjekts ist aber kein Selbstzweck, sondern soll der Effektuierung der rechtlichen Beziehungen dienen.

Wollte man vor diesem Hintergrund gleichwohl eine Anerkennung transnationaler Terrororganisationen zulassen, würde die Völkerrechtssubjektivität zu einer faktisch wie rechtlich *völlig substrat- und funktionslosen* Hülle.[286] Es ist dieses Ergebnis - und nicht das politische Unbehagen, Terrororganisationen die "Wei-

---

283 Vgl. in diesem Zusammenhang ähnlich BERES, On assassination as anticipatory self-defense: The case of Israel, Hofstra L Rev 20 (1991) 2, S.337f. zur faktischen Zersplitterungen der palästinensischen Gruppierungen: "With whom should Israel talk?"

284 AL ZARQAWI wurde am 7. Juni 2006 im Rahmen eines gezielten US-Luftschlages auf seinen Unterschlupf in Hibhib getötet; vgl. FAZ v. 9. Juni 2006, S.1: "Terroristenführer Zarqawi im Irak getötet".

285 Der "öffentliche Auftritt" findet tatsächlich nur über die Medien statt - insb. den Fernsehsender al Jazeera http://english.aljazeera.net/HomePage [letzter Abruf: 18. August 2006] und über das Internet -, wobei regelmäßig vorgefertigte Videobotschaften ausgestrahlt oder Bekennerschreiben veröffentlicht werden.

286 Ebenso SEIDEL, Quo vadis Völkerrecht, in: AVR 41 (2003) 4, S.462, der zutreffend den Schluß zieht, dass "die Rechtspersönlichkeit dieses 'partiellen Völkerrechtssubjekts' [al-Qaida] völlig im Dunkeln" bliebe.

hen der Völkerrechtssubjektivität"[287] zu verleihen -, das den Schluss nahelegt, eine partielle Völkerrechtssubjektivität solcher Organisationen abzulehnen.[288]

cc. Unechte Dreieckskonstellation
Die Vielzahl der potentiellen Auffangadressaten

Insofern ist schließlich denkbar, Bedrohungen privater Urheberschaft auf rein tatbestandlicher Ebene, als "objektive Bedingung" eines Rechtes zur präventiven Gewaltanwendung zu berücksichtigten. Dabei stellt sich allerdings in Bezug auf transnationale Terrororganisationen eine kaum lösbare Problematik: *die Vielzahl der potentiellen Auffangadressaten*. Wie das Modellbeispiel eines durch eine transnationale Terrororganisation organisierten und durchgeführten Anschlages[289] deutlich macht, ist die Anzahl der mittelbar verwickelten Staaten variabel. Sobald mehr als ein Hoheitsraum bei der Vorbereitung eines Anschlages genutzt wird - was gerade charakteristisch für die hier untersuchte Wirkungseinheit ist - entsteht zwangsläufig das Problem, "*den*" passivlegitimierten Staat zu identifizieren.[290]

Ein mögliches Kriterium wäre eine *Pflichtverletzung* des Staates, dessen Hoheitsraum genutzt wird. Solange damit nicht zugleich die Voraussetzungen einer Zurechnung erfüllt werden - in diesem Fall genügt die überkommene Konstruktion einer bilateralen Rechtsbeziehung - hebt sich der Staat im Hinblick auf seine Verwicklung jedenfalls hervor; er könnte als Zielstaat der präventiven Gewaltanwendung determiniert sein. Wirklich gelöst wird die Adressatenfrage dadurch aber nicht. Zum Einen ist es möglich, dass zugleich mehreren Staaten eine Pflichtverletzung vorzuwerfen ist. Zum Anderen muss die Adressatenfrage aber vor allem *rechtsfolgenorientiert* beantwortet werden. Die präventive Gewaltanwendung soll schließlich eine Bedrohungslage beseitigen. Hat aber beispielsweise ein Staat die (ihm bekannten) Finanztransaktionen einer Terrororganisationen pflichtwidrig nicht unterbunden und finden die unmittelbaren Vorbereitungen eines Anschlages - unter Ausnutzung der zuvor gewonnenen Finanzmittel - auf dem Territorium eines anderen Staates statt, wird die präventive Gewaltanwendung auf dem Gebiet des im Rahmen der Finanzierung pflichtwidrig handelnden Staat kaum die *konkrete* Anschlagsgefahr beseitigen können.

---

[287] So aber WOLF, a.a.O. (Fn280), S.210; in diese Richtung auch OPPERMANN, a.a.O. (Fn236), S.504 und TALMON, a.a.O. (Fn247), S.110 bei Fn33.

[288] Dies verkennt KRAJEWSKI, a.a.O. (Fn56), S.197, der von einer partiellen Völkerrechtsfähigkeit ausgeht. Dies ist um so überraschender, als DERS. i.R.d. Frage, ob die Anschläge vom 11. September 2001 einen "Angriff" darstellen, einen "gewissen Organisationsgrad und eine bestimmte institutionelle Struktur" verlangt (S.200).

[289] Vgl. supra Erster Teil - 1. Kapitel - B. - III. - 2. - b. - 0, S.57 bei Fn270.

[290] Ebenso CASSESE, Terrorism is also disrupting some crucial legal categories of international law, Eur J Int'l L 12 (2001) 5, S.997.

Man könnte daher statt dessen an das Kriterium der *Unmittelbarkeit* denken. Danach wäre der Staatsraum, in dem sich die den Anschlag ausführenden Terroristen zuletzt aufhalten, bevor es zur Ausführung des Anschlages kommt, Schauplatz der präventiven Gewaltanwendung. Was aber, wenn die "Schläfer" zeitgleich aus verschiedenen Ländern starten ("swarming-Taktik"[291]), oder - dies hängt mit der tatbestandlich erforderlichen Bedrohungslage zusammen - noch gar nicht hinreichend klar bestimmt werden kann, *wann und wo* der Anschlag stattfinden, also nur sicher ist, *dass* ein solcher stattfinden soll. Ist schon bei einer abstrakten Gefahr - etwa der nachweisbaren Verbindung einer Person zur al-Qaida - der Aufenthaltsstaat passivlegitimierter Adressat präventiver Gewaltanwendung?

C. Zusammenfassendes Ergebnis zum 1. Kapitel - Adressatenlücke

Die Betrachtung möglicher Konfliktakteure und der Erfassung des von ihnen ausgehenden Gewaltpotentials hat deutlich gemacht, dass im Hinblick auf die Entwicklung der vergangenen Jahrzehnte *Inkongruenzen zwischen Realität und Recht* entstanden sind.

Während bei den "klassischen" *staatsähnlichen Konfliktakteuren* - Aufständische[292], de facto-Regime[293] und nationale Befreiungsbewegungen[294] - die Paradigmen des etatozentrischen Völkerrechts gerade noch genügten, um die rechtspersonelle Abbildung der jeweiligen Konfliktrealität zu gewährleisten, stellen sich bereits beim 'failing' bzw. bei 'failed states'[295] erhebliche Probleme. Die einzige Erfassungsmöglichkeit bieten hier die unechten Dreieckskonstellationen.

Bei den *nicht-staatlichen Konfliktakteuren* - namentlich transnationalen terroristischen Vereinigungen - versagen die traditionellen Erfassungsmechanismen dagegen vollkommen. *Völkerrechtssubjektivität* lässt sich derartigen Organisationen nicht ohne Bruch mit grundlegenden Strukturprinzipien zugestehen; eine *Zurechnung* muss nach dem anerkannten Zurechnungsregime regelmäßig mangels hinreichender staatlicher Verwicklung scheitern und selbst die *unechten Dreieckskonstellationen* bieten keine überzeugende Erfassungsmöglichkeit, weil eine klare Determination *des* passivlegitimierten Staates nicht möglich ist.[296]

Damit ist gerade bezüglich der in der jüngeren Debatte in den Vordergrund getretenen Gefahren durch 'failed states' und transnationale terroristische Vereini-

---

291 SCHNECKENER, a.a.O. (Fn230), S.6.
292 Vgl. supra Erster Teil - 1. Kapitel - B. - II. - 1. , S.22.
293 Vgl. supra Erster Teil - 1. Kapitel - B. - II. - 2. , S.24.
294 Vgl. supra Erster Teil - 1. Kapitel - B. - II. - 3. , S.26.
295 Vgl. supra Erster Teil - 1. Kapitel - B. - II. - 4. , S.38.
296 Vgl. supra Erster Teil - 1. Kapitel - B. - III. - 2. , S.49.

gungen eine *Adressatenlücke* zu verzeichnen: Es fehlt hier trotz freilich bestehender faktischer Gefahren am rechtlichen Zuordnungssubjekt und damit an einem für ein Recht zur präventiven Gewaltanwendung passivlegitimierten Adressaten.

2. KAPITEL

SACHLICHER ANWENDUNGSBEREICH

GEFÄHRDUNGSSZENARIEN UND DER BEGRIFF DER GEFAHR

A. Entwicklungslinien der Konfliktrealität

Im Mittelpunkt des *sachlichen Anwendungsbereichs* eines Rechts zur präventiven Gewaltanwendung steht der unbestimmte Rechtsbegriff[297] der *Gefahr*. Um diesen für die weitere Untersuchung handhabbar zu machen, soll er vor dem Hintergrund der tatsächlichen Gegebenheiten veranschaulicht und definiert werden. Als tatsächlicher Hintergrund dient die Entwicklung der Konfliktrealität. Eine erschöpfende Aufarbeitung ist dabei nicht möglich; denn ebenso wie der Krieg ein "wahres Chamäleon [ist], weil er in jedem konkreten Fall seine Natur etwas ändert"[298], nimmt auch jede einzelne Gefährdungslage eine etwas andere Gestalt an. Die Erarbeitung konzentriert sich daher auf die Hauptentwicklungslinien.

I. Die Konfliktrealität bis zum Zweiten Weltkrieg

1. Staatszentriertheit von Gewalt

Betrachtet man die Konfliktrealität zu Beginn des 19. Jahrhunderts lässt sich entlang der zu diesem Zeitpunkt noch vorherrschenden *Staatszentriertheit von Gewalt*[299] eine starke Konzentration auf den territorialen Aspekt erkennen:[300] Kriege wurden geführt, um den effektiven räumlichen Einflußbereich gegen fremde Expansionsbemühungen[301] zu behaupten, zu Lasten anderer Staaten zu vergrößern oder - wie im Falle der Unabhängigkeitskriege[302] - zu begründen. Dahinterstehendes Motiv war neben der fortdauernden Konsolidierung des Nati-

---

297 Vgl. zum unbestimmten Rechtbegriff im Völkerrecht weiterführend BLECKMANN, Grundprobleme und Methoden des Völkerrechts (1982), S.210ff..

298 VON CLAUSEWITZ, Vom Kriege (1972), S.212 (I, i, 28); vgl. kommentierend auch HERBERG-ROTHE, Der Krieg (2001), S.7ff..

299 Vgl. hierzu neben den Ergebnissen des vorherigen Kapitels MÜNKLER, Die Kriege der Zukunft und die Zukunft der Staaten, in: KNÖBL/SCHMIDT, Die Gegenwart des Krieges (2000), S.52ff.; VAN CREFELD, Die Zukunft des Krieges (2001), S.66f., 73; vgl. ferner supra Erster Teil - 1. Kapitel - B. - I. , S.20 insb. bei Fn66f.

300 Vgl. MÜNKLER, a.a.O. (Fn299), S.53; HERBERG-ROTHE, a.a.O. (Fn298), S.29f.; Bsp. bei ZIEGLER, Völkerrechtsgeschichte (1994), S.212f..

301 Auch (noch) zur Erhaltung eines "Gleichgewichts der Kräfte", vgl. hierzu - als Rechtstitel - eingehend sub Zweiter Teil - 4. Kapitel - A. - V. - 2. , S.139.

302 Vgl. hierzu supra Erster Teil - 1. Kapitel - B. - II. - 1. , S.22 bei und mit Bsp. in Fn76f..

onalstaats[303] nicht zuletzt der durch die Industrialisierung stark gewachsene Rohstoffbedarf, der - außer durch Kolonialisierung "wilder" Gebiete - auch durch die gewaltsame Erschließung fremdstaatlicher Rohstoffquellen gedeckt werden sollte.

2. "Hegung"[304] von Gewalt

Dabei waren bis zum Ersten Weltkrieg bewaffnete Auseinandersetzungen zwischen Staaten, die zu diesem Zeitpunkt noch über das Monopol der Rüstungsentwicklung und -produktion verfügten,[305] weitgehend durch *Vermeidung flächendeckender Verwüstung*, wie sie den 30-jährigen Krieg geprägt hatten, gekennzeichnet.[306] Es war das Zeitalter der *begrenzten Kabinettskriege*, in denen - sprichwörtlich vom Feldherrenhügel aus dirigiert - die Schlacht fernab des Volks ausgetragen wurde. Der Staatenkrieg war durch das fortschreitend kodifizierte 'ius in bello'[307] in ein symmetrisches[308] Prozedere eingebettet, welches trotz Greueln und Brutalitäten auf dem Schlachtfeld sicherstellte, dass die bewaffnete Auseinandersetzung nur begrenzt Auswirkungen auf die Zivilgesellschaft hatte.[309] Die militärische Niederlage war damit zugleich *von der Existenz des Gemeinwesens entkoppelt*,[310] sie war in erster Linie - in Anwendung des CLAUSEWITZ'schen Lehrsatzes vom Krieg als Fortsetzung der Politik mit anderen Mittel[311] - politische Niederlage.

---

303 Vgl. GREWE, Epochen der Völkerrechtsgeschichte (1984), S.567ff.; ZIEGLER, a.a.O. (Fn300), S.212.

304 Vgl. zu dem von SCHMITT geprägten Begriff der "Hegung des Krieges" DICKMANN, Friedensrecht und Friedenssicherung (1971), S.129 und GREWE, a.a.O. (Fn303), S.247.

305 Vgl. MÜNKLER, Über den Krieg (2003), S.224.

306 Vgl. nur HERBERG-ROTHE, a.a.O. (Fn298), S.18f.. Kolonial- und Bürgerkriege waren freilich von diametraler Qualität, hierzu eingehend SCHMIEDL, Kolonialkriege: Zwischen großen Kriegen und kleinem Frieden, in: RAUCHENSTEINER/SCHMIEDL, Formen des Krieges (1991), S.124ff., HERBERG-ROTHE, S.19f.; VAN CREFELD, a.a.O. (Fn299), S.73. und MÜNKLER, a.a.O. (Fn305), S.261.

307 Vgl. hierzu auch sub Zweiter Teil - 4. Kapitel - A. - III. - 1. , S.128 mit Bsp. in Fn633.

308 Vgl. zur Herstellung von Symmetrie durch Kriegskonventionen nur HERBERG-ROTHE, a.a.O. (Fn298), S.14.

309 Vgl. DÄNIKER, Der totale Krieg, in: RAUCHENSTEINER/SCHMIEDL, Formen des Krieges (1991), S.145; VAN CREFELD, a.a.O. (Fn299), S.70-72, 76, 141; GREWE, a.a.O. (Fn303), S.628f.; MÜNKLER, a.a.O. (Fn299), S.54.

310 Vgl. HERBERG-ROTHE, a.a.O. (Fn298), S.19.

311 VON CLAUSEWITZ, a.a.O. (Fn298), S.210 (I, i, 24) sowie S.990ff. (VIII, vi, B).

3. Schwerfälligkeit und technische Symmetrie von Gewalt

Trotz steter Fortentwicklung der Kriegsmittel - sowohl der primären, d.h. Waffen, als auch der sekundären, etwa Transportgerät, Kommunikations-, Aufklärungs- und Spionageeinrichtungen - waren die bewaffneten Auseinandersetzungen bis ins 20. Jahrhundert durch *Schwerfälligkeit* gekennzeichnet. Allein die Mobilmachungszeiträume - den anschließenden Transport von Mann und Gerät zur Frontlinie einmal beiseite gelassen - führten zu einer beträchtlichen Vorwarnzeit für den Verteidiger.[312] Echte "Überaschungsangriffe" größeren Ausmaßes, nicht bloße Grenzvorfälle, waren daher vor dem Hintergrund der kriegstechnischen Gegebenheiten kaum denkbar.[313] Und ebensowenig wie eine bewaffnete Auseinandersetzung plötzlich begann, zeichnete sich die bis ins 20. Jahrhundert vorherrschende Konfliktform - der Staatenkrieg - durch einen schnellen Verlauf, eine schnelle Entscheidung aus.[314] Die Konfliktgegner waren sich in Bezug auf die technische Qualität des zur Verfügung stehenden Kriegsgeräts meist ebenbürtig.[315] Im Vordergrund und regelmäßig kriegsentscheidend war daher die quantitative Überlegenheit bzw. die bessere Strategie und Taktik.[316]

Derartige *Abnutzungskriege* traten verstärkt in Folge der *revolutionären Waffenentwicklung* des ausgehenden 19. und beginnenden 20. Jahrhundert auf, in deren Zuge nicht nur eine deutliche Verlagerung auf Fernwaffen[317] zu beobachten war, sondern - vor allem - die Vernichtungswirkung der Waffen gesteigert wurde: Die *Feldartillerie* wurde in ihrer Präzision, Reichweite und Durchschlagskraft verbessert,[318] innerhalb nur weniger Jahrzehnte wurden die ersten, umständlich zu bedienenden Hinterlader (Zündnadelgewehre) über das Repetiergewehre zum *Maschinengewehr* (etwa das britische Maxim-Gewehr) weiterentwickelt.[319] Letzteres ermöglichte einerseits - in technisch asymmetrischen Auseinandersetzungen, etwa Kolonialkriegen - eine erhebliche personelle Unterlegenheit zu kompensieren,[320] andererseits forderte die maschinell betriebene Vernichtung von Menschenleben - im symmetrischen Staatenkrieg - auf beiden Seiten einen

---

312 In diese Richtung auch FRANCK, Who killed article 2 (4)? or: Changing norms governing the use of force by states, Am J Int'l L 64 (1970) 5, S.812.

313 Vgl. LAUBACH/PREUß/SCHMIERER/STOLL, Die Rolle des Völkerrechts in einer globalisierten Welt (2004), S.26.

314 Bezeichnenderweise wurde die Strategie bzw. Taktik des *Blitzkrieges* erst seit den 1920er Jahren entwickelt.

315 Anders freilich in den Kolonialkriegen, vgl. hierzu die Nachweise in Fn306.

316 Vgl. nur eingehend VAN CREFELD, a.a.O. (Fn299), S.147ff..

317 Vgl. - zur psychologischen Bedeutung der "Aufhebung von Nähe und Schaffung von Distanz" - HERBERG-ROTHE, a.a.O. (Fn298), S.117.

318 Vgl. hierzu MÜNKLER, a.a.O. (Fn305), S.225.

319 Vgl. VAN CREFELD, a.a.O. (Fn299), S.130f..

320 Vgl. mit Bsp. HERBERG-ROTHE, a.a.O. (Fn298), S.19 a.E.; DÄNIKER, a.a.O. (Fn309), S.120.

immer größeren personellen Einsatz. Gefallene Soldaten mussten, sollte der Krieg nicht verloren gehen, durch neue Mannschaften ersetzt werden. Mit der Erfindung des *Dynamits* durch NOBEL wurde der nur wenige Jahre zuvor gefundene und wegen seiner schlechten Kontrollierbarkeit noch unpraktikable Sprengstoff Nitroglycerin handhabbar gemacht; er war nun gefahrlos transportabel und konnte kontrolliert, aus der Ferne, gezündet werden - die Anfänge des *Bombenkrieges*.[321] Nur runde dreißig Jahre nach Erfindung des Verbrennungsmotors wurde Anfang des 20. Jahrhunderts der erste *Panzer* entwickelt und *Flugzeuge* in militärischen Dienst gestellt.[322] Als Transportmittel gewann die *Eisenbahn* zunehmend an Bedeutung, verkürzte sie doch - trotz fehlender Flexibilität wegen der Bindung an das Schienennetz - erheblich den Zeitaufwand für Truppentransporte und ermöglichte die Beförderung des immer größer werdenden Kriegsgerätes.[323]

4. Der Wandel zum "totalen Krieg"

Lassen sich die realen Gefährdungszenarien hinsichtlich eines bewaffneten Geschehens bis zum Ersten Weltkrieg also noch durch weitgehende *Symmetrie* hinsichtlich der Konfliktakteure (Staaten) sowie im kriegstechnischen Bereich, durch Trennung von Konflikt und Zivilleben, mithin *Entkoppelung von Niederlage und Staatsexistenz* trotz anwachsenden Schädigungspotentials sowie durch *Schwerfälligkeit* beschreiben,[324] bereitete nicht zuletzt die massive Technisierung seit Beginn den 20. Jahrhunderts den Übergang zu einem völlig neuen Typus der Auseinandersetzung vor:[325] dem "*totalen Krieg*"[326].

Charakteristisch für diese Konfliktform, die erstmals zur Beschreibung des (späten) Ersten Weltkrieges herangezogen wurde,[327] ist die Militarisierung der gesamten Gesellschaft und die faktische Aufhebung der Trennung von Kombattanten und Nichtkombattanten.[328] Die Auseinandersetzung, vom Schlachtfeld in die Städte ge- und mit immer weiter wachsender Vernichtungswirkung ausgetragen, bedroht im totalen Krieg die Existenz des gesamten Gemeinwesens, was am

---

321 Die militärische Nutzung konterkarierte freilich NOBELS Vorstellung von seiner Erfindung, vgl. VAN CREFELD, a.a.O. (Fn299), S.131f..

322 Vgl. HERBERG-ROTHE, a.a.O. (Fn298), S.9.

323 Vgl. VAN CREFELD, a.a.O. (Fn299), S.75, 155f..

324 Vgl. hierzu insb. MÜNKLER, a.a.O. (Fn305), S.260f.; DERS., Die neuen Kriege (2003), S.120ff..

325 Vgl. HERBERG-ROTHE, a.a.O. (Fn298), S.13f., 35f.; DÄNIKER, a.a.O. (Fn309), S.149 unter Bezugnahme auf KURZ.

326 Eingehend zu dem durch den deutschen Offizier LUDENDORFF geprägten Begriff: DÄNIKER, a.a.O. (Fn309), S.139ff.; VAN CREFELD, a.a.O. (Fn299), S.74ff..

327 Vgl. etwa VAN CREFELD, a.a.O. (Fn299), S.76 a.E..

328 Vgl. DÄNIKER, a.a.O. (Fn309), S.147; HERBERG-ROTHE, a.a.O. (Fn298), S.154; MÜNKLER, a.a.O. (Fn305), S.221, 227.

Beispiel des Zweiten Weltkriegs - des Inbegriffes dieser Kriegsform - überdeutlich wird: Mit nochmals massiv weiterentwickelter Waffentechnik und unter Mobilisierung sämtlicher gesellschaftlicher Kräfte geführt, kostete er ca. 55 Millionen Menschen das Leben,[329] legte weite Teile Europas in Schutt und Asche und hat im Ergebnis zum *faktischen* Untergang des Kriegsverlierers, des Deutschen Reiches, geführt.[330]

Trotz der gewaltigen Veränderungen blieben jedoch beide Weltkriege technisch betrachtet noch symmetrische Auseinandersetzungen, bei denen letztendlich die quantitative Überlegenheit ausschlaggebend war.[331] Die für die Nachkriegszeit wegweisende Entwicklung der Raketentechnik in Gestalt der V2 wirkte sich nicht mehr kriegsentscheidend aus und auch die Atombombe kam erst zu einem Zeitpunkt zum Einsatz, zu dem der Krieg - nach nahezu 6 Jahren Dauer - bereits weitestgehend konventionell entschieden war. Für die Veränderung der Gefährdungsszenarien der Nachkriegszeit war beides indes von größter Bedeutung.

II. Die Konfliktrealität seit dem Zweiten Weltkrieg

In seiner Kommentierung der sog. Dumbarton Oaks Proposals - dem ersten zwischen den fünf Großmächten im Oktober 1944 verhandelten Entwurf der Charta[332] - äußerte US-Außenminister STETTINIUS:

> "In this war we were attacked last by the aggressors and we have been able to fight them far away from our own soil. The *range of the airplane* and the *new weapons already developed* make certain that next time - if we permit a next time - the *devastation of war will be brought to our homes and our own soil.* Next time - if we permit a next time - it is likely that the United States will be attacked first, not last, by an aggressor nation."[333]

Die Einschätzung veranschaulicht exemplarisch, dass die Gefahr der bewaffneten Auseinandersetzung nach dem - totalen - Zweiten Weltkrieg nicht mehr in einer politischen Niederlage gesehen wurde, sondern in der allumfassenden existenzvernichtenden Katastrophe. STETTINIUS' Bezugnahme auf die "*range of the airplane* and the *new weapons already developed*" offenbart, dass dabei die

---

329 Vgl. ZIEGLER, a.a.O. (Fn300), S.243.

330 Zur Frage des *rechtlichen* Fortbestandes des Deutschen Reiches vgl. nur weiterführend, HAILBRONNER, Der Staat und der Einzelne als Völkerrechtssubjekte, in: VITZTHUM, Völkerrecht (2007), S.224ff., Rn195ff.; STEIN/VON BUTLAR, Völkerrecht (2005), S.122, Rn353ff..

331 In diese Richtung auch DÄNIKER, a.a.O. (Fn309), S.149.

332 Vgl. hierzu sub Zweiter Teil - 5. Kapitel - B. - V. - 1. - a. S.247.

333 US Dept St Bull 12 (1945), S.115 [Hervorh. hinzugef.].

technische Fortentwicklung als ein zentrales Kriterium zukünftiger Gefährdungsszenarien fungieren würde.[334]

1. Fortschreitende Dominanz der Technik - Beschleunigung von Gewalt

Der Einfluß, den der technische Fortschritt seit dem Ende des Zweiten Weltkrieges auf die zwischenstaatliche Konfliktrealität genommen hat, lässt sich kaum mehr überblicken: Verbesserte Werk- und Kampfstoffe, die Miniaturisierung, der Einsatz von Computer- und Satellitentechnik - um nur einige Aspekte zu nennen - haben zu immer steigender Geschwindigkeit und Reichweite, höherer Treffgenauigkeit und verbesserter Tarnung geführt. Entsprechend hat der schwerfällige Einsatz großen Gerätes unter Aufbietung großer Zahlen von Soldaten - jedenfalls in der Anfangsphase eines bewaffneten Konflikts - abgenommen. Stattdessen werden gezielte "chirurgische" Raketen- oder Luftangriffe durchgeführt oder kleine, hochausgebildete Spezialeinheiten eingesetzt.[335] Die technische Beschleunigung von Gewalt hat dabei vor allem eine Verkürzung der Vorwarnzeiten zur Folge, die in der Gefährdungsanalyse berücksichtigt werden muss: Denn je kürzer der Zeitraum zwischen Beginn und Wirkungseintritt des konkreten Angriffes ist, desto geringer sind die Möglichkeiten, dem einmal in Gang gesetzten Angriffsgeschehen noch wirksam reaktiv zu begegnen.

2. Massenvernichtung: Kernwaffen - Existenzialisierung von Gewalt

Der technische Fortschritt hat sich aber nicht nur auf die Geschwindigkeit von Gewalt ausgewirkt, sondern auch auf deren *Zerstörungspotential.* Bei aller "Vielfalt" von Massenvernichtungswaffen ist hier zuvorderst die Entwicklung der Atombombe sowie der entsprechenden Trägertechnik, vor allem der Interkontinentalraketen, zu nennen.[336] Der Diskussion um die präventive Gewaltanwendung hat diese Entwicklung eine völlig neue Dimension gegeben.[337] Initiale-

---

334 In diese Richtung äußerte sich in San Franzisko auch der französische Delegierte in seiner affirmativen Stellungnahme zum endgültigen Entwurf von Art.51, 53 CVN, vgl. UNCIO, Bd.11, Dok.972 III/6, S.59.

335 Ebenso MÜNKLER, a.a.O. (Fn305), S.229f., DERS., a.a.O. (Fn299), S.65; vgl. in diesem Zusammenhang auch HERBERG-ROTHE, a.a.O. (Fn298), S.9, der eine Abwendung von der Wehrpflicht hin zu reinen Berufsarmeen beobachtet, weil sich in der Kürze der wehrdienstlichen Ausbildung kaum noch die Bedienung der hochtechnisierten Kampfausrüstung vermittelt lässt; vgl. ferner VAN CREFELD, a.a.O. (Fn299), S.42ff..

336 Zu den technologischen Grundlagen - kursorisch - STEIN, Impact of new weapons technology on international law: Selected aspects, RC 133 (1971-II), S.245f. und NEUHOLD, Internationale Konflikte - verbotene und erlaubte Mittel ihrer Austragung (1977), S.242-244.

337 Ebenso NEUHOLD, a.a.O. (Fn336), S.242. Gleiches gilt im Übrigen für das Spannungsverhältnis von Atomwaffen und 'ius in bello', vgl. hierzu nur weiterführend SEI-

reignis war der - nur wenige Wochen *nach* Unterzeichnung der Charta der Vereinten Nationen am 26. Juni 1945 durchgeführte - erste und bisher einzige Einsatz von Atomwaffen: Der Abwurf der Spaltbomben "little boy" auf Hiroshima am 6. August 1945 und "fat man" auf Nagasaki am 9. August 1945.[338] In Anbetracht der nun real erfassbaren - beispiellosen - Zerstörungswirkung stellte sich erstmals praktisch die Frage, ob ein Staat auch einen Angriff mit *Massenvernichtungswaffen* hinnehmen müsse, bevor er sich rechtmäßig zur Wehr setzen dürfe. Denn wenn ein Angriff nun - namentlich im Falle eines Atomwaffeneinsatzes - mit Vernichtung gleichzusetzen war, musste ein auf den reaktiven Anwendungbereich beschränktes Selbstverteidigungsrecht leerlaufen.[339]

a. Technische Asymmetrie: Neudefinition des "bewaffneten Angriffes"?

Es ist bemerkenswert, dass es die bis *1949* im Besitz des Kernwaffenmonopols[340] befindliche amerikanische Regierung selbst war, die im Rahmen der von der Generalversammlung eingesetzten United Nations Atomic Energy Commission (UNAEC)[341] diese Argumentation aufgriff und bereits in einem Memorandum vom *12. Juli 1946* feststellte, dass

> "[i]nterpreting its [Art.51 CVN] provisions […], it is […] clear that an *'armed attack' is now something entirely different from what it was prior to the discovery of atomic weapons.* [T]herefore […] the treaty[342][should] define 'armed attack' in a manner appropriate to

DEL/SCHÖNFELDT, Das Verbot des Einsatzes von Nuklearwaffen durch das Völkerrecht, NJ (DDR) 41 (1987) 12, S.470ff.; GENONI, Die Notwehr im Völkerrecht (1987), S.170ff. sowie IGH, *Legality of the Threat or Use of Nuclear Weapons in Armed Conflict*, Gutachten. v. 8. Juli 1996, ICJ Rep. 1996, S.66ff..

338 Vgl. zu den Atombombenabwürfen m.w.N. nur WAGNER, Das nukleare Inferno: Hiroshima und Nagasaki, in: SALEWSKI, Das Zeitalter der Bombe (1995), S.72ff..

339 Vgl. GOODRICH/HAMBRO, Charter of the United Nations - Commentary and documents (1949), S.300f., SCHINDLER, Die Grenzen des völkerrechtlichen Gewaltverbots, in: SCHINDLER/HAILBRONNER, Die Grenzen des völkerrechtlichen Gewaltverbots, BDGV 26 (1986), S.19f..

340 Vgl. NEUHOLD, a.a.O. (Fn336), S.243; STEIN, a.a.O. (Fn336), S.242f.; VAN CREFELD, a.a.O. (Fn299), S.19; 1949 testete die UdSSR erfolgreich ihre erste Atomwaffe.

341 Vgl. zur Einsetzung A/Res/1 (I) v. 24 Januar 1946; zur Arbeit der UNAEC BATHURST, Legal aspects of the international control of atomic energy, Brit YB Int'l L 24 (1947), S.1ff.. Mit zeitgenössischer Betrachtung KIRK, The enforcement of security, Yale L J 55 (1946) 5, S.1090f..

342 Gemeint ist der von den USA auf Basis des sog. BARUCH-Plans vorgeschlagene Gründungsvertrag für eine zentrale, internationale Atombehörde, der International Atomic Development Authority (IADA). Vgl. hierzu STEIN, a.a.O. (Fn336), S.242ff. m.w.N. sowie - zum Plan des amerikanischen Delegierten BARUCH - US DEPT ST, The international control of atomic energy (1946), App. No.16, S.48ff. sowie EVATT, Die Vereinten Nationen (1951), S.54f..

atomic weapons and include in the definition not simply the actual dropping of an atomic bomb, but also certain steps in themselves preliminary to such action."[343]

Ob mit "certain steps in themselves preliminary to such action" lediglich die *letzten wesentlichen Schritte* vor dem Einsatz gemeint waren, etwa das Starten des Transportsystems (Flugzeug, Rakete) oder auch *weiter vorgelagerte Vorbereitungshandlungen* als bewaffneter Angriff verstanden werden sollte - etwa der Erwerb spaltbaren Materials, der Bau oder das Vorhalten einer einsatzbereiten Waffe - lässt sich der Stellungnahme nicht entnehmen.

Die amerikanische Erklärung *indiziert* aber zweierlei: Zum Einen legt sie nahe, dass der Begriff des "bewaffneten Angriffes" - so wie er bei der VN-Gründungskonferenz in San Franzisko verhandelt worden war - nicht zuletzt wegen Unkenntnis über die Existenz und Wirkung der Atomwaffe[344] gerade keine Vorbereitungshandlungen eines Angriffes umfassen sollte;[345] andernfalls hätte sich der Vorschlag einer Neudefinition erübrigt.[346] Zum Anderen markiert der - wohl nicht grundlos ungenau gehaltende - Formulierungsvorschlag ("certain steps in themselves preliminary to such action") ein Kernproblem, das der strukturellen *Asymmetrie* zwischen dem *Angriffspotential* der Atombombe und dem Mangel an effektiven *Abwehrmöglichkeiten*[347] entspringt: Bestehen nämlich gegen die von einer detonierten Atomwaffe ausgehenden Wirkungen - Druckwelle, Hitzeentwicklung und Freisetzung radioaktiver Strahlung - keine effektiven Schutzmechanismen und kann auch der mit Start des Trägersystems in Gang gesetzte Angriff kaum mehr unterbrochen werden, gewinnt der Gedankengang an - politischer - Opportunität, bereits den Beginn des Angriffes verhindern zu müs-

---

343 *US-Memorandum No.3, Dealing with the relations between Atomic Development Authority and the organs of the United Nations, submitted to Sub-Committee No.1 of the UNAEC* v. 12. Juli 1946, AEC/WC/2 v. 17. Juli 1946, S.40 zit. nach US DEPT ST, The international control of atomic energy (1946), App.16, S.164 [Hervorh. hinzugef.].

344 Die zeitliche Abfolge zwischen Unterzeichnung der Charta und dem Abwurf der Atombomben betonen AREND, International law and rogue states: The failure of the Charter, New Eng L Rev 36 (2002) 4, S. 742 und NEUHOLD, a.a.O. (Fn336), S.253. Mißverständlich BLUMENWITZ, Die völkerrechtlichen Aspekte des Irak-Konfliktes, ZfP 50 (2003) 3, S.319, der ausgehend vom "atomare[n] Gleichgewicht" ausführt, die Charta habe "[i]n voller Kenntnis der verheerenden Wirkungen moderner Massenvernichtungswaffen [...]" das Gewaltverbot eingeführt.

345 Hierzu eingehend Zweiter Teil - 6. Kapitel - A. - II. - 3. - bb. - (5.) , S.316.

346 Nur am Rande sei darauf hingewiesen, dass die amerikanische Anregung zur Definition des "bewaffneten Angriffes" nicht umgesetzt, der Vertrag zur Gründung der IADA (vgl. die Anmerkung in Fn342) nie geschlossen wurde; insofern weist CASSESE, International Law (2001), S.309 zu Recht darauf hin, dass es sich bei der amerikanischen Stellungnahme nur um ein Rechtsverständnis *de lege ferenda* handelte. Ebenso BROWNLIE, International law and the use of force by states (1963), S.276f.; GENONI, a.a.O. (Fn337), S.147.

347 Vgl. MÜNKLER, a.a.O. (Fn299), S.65.

sen.[348] Bis zur Entwicklung von Raketenabfangsystemen Anfang der 1960er Jahre - welche freilich in Anbetracht eines zu erwartenden radioaktiven Niederschlages auch nur eine beschränkt effektive Abwehr eröffneten -, hätten danach die Atomwaffen des Gegners noch am Boden, sei es während ihres Baues oder nach ihrer Fertigstellung zerstört werden müssen - der Inbegriff der (zwischenstaatlichen) *Präemption*[349].

b. Wiederentstehen faktischer Symmetrie: Gesicherte Zweitschlagskapazität und "Rest-Rationalität"

Während nun die Reichweite des Begriffes des bewaffneten Angriffes die an anderer Stelle zu vertiefende Frage betrifft, ob Art.51 CVN selbst Grundlage eines Rechtes zur präventiven Gewaltanwendung sein kann,[350] interessiert im Zusammenhang der Gefährdungsszenarien vor allem die Asymmetrie zwischen dem Angriffspotential von Atomwaffen und den faktisch nicht bestehenden Verteidigungsmöglichkeiten.

Manifestiert sich nämlich wegen der fehlenden Verteidigungsmechanismen gegen einen aktuellen Kernwaffenangriff bereits im bloßen Vorhandensein einer einsatzbereiten Atomwaffe eine Bedrohung - wiewohl keine Anhaltspunkte bestehen, ob überhaupt und bejahendenfalls in welcher konkreten Situation ein Einsatz droht - liegt ein Sachverhalt vor, der sich mit Blick auf die tatbestandliche Fassung eines Rechts zur präventiven Gewaltanwendung am ehesten mit dem Begriff der *abstrakten Gefahr* erfassen lässt.[351] Die Frage, ob bereits der Besitz von Kernwaffen als abstrakte Gefahr ein Recht zur - nuklearen - präventiven Gewaltanwendung auslösen kann, wurde indes, mit zwei Ausnahmen,[352] bis zum Ende des Kalten Krieges durch die normative Kraft des faktischen nuk-

---

348 Vgl. BATHURST, a.a.O. (Fn341), S.10 unter Bezugnahme auf die Feststellungen der UNAEC in AEC/C.2/3 v. 31. Juli 1946, S.4; FAWCETT, Intervention in international law, RC 103 (1961-II), S.362.

349 In diesem Sinne bereits benutzt von HENKIN, Force, intervention, and neutrality in contemporary international law, Am Soc'y Int'l L Proc 57 (1963), S.151; vgl. zum im Übrigen sehr uneinheitlichen Sprachgebrauch hinsichtlich der *Präemption* sub Erster Teil - 3. Kapitel - B. - I. - 4. , S.93.

350 Hierzu sub Zweiter Teil - 6. Kapitel - A. - II. - 3. , S.305.

351 Eben diese *abstrakte* Gefährdung, die von Kernwaffen ausgeht, veranlasste den Sicherheitsrat zu S/Res/1540 (2004) v. 28. April 2004, vgl. hierzu hier nur ZIMMERMANN/ELBERLING, Grenzen der Legislativbefugnisse des Sicherheitsrats, VN 52 (2004) 3, S.71ff.. Zur Frage der Handlungsermächtigung des Sicherheitsrats auf Grund *abstrakter* Bedrohungen für den Weltfrieden eingehend sub Zweiter Teil - 6. Kapitel - A. - II. - 1. 289.

352 Namentlich die sog. Kuba-Krise im Herbst 1962 sowie die israelische Bombardierung des irakischen Reaktors Tamuz 1 1981. Hierzu eingehend Dritter Teil - 7. Kapitel - B. - I. , S.367 sowie III. , S.395.

learen Patts der beiden Blöcke überlagert.[353] Denn nachdem die Sowjetunion ebenfalls über Atomwaffen verfügte, und beide Atommächte ihre Kernwaffen entweder landseitig in gehärteten Raketensilos oder seeseitig durch den Einsatz U-Boot-gestützter Trägersysteme einem nuklearen Erstschlag des Gegners wirksam entziehen konnten, war sichergestellt, dass diejenige Seite, deren Zivilleben durch einen (nuklearen) Erstschlag vernichtet wäre, zumindest noch über eine hinreichende Zahl an Kernwaffen verfügen würde, um im Wege eines Vergeltungsschlages auch die Gegenseite auszulöschen.[354] Dass der Umstand einer so "gesicherten Zweitschlagskapazität" ("second strike capability") die präventive (nukleare) Gewaltanwendung erfolgreich verhindern konnte, war der "Rest-Rationalität"[355] der Akteure geschuldet, also der Einsicht, dass im Zeitalter des nuklearen Overkills eine Konflikteskalation zwangsläufig zur eigenen Vernichtung führen muss ("Selbstabschreckung").[356]

c. Erneute Transformation der nuklearen Bedrohung nach Ende des Kalten Krieges: "Schurkenstaaten"

Seit Zerfall des Ostblockes hat die Gefährdung durch Atomwaffen erneut an Bedeutung für die Diskussion um die präventive Gewaltanwendung gewonnen. Neben den traditionellen Atommächten - den fünf ständigen Mitgliedern des Sicherheitsrates - verfügen inzwischen weitere Staaten über Nuklearwaffen bzw. streben deren Besitz an.[357] Dass hierbei Staaten wie Nordkorea[358] und Iran - bis zur Aufgabe des militärischen Atomprogrammes 2003 auch Libyen - im Fokus der Aufmerksamkeit stehen, hängt vermutlich mit dem Umstand zusammen, dass insbesondere von westlicher Seite den dort jeweils Machthabenden (bzw. der dahinterstehenden Kultur) nicht das Maß an "Rest-Rationalität" zugestanden wird, auf Grund derer eine Atomwaffe lediglich zum Zwecke der Abschreckung

---

353 In diese Richtung auch HENKIN, a.a.O. (Fn349), S.167 [Diskussionsbeitrag]; RANDELZHOFER, Article 51, in: SIMMA ET AL, A Commentary (2002), Bd.1, S.804, Rn40; STEIN E, a.a.O. (Fn336), S.241f..

354 Vgl. neben den in Fn353 enthaltenen Nachweisen eingehend NEUHOLD, a.a.O. (Fn336), S.248f..

355 HERBERG-ROTHE, a.a.O. (Fn298), S.129; vgl. hierzu auch NEUHOLD, a.a.O. (Fn336), S.251f. ("psychologischer Faktor"); krit. SCHACHTER, Self-defense and the rule of law, Am J Int'l L 83(1989) 2, S.268.

356 Ebenso NEUHOLD, a.a.O. (Fn336), S.256f.; IGH, *Legality of the Threat or Use of Nuclear Weapons*, Gutachten. v. 8. Juli 1996, ICJ Rep. 1996, S.254., §66f; a.A. dagegen wohl GENONI, a.a.O. (Fn337), S.154.

357 Neben Indien, Pakistan und Israel - die bereits über Atomwaffen verfügen - sind hier insb. der Iran und Nordkorea zu nennen, vgl. nur HERBERG-ROTHE, a.a.O. (Fn298), S.128. Zum nordkoreanischen Atomprogramm im speziellen: SLOSS, Forcible arms control: preemptive attacks on nuclear facilities, Chi J Int'l L 4 (2003) 1, S.46ff..

358 Dass freilich zwischenzeitlich die Beendigung seines Atomprogrammes angekündigt hat, vgl. FAZ v. 3. September 2007, S.1.

vorgehalten wird.[359] Tatsächlich dürfte die Einschätzung mangelnder Rationalität dabei dem Umstand zuzuschreiben sein, dass "Schurkenstaaten"[360] weitestgehend politisch isoliert sind und es im Verhältnis zu ihnen - nach Wegfall der bipolaren Weltordnung ohnedies - an eingespielten konflikthemmenden Mechanismen auf hoher politischer Ebene fehlt. Fest steht jedenfalls, dass es jenen Staaten - auch bei erfolgreichem Bau oder Erwerb weniger Atomwaffen - schlicht an der tatsächlichen Grundlage für eine "restrationale Betrachtung" fehlt, solange sie nicht über eine gesicherte Zweitschlagskapazität verfügen.[361]

3. Stellvertreterkriege, "low intensity conflicts" und indirekte Kriegführung - beginnende Entstaatlichung von Gewalt

Es ist indes nicht allein der *technische Aspekt von Gewalt* - Geschwindigkeit und Zerstörungspotential - der die Konfliktrealität seit Ende des Zweiten Weltkrieges nachhaltig verändert hat. Eine wesentliche Rolle spielte daneben die *Verschiebung der Konfliktformen*, die freilich in einem gewissen Zusammenhang mit dem technischen Fortschritt, insbesondere der wechselseitigen nuklearen Abschreckung, stand[362]: In den ersten Jahrzehnten des atomaren Patts hatte auf beiden Blockseiten eine Strategie dominiert, nach der jeder - auch nur konventionelle - Angriff mit einem Vergeltungsschlag unter Aufbietung sämtlicher Mittel, einschließlich nuklearer Waffen beantwortet werden sollte ("massive retaliation"-Strategie[363]). Die Bedeutung konventioneller Streitkräfte hatte sich in diesem Modell weitestgehend im Schutz der Nuklearwaffen erschöpft ("Schwert-Schild-Strategie"). Das Szenario einer unabwendbaren nuklearen Eskalation sollte jede - auch die konventionelle - Auseinandersetzung im Keim ersticken. Diese auf totale Abschreckung zielende Konzeption erwies sich jedoch nach rund zwei Jahrzehnten als wenig realitätnah und wurde entsprechend angepasst ("flexible response"-Strategie[364]): Zwar waren tatsächlich bis zum Ende der

---

359 Vgl. exemplarisch *The National Security Strategy of the United States of America*, http://www.whitehouse.gov/nsc/nss.pdf [letzter Abruf: 29. September 2006], S.13f., vgl. auch HERBERG-ROTHE, a.a.O. (Fn298), S.128f.; MÜNKLER, a.a.O. (Fn299), S.63.

360 Vgl. dazu schon supra Erster Teil - 1. Kapitel - B. - I. , S.21 bei und in Fn70.

361 So auch VON BUTLAR, Rechtsstreit oder Glaubensstreit?, in: BRÖHMER ET AL, FS-Ress (2005), S.27f.; vgl. hierzu auch VAN CREFELD, a.a.O. (Fn299), S.39f..

362 In diese Richtung auch MÜNKLER, a.a.O. (Fn305), S.262.

363 Vgl. für die NATO das *Overall Strategic Concept for the Defense of the North Atlantic Treaty Organization Area*, Dok.MC 14/2 (Rev)(Final Decision) v. 23. Mai 1957, §§23ff., abrufbar über: http://www.nato.int/archives/strategy.htm [letzter Abruf: 23. August 2007]; GENONI, a.a.O. (Fn337), S.164f.; sowie NEUHOLD, a.a.O. (Fn336), S.244f.. für den Warschauer Pakt vgl. eingehend nur UMBACH, Das rote Bündnis, Militärgeschichte der DDR 10 (2005), S.93-110.

364 Vgl. für die NATO das *Overall Strategic Concept for the Defense of the North Atlantic Treaty Organization Area*, Dok.MC 14/3 (Final) v. 16. Januar 1968, §§16ff., abrufbar über: http://www.nato.int/archives/strategy.htm [letzter Abruf: 23. August 2007], ferner

1960er Jahre die Territorien der USA und UdSSR von konventionellen Bedrohungen oder Angriffen verschont worden. Die den Kalten Krieg prägende Auseinandersetzung, wie sie etwa in der TRUMAN- und der BRESCHNEW-Doktrin zum Ausdruck kam - Zurückdrängung des anderen Systems und Expansion des eigenen ideologischen, wirtschaftlichen und politischen Einflussbereiches[365] - war jedoch bereits seit den 1950er Jahren in anderen Erdteilen auch mit konventioneller Gewalt geführt worden, *ohne* dass es zu einer atomaren Eskalation gekommen war. Realiter hatte die überkommene Nuklearstrategie der massiven Vergeltung damit die Anwendung konventioneller Gewalt nicht etwa unterbunden, sondern lediglich geographisch verschoben.[366]

Derartige für die Nachkriegszeit bis in die 1980er Jahre hinein charakteristische *Stellvertreterkriege* ("surrogate warfare")[367] ereigneten sich vor allem auf der südlichen Hemisphäre - in Süd- und Mittelamerika, Afrika sowie dem Nahen und Mittleren Osten. Nicht selten wurden dabei die - ohnehin im Zuge der Dekolonialisierung andauernden - Auseinandersetzungen rivalisierender Gruppierungen in jungen und instabilen Staaten der dritten Welt instrumentalisiert, wurden "Nation-Buildung"-Prozesse gezielt zum Aufbau eines dem eigenen System gewogenen Regimes genutzt.[368] Dabei entsandten die USA und UdSSR in der Regel keine umfangreichen eigenen Kampfverbände; tatsächlich stellten derartige direkten Eingriffe - Korea und Vietnam auf Seiten der USA, Afghanistan auf Seiten der UdSSR[369] - die Ausnahme dar, nicht zuletzt weil sie teuer und in Anbetracht erheblicher Verluste der eigenen Bevölkerung schlecht zu vermitteln waren.[370] Im Vordergrund standen *subversive, indirekte Formen der Kriegführung*, namentlich militärische, wirtschaftliche und logistische Unterstützung der herrschenden Regime oder der widerstreitenden Guerillagruppen, von Aufständischen oder terroristischen Gruppierungen - je nachdem, welcher Akteur den

---

SEIDEL/SCHÖNFELDT, a.a.O. (Fn337), S.471; GENONI, a.a.O. (Fn337), S.165 und NEUHOLD, a.a.O. (Fn336), S.246f.; für den Warschauer Pakt vgl. nur Umbach, a.a.O. (Fn363), S.164ff..

365 Vgl. hierzu RAUCHENSTEINER, An der Schwelle zum Krieg - historische Dimensionen des "Low Intensity Conflict", in: RAUCHENSTEINER/SCHMIEDL, Formen des Krieges (1991), S.197 m.N.

366 Vgl. auch hierzu RAUCHENSTEINER, a.a.O. (Fn365), S.180.

367 Vgl. FRANCK, When, if ever, may states deploy military force without prior Security Council authorization?, Wash U J L & Pol'y 5 (2001), S.57, 61; eingehend NEUHOLD, a.a.O. (Fn336), S.89-107.

368 Vgl. nur RAUCHENSTEINER, a.a.O. (Fn365), S.181f. und mit Bsp. S.193f., S.196-200 sowie MÜNKLER, Die neuen Kriege (2003), S.19f.

369 Vgl. zur Natur des Afghanistankrieges als Stellvertreterkrieg MÜNKLER, a.a.O. (Fn368), S.14f..

370 Vgl. NEUHOLD, a.a.O. (Fn336), S.76 sowie schon JENKINS, High technology terrorism and surrogate war: the impact of new technology on low level violence (1975), S.18f., 21.

eigenen Interessen gerade zu dienen schien.[371] Militärstrategisch wurde diese "neue" Option unter dem Konzept des "*low intensity conflicts*"[372] zusammengefasst; die amerikanische Doktrin verstand darunter

> "eine begrenzte politisch-militärische Auseinandersetzung zur Erreichung politischer, sozialer, wirtschaftlicher oder psychologischer Ziele. Er zieht sich häufig in die Länge und reicht von diplomatischen, wirtschaftlichen und psycho-sozialen Maßnahmen der Druckausübung bis zu Terrorismus und Aufständen. Low Intensity Conflict ist generell auf ein geographisches Gebiet begrenzt und wird oft durch Zurückhaltung beim Einsatz von Waffen sowie die angewandte Taktik und die Stärke der Gewaltanwendung gekennzeichnet."[373]

Charakteristisch für diese Konfliktform war ihre *intendierte* Asymmetrie: Die unterstützten *nicht-staatlichen Akteure* (Guerillas, Aufständische, Terroristen) mißachteten nicht nur das für den zwischenstaatlichen, symmetrischen Krieg entwickelte 'ius in bello' - ein deutlicher Rückschritt mit Blick auf die "Hegung" von Gewalt.[374] Sie agierten auch dezentral und verfügten nicht über Ausgangsbasen oder Nachschubwege, die nach klassischer Taktik hätten abgeschnitten werden können,[375] waren demnach für das auf zwischenstaatliche Konflikte ausgebildete Militär "unsichtbarer" Gegner.[376] Die noch immer fortschreitende Entstaatlichung von Gewalt findet ihre Ursprünge damit - paradoxerweise: auf staatliche Initiative - in der *low intensity surrogate warfare* des Kalten Krieges.[377]

---

371 Vgl. NEUHOLD, a.a.O. (Fn336), S.76f..

372 Eingehend zum Konzept des "low intensity conflict" RAUCHENSTEINER, a.a.O. (Fn365), passim sowie VAN CREFELD, a.a.O. (Fn299), S.42ff., 94ff. sowie - als vorherrschende Konfliktform für die Zukunft prognostizierend - S.281ff.; Kurzdefinition bei HERBERG-ROTHE, a.a.O. (Fn298), S.153.

373 RAUCHENSTEINER, a.a.O. (Fn365), S.198 m.w.N.; für die entsprechende Strategie Frankreichs, DERS., S.187f., für die der Sowjetunion DERS., S.188-190.

374 Vgl. hierzu RAUCHENSTEINER, a.a.O. (Fn365), S.202f.; ferner MÜNKLER, a.a.O. (Fn299), S.54f. in Bezug auf die Entstaatlichungsthesen HUNTINGTONS ("Kampf der Kulturen") und ENZENSBERGERS ("molekularer Bürgerkrieg"); KOTZUR, "Krieg gegen den Terrorismus" - politische Rhetorik oder neue Konturen des "Kriegsbegriffs" im Völkerrecht?, AVR 40 (2002) 4, S.463. sowie BAKER, Terrorism and the inherent right of self-defense (a call to amend Article 51 of the United Nations Charter), Houston J Int'l L 10 (1987) 1, S.26 bei Fn2.

375 Vgl. VAN CREFELD, a.a.O. (Fn299), S.142f. und - für die Zukunft prognostizierend - S.301ff..

376 Vgl. hierzu auch JENKINS, a.a.O. (Fn370), S.21.

377 So weist etwa JENKINS, Countering Al Quaeda (2002), S.3 darauf hin, dass "Al Qaeda was a product of the struggle to eject the Soviet Union from Afghanistan." Ebenso der Abgeordnete PLIBERSEK in der Sitzung des australischen Parlaments v. 17. September 2001, House Of Representatives, Official Hansard 14 (2001), 17. September 2001, 39th Parliament, 1st Session, 10th Period, S.30768: "When the United States initially backed

4. Terrorismus - nicht-staatliche Gewalt

Wie bereits im 1. Kapitel angedeutet, hat diese Entwicklung Ihren vorläufigen Endpunkt im transnationalen Terrorismus gefunden, der von den Paradigmen der Staatlichkeit vollständig entkoppelt ist. Die Problematik der *rechtspersonalen* Erfassung transnationaler Terrororganisationen wurde dabei bereits untersucht. Der Schwerpunkt der nachfolgenden Darstellung liegt nun in der *sachlichrechtlichen* Bedeutung des transnationalen Terrorismus, d.h. der hieraus entstehenden Gefährdungsszenarien.

a. "Large Scale Terror"

Die Anschläge des 11. September 2001 haben jäh das Bewusstsein dafür geschärft, dass das von terroristischen Anschlägen ausgehende Vernichtungspotential über die vergangenen Jahrzehnte eine Stärke erreicht hat, die einem staatlichen bewaffneten Angriff kaum noch nachsteht ("large scale terror").[378] Der rein *wirkungsbezogenen Vergleichbarkeit*[379] staatlicher und nicht-staatlicher Akte steht dabei nicht entgegen, dass sich Terroristen im Einzelfall nicht einer Waffe i.e.S. bedienen, sondern etwa durch die Zweckentfremdung vollgetankter Verkehrsflugzeuge den Effekt eines bewaffneten Angriffes herbeiführen.[380]

---

the Mujahadeen in Afghanistan in the hope of fighting communism, they created part of the monster that we are dealing with today."

378 KIRGIS, Pre-emptive action to forestall terrorism, Am Soc'y Int'l L Insights 88 (6/2002), http://www.asil.org/insights/insigh88.htm [letzter Abruf: 14. August 2007]; vgl. ferner BRUHA/BORTFELD, Terrorismus und Selbstverteidigung, VN 49 (2001) 5, S.166 ("Gewalt- und Schadenspotential des privaten internationalen Terrorismus drastisch erhöht"); DAHM/DELBRÜCK/WOLFRUM, Völkerrecht, Bd.I/3 (2002), S.1107; MEISER/VON BUTTLAR, Militärische Terrorismusbekämpfung unter dem Regime der UN Charta (2005), S.9; RANDELZHOFER, a.a.O. (Fn353), S.802, Rn34; STAHN, "Nicaragua is dead, long live Nicaragua" - the right to self-defence under Art.51 UN Charter and international terrorism (2003), http://edoc.mpil.de/conference-on-terror/present/stahn.pdf [letzter Abruf: 12. Februar 2004], S.26; JENKINS, a.a.O. (Fn377), S.6f..

379 Zur Frage, ob nicht-staatliche Angriffe in Bezug auf die *personenrechtliche Einordnung des physischen Urhebers* unter das Tatbestandsmerkmal des "bewaffneten Angriffes" (Art.51 CVN) subsumiert werden können, sub. Zweiter Teil - 6. Kapitel - A. - II. - 3. - b. , S.322.

380 So zu Recht die ganz überwiegende Meinung: ASTON, Die Bekämpfung abstrakter Gefahren für den Weltfrieden durch legislative Maßnahmen des Sicherheitsrats - Resolution 1373 (2001) im Kontext, ZaöRV62 (2002) 1-2, S.275 a.E.; FASTENRATH, Ein Verteidigungskrieg läßt sich nicht vorab begrenzen, FAZ v. 12. November 2001, S.8; RUFFERT, Terrorismusbekämpfung zwischen Selbstverteidigung und kollektiver Sicherheit - Die Anschläge vom 11.9.2001 und die Intervention in Afghanistan, ZRP 35 (2002) 6, S.247; STAHN, a.a.O. (Fn378), S.34f.; TALMON, Grenzen der "Grenzenlosen Gerechtigkeit", in: MÄRZ, FS-Vitzthum (2003), S.142f.; TOMUSCHAT, Der 11. September 2001 und seine rechtlichen Konsequenzen, EuGRZ 28 (2001) 21/23, S.540.

Aber obwohl die Zerstörung des World Trade Center und die Beschädigung des Pentagon nach Opferzahl, der Höhe des erlittenen wirtschaftlichen Schadens wie auch nach Art und Maß der psychologischen Auswirkungen zweifellos eine herausgehobene Rolle einnehmen, handelte es sich im Hinblick auf die *Entwicklung terroristischer Gefährdungszenarien* keineswegs um eine Singularität, sondern um einen - zu befürchten: nur vorläufigen - Höhepunkt einer Gesamtentwicklung, in deren Verlauf etwa seit Anfang der 1980er Jahre ein steter Anstieg der mit konventionellen Waffen verübten Terrorakte in Zahl und vor allem Stärke zu verzeichnen ist.[381]

Exemplarisch (und chronologisch) sei in diesem Zusammenhang erinnert an die koordinierten Sprengstoffanschläge gegen französische und amerikanische Militäreinrichtungen in Beirut (Libanon) mit über 900kg Sprengstoff am 23. Oktober 1983 mit ca. 250-300 Toten, an den Sprengstoffanschlag auf Flug AI 182 am 23. Juni 1985 (329 Tote), auf Flug KAL 858 am 19. November 1987 (115 Tote), auf Flug PanAm 103 über Lockerbie (Großbritannien) am 21. Dezember 1988 (ca. 270 Tote) sowie auf Flug UTA 772 über dem Niger am 19. September 1989 (170 Tote), ferner an den Anschlag auf das World Trade Center am 26. Februar 1993, bei dem 500kg Sprengstoff in der Tiefgarage des Gebäudes explodierten und einen Turm zum Einsturz bringen sollten, wobei zusätzlich die Freisetzung von Sodiumzyanid, einem chemischen Kampfstoff, im Nordturm geplant war (6 Tote, ca. 1000 Verletzte). Hingewiesen sei ferner auf die Anschlagsserie in Bombay (Indien) am 12. März 1993, bei der insgesamt 13 Autobomben vor öffentlichen Gebäuden detonierten und 300-400 Menschen töteten und über 700 verletzten. Erinnnert sei zugleich an den Versuch islamischer Terroristen im Dezember 1994, eine Maschine der Air-France zu entführen und über Paris zu sprengen sowie den Sprengstoffanschlag auf die Khobar Towers, einen Wohnkomplex der US-Luftwaffe bei Dhahran (Saudi-Arabien) am 25. Juni 1996 (19 Tote, ca. 400 Verletzte). Von ungeheurem Ausmaß waren schließlich auch die koordinierten Sprengstoffanschläge gegen die US-Botschaften in Nairobi (Kenia) und Darressalam (Tansania) am 7. August 1998 mit ca. 250 Toten und - je nach Quelle - 3000-5500 Verletzten.[382]

Für die Zeit nach dem 11. September 2001 sei zudem erinnert an die Sprengstoffanschläge auf zwei Diskotheken auf Bali (Indonesien) am 12. Oktober 2002 mit ca. 200 Toten und ca. 300 Verletzten, die Serienanschläge auf Wohngebiete in Riad (Saudi-Arbaien) am 12. Mai 2003 mit ca. 35 Toten und ca. 200 Verletz-

381 Ebenso JENKINS, a.a.O. (Fn377), S.13.

382 Quellen: AdG, CD-Rom (2001), Dok.27098 v. 23. Oktober 1983, Dok.32874 v. 21. Dezemeber 1988, Dok.37659 v. 16. März 1993, Dok.41174 v. 25. Juni 1996 sowie Dok.42976 v. 7. August 1998; HOFFMAN, Terrorismus (2002), S.119f., 254f.; 274f. bei Fn32, S.277 bei Fn33; SCHNECKENER, Netzwerke des Terrors (2002), http://www.swp-berlin.org/de/common/get_document.php?id=169 [letzter Abruf: 20. August 2006], S.7 m.w.N. in Fn1.

ten, die koordinierten Sprengstoffanschläge auf westliche und jüdische Einrichtungen in Casablanca (Marokko) am 16. Mai 2003 mit ca. 45 Toten und ca. 100 Verletzten, die Anschlagsserie auf zwei jüdische Synagogen und britische Einrichtungen in Istanbul (Türkei) am 16./20. November 2003 mit ca. 50 Toten und ca. 700 Verletzten, den Anschlag auf einen spanischen Nahverkehrszug am 11. März 2004 mit 191 Toten und ca. 600 Verletzten wie auch den Anschlag auf den Londonder Nahverkehr am 7. Juli 2005, der ca. 50 Tote und 700 Verletzte forderte. Erinnert sei schließlich an den Versuch im August 2006, mehrere von London Heathrow aus startende Transatlatikflüge mittels Flüssigsprengstoff im Flug zur Explosion zu bringen.[383]

Die Vorfälle verdeutlichen, dass sich der moderne (transnationale) Terrorismus zunehmend vom Konzept des "kill one and frighten 10,000"[384] entfernt. Zu beobachten ist eine *Totalisierung*, wie sie seit Anfang des 20. Jahrhundert bereits im zwischenstaatlichen Bereich Raum gegriffen hatte. Für die Gefährdungsanalyse hat dies weitreichende Folgen, weil nicht mehr nur exponierte staatliche oder staatsnahe Persönlichkeiten und Objekte (etwa Botschaftsgebäude) Ziel terroristischer Anschläge sein können, sondern - wie im zwischenstaatlichen Pendant des totalen Krieges - im Prinzip die gesamte Gesellschaft.

b. Terrorismus und Massenvernichtungswaffen

Neben der Feststellung der qualitativen und quantitativen Veränderung *konventioneller* terroristischer Anschläge wird wiederkehrend[385] die Befürchtung geäußert, dass Terroristen den Besitz (und Einsatz) von Massenvernichtungswaffen anstreben.[386] Vorschub erhalten diese Einschätzungen durch Aussagen, wie sie etwa BIN LADEN zugeschrieben werden:

---

383 Quellen: FAZ v. 21. November 2003, S.3; FTD v. 20. November 2003, http://www.ftd.de/politik /international/1068878726526.html sowie MIPT Terrorism Database System, http://www.mipt.org [jeweils letzter Abruf: 1. April 2007]

384 Vgl. hierzu bereits supra Erster Teil - 1. Kapitel - B. - III. - 2. - a. , S.50.

385 So bereits im Jahr 1975 (!) JENKINS, a.a.O. (Fn370), S.11.

386 Vgl. BRUHA, Neuer internationaler Terrorismus: Völkerrecht im Wandel?, in: KOCH, Terrorismus - Rechtsfragen der äußeren und inneren Sicherheit (2002), S.57f. m.w.N. in Fn17-19; ROMANO, Combatting terrorism and weapons of mass destruction: Reviving the doctrine of a state of necessity, Georgetown L J 87 (1999) 4, S.1023ff.; ADDICOT, Legal and policy implications for a new era: The "War on Terror", St Mary's L Rev Minority Issues 4 (2002) 2, S.230 m.N. in Fn127f.; FROWEIN, Der Terrorismus als Herausforderung für das Völkerrecht, ZaöRV 62 (2002) 4, S.879; HOFFMAN, a.a.O. (Fn382), S.263-265; MEISER/VON BUTTLAR, Militärische Terrorismusbekämpfung unter dem Regime der UN Charta (2005), S.10 m.w.N. in Fn18-20; eingehend zu den tatsächlichen Ansatzpunkten des Verdachts DUNN, Can al Quaeda be deterred from using nuclear weapons?, Nat'l Def U WMD Center Occasional Papers 11 (2005) 3, http://www.ndu.edu/WMDCenter/docUploaded/206-186_CSWMD_OCP3WEB.pdf

> "Acquiring weapons for the defense of Muslims is a religious duty. If I have indeed acquired these weapons [of mass destruction], then I thank God for enabling me to do so. And if I seek to acquire these weapons, I am carrying out a duty. It would be a sin for Muslims not to try to possess the weapons that would prevent the infidels from inflicting harm on Muslims."[387]

Im Vordergrund des Interesses dürften dabei aber weniger atomare als biologische und chemische Kampfstoffe stehen, weil sie eine größere "Marktpräsenz" haben, kostengünstig zu beschaffen und einfacher zu handhaben sind.[388] Dass terroristische Vereinigungen tatsächlich bereit sind, derartige Stoffe einzusetzen, belegt der Anschlag auf das Tokioer U-Bahn-Netz am 20. März 1995, bei dem Anhänger der Aum-Sekte mit Sarin etwa ein Dutzend Menschen ermordeten und rund 3800 verletzten. Die Ermittlungen förderten dabei Pläne zutage, wonach in den USA ähnliche Anschläge durchgeführt werden sollten.[389]

5. Wachsende Irrationalität - Unberechenbarkeit von Gewalt

Schließlich lässt sich in der jüngeren Konfliktrealität - gerade im Zusammenhang mit terroristischer Gewalt - ein *Verlust an Rationalität* in der Gewaltanwendung beobachten. Einst "rationale" Beweggründe - etwa die Vergrößerung des eigenen Territoriums, die Kontrolle über Rohstoffquellen, die Eindämmung gegnerischer Einflusszonen oder auch nur die Durchsetzung einer Forderung,

---

[letzter Abruf: 4. September 2007], S.3ff.. Die Gefährdungseinschätzung teilen offenbar auch SR - der in der *Declaration on the issue of combatting terrorism*, S/Res 1456 (2003) v. 29. Januar 2003, Annex, präamb. Abs.3 bestätigt, dass "there is a serious and growing danger of terrorist access to and use of nuclear, chemical, biological, and other potentially deadly materials [...]" - und die GV mit der *International Convention for the Suppression of Acts of Nuclear Terrorism*, A/Res/59/290 v. 15. April 2005. Vgl. jüngst US NATIONAL INTELLIGENCE COUNCIL, *National Intelligence Estimate: The Terrorist Threat to the US Homeland* v. 17. Juli 2007, http://www.dni.gov/press_releases/20070717_release.pdf, S.6 a.E. [letzter Abruf: 15. August 2007] sowie Innenminister SCHÄUBLE, FAZ v. 16. September 2007, S.2: "Viele Fachleute sind inzwischen überzeugt, dass es nur noch darum geht, wann ein [...] Anschlag [mit nuklearem Material] kommt, nicht ob."

387 Zitiert nach YUSUFZAI, Conversation with terror, TIME 153 (1999) 1 v. 11. Januar 1999, S.38f.. Genannt sei in diesem Zusammenhang auch die Fatwa "A Treatise on the Legal Status of Using Weapons of Mass Destruction against Infidels" von NASIR BIN HAMD AL-FAHD v. Mai 2003, vgl. hierzu DUNN, a.a.O. (Fn386), S.10 m.N. in Fn11 sowie zu der zitierten Aussage BIN LADENS, S.18f..

388 Vgl. STEIN, a.a.O. (Fn336), S.297; HERBERG-ROTHE, a.a.O. (Fn298), S.127f.; VAN CREFELD, a.a.O. (Fn299), S.304 sowie DUNN, a.a.O. (Fn386), S.16f..

389 Vgl. m.w.N. zum Anschlag HOFFMAN, a.a.O. (Fn382), S.119 und 159-169 sowie ROMANO, a.a.O. (Fn386), S.1023. Krit. gegen einen zu hohen Stellenwert des Anschlages JENKINS, a.a.O. (Fn377), S.14.

wie die Freilassung inhaftierter Terroristen - weichen zunehmend einer fundamentalistischen, nicht selten religiös und/oder kulturell inspirierten Ideologie,[390] bei der ein kurz- oder mittelfristiges "Sachziel" häufig entfällt. Die Auswirkungen wachsender Irrationalität für die Gefährdungsanalyse sind immens:

Erstens lässt sich die Frage, *ob* ein irrationaler Akteur Gewalt anwenden wird, schlechter einschätzen als die Frage, ob ein (rest-)rationaler Gegner zum Angriff schreitet; es fehlt schlicht an nachvollziehbaren Beurteilungskriterien, dem einzelnen Anschlag liegt nicht einmal mehr eine "perverse Logik" zu Grunde.[391] In gewisser Hinsicht ist damit bereits die Irrationalität an sich eine abstrakte Gefährdung.

Zweitens droht bei irrationalen Akteuren im Hinblick auf das "*Wie*" eines Konfliktes der "Wegfall aller Limitierungen und Gegentendenzen zu Intensivierung und Ausdehnung"[392]; Verhaltenskonventionen ('ius in bello') werden ebensowenig respektiert wie die Grundsätze der Verhältnismäßigkeit.[393]

Drittens birgt die Irrationalität eines Konfliktakteurs stets die Gefahr, dass sich auch der andere Konfliktakteur - quasi zur Wiederherstellung der "Waffengleichheit" - der Irrationalität hingibt; es entsteht eine *Eskalationsspirale*.[394]

B. Analyse - Entwicklung von einer überwiegend symmetrischen zu einer überwiegend asymmetrischen Konfliktrealität

Vorstehender Abriß verdeutlicht grundlegende Verwerfungen der Konfliktrealität im Verlauf des 19. und 20. Jahrhunderts. Unübersehbar ist die Entwicklung von einer personal, technisch und prozedural symmetrischen Konfliktwirklich-

390 Vgl. HERBERG-ROTHE, a.a.O. (Fn298), S.8, 98f.; JENKINS, a.a.O. (Fn377), S.4, 8, 13.

391 Ebenso ASTON, a.a.O. (Fn380), S.280; MÜNKLER, a.a.O. (Fn299), S.67 bei Fn52; JENKINS, a.a.O. (Fn377), S.15. Krit. DUNN, a.a.O. (Fn386), S.7 in Fn7 sowie S.24, der indes einräumt, dass "bin Laden and his closest lieutenants have repeatedly demonstrated a capability to act in unexpected and surprising ways [...]".

392 MÜNKLER, a.a.O. (Fn299), S.54f., 63; ebenso JENKINS, ebd. (Fn391), S.15.

393 Erinnert sei in diesem Zusammenhang exemplarisch an die Fatwa der mutmaßlichen al Qaida Führung vom 23. Februar 1998, in der es hieß: "The ruling to kill the Americans and their allies -- civilians and military -- is an individual duty for every Muslim" Vgl. hierzu auch KÖHLER, Die Sympathien für Ibn Ladin dürften sich noch verstärken, FAZ v. 22. August 1998, S.3. Der Wortlaut der Fatwa [engl. Übers.] ist abrufbar über http://www.fas.org/irp/world/para/docs/980223-fatwa.htm [letzter Abruf: 30. August 2007].

394 Vgl. hierzu auch MÜNKLER, a.a.O. (Fn299), S.67 bei Fn51.

keit Anfang des 19. Jahrhunderts zu einer - wenn auch nicht lückenlos[395] - *asymmetrischen Konfliktrealität* zu Beginn des 21. Jahrhunderts:[396]

I. Personale Asymmetrie

Zu nennen ist zunächst die *personale Asymmetrie*: Standen sich ursprünglich nur Staaten in Gewaltkonflikten gegenüber, lässt sich seit den 1950er Jahren - nicht zuletzt[397] - auf Grund der sog. Stellvertreterkriege des Kalten Kriegs eine *zunehmende Entstaatlichung* der Gewaltanwendung feststellen, die schließlich mit der transnationalen Form des Terrorismus ihren vorläufigen Höhepunkt gefunden hat.

Diese Entwicklung gewinnt indes nicht nur für die rechtssubjektive Erfassung der Konfliktakteure - den im 1. Kapitel behandelten persönlichen Anwendungsbereich des Untersuchungsgegenstandes - an Bedeutung. Die strukurelle Ungleichheit zwischen staatlichen und nicht-staatlichen Akteuren hat zugleich Auswirkung auf die Gefährdungsszenarien. Weil etwa transnationale Terrororganisationen dezentral in kleinsten Handlungseinheiten mit nur wenigen involvierten Personen agieren, lässt sich ein terroristisches Gewaltgeschehen regelmäßig *nur schlecht konkret vorhersagen*. Erschwerend kommt hinzu, dass nichtstaatliche Akteure nicht in die - etwa in Kaptitel VII CVN vorgesehenen - alternativen Konfliktlösungsmechanismen eingebunden sind und auch keine wechselbezügliche Bindung an das 'ius in bello' besteht. Mangelt es aber an gewaltfreien Alternativen und einer "Hegung der Gewalt", erhöht sich zwangsläufig das *Gefährdungs- und Eskalationspotential.*

II. "Rationalitäts-Asymmetrie"

Die personale Asymmetrie wird durch die - vereinzelt auch in rein zwischenstaatlichen Verhältnissen ("Schurkenstaaten") wirkende - "*Rationalitäts-Asymmetrie*" katalysiert. Lässt sich das Gewaltverhalten nicht-staatlicher Akteure schon nach objektiven Kriterien (Art der Gewaltmittel, Herkunft und Umfang der Bedrohung) nur schlecht prädeterminieren, wächst die Unsicherheit ange-

395 Zutreffend nämlich HERBERG-ROTHE, a.a.O. (Fn298), S.136: "Wenn weder der staatliche Krieg abgedankt hat noch der nicht-staatliche Krieg allgemein an seine Stelle treten wird, besteht das historisch Neue im unmittelbaren Aufeinandertreffen beider Kriegsformen."

396 Eingehend und weiterführend MÜNKLER, Der Wandel des Krieges (2006).

397 Zu nennen ist hier auch der seit den 1950er Jahren einsetzende Dekolonialisierungsprozess, in dessen Zuge unter anderem auch nationale Befreiungsbewegungen als Konfliktakteure aufgetreten sind. Vgl. hierzu bereits supra Erster Teil - 1. Kapitel - B. - II. - 3. S.26.

sichts steigender Irrationalität des Bedrohungsurhebers nochmals. Von größter Bedeutung ist dabei die insbesondere auf die Irrationalität zurückzuführende *Totalisierung* nicht-staatlicher Gewalt, die sich nicht zuletzt in der Befürchtung niederschlägt, Terroristen könnten Massenvernichtungswaffen einsetzen.

III. Technische Asymmetrie

Schließlich ist die *technische Asymmetrie* zu nennen. Für die Gefährdungsszenarien ist dabei weniger von Belang, dass sich - im Gegensatz zum Staatenkrieg des 19. Jahrhunderts - nur noch selten zwei Akteure gegenüberstehen, die im Hinblick auf die Qualität ihrer Konfliktmittel ebenbürtig sind. Relevant ist vielmehr, dass die moderne (Waffen-)Technologie Möglichkeiten geschaffen hat, zielgerichtet aus der Ferne mit größter Geschwindigkeit und Vernichtungswirkung Gewalt anzuwenden, ohne dass hiergegen ein entsprechend wirksamer technischer Schutz entwickelt worden wäre. Kann aber dem Zerstörungspotential einer Waffe *kein hinreichender Schutz* entgegengesetzt werden, stellt bereits der Besitz einer derartigen Waffe eine Gefahr dar.

IV. Asymmetrie fördert Prävention

Lässt sich so gegenwärtig eine stark asymmetrische Konfliktwirklichkeit identifizieren, verwundert es nicht, dass sich das Konzept der Prävention einmal mehr großer Beliebtheit in der politischen Diskussion erfreut: *Denn Asymmetrien werfen stets die Frage der Prävention auf.*[398]

C. Zum tatbestandlichen Begriff der Gefahr

Die Erarbeitung und Analyse der Konfliktrealität verdeutlicht, dass das Konzept präventiver Gewaltanwendung auch *tatbestandlich* einer *Differenzierung* bedarf. Bestand zu Beginn des 19. Jahrhunderts im Wesentlichen nur die Gefahr eines bewaffneten Angriffes durch einen Staat, welche sich auf Grund der technischen Symmetrie, des noch vergleichsweise eingeschränkten Zerstörungspotentials

---

398 Ebenso SCHINDLER, a.a.O. (Fn339), S.20; KRÖNING, Prävention oder Präemption?, HuV-I 16 (2003) 2, S.82; BOTHE, Die Erklärung der Generalversammlung der Vereinten Nationen über die Definition der Aggression, JIR 18 (1975), S.131 ("Militärisch gesehen kann der Präventivschlag häufig das einzige wirkungsvolle Verteidigungsmittel eines unmittelbar bedrohten schwächeren Staates sein."). Nicht zu Unrecht stellt allerdings GENONI, a.a.O. (Fn337), S.147 in Fn33 klar, dass die "Diskussion um das *Recht* der Notwehr [nicht] mit der *Fähigkeit* zur Notwehr vermischt" werden darf [Hervorh. hinzugef.]. An dieser Feststellung ist zutreffend, dass die bloße Unfähigkeit zur reaktiven Selbstverteidigung nicht ein Recht zur präventiven Gewaltanwendung begründen kann.

und der Schwerfälligkeit der Entfaltung regelmäßig gut prognostizieren ließ,[399] ist die Konflikt- und damit Gefahrenwirklichkeit des anbrechenden 21. Jahrhundert unbeständiger geworden: Physischer Urheber, Mittel, Zielsetzung, Geschwindigkeit und Zerstörungspotential eines bewaffneten Angriffes variieren ebenso wie die im Einzelfall zur Verfügung stehenden Einrichtungen der Informationsgewinnung zum Zwecke der Gefährdungsanalyse.[400] All diese Unbekannten müssten *idealiter* in unterschiedlichen Gefahrendefinitionen abgebildet werden.

I. Erfordernis einer praxisorientierten Differenzierung in Anbetracht der Einschätzungsprärogative des Aktivlegitimation beanspruchenden Staates

Gleichwohl erscheint es aus Gründen der Praktikabilität wenig sinnvoll, die *Gefahr* - als zentrales Tatbestandsmerkmal der untersuchten Rechtsfigur - vollständig auszudifferenzieren. Obwohl ausreichend Rechtsbegrifflichkeit hierzu zur Verfügung stünde - genannt sei etwa die latente, die gemeine, die dringende, die erhebliche, die gegenwärtige, die konkrete und die abstrakte Gefahr - würde eine derartige Auffächerung weder der Eigenart des Völkerrechts als *dezentralem Rechtssystem* noch den besonderen Anforderungen der Prävention an *schnelle und effektive Entscheidungsfindung* gerecht:

Trotz allen technischen Fortschritts ist die naturwissenschaftliche Determination einer Gefahr noch immer nicht möglich.[401] Die Unbestimmtheit des Rechtbegriffes erfordert vielmehr eine *subjektive Beurteilung* und es liegt in der Natur des Untersuchungsgegenstandes als Teil eines dezentrales Rechtssystems, dass diese Bewertung in erster Linie vom Aktivlegitimation beanspruchenden Staat *ex ante* eigenverantwortlich vorgenommen werden muss. Die - alternativ - denkbare Befassung eines unabhängigen Gremiums wäre dagegen wirklichkeitsfremd: Die Abwägung zwischen der vermeintlichen Rechtssicherheit einer "objektiven" Betrachtung und der Effektivität der Rechtsanwendung muss hier zu Gunsten der Letzteren ausfallen: Eine vorherige - und dann zwingend transparente - Befassung etwa des Sicherheitsrats oder des IGH würde fast zwangsläufig zu einer Vorwarnung des Gefährders führen und im Rahmen der Darlegung der Gefahr

399 Plakativ DARBY, Self-Defense in Public International Law: the Doctrine of Pre-emption and Its Discontents, in: BRÖHMER ET AL, FS-Ress (2005), S.29: "Armed attacks 60 years ago were carried out by armies massed on national borders."

400 Ebenso VON BUTLAR, a.a.O. (Fn361), S.23.

401 STEIN, a.a.O. (Fn336), S.235: "[T]echnology - advanced as it may be - has not given us an instrument for measuring the relative intensity of [...] threats."

unter Umständen die Offenbarung geheimer Informationen des "Verteidigers" erfordern.[402]

Ebenso wie im Rahmen des reaktiven Selbstverteidigungsrechts ist daher das Recht des Aktivlegitimation beanspruchenden Staates auf erste Einschätzung[403] und die damit einhergehende Rechtsanwendungsunsicherheit hinzunehmen, die freilich ihre Begrenzung in der nachträglichen Überprüfung des Sachverhaltes aus ex ante Sicht durch die VN bzw. den IGH erfährt.[404] Dabei besteht kein Zweifel, dass der Aktivlegitimation beanspruchende Staat im Rahmen einer Überprüfung des Anspruches die Gefahr der Unerweislichkeit seiner Behauptungen bzw. der Unvollständigkeit seines Vortrages zu tragen hat, wobei stets eine ex ante Betrachtung maßgeblich ist.[405]

II. Die maßgeblichen Kriterien

Damit verbleibt noch die Frage nach den Kriterien, auf deren Basis unterschiedliche Gefahrenlagen differenziert werden.[406] Wegen der nachträglichen Justiziabilität kommen hierfür zum Einen nur - der Nachprüfbarkeit zugängliche, in der äußeren Wirklichkeit manifestierte - *objektive* Kriterien in Betracht.[407] Wegen der zu fordernden Praktikabilität müssen sich die Kriterien zum Anderen auf die *wesentlichen* tatsächlichen Faktoren beschränken.

402 Vgl. VON BUTLAR, a.a.O. (Fn361), S.23f..

403 So etwa DINSTEIN, War, aggression and self-defence (2001), S.185ff.; KOTZUR, a.a.O. (Fn374), S.473; implizit auch BRUHA/BORTFELD, a.a.O. (Fn378), S.164 und VOIGTLÄNDER, Notwehrrecht und kollektive Verantwortung (2001), S.73; krit. KRISCH, Selbstverteidigung und kollektive Sicherheit (2001), S.222ff..

404 In Anbetracht der Praxis zum anerkannten unilateralen Gewaltrecht - der reaktiven Selbstverteidigung - dagegen zweifelhaft der Einwand von VON BUTLAR, a.a.O. (Fn361), S.23, man gelange so nur zu "einer Verurteilung, nicht [aber] zur Einschränkung der Gewaltanwendung", sowie die Ausführung von GENONI, a.a.O. (Fn337), S.145, die Beurteilung wäre "eine rein kasuistische und das Resultat […] insofern höchst unbefriedigend, als wieder dem Staat, der sich auf die Anwendung von [präventiver] Notwehr beruft, die umfassende Beurteilung der Rechtslage in die Hände gegeben würde."

405 In diese Richtung wohl auch WALKER, Anticipatory collective self-defense in the Charter era: What the treaties have said, Cornell Int'l L J 31 (1998) 2, S.374 und DINSTEIN, ebd. (Fn403). Krit. VON BUTLAR, a.a.O. (Fn361), S.24f..

406 Die Frage stellt zu Recht auch KRAJEWSKI, Preventive use of force and military actions against non-state actors: Revisiting the right of self-defence in insecure times, Baltic YB Int'l L 5 (2005), S.7 lässt sie bedauerlicherweise dann aber unbeantwortet, obwohl er in einem ersten Schritt bereits die verschiedenen Konzepte der präventiven Gewaltanwendung - etwa Antizipation oder Präemption - differenziert und definiert hat.

407 Ebenso VON BUTLAR, a.a.O. (Fn361), S.24; in diese Richtung, wenn auch die präventive Gewaltanwendung im Ergebnis grundsätzlich ablehnend GENONI, ebd (Fn404).

1. Individualisierbarkeit

Vor diesem Hintergrund sollte als erstes Kriterien die persönliche, temporale und mediale *Individualisierbarkeit der Gefahr* dienen. Unabdingbar ist dabei die persönliche Individualisierbarkeit, d.h. die Bestimmbarkeit des physischen Gefährders und des Gefährdeten - in Dreieckkonstellationen zusätzlich desjenigen Drittstaates, auf dessen Territorium die Gefahr ihren Ursprung nimmt. Denn nur soweit diese Individualisierbarkeit gegeben ist, ist klar, welche Personen am Rechtsverhältnis beteiligt sind. Die temporale Individualisierbarkeit betrifft dagegen die Frage, wann die Gefahr in einen Schaden umschlagen kann und betrifft damit vor allem die Frage der Subsidiarität des untersuchten Rechts. Die mediale Individualisierung betrifft schließlich die Art der (technischen) Gefährdungsmittel und lässt einen Rückschluss auf die Stärke des prognostizierten Schadens zu.

2. Wahrscheinlichkeit

Als zweites Kriterium sollte die *Wahrscheinlichkeit des Schadenseintrittes* dienen.[408] Die Individualisierbarkeit der Gefahr ist hierfür ein notwendiger, nicht aber hinreichender Anhaltspunkt. Denn selbst wenn eine Gefahrenlage in Bezug auf die beteiligten Akteure (Gefährder und Gefährdeter), ihre Eigenart (also insbesondere die verwendeten Mittel) sowie Ort und Zeit ihrer Entstehung und ihrer prognostizierten Realisation beschrieben werden kann, präjudiziert dies nicht die Wahrscheinlichkeit des Schadenseintrittes. Es ist vielmehr denkbar, dass außerhalb des eigentlichen Gefahrensachverhaltes liegende Umstände die Gefahrenrealisation übergangsweise oder dauerhaft hemmen. Paradebeispiel hierfür ist das bereits angesprochene atomare Patt[409].

3. Unmittelbarkeit

Als drittes und letztes Kriterium sollte schließlich die *Unmittelbarkeit des Schadenseintrittes* dienen.[410] Insbesondere im Hinblick auf die Subsidiarität eines

---

408 So bereits VATTEL, Le droit des gens ou principes de la loi naturelle appliqués à la conduite et aux affaires des nations et des souverains (1758), III, iii, 44: "Der Wahrscheinlichkeitsgrad und die Größe des drohenden Übels bilden die Grundlagen für die Auslösung eines Rechts zu präventiver Gewaltanwendung." Dt. Übers. nach EULER, Emer de Vattel, Das Völkerrecht oder Grundsätze des Naturrechts in ihrer Anwendung auf das Verhalten und die Angelegenheiten der Staaten und der Staatsoberhäupter, in: SCHÄTZEL, Die Klassiker des Völkerrechts, Bd.3 (1959), S.389.

409 Vgl. supra Erster Teil - 2. Kapitel - A. - II. - 2. - b. , S.72.

410 Auch dieses Kriterium kann - wie die Wahrscheinlichkeit des Schadenseintritts - auf eine lange Tradition zurückblicken. Wegweisend ist insofern die sog. WEBSTER-Formel,

Rechts zur präventiven Gewaltanwendung ist festzustellen, ob sich die Gefahr bei *ungehindertem Geschehensablauf*, d.h. *ohne weitere wesentliche Zwischenschritte*[411] realisieren kann. Das Abgrenzungskriterium der wesentlichen Zwischenschritte ist dabei der völkerrechtlichen Realität entsprechend nicht zu eng zu verstehen. Als wesentlich können nur solche Zwischenschritte gelten, die es dem Aktivlegitimation beanspruchenden Staat unter Berücksichtigung aller anderen in Betracht kommenden Möglichkeiten erlauben, einer Gefahr noch auf andere Weise denn durch Gewaltanwendung zu begegnen.

III. Erfordernis einer einzelfallbezogenen Betrachtung

Alle drei Kriterien greifen ineinander und bedingen sich wechselseitig: So kann etwa eine nicht im Mindestmaß individualisierte Gefahr kaum unmittelbar bevorstehen, fehlt es doch an wesentlichen Zwischenschritten wie etwa der Mittel- und Zielauswahl seitens des Gefährders. Im Ergebnis kommt es damit auf eine *Gesamtbetrachtung*[412] an, die schließlich - praxisnah - auch den notwendigen Beurteilungsspielraum gewährleistet: So könnten etwa in Anbetracht eines besonders großen drohenden Schadens geringere Anforderungen an die zeitliche Individualisierbarkeit oder an die Unmittelbarkeit des Schadenseintrittes zu stellen sein.

Diese intendierte Flexibilität soll jedoch nicht darüber hinwegtäuschen, dass die zentralen Kriterien der *Wahrscheinlichkeit, Individualisierbarkeit und Unmittelbarkeit* gleichwohl tatsachenseitig *für jeden Einzelfall* auszufüllen sind. Eine pauschale Gefährdungseinschätzung verbietet sich dagegen schon aus Gründen der Rechtssicherheit. FROWEINS Einschätzung, dass "[b]ei terroristischen Organisationen [...] kein Zweifel daran bestehen [kann], dass der Besitz von Massenvernichtungswaffen *immer* als eine *unmittelbare* Bedrohung anzusehen ist"[413], mag griffig erscheinen. Sie lässt aber schon die entscheidende Frage unbeantwortet, wie sich im konkreten Einzelfall die am Rechtsverhältnis beteiligten Rechtssubjekte bestimmen.

---

die 1837 im Zusammenhang mit dem sog. Caroline-Vorfall vom damaligen US-Außenminister geprägt wurde. Vgl. hierzu sub Zweiter Teil - 4. Kapitel - A. - V. - 4. - d. - aa. , S.153. Die WEBSTER-Formel ist auf S.155 unmittelbar nach Fn758 wiedergegeben.

411 Auch ASTON, a.a.O. (Fn380), S.277 verwendet zur Abgrenzung der relevanten Gefahrensituationen das Kriterium der "wesentlichen Zwischenschritte".

412 Krit. - allerdings ohne Alternativvorschlag - VON BUTLAR, a.a.O. (Fn361), S.22f..

413 FROWEIN, Ist das Völkerrecht tot?, FAZ v. 23. Juli 2003, S.6 [Hervorh. hinzugef.]. Soweit FROWEIN meint, eine Massenvernichtunsgwaffe würde *umgehend nach Besitzerlangung* eingesetzt, entspricht dies nach DUNN, a.a.O. (Fn386), S.15f. im Übrigen nicht dem bisher zu beobachtenden "attack profile" der al-Qaida.

D. Zusammenfassendes Ergebnis zum 2. Kapitel - Definitionen

Vor diesem Hintergrund werden im Verlauf der weiteren Untersuchung die nachfolgend definierten Gefahrenbegriffe verwendet.

I. Konkrete Gefahr

Eine konkrete Gefahr liegt in einem in Bezug auf alle wesentlichen Faktoren individualisierten Sachverhalt, der sich mit hinreichender Wahrscheinlichkeit bei ungehindertem Geschehensablauf unmittelbar in einem staatlichen bewaffneten Angriff oder einem angriffsgleichen Geschehen nicht-staatlichen Ursprungs verdichten wird.

II. Abstrakte Gefahr

Eine abstrakte Gefahr liegt dagegen in einem mindestens in persönlicher Hinsicht individualiserten Sachverhalt, der sich erst nach Hinzutreten weiterer wesentlicher Zwischenschritte zu einer konkreten Gefahr verdichten kann.

3. KAPITEL

TERMINOLOGIE

A. Vorüberlegung

Das 3. Kapitel dient der Darstellung und Würdigung der im Zusammenhang mit präventiver Gewaltanwendung gebrauchten Terminologie, wobei die Betrachtung in Anbetracht der Begriffsvielfalt keinen Anspruch auf Vollständigkeit erheben kann. Gewürdigt werden vielmehr nur die gängigsten Begriffe. Die terminologische Auseinandersetzung ist dabei keine Formalität, sondern in zweierlei Hinsicht geboten.

I. Reduktion und Entpolitisierung der Begriffsvielfalt

Zum Einen wurden in den vergangenen Jahrzehnten zahlreiche Begriffe eingeführt, die - teils synonym, teils nuancierend verwendet - tatsächlich mehr Unklarheit stifteten, als eine präzise terminologische Basis für die juristische Diskussion zu schaffen.[414]

Allein in der deutschsprachigen Völkerrechtsliteratur finden sich - um nur die häufigsten Termini zu nennen - folgende Begriffsschöpfungen: *präventive Selbstverteidigung*[415], *antizipatorische Selbstverteidigung*[416], *Präventivkrieg*[417],

---

414 Ebenso KUNDE, Der Präventivkrieg (2007), S.135 m.w.N. in Fn327.

415 Vgl. BLUMENWITZ, Das universelle Gewaltanwendungsverbot und die Bekämpfung des grenzüberschreitenden Terrorismus, BayVBl 32 (1986) 24, S.739f.; BOTHE, Friedenssicherung und Kriegsrecht, in: VITZTHUM, Völkerrecht (2007), S.653, Rn19; BRUHA/BORTFELD, Terrorismus und Selbstverteidigung, VN 49 (2001) 5, S.165; KRISCH, Selbstverteidigung und kollektive Sicherheit (2001), S.54; NEUHOLD, Internationale Konflikte - verbotene und erlaubte Mittel ihrer Austragung (1977), S.136ff., 240ff. (auch: "*Präventivnotwehr*"); Verwandte Begriffe finden sich etwa bei HAILBRONNER, Die Grenzen des völkerrechtlichen Gewaltverbots, in: SCHINDLER/HAILBRONNER, Die Grenzen des völkerrechtlichen Gewaltverbots, BDGV 26 (1986), S.58 ("*Selbstverteidigung in der Form präventiver Gegenwehr*") und S.80f. ("*erstmalige Anwendung von Gewalt (in Ausübung des Selbstverteidigungsrechtes)*") sowie bei HERDEGEN, Völkerrecht (2006), S.241, Rn18 ("*präventive Dimension* [des Selbstverteidigungsrechts]").

416 Etwa MURSWIEK, Die amerikanische Präventivkriegsstrategie und das Völkerrecht, NJW 56 (2003) 14, S.1017 bei Fn19; ähnlich auch SCHALLER, Massenvernichtungswaffen und Präventivkrieg - Möglichkeiten der Rechtfertigung einer militärischen Intervention im Irak aus völkerrechtlicher Sicht, ZaöRV 62 (2002) 3, S.658, der präzise von "präventive[m] Vorgehen in Antizipation eines bewaffneten Angriffs" spricht.

417 Vgl. MURSWIEK, a.a.O. (Fn416), S.1018, als Synonym für "preemptive action"; bei DOEHRING, Völkerrecht (2004), S.467, Rn1050 (in Untersuchung der Putativnotwehr) als Synonym für *präventive Gewaltanwendung*; unklar bei SEIDL-HOHENVELDERN/STEIN, Völkerrecht (2000), S.325, Rn1676.

Präventivangriff[418], *Präventivschlag*[419], *Ersteinsatz*[420], *prä-emptive Prävention*[421], *präventive* oder *prophylaktische Gewaltanwendung*[422]. Auffällig ist dabei die Tendenz bei Befürwortern eine die Bedeutung der untersuchten Rechtsfigur bagatellisierende bzw. bei Kritikern eine jene perhorreszierende Begrifflichkeit zu wählen, was auf beiden Seiten wohl eher einer völkerrechtspolitischen Zielsetzung folgt.[423]

II. Differenzierung des Untersuchungsgegenstandes

Zum Anderen besinnen sich nur wenige Autoren[424] darauf, die verwendeten Termini zu definieren und in Relation zueinander zu setzen. Dies wirft insbesondere dann Schwierigkeiten auf, wenn nicht von einem einheitlichen, sondern

---

418 So BRUHA/BORTFELD, a.a.O. (Fn415), S.165; DOEHRING, a.a.O. (Fn417), S.249, Rn574.

419 I.S.e. *nuklearen Präventivschlages*: NEUHOLD, a.a.O. (Fn415), S.256; i.S.e. *konventionellen Präventivschlages*: HAILBRONNER, a.a.O. (Fn415), S.80; RUFFERT, Terrorismusbekämpfung zwischen Selbstverteidigung und kollektiver Sicherheit - Die Anschläge vom 11.9.2001 und die Intervention in Afghanistan, ZRP 35 (2002) 6, S.248; SCHMALENBACH, Die Beurteilung von grenzüberschreitenden Militäreinsätzen gegen den internationalen Terrorismus aus völkerrechtlicher Sicht, NZWehrr 42 (2000)5, S.182.

420 I.S.d. *Ersteinsatz von Nuklearwaffen*, SEIDEL/SCHÖNFELDT, Das Verbot des Einsatzes von Nuklearwaffen durch das Völkerrecht, NJ (DDR) 41 (1987) 12, S.470.

421 So RÜHL, Interventions- und Eskalationsproblematik bei der militärischen Konfliktbewältigung - Die "Ultima ratio" des bewaffneten Eingriffs als Mittel der Sicherheitspolitik, AusPuZ, B24/2002, S.8 unter Rückgriff auf den vom stellvertretenden US-Verteidigungsminister WOLFOWITZ auf der Münchener Konferenz für Sicherheitspolitik am 2. Februar 2002 verwendeten Begriff der "*preemptive prevention*".

422 Vgl. BALEKJIAN in: SCHINDLER/HAILBRONNER, Die Grenzen des völkerrechtlichen Gewaltverbots, BDGV 26 (1986), S.141f. [Diskussionsbeitrag]; NEUHOLD, a.a.O. (Fn415), S.138; ähnlich FROWEIN, Der Terrorismus als Herausforderung für das Völkerrecht, ZaöRV 62 (2002) 4, S.890f.; KIMMINICH/HOBE, Völkerrecht (Vorauflage 2000), S.281; die Folgeauflage (HOBE/KIMMINICH, Völkerrecht (2004), S.316ff.) gliedert im Wesentlichen in "*anticipatory*" und "*preemptive self-defence*" und in - den jedenfalls verbotenen - "*Präventivkrieg*".

423 So KRÖNING, Prävention oder Präemption?, HuV-I 16 (2003) 2, S.82; krit. auch KUNDE, a.a.O. (Fn414), S.136 bei Fn333, der aber selbst eine negativ konnotierte Begrifflichkeit wählt. Vgl. auch RANDELZHOFER in: THÜRER/HERDEGEN/HOHLOCH, Der Wegfall effektiver Staatsgewalt: "The failed state", BDGV 34 (1996), S.135 [Diskussionsbeitrag] in der Diskussion um die teleologische Reduktion des Gewaltverbotes zugunsten von Interventionen in einem 'failed state', in der er die von HERDEGEN benutzten Bezeichnungen *obsessiv* und *orthodox* für eine weite Auslegung des Gewaltverbotes kritisiert: "Herr Herdegen, meine Erfahrung ist, wer solche stimmungsgeleiteten Apostrophierungen in seiner Argumentation verwendet, setzt sich dem Verdacht aus, daß er den juristischen Argumenten, die er vorträgt, doch nicht so ganz vertraut [...]".

424 Etwa JOYNER/GRIMALDI, The United States and Nicaragua: Reflections on the lawfulness of contemporary intervention, Va J Int'l L 25 (1985) 3, S.659f.; KRAJEWSKI, Preventive use of force and military actions against non-state actors: Revisiting the right of self-defence in insecure times, Baltic YB Int'l L 5 (2005), S.4ff., KEARLEY, Regulation

verschiedenen Tatbeständen - etwa in Bezug auf unterschiedliche Akteure oder Gefährdungslagen[425] - ausgegangen wird. Um solchen Differenzierungen gerecht zu werden, müssen folglich entsprechende Begriffe eingeführt und definiert werden.[426]

B. Begriffsgruppen

I. Prävention - Antizipation - Interzeption - Präemption

Diese erste zu betrachtende Gruppe umfasst die Begriffe, die Sinn und Zweck der Rechtsfigur sowie die Art der rechtsbegründenden Gefährdungslage - abstrakt bzw. konkret[427] - widerspiegeln: präventiv, antizipatorisch, interzipierend und präemptiv.

1. Prävention

Prävention leitet sich von lat. praeventum, praevenire, "zuvorkommen", ab und bedeutet im normalen Sprachgebrauch Vorbeugung oder Verhütung, namentlich einer unerwünschten Entwicklung. Die Rechtssprache übernimmt diese Bedeutung und konkretisiert regelmäßig im jeweiligen Kontext die unerwünschte Entwicklung,[428] womit gleichzeitig Sinn und Zweck des Rechtsinstituts festgelegt wird.

---

of preventive and preemptive force in the United Nations Charter: A search for original intent, Wyoming L Rev 3 (2003) 2, S.665 m.N. in Fn9; WOLFRUM, The attack of September 11, 2001, the wars against the Taliban and Iraq: Is there a need to reconsider international law on the recourse to force and the rules in armed conflict?, in Max Planck YB UN L 7 (2003), S.30f..

425 Vgl. zu Letzterem auch BLUMENWITZ, Der Präventivkrieg und das Völkerrecht, Politische Studien 54 (2003) 5, S.26: "Unter der Herrschaft der Charta der Vereinten Nationen reduziert sich das Problem der einzelstaatlichen Anwendung präventiver Gewalt damit auf die Frage der *Realisierungsschwelle*, auf die Frage der *Offenkundigkeit* und der *Gegenwärtigkeit* des militärischen Angriffs." [Hervorh. hinzugef.]

426 Zu vereinfachend VOLK, Die Begrenzung kriegerischer Konflikte durch das moderne Völkerrecht (2005), S.137: "Unabhängig von der Begrifflichkeit ist jeweils der gleiche Sachverhalt [sic!] gemeint: Gewaltanwendung, ohne daß bzw. bevor ein Angriff gegeben ist."

427 Vgl. hierzu bereits supra Erster Teil - 2. Kapitel - D. , S.88.

428 Vgl. etwa TILCH, Prävention (Polizeirecht), DRL (2001), Bd.2, S.3334, als Synonym für Gefahrenabwehr, wobei die Störung der öffentlichen Sicherheit als unerwünschte Entwicklung definiert wird. DERS., Prävention (Haftpflichtrecht), DRL (2001), Bd.2, S.3334: Hier soll der Haftpflichtfall verhindert werden.

Eine Betrachtung der den Zusatz präventiv enthaltenden Begriffsschöpfungen zeigt allerdings, dass die Vorstellungen über die zu verhindernde Entwicklung und damit Sinn und Zweck eines Rechts zur präventiven Gewaltanwendung durchaus variieren. So legt der häufig benutzte Ausdruck *präventive Selbstverteidigung* die Ableitung vom reaktiven Selbstverteidigungsrecht nahe, womit die unerwünschte Entwicklung auf den konkreten bewaffneten Angriff verengt wird. Dagegen lässt etwa der Begriff der *präventiven Maßnahme* einen weiteren Spielraum; Sinn und Zweck der untersuchten Rechtsfigur könnte danach auch die Verhinderung der Verbreitung von Massenvernichtungswaffen oder die allgemeine Terrorismusbekämpfung sein, also abstrakte Gefahren.

Mit Blick auf die tatbestandliche Gefahrenlage ist der Begriff *präventiv* also eher unbestimmt, wenngleich die Vorbeugung einer unerwünschten Entwicklung grundsätzlich eher früher als später stattfindet.

2. Antizipation

Anders verhält es sich mit dem Begriffselement antizipiert bzw. antizipatorisch, von lat. anticipare, "vorher nehmen", bzw. anticipatorius, "eine Entwicklung vorwegnehmend".[429] Im Gegensatz zum Terminus präventiv wird antizipiert / antizipatorisch fast ausschließlich mit dem Begriff Selbstverteidigung ("anticipatory self-defence"[430]) benutzt. Durch die so entstehende systematische Nähe zum Selbstverteidigungsrecht wird die vorweggenommene Entwicklung auf den bewaffneten Angriff verengt und damit zugleich der tatbestandliche *Gefährdungsgrad konkretisiert:* Die Vorwegnahme eines bewaffneten Angriffs setzt eben *greifbare Anhaltspunkte im Einzelfall* voraus. Damit steht die Antizipation in engem Zusammenhang mit einer konkreten Gefahr.

3. Interzeption

DINSTEIN hat daneben den Begriff der "interceptive self-defence"[431] eingeführt. Die interzipierende Selbstverteidigung erfasst die Gewalt, die angewendet wird,

---

429 Vgl. DUDEN, Fremdwörteruch (2000), S.117.

430 Vgl. MCCORMACK, Anticipatory self-defence in the legislative history of the United Nations Charter, Is L Rev 25 (1991) 1, passim; SCHLEI, Anticipatory self-defense, Green Bag 2nd Ser 6 (2003) 1, passim; HIGGINS, The development of international law through the political organs of the United Nations (1963), S.202.

431 Vgl. DINSTEIN, War, aggression and self-defence (2001), S.172; zustimmend SHAW, International law (1997), S.790; TOMUSCHAT, Völkerrecht ist kein Zweiklassenrecht, VN 51 (2003) 2, S.42 bei Fn19. Ähnlich wohl schon MÜLLERSON/SCHEFFER, Legal regulation of the use of force, in: DAMROSCH ET AL, Beyond confrontation (1995), S.110f.;

um einen *objektiv* bereits eingeleiteten Angriff *vor Schadenseintritt abzufangen*, ihn zu *unterbrechen.* Die Interzeption findet dabei längstens bis zum Schadenseintritt statt, danach greift das reaktive Selbstverteidigungsrecht.

Im Zusammenhang mit dem Begriff Selbstverteidigung entsteht damit eine Bezeichnung, die die engsten Voraussetzungen indiziert: Die Gefahr muss durch manifestierte Angriffshandlungen soweit konkretisiert sein, dass der Schadenseintritt nicht nur *unmittelbar*, sondern - das Fehlgehen des Angriffs ausgeklammert - *unvermeidbar* bevorsteht.[432]

4. Präemption

Schließlich wird - in jüngerer Zeit geradezu inflationär - der Ausdruck der *Präemption* verwendet. Ursprünglich bedeutet Präemption aus lat. *prae* "vor" und *emptio* "Kauf" abgeleitet "Vorkauf"; abstrahiert beschreibt die Präemption also ein "Vorrecht". In der völkerrechtlichen Debatte um die präventive Gewaltanwendung erfährt der Begriff entsprechend einen sehr uneinheitlichen Gebrauch: Geraume Zeit wurden die Begriffe *präemptiv, präventiv* und *antizipatorisch* weitestgehend synonym benutzt.[433] Einige Autoren gehen - teilweise in Anlehnung an eine frühere Definition des US Verteidigungsministeriums[434] - dagegen davon aus, dass *Präemption* einen hinsichtlich der Gefährdungslage engeren

---

KENNY, Self-defence, in: WOLFRUM ET AL, United Nations: Law, policies and practice (1995), S.1165, Rn11.

432 In diese Richtung auch BLUMENWITZ, a.a.O. (Fn425), S.27 m.N. auf WALDOCK, The regulation of the use of force by individual states in international law, RC 81 (1952-II), S.498. Vgl. im Übrigen schon HENKIN, Force, intervention, and neutrality in contemporary international law, Am Soc'y Int'l L Proc 57 (1963), S.167 [Diskussionbeitrag nach eigenem Vortrag]: "In all probability, then, only an actual take-off by Soviet planes or missiles would cause the United States to strike, and in that case the United States is not 'anticipating' an armed attack, *for the attack has begun.*" [Hervorh. hinzugef.]

433 So noch BOTHE, Der Irak-Krieg und das völkerrechtliche Gewaltverbot, AVR 41 (2003) 3, S.261; CASSESE, International Law (2001), S.307; DINSTEIN, Comment, http://edoc.mpil.de/conference-on-terror/present/dinstein.pdf [letzter Abruf: 20. Februar 2004], S.4 sowie SOFAER, On the necessity of pre-emption, Eur J Int'l L 14 (2003) 2, S.209, 214, 221. Vgl. ferner AREND/BECK, International law and the use of force (1993), S.77; BOTHA, Anticipatory self-defence and reprisals re-examined. South African attacks on ANC bases in neighbouring states: The 'Guns of Gaborone' or 'rAIDS Disease'?, SA YB Int'l L 11 (1985-1986), S.143ff.; BRYDE, Self-defence, in: BERNHARDT ET AL, EPIL, Bd.4 (2000), S.362; ohne Unterscheidung auch noch FROWEIN, a.a.O. (Fn422), S.891f. und SCHALLER, a.a.O. (Fn416), S.642 Fn4. Letzterer benutzt zwar ausschließlich die Begriffe "präventiv" und "Antizipation" (S.658), nimmt aber auf Kapitel V. der Nationalen Sicherheitsstrategie der USA Bezug, die dort den Begriff der "Präemption" verwendet (vgl. dazu auch Fn438).

434 So KEARLEY, ebd. (Fn424); EICK, "Präemption", "Prävention" und die Weiterentwicklung des Völkerrechts, ZRP 37 (2004) 6, S.201, S.201.

Anwendungsbereich als die *Prävention* habe, nämlich "only after the state being attacked has either *initiated* or has given a *clear indication* that it *will initiate* an attack."[435] Hinsichtlich der Gefährdungslage und der geschützten Rechtsgüter wird der Begriff insofern nur mit der bereits besprochenen *antizipierten* bzw. sogar *interzipierenden* Selbstverteidigung gleichgesetzt.[436]

Dass sich hinter dem Begriff der Präemption indes ein aliud zur begrifflich engen Antizipation verbirgt,[437] verdeutlicht ein Blick auf die Nationale Sicherheitsstrategie der USA seit 2002,[438] durch die der Begriff spätestens[439] mit einer eigenständigen Bedeutung versehen wurde und verstärkt Eingang in die verbale Staatenpraxis gefunden hat.[440] So heißt es dort im Zusammenhang mit der Be-

---

435 DAALDER, The use of force in a changing world - US and European perspectives, Leiden J Int'l L 16 (2003)1, S.176f. bei Fn8 [Hervorh. hinzugef.]; ebenso KRÖNING, a.a.O. (Fn423), S.82; HAASS, Intervention - The use of American military force in the post-Cold War world (1999), S.51f.; WITTIG, Der Aggressionsbegriff im internationalen Sprachgebrauch, in: SCHAUMANN, Völkerrechtliches Gewaltverbot und Friedenssicherung (1971), S.51; vgl. auch den Bericht des UN High-level Panel on Threats, Challenges and Change, *A more secure world: our shared responsibility*, A/59/565 v. 2. Dezember 2004, §189; w.N. bei STEIN/VON BUTLAR, Völkerrecht (2005), S.319, Rn825.

436 Vgl. etwa EICK, a.a.O. (Fn434), S.20; HAASS, a.a.O (Fn435), S.52: "Preemptive uses of force come against the backdrop of tactical intelligence or warning indicating imminent military action by an adversary"; ferner KEARLEY, a.a.O. (Fn424), S.665 in Fn9 und S.671 bei Fn35; MRAZEK, Prohibition of the use of force: Self-defence and self-help in international law, Can YB Int'l L 27 (1989), S.96 und MURSWIEK, a.a.O. (Fn416), S.1017 in Fn18.

437 So schon ANTONOPOULOS, The unilateral use of force by states in international law (1997), S.305ff, m.w.N. in Fn336; BYERS, Terrorism, the use of force and international law after 11 September, Int'l Comp L Q 51 (2002) 2, S.410f.; HOFMANN, International law and the use of military force against Iraq, Ger YB Int'l L 45 (2002), S.33; O'CONNELL, The myth of preemptive self-defense, Am Soc'y Int'l L Papers (8/2002), http://www.asil.org/taskforce/oconnell.pdf [letzter Abruf: 29. September 2006], S.2 in Fn10 a.E..

438 *The National Security Strategy of the United States of America* v. 17. September 2002, http://www.whitehouse.gov/nsc/nss/2002/nss.pdf; inhaltlich gleichlautend *The National Security Strategy of the United States of America* v. 16. März 2006 http://www.whitehouse.gov/nsc/nss/2006/nss.pdf [letzter Abruf beider Dokumente: 15. Oktober 2007]. Vgl. statt aller hierzu eingehend nur KUNDE, a.a.O. (Fn414), S.161-215.

439 Hingewiesen sei nochmals auf HENKIN, a.a.O. (Fn432), S.151, der den Begriff der Präemption bereits 1963 - im Zuge der Kommentierung der sog. Kuba-Krise - in dem sich wohl auch nunmehr durchsetzenden *weiten Verständnis* verwendet hat; vgl. daneben das ebenfalls von einer konkreten Gefahr losgelöste Konzept der prä-emptiven Selbstverteidigung von US-Außenminister SHULTZ, wie er es 1984 vorstellte (hierzu BAKER, Terrorism and the inherent right of self-defense (a call to amend Article 51 of the United Nations Charter), Houston J Int'l L 10 (1987) 1, S.28 m.w.N. in Fn21) und von US-Außenminister KISSINGER (hierzu KEARLEY, a.a.O. (Fn424), S.665 bei Fn6).

440 So auch KRAJEWSKI, a.a.O. (Fn424), S.5. Vgl. etwa den Artikel des australischen Verteidigungsministers HILL, Preemption: The UN Charter is outdated, IHT v. 02.12.02,

drohung durch Massenvernichtungswaffen, sog. Schurkenstaaten[441] und der Bedrohung durch den transnationalen Terrorismus:

> "For centuries, international law recognized that nations need not suffer an attack before they can lawfully take action to defend themselves against forces that present an imminent danger of attack. Legal scholars and international jurists often conditioned the legitimacy of preemption on the exsistence of an imminent threat [...]. We must *adapt the concept of imminent threat* to the capabilities and objectives of today's adversaries. Rogue states and terrorists do not seek to attack us using conventional means. [...] Instead, they rely on acts of terror, and potentially, the use of weapons of mass destruction [...]. The greater the threat, the greater is the risk of inaction - and the more compelling the case for taking anticipatory action to defend ourselves, *even if uncertainty remains as to the time and place of the enemy's attack.* To forestall or prevent such hostile acts by our adversaries, the United Sates will, if necessary, *act preemptively.*"[442]

Die Hervorhebungen zeigen, dass nach diesem Verständnis über die Antizipation konkreter Gefahren hinaus Gewaltanwendung gerade auch dann rechtmäßig sein soll, wenn sich Zeit und Ort einer Bedrohung noch nicht bestimmen lassen,[443] und allenfalls Indizien für eine abstrakte Gefahr bestehen. Schließlich wird auch keine Beschränkung der potentiellen Gegner auf Staaten vorgenommen, sondern nur von "adversaries" gesprochen. Unter Präemption ist daher eine Konzeption zu verstehen, die mit Blick auf die rechtsauslösende Gefahrenlage und in Bezug auf die Konfliktakteure die weitesten Voraussetzungen zulässt.[444]

---

http://www.iht.com/articles/2002/12/02/edhill_ed3_.php [letzter Abruf: 29. September 2006]; w.N. aus der Praxis bei KEARLEY, a.a.O. (Fn424), S.664 in Fn2.

441 Vgl. dazu schon supra Erster Teil - 1. Kapitel - B. - I. , S.21 bei und in Fn70.

442 *The National Security Strategy of the United States of America* (2002), a.a.O. (Fn438), S.15 [Hervorh. hinzugef.].

443 So auch DARBY, Self-Defense in Public International Law: the Doctrine of Pre-emption and Its Discontents, in: BRÖHMER ET AL, FS-Ress (2005), S.30; HOFMANN, a.a.O. (Fn437), S.31f.; O'CONNELL, a.a.O. (Fn437), S.2 in Fn10; REISMAN, Comment to the presentations by Nico Krisch and Carsten Stahn, http://edoc.mpil.de/conference-on-terror/present/reisman.pdf [letzter Abruf: 20. Februar 2004], S.3; STEIN/VON BUTLAR, a.a.O. (Fn435), S.318f., Rn825.

444 Dass es sich dabei wohl um ein "politisches Privileg" - eben ein *Vorrecht* - der USA handeln soll, verdeutlicht die pikante Warnung am Ende der oben zitierten Ausführungen der *National Security Strategy* (bei Fn442): "The United States will not use force in all cases to preempt emerging threats, *nor should nations use preemption as a pretext for aggression*" [Hervorh. hinzugef.]; dies sehen auch BOTHE, Terrorism and the legality of pre-emptive force, Eur J Int'l L 14 (2003) 2, S.237 und MURSWIEK, a.a.O. (Fn416), S.1019. Vgl. ferner O'CONNELL, a.a.O. (Fn437), S.19, die schon vor Veröffentlichung der *National Security Strategy* auf Grund der Äußerungen von US-Präsident BUSH an der Westpoint Academy im Mai 2002 Bedenken erhob, ob sich die USA aus der Ge-

II. Selbstverteidigung - Defensive Aktion - Krieg - Angriff - Gewaltanwendung

Die Begriffe der zweiten Gruppe bezeichnen entweder deskriptiv die Art und Weise der staatlichen Handlung oder indizieren eine Bewertung der durch die Gewaltanwendung entstehenden völkerrechtlichen Situation durch Übertragung feststehender Termini (Selbstverteidigung, Krieg, Angriff, Gewaltanwendung)

1. Selbstverteidigung - Defensive Aktion

Wie schon bei der Besprechung der Begriffe präventiv und antizipatorisch angeklungen, stellt der Begriff Selbstverteidigung eine systematische Nähe zum *reaktiven* Selbstverteidigungsrecht gem. Art.51 CVN her. Es entsteht damit der Eindruck, als sei ein Recht zur *präventiven* Selbstverteidigung lediglich eine Tatbestandsvariante des *bestehenden* Selbstverteidigungsrechts; die Frage nach der Rechtsgrundlage wird damit präjudiziert. Problematisch ist dies jedoch insbesondere bei unechten Dreiecksverhältnissen, da es sich hier um einen Rechtfertigungstatbestand auf Notstands- oder GoA-Basis handeln müsste.[445]

Der Terminus "*defensive Aktion*" sieht sich dagegen, wie sein Gegenteil "*offensive Aktion*",[446] vor allem dem Einwand ausgesetzt, dass die Grenzziehung zwischen offensivem und defensivem Charakter einer Gewaltanwendung in der Realität wie auch in der rechtlichen Bewertung unpraktikabel ist. Die Frage nach dem Zweck einer Handlung beantwortet sich vorrangig durch Heranziehung politischer oder militärischer Absichten. So entsteht vor allem die Gefahr einer nur rhetorischen Subsumtion. Ein gutes Beispiel liefert die Argumentation der KENNEDY-Administration im Rahmen der Kuba-Krise,[447] nach der die amerikanisch kontrollierten Nuklearwaffen in NATO-Staaten defensiven Charakter trügen, die auf Kuba stationierten sowjetischen Mittelstreckenraketen hingegen "offensive weapons" seien. Dazu stellte SCHWARZENBERGER zutreffend fest: "It is as impossible to distinguish between offensive and defensive nuclear missiles and aircrafts as between offensive and defensive walking-sticks."[448]

---

meinschaft gleicher Staaten herauszuheben versuchen. A.A. KUNDE, a.a.O. (Fn414), S.195f., der kein *de jure*, sondern nur ein *de facto* Vorrecht erblickt.

445 Vgl. hierzu bereits supra Erster Teil - 1. Kapitel - A. - II. - 3. , S.18.

446 Vgl. JORASCH, Individuelle und kollektive Selbstverteidigung, NZWehrr 23 (1981), S.208-210; in gleichem Zusammenhang (präventive Gewaltanwendung) aber anderer Zusammensetzung ("*offensive* [...] *Selbsthilfe*") bei VERDROSS/SIMMA, Universelles Völkerrecht (1984), S.288, §470f..

447 Vgl. hierzu sub Dritter Teil - 7. Kapitel - B. - I. - 1. - b. , S.369.

448 SCHWARZENBERGER, The inductive approach to international law (1965), S.170f.; ebenso WRIGHT, The Cuban quarantine, Am J Intl'l L 57 (1963) 3, S.551. KENNEDYs Unterscheidung würdigt SCHWARZENBERGER, ebd., denn auch als ein *bemerkenswertes Kunst-*

2. Krieg - Angriff

Kritiker eines Rechtes zur präventiven Gewaltanwendung verwenden bevorzugt Bezeichnungen, die die Völkerrechtswidrigkeit des in Rede stehenden Rechtsinstituts indizieren sollen. Zuvorderst sind hierbei die Begriffe *Krieg* bzw. *kriegsähnliche Maßnahmen* zu nennen, die mit *Angriffskrieg* sogar noch eine Steigerung der stigmatisierenden Wirkung[449] erhalten. Aber nicht nur aus diesem Grund ist der Terminus im hier untersuchten Zusammenhang inadäquat. Insbesondere entstehen Probleme im Hinblick auf die nicht-staatlichen Konfliktakteure. Krieg als "völkerrechtlicher Gewaltzustand unter Abbruch der diplomatischen Beziehungen"[450] bzw. "a condition between two or more States through their armed forces, for the purpose of overpowering each other and imposing such conditions of peace as the victor pleases"[451] setzt jedenfalls Staaten als Beteiligte voraus.[452] Mithin lässt sich die präventive Gewaltanwendung unter Beteiligung von nicht-staatlichen Akteuren, deren Handlungen keinem Staat zugerechnet werden können, darunter nicht fassen.[453]

Der ebenso zur Beschreibung präventiver Gewaltanwendung gebrauchte Ausdruck *Angriff* hat seine völkerrechtliche Bedeutung vor allem durch Art.51 CVN gewonnen und bezeichnet die tatbestandliche Situation, unter der die reaktive

---

stück einer - der eigenen Auffassung unzuträglichen Aspekte gegenüber ignoranten - Argumentation ("remarkable feat of special pleading").

449 So stellt WOLFRUM, Irak - eine Krise auch für das System der kollektiven Sicherheit (2003), http://www.mpil.de/shared/data/pdf/irak4.pdf [letzter Abruf: 21. Juli 2006], S.7 in anderem Zusammenhang, durchaus aber allgemeingültig fest, dass "[m]it dem Wort Krieg ein Unwerturteil verbunden ist […]".

450 Diese in der deutschsprachigen Lit. verbreitete Formel geht auf VERDROSS/VEROSTA/ZEMANEK, Völkerrecht (1964), S.433 zurück.

451 So OPPENHEIMS Definition, als "often quoted" zitiert in DINSTEIN, a.a.O. (Fn431), S.4, Fn6.

452 Angesichts der dargelegten Definitionen (vgl. bei Fn450f.) wird deutlich, dass "[o]ne element seems common to all definitions of war. […] [I]t is clearly affirmed that war is a *contest between states*" (EAGLETON, An attempt to define war, Int'l Conciliation 291 (6/1933), S.281 [Hervorh. hinzugef.]). Vgl. auch CASSESE, Terrorism is also disrupting some crucial legal categories of international law, Eur J Int'l L 12 (2001) 5, S.993 sowie MENG, War, in: BERNHARDT ET AL, EPIL, Bd.4 (2000), S.1335-1337. A.A. aber wohl BLUMENWITZ, Einsatzmöglichkeiten der Bundeswehr im Kampf gegen den Terrorismus, ZRP 35 (2002) 3, S.104, der nur voraussetzt, dass die Beteiligten *Völkerrechtssubjekte* sind.

453 Zur *völkerrechtlichen Bedeutung* des "*Krieges* gegen den Terror" MÉGRET, "Krieg?" - Völkerrechtssemantik und der Kampf gegen den Terrorismus, KJ 35 (2002) 2, S.157ff.; KOTZUR, "Krieg gegen den Terrorismus" - politische Rhetorik oder neue Konturen des "Kriegsbegriffs" im Völkerrecht?, AVR 40 (2002) 4, S.454ff.; ferner Online-Diskussionsforum der Am Soc'y Int'l L, Terrorist Attacks on the World Trade Center and the Pentagon, http://www.asil.org/insights/insigh77.htm [letzter Abruf: 29. September 2006] sowie CASSESE, ebd. (Fn452).

Selbstverteidigung gerechtfertigt ist. Den insofern eine *rechtswidrige* Handlung bezeichnenden Begriff gleichsam im Rahmen eines Rechtes zur präventiven Gewaltanwendung zur Benennung einer *gerechtfertigten* Handlung heranzuziehen, ist nicht nur paradox[454]; der Ausdruck spielt auch im Rahmen der tatbestandlichen Voraussetzungen des zu untersuchenden Rechtes in seiner bisherigen Bedeutung eine Rolle (*unmittelbar bevorstehender* oder *drohender Angriff*). Eine doppelte Verwendung - als Bezeichnung für Rechtsgrund und Rechtsfolge - würde damit die eingangs bemängelte begriffliche Verwirrung unterstützen; der Begriff soll daher in der Untersuchung nur benutzt werden, soweit er Handlungen beschreibt, die die Qualität eines *bewaffneten Angriffes* i.S.d Art.51 CVN haben.

3. Gewaltanwendung

Der Terminus *Gewaltanwendung* (*use of force*) verzichtet auf normative Implikationen und beschränkt sich auf eine Handlungsbeschreibung. Er entspricht der Terminologie, die in Art.2 Ziff.4 CVN verwendet wird und verdeutlicht damit, dass es sich um eine nach geltendem Völkerrecht *grundsätzlich* verbotene Verhaltensweise handelt, die nur *ausnahmsweise* gerechtfertigt werden kann.

C. Zusammenfassendes Ergebnis zum 3. Kapitel - Definitionen

Es hat sich gezeigt, dass viele zur Bezeichnung des zu untersuchenden Rechtes verwendeten Begriffe Ungenauigkeiten enthalten, unklare systematische Ableitungen unterstellen oder - völkerrechtspolitisch motiviert - über dessen Existenz vorurteilen. Bereits eingangs der Untersuchung wurde daher herausgestellt, dass der Begriff der *präventiven Gewaltanwendung* in der Untersuchung als *Oberbegriff* verwendet werden soll. Hierfür lassen sich drei Argumente anführen. Zum Ersten beinhaltet der Begriff präventiv nur ein Mindestmaß an teleologischer Bindung, nämlich Verhütung einer unerwünschten Entwicklung, womit etwa die Abwehr eines konkreten bewaffneten Angriffes ebenso erfasst wird, wie die allgemeine Terrorismusbekämpfung. Zweitens erfolgt damit keine unmittelbare Bindung an die rechtsbegründende Gefahrenlage; es kommen grundsätzlich sowohl die konkrete als auch die abstrakte Gefahr in Betracht. Schließlich kommt klar zum Ausdruck, dass es sich bei dem untersuchten Recht um eine Ausnahme vom zwingenden Grundsatz des Gewaltverbotes handelt.

Die nachfolgendend definierten Begriffe bezeichnen vor diesem Hintergrund Ausschnitte bzw. Konkretisierungen des allgemeinen Konzepts; soweit dabei

---

454 Der Paradoxie erliegt SLOSS, Forcible arms control: preemptive attacks on nuclear facilities, Chi J Int'l L 4 (2003) 1, S.51f..

tatbestandlich auf den bewaffneten Angriff i.S.d. Art.51 CVN Bezug genommen wird, wird unterstellt, dass das Bedrohungsverhalten entweder von einem Staat ausgeht oder ihm zugerechnet werden kann.

I. Interzipierende Selbstverteidigung

Der von DINSTEIN geprägte Begriff der *interceptive self-defence* bezeichnet das engste Verständnis und stellt genau genommen die Schnittstelle zwischen reaktiver und präventiver Selbstverteidigung dar. Er umfasst nur die Verteidigungshandlungen, die ein Staat nach Beginn eines bewaffneten Angriffes i.S.d. Art.51 CVN, aber noch vor Eintritt des Angriffserfolges unternimmt. Damit ist das Konzept der interzipierenden Selbstverteidigung genau genommen "semipräventiv": es ist reaktiv im Hinblick auf die Angriffs*handlung*, es ist antizipierend präventiv hinsichtlich des Angriffs*erfolges*.

II. Antizipierte Selbstverteidigung

Der Terminus der *antizipierten oder antizipatorischen Selbstverteidigung* bezeichnet das erste tatsächlich präventive Konzept und umfasst die Verteidigungshandlungen, die ein Staat angesichts einer *konkreten Gefahr*[455] eines bewaffneten Angriffes i.S.d. Art.51 CVN vornimmt.

III. Präemptive Selbstverteidigung

Die *präemptive Selbstverteidigung* ist im Hinblick auf die rechtsgrundseitigen Voraussetzungen eines präventiven Selbstverteidigungsrechts das weiteste Verständnis. Es bezeichnet diejenige Gewaltanwendung, die ein Staat bereits angesichts der *abstrakten Gefahr*[456] eines bewaffneten Angriffes i.S.d. Art.51 CVN vornimmt.

IV. Präemptive Gewaltanwendung

Unter *präemptiver Gewaltanwendung* ist schließlich diejenige Gewaltanwendung zu verstehen, die ein Staat in Anbetracht der *abstrakten Gefahr*[457] eines Äquivalents eines bewaffneten Angriffes nicht-staatlicher Urheberschaft auf dem Territorium eines anderen Staates (territorial betroffener Staat) vornimmt.

---

455 Vgl. zu diesem Terminus supra Erster Teil - 2. Kapitel - D. - I. , S.88.
456 Vgl. zu diesem Terminus supra Erster Teil - 2. Kapitel - D. - II. , S.88.
457 Vgl. zu diesem Terminus supra Erster Teil - 2. Kapitel - D. - II. , S.88.

Voraussetzung der präemptiven Gewaltanwendung ist insofern, dass die Zurechnung des Bedrohungsverhaltens des phyischen Urhebers zu dem territorrial betroffenen Staat nicht gelingt *und* der physische Urheber zumindest partielles Völkerrechtssubjekt ist.

ZWEITER TEIL

RECHTSGRUNDLAGE DER PRÄVENTIVEN GEWALTANWENDUNG

Der zweite Teil der Untersuchung widmet sich der Frage, auf welche Rechtsgrundlage sich die präventive Gewaltanwendung konkret stützen lässt.

Hierzu werden in der Diskussion zunächst *vertragsrechtliche* Begründungen in Betracht gezogen, sei es in Form der Weitergeltung prächartialer Vertragsrechtssätze, sei es die Möglichkeit von chartialem Sekundärrecht, sei es durch die analoge Anwendung oder extensive Auslegung von Chartabestimmungen. Daneben stellt eine gewichtige Zahl an Stimmen auf eine - neben der Charta bestehende - *völkergewohnheitsrechtliche* Grundlage ab; auch diese Ansätze variieren von prächartialem fortgeltendem Recht über eine seit Gründung der VN parallel entstandene gewohnheitsrechtliche Grundlage bis hin zur Begründung durch spontanes Gewohnheitsrecht angesichts der jüngsten weltgeschichtlichen Ereignisse. Die Quelle der *allgemeinen Rechtsgrundsätze* spielt schließlich vor allem im Rahmen unechter Dreieckskonstellationen eine Rolle.

Notwendiger Ausgangspunkt der Betrachtung wird daher - eingebettet in eine Darstellung der allgemeinen Entwicklung des völkerrechtlichen Gewaltregelungsregimes - die Erarbeitung derjenigen Konzepte und Rechtsfiguren sein, die *rechtshistorisch zur Begründung präventiver Gewalt* herangezogen wurden und ggf. als neben der Charta fortwirkendes Recht auch gegenwärtig noch als Grundlage eines Rechts zur präventiven Gewaltanwendung dienen könnten (4. Kapitel).

Dabei stellt sich freilich die Frage, ob das durch die Charta normierte Gewaltregelungsregime *ein materiell abschließendes Regime* darstellt (was angesichts ihrer nicht selten behaupteten Eigenschaft als "Verfassung"[458] anzunehmen durchaus nahe läge); denn bejahendenfalls müssten außerchartiale Begründungsansätze ohne weitere Prüfung aus der Untersuchung ausgeschieden werden (5. Kapitel).

Auf den vorgefundenen Ergebnissen aufbauend werden danach die grundsätzlich in Frage kommenden *Begründungsansätze im Detail geprüft* (6. Kapitel).

---

[458] Vgl. supra Einleitung - A. , S.6 m.N. in Fn35.

4. KAPITEL

PRÄVENTIVE GEWALTANWENDUNG IN DER ENTWICKLUNG DES VÖLKERRECHTLICHEN GEWALTREGELUNGSREGIMES

Es gehört zu den anthropologischen Konstanten, dass Menschen zur Durchsetzung ihrer Interessen Zwang gegen denjenigen ausüben, der der Realisation des betroffenen Interesses im Wege steht - oder zumindest zu stehen scheint. Gewalt, das effektivste Zwangsmittel, ist dabei zugleich *immanenter Bestandteil* als auch *Regelungsgegenstand* eines jeden Normsystems: Sie ist Bestandteil, soweit sie in Ermangelung anderweitig motivierter Beachtung einer Norm bzw. dem durch sie geschützten Interesse wenigstens ultima ratio zur Geltung verhelfen soll. Sie ist Regelungsgegenstand, weil jedes Normsystem über die Legalität ihrer Anwendung wenigstens *eine* normative Aussage trifft: Im denkbar einfachsten Fall - der Gleichsetzung von Recht und Gewalt ("Recht des Stärkeren") - sind beide Aspekte deckungsgleich.

In diesem dualistischen Grundverhältnis - Gewalt als Bestandteil und Regelungsgegenstand eines jeden Normsystems - erschöpft sich indes die Konstanz der Beziehung von Recht und Gewalt. Die Ausgestaltung, d.h. *unter welchen konkreten Voraussetzungen* Gewaltanwendung als legaler Konfliktlösungsmechanismus zur Verfügung steht, ist historisch variabel. Nicht zuletzt weil der Untersuchungsgegenstand nicht selten unter Rückgriff auf *prächartiales Recht* begründet wird, ist es daher geboten, die Entwicklung zum Aspekt präventiver Gewalt als Konfliktlösungsmechanismus nachzuzeichnen, um bereits an dieser Stelle Ansatzpunkte für eine Rezeption bzw. Fortgeltung prächartialen Rechts zu ermitteln. Mit Blick auf das Gewaltregelungsregime nach 1945 wird schließlich eine kurze Darstellung der maßgeblichen innerchartialen Normen sowie die Darstellung ausserchartialer Anknüpfungspunkte für ein Recht zur präventiven Gewaltanwendung den rechtshistorischen Hintergrund komplettieren.

A. Die Zeit bis zur Gründung der Vereinten Nationen

I. Der gerechte Krieg ('bellum iustum')

Zuvorderst ist hier die Idee des gerechten Krieges zu nennen; sie lässt sich über die mittelalterliche Moraltheologie bis zur römischen Kriegslehre zurückverfolgen. Im Untersuchungszusammenhang verdient sie besondere Aufmerksamkeit: Zum Einen bildet sie eine, wenn nicht sogar *die entwicklungsgeschichtliche Grundlage* des modernen völkerrechtlichen Gewaltregelungsregimes. Zum Anderen wurde und wird das Konzept des gerechten Krieges auch seit Gründung der Vereinten Nationen *selbst* zur *Begründung* eines Rechts zur präventiven

Gewaltanwendung bemüht.[459] Eine vollständige Darstellung kann freilich nicht geleistet werden. Zur Beurteilung, ob und in welchem Umfang das Konzept im gegenwärtigen Gewaltregelungsregime fortwirkt, soll vielmehr genügen, die wesentlichen Entwicklungsschritte exemplarisch nachzuvollziehen.[460]

1. Antike Wurzeln - Marcus Tullius Cicero

Nach antiker Auffassung war Krieg in erster Linie Mittel zum Erwerb von Ruhm, Macht und Ehre.[461] Die Vielzahl von Kriegen zur Zeit der späten Repu-

---

459 Vgl. in der Lit. etwa Beres, Israel, Iran and preemption: Choosing the least unattractive option under international law, Dick J Int'l L 14 (1996) 2, S.198 bei und in Fn45 (unter Bezugnahme auf von Pufendorf); Biggio, Neutralizing the threat: Reconsidering existing doctrines in the emerging, Case W Res J Int'l L 34 (2002) 1, S.20ff.; De Forrest, Just war theory and the recent U.S. air strikes against Iraq, Across Borders Gonz Int'l L J 1 (1997-1998); Kaplan/Katzenbach, The political foundations of international law (1961), S.214 ("a just war is still a legal one"); Reisman, zit. bei Mrazek, Prohibition of the use of force: Self-defence and self-help in international law, Can YB Int'l L 27 (1989), S.87 bei Fn19. Vgl. aus der Praxis etwa die Stellungnahmen der israelischen Regierung i.R.d. Tamuz-1 Vorfalles (sub. Dritter Teil - 7. Kapitel - B. - III. , S.395ff.), *Press Conference with Prime Minister Begin, I.D.F. Chief of Staff Eitan, I.A.F. Commander Ivri and Director of Military Intelligence Saguy* v. 9. Juni 1981, Israel MFA, Israels Foreign Relations, Selected Documents, http://www.mfa.gov.il/mfa, Menüpunkt: Foreign Relations / Historical Documents [letzter Abruf: 3. Mai 2007], Bd.7 (1981/1982), Dok.28 ("Ours is a just cause [...]") sowie *Israel Cabinet Statement on the Security Council Condemnation* v. 21. Juni 1981, Dok.35 ("Israel, believing in the justice of its cause, will continue to defend with all the means at its disposal, its citizens [...]"). Eine Tendenz zur Reanimierung der Lehre vom bellum iustum beobachten - auch in anderen Bereichen - Bryde und Schreuer in: Schindler/Hailbronner, Die Grenzen des völkerrechtlichen Gewaltverbots, BDGV 26 (1986), S.117, 145 [Diskussionsbeiträge]; Jorasch, Individuelle und kollektive Selbstverteidigung, NZWehrr 23 (1981), S.213; Bruha, Neuer internationaler Terrorismus: Völkerrecht im Wandel?, in: Koch, Terrorismus - Rechtsfragen der äußeren und inneren Sicherheit (2002), S.80ff.. Sehr lesenswert zu den strukturellen Folgen einer Abwägung der (vermeintlich) materiellen Gerechtigkeit mit den konsentierten Zuständigkeits- und Verfahrensregeln des geltenden Völkerrechtsregimes, Hillgruber, Das Verhältnis von Frieden und Gerechtigkeit - völkerrechtlich betrachtet, ZfP 50 (2003) 3, S.245-256.

460 Vgl. weiterführend Berber, Lehrbuch des Völkerrechts, Bd.2 (1969), S.27f.; Dickmann, Friedensrecht und Friedenssicherung (1971), S.91ff., 119ff.; Grewe, Epochen der Völkerrechtsgeschichte (1984), S.131ff., 240ff., 254ff., 496; Kotzsch, The concept of war in contemporary history and international law (1956), S.30ff.; Kunde, Der Präventivkrieg (2007), S.48ff.; Kunz, Bellum justum and bellum legale, Am J Int'l L 45 (1951) 3, S.528ff.; Nussbaum, Just war: A legal concept?, Mich L R 42 (1943) 3, S.453ff.; Schneider, Frieden durch Recht, HB 17 (1999), S.18ff.; von Elbe, The evolution of the concept of just war in international law, Am J Int'l L 33 (1939) 4, S.665ff.; Wehberg, Krieg und Eroberung im Wandel des Völkerrechts (1953), S.11ff.; Ziegler, Völkerrechtsgeschichte (1994), S.26, 60ff., 67, 73, 75, 103f., 131f., 158f., 190, 230f..

461 Vgl. Dickmann, a.a.O. (Fn460), S.90.

blik, zu der der Philosoph und Rechtsgelehrte MARCUS TULLIUS CICERO (106-43) wirkte, verdeutlichen gleichwohl, dass das ungehemmte Streben des einzelnen Feldherrn nach Ruhm und Ehre die Gesellschaft in tiefe Zerrüttung führen musste.[462] In Erkenntnis dessen beschrieb CICERO in seiner Pflichtenlehre *De officiis* und seinem staatstheoretischen Werk *De re publica* als - ethisch - mäßigendes Element einer Kriegstheorie einen Katalog gerechter Kriegsgründe, namentlich die Forderung nach Schadensersatz, die Rückforderung von Eigentum, die Verteidigung von Bundesgenossen, Rache und Strafe sowie die Vertreibung von Feinden und die Sicherung des Reiches.[463] Die kriegerische Auseinandersetzung sollte also keinem Selbstzweck folgen, sie galt CICERO nicht als Konfliktlösungsmittel unter Gleichen. Die Entscheidung einer Auseinandersetzung durch Gewalt war vielmehr subsidiär gegenüber der Entscheidung durch Verhandlung.[464] Wenn es gleichwohl zum Waffengang kam, sollte Krieg stets der Herbeiführung des Friedens dienen.[465] Unabhängig hiervon bedurfte es nach römischem Fetialrecht[466] für den Kriegsbeginn lediglich einer Kriegserklärung,[467] während der Auseinandersetzung galt es, bestimmte Regeln einzuhalten.[468] Während also die von CICERO aufgezählten gerechten Gründe *ethischen* Überlegungen entsprangen, waren die *rechtlichen* Voraussetzungen von Krieg nach römischem Denken rein formeller Natur.[469]

---

462 Vgl. nur CICERO, De officiis ad Marcum filium libri tres, I, 61f., 74-81, mit dt. Übers. abgedr. bei BÜCHNER, Vom rechten Handeln (2001); vgl. hierzu auch VATTEL, Le droit des gens ou principes de la loi naturelle appliqués à la conduite et aux affaires des nations et des souverains (1758), III, iii, 30.

463 CICERO, a.a.O. (Fn462), I, 34, 36, II, 26 sowie DERS., De re publica, III, iii, 35, mit dt. Übers. abgedr. bei BÜCHNER, Der Staat (1993).

464 Vgl. CICERO, a.a.O. (Fn462), I, 34, 77; hierzu auch DICKMANN, a.a.O. (Fn460), S.80.

465 Vgl. CICERO, a.a.O. (Fn462), I, 35, 80.

466 Kurzübersicht bei ZIEGLER, a.a.O. (Fn460), S.51; m.w.N. DICKMANN, a.a.O. (Fn460), S.79ff. bei und in Fn2 und S.96f. bei und in Fn14; ferner AYALA, De jure et officiis bellicis et disciplina militari libri tres (1582), I, abgedr. bei CARNEGIE ENDOWMENT FOR INTERNATIONAL PEACE, Classics of international law, Bd.2-I (1912), engl. Übers. bei BATE, The translation, in: CARNEGIE ENDOWMENT FOR INTERNATIONAL PEACE, Classics of international law, Bd.2-II (1912).

467 Vgl. CICERO, a.a.O. (Fn462), I, 36.

468 Vgl. CICERO, a.a.O. (Fn462), I, 35, 38, 40.

469 Vgl. DICKMANN, a.a.O. (Fn460), S.80; KOTZSCH, a.a.O. (Fn460), S.29f.; NUSSBAUM, a.a.O. (Fn460), S.454; VON ELBE, a.a.O. (Fn460), S.666f. mit zahlreichen Nachweisen in Fn14: Das Priesterkolleg, das i.R.d. Fetialritus über die Rechtmäßigkeit des Krieges und die Abgabe der Kriegserklärung zu entscheiden hatte, prüfte gerade *nicht* die Gerechtigkeit eines Kriegsgrundes (str.).

2. Christianisierung und Moraltheologie

a. AURELIUS AUGUSTINUS

Grundgedanken der Lehre CICEROs wurden ca. 5 Jahrhunderte später von den lateinischen Kirchenvätern - hier vor allem AURELIUS AUGUSTINUS (354-430) - aufgegriffen und für die Bewältigung der christlichen Realität im Römischen Reich nutzbar gemacht. Dabei ging es AUGUSTINUS nicht etwa um die Begründung einer Kriegs*rechts*theorie. Sein Ausgangspunkt war vielmehr der Versuch, den praktischen *religiösen* Problemen der christlichen Bevölkerung des Reichs seelsorglich[470] zu begegnen, namentlich der Vereinbarkeit ihres Glaubens, der seit Kurzem zur Staatsreligion des Römischen Reiches erhoben worden war, mit dem Soldatenberuf.[471] Daneben ging es AUGUSTINUS, der ab 395 als Bischof von Hippo[472] gegen die donatistische und manichäistische Häresie kämpfte und angesichts der Gewalt- und Greueltaten der Donatisten schließlich auch die weltliche Autorität zu Hilfe rief,[473] um die nötigenfalls gewaltsame Sicherung der christlichen Gemeinschaft nach aussen, mithin um eine *religiöse* Rechtfertigung des gewaltsamen Vorgehens gegen Häretiker.[474] Wohl vor allem im Zusammenhang mit Letzterem sind - verstreut über sein Gesamtwerk,[475] insbesondere aber

---

470 Vgl. DICKMANN, a.a.O. (Fn460), S.85f., insb. S.86 nach Fn20.

471 Für die Praxis war diese Frage unzulänglich geklärt: Einerseits wurde von römischen Soldaten christlichen Glaubens nicht gefordert, dass sie ihren Beruf aufgaben, andererseits widersprach Krieg und Töten der christlichen Grundüberzeugung und wurde mit Kirchenbuße belegt, vgl. DICKMANN, a.a.O. (Fn460), S.82ff., S.119f.. Vor *diesem Hintergrund* erklären sich die Ausführungen zum 5. Gebot (Exodus 20,13) bei AUGUSTINUS, De civitate dei libri XXII, I, 21 [dt. Übers. von SCHRÖDER, Des Heiligen Kirchenvaters Aurelius Augustinus zweiundzwanzig Bücher über den Gottesstaat, in: BARDENHEWER/SCHERMANN/WEYMAN, Bibliothek der Kirchenväter, Bd. 1 (1911), S.59]: "Einige Ausnahmen jedoch von dem Verbot, einen Menschen zu töten, hat eben jener göttliche Wille selbst gemacht. Von denen aber abgesehen, die Gott zu töten befiehlt, sei es durch gesetzliche Anordnung, sei es jeweils mit Bezug auf eine bestimmte Person durch ausdrücklichen Befehl (in solchen Fällen tötet nicht der, der dem Befehlenden diesen Dienst schuldet wie ein Schwert dem, der es führt, Hilfe schuldet; daher haben jene, die auf Gottes Geheiß Kriege führten [...] nicht wider das Gebot: 'Du sollst nicht töten' gehandelt [...])". Vgl. hierzu auch KUNZ, a.a.O. (Fn460), S.530; NUSSBAUM, a.a.O. (Fn460), S.455; VON ELBE, a.a.O. (Fn460), S667f..

472 Das heutige Annaba, Tunesien.

473 Vgl. DICKMANN, a.a.O. (Fn460), S.86, 199f.; ESPENBERGER, Aurelius Augustinus, in: BARDENHEWER/SCHERMANN/WEYMAN, Bibliothek der Kirchenväter, Bd. 1 (1911), S.VIIf..

474 Vgl. hierzu etwa Briefe des AUGUSTINUS' an BONIFATIUS aus den Jahren 417/418, Epistulae Nr. CLXXXV, 22-24 und Nr. CLXXXIX, jeweils in engl. Übers. bei PARSONS, Saint Augustine Letters, in: DRESSLER ET AL, The Fathers of the Church, Bd.30/IV (1977), S.141ff., insb. S.163-166 sowie S.266-271; ferner GREWE, a.a.O. (Fn460), S.135 bei Fn11; ESPENBERGER, ebd. (Fn473); KOTZSCH, a.a.O. (Fn460), S.31f..

475 Vgl. DICKMANN, a.a.O. (Fn460), S.85: "Augustinus nahm nun den [antiken, d.h. ciceronischen] Gedanken des 'gerechten Krieges' in seiner Theologie auf, jedoch ohne eine

in *De civitate dei*[476] - AUGUSTINUS' *moraltheologische* Ausführungen zum 'bellum iustum' entstanden. Unübersehbar ist dabei die Gratwanderung, angesichts der praktischen Herausforderungen die pazifistische Grundeinstellung des christlichen Glaubens und im Speziellen das Tötungsverbot zu relativieren, ohne damit zugleich einer allgemeinen Selbsthilfe Vorschub zu leisten.[477] Die insofern erforderliche Begrenzung und Mäßigung boten CICEROs Grundsätze; AUGUSTINUS knüpfte hier insbesondere an den Topos des Friedens als tieferem Kriegsziel[478] an. Als gerechter Grund für einen Krieg galt ihm die *Ahndung vorangegangenen Unrechts*; niedrige Beweggründe wie Rache, Grausamkeit, Vergeltungswut oder Eroberungssucht schieden dagegen ebenso als Kriegsgrund aus, wie sie das Verhalten im Kampf nicht lenken sollten - AUGUSTINUS war sich insofern sehr wohl der Gefahr bewußt, dass allein das Wie des Kampfes, etwa der besonders grausame Umgang mit dem Feind, einen späteren Frieden gefährden konnte.[479] Im Einzelfall - und gleichsam in *präventiver* Zielrichtung - sah AUGUSTINUS Krieg auch als notwendiges Mittel zur Ausdehnung der weltlichen Herrschaft an, denn

> "[n]ur weil es noch schlimmer wäre, wenn Ungerechte über die Gerechteren die Herrschaft erlangten, kann man selbst diese Notwendigkeit [Anm: des Krieges] noch Glück heißen. Aber ohne Zweifel ist es ein größeres Glück, in Eintracht mit einem guten Nachbar zu leben, als durch Krieg einen schlimmen Nachbar zu Paaren zu treiben."[480]

Der gerechte Krieg, den nach AUGUSTINUS neben Gott[481] nur die '*auctoritas*' erklären durfte, war Gott geschuldete Pflicht. Kriegszeit und -lauf hingen von sei-

---

systematische Lehre vom Kriege zu geben. Er kam immer nur beiläufig auf das Thema zu sprechen, so daß wir nicht wissen, ob seine gelegentlichen Bemerkungen das Ganze seiner Aufassungen darstellen."

476 Vollständige dt. Übers. bei SCHRÖDER, a.a.O. (Fn471).

477 Vgl. DICKMANN, a.a.O. (Fn460), S.119.

478 Vgl. etwa AUGUSTINUS, a.a.O. (Fn471), XV, 4; XIX, 11f., 28; hierzu auch DICKMANN, a.a.O. (Fn460), S.86 m.w.N. in Fn20. Zwar konnte es nach AUGUSTINUS' Vorstellung den wahren Frieden - wie auch die wahre Gerechtigkeit - nur in der *civitas dei*, in der Gemeinschaft der von Gott in unvorhersehbarem Ratschluss Auserwählten geben (II, 21; XIX, 11). Gleichwohl war von der irdischen Ordnung, der *civitas terrena*, zur Vorbereitung des göttlichen Staates (XIX, 17, 27) das Streben nach Gerechtigkeit und Frieden zu fordern, es sich andernfalls beim Erdenstaat um nichts als eine "Räuberbande" (IV, 4) handele.

479 Vgl. hierzu - m.w.N. aus AUGUSTINUS' Gesamtwerk - GREWE, a.a.O. (Fn460), S.134f. bei und in Fn8-10.

480 AUGUSTINUS, a.a.O. (Fn471), IV, 15, dt. Übers. von SCHRÖDER, a.a.O. (Fn471), Bd.1, S.207; vgl. auch IV, 3.

481 Der göttliche Befehl zum Krieg ("bellum deo auctore") war in der Tat AUGUSTINUS' "Innovation" und richtete sich gegen die donatistischen Häretiker, vgl. hierzu DICKMANN, a.a.O. (Fn460), S.85 a.E.; GREWE, a.a.O. (Fn460), S.135, 137 sowie oben bei Fn474.

nem Ratschluss ab[482] und der Ausgang des Krieges war nichts weniger als ein Gottesurteil.[483] Nicht zuletzt wegen des göttlichen Bezuges konnte Krieg folglich *stets nur auf einer Seite gerecht* sein - ein Theorem, das noch mehr als ein Jahrtausend gelten sollte.[484] So heißt es bei AUGUSTINUS:

> "Indes, so wendet man ein, der Weise führt ja nur gerechte Kriege. Als wenn er nicht, falls er seines Menschentums nicht vergessen hat, erst recht bedauern müßte, daß für ihn eine Nötigung zu gerechten Kriegen besteht; denn wären sie nicht gerecht, so brauchte er sie ja nicht führen, und der Weise hätte sonach überhaupt keine Kriege. *Denn nur die Ungerechtigkeit der Gegenpartei nötigt dem Weisen gerechte Kriege auf;* [...]"[485]

b. THOMAS VON AQUIN

Die von AUGUSTINUS im Prinzip bereits vollständig, aber noch unsystematisch dargelegte christliche Lehre des gerechten Kriegs erfuhr ihre pointierte, für die Folgezeit wegweisende Systematisierung in der Blüte der Scholastik durch THOMAS VON AQUIN (1225-1274),[486] namentlich in einem seiner Hauptwerke, der *Summa theologica*. Ebenso wie AUGUSTINUS erblickte THOMAS - in *moraltheologischer*, nicht juristischer Betrachtung[487] - im grundsätzlich sündhaften Krieg nur eine vom Glauben gebilligte Ausnahme, die ihrerseits durch das Streben nach einem perfekteren Frieden geprägt sein musste.[488] Als Voraussetzungen des gerechten Krieges fasste THOMAS insofern dreierlei zusammen:[489]

- Zum Ersten bedürfe es einer '*auctoritas principis*', einer zur Kriegführung berechtigten Autorität, die - in expliziter Abgrenzung zur 'personam privatam' - keine Durchsetzung ihrer Rechte bei einer höheren Instanz fordern könne.

---

482 Vgl. AUGUSTINUS, a.a.O. (Fn471), V, 22.

483 Vgl. BOTHE, Friedenssicherung und Kriegsrecht, in: VITZTHUM, Völkerrecht (2007), S.642, Rn3; GREWE, a.a.O. (Fn460), S.132.

484 Vgl. DICKMANN, a.a.O. (Fn460), S.89 a.E..

485 AUGUSTINUS, a.a.O. (Fn471), XIX, 7, dt. Übers. von SCHRÖDER, a.a.O. (Fn471), Bd.3, S.218 [Hervorh. hinzugef.]; vgl. auch XIX, 15, hier in dt. Übers. von SCHRÖDER, a.a.O. (Fn471), Bd.3, S.235: "Denn auch wenn es sich um einen gerechten Krieg handelt, so wird eben auf seiten der Gegenpartei für die Sünde gekämpft".

486 Vgl. DICKMANN, a.a.O. (Fn460), S.88 bei Fn32; GREWE, a.a.O. (Fn460), S.136; ZIEGLER, a.a.O. (Fn460), S.103f., 107;

487 Vgl. WEHBERG, a.a.O. (Fn460), S.13f. m.w.N. in Fn9a, 1.

488 Vgl. THOMAS VON AQUIN, Summa theologica, II/II, 29, 2, mit dt. Übers. abgedr. bei ALBERTUS-MAGNUS-AKADEMIE WALBERBERG, Die deutsche Thomas - Ausgabe, Summa theologica, Bd.17a (1959), S.212-216.

489 Vgl. THOMAS VON AQUIN, a.a.O. (Fn488), II/II, 40, 1; vgl. zusammenfassend auch WEHBERG, a.a.O. (Fn460), S.12f. und DICKMANN, a.a.O. (Fn460), S.120f..

Anders als AUGUSTINUS, der noch eine zentralisierte, namentlich die römische Staatsgewalt vor Augen hatte, verfasste THOMAS die *Summa theologica* (1265-1273) vor dem Hintergrund des Interregnums, das nach eineinhalb Jahrzehnten Dauer bereits zu einer nicht unerheblichen Destabilisierung des Reiches geführt hatte; ohnedies bestand im Spätmittelalter ein fließender Übergang zwischen (privater) Fehde[490] und Krieg. Insofern ist THOMAS' Abgrenzung gegen 'personam privatam' der Versuch, durch Restriktion des Personenkreises dem Fehdewesen zu begegnen.

- Zum Zweiten bedürfe es einer '*iusta causa*', eines gerechten Grundes, wobei sich THOMAS hier explizit auf AUGUSTINUS' weite Formulierung der Ahndung vorangegangenen Unrechts bezog[491] und nur beispielhaft eine Vindikationslage, also die Rückforderung entzogenen Eigentums benannte.

- Zum Dritten bedürfe es der rechten Absicht, die göttliche Friedensordnung wiederherzustellen, der '*intentio bellantium recta*'. Im Vordergrund stand für THOMAS hierbei der Gedanke der Mäßigung in der Art der Kriegführung; diese dürfe nicht zügellosen Motiven wie der Sucht zu schaden, der Grausamkeit, der Gier nach Macht "und was es sonst dergleichen geben mag"[492] folgen. Insofern bezog sich die 'intentio recta' aber nicht auf eine nach außen manifestierte Absicht i.S.e. überschießenden, subjektiven Tatbestandes, sondern war rein religiöse Gewissensfrage.[493]

3. Säkularisierung - Formalisierung - Abstrahierung

Die drei von THOMAS in scholastischer Methodik herausgearbeiteten Voraussetzungen - '*auctoritas principis*', '*iusta causa*', '*intentio recta*' - bildeten die Anknüpfungspunkte für die weitere Entwicklung.[494] Inhaltlich ging es dabei um nichts weniger als die stufenweise Säkularisierung, Abstrahierung und Formalisierung der drei Einzelelemente: Ebenso wie Souveränität als Inhalt und Voraussetzung von Herrschaft das lex aeterna ablöste[495] - was sich nicht zuletzt auf die Bestimmung der '*auctoritas principis*' auswirkte - wurden die normativen Kate-

---

490 Vgl. zum mittelalterlichen Fehderecht DICKMANN, a.a.O. (Fn460), S.98-112; SCHNEIDER, a.a.O. (Fn460), S.15-18.

491 Vgl. THOMAS VON AQUIN, a.a.O. (Fn488), II/II, 40, 1: "Justa bella solent definiri quae ulciscuntur injurias [...]".

492 Vgl. THOMAS VON AQUIN, a.a.O. (Fn488), II/II, 40, 1, dt. Übers. von ALBERTUS-MAGNUS-AKADEMIE WALBERBERG, a.a.O. (Fn488), Bd.17b, S.85.

493 Vgl. auch DICKMANN, a.a.O. (Fn460), S.90 m.w.N. in Fn37 und - zu AUGUSTINUS - S.87.

494 Ebenso HOBE/KIMMINICH, Völkerrecht (2004), S.34.

495 Vgl. supra Erster Teil - 1. Kapitel - B. - I. , S.19ff..

gorien der '*iusta causa*' und der '*intentio recta*' zusehends von ihrem moraltheologischen Gehalt abstrahiert, der gesamte Kriegsbegriff formalisiert.

a. FRANCISCO DE VITORIA

Als Ausgangspunkt für diese Entwicklung werden gemeinhin die Lehren des Spätscholastikers und Theologen FRANCISCO DE VITORIA[496] (1483-1546) genannt,[497] wie er sie - anläßlich der spanischen Eroberungszüge in der Neuen Welt - in seiner Doppelvorlesung *De indis recenter inventis et de jure belli hispanorum in barbaros*[498] niedergelegt hat. VITORIA ging von einer naturrechtlich begründeten, weltumspannenden Völkerrechtsgemeinschaft aus und wies dem Völkerrecht erstmals *zwischenstaatlichen* Charakter zu.[499] Insofern wandte er sich als Erster von der die mittelalterliche Lehre kennzeichnenden Idee einer "universalen, alle Staaten überwölbenden *obersten Autorität*"[500] - namentlich Kaiser und/oder Papst ab - und implizit dem Konzept der Souveränität zu.[501]

Bezogen auf die Lehre vom gerechten Krieg konkretisierte VITORIA das Merkmal der '*auctoritas principis*' dahingehend, dass darunter nur die 'perfecta com-

---

496 Weiterführende Nachweise zur Person bei GREWE, a.a.O. (Fn460), S.173 in Fn19; HADROSSEK, Leben und Werk des Franciscus de Victoria, in: SCHÄTZEL, Die Klassiker des Völkerrechts, Bd.2 (1952), S.XXVIIff.; VON ELBE, a.a.O. (Fn460), S.674 in Fn71.

497 Zur Entwicklung der theologischen Kriegslehre unter den italienischen Postglossatoren (13./14. Jahrhundert), die indes in ihrer Wirkung hinter den spanischen Spätscholastikern zurückblieben und deshalb an dieser Stelle nicht zu vertiefen sind, vgl. nur VON ELBE, a.a.O. (Fn460), S671ff..

498 Mit vollständiger dt. Übers. abgedr. bei SCHÄTZEL, Franciscus de Victoria, De indis recenter inventis et de jure belli hispanorum in barbaros, in: DERS., Die Klassiker des Völkerrechts, Bd.2 (1952); zur Quellenlage - Vitoria hat seine Vorlesungen nicht selbst niedergeschrieben - vgl. HADROSSEK, a.a.O. (Fn496), S.XVff..

499 Vgl. VITORIA, De indis recenter inventis, III, 2: "[Ius] quod naturalis ratio *inter omnes gentes* constituit, vocatur *ius gentium*" [Hervorh. hinzugef.]; hierzu auch DICKMANN, a.a.O. (Fn460), S.121f.; HADROSSEK, a.a.O. (Fn496), S.XX m.N. in Fn27.

500 DICKMANN, a.a.O. (Fn460), S.122 [Hervorh. hinzugef.]; vgl. auch WEHBERG, a.a.O. (Fn460), S.22 ("res publica christiana").

501 Vgl. VITORIA, a.a.O. (499), II, 1 [zum Kaiser], 3 [zum Papst]; hierzu auch DICKMANN, a.a.O. (Fn460), S.122; VON ELBE, a.a.O. (Fn460), S.674 bei Fn72-74; a.A. GREWE, a.a.O. (Fn460), S.175f., der die gelegentliche "Anpreisung" VITORIAS, dieser habe die Völkerrechtsgemeinschaft "ohne Rücksicht auf Geographie, Rasse oder Religion an die Stelle der Christenheit gesetzt", unter Bezugnahme auf dessen "letztlich doch die spanische Kolonialpolitik rechtfertigende Argumentation [d.h. Missionierung]" kritisiert. GREWES Kritik geht indes fehl, weil er vom heutigen Verständnis *souveräner Gleichheit* ausgeht. Dass nach VITORIAS Auffassung die Spanier im Ergebnis doch ein *Recht* hatten, die Neue Welt - gewaltsam - zu missionieren, führt zwar zur *Ungleichheit*, setzt aber andererseits - jeder Rechtssatz wirkt nur in einem Rechtsverhältnis - die Rechtssubjektivität der anderen Seite voraus. Vgl. hierzu auch HADROSSEK, a.a.O. (Fn496), S.XXV ("besondere Weise der Souveränität").

munitas'[502] fallen könne, also das vollendete Gemeinwesen, mit eigenen Gesetzen und eigenen Organen. Die Schlussfolgerung DICKMANNS, insofern sei aber allen "feudalen Zwischengewalten das Recht zur Kriegführung abgesprochen"[503] worden, ist indes unzutreffend: VITORIA sprach nicht nur dem obersten Lehensherrn das Kriegsrecht zu, sondern explizit auch dem Lehensnehmer, soweit sein Gemeinwesen eine 'perfecta communitas' darstellte;[504] und selbst der unvollendeten Gemeinschaft konnte das Kriegsrecht qua Gewohnheit zukommen.[505]

Im Hinblick auf das Merkmal der '*iusta causa*' - Beseitigung vorangegangenen Unrechts[506]- waren die Überlegungen VITORIAS noch umwälzender. Er stellte nicht nur in Widerspruch zu AUGUSTINUS klar, dass ein *präventiver Krieg* in jedem Falle unzulässig sei, denn es fehle am *vorangegangenen* Unrecht.[507] VITORIA legte zugleich den Grundstein für die Zweifelhaftigkeit des Merkmals der 'iusta causa' im Hinblick auf seinen rechtlichen Gehalt: Anläßlich der spanischen Eroberungen beschäftigte sich VITORIA intensiv mit den die Ureinwohner treffenden Kriegsfolgen (Repressalien, Bestrafung, Kriegsbeute, Entschädigung, Tributzahlungen, etc.).[508] In diesem Zusammenhang warf er die Frage des *Verschuldens* auf, müsse sich dieses doch in Art und Reichweite der Kriegsfolgen niederschlagen.[509] Eben dieser Trennung von Unrecht und Schuld entsprang die von VITORIA entwickelten Figur des *auf beiden Seiten gerechten Krieges* ('bellum iustum ex utraque parte'), mit der erstmals das seit AUGUSTINUS geltende Dogma, Krieg könne stets nur auf einer Seite gerecht sein, in Frage gestellt wurde. Denkbar sei dieser Fall nämlich, wenn einer Partei objektiv die 'iusta causa' zur Seite stünde, während sich die andere Partei in unüberwindlicher Unwissenheit ('ignorantia invincibilis') befände und insofern - subjektiv - vom eigenen gerechten Verteidigungskrieg ausgehe.[510]

VITORIA zog aus dieser Beobachtung nicht den Schluss, dass der Krieg tatsächlich auf beiden Seiten gerecht, die Lehre des 'bellum iustum' wegen Paradoxie damit hinfällig sei. Für die *Ebene der Kriegsherren* folgte er noch ganz der moraltheologischen Auffassung, Krieg könne immer nur auf einer Seite gerecht

---

502 VITORIA, De jure belli hispanorum in barbaros, 7, nach SCHÄTZEL, a.a.O. (Fn498), S.126f. als "vollendete Gemeinschaft" zu übersetzen.

503 DICKMANN, a.a.O. (Fn460), S.123.

504 Vgl. VITORIA, a.a.O. (Fn502), 8.

505 Vgl. VITORIA, a.a.O. (Fn502), 9.

506 Vgl. VITORIA, a.a.O. (Fn502), 13.

507 Vgl. VITORIA, ebd. (Fn506): "Sed vindicata esse non potest, ubi non praecesit culpa et iniuria."

508 Vgl. VITORIA, a.a.O. (Fn502), 16-59.

509 Vgl. VITORIA, a.a.O. (Fn502), 14.

510 Vgl. VITORIA, a.a.O. (Fn502), 32; hierzu auch NUSSBAUM, a.a.O. (Fn460), S.459f.; GREWE, a.a.O. (Fn460), S.241f.; ZIEGLER, a.a.O. (Fn460), S.158.

sein;[511] seine Figur des beiderseits gerechten Krieges bezog sich schließlich nur auf die *Untertanen*, deren fehlende oder geringe Schuld sich in Art und Höhe der sie persönlich treffenden Kriegsfolgen niederschlagen sollte.[512]

b. FRANCISCUS SUAREZ

FRANCISCUS SUAREZ[513] (1548-1617) lehnte in *De triplici virtue theologica*[514] die Figur des beiderseits gerechten Krieges ab[515] und fiel insoweit "hinter das [...] von VITORIA Erreichte [...] zurück"[516]. Er versuchte - in Weiterführung des AUGUSTIN'schen Dogmas der nur einseitig möglichen Gerechtigkeit des Krieges - das Problem vielmehr vom forensischen Standpunkt aus zu lösen und schlug ein zivilprozessuales Vorgehen[517] vor: Bei einem Streit um das Eigentum etwa sollte bei gleicher Wahrscheinlichkeit der von den Parteien vorgebrachten Gründe dem Besitzenden die Vermutung der Berechtigung zukommen,[518] bei fehlendem Besitz beider Seiten die Sache geteilt werden.[519] Im Zweifel sollte nach SUAREZ ein selbstgewählter Schiedsrichter bzw. Ratgeber entscheiden, dessen Urteil indes dann nicht abgewartet werden müsse, wenn sich der Kriegsherr - ggf. durch Hinzuziehung eigener Gelehrter - von seinem gerechten Grund überzeugt habe.[520] SUAREZ stellte in diesem Zusammenhang auch klar, dass für die Beurteilung der 'iusta causa' - die seiner Vorstellung ausschließlich aus dem Naturrecht folgen konnte[521] - die Autorität des Papstes als Schiedsrichter jedenfalls außer Acht zu lassen sei.[522] War damit die eigentliche Problematik der 'iusta causa' -

---

511 Vgl. VITORIA, a.a.O. (Fn502), 32, 35. Insgesamt war VITORIAS Betrachtung - wie die seiner Vorgänger - in erster Linie theologischer und nicht rechtlicher Natur, vgl. NUSSBAUM, a.a.O. (Fn460), S.460 m.N. in Fn30.

512 Vgl. exemplarisch VITORIA, a.a.O. (Fn502), 36, 56: Keine Tötung Unschuldiger und Strafe in gerechtem Verhältnis zur Schuld.

513 Weiterführender Nachweis zur Person bei GREWE, a.a.O. (Fn460), S.176 in Fn27; NUSSBAUM, a.a.O. (Fn460), S.461 in Fn35.

514 SUAREZ, *De triplici virtue theologica, Tractatus III, Disputatio XIII. De bello* (1621, postum), auszugsw., in dem hier interessierenden Teil über den Krieg mit dt. Übers. abgedr. bei DE VRIES, Francisco Suarez, Ausgewählte Texte zum Völkerrecht, in: SCHÄTZEL, Die Klassiker des Völkerrechts, Bd.4 (1965), S.114ff..

515 Vgl. SUAREZ, a.a.O. (Fn514), VI, 4; hierzu auch NUSSBAUM, a.a.O. (Fn460), S.462.

516 ZIEGLER, a.a.O. (Fn460), S.164 [Hervorh. hinzugef.].

517 Ebenso NUSSBAUM, a.a.O. (Fn460), S.462 ("'judicial' theory").

518 Vgl. SUAREZ, a.a.O. (Fn514), VI, 3 - eine Regelung, die sich so etwa in §1006 BGB findet.

519 Vgl. SUAREZ, a.a.O. (Fn514), VI, 4.

520 Vgl. SUAREZ, a.a.O. (Fn514), VI, 5f..

521 Vgl. SUAREZ, a.a.O. (Fn514), V, 6.

522 Vgl. SUAREZ, a.a.O. (Fn514), VI, 5: "Est autem quaestio, stando in lege naturali tantum, ut omittamus Papae auctoritatem". Etwas anderes galt lediglich für die Frage der '*auctoritas principis*', soweit der zur Kriegführung entschlossene Fürst dem Papst Untertan war (II, 5-7), vgl. hierzu auch NUSSBAUM, a.a.O. (Fn460), S.463. Irreführend insofern

mangelnde Definition und damit Mißbrauchsanfälligkeit - auch noch nicht gelöst, hatte SUAREZ doch zwei entscheidende Schritte getan. Während nämlich bisher die abschließend ohnedies nur vom Jüngsten Gericht zu beurteilenden Kriterien der 'intentio recta' und der 'iusta causa' als rein religiöse Gewissensfragen vom Fürsten in seinem *forum internum* zu beantworten waren,[523] sollten nun Ratgeber oder Schiedsrichter herangezogen und damit immerhin eine gewisse *rechtliche Publizität* geschaffen werden. Noch wichtiger war SUAREZ' Feststellung, dass es auf einen Schiedsspruch dann nicht ankommen sollte, wenn der Landesherr nach Prüfung durch seine Ratgeber von seinem gerechten Grund überzeugt wäre: Ein klares Bekenntnis zum Konzept der Souveränität.

Die Thesen zu 'iusta causa' flankierte SUAREZ - in explizitem Widerspruch zu VITORIA - mit einer ernormen Beschränkung des Kreises der grundsätzlich zur Erklärung des Krieges[524] berechtigten Autoritäten auf den obersten Lehensherrn:

> "[Ü]berhaupt jeder, der im weltlichen Bereich einen Höheren über sich hat, hat nicht das Recht, ohne dessen Ermächtigung Krieg zu erklären."[525]

Dieser Höhere, der 'supremus princeps', zeichne sich dadurch aus, dass es bei ihm einen Gerichtshof gebe, bei dem alle Prozesse des Machtbereiches endgültig entschieden würden und keine Berufung an ein höheres Gericht möglich sei. Sei Berufung möglich, sei dies das Zeichen abhängiger Regierungsgewalt.[526] Insofern zog SUAREZ - der wie seine Vorgänger Krieg im Kern noch immer moraltheologisch betrachtete[527] - erstmals[528] den konsequenten Schluss aus der thomi-

---

KASTNER, Vom 'gerechten Krieg' zur Ächtung des Krieges, JA 31 (1999) 8/9, S.707, soweit er suggeriert, SUAREZ habe eine *allgemeine*, durch den Papst einzusetzende Schiedsgerichtsbarkeit vorgeschlagen. Einen Überblick über die Entwicklung der Schiedsgerichtsbarkeit - nicht nur im Mittelalter - gibt SCHNEIDER, a.a.O. (Fn460), S.36ff. (das Mittelalter behandelt DIES. ausführlich ab S.39ff.).

523 Vgl. DICKMANN, a.a.O. (Fn460), S.125f.; WEHBERG, a.a.O. (Fn460), S.15, 21.

524 In der Terminologie SUAREZ' "de bello aggressivo" (zum Angriffskrieg); das Recht sich zu verteidigen kam dagegen jedermann, auch dem Privaten zu, vgl. SUAREZ, a.a.O. (Fn514), II, 1.

525 Vgl. SUAREZ, a.a.O. (Fn514), II, 2, dt. Übers. nach DE VRIES, a.a.O. (Fn514), S.127. Ausnahmen sah SUAREZ bei besonderer Eile und Unerreichbarkeit des Lehensherrn vor (II, 3).

526 SUAREZ, a.a.O. (Fn514), II, 4.

527 Vgl. SODER, Franz Suárez und sein Werk, in: SCHÄTZEL, Die Klassiker des Völkerrechts, Bd.4 (1965), S.16 und S.19 bei Fn47.

528 Soweit NUSSBAUM, a.a.O. (Fn460), S.464 vor diesem Hintergrund festzustellen meint, SUAREZ' "discourse does not constitute progress beyond Vitoria's discreet and deeply humane tractate, and may rather be taken as illustrative of the difficulties inherent in any conceptualistic treatment of the subject", ist die Würdigung nicht angemessen.

schen These, all diejenigen, "quia potest ius suum in iudicio superioris prosequi"[529], seien zur Kriegführung nicht berechtigt.

c. Balthazar Ayala

Neben den an den entscheidenden Stellen immer noch religiös argumentierenden Spätscholastikern Vitoria und Suarez ist für das spanische Zeitalter vor allem Balthazar Ayala[530] (1548-1584) zu nennen, der wohl zu den ersten - bezeichnenderweise nicht theologisch ausgebildeten - Gelehrten zählte, die eine *konsequent säkularisierte und formalisierte* Kriegsrechtstheorie verfolgten. Der als Kriegsrichter und Vorsitzender der Militärgerichtsbarkeit im Heer Philips II. in den spanischen Niederlanden tätige Jurist[531] setzte vor dem Hintergrund der gewaltsamen Auseinandersetzung der spanischen Obrigkeit mit aufständischen Niederländern im sog. Achtzigjährigen Krieg von 1568-1648 den Schwerpunkt seiner Betrachtung nicht auf die ethisch-moralische *Gerechtigkeit*, sondern auf die juristische *Rechtmäßigkeit* des Krieges und knüpfte dabei an das *formaljuristische* Rechtsverständnis des römischen Fetialrechts an.[532]

Unter Rechtmäßigkeit verstand Ayala nämlich nichts Anderes als die *formelle Befugnis*, einen Krieg zu führen. Hierfür bedurfte es "auctoritate [et] mandato summi principis"[533], also einer unbeschränkten Herrschaftsstellung. Nur ein solcher Souverän konnte auch *iustus hostis* sein.[534] Krieg im Rechtssinne, mit der Folge der Anwendbarkeit der Regeln über die Kriegsbeute, Gefangene etc., war mithin nur *zwischen Souveränen* denkbar.[535] Die von seinen Vorgängern bemühten, unzählige Male paraphrasierten und im Ergebnis auf ciceronische Nennung zurückgehenden gerechten Gründe verortete Ayala dagegen im Bereich des Billigen, des Guten, der sittlichen Verpflichtung und sprach ihnen konsequenterweise - der Souverän hat keinen höheren Richter über sich - jegliche rechtli-

---

529 Thomas von Aquin, a.a.O. (Fn488), II/II, 40, 1.

530 Weiterführende Nachweise zur Person bei Grewe, a.a.O. (Fn460), S.245 in Fn27.

531 Vgl. Dickmann, a.a.O. (Fn460), S.127.

532 Ebenso Dickmann, a.a.O. (Fn460), S.129; Grewe, a.a.O. (Fn460), S.246.

533 Ayala, De jure et officiis bellicis et disciplina militari libri tres (1582), I, ii, 7, vollständig abgedr. mit engl. Übers. bei Carnegie Endowment for International Peace, a.a.O. (Fn466).

534 Nicht aber Rebellen, vgl. Ayala, a.a.O. (Fn533), I, ii, 14 ("nam aliud est hostis, aliud rebellis").

535 Vgl. Ayala, a.a.O. (Fn533), I, ii, 15 und 34. Insofern weist er in I, ii, 14 - wenn er es im Übrigen terminologisch auch nicht konsequent durchhält - darauf hin, dass die Auseinandersetzung mit Rebellen genaugenommen nicht Krieg zu nennen sei, als vielmehr "executionem iurisdictionis [et] persecutionem rebellium".

che Bedeutung ab.[536] Folgerichtig, wenn auch für seine Konstruktion *juristisch* irrelevant, zog auch AYALA in Betracht, dass der Krieg insofern auf beiden Seiten "gerecht" sein könne - wenngleich er klarstellte, dass dies (noch) nicht der herrschenden Meinung seiner Zeit entsprach.[537]

Die Fokussierung AYALAs auf den *subjektiven Anwendungsbereich des Rechtsverhältnisses Krieg*, förmlich die Definition des Letzteren durch Ersteres[538], ist einerseits avantgardistisch, andererseits - in Anbetracht seines persönlichen und des historischen Hintergrundes - sachlich naheliegend[539]: AYALAs Werk *De jure et officiis bellicis et disciplina militari libri tres* lässt sich entnehmen, dass es ihm in erster Linie um eine rechtliche Begründung für das rigorose Vorgehen gegen die Rebellen ging.[540] Mit der eingeschlagenen formaljuristischen Betrachtung aber war den aufständischen Niederländern schon mangels Kriegsführungsbefugnis jede Rechtstellung genommen, sie waren schlicht Kriminelle. Auf die Diskussion, ob ihre Sache möglicherweise als gerecht hätte beurteilt werden können, konnte es nicht mehr ankommen.[541] Ob AYALA insofern "die für das klassische europäische Völkerrecht gültige Lehre vom Krieg geschaffen [hat]"[542], mag dahinstehen. Jedenfalls hat er zeitgleich mit BODIN[543] die *Rechtssubjektivität souveräner Gemeinwesen* als zentrales Kriterium herausgestellt[544] und damit eine Entwicklung beschrieben, die sich völkerrechtspraktisch wenige Jahre später im Westfälischen Frieden manifestieren sollte.

---

536 Vgl. AYALA, a.a.O. (Fn533), I, ii, 33 a.E.; wie hier DICKMANN, a.a.O. (Fn460), S.128f.; GREWE, a.a.O. (Fn460), S.246; WEHBERG, a.a.O. (Fn460), S.23; ZIEGLER, a.a.O. (Fn460), S.166.

537 Vgl. AYALA, a.a.O. (Fn533), I, ii, 35; tatsächlich scheint die moraltheologische Theorie zumindest zu einem gewissen Maß auch der Praxis entsprochen haben, vgl. mit einzelnen Nachweisen NUSSBAUM, a.a.O. (Fn460), S.461 bei und in Fn33f..

538 Vgl. KOTZSCH, a.a.O. (Fn460), S.37.

539 Ebenso WEHBERG, a.a.O. (Fn460), S.24; NUSSBAUM, a.a.O. (Fn460), S.469 bei Fn71.

540 In dieser Richtung auch GREWE, a.a.O. (Fn460), S.247 ("Thesen von äußerster Grausamkeit oder Perversion") sowie ZIEGLER, a.a.O. (Fn460), S.167: "So hat [AYALAs] Werk […] gewissermaßen ein doppeltes Gesicht."

541 Dass AYALA die Frage des gerechten Grundes auf Seiten der Rebellen indes nicht einmal streife, wie DICKMANN, a.a.O. (Fn460), S.128 und GREWE, a.a.O. (Fn460), S.246 behaupten, ist allerdings unzutreffend: Einerseits führt AYALA, a.a.O. (Fn533), I, ii, 15 aus, Rebellen hätten weder das "belli gerendi ius, quod soli principi competit […], *neque iusta belli causa: cum nulla sit causa rebellandi*" [Hervorh. hinzugef.], womit er lediglich deutlich macht, dass die Rebellion per se kein Kriegsgrund sein könne; andererseits beschäftigt sich AYALA, a.a.O. (Fn533), I, ii, 21-33 ausführlich mit dem Wesen der Rebellion, insb. der Frage, ob sie selbst gerechtfertigt sein kann.

542 So aber DICKMANN, a.a.O. (Fn460), S.129.

543 Vgl. hierzu supra Erster Teil - 1. Kapitel - B. - I. , S.19 in Fn64.

544 Nochmals: AYALA, a.a.O. (Fn533), I, ii, 33 a.E..

d. ALBERICO GENTILI

Die Tendenz, Krieg losgelöst von moraltheologischen Kategorien zu erfassen, trat mit dem beginnenden 17. Jahrhundert immer deutlicher zu Tage.[545] ALBERICO GENTILI[546] (1552-1608) etwa wies in *De iure belli libri tres*[547] wiederholt explizit auf die Notwendigkeit der Trennung von juristischer und theologischer Betrachtung hin.[548] So betonte GENTILI schon am Ende des einleitenden Kapitels über die Definition des Krieges, die hiernach aufgeworfenen Fragen seien "pro officio iurisconsulti nostro" - in unserer Eigenschaft als *Rechtsgelehrte* - zu beantworten.[549] Moraltheologische Erwägungen wies er dagegen zurück: Die Frage etwa, ob der Kriegsherr neben seiner Kriegführungsbefugnis eine 'bona intentio' (in thomischer Terminologie: 'intentio recta') vorweisen müsse, sei allein von den Theologen zu beantworten,[550] die allerdings ihrerseits zur Frage der Rechtmäßigkeit des Krieges zu schweigen hätten: "Silete theologi in munere alieno."[551]

Rechtlich betrachtete GENTILI Krieg - pragmatisch[552] - als 'duellum', als notwendigen, öffentlichen Wettstreit: "Bellum est publicorum armorum iusta contentio".[553] Da nämlich die 'principis' per definitionem keinem höheren Richter unterworfen seien, müsste die Entscheidung eines zwischen ihnen bestehenden Disputes mangels anderer Lösungsmechanismen nun einmal im Waffengang herbeigeführt werden.[554] Krieg galt GENTILI mithin als *rechtlich geordnetes Prozedere zur Konfliktlösung* zwischen souveränen Gemeinwesen.[555] Insofern über-

---

545 Vgl. PHILLIPSON, Introduction, in: CARNEGIE ENDOWMENT FOR INTERNATIONAL PEACE, Classics of International Law, Bd.16-II (1933), S.25a; WEHBERG, a.a.O. (Fn460), S.21f..

546 Weiterführende Nachweise zur Person bei GREWE, a.a.O. (Fn460), S.247f. in Fn34; vgl. auch PHILLIPSON, a.a.O. (Fn545), S.9a ff..

547 GENTILI, De iure belli libri tres (1612), abgedr. bei CARNEGIE ENDOWMENT FOR INTERNATIONAL PEACE, Classics of international law, Bd.16-I (1933). Engl. Übers. bei ROLFE, A translation of the edition of 1612, in: CARNEGIE ENDOWMENT FOR INTERNATIONAL PEACE, Classics of international law, Bd.16-II (1933).

548 Vgl. auch PHILLIPSON, a.a.O. (Fn545), S.33a, 50a; m.w.N. VON ELBE, a.a.O. (Fn460), S.677; WEHBERG, a.a.O. (Fn460), S.22.

549 Vgl. GENTILI, a.a.O. (Fn547), I, 2.

550 Vgl. GENTILI, a.a.O. (Fn547), I, 7.

551 GENTILI, a.a.O. (Fn547), I, 12 a.E., hier im Zusammenhang des Krieges gegen die Türken.

552 Vgl. auch PHILLIPSON, a.a.O. (Fn545), S.40a: "[H]e takes up a position intermediate between that of idealists and that of the uncompromomising partisans of 'Realpolitik' […]" [Hervorh. im Orig. weggelassen].

553 GENTILI, a.a.O. (Fn547), I, 2.

554 Vgl. GENTILI, a.a.O. (Fn547), I, 3, wobei er die gewaltsame Konfliktlösung in Anküpfung an CICERO (vgl. oben bei und in Fn464) gleichwohl als ultima ratio ansah.

555 In Konsequenz dessen konnte nach GENTILI, a.a.O. (Fn547), I, 6 der Kriegsausgang auch keinem Gottesurteil mehr gleichkommen. Vgl. hierzu auch VON ELBE, a.a.O. (Fn460), S.677f..

rascht es nicht, dass er auch den *präventiv*[556] geführten Krieg zur militärischen und wirtschaftlichen Selbsterhaltung[557] als zulässig erachtete.

Aus der Natur des 'duellum' folgte für GENTILI zwingend die rechtliche Gleichheit der Kriegsparteien.[558] Außerordentliches Gewicht legte er dabei auf das 'ius in bello'. Nicht weniger als zwei des drei Bücher umfassenden Werkes *De iure belli libri tres* beschäftigen sich mit dem rechten Verhalten während des Krieges und der auf den Kampf folgenden Besatzungssituation.[559] Schon diese Schwerpunktsetzung macht deutlich, dass es GENTILI in der Tat weniger um die Verhinderung des Krieges an sich, als um die Eindämmung der im Krieg zu Tage tretenden Schrecken ging.[560] Exemplarisch hierfür ist GENTILIS Stellungnahme zum *Dilemma des beiderseits gerechten Krieges*: Es liege in der Natur des Krieges, dass stets beide Seiten den Anspruch erhöben, für die gerechte Sache zu kämpfen. Von den seltenen Fällen der Evidenz abgesehen, könne es der Mensch aber gar nicht beurteilen, wessen Sache gerecht sei, weshalb kaum je die eine oder andere als ungerecht bezeichnet werden könne. Aber selbst im Falle der Evidenz bedeute dies keine Veränderungen des Grundsatzes, dass das Kriegsrecht diskriminierungslos auf beide Seiten anzuwenden sei.[561]

Obgleich GENTILI im Ergebnis ebensowenig wie VITORIA die Konsequenz zog, in der *rechtlichen* Betrachtung von Krieg auf die Kategorie der 'iusta causa' gänzlich zu verzichten - schließlich widmete GENTILI der Diskussion der Kriegsgründe nicht weniger als 18 Kapitel[562] - war mit der *These der diskriminierungslosen Anwendung des 'ius in bello'* ein weiterer Schritt zur Formalisierung des Kriegs getan.

---

556 Vgl. GENTILI, a.a.O. (Fn547), I, 19; vgl. hierzu auch KUNZ, a.a.O. (Fn460), S.531.

557 Vgl. GENTILI, a.a.O. (Fn547), I, 13, 19.

558 Vgl. GENTILI, a.a.O. (Fn547), I, 2.

559 Vgl. GENTILI, a.a.O. (Fn547), II und III. Überblick bei GREWE, a.a.O. (Fn460), S.250-253 und PHILLIPSON, a.a.O. (Fn545), S.38a-46a.

560 Ebenso GREWE, a.a.O. (Fn460), S.253.

561 Vgl. GENTILI, a.a.O. (Fn547), I, 6.

562 Vgl. GENTILI, a.a.O. (Fn547), I, 8-25. Dass sich GENTILI dabei auch solcher Kategorien bedient ("causae divinae"), deren - religiösen! - Ursprung er an anderer Stelle als für die rechtliche Betrachtung irrelevant zurückweist (vgl. oben bei und in Fn548-551), ist mit NUSSBAUM, a.a.O. (Fn460), S.468 als in der Tat verwirrend zu bezeichnen.

e. Hugo Grotius

Ein sehr ähnlicher Ansatz zur Figur des 'bellum iustum ex utraque parte' findet sich in Hugo Grotius' (1583-1645) Hauptwerk *De jure belli ac pacis libri tres*.[563] Grotius differenzierte im Hinblick auf den Begriff 'iustus' nach - naturrechtlich zu betrachtender - *gerechter* Ursache und der - sich nach gewillkürtem Recht ergebenden - *rechtlichen* Wirkung des Krieges.[564] Dabei stellte er zunächst fest, dass Krieg von der causa her beurteilt stets nur auf einer Seite gerecht sein könne. Hier blieb er - trotz ansonsten durchaus säkularer Betrachtung[565] - ganz der moraltheologischen und frühen naturrechtlichen Tradition verhaftet;[566] die Frage, ob der Krieg *präventiv* geführt werden dürfe, verneinte Grotius daher, kam als wahre 'iusta causa' doch nur das *erlittene* und nicht das drohende Unrecht in Betracht.[567] Etwas Anderes gelte aber für den 'effectus', die Rechtswirkung des förmlichen, öffentlichen Krieges.[568] Der 'bello publico' - Grotius' Bezeichnung für die gewaltsame Auseinandersetzung zwischen zwei souveränen Gewalten, die er wie eine Vielzahl seiner Vorgänger über das Vorhandensein des Rechtsprechungsmonopols definierte[569] - setze nur voraus, dass der Krieg in der rechten Form ('ritus'), namentlich von einem souveränen Fürsten gegenüber einem solchen erklärt worden sei. In diesem Sinne - als 'bello publico' - sei ein Krieg *ungeachtet der causa* auf beiden Seiten 'iustus' und zeitige u.a. die Rechtswirkung, sich gegenseitig nach den Regeln des Kampfes schädigen zu dürfen.[570]

---

563 Grotius, De jure belli ac pacis libri tres (1625), dt. Übers. bei Schätzel, Die Klassiker des Völkerrechts, Bd.1 (1950).

564 Vgl. Grotius, a.a.O. (Fn563), II, xxiii, 13: "Iustum enim aliquid dicitur, aut ex causa, aut secundum effectus."

565 Vgl. Grotius, a.a.O. (Fn563), Prolegomena sowie I, i, 10; hierzu auch Nussbaum, a.a.O. (Fn460), S.466.

566 Ebenso von Elbe, a.a.O. (Fn460), S.679 bei Fn110; Blumenwitz, Der Präventivkrieg und das Völkerrecht, Politische Studien 54 (2003) 5, S.22; vgl. hierzu auch supra Zweiter Teil - 4. Kapitel - A. - I. - 2. , S.107 bei Fn484; Grewe, a.a.O. (Fn460), S.255.

567 Vgl. Grotius, a.a.O. (Fn563), II, i, 17, II, xxii, 5; eingehend zu Grotius' Auffassung zum "Präventivkrieg" Blumenwitz, ebd. (Fn566) sowie Kunde, a.a.O. (Fn460), passim, insb. S.57ff. sowie S.63 bei und m.N. in Fn384: "Mit der naturrechtlichen Ablehnung der präventiven Kriegführung stellte sich Grotius gegen den herrschenden Geist seiner Zeit."

568 Vgl. Grotius, a.a.O. (Fn563), II, xxiii, 13;

569 Grotius, a.a.O. (Fn563), I, iii, 1: "Publicum bellum est quod auctore eo geritur qui iuristdictionem habet".

570 Vgl. Grotius, a.a.O. (Fn563), I, iii, 4, II, xvii, 19 sowie III, iv, 3 und 4. Hierzu auch Grewe, a.a.O. (Fn460), S.256, Nussbaum, a.a.O. (Fn460), S.464 und Wehberg, a.a.O. (Fn460), S.24 m.w.N. in Fn9.

f. Emer de Vattel

Für den Bereich der späten naturrechtlich geprägten Völkerrechtslehre soll noch auf Emer de Vattel (1714-1767) hingewiesen werden. Sein Werk *Droit des gens, ou principes de la loi naturelle appliqués à la conduite et aux affaires des nations et des souverains*[571] fand nicht nur großen Zuspruch unter Staatsmännern, Diplomaten und Schiedsrichtern und ist damit als besonders praxisnahe zeitgenössische Darstellung einzuordnen.[572] Vattel setzte in der rechtlichen Betrachtung des Kriegs zudem konsequenter als seine Vorgänger an dem sich etablierenden Konzept der Souveränität[573] und in dessen Zuge der Staatengleichheit[574] an. Für Vattel war Krieg ein rein säkulares Rechtsverhältnis[575], nämlich die ultima ratio[576] zur Durchsetzung eines Rechtsanspruches,[577] wobei das Recht zur Kriegführung nur dem souveränen[578] Staat zukam.[579] Während Vattel hier - hinsichtlich des persönlichen Anwendungsbereiches: '*auctoritas principis*' - lediglich die Restriktionen begrifflich verfeinerte, die vor ihm insbesondere schon Suarez, Ayala und Gentili herausgearbeitet hatten, überwandt er in der rechtlichen Betrachtung als einer der Ersten - allerdings ohne die Lehre vom gerech-

---

571 Vattel, Le droit des gens ou principes de la loi naturelle appliqués à la conduite et aux affaires des nations et des souverains (1758), dt. Übers. bei Euler, Emer de Vattel, Das Völkerrecht oder Grundsätze des Naturrechts in ihrer Anwendung auf das Verhalten und die Angelegenheiten der Staaten und der Staatsoberhäupter, in: Schätzel, Die Klassiker des Völkerrechts, Bd.3 (1959).

572 Vgl. zur Praxisorientierung Vattel, a.a.O. (Fn571), III, iv, 52 a.E. sowie Guggenheim, Emer de Vattel und das Völkerrecht, in: Schätzel, Die Klassiker des Völkerrechts, Bd.3 (1959), S.XVII-XIX, XXVII m.N. in Fn54 sowie XXIXf.; vgl. auch Grewe, a.a.O. (Fn460), S.332; Verdross/Simma, Universelles Völkerrecht (1984), S.9, §12; Ziegler, a.a.O. (Fn460), S.199 sowie Ders., Zur Entwicklung von Kriegsrecht und Kriegsverhütung im Völkerrecht des 19. und frühen 20. Jahrhuhnderts, AVR 42 (2004) 3, S.274.

573 Vgl. Vattel, a.a.O. (Fn571), passim, insb. I, i, 4 sowie III, i, 2 und 4; vgl. hierzu auch Guggenheim, a.a.O. (Fn572), S.XXVf.; Verdross/Simma, a.a.O. (Fn572), S.28, §33.

574 Vgl. Vattel, a.a.O. (Fn571), Préliminaires, 18; II, iii, 36.

575 Besonders deutlich bei Vattel, a.a.O. (Fn571), II, iv, 58f.: Dort führt er zwar aus, dass "[d]ie Religion […] in jeder Hinsicht für die Nation wichtig [ist]." Er betont aber, dass in religiösen Angelegenheiten jeder Staat völlig unabhängig sei und jeder Zwang verboten ist (II, iv, 59).

576 Vgl. Vattel, a.a.O. (Fn571), III, iii, 24 und 37f.; die Subsidiarität des Krieges manifestierte sich nach Vattel in der Kriegserklärung als letzter Aufforderung, den Streit friedlich zu lösen (III, iv, 51ff.).

577 Vgl. Vattel, a.a.O. (Fn571), III, i, 1; vgl. auch Guggenheim, a.a.O. (Fn572), S.XXIX.

578 Vattel, a.a.O. (Fn571), I, i, 4, definierte Souveränität basierend auf den Merkmalen der Selbstregierung, Unabhängigkeit und Völkerrechtsunmittelbarkeit; hierzu Verdross/Simma, ebd. (Fn573).

579 Vgl. Vattel, a.a.O. (Fn571), III, i, 4 und I, iv, 45, vgl. zum Feindesbegriff - in Übereinstimmung mit Gentili und Grotius - III, v, 69; gemeint ist also auch hier nur der *zwischenstaatliche Krieg*.

ten Krieg ausdrücklich aufzugeben - das Paradox des beiderseits gerechten Krieges *auch im Hinblick auf das 'ius ad bellum'*.[580]

Anders als das Gros seiner Vorgänger - eine Ausnahme bildet freilich AYALA, der die gerechten Kriegsgründe im Bereich des Sittlichen verortet hatte[581] - differenzierte VATTEL im Hinblick auf das Kriterium der '*iusta causa*' zwischen rechtlich relevanten Rechtfertigungsgründen ('raison justificatives') und den grundsätzlich unbeachtlichen[582] Motiven ('motifs').[583] Die Rechtfertigungsgründe entwickelte VATTEL aus dem Naturrecht, dem seiner Auffassung nach unabänderlichen und vollkommenen Recht[584]. Im Zentrum dieser zwingenden Rechtsordnung stand zunächst die Verpflichtung jeder Nation gegen sich selbst zur Selbsterhaltung[585] sowie die reziproke Verpflichtung aller Nationen zur Pflege und Beachtung der Rechtsordnung[586]. Beide Pflichten korrespondierten im Außenverhältnis mit subjektiven Rechten, namentlich dem Recht jedes Staates auf Sicherheit[587] und auf Einhaltung der Rechtsordnung.[588] Damit waren zunächst

---

580 Es sei an dieser Steller in Erinnerung gerufen, dass etwa GENTILI und GROTIUS - unter prinzipieller Aufrechterhaltung des AUGUSTIN'schen Dogmas der nur einseitig möglichen Gerechtigkeit - lediglich im Hinblick auf das '*ius in bello*' eine diskriminierungslose Anwendung der Lehre vom gerechten Krieg auf beide Kriegsparteien zugelassen hatten, vgl. hierzu oben bei Fn561 und 570.

581 Vgl. oben bei Fn536ff.

582 Eine Grenze sah VATTEL, a.a.O. (Fn571), III, iii, 31f. freilich dort, wo das Motiv den Rechtfertigungsgrund konterkariert, ihn gleichsam zu einer bloß formalen Hülle, zu einem Vorwand ("prétextes") werden lässt.

583 Vgl. VATTEL, a.a.O. (Fn571), III, iii, 25 sodann 29 a.E., sowie die Aufarbeitung der von seinen Vorgängern paraphrasierten "gerechten Gründe", III, i, 5 [dt. Übers. nach EULER, a.a.O. (Fn571), S.369]: "Der Gegenstand eines Verteidigungskrieges ist einfach, er ist die eigene Verteidigung; der Gegenstand eines Angriffskrieges ist so verschieden, wie es die Angelegenheiten der Nationen sind [...] Man greift eine Nation an, entweder um die Hergabe einer Sache, auf die man Anspruch hat, zu erzwingen, oder um die andere Nation für eine zugefügte Unbill zu bestrafen, oder um einer Unbill vorzubeugen und auf diese Weise eine drohende Gefahr abzuwenden. Ich spreche *noch nicht von der Berechtigung zum Kriege*; [...]. Hier handelt es sich nur darum, *ganz allgemein die verschiedenen Gegenstände eines Krieges* aufzuzeigen, Gegenstände, die legitime Gründe zu liefern vermögen, oder auch nur Vorwände, die zwar ungerecht sind, aber wenigstens einen Anschein von Recht haben" [Hervorh. hinzugef.].

584 Vgl. VATTEL, a.a.O. (Fn571), Préliminaires, 5-8.

585 Vgl. VATTEL, a.a.O. (Fn571), I, ii, 16ff: "obligation de se conserver".

586 Vgl. VATTEL, a.a.O. (Fn571), II, v, 63f.: "obligation de cultiver et d'oberserver la justice". Obgleich VATTEL hier von "justice" spricht, was gemeinhin - so auch in der dt. Übers. von EULER, a.a.O. (Fn571), S.214ff. - mit "Gerechtigkeit" übersetzt wird, meint VATTEL damit vor allem die *Einhaltung der natürlichen Rechtsordnung* (oben bei Fn584) und nicht etwa einer metarechtlichen, moralischen Gerechtigkeit. Dies wird besonderes deutlich in II, v, 64, wo er die Beachtung der Gerechtigkeit mit der Achtung der Rechte gleichsetzt.

587 Vgl. VATTEL, a.a.O. (Fn571), II, iv, 49: "droit de Sûreté".

die *Rechtsgüter* beschrieben, die nach VATTEL'schem Verständnis als vollkommene Rechte - notfalls gewaltsam - wehrfähig[589] waren. Als *eigentlicher Rechtstitel*, der auch zur *präventiven*[590] Gewaltanwendung berechtigte, diente ihm das aus den geschützten Rechtsgütern abgeleitete *Recht auf Gegenwehr/Verteidigung*[591] und "le droit, de se faire rendre la justice par la force" [592], was bei korrektem Verständnis des VATTEL'schen Begriffes der "justice"[593] als Recht eines durch einen Rechtsbruch betroffenen Staates zu verstehen ist, die Einhaltung der Rechtsordnung *insoweit* zu erzwingen - mit anderen Worten: das *Selbsthilferecht*. VATTEL löste damit das '*ius ad bellum*' dogmatisch aus der moraltheologischen Lehre des 'bellum iustum' heraus und definierte es über die eigenständigen Rechtsfiguren der Selbstverteidigung und der Selbsthilfe. Da er dabei anders als seine Vorgänger den Begriff der Souveränität nicht nur zur Bestimmung der 'auctoritas principis' zu Hilfe nahm, sondern - kein Staat darf sich zum Richter über das Verhalten eines anderen aufwerfen[594] - vielmehr auch bei der Beurteilung der '*iusta causa*' (in VATTELs Worten: 'raison justificatives') einbezog, gelangte er schließlich im Hinblick auf das Problem des '*bellum iustum ex utraque parte*' zu folgendem Ergebnis: Zwar könne Krieg nicht auf beiden Seiten *rechtmäßig* sein.[595] Krieg müsse aber solange auf beiden Seiten *als legitim gelten*, solange keine Sachentscheidung gefallen sei, denn in einer "zweifelhaften Sache ist ja noch ungewiss, welche Seite Recht hat." Dass die konsequente Anwendung eines völlig unbeschränkten Souveränitätskonzepts im Ergebnis zum freien Kriegsführungsrecht führen muss, deutet sich in VATTELs anschließender Bemerkung an, dass die Ungewissheit über das Recht "die anderen Nationen [nicht hindert], sich selbst ein Urteil [zu] bilden, damit sie ihr Verhalten entsprechend einrichten und der *Partei beistehen, die ihnen im Recht zu sein scheint.*"[596]

---

588 VATTEL, a.a.O. (Fn571), II, v, 65 formuliert dieses Recht negativ: "droit, de ne pas souffrir l'injustice"; zur richtigen Übersetzung des Begriffes "justice", vgl. oben in Fn586.

589 Vgl. VATTEL, a.a.O. (Fn571), II, iv, 49f. und - hier besonders deutlich - Préliminaires, 17, II, v, 66 sowie III, iii, 26.

590 Vgl. VATTEL, a.a.O. (Fn571), II, iv, 50: "Le plus sûr est de prévenir le mal, [...]" sowie II, v, 68: "fondement de la guerre offensive".

591 Vgl. VATTEL, a.a.O. (Fn571), II, iv, 50 ("droit de résister") und II, v, 67 ("droit de défense").

592 VATTEL, a.a.O. (Fn571), II, v, 68 und - deutlicher - III, iii, 37 [dt. Übers. nach EULER, a.a.O. (Fn571), S.385]: "Zwei Dinge sind also notwendig, um ihn [den Angriffskrieg] gerecht erscheinen zu lassen: 1. Ein zur Geltendmachung geeignetes Recht, d.h. man muss berechtigt sein, etwas von einer Nation zu verlangen ["un droit à faire valoire"]. [2. ultima ratio]".

593 Vgl. oben in Fn586.

594 Vgl. VATTEL, a.a.O. (Fn571), II, iv, 55.

595 Vgl. VATTEL, a.a.O. (Fn571), III, iii, 39.

596 VATTEL, a.a.O. (Fn571), III, iii, 40, dt. Übers. nach EULER, a.a.O. (Fn571), S.386, [Hervorh. hinzugef.]. Vgl. auch - explizit zur neutralitätsrechtlichen Wirkung - III, vii, 106

4. Positivismus

Der sich bereits seit dem 18. Jahrundert abzeichnende *Positivismus*[597] hat die Frage der 'iusta causa' kaum noch problematisiert.[598] Die frühen Positivisten - hier sei exemplarisch SAMUEL RACHEL (1628-1691) und sein Werk *De jure naturae et gentium dissertationes*[599] genannt - beschäftigten sich zwar noch mit dem Kollisionsfall zwischen Naturrecht und positivem Recht. So meinte RACHEL, es sei zwar vom Standpunkt des 'ius naturale' eine 'iusta causa' erforderlich;[600] dem 'ius gentium' genüge jedoch, dass der Souverän den Krieg erklärt.[601] Dabei sei im Zweifel nur das 'ius gentium' maßgebend, wie sich in der Praxis zeige.[602] Aber schon JOHANN JAKOB MOSER - der wie VATTEL wegen der Ableitung des Völkerrechts aus Verträgen und Gewohnheiten seiner Zeit als besonders praxisnah einzustufen ist[603] - erklärte 1752:[604]

> "[§ 52] Fragt man nun: Ob es auch möglich seye, zu bestimmen: Was für *Ursachen nach dem Völcker-Recht* zu einem Krieg hinlänglich seyen? muß man nothwendig mit nein antworten, 1. weil meistens darüber gestritten wird, welches die wahre Ursachen seyen, warum man die Waffen ergriffen habe. 2. weil der Gegentheil die angegebene Ursachen nie für gerecht und hinlänglich erkennet, und 3. weil kein Richter ist, der es entscheiden kan.
>
> [§ 53] Wollte man aber nach denen [ö]*ffentlich angegebenen* Ursachen derer vorhin berührten Kriege[605] urtheilen, bekäme man fast so

---

sowie GUGGENHEIM, a.a.O. (Fn572), S.XXIXf., GREWE, a.a.O. (Fn460), S.433ff., 623 und ZIEGLER, a.a.O. (Fn460), 231.

597 Vgl. BERBER, a.a.O. (Fn460), S.30; zum bestimmenden Völkerrechtsverständnis wird der Positivismus im 19. Jahrhundert: ZIEGLER, Zur Entwicklung von Kriegsrecht und Kriegsverhütung im Völkerrecht des 19. und frühen 20. Jahrhunderts, AVR 42 (2004) 3, S.274; GREWE, a.a.O. (Fn460), S.591ff..

598 Vgl. m.w.N. GREWE, a.a.O. (Fn460), S.623; NUSSBAUM, a.a.O. (Fn460), S.471f..

599 RACHEL, De jure naturae et gentium dissertationes (1676), abgedr. bei CARNEGIE ENDOWMENT FOR INTERNATIONAL PEACE, Classics of international law, Bd.5-I (1916). Engl. Übers. bei BATE, The translation, in: CARNEGIE ENDOWMENT FOR INTERNATIONAL PEACE, Classics of international law, Bd.5-II (1916).

600 Vgl. RACHEL, a.a.O. (Fn599), Dissertatio altera, XL-XLIII.

601 Vgl. RACHEL, a.a.O. (Fn599), Dissertatio altera, XLIV-XLV.

602 Vgl. RACHEL, a.a.O. (Fn599), Dissertatio altera, XCIV-XCVII mit Praxisbetrachtung in XCVIIIff.; zur Rechtsnatur des ius gentium aus RACHELs Sicht, IVff.; hierzu auch NUSSBAUM, a.a.O. (Fn460), S.467 und BERBER, a.a.O. (Fn460), S.31.

603 Vgl. ZIEGLER, a.a.O. (Fn460), S.201.

604 MOSER, Grund-Säze des Europäischen Völcker-Rechts in Kriegs-Zeiten (1752).

605 Gemeint sind die in MOSER, a.a.O. (Fn604), II, ii, 8-51 behandelten Kriegsfälle, die der Praxis zwischen 1648 und 1752 entnommen sind (vgl. II, ii, 7).

viele gute und schlechte Kriegs Ursachen, als Tage in dem Jahr seynd: Ich will dahero hier nur einiger derselben gedencken."[606]

Nach Aufzählung von 15 in praxi "öffentlich angegebenen" Gründe bemerkt MOSER abschließend lapidar: "Wer noch mehrere wissen will, lese die Kriegs-Manifeste dieser Zeiten selbst."[607] MOSER dokumentierte damit die eingetretene *rechtliche* Bedeutungslosigkeit der 'iusta causa'.[608]

5. Zusammenfassung

Die Idee des gerechten Krieges war in ihren antiken Wurzeln eine rein *ethische*; zur Abmilderung der Kriegsfolgen beschrieb CICERO einen außerrechtlichen Kanon gerechter Kriegsgründe, definierte den Frieden als Kriegsziel und den Krieg wenn nicht gar als ultima ratio, so doch zumindest als subsidiäres Konfliktlösungsmittel. Die frühchristlichen Moraltheologen rezipierten zahlreiche dieser Grundsätze, um Widersprüche zwischen dem religiös prädeterminierten Pazifismus - "Krieg ist Sünde" - und der Staatsraison - Krieg als Mittel zur Selbsterhaltung - zu lösen. In der Scholastik wurde die Idee erstmals tatbestandsähnlich gefasst. Die drei Hauptkriterien - '*auctoritas principis*', '*iusta causa*' und '*intentio recta*' - welche das *Wer*, *Warum* und *Wie* eines gottgerechten Krieges beschrieben, bildeten die Grundlage für die beginnenden, spezifisch *völkerrechtlichen* Rezeptionsbemühungen. Die *theologische Betrachtung* des Krieges dominierte freilich noch bis in die spanische Spätscholastik. Während allerdings die frühe Kirchenlehre unmittelbar nur das Subordinationsverhältnis des Menschen zu Gott betraf - sodass die zwischenmenschliche Wirkung der Lehre vom 'bellum iustum', Kriegsverhütung bzw. Eindämmung von Kriegsfolgen, tatsächlich nur Reflex der metaphysischen Beziehung des Menschen zu Gott war - begann mit VITORIA eine *Säkularisierungsphase*, die im weiteren Verlauf zur Ausbildung eines spezifisch zwischenstaatlichen, des klassischen Völkerrechts führte. Seit Beginn des spanischen bis gegen Ende des französischen Zeitalters (ca.1500-1800) lassen sich dabei konkrete Entwicklungen benennen, die deutlich machen, dass der Versuch, die moraltheologisch - d.h. *religiös* - determinierten "Tatbestandsmerkmale" im Rahmen des - in status nascendi befindlichen - 'ius inter gentes' zu rezipieren, zu nichts Anderem als zur Auflösung der Lehre vom gerechten Krieg führten.

Grundlegend war zunächst die *Abwendung vom Gedanken der unter päpstlicher bzw. kaiserlicher Oberhoheit stehenden Weltordnung* ('res publica christiana')

---

606 MOSER, a.a.O. (Fn604), II, ii, 52-53 [Hervorh. hinzugef.].

607 Vgl. MOSER, a.a.O. (Fn604), II, ii, 69.

608 Vgl. ferner die gleichlautenden Positionen BLUNTSCHLIS und HEFFTERS bei TALMON, Grenzen der "Grenzenlosen Gerechtigkeit", in: MÄRZ, FS-Vitzthum (2003), S.128 bei und in Fn95.

und Hinwendung zum Konzept der Zwischenstaatlichkeit und des hier bestimmenden Merkmals der Souveränität. Für die Lehre des 'bellum iustum' hatte dies zunächst Auswirkungen auf den Kreis der zur Kriegführung Berechtigten, wobei in erster Linie die Abgrenzung des Kriegsrechts "nach unten", nämlich gegen das Fehderecht im Vordergrund stand.[609] Die fortdauernden Definitionsbemühungen hinsichtlich der 'auctoritas principis' - die im Ergebnis das Kriterium der *obersten Jurisdiktion* hervorgebracht hatten - führten aber zwangsläufig zu einem Konflikt mit dem zweiten "Tatbestandsmerkmal", der 'iusta causa'. War zuvor das Subordinationsverhältnis Mensch-Gott maßgebend - entsprechend die Beurteilung der Gerechtigkeit zunächst dem forum internum des Kriegsherrn als religiöse Gewissensfrage, im Übrigen und abschließend dem Jüngsten Gericht überlassen - trat an dessen Stelle das Gleichordnungsverhältnis der Staaten und damit, verstärkt durch die Emanzipation vom kirchlichen/päpstlichen Wahrheitsanspruch, die *Frage des "Quis judicabit?"*[610].

Dieser Konflikt manifestierte sich in der auf VITORIA zurückgehenden Figur des auf beiden Seiten gerechten Krieges ('bellum iustum ex utraque parte'). Da sich diese Figur in ihrem Ursprung freilich nicht auf das 'ius ad bellum', sondern die Art der Kriegführung und die Kriegsfolgen bezog, ließ sich das in ihr angelegte Paradoxon noch im Einklang mit der moraltheologischen Lehre auflösen; denn schon nach der Kirchenlehre galt es im Sinne der 'intentio recta', die übermäßige Schädigung des Feindes zu unterlassen. Entsprechend bildete sich - ungeachtet der Gerechtigkeit des Ob des Krieges - zunächst der Grundsatz heraus, dass die Regeln des Wie der Kriegführung diskriminierungslos auf beide Seiten anzuwenden seien. Die Entwicklung im Bereich des 'ius in bello' ("Hegung des Krieges"[611]) wirkte aber auf die Frage des 'ius ad bellum' zurück: Wie sich exemplarisch bei AYALA, später auch bei GENTILI und GROTIUS gezeigt hat, sollte nur der auf die römische Rechtstradition zurückgehende 'iustus hostis' in den Genuss des 'ius in bello' kommen. Als Kennzeichen des rechten Feindes galt die grundsätzliche Rechtsgleichheit (einen Krieg zu beginnen), was sich lückenlos in das in Entwicklung befindliche Paradigma der Souveränität und damit das Problem des "Quis iudicabit?" einfügte. Nicht zuletzt wegen der in praxi fortschreitenden Konsolidierung der Nationalstaaten - ihrerseits Grund und Katalysator für die Etablierung des Prinzips Souveränität - sowie der unbeantworteten Frage, welche Instanz über die Gerechtigkeit urteilen könnte, wurde Krieg unter Aufgabe der moraltheologischen Bewertung (Sünde) zusehends pragmatisch als bloßer Konfliktlösungsmechanismus ('duellum', 'bello publico') unter Gleichen angesehen. Dessen materielle Rahmenbedingungen wurden unter Rückbesinnung auf das formalisierte römische Kriegsrecht entwickelt, das sich seinerseits - unter

---

609 Vgl. hierzu nur DICKMANN, a.a.O. (Fn460), S.101ff..

610 Vgl. DICKMANN, a.a.O. (Fn460), S.124; GREWE, a.a.O. (Fn460), S.240; KUNZ, a.a.O. (Fn460), S.531.

611 Vgl. hierzu schon supra Erster Teil - 2. Kapitel - A. - I. - 2. , S.65.

normativen Gesichtspunkten - ohne Weiteres mit dem Souveränitätskonzept in Einklang bringen ließ. So bestand seit AYALA - in der Lehre[612] - für geraume Zeit Einigkeit, dass Krieg unter letztmaliger Aufforderung des Feindes zur Wiedergutmachung ('rerum repetitio') erklärt werden musste.

Der letzte - und entscheidende - Schritt war die konsequente Anwendung des Konzeptes der Souveränität auf das "Tatbestandsmerkmal" der 'iusta causa'[613]: Wenn kein Staat berechtigt ist, sich zum Richter über das Verhalten eines anderen aufzuschwingen, entbehrt das *normative* Merkmal des gerechten Grundes eines Sinnes. VATTEL abstrahierte daher die 'iusta causa' vom *gerechten* zum *Rechtsgrund* ('raison justificative'), den er in zwei eigenständigen, aus dem Naturrecht abgeleiteten Rechten erblickte: dem *Selbstverteidigungs-* und dem *Selbsthilferecht*. Im Hinblick auf das Vorliegen der tatbestandlichen Voraussetzungen unterliegen diese Rechte aber ebenso der autonomen Beurteilung des jeweilig Aktivlegitimation beanspruchenden Staates, wie das Recht des Neutralen, ob er die eine oder andere Seite unterstützt. War damit der Staat Richter in eigener Sache, so war auch die Frage des "Quis judicabit?" - "souveränitätsverträglich" - gelöst.

6. Zwischenergebnis

Die Begrenzung des Kreises der zur Kriegführung Berechtigten, die Formalisierung des Kriegszustandes und schließlich die Abstrahierung des Rechts zur Kriegführung vom ethisch-moralischen Unwerturteil über den Krieg ("Sünde") hat die moraltheologische Lehre vom gerechten Krieg entkernt. Das subjektive Merkmal der *'intentio recta'* mit seiner mäßigenden Zielrichtung ging im 'ius in bello' auf, das normative Merkmal der '*iusta causa*' mit seiner ohnedies stets zweifelhaft gebliebenen Kasuistik[614] wurde fallengelassen. Übrig und durch das Konzept der Souveränität hinreichend definiert blieb allein das Merkmal für den persönlichen Anwendungsbereich von Krieg: die '*auctoritas principis*' - und als Gegenstück der '*iustus hostis*'.[615] Ob insofern das Konzept des gerechten Krieges

---

612 Die Praxis war dagegen uneinheitlich. In der Zeit von 1600 bis 1800 wurden nicht weniger als 107 Kriege ohne Kriegserklärung begonnen, vgl. WEHBERG, a.a.O. (Fn460), S.22 unter Bezugnahme und m.N. in Fn5 auf MAURICE; vgl. hierzu auch MOSER, a.a.O. (Fn604), II, iii, 15.

613 Vgl. DICKMANN, a.a.O. (Fn460), S.120; GÖHLER, Freies Kriegsführungsrecht und Kriegsschuld (1931), S.5 unter Zitierung von POLITIS: "La souveraineté a tué la théorie du justum bellum"; vgl. auch KUNZ, a.a.O. (Fn460), S.531; KRISCH, Selbstverteidigung und kollektive Sicherheit (2001), S.27.

614 Vgl. PHILLIPSON, a.a.O. (Fn545), S.33a; in dieser Richtung auch BILFINGER, Vollendete Tatsache und Völkerrecht, ZaöRV 15 (1953/1954) 3, S.463f..

615 Vgl. auch DICKMANN, a.a.O. (Fn460), S.131; WEHBERG, a.a.O. (Fn460), S.21; GREWE, a.a.O. (Fn460), S.241.

die *präventive Gewaltanwendung* tatsächlich erlaubte - immerhin sprachen sich etwa VITORIA und GROTIUS dagegen aus - kann dahinstehen; denn eine *rechtliche* Rezeption der religiösen Lehre vom gerechten Krieg hat nicht stattgefunden.[616]

II. Die freie Kriegführung

1. Entwicklung in der Praxis

Das anbrechende 19. Jahrhundert - zugleich Beginn des für die Praxisuntersuchung relevanten Zeitraums - markierte in Lehre und Praxis gleichermaßen die endgültige Abkehr vom Konzept des 'bellum iustum'.[617] Der 'iusta causa' kam nun nur noch *politische* Bedeutung zu: Zwar gaben die Staaten auch noch nach 1800 im Rahmen von Kriegserklärungen - so diese überhaupt noch ausgesprochen wurden[618] - nicht selten eine feierliche Begründung ihres Waffengangs; mehr als propagandistische Bedeutung maßen sie dieser aber nicht einmal mehr selbst bei.[619]

---

616 Vgl. nur BERBER, a.a.O. (Fn460), S.31, KUNDE, a.a.O. (Fn460), S.67 m.w.N. in Fn408, KUNZ, a.a.O. (Fn460), S.529f. bei Fn5f; NUSSBAUM, a.a.O. (Fn460), S.478f. mit zahlreichen Nachweisen auf S.473 in Fn96-109. Im Zuge des Ersten Weltkrieges, insb. durch den die alleinige Kriegsschuld des Deutschen Reiches anerkennenden Art.231 Versailler Vertrag, kam es zu einer Wiedererweckung der Idee vom gerechten Krieg, die sich jedoch - insb. in der Praxis - nicht durchsetzen konnte; hierzu VON ELBE, a.a.O. (Fn460), S.687 m.w.N. Fn169; GÖHLER, a.a.O. (Fn613), S.68f.. Vgl. aber auch den Report der ICISS, *The Responsibility to Protect*, http://www.iciss-ciise.gc.ca/pdf/Commission-Report.pdf [letzter Abruf: 10. September 2007], S.32ff., Ziffer.4.16ff., in dem die charakteristischen Merkmale des gerechten Krieges - "right authority, just cause, right intention" - neben den ebenfalls historisch begründeten Einschränkungen - "last resort, proportional means and reasonable prospects" als Voraussetzungen einer militärischen humanitären Intervention empfohlen werden; hierzu auch LAUBACH/PREUß/SCHMIERER/STOLL, Die Rolle des Völkerrechts in einer globalisierten Welt (2004), S.51ff., die zutreffend darauf hinweisen, dass die "right authority" nur in einer Ermächtigung des Sicherheitsrats bestehen kann.

617 Vgl. BERBER, a.a.O. (Fn460), S.30; BRIERLY/WALDOCK, The law of nations (1963), S.397f..

618 Vgl. zu der Entwicklung der Kriegführung ohne förmliche Kriegserklärung schon oben in Fn612.

619 Vgl. VON ELBE, a.a.O. (Fn460), S.685-687 mit zahlreichen Nachweisen aus der Praxis; ferner BLUMENWITZ, a.a.O. (Fn566), S.23; HOBE/KIMMINICH, a.a.O. (Fn494), S.37 a.E.; KUNDE, a.a.O. (Fn460), S.76; WEHBERG, a.a.O. (Fn460), S.21, 26; ZIEGLER, a.a.O. (Fn597), S.274. Krit. NEUHOLD, Internationale Konflikte - verbotene und erlaubte Mittel ihrer Austragung (1977), S.61 bei Fn22.

So hatte sich in der Praxis des '*ius publicum europaeum*' das Konzept der *freien Kriegführung* herausgebildet.[620] Dass der anglo-amerikanische Rechtskreis in weiten Bereichen der naturrechtlichen Tradition verhaftet blieb und auch den Terminus des "just war" beibehielt,[621] kann nicht darüber hinweg täuschen, dass *substanziell* kein nennenswerter Unterschied zur freien Kriegführung existierte;[622] denn auch nach anglo-amerikanischem Verständnis bestanden über die Souveränität beider Kriegsparteien hinaus keine materielle Anforderungen an das 'ius ad bellum'. Exemplarisch sei auf Art.67 der *Instructions for the Government of Armies of the United States in the field* v. 24. April 1863 - besser bekannt als *Lieber-Code*[623] - hingewiesen, wo es im Rahmen der Regeln über die Behandlung von Kriegsgefangenen heißt:

> "The law of nations allows every sovereign government to make war upon another sovereign state, [...]"[624]

2. Diskussion in der Lehre: Freies Kriegsführungsrecht oder völkerrechtliche Indifferenz?

In der Literatur war freilich streitig, ob es nun tatsächlich das Völkerrecht sei, dass dem einzelnen Staat dieses - unbeschränkte - *Recht* einräume ('*liberum ius ad bellum*') oder ob es sich bei dem "zum Kriege schreiten" um eine "rechtlich überhaupt nicht qualifizierbare Tatsache"[625] handele (*Indifferenztheorie*[626]), die

---

620 Vgl. etwa DELBRÜCK, Structural changes in the international system and its legal order: International law in the era of globalization, SZIER 11 (2001) 1, S.5; HOBE/KIMMINICH, a.a.O. (Fn494), S.37; KRISCH, a.a.O. (Fn613), S.27; GÖHLER, a.a.O. (Fn613), S.8-14, 94 mit zahlreichen zeitgenössischen Nachweisen; GREWE, a.a.O. (Fn460), S.623f.; RANDELZHOFER, Use of force, in: BERNHARDT ET AL, EPIL, Bd.4 (2000), S.1247 mit zeitgenössischem Nachweis; VITZTHUM, Begriff, Geschichte und Quellen des Völkerrechts, in: DERS., Völkerrecht (2007), S.53, Rn104; WEHBERG, a.a.O. (Fn460), S.28 mit zahlreichen Nachweisen in Fn3-8, 1.

621 Vgl. GREWE, a.a.O. (Fn460), S.626, 788f; ZIEGLER, a.a.O. (Fn460), S.230.

622 So GREWE, a.a.O. (Fn460), S.627; KUNDE, a.a.O. (Fn460), S.75f..

623 Abrufbar über die Internetpräsenz des Internationalen Kommittees des Roten Kreuzes, http://www.icrc.org/ihl.nsf/INTRO/110?OpenDocument [letzter Abruf: 18. Mai 2007].

624 Der Lieber-Code darf "weithin als deklaratorische Feststellung der zu jener Zeit von den Staaten als Kriegsrecht und Kriegsbrauch anerkannten Regelungen" angesehen werden, so IPSEN ET AL, Völkerrecht (2004), S.37, §2, Rn58; ebenso ZIEGLER, a.a.O. (Fn597), S.274.

625 GUGGENHEIM, Lehrbuch des Völkerrechts, Bd.2 (1951), S.592.

626 Vgl. hierzu etwa GUGGENHEIM, ebd. (Fn625), m.w.N. in Fn241; BILFINGER, a.a.O. (Fn614), S.463 m.w.N.; FRANZKE, Die militärische Abwehr von Angriffen auf Staatsangehörige im Ausland - insbesondere ihre Zulässigkeit nach der Satzung der Vereinten Nationen, ÖZöR NF 16 (1966) 1-2, S.134 in Fn51; NEUHOLD, a.a.O. (Fn619), S.59 m.N. in Fn16; VON ELBE, a.a.O. (Fn460), S.684; WEHBERG, Gutachten (1952), S.6; DERS., a.a.O. (Fn460), S.27 m.N. in Fn2 unter Bezugnahme auf MCNAIR; WRIGHT, Changes in

bestenfalls - sieht man von der konsequenten Leugnung des Völkerrechts ab - zur Anwendung des 'ius in bello' führe.

Für die vorliegende Untersuchung ist dies durchaus von Relevanz: Der Rückgriff auf ein prächartiales freies Kriegsführungsrecht zur Begründung eines heute bestehenden Rechtes zur präventiven Gewaltanwendung wäre absurd, nähme man an, dass schon die freie Kriegführung keine Rechtssatzqualität genoss.

Für die Indifferenzthese könnte man nun ins Feld führen, dass bereits das "Vorläuferkonzept" des 'bellum iustum' - wie gesehen - in seiner Gesamtheit gerade nicht völkerrechtlich rezipiert wurde und darin zum Ausdruck gekommen sei, dass die Frage des "zum Kriege schreiten" eine ethische, eine moraltheologische, nicht aber eine rechtliche sei. Soweit also im Übergang zur freien Kriegführung lediglich auf die Merkmale des 'iusta causa' und 'intentio recta' verzichtet worden sei, könne nichts Anderes gelten.[627]

Das hier anklingende Argument a majore ad minus greift jedoch nicht. Zwar wurde die mittelalterliche Lehre vom gerechten Krieg in der Tat nicht als kohärenter tatbestandlicher Komplex rezipiert. Die oben skizzierte Entwicklung seit der spanischen Spätscholatik hat indes gezeigt, dass das Merkmal der '*auctoritas principis*' sehr wohl Eingang in die spezifisch *völkerrechtliche* Betrachtung gefunden hat, mehr noch, sie gewissermaßen *der* theoriengeschichtliche Ansatzpunkt für die Ausbildung des Souveränitätsparadigmas und damit des klassischen Völkerrechts überhaupt ist: In diesem Merkmal wurde einerseits die Loslösung von der Idee einer universalen, obersten Autorität über den einzelnen Gemeinwesen abgebildet, gleichsam die Wirkungseinheit - die später Nation und Staat genannt wird - nach oben abgegrenzt.[628] Andererseits diente das Merkmal der Abgrenzung nach unten, namentlich im Hinblick auf die persönlichen Anwendungsbereiche von Krieg und Fehde.[629] Ist aber die so rezipierte

---

the conception of war, Am J Int'l L 18 (1924) 4, S.756 bei Fn5; ZIEGLER, a.a.O. (Fn597), S.275 m.N. in Fn27f. unter Bezugnahme auf den "Völkerrechtsleugner" LASSON. Anklänge einer indifferenten Haltung des Rechts zur Tatsache Krieg gab es allerdings schon viel früher: Bereits AYALA zitierte Stimmen, nach denen das Bemühen, den Krieg in Kategorien des Rechts zu erfassen, als das eines "bei gesunden Sinnen den Wahnsinnigen [Spielenden]" bewertet wird, vgl. DICKMANN, a.a.O. (Fn460), S.127.

627 In diese Richtung BILFINGER, a.a.O. (Fn614), S.465, der es als "tragischen Zug in der Genesis des klassischen Völkerrechts" identifiziert, dass "die moralische Frage der Unterscheidung von *bellum justum* und *injustum* als, nach damaliger Auffassung, Rechtsfrage eine so bedeutsame Rolle gespielt hat; denn gerade durch diese Unterscheidung wurde [...] die Bildung der angeblichen Rechtsthese vom *jus ad bellum* gefördert [...]" [Hervorh. von BILFINGER].

628 Vgl. etwa VITORIA, oben bei und m.N. in Fn501 und SUAREZ, oben bei und m.N. in Fn522.

629 Vgl. grundlegend THOMAS, oben bei Fn490, sowie SUAREZ, oben bei und m.N. in Fn525.

'auctoritas principis' zwingende - persönliche - Voraussetzung, um den Zustand Krieg herbeizuführen, ist das Ob der Kriegführung, wenngleich minimalistisch, so doch *tatbestandlich gefasst*. Mithin handelt es sich bei dem '*liberum ius ad bellum*' um die erste verifizierbare Norm eines rechtlichen Gewaltregelungsregimes im klassischen Völkerrecht.

3. Zwischenergebnis

Da außer Frage steht, dass dieses - sachlich völlig unbeschränkte - Recht zur Gewaltanwendung all jene Tatbestände umfasst, die heute unter den Begriff präventiver Gewaltanwendung diskutiert werden,[630] stellt das 'liberum ius ad bellum' das erste prächartiale subjektive Recht dar, das vorbehaltlich weiterer Erkenntnisse für die dogmatische Herleitung eines Rechts zur präventiven Gewaltanwendung in Betracht kommt.

III. Die Entwicklung des Kriegsverbots

1. Formelle Beschränkungen des freien Kriegsführungsrechts

Die Begrifflichkeit der *freien* Kriegführung darf nicht darüber hinwegtäuschen, dass die Staatenwelt - wie mit veränderlicher Verve seit jeher[631] - auch im Zeitalter des 'liberum ius ad bellum' versuchte, die Gewaltanwendung in den internationalen Beziehungen zu reglementieren. In der Zeit zwischen dem ausgehenden 18. und dem ausgehenden 19. Jahrhundert sind hier insbesondere der Abschluss bi- und multilateralen Schiedsverträge[632] sowie die Bemühungen um die Humanisierung der Kriegführung - namentlich die fortschreitende Kodifikation des 'ius in bello'[633] - zu nennen. Daneben gewann nach dem an Kriegen reichen 19. Jahrhundert zunehmend auch der Abrüstungsgedanke Bedeutung.[634]

---

630 Vgl. nur KUNDE, a.a.O. (Fn460), S.76 m.N in Fn471.

631 Ebenso ZIEGLER, a.a.O. (Fn597), S.285.

632 Zur Renaissance des Schiedsgedankens im 19. Jahrhundert vgl. nur KUNDE, a.a.O. (Fn460), S.89f.; ZIEGLER, a.a.O. (Fn460), S.230 sowie eingehend m.w.N. GREWE, a.a.O. (Fn460), S.606-615.

633 Hier ist neben dem oben bei und in Fn624 genannten *Lieber-Code* zuvorderst die *Konvention über die Verbesserung des Loses der Verwundeten der Streitkräfte im Felde* v. 22. August 1864, abgedr. in FHIG, Bd. 3.1 (1992), S.551 zu nennen. Vgl. hierzu auch NEUHOLD, a.a.O. (Fn619), S.61f. sowie eingehend ZIEGLER, a.a.O. (Fn597), S.275-278. Eine eingehende Darstellung über die Entwicklung des 'ius in bello' gibt VOLK, Die Begrenzung kriegerischer Konflikte durch das moderne Völkerrecht (2005), S.66-86.

634 Einen Überblick über die Abrüstungsbewegung seit 1899 gibt NEUHOLD, a.a.O. (Fn619), S.83ff. m.w.N..

a. Die Haager Friedenskonferenzen

Ließen all diese Ordnungsversuche das freie Kriegsführungsrecht an sich noch unangetastet, zeichnete sich Anfang des 20. Jahrhunderts ein grundlegender Sinneswandel ab. Pazifistisches Gedankengut, das sich auf gesellschaftlicher Ebene bereits seit Beginn des 19. Jahrhunderts etabliert hatte, griff nun auch in der politischen Praxis Raum. Besondere Bedeutung kommt in diesem Zusammenhang den Haager Friedenskonferenzen von 1899 und 1907 zu.[635] Während sich die Ergebnisse der ersten Haager Friedenskonferenz im Hinblick auf eine Beschränkung des 'liberum ius ad bellum' freilich noch in - wenig zwingenden - Absichtserklärungen erschöpften,[636] brachte die zweite Friedenskonferenz tatsächlich erste *rechtliche* Einschränkungen des 'liberum ius ad bellum'. So erkannten die Signatare des *Abkommens über den Beginn der Feindseligkeiten* v. 18. Oktober 1907[637] an, dass "die Feindseligkeiten unter ihnen nicht beginnen dürfen ohne eine vorausgehende unzweideutige Benachrichtigung" (Art.1). Damit erfuhr das freie Kriegsführungsrecht - gerade im Hinblick auf die Erstanwendung von Waffengewalt - eine nicht unerhebliche Einschränkung auf *formeller* Ebene: Musste der Waffengang angekündigt werden, minimierte sich der wegen langer Mobilmachungszeiträume ohnedies nur geringe strategische Überraschungseffekt.

b. Die DRAGO-PORTER-Konvention

Eine weitere formelle Beschränkung des freien Kriegsführungsrechts brachte daneben das *Abkommen, betreffend die Beschränkung der Anwendung von Ge-*

---

635 Vgl. DELBRÜCK, Zur Effektivität völkerrechtlicher Vertragsregime am Ende des 20. Jahrhunderts - Effektivität des UN-Gewaltverbotes, FW 74 (1999) 1/2, S.141; eingehend ZIEGLER, a.a.O. (Fn597), S.285ff..

636 Vgl. insb. das *Abkommen zur friedlichen Erledigung internationaler Streitfälle* v. 29. Juli 1899, abgedr. in FHIG, Bd.3.1 (1992), S.558. Die Signatare erklärten sich zwar einverstanden, zur Verhütung der Anrufung von Gewalt "soweit als möglich" alle ihre Bemühungen aufwenden zu wollen, um die friedliche Erledigung der internationalen Streitfragen zu sichern (Art.1), und verpflichteten sich zu diesem Zwecke, vor dem Waffengang "die guten Dienste oder die Vermittlung einer befreundeten Macht oder mehrerer befreundeter Mächte anzurufen", freilich nur "soweit dies die Umstände gestatten werden" (Art.2). Indes - von der Ausflüchte erlaubenden Formulierung dieser Verpflichtung einmal abgesehen - stellten die Signatare ausdrücklich fest, dass gute Dienste und Vermittlung "ausschließlich die Bedeutung eines Rathes und niemals verbindliche Kraft" haben sollten (Art.6). Nicht einmal sollte die Annahme von guten Diensten oder Vermittlung die allgemeine Kriegsvorbereitung hindern (Art.7). Von einem Gewalt- oder auch nur - begrifflich beschränkten - Kriegsverbot war man 1899 mithin noch weit entfernt, ebenso DELBRÜCK, a.a.O. (Fn635), S.141f.; jeweils m.w.N. KUNDE, a.a.O. (Fn460), S.90f. bei und in Fn16 sowie ZIEGLER, a.a.O. (Fn597), S.275 bei und in Fn31.

637 Abgedr. in FHIG, Bd.3.1 (1992), S.609.

walt bei der Eintreibung von Vertragsschulden[638] v. 26. Januar 1910 - besser bekannt als DRAGO-PORTER-Konvention. Darin verpflichteten sich die Signatare auf die Anwendung von Waffengewalt zur Realisierung von Darlehensforderungen zu verzichten (Art.1 Abs.1), wenn nicht der "Schuldnerstaat ein Anerbieten schiedsgerichtlicher Erledigung ablehnt oder unbeantwortet lässt oder im Falle der Annahme den Abschluss eines Schiedsvertrages vereitelt oder nach dem Schiedsverfahren dem Schiedsspruche nicht nachkommt." (Art.1 Abs.2). Die weitgefasste Ausnahmevorschrift verdeutlicht, dass es sich nicht etwa um ein materielles Kriegsverbot im Zusammenhang mit der Eintreibung von Schulden handelte, sondern um den bloßen Versuch, der friedlichen Streitbeilegung durch Schiedsspruch Vorrang zu verschaffen. Indes sollte der anzustrebende Schiedsspruch nicht verbindlich sein; rechtliche Wirkung zeitigte nur die Vereitelung bzw. fehlende Beachtung desselben durch den Schuldnerstaat, denn in diesem Fall war der Rückgriff auf Waffengewalt wieder erlaubt. Insofern bestand lediglich eine psychologische Bindungswirkung des Schiedsspruches.[639]

c. Die BRYAN-Verträge

Weitere prozedurale Einschränkungen brachten im bilateralen Bereich die im Wesentlichen gleichlautenden *BRYAN-Verträge*[640], die die Vereinigten Staaten in den Jahren 1913/1914 mit zahlreichen Staaten schlossen. Im Kern sahen die Verträge ein *Berichtsverfahren* vor, wonach jede Streitigkeit - soweit nicht bereits durch ein anderes Schiedsabkommen erfasst - beim Ausbleiben einer diplomatischen Lösung zunächst einer permanenten internationalen Kommission zur Untersuchung vorgelegt werden sollte. Der von der Kommission innerhalb eines Jahres zu erarbeitende, nicht bindende Bericht sollte dann Grundlage für die Konfliktlösung sein. Sodann findet sich in den Verträgen folgende Bestimmung:

> "The high contracting parties reserve the right to act independently on the subject matter of the dispute *after the report of the commission shall have been submitted.*"[641]

---

638 Abgedr. in FHIG, Bd.3.1 (1992), S.606.

639 Vgl. zur DRAGO-PORTER-Konvention auch BROWNLIE, International law and the use of force by states (1963), S.225f.; NEUHOLD, a.a.O. (Fn619), S.62; KUNDE, a.a.O. (Fn460), S.91 m.w.N. in Fn21.

640 Die "*Treaties for the Advancement of Peace*" waren Teil des Friedensplans von US-Außenminister BRYAN, vgl. hierzu die kurze Zusammenfassung o.N., Secretary Bryan's peace plan, Am J Int'l L 9 (1951) 1, S.175-177. Abgeschlossen wurden 28 Verträge, ein Teil ist abgedr. in Am J Int'l L 10 (1961) 4, 263.

641 Hier exemplarisch Art.3 Abs.4 *Treaty between Bolivia and the United States for the advancement of peace* v. 22. Januar 1914 [Hervorh. hinzugef.].

Im Hinblick auf das Recht, zum Kriege zu schreiten, war mithin ein Moratorium von zwölf Monaten zu beachten, eine "Abkühlungsperiode", die - psychologisch - auf das Abnehmen der Kriegsbereitschaft der Streitparteien zielte.[642]

d. Die Völkerbundsatzung

Die *Völkerbundsatzung*[643] hat das - von US-Außenminister BRYAN aufgegriffene und letztlich auf das römische Fetialrecht zurückgehende[644] - Prinzip eines Kriegsmoratoriums "für alle Völkerbundmitglieder obligatorisch gemacht"[645]. Die Signatare verpflichteten sich gem. Art.12 Abs.1 S.1 VBS, "[j]ede Streitfrage, die zu einem Bruche führen könnte, entweder der Schiedsgerichtsbarkeit oder der Prüfung durch den Rat zu unterbreiten" und gem. Art.12 Abs.1 S.2 VBS "in keinem Falle vor Ablauf von drei Monaten nach dem Spruch der Schiedsrichter[[646]] *oder* dem Berichte des Rates[[647]] zum Krieg zu schreiten". Die Anrufung des - gem. Art.13 Abs.4 VBS verbindlich urteilenden - Schiedsgerichtes war damit nicht verpflichtend.[648] Die Entscheidung des Rates erlangte nur im Falle der Einstimmigkeit eine dem Schiedsspruch vergleichbare Wirkung (Art.15 Abs.6 VBS); andernfalls hatten die Völkerbundmitglieder gem. Art.15 Abs.7 VBS das Recht, "die Schritte zu tun, die sie zur Wahrung von Recht und Gerechtigkeit[[649]] für nötig erachten".

---

642 Vgl. zur Zielrichtung der BRYAN-Verträge auch BROWNLIE, a.a.O. (Fn639), S.23; DINSTEIN, War, aggression and self-defence (2001), S.74; NEUHOLD, a.a.O. (Fn619), S.63; WEHBERG, a.a.O. (Fn460), S.30.

643 Treaty of Peace between the Allied and Associated Powers and Germany, *the protocol annexed thereto, the agreement respecting the military occupation of the territories of the Rhine, and the treaty between France and Great Britain respecting assistance to France in the event of unprovoked aggression by Germany* [Versailler Vertrag], Part I The Covenant of the League of Nations v. 28. Juni 1919, abgedr. in Am J Int'l 13 (1919) 2, Suppl., S.128; RGBl. 1919-II, S.687. Kommentar zur VBS bei SCHÜCKING/WEHBERG, Die Satzung des Völkerbundes (1924).

644 Vgl. GREWE, a.a.O. (Fn460), S.250 bei Fn40.

645 WEHBERG, a.a.O. (Fn460), S.31; ebenso BROWNLIE, a.a.O. (Fn639), S.56; KUNDE, a.a.O. (Fn460), S.93 m.w.N. in Fn32; NEUHOLD, a.a.O. (Fn619), S.63f..

646 Das Schiedsverfahren regelte Art.13 VBS; daneben trat seit Einrichtung des Ständigen Internationalen Gerichtshofes gem. Art.14 VBS am 15. Februar 1922 die Möglichkeit, diesem die Streitfrage zu unterbreiten; vgl. GÖHLER, a.a.O. (Fn613), S.69; KUNDE, a.a.O. (Fn460), S.93 m.w.N in Fn31.

647 Das Berichtsverfahren regelte Art.15 VBS.

648 Vgl. GÖHLER, a.a.O. (Fn613), S.69 bei Fn96, der in Fn95 unter Bezugnahme auf STRUPP treffend von einem "alternative[n] Obligatorium" spricht; ebenso SCHÜCKING/WEHBERG, a.a.O. (Fn643), Art.12, S.510f..

649 Die - in Art.15 Abs.7 VBS sowie in der Präambel - in Bezug genommene *Gerechtigkeit* stellte indes keine Rückkehr zur Idee des 'bellum iustum' dar, vgl. hierzu WEHBERG, a.a.O. (Fn460), S.33f. sowie - allgemeiner - VON ELBE und GÖHLER, ebd. (Fn616).

Sieht man von den Bestimmungen des Art.13 Abs.4 und Art.15 Abs.6 VBS ab, die - freilich abhängig von der Verfahrenswahl durch die Streitparteien und, im Falle des Berichtsverfahrens, abhängig von der Einstimmigkeit der Ratsmitglieder - *zwei Fälle eines materiellen Kriegsverbots* regelten,[650] sah mithin auch die Völkerbundsatzung lediglich ein prozedurales, ein "Kriegsverbot auf Zeit"[651] vor. Am materiellen Gehalt des 'liberum ius ad bellum' wurde trotz der bezeichneten Ausnahmen nicht ernsthaft gerüttelt; dies galt insbesondere auch für den in präventiver Zielrichtung geführten "Angriffskrieg", der nach Durchlaufen des Prozedere der Art.12ff. VBS unternommen werden konnte.[652]

Die von KUNZ geprägte Formel, das Konzept des 'bellum iustum' sei im Zuge der Gründung des Völkerbundes durch das des bellum legale ersetzt worden,[653] ist für die skizzierte Phase der formellen Beschränkungen des freien Kriegsführungsrechts insoweit überaus zutreffend, als durch Aufstellen eines speziellen Prozedere die *Rechtmäßigkeit des Krieges* als Konfliktlösungsmittel unabhängig vom *Kriegsgrund* geregelt wurde.

2. Materielle Beschränkungen

a. Der BRIAND-KELLOG-Pakt

Einen Meilenstein in der Fortentwicklung des völkerrechtlichen Gewaltregelungsregimes stellte der Abschluss des *General Pact for the Renunciation of War* vom 27. August 1928[654] - der sog. BRIAND-KELLOG-Pakt - dar, dem bis 1939 nahezu die gesamte damalige Staatengemeinschaft beitrat.[655] Der Vertrag steht formell noch immer in Geltung, wenngleich er in Anbetracht der sowohl materiell als auch in Zahl der Signatare weitergehenden Charta der Vereinten

---

650 Die nämlichen Bestimmungen sahen vor, dass gegen kein Völkerbundmitglied, dass sich dem Schiedsspruch (Art.13 Abs.4 VBS) bzw. dem *einstimmig* angenommenen Ratsbericht (Art.15 Abs.6 VBS) fügt, Krieg geführt werden darf. Die Folgerung materieller Kriegsverbote zieht auch NEUHOLD, a.a.O. (Fn619), S.64 bei Fn32; vgl. auch SCHÜCKING/WEHBERG, a.a.O. (Fn643), Art.12, S.512.

651 GÖHLER, a.a.O. (Fn613), S.73.

652 Vgl. DELBRÜCK, a.a.O. (Fn635), S.142; GÖHLER, a.a.O. (Fn613), S.72; KUNDE, a.a.O. (Fn460), S.93 m.w.N. in Fn37; WEHBERG, a.a.O. (Fn460), S.32,

653 KUNZ, a.a.O. (Fn460), S.532.

654 Abgedr. in LNTS 94 (1929), S.57.

655 Bis 1939 hatten 63 Staaten den Vertrag ratifiziert, vgl. die Aufstellung in Am J Int'l L 33 (1939) 4, Suppl., S.865. Von den Mitgliedern des Völkerbundes fehlten lediglich Argentinien, Bolivien, El Salvador und Uruguay, die sich jedoch in dem - an entscheidender Stelle, Art.1 und 2, ähnlich lautenden - *Tratado Antibélico de no Agresión y de Conciliación* [sog. SAAVEDRA-LAMAS-Vertrag] v. 10. Oktober 1933, abgedr. in LNTS 163 (1935/36), S. 393 zum Kriegsverzicht verpflichtet hatten; vgl. hierzu auch BROWNLIE, a.a.O. (Fn639), S.95f.; KUNDE, a.a.O. (Fn460), S.96 bei und in Fn54.

Nationen in der Praxis kaum noch bemüht wird. Für den Untersuchungsgegenstand ist der "Kriegsächtungspakt" allerdings von großer Bedeutung. Gemäß Art.1 waren die Signatare übereingekommen,

> "[...] that they condemn recourse to war for the solution of international controversies, and renounce it as an instrument of national policy in their relations with one another".

b. Umstrittene Verbotsreichweite - Krieg oder Gewalt

Dass hierbei der Terminus *Krieg* verwendet wurde, ist mit Blick auf das Fehlen einer Definition desselben nicht selten kritisiert worden: Allein durch eine den Begriff Krieg meidende Bezeichnung einer gewaltsamen Auseinandersetzung sei es möglich gewesen, das Verbot zu umgehen.[656] Dieser Kritikpunkt kann aber nach einer teleologischen und systematischen Auslegung des Vertrages nicht restlos überzeugen. Soweit es nämlich in Art.2 des Vertrages heißt, dass

> "[t]he high Contracting Parties agree that the settlement or solution of all disputes or conflicts of whatever nature or of whatever origin they may be, which may arise among them, shall never be sought except by pacific means"

ließe sich das - terminologische - "Kriegsverbot" des Art.1 unter Konkretisierung durch Art.2 sogar als allgemeines "Gewaltverbot" verstehen.[657] Eine solche Lesart entspräche auch der für die Charta gängigen Interpretation, wonach der mit Art.1 2.Hs des Paktes inhaltlich vergleichbare Art.2 Ziff.3 CVN das Spiegelbild des Gewaltverbots nach Art.2 Ziff.4 CVN darstellt.[658] Im Ergebnis kann die genaue Verbotsreichweite des BRIAND-KELLOG-Paktes aber dahinstehen. Denn Einigkeit besteht jedenfalls dahingehend, dass Krieg i.S.d. '*liberum ius ad bellum*' nicht mehr erlaubt war.[659]

---

656 Vgl. statt vieler nur KUNDE, a.a.O. (Fn460), S.98; KUNIG, Das völkerrechtliche Gewaltverbot, JURA 29 (1998) 12, S.665; NEUHOLD, a.a.O. (Fn619), S.67.

657 Eben so WRIGHT, The meaning of the Pact of Paris, Am J Int'l L 27 (1933) 1, S.52, 56, 61 und - unter Auswertung der nachfolgenden Staatenpraxis - BROWNLIE, a.a.O. (Fn639), S.87f. u.a. Bezug nehmend auf die Urteile der Internationalen Militärtribunale von Nürnberg und Tokio (S.208f.); wohl auch MRAZEK, a.a.O. (Fn459), S.85 bei Fn9. Vgl. auch WEHBERG, a.a.O. (Fn460), S.49 m.N. der - wie hier vertretenen - Ansicht einiger Völkerbundsdelegierter in Fn8; a.A. etwa FORD, Legal processes of change: Article 2 (4) and the Vienna Convention On The Law Of Treaties, J Arm'd Conf L 4 (1999) 1, S.79 m.w.N. in Fn24.

658 Vgl. hierzu nur m.w.N. TOMUSCHAT, Article 2 (3), in: SIMMA ET AL, Commentary (2002), Bd.1, S.106, Rn14.

659 Vgl. nur HERTZ, Das Problem des völkerrechtlichen Angriffs (1936), S.130; KUNDE, a.a.O. (Fn460), S.96 m.w.N. in Fn56 und S.99 in Fn98; KUNZ, a.a.O. (Fn460), S.532;

Die hieraus folgenden Konsequenzen für den Untersuchungsgegenstand liegen auf der Hand. Soweit Befürworter eines Rechts zur präventiven Gewaltanwendung auf neben der Charta fortbestehendes oder durch die Charta rezipiertes prächartiales Völkergewohnheitsrecht rekurrieren, scheidet jedenfalls diejenige Praxis aus, die sich als *Ausübung des freien Kriegsführungsrechts* darstellt, denn dieses wurde mit dem BRIAND-KELLOG-Pakt derogiert.

c. Umkehrung der Regel-Ausnahme-Systematik

Die Bedeutung des BRIAND-KELLOG-Pakts für die Untersuchung erschöpft sich freilich nicht in der Feststellung, dass das 'liberum ius ad bellum' - und die hierunter zu fassende Staatenpraxis - nicht als "genetischer" Anknüpfungspunkt eines etwa heute bestehenden Rechts zur präventiven Gewaltanwendung in Betracht kommt.

Grundlegend ist der BRIAND-KELLOG-Pakts vor allem deshalb, weil er einen Paradigmenwechsel im völkerrechtlichen Gewaltregelungsregime einläutete. War bisher die zwischenstaatliche Gewaltanwendung *grundsätzlich universell erlaubt* - und nur ausnahmsweise, etwa durch die DRAGO-PORTER-Konvention, Art.13 Abs.4 und Art.15 Abs.6 VBS[660] oder, inter partes, durch Nichtangriffsverträge wie den Locarno-Vertrag[661], durchbrochen - kehrte der Pakt das System um. Zwischenstaatliche Gewaltanwendung - wenigstens soweit sie unter den Begriff Krieg subsumiert wurde - bedurfte nun, um als rechtmäßig zu gelten, zwingend einer *ausnahmsweise eingreifenden Rechtsgrundlage.* Diese scheinbar triviale Feststellung hat weitreichende materielle und prozedurale Folgen: Sie führt zur *Beweislastumkehr*, sie führt zur Anwendbarkeit der Auslegungsregel '*exceptiones sunt strictissimae interpretationis*', sie ist Grundlage für ein *abschließendes Gewaltregelungsregime* - vor allem aber, sie *zwingt* den Rechtsgeber *Erlaubnistatbestände zu fassen.* Die Frage nach der rechtlichen Existenz des Untersuchungsgegenstandes nimmt hier ihren eigentlichen Ursprung.

d. Erlaubnistatbestände nach dem BRIAND-KELLOG-Pakt

Einen Erlaubnistatbestand für unilaterale Gewaltanwendung enthielt der Pakt zwar nicht explizit, ebensowenig er das in Art.1 enthaltene Kriegsverbot explizit

---

NEUHOLD, a.a.O. (Fn619), S.68; WEHBERG, a.a.O. (Fn460), S.66; SVARLIEN, An introduction to the law of nations (1955), S.338; zur Gegenmeinung, die dem BRIAND-KELLOG-Pakt *keinerlei* rechtliche Wirkung beimißt, vgl. nur - zu Recht krit. - WRIGHT, a.a.O. (Fn657), S.39 m.w.N. in Fn1.

660 Vgl. hierzu supra Zweiter Teil - 4. Kapitel - A. - III. - 1. , S.128-132.

661 Zur Bedeutung des Locarno-Vertrages im Untersuchungszusammenhang sub Zweiter Teil - 4. Kapitel - A. - V. - 3. - c. , S.145ff..

- etwa mit Kollektivmaßnahmen - mit Sanktionen bewehrte.[662] Die systematische und genetische Betrachtung verdeutlicht jedoch, dass die Existenz solcher Ausnahmen vorgesehen war.

Systematischer Ansatzpunkt ist hierbei der in der *Präambel* enthaltene Grundsatz, wonach derjenige, der den Vertrag durch Führung eines Krieges bricht, des Schutzes des Vertrages verlustig gehen soll - *inadimplenti non est adimplendum*. Zwar ergibt sich hieraus noch nicht der konkrete Erlaubnistatbestand, sondern lediglich der für das Eingreifen einer Ausnahme erforderliche *Dispens des Kriegsverbotes*, zumindest ist aber damit klargestellt, dass es Situationen gibt, in denen die Regel durchbrochen wird. Welche konkreten Ausnahmen zum Kriegsverbot gemeint waren, verdeutlicht schließlich die *genetische Auslegung*. Erhellend ist ein im Rahmen der Vertragsverhandlungen geführter *Notenwechsel*. Im Mittelpunkt steht dabei die Note der amerikanischen Regierung vom 23. Juni 1928, in der es heißt:

> "(1) *Self-defense*. There is nothing in the American draft of an antiwar treaty which restricts or impairs in any way the right of self-defense. That right is inherent in every sovereign state and is implicit in every treaty. Every nation is free at all times and regardless of treaty provisions to *defend its territory from attack or invasion and it alone is competent to decide whether circumstances require recourse to war in self-defense*. [...] Express recognition by treaty of this inalienable right, however, gives rise to the same difficulty encountered in any effort to define aggression. It is the identical question approached from the other side. Inasmuch as no treaty provision can add to the natural right of self-defense, it is not in the interest of peace that a treaty should stipulate a juristic conception of self-defense since it is far too easy for the unscrupulous to mold events to accord with an agreed definition.
>
> (2) *The League Covenant*. The Covenant imposes no affirmative primary obligation to go to war. The obligation, if any, is secondary and attaches only when deliberately accepted by a state. *Article ten* of the Covenant has, for example, been interpreted by a resolution submitted to the Fourth Assembly but not formally adopted owing to one adverse vote to mean that 'it is for the constitutional authorities of each member to decide, in reference to the obligation of preserving the independence and the integrity of the territory of members, in what degree the member is bound to assure the execution of this obligation by employment of its military forces.' *There is, in my opinion, no necessary inconsistency between the Covenant and the idea of an unqualified renunciation of war*. The Covenant can, it is true, be construed as

662 Was nicht selten Grund zu Kritik gegeben hat, vgl. nur statt vieler NEUHOLD, a.a.O. (Fn619), S.68; WEHBERG, a.a.O. (Fn460), S.48ff..

authorizing war in certain circumstances but it is an authorization and not a positive requirement."[663]

Die Note wurde von sämtlichen ursprünglichen Signataren - insbesondere mit Blick auf die Vereinbarkeit des Selbstverteidigungsrechts mit dem Pakt - begrüßt[664] und ist insofern als Mittel der Auslegung heranzuziehen.[665] Er verdeutlicht, dass die Signatare im Wesentlichen *zwei Ausnahmen vom Kriegsverbot* als bestehend ansahen: Das Selbstverteidigungsrecht gegen einen bewaffneten Angriff und Maßnahmen der kollektiven Friedenssicherung, Art.10 VBS.

IV. Zwischenergebnis

Die Entwicklung des 'ius ad bellum' hat gezeigt, dass der Rückgriff auf das Konzept des '*bellum iustum*' zur Begründung eines gegenwärtig bestehenden Rechts zur präventiven Gewaltanwendung zwangsläufig ins Leere gehen muss. Die Idee vom gerechten Krieg war eine ethische, später eine christlich-moraltheologische und verkam schließlich zu einem Instrument der politischen Propaganda; eine spezifisch völkerrechtliche Bedeutung hat das Konzept nie erlangt.[666] Tatsächlich rechtliche Relevanz entfaltete erstmals das '*liberum ius ad bellum*'. Dabei war in der Zeit des freien Kriegsführungsrechts zweifellos auch jede Form der präventiven Gewaltanwendung zulässig.[667] Als Ansatzpunkt für eine Rezeption bzw. Fortwirkung prächartialen Rechts kommt aber auch dieses subjektive Gewaltrecht nicht in Betracht. Wurde es seit Beginn des 20. Jahrhunderts zunächst auf formeller Seite eingeschränkt, brachte der BRIAND-KELLOG-Pakt und der insofern gleichgerichtete SAAVEDRA-LAMAS-Vertrag[668] das materielle Ende des freien Kriegsführungsrechts.[669]

---

663 *Identic notes of the government of the United States to the governments of Australia, Belgium, Canada, Czechoslovakia, France, Germany, Great Britain, India, The Irish Free State, Italy, Japan, New Zealand, Poland, South Africa* v. 23. Juni 1928, abgedr. in Am J Int'l L 22 (1928) 3, Suppl., S.109ff. [Hervorh. hinzugef.].

664 Vgl. die entsprechenden Antwortnoten, abgedruckt in Am J Int'l L 23 (1929) 1, Suppl., S.1ff.

665 Ebenso GENONI, a.a.O. (Fn620), S.77; WRIGHT, a.a.O. (Fn657), S.43. Dies entspricht der später kodifizierten gewohnheitsrechtlichen Auslegungsregel gem. Art.31 Abs.2 lit.b WVK.

666 Vgl. supra Zweiter Teil - 4. Kapitel - A. - I. , S.102ff. und insb. die Nachweise in Fn616.

667 Vgl. supra Zweiter Teil - 4. Kapitel - A. - II. , S.125ff..

668 Vgl. oben in Fn655.

669 Vgl. supra Zweiter Teil - 4. Kapitel - A. - III. , S.128ff..

V. Einzelkonzepte mit tatbestandlichem Bezug zu präventiver Gewaltanwendung

Als dogmatischer Ansatzpunkt für die Herleitung eines Rechts zur präventiven Gewaltanwendung aus prächartialem Recht verbleiben nach Ausscheiden des *generellen* Rechts zum Krieg nur solche *speziellen* Rechtsfiguren, die sich autonom neben dem 'liberum ius ad bellum' entwickelt und - im Gegensatz zu diesem - möglicherweise überdauert haben.

1. Verhältnis des 'liberum ius ad bellum' zu einzelnen Gewaltrechten

Grundsätzlich begegnet eine solche Häufung subjektiver Gewaltrechte keinen Bedenken, kann doch neben dem tatbestandlich weiten Recht durchaus auch ein tatbestandlich enges, spezielles Recht bestehen: Die Rechtstitel stehen, soweit der engere Tatbestand erfüllt ist, dann eben in Idealkonkurrenz.

Das gegen eine solche Häufung subjektiver Gewaltrechte gelegentlich vorgebrachte Argument, neben dem generellen 'liberum ius ad bellum' seien keine begrenzten Rechtstitel denkbar, zumindest aber nicht nötig gewesen,[670] überzeugt wegen seiner statischen Betrachtung nicht. Entstehen schon in nationalen Rechtsordnungen - die regelmäßig der planvollen Gestaltung durch einen Rechtsgeber entspringen - Idealkonkurrenzen, gilt dies für das fragmentarische, gewissermaßen "planlose" Völkerrecht erst recht. Die Möglichkeit von Idealkonkurrenzen ist um so mehr in Betracht zu ziehen, als die Entwicklung des Völkerrechts - gerade dort, wo es um Paradigmenwechsel wie dem vom freien Kriegsführungsrecht zum allgemeinen Gewaltverbot geht - Jahrzehnte und Jahrhunderte einnimmt, und damit der nötige Zeitraum für entsprechend widersprüchliche Staatenpraxis besteht.

Zumindest fragwürdig erscheint es allerdings auch, die insofern mögliche Existenz von speziellen Gewaltrechten neben dem 'liberum ius ad bellum' als Beleg eines *zweistufigen Gewaltregelungsregimes* zu interpretieren. So mangelt es nicht an Stimmen, die behaupten, *Krieg* sei zwar ohne materielle Beschränkung erlaubt gewesen, die Anwendung von sog. *kleiner Gewalt* (force short of war)

---

[670] In diese Richtung etwa ANTONOPOULOS, The unilateral use of force by states after the end of the Cold War, J Arm'd Conf L 4 (1999) 1, S.126; FEDER, Reading the U.N. Charter connotatively: Toward a new definition of armed attack, NYU J Int'l L & Pol 19 (1987) 2, S.405 ("In other words, until the use of force between states had been proscribed, the independent concept of permitting force only in the exercise of self-defense was *irrelevant and logically nonexistent*." [Hervorh. Hinzugef.]); KENNY, a.a.O. (Fn431), S.1162, Rn2; KUNZ, Individual and collective self-defense in Article 51 of the Charter of the United Nations, Am J Int'l L 41 (1947) 4, S.875f. und KRISCH, a.a.O. (Fn613), S.25f..

sei indes bereits zur Zeit des freien Kriegsführungsrechts grundsätzlich verboten gewesen, so dass es spezieller Rechtfertigungstatbestände sogar bedurfte.[671] Zwar vermeidet diese Systematisierung das Problem der Idealkonkurrenz, weil sich Krieg und kleine Gewalt - jedenfalls in der *punktuellen* Betrachtung - als aliud[672] gegenüber gestanden hätten, das Verhältnis zwischen Einzelrechtfertigungstatbeständen und dem freien Kriegsführungsrecht folglich durch Realkonkurrenz geprägt gewesen wäre. Nicht abzustreiten ist allerdings eine gewisse Sinnfälligkeit dieser Konstruktion bei realitätsnaher Betrachtung eines Gewaltkonflikts als historischem Ereignis von gewisser *Dauer*. So betrachtet müsste dem 'liberum ius ad bellum' als *Eskalations*recht quasi ein "heilender" Charakter zukommen: Bei einem zweistufigen Gewaltregelungsregime müsste es dem Staat, der das Recht der kleinen Gewalt mangels Vorliegen eines Rechtfertigungsgrundes verletzt hatte, durch faktischen Übergang zum "Krieg" möglich gewesen sein, den begangenen Rechtsbruch zu legalisieren - das Recht zum Kriege stand ihm schließlich jederzeit zu.[673] Aber selbst wenn man diesen Widerspruch beiseite lässt, bestehen erhebliche Bedenken hinsichtlich eines zweigeteilten Gewaltregelungsregimes zur Zeit des 'liberum ius ad bellum': Aus welcher Quelle hätte sich das "Verbot kleiner Gewalt" ergeben sollen? Tatsächlich lässt frühestens der BRIAND-KELLOG-Pakt eine enstprechende Auslegung zu. Vor allem aber: Wo wäre die Grenzlinie zwischen kleiner Gewalt und Krieg zu ziehen gewesen?

Im Ergebnis kann die Frage, ob unterhalb des 'liberum ius ad bellum' ein - entgegengesetzt - geregelter Bereich kleiner Gewalt bestanden hat, offen bleiben. Für die Untersuchung ist allein maßgeblich, ob überhaupt prächartial Rechte bestanden haben, die die präventive Anwendung von Gewalt zugelassen haben und insofern als Anknüpfungspunkt für eine Rezeption oder Fortwirkung in Betracht kommen. Zu nennen sind hier das Konzept vom *Gleichgewicht der Kräfte*, der *Provokation* sowie schließlich die Konzepte der *Selbstverteidigung* bzw. *Selbsterhaltung*.

---

671 Vgl. etwa DINSTEIN, a.a.O. (Fn642), S.160; FRANZKE, a.a.O. (Fn626), S.135; HENKIN, Force, intervention, and neutrality in contemporary international law, Am Soc'y Int'l L Proc 57 (1963), S.152 (in Bezug auf das Selbstverteidigungsrecht); MALANCZUK, Countermeasures and self-defence as circumstances precluding wrongfulness in the International Law Commission's draft articles on state responsibility, ZaöRV 43 (1983) 4, S.754; RANDELZHOFER, Article 51, in: SIMMA ET AL, A Commentary (2002), Bd.1, S.789, Rn1m.w.N. in Fn4; ROGOFF/COLLINS, The Caroline incident and the development of international law, Brooklyn J Int'l L 16 (1990) 3, S.501; VOLK, a.a.O. (Fn633), S.21; vorsichtig auch BOTHE, Das Gewaltverbot im allgemeinen, in: SCHAUMANN, Völkerrechtliches Gewaltverbot und Friedenssicherung (1971), S.13.

672 Sehr deutlich bei FRANZKE, a.a.O. (Fn626), S.136 ("Wann militärische Gewalt als Krieg, wann als nichtkriegerisch anzusehen ist, hängt vom Kriegsbegriff ab.")

673 Vgl. ZIEGLER, a.a.O. (Fn597), S.280: "Freilich haben derartige Gewaltmaßnahmen immer ein Ianus-Gesicht: Sie können den Krieg verhindern, aber sie können auch in einen Krieg einmünden, [...]."

2. Gleichgewicht der Kräfte

Die Idee von einem Gleichgewicht der Kräfte war das *politische Leitmotiv* der europäischen Völkerrechtsgemeinschaft zwischen 1648 und 1815. Entwickelt im Kampf gegen die spanisch-habsburgische Vormachtstellung richtete sich das Prinzip später gegen die französische Dominanz.[674] Dabei zielte das Prinzip des Gleichgewichts der Kräfte weniger auf die Durchsetzung individueller Interessen als vielmehr auf die *Stabilisierung des status quo* des - europäischen - Staatengefüges ab; *rechtssoziologisch* betrachtet handelte es sich insofern um eine Frühform eines Systems kollektiver Sicherheit.[675] Besonders deutlich wird dies in der zeitgenössischen Darstellung VATTELS:

> "Europa stellt ein Staatensystem, ein Ganzes dar, in dem alles durch die Beziehungen und die verschiedenen Interessen der diesen Erdteil bewohnenden Nationen untereinander verbunden ist. Es ist nicht mehr wie ehemals eine wirre Anhäufung abgesonderter Teile, von denen der einzelne ein geringes Interesse am Schicksal des anderen hatte und sich selten um etwas bekümmerte, was ihn nicht unmittelbar anging. Die unablässige Aufmerksamkeit der Souveräne für alle Vorgänge, die Dauereinrichtung der Gesandtschaften, die ständige Folge von Verhandlungen machen aus dem heutigen Europa eine Art Republik, deren unabhängige, aber durch die Gemeinsamkeit der Interessen verbundene Mitglieder zur Aufrechterhaltung von Ordnung und Freiheit zusammenwirken. Daraus ist das berühmte Prinzip des politischen Gleichgewichts oder des Gleichgewichts der Mächte entstanden."[676]

Neben der *allgemein politischen* Bedeutung hatte das Konzept des Gleichgewichts der Kräfte jedoch auch eine *spezifisch rechtliche* Dimension. So fand sich das Prinzip implizit im Westfälischen Frieden (1648) und explizit im Frieden von Utrecht (1713) und Paris (1814)[677]. Rechtspraktische Relevanz gewann es als "grundsätzlich fast allgemein anerkannte[r] völkerrechtliche[r] Interventionsgrund des französischen Zeitalters".[678] Hierauf gestützte - gewaltsame - In-

---

674 Vgl. OPPENHEIM/LAUTERPACHT, Oppenheim's international law (1955), Bd.1, S.311, §136 (2); VAGTS/VAGTS, Balance of Power, in: BERNHARDT ET AL, EPIL, Bd.1 (1992), S.313f.; ZIEGLER, a.a.O. (Fn460), S.146, 177; GREWE, a.a.O. (Fn460), S.341ff..

675 In diese Richtung auch DICKMANN, a.a.O. (Fn460), S.137f.; TUCKER, The just war (1960), S.119f.; GREWE, a.a.O. (Fn460), S.393: "[E]rscheint der Gleichgewichtszustand durch übermäßige Machtansprüche eines Staates bedroht, so haben sich die anderen gegen den Friedensstörer zu verbinden."

676 Vgl. VATTEL, a.a.O. (Fn571), III, iii, 47, dt. Übers. von EULER, a.a.O. (Fn571), S.391.

677 Vgl. VAGTS/VAGTS, The balance of power in international law: A history of an idea, Am J Int'l L 73 (1979) 4, S.555 m.N. in Fn2; ferner GREWE, a.a.O. (Fn460), S.328; ZIEGLER, a.a.O. (Fn460), S.177.

678 GREWE, a.a.O. (Fn460), S.392, 397; in diese Richtung auch VAGTS/VAGTS, a.a.O. (Fn674), S.314; krit. KUNDE, a.a.O. (Fn460), S.77 mw.N. in Fn475.

terventionen[679] trugen dabei nicht selten einen *präventiven Charakter*,[680] womit sich der Bezug zum Untersuchungsgegenstand offenbart und die Frage aufdrängt, ob nicht auch das Gleichgewicht der Kräfte als Ansatzpunkt für die Rezeption bzw. Fortwirkung prächartialen Rechts in Betracht zu ziehen ist.

Die Frage beantwortet sich vor dem Hintergrund seiner ideengeschichtlichen Einbettung. Das Konzept vom Gleichgewicht der Kräfte lässt sich auf die in der Säkularisierungsphase befindliche *Idee vom gerechten Krieg* zurückführen, wobei das "Equilibrum" als *spezifische 'iusta causa'* angeführt wurde. So sprach sich als einer der Ersten[681] GENTILI - mit Blick auf Spanien - für den Krieg gegen einen übermächtig werdenden Staat zur Wahrung des Gleichgewichts unter den europäischen Mächten aus, wenn nicht der Machtzuwachs auf friedlichen Gründen beruhte.[682] Auch VATTEL sah in der Störung des Gleichgewichts der Kräfte eine Gefährdung des natürlichen, vollkommenen und daher wehrhaften Rechts auf Sicherheit. Ultima ratio anerkannte er insofern auch den Angriffskrieg als rechtmäßig.[683] Unangefochten war diese Position - zumindest in der Lehre - indes nicht; GROTIUS etwa verneinte auch hier die Berechtigung zur Gewaltanwendung.[684] MOSER schließlich zählte die "Erhaltung der Freyheit und des Gleichgewichts in Europa"[685] schlicht zu den öffentlich erklärten Kriegsgründen, denen er aber keine spezifische rechtliche Bedeutung zumaß.

Eine vertiefte Auseinandersetzung, insbesondere mit den tatbestandlichen Voraussetzungen des Prinzips, das trotz aller Definitionsversuche schon wegen des unbestimmten Begriffes des *Gleichgewichts* äußerst vage und subjektiv bleiben musste,[686] erübrigt sich damit: Mit dem beginnenden 19. Jahrhundert - insbesondere im Zuge des aufkommenden Rechtspositivismus[687] - wurde das Prinzip, wie zuvor schon die "Mutteridee" des gerechten Krieges, zunehmend in Frage gestellt.[688] Spätestens seit dem Ersten Weltkrieg führt es nicht zuletzt wegen der

---

679 Bsp. bei GREWE, a.a.O. (Fn460), S.395f..

680 Vgl. KUNDE, a.a.O. (Fn460), S.77; VAGTS/VAGTS, ebd. (Fn674); TUCKER, a.a.O. (Fn675), S.117, 119.

681 Ebenso KUNDE, a.a.O. (Fn460), S.62; VAGTS/VAGTS, a.a.O. (Fn677), S.559.

682 Vgl. GENTILI, a.a.O. (Fn547), I, 14; vgl. hierzu auch PHILLIPSON, a.a.O. (Fn545), S.36a, 37a m.N. sowie VAGTS/VAGTS, a.a.O. (Fn677), S.559 m.w.N..

683 Vgl. VATTEL, a.a.O. (Fn571), III, iii, 50.

684 Vgl. GROTIUS, a.a.O. (Fn563), II, i, 17 sowie hierzu VEROSTA, History of the law of nations 1648 to 1815, in: BERNHARDT ET AL, EPIL, Bd.2 (1995), S.751.

685 MOSER, a.a.O. (Fn604), II, ii, 54.

686 Hierauf weist auch TUCKER, a.a.O. (Fn675), S.117f. hin.

687 Vgl. VAGTS/VAGTS, a.a.O. (Fn677), S.568.

688 Vgl. KLÜBER/MORSTADT, Europäisches Völkerrecht (1851), S.50ff., §42; WOLF, Johann Jacob Moser, Grundsätze des Völkerrechts (1959), S.14-16; WESTLAKE, International law (1904), Bd.1, S.303f.; w.N. bei STOWELL, Intervention in international law (1921), S.423 in Fn30 sowie GREWE, a.a.O. (Fn460), S.396 in Fn106. In der politischen Praxis wurde das Konzept zu dieser Zeit indes noch aufgegriffen, vgl. etwa *Brief von Lord*

Institutionalisierung eines Systems kollektiver Sicherheit[689] auch in der Praxis nur noch ein Schattendasein.[690] Gelegentlich zu findende Bezugnahmen - man denke nur an das "(gestörte) Gleichgewicht im Mittleren Osten" - sind dem Bereich politischer Äußerungen zuzuordnen.

Dies gilt um so mehr, als sich das Konzept mit den Grundprinzipien des geltenden Völkerrechtsregimes überhaupt nicht in Einklang bringen lässt: Die Aufrechterhaltung des status quo wird nach der Charta der Vereinten Nationen *wertneutral*, ohne Bezug auf ein nur normativ bestimmbares "Gleichgewicht" geschützt: Die *Gleichheit* der *souveränen* Staaten, das *Gewalt-* und das *Interventionsverbot* verbieten es, dass wenige große Staaten zur Erhaltung einer "Balance unter sich" über kleine Staaten politisch und/oder territorial verfügen.[691] Dass das Konzept des Gleichgewichts der Kräfte gleichwohl bis heute in der *Literatur* - vereinzelt - als Rechtfertigungsgrund herangezogen wird, sei es in Bezug auf die Drohung mit Gewalt[692] oder gar ihre Anwendung,[693] kann demnach an der *desuetudo* nichts ändern. Eine Anknüpfung an das Prinzip des Gleichgewichts der Kräfte zur dogmatischen Herleitung eines gegenwärtig bestehenden Rechts zur präventiven Gewaltanwendung kann damit bereits an dieser Stelle ausgeschlossen werden.

Palmerston an Lord Clarendon v. 1. März 1857, in Auszügen abgedr. bei STOWELL, S.416f..

689 Vgl. KUNDE, a.a.O. (Fn460), S.80; OPPENHEIM/LAUTERPACHT, a.a.O. (Fn674), S.311, §136 (2).

690 Vgl. VAGTS/VAGTS, a.a.O. (Fn674), S.315; DIES., a.a.O. (Fn677), S.576ff.; in diese Richtung auch GREWE, a.a.O. (Fn460), S.575; VERDROSS/SIMMA, a.a.O. (Fn572), S.140, §229.

691 Vgl. hierzu auch ROSTOW, The legality of the international use of force by and from states, Yale J Int'l L 10 (1985) 2, S.288 unter Bezugnahme auf FALKS Wort der "'normative silence' of the state system", ferner HERDEGEN, Asymmetrien in der Staatenwelt und die Herausforderungen des "konstruktiven Völkerrechts", ZaöRV 64 (2004) 3, S.571, der allerdings bestehende reale Asymmetrien in der Staatenwelt (S.572f.) zum Anlaß nimmt, de lege ferenda für eine normative Korrektur formaler Prinzipien, wie etwa des Gewaltverbots, zu plädieren. Vgl. zu HERDEGENS Ansatz auch sub Zweiter Teil -6. Kapitel - D. , S.356ff..

692 In diese Richtung SADURSKA, Threats of force, Am J Int'l L 82 (1988) 2, S.260 ("[S]tates may be inclined to consider as licit those threats which help to restore an upset equilibrium") und S.266 ("The ultimate question is: have the benefits for the overall security and welfare of the community balanced the harm resulting from the conduct of the threatener?").

693 Vgl. m.w.N. ANTONOPOULOS, The unilateral use of force by states in international law (1997), S.306 bei und in Fn333; krit. hierzu SCHWARZENBERGER, The legality of nuclear weapons (1958), S.42.

3. Provokation

a. Herkunft des Konzepts

Ein weiterer möglicher Anknüpfungspunkt im prächartialen Recht ist das Konzept der Provokation. Seinen Ursprung findet es in einer Reihe von *Beistandsverträgen* des späten 19. und beginnenden 20. Jahrhunderts, in deren casus foederis der Begriff des *unprovozierten Angriffes* bzw. *der unprovozierten Aggression* auftauchte.[694] So hieß es in Art.2 des den Dreibund zwischen Österreich-Ungarn, Deutschland und Italien begründenden Vertrages v. 20. Mai 1882:

> "Dans le cas où l'Italie, *sans provocation directe de sa part*, serait attaquée par la France pour quelque motif que ce soit, les deux autres Parties contractantes seront tenues à prêter à la Partie attaquée secours et assistance avec toutes Leurs forces. Cette même obligation incombera à l'Italie dans le cas d'une agression non directement provoquée de la France contre l'Allemagne."[695]

Die Schwierigkeit einer konkreten Definition des Merkmals *Provokation*[696] einmal außer Acht gelassen - fallen hierunter nur militärische "Drohgebärden", etwa ein grenznahes Manöver bzw. eine Truppenkonzentration, oder auch politische Drohungen? -, sollte eine Beistandspflicht also nur für den Fall bestehen, in dem der Beistand fordernde Vertragspartner für den gegen ihn gerichteten Angriff keinen Anlass gegeben, ihn nicht herausgefordert hatte.[697] HERTZ hat hierbei herausgearbeitet, dass "der Tatbestand der Provokation [...] jedenfalls *un-*

---

694 Vgl. neben dem in Fn695 genannten Vertrag nur exemplarisch Art.2 *Treaty of Alliance between Austria-Hungary and Roumania* v. 30. Oktober 1883, abgedr. in CTS 162 (1883), S.487; Art.1 *Treaty of Alliance between Greece and Servia* v. 19. Mai 1913, abgedr. CTS 218 (1913), S.166; Art.1 *Agreement between the United States and France providing for assistance to France in the event of unprovoked aggression by Germany* v. 28. Juni 1919, abgedr. in Am J Int'l 13 (1919) 4, Suppl., S.411 sowie in Fn695. Zahlreiche weitere Nachweise bei GIRAUD, La théorie de la légitime défense, RC 49 (1934-III), S.756 in Fn2 mit den einschlägigen Wendungen sowie bei STEINLEIN, Der Begriff des nicht herausgeforderten Angriffs in Bündnisverträgen seit 1870 und insb. im Locarno-Vertrag (1927), S.74ff.; vgl. auch BROWNLIE, a.a.O. (Fn639), S.227 in Fn2f., S.248 bei und in Fn7; WALKER, Anticipatory collective self-defense in the Charter era: What the treaties have said, Cornell Int'l L J 31 (1998) 2, S.332 in Fn60; KUNZ, a.a.O. (Fn670), S.874 bei Fn9.

695 Art.2 *First Treaty of Alliance between Austria-Hungary, Germany, and Italy* v. 20. Mai 1882, abgedr. in CTS 160 (1882), S.237 [Hervorh. hinzugef.].

696 Vgl. BROWNLIE, a.a.O. (Fn639), S.227f., 247; HERTZ, a.a.O. (Fn659), S.47; KOMARNICKI, La définition de l'aggresseur dans le droit international moderne RC 75 (1949-II), S.33 ("conception nébuleuse"); Ansatzpunkte einer - kasuistischen - Definition bei GIRAUD, a.a.O. (Fn694), S.756ff.; eine sehr weite Definition gibt STEINLEIN, a.a.O. (Fn694), S.53 a.E., schränkt diese aber später kasuistisch wieder ein (S.71f.).

697 Vgl. BROWNLIE, a.a.O. (Fn639), S.227.

terhalb der Angriffsschwelle liegen [muß], nie darüber. Er kann also *Angriffsdrohung, Angriffsgefahr* sein, oder ein Rechtsbruch, eine Interessensverletzung, eine Beleidigung. Mehr, als daß er ein trifftiger Anlaß für den Provozierten sein muß, auf die Provokation mit einem Angriff zu antworten, läßt sich darüber nicht sagen."[698]

b. Gewaltanwendung infolge Provokation als eigenständiges Gewaltrecht?

Soweit sich demnach die Vertragspartner aber für den Fall eines *provozierten* Angriffes offenbar *gerade nicht* zur Beistandsleistung verpflichten wollten, lässt die isolierte Betrachtung derartiger Vertragsbestimmungen durchaus den Rückschluss zu, dass der *provozierte Angriff selbst als rechtmäßig* angesehen wurde. Jedenfalls ließe sich damit erklären, weshalb überhaupt eine Ausnahme von der Beistandspflicht statuiert wurde: Sollte nämlich die Staatengemeinschaft den provozierten Angriff als rechtmäßig angesehen haben, hätte sich ein Vertragsstaat bei *unbedingter* Beistandszusage im Falle eines tatsächlich von seinem Vertragspartner provozierten Angriffes zwar im Innenverhältnis vertragskonform verhalten, im Außenverhältnis wäre sein Beistand indes vom Urteil der Völkerrechtswidrigkeit bedroht gewesen. Spiegelbildlich zum bedingten causus foederis müsste nach dieser Auslegung ein *Recht zur Gewaltanwendung auf Grund Provokation*[699] bestanden haben, das hinsichtlich seiner Rechtsfolge - Rechtmäßigkeit der Erstanwendung von Gewalt - ebenfalls als möglicher Ansatzpunkt eines gegenwärtig bestehenden Rechts zur präventiven Gewaltanwendung in Betracht zu ziehen wäre.[700]

Ein solches subjektives Gewaltrecht hat tatsächlich aber nie bestanden. Zwar lassen sich die entsprechenden Beistandsverträge noch bis in die 1930er Jahre nachweisen,[701] sodass durchaus eine nahmhafte *Praxis* bestanden hat. Jedoch kann der oben beschriebene Rückschluss auf eine entsprechende *'opinio iuris'* - von der Vereinbarung eines nur *bedingten casus foederis* auf die Anerkennung eines im Rahmen des allgemeinen Gewaltregelungsregimes bestehenden *Rechts*

---

698 HERTZ, a.a.O. (Fn659), S.47 [Hervorh. hinzugef.].

699 So spricht auch BROWNLIE, a.a.O. (Fn639), S.226 vom "lawful [...] use of force as a consequence of 'provocation'".

700 Vgl. hierzu auch GIRAUD, a.a.O. (Fn694), S.717, 757 und insb. S.768f. sowie - zu der aus österreichischer Sicht präventiven Zielsetzung des Dreibund-Vertrages eingehend - HERTZ, a.a.O. (Fn659), S.44ff.. Die dogmatische Anknüpfung an das Konzept der Provokation zur Herleitung eines gegenwärtigen Rechts zur präventiven Gewaltanwendung verfolgt WALKER, a.a.O (Fn694), S.321ff., insb. S.331-335. Zu WALKERs Ansatz im Übrigen - ohne Berücksichtigung des Konzepts der Provokation sub Zweiter Teil - 6. Kapitel - A. - I. , S.285ff..

701 Vgl. BROWNLIE, a.a.O. (Fn639), S.227f., 426 sowie die Nachweise bei GIRAUD, ebd. (Fn694).

zu Anwendung von Gewalt auf Grund Provokation - nicht überzeugen. Zum Einen wäre es nicht gerade wirklichkeitsnah zu unterstellen, dass die wechselseitig Beistand versprechenden Staaten gerade auch ein *Recht* des gemeinsamen Bündnis*gegners* - gewissermaßen in Form einer Erklärung zugunsten Dritter - anerkennen wollten; dies erscheint um so weniger wahrscheinlich, als die angesprochenen Bündnisverträge regelmäßig der Geheimhaltung unterlagen und insofern der "begünstigte" Staat gar keine Kenntnis von der ihm zugedachten Rechtsposition erlangen können sollte. Zum Anderen müsste - um eine stimmige Gesamtregelung herbeizuführen - jeder Vertragsstaat zugleich auf den spiegelbildlichen Ausschnitt seines freien Kriegsführungsrechts verzichtet haben, da er andernfalls auch ohne Ansehung des Vertrages frei gewesen wäre, gegen den Bündnisgegner zum Kriege zu schreiten.

Richtigerweise ist in dem bis zum Zweiten Weltkrieg in Bündnisverträgen anzutreffenden Konzept der Provokation daher nicht etwa ein spezifischer Rechtfertigungsgrund *für die Anwendung von Gewalt* zu sehen, sondern vielmehr - wie BROWNLIE zutreffend formuliert hat - ein casus foederis "which permitted graceful withdrawal from responsibilities under the treaty."[702] Das Konzept der Provokation in seiner Verwendung in Beistandsverträgen war also durchaus ein rechtliches[703], jedoch betraf es ausschließlich *das vertragliche Innenverhältnis* der Bündnispartner.[704] Der Beistand verprechende Staat hatte die Möglichkeit, sich seiner Beistandspflicht - und der damit verbundenen praktischen Folge, gegen einen dritten Staat in den Krieg ziehen zu müssen - zu entziehen, ohne sich dem Vorwurf des Vertragsbruches auszusetzen.[705] Eine solche "Rettungsklausel" dürfte dabei vor allem dem Zweck gedient haben, sich widersprechende innen- und außenpolitische Interessen zum Ausgleich zu bringen. Versagte etwa die Bevölkerung des um Beistand angerufenen Staates die Unterstützung - eben weil der Beistand fordernde Staat die zum Angriff führende Gefahrenlage selbst gesetzt hatte und insofern bevölkerungsseitig kein Grund erkennbar war, für den Bündnispartner "den Kopf hinzuhalten" - konnte sich die Regierung unter Wahrung ihres außenpolitischen Gesichts auf den Provokationsfall berufen.[706]

---

702 Vgl. BROWNLIE, ebd. (Fn697) [Hervorh. hinzugef.].

703 A.A. BROWNLIE, a.a.O. (Fn639), S.228 ("essentially political"), der das Konzept vollständig dem - ausgehenden - "Europe of the Balance of Power" zuordnet.

704 Vgl. auch HERTZ, a.a.O. (Fn659), S.47f.; STEINLEIN, a.a.O. (Fn694), S.60.

705 Ebenso auch BROWNLIE, a.a.O. (Fn639), S.227; KOMARNICKI, ebd. (Fn696).

706 Vgl. in diese Richtung auch NEUHOLD, a.a.O. (Fn619), S.60.

c. Provokation als selbständige Tatbestandsalternative der Selbstverteidigung?

Denkbar ist schließlich, dass das Konzept der Provokation zwar nicht in einem eigenständigen subjektiven Gewaltrecht aufgegangen ist, wohl aber eine eigenständige Tatbestandsalternative des Selbstverteidigungsrechts begründete. Ein Indiz hierfür gibt die Einbeziehung des Konzepts im Locarno-Vertrag v. 16 Oktober 1925.[707] Die Vereinbarung regelte, ausgehend vom sachlichen Anwendungsbereich des Vertrages (Art.1) -

> "Die Hohen Vertragsschließenden Teile *garantieren*, jeder für sich und insgesamt, *in der in den folgenden Artikeln bestimmten Weise* die Aufrechterhaltung des sich aus den Grenzen zwischen Deutschland und Belgien und zwischen Deutschland und Frankreich ergebenden territorialen Statusquo, die Unverletzlichkeit dieser Grenzen, wie sie durch den in Versailles am 28. Juni 1919 unterzeichneten Friedensvertrag oder in dessen Ausführung festgesetzt sind, sowie die Beobachtung der Bestimmungen der Artikel 42 und 43 des bezeichneten Vertrages über die demilitarisierte Zone"

- in Art.2:

> "Deutschland und Belgien und ebenso Deutschland und Frankreich verpflichten sich gegenseitig, in keinem Falle zu einem *Angriff* oder zu einem *Einfall* oder zum *Kriege* gegeneinander zu schreiten. Diese Bestimmung findet jedoch keine Anwendung, wenn es sich handelt
>
> 1. um die Ausübung des *Rechtes der Selbstverteidigung*, das heißt um den Widerstand gegen eine Verletzung der Verpflichtung des vorstehenden Absatzes oder gegen einen flagranten Verstoß gegen die Artikel 42[708] oder 43[709] des Vertrages von Versailles, sofern ein solcher Verstoß eine *nicht provozierte Angriffshandlung darstellt* und wegen der Zusammenziehung von Streitkräften in der demilitarisierten Zone eine sofortige Aktion notwendig ist; [...]"

---

707 *Traité entre l'Allemagne, la Belgique, la France, la Grande Betragne et l'Italie* v. 16 Oktober 1925, abgedr. in RGBl. 1925-II, S.976 [frz. mit dt. Übers.]; Am J Int'l L 20 (1926) 1, Suppl., S.21 [engl. Übers.], nachfolgende [Hervorh. hinzugef.].

708 Art.42 des Versailler Vertrages lautete: "Es ist Deutschland untersagt, auf dem linken Ufer des Rheines und auf dem rechten Ufer westlich einer 50 km östlich des Stromes verlaufenden Linie Befestigungen beizubehalten oder anzulegen."

709 Art.43 des Versailler Vertrages lautete: "Ebenso ist in der im Artikel 42 bezeichneten Zone die ständige oder zeitweise Unterhaltung oder Sammlung von Streitkräften untersagt. Das gleiche gilt für jedwede militärischen Übungen und die Beibehaltung aller materiellen Vorkehrungen für die Mobilmachung."

Anders als bei der vorstehend besprochenen Verwendung des Provokationskonzeptes in Beistandsverträgen war im Rahmen des Locarno-Vertrages als *reziproker Verpflichtung zwischen möglichen Kriegsgegnern* allen Vertragsparteien bekannt, dass der beschriebene Fall der Provokation die Anwendbarkeit eines subjektiven Gewaltrechtes, namentlich des Selbstverteidigungsrechts, zur Folge haben sollte.

Der sich bei der Lektüre von Art.1 S.2 Ziff.1 Locarno-Vertrag ergebende Eindruck, die Abrede sei als Kodifikation von Gewohnheit ("... das heißt ...") ein Beleg eines prächartial bestehenden Rechts zur präventiven Gewaltanwendung im Rahmen des Selbstverteidigungsrechts, trügt allerdings. Denn im Hinblick auf den *Einschluss des Provokationskonzepts in Selbstverteidigungsbestimmungen* war der Locarno-Vertrag ebenso neuartig[710], wie er ex post betrachtet eine Singularität blieb.[711] Vor diesem Hintergrund verdeutlicht die Ausnahme nach Art.2 S.2 Ziff.1 2.Alt Locarno-Vertrag zweierlei: Nicht nur wurde das Konzept der Provokation hier lediglich als ein *unselbständiges* Merkmal einer speziellen Tatbestandsalternative eines - ohnedies erst in Entstehung befindlichen[712] - Selbstverteidigungsrechts verwendet; im Kern stand nämlich nicht die Provokation, sondern der "flagrante Verstoß" gegen Art.42f. Versailler Vertrag. Vor allem aber wurde diese zweite Tatbestandsalternative *explizit kodifiziert*. Wenn aber die Selbstverteidigung auf Grund vorangegangener Provokation gewohnheitsrechtlich abgedeckt gewesen wäre, hätte es der Kodifikation - zumindest in dieser Komplexität - nicht bedurft; eine klarstellende Bezugnahme auf das Selbstverteidigungsrecht hätte genügt. Gerade aus der präzisen Beschreibung der zweiten Tatbestandsalternative lässt sich daher e contrario schließen, dass andere Fälle einer "nicht provozierten Angriffshandlung" - etwa das Zusammenziehen von Streitkräften außerhalb der in Art.42f. Versailler Vertrag genannten demilitarisierten Zone - gerade (noch) nicht das Selbstverteidigungsrecht auslösen sollten.[713] Eine solche Handlung musste sich erst im "Erfolg" - einem der in der ersten Tatbestandsalternative genannten Fälle: "Angriff", "Einfall" oder "zum Krieg schreiten" - manifestieren, bevor in Ausnahme zum vereinbarten Angriffsverbot des Abs.1 ein "Selbstverteidigungskrieg" zulässig sein sollte.

---

710 Vgl. STEINLEIN, a.a.O. (Fn694), S.43 a.E., 63.

711 Im Übrigen - ohne Bezugnahme auf das Konzept der Provokation - diente der Wortlaut des Locarno-Vertrages als Modell für zahlreiche bi- und multilaterale Verträge, vgl. nur die Nachweise bei GÖHLER, a.a.O. (Fn613), S.82f. Der Versuch eines entsprechenden *universellen* Vertrags scheiterte freilich, es blieb bei einem immerhin einstimmigen Beschluss der Völkerbundversammlung (*Modèles de traité collectif d'assistance mutuelle, de traité collectif de non-aggression, et de traité bilatéral de non-aggression (Traité D)*, beschlossen am 26. September 1928, abgedr. in ZaöRV 1 (1929-II), S.367, 411).

712 Art.2 des Locarno-Vertrages war der erste Fall einer expliziten Kodifikation des Selbstverteidigungsrechts ("droit de légitime défense"), vgl. GENONI, a.a.O. (Fn620), S.69; zum Konzept der Selbstverteidigung nachfolgend Zweiter Teil - 4. Kapitel - A. - V. - 4. , S.148ff.

713 Ebenso STEINLEIN, a.a.O. (Fn694), S.39.

d. Provokation als Form der Aggression

Dass das Konzept der Provokation auch in der übrigen Praxis nicht als eigenständige Tatbestandsalternative eines Selbstverteidigungsrechts begriffen wurde, verdeutlichen die seit 1923 intensivierten Bemühungen der Staatengemeinschaft,[714] den - u.a. in Art.10 VBS verwandten - Begriff der *Aggression zu definieren.* Exemplarisch sei hier auf die im Rahmen der Internationalen Abrüstungskonferenz des Völkerbundes 1932/1933 gemachten Ausführungen des Berichterstatters POLITIS hinsichtlich einer allgemeinen Aggressionsdefinition hingewiesen. Dort heißt es:

> "Ou bien *la 'provocation' constitute un des actes d'aggresion* [...]; en pareil cas, l'Etat qui a été victime d'un tel acte peut évidemment riposter par des actes de même nature, et il n'y a pas de difficulté. Ou bien la 'provocation' consiste dans une violation du droit international ou dans des attitudes inamicales de gouvernements ou d'opinion publique, sans qu'il y ait acte d'aggression. Dans ce cas, la provocation ne saurait être considérée comme excuse."[715]

Die von POLITIS angenommene mögliche Deckungsgleichheit von Provokation und Aggression[716] verdeutlicht, dass das Provokations-Konzept nur eine weitere Begrifflichkeit lieferte, um den unklaren Tatbestand der *verbotenen Aggression* zu konkretisieren. Interessanterweise stellte Politis dabei fest, dass im Falle der Provokation der Opferstaat lediglich das Recht habe, mit "actes de même nature" zu reagieren, also mit Provokationen.

Bemerkenswert ist in diesem Zusammenhang schließlich, dass das Konzept der Provokation seit Inkrafttreten der Charta gar nicht mehr im Rahmen von unilateralen Selbsthilfetatbeständen auftaucht: In seiner nach Gründung der VN einzigen vertraglichen Einbindung - namentlich im *Inter-American Treaty of Reciprocal Assistance* v. 2. September 1947[717] - steht der Begriff der Provokation gerade nicht in der die militärische Beistandsverpflichtung ("kollektive Selbst-

---

714 Die Definitionsdiskussion stand insb. im Zusamenhang mit dem am 28. September 1923 von der Völkerbundversammlung beschlossenen Vertragsentwurf eines universellen Nichtangriffspaktes, dem sog. Genfer Protokoll vom 2. Oktober 1924 sowie der Internationalen Abrüstungskonferenz des Völkerbundes 1932/1933, vgl. nur m.w.N. BRUHA, Die Definition der Aggression (1980), S.51f. und KRISCH, a.a.O. (Fn613), S.34ff..

715 *Rapport du Comité pour les questions de sécurité, Annex I l'Acte relatif à la définition de l'aggresseur*, Anhang I zum Bericht v. 24. Mai 1933, Dok.Conf. D. C.G.108 und C.G.108 (a); vgl. auch die Ausführungen des Berichterstatters POLITIS in der Sitzung des *Comité pour les questions de sécurité* v. 29. Mai 1933, auszugsweise wiedergegeben in GIRAUD, a.a.O. (Fn694), S.766f. bei und in Fn2.

716 Von vollständiger Deckungsgleichheit geht indes GREY, Aggression and the aggressor, Transaction Grotius Soc'y 24 (1938), S.173 aus.

717 Abgedr. in UNTS 21 (1948), S.77.

verteidigung") beinhaltenden Vertragsregelung (Art.3 Abs.1); hier ist unter Bezugnahme auf Art.51 CVN lediglich von "attack" die Rede.[718] Rechtliche Bedeutung entfaltet er vielmehr nur noch im Rahmen von Art.9 des Vertrages, einem Art.3 Aggressionsdefinition[719] vergleichbaren Katalog, der dem Organ of Consultation (Art.11) als Indiz dienen soll, um das Bestehen einer Aggression festzustellen und daraufhin weitere Maßnahmen der Regionalorganisation beschließen zu können (Art.6ff.).

e. Zwischenergebnis

Nach alledem lässt sich festhalten, dass das Konzept der Provokation weder in einem eigenständigen subjektiven Gewaltrecht noch als anerkannte Tatbestandsalternative eines gewohnheitsrechtlichen Selbstverteidigungsrechts aufgegangen ist; seit Gründung der Vereinten Nationen ist es ohnedies aus der völkerrechtlichen Vertragspraxis verschwunden. Als Anknüpfungspunkt für die Rezeption bzw. Fortgeltung eines prächartialen Rechts zur präventiven Gewaltanwendung scheidet es daher ebenso aus.

4. Selbsterhaltung und Selbstverteidigung

Zu nennen sind schließlich die Konzepte der Selbstverteidigung ("self-defence") und der Selbsterhaltung ("self-preservation"), deren Evolution in besonderem Maße mit der allgemeinen Entwicklung des Gewaltregelungsregimes zusammenhängt.

a. Herkunft der Konzepte

Als absolut übergeordnetes Prinzip fand sich der Gedanke der Selbsterhaltung bereits im römischen (Völker-)Rechtsdenken: "*Salus Populi Suprema Lex Esto*"[720]. In der frühchristlichen Moraltheologie erlangte der Gedanke der Selbst-

---

718 Insofern ist auch der mit dem Provokationskonzept verwandte *Aggressionstatbestand* vom Selbstverteidigungsrecht entkoppelt worden. Zur Trennung von Aggression und Angriff in der Charta der Vereinten Nationen an dieser Stelle nur MEIER, Der Begriff des bewaffneten Angriffs, AVR 16 (1974/75) 4, S.377f.; zur Bedeutung dieser tatbestandlichen Unterscheidung für die Frage, ob Art.51 CVN selbst als Grundlage eines Rechts zur präventiven Gewaltanwendung in Betracht kommt, vgl. sub Zweiter Teil - 6. Kapitel - A. - II. - 3. , S.305ff..

719 A/Res/3314 (XXIX) v. 14. Dezember 1974, Annex.

720 CICERO, De Legibus, III, 8, abgedr. mit dt. Übers. bei NICKEL, Marcus Tullius Cicero, De legibus. Paradoxa stoicorum - Über die Gesetze. Stoische Paradoxien (1994); CHENG, General principles of law as applied by international courts and tribunals (1953),

erhaltung keinen besonderen Stellenwert, stand doch die Herstellung eines gottgewollten Zustandes in der irdischen Gesellschaft im Vordergrund. Erst in der Phase der naturrechtlich geprägten Säkularisierung der Lehre vom 'bellum iustum' gewann das Konzept eigenständige Konturen, wurde zur allgemein anerkannten spezifischen 'iusta causa';[721] hier nimmt auch die Idee von den Staatsgrundrechten ihren Anfang.[722] Exemplarisch sei hier nochmals auf VATTEL hingewiesen,[723] der den Gedanken der Selbsterhaltung aus der tradierten Lehre vom 'bellum iustum' herauslöste und zur Grundnorm des Gewaltregelungsregimes erhob. Dabei wirkte das Konzept der Selbtsterhaltung bei VATTEL indes nicht als Rechtstitel gegen einen anderen Staat; grundlegend war hier vielmehr die Verpflichtung jeder Nation gegen sich selbst zur Selbsterhaltung.[724] Erst auf diesem unveränderlichen und vollkommenen Naturrecht aufbauend, entwickelte VATTEL für den Rechtsverkehr das Recht jedes Staates auf Sicherheit[725] und leitete hieraus den eigentlichen Rechtstitel, das Recht auf Gegenwehr bzw. Verteidigung[726] ab. Schon in VATTELs Darstellung wird insofern deutlich, dass der Begriff der Selbsterhaltung eher das Handlungsmotiv beschreibt, während der Terminus der Selbstverteidigung für den eigentlichen, im Außenverhältnis wirkenden Rechtstitel steht. Bis in das späte 19. Jahrhundert hinein wurden die Begriffe in der völkerrechtlichen Betrachtung gleichwohl häufig synonym verwendet bzw. galt das Selbsterhaltungsrecht als das weitergehende Konzept, *das u.a. das Recht zur Selbstverteidigung, das Selbsthilferecht, das Notstandsrecht, ein Interventionsrecht zur Rettung eigener Staatsangehöriger, etc. umfasste.*[727] Eine

---

S.30f. sieht in der Maxime einen allgemeinen Rechtsgrundsatz i.S.d. Art.38 Abs.1 lit.c IGH-Statut. Krit. dagegen BOWETT, Self-defence in international law (1958), S.10.

721 Ebenso BRYDE, Self-defence, in: BERNHARDT ET AL, EPIL, Bd.4 (2000), S.361; BOWETT, a.a.O. (Fn720), S.4f. mit exakten Nachweisen S.5 in Fn2-14.

722 Vgl. GENONI, a.a.O. (Fn620), S.43 m.w.N. aus der zeitgnössischen Literatur; vgl. KRISCH, a.a.O. (Fn613), S.10 und S.316-321 m.w.N. zu dem u.a. auf GROTIUS, WOLFF und VATTEL zurückgehenden Konzept der Staatengrundrechte; w.N. hierzu auch bei WEHBERG, a.a.O. (Fn626), S.8 in Fn47-49; als - freilich späte - Vertreter dieses Konzeptes HERSHEY, The essentials of international public law and organization (1927), S.231f., §132 und HYDE, International law (1947), Bd.1, S.230ff..

723 Vgl. ausführlich supra Zweiter Teil - 4. Kapitel - A. - I. - 3. , S.117ff..

724 Vgl. VATTEL, ebd (Fn585).

725 Vgl. VATTEL, ebd. (Fn587).

726 Vgl. VATTEL, ebd. (Fn591).

727 Dies dürfte inzwischen der herrschenden rechtshistorischen Betrachtung entsprechen, vgl. nur ALEXANDROV, Self-defense against the use of force in international law (1996), S.23; ANTONOPOULOS, a.a.O. (Fn670), S.126; BROWNLIE, a.a.O. (Fn639), S.231, 274; BRYDE, a.a.O. (Fn721), S.362; GENONI, a.a.O. (Fn620), S.43; JENNINGS, The Caroline and McLeod cases, Am J Int'l L 32 (1938) 1, S.91f. m.w.N; JORASCH, a.a.O. (Fn459), S.204; KENNY, a.a.O. (Fn431), S.1163, Rn6 mwN in Fn122; KRAJEWSKI, Preventive use of force and military actions against non-state actors: Revisiting the right of self-defence in insecure times, Baltic YB Int'l L 5 (2005), S.10 bei Fn27; MRAZEK, a.a.O. (Fn459), S.100ff.; MCCORMACK, Self-defense in international law (1997), S.247; SKUBISZEWSKI, Use of force by states in: SØRENSEN, Manual of public international law (1968), S.763f..

wirklich tatbestandliche Konkretisierung des Selbsterhaltungsrechts hat indes - bezeichnenderweise - nie stattgefunden.[728]

b. Niedergang des Konzepts der Selbsterhaltung

Eine Differenzierung zwischen den Konzepten zeichnete sich erst im Rahmen der Beschränkung des freien Kriegsführungsrechts im ersten Drittel des 20. Jahrhunderts ab. Wegweisend ist in diesem Zusammenhang die im Zuge des BRIAND-KELLOG-Paktes geführte Notenkorrespondenz, die einen weitreichenden Konsens dokumentiert, wonach das Selbstverteidigungsrecht tatbestandlich ein - gewaltsames - deliktisches Verhalten des anderen Teils gegen das eigene Territorium voraussetzt ("*attack or invasion*"), während das Konzept der Selbsterhaltung unbeschränkt der Durchsetzung sämtlicher vitaler Interessen dienen konnte.[729] Diese Entwicklung verdeutlicht, dass das Konzept der Selbsterhaltung in der Tat nichts Anderes als das "ideologische", "politische" oder "instinktive" Spiegelbild des freien Kriegsführungsrechts war.[730] Insofern verwundert es nicht, dass mit dem Untergang des 'liberum ius ad bellum' auch das unklare Konzept der Selbsterhaltung sukzessive aus der *völkerrechtlichen* Betrachtung verschwunden ist.[731] Als prächartialer Ansatzpunkt für ein gegenwärtig geltendes Recht zur präventiven Gewaltanwendung scheidet daher auch das Konzept der Selbsterhaltung aus.[732]

PARTSCH, Self-Preservation, in: BERNHARDT ET AL, EPIL, Bd.4 (2000), S.380f., betont die Funktion des Selbsterhaltungskonzepts als Sammelbegriff verschiedener Selbsthilferechte, etwa des Selbstverteidigungsrechts, des Notstandes, der Selbsthilfe, etc..

728 Vgl. GENONI, a.a.O. (Fn620), S.44; VOLK, a.a.O. (Fn633), S.21 bei Fn112; wohl auch BRIERLY/WALDOCK, a.a.O. (Fn617), S.404.

729 Vgl. BOWETT, a.a.O. (Fn720), S.9 m.w.N. in Fn2; GIRAUD, a.a.O. (Fn694), S.710, 715, 857; HYDE, a.a.O. (Fn722), S.248; KRISCH, a.a.O. (Fn613), S.25; RANDELZHOFER, a.a.O. (Fn671), S.789, Rn2; WESTLAKE, a.a.O. (Fn688), S.298f..

730 Ebenso MRAZEK, a.a.O. (Fn459), S.102 a.E.; vgl. auch BOWETT, ebd. (Fn720) ("ideology"); BRIERLY/WALDOCK, a.a.O. (Fn617), S.405 ("instinct"); ROGOFF/COLLINS, a.a.O. (Fn671), S.501 ("political excuses"); SCHWARZENBERGER, a.a.O. (Fn693), S.42 ("so-called principle of self-preservation may claim to be a psychological, but not a legal principle"); SINGH/MCWHINNEY, Nuclear weapons and contemporary international law (1988), S.85 ("instinct").

731 Vgl. ANTONOPOULOS, a.a.O. (Fn693), S.300 m.w.N. in Fn311; BROWNLIE, a.a.O. (Fn639), S.41ff, 216ff., 251ff.; KRISCH, a.a.O. (Fn613), S.331 bei und m.w.N. in Fn56; OPPENHEIM/LAUTERPACHT, a.a.O. (Fn674), S.416, §126; RÖLING, The ban on the use of force and the U.N. Charter, in: CASSESE, The current legal regulation of the use of force (1986), S.6; krit. dagegen PARTSCH, a.a.O. (Fn727), S.380.

732 Vgl. hierzu aber auch MEISER/VON BUTTLAR, Militärische Terrorismusbekämpfung unter dem Regime der UN Charta (2005), S.61 in Fn238.

c. Konkretisierung des Tatbestandes der Selbstverteidigung

Anders verhält es sich dagegen mit dem Konzept der Selbstverteidigung. Im Zuge der fortschreitenden Beschränkungen des 'liberum ius ad bellum' im Zeitraum zwischen 1900 und 1940 verdichtete sich das Konzept zu einem echten Tatbestand insbesondere *gegen territorial wirkende* - seit dem BRIAND-KELLOG-Pakt explizit verbotene[733] - *Angriffsgeschehen.*[734] Dabei lässt sich auf Basis von Art.2 Locarno-Vertrag[735] und der konsensual geführten Notenkorrespondenz zum BRIAND-KELLOG-Pakt[736] zunächst festhalten, dass das gewohnheitsrechtliche[737] Selbsterverteidigungsrecht jedenfalls im Fall eines bereits *begonnenen* Angriffs ("attack", "attaque") oder Einfalles ("invasion") ausgelöst wurde, es mithin im

---

733 Dass das Selbstverteidigungskonzept "Unrecht" voraussetzt, ist bereits seit der Säkularisierung der Lehre vom gerechten Krieg anerkannt (vgl. nur BOWETT, a.a.O. (Fn720), S.6f.) und bildet später den Kern des sich gewohnheitsrechtlich bildenden Selbstverteidigungsrechts (vgl. nur GENONI, a.a.O. (Fn620), S.82ff.).

734 Vgl. nur BROWNLIE, a.a.O. (Fn639), S.232 bei Fn1, mit eingehender Untersuchung der Staatenpraxis S.231-250; CHENG, a.a.O. (Fn720), S.81; KUNDE, a.a.O. (Fn460), S.116 in Fn190; GENONI, a.a.O. (Fn620), S.107f.; JIMÉNEZ DE ARÉCHAGA, International law in the past third of a century, RC 159 (1978-I), S.97 bei Fn179. Str. ist, ob sich neben dem Selbstverteidigungsrecht gegen territorial wirkende Angriffsgeschehen noch weitere tatbestandliche Varianten entwickelt haben. Von einem prächartial bestehenden Selbstverteidigungsrecht zur Rettung eigener Staatsangehöriger im Ausland gehen etwa DAHM, Das Verbot der Gewaltanwendung nach Art.2 (4) der UNO-Charta und die Selbsthilfe gegenüber Völkerrechtsverletzungen, die keinen bewaffneten Angriff enthalten, JIR 11 (1962), S.55f.; FRANZKE, a.a.O. (Fn626), S.137 bei Fn82, S.143 und KREß, Die Rettungsoperation der Bundeswehr in Albanien am 14. März 1997 aus völker- und verfassungsrechtlicher Sicht, ZaöRV 57 (1999) 2/3, S.346 bei Fn70f. aus. Dagegen offenbar BROWNLIE, a.a.O., S.271: "There is no indication in the discussions that the right of self-defence in the Article [51] was in contrast *with any other right of self-defence* permitted by the Charter or that the phrase 'if an armed attack occurs' was anything other than a characterization of the right of self-defence." [Hervorh. hinzugef.].

735 Abgedr. in Zweiter Teil - 4. Kapitel - A. - V. - 3. - c. , S.145. Gerade Art.2 Locarno-Vertrag diente als Vorlage für eine Reihe weiterer bi- und multilateraler Verträge, vgl. Nachweise in Fn711, und darf damit als durchaus repräsentative Kodifikation des Selbstverteidigungsrechts gelten.

736 In Auszügen abgedr. in Zweiter Teil - 4. Kapitel - A. - III. - c. , S.134f..

737 Vgl. hierzu insb. die zeitgenössischen Ausführungen von HERSHEY, a.a.O. (Fn722), S.230, §130, die für eine *gewohnheitsrechtliche* Deutung sprechen: "Until recently, authorities were generally agreed that there exist certain essential or fundamental rights and duties of States which *underly the positive rules and customs of International Law. These rights [...] are usually described as primary, inherent, absolute, fundamental, essential, permanent, etc..* [...] *[T]hese rights* have [...] a broader and deeper significance *than the ordinary positive rules* of the Law of Nations of which they are in large measure the ultimate basis or source [...]. Though far from absolute and *not inherently unchangeable*, they are in the nature of controlling or fundamental principles based upon conditions essential to State existence and international life in our time." [Hervorh. hinzugef.].

reaktiven Anwendungsbereich bereits vor Gründung der Vereinten Nationen bestanden hat.

Ob das Gleiche für einen *präventiven Anwendungsbereich* zu gelten hat, wird uneinheitlich beantwortet.[738] Wie bereits im Zusammenhang mit dem Konzept der Provokation dargelegt, kann jedenfalls Art. 2 Locarno-Vertrag nicht als Beleg eines allgemeinen Rechts zur präventiven Selbstverteidigung herangezogen werden.[739] Auch der anläßlich des BRIAND-KELLOG-Paktes geführte Notenwechsel lässt keinen sicheren Schluss zu. Gegen die Annahme eines präventiven Selbstverteidigungsrechts spricht der in nahezu allen Noten übereinstimmende Wortlaut, der rechtsgrundseitig stets auf einen Angriff bzw. eine Invasion Bezug nimmt, wie auch die Tatsache, dass der in der Präambel festgehaltene Dispens vom Kriegsverbot erst bei einem Verstoß gegen dasselbe eintreten sollte.[740] Für einen präventiven Anwendungsbereich spricht dagegen der inbesondere von den Vereinigten Staaten und Großbritannien[741] betonte Aspekt, wonach es jedem Staat selbst obliege, zu beurteilen, ob eine Selbstverteidigungslage bestehe.[742]

---

738 Einerseits etwa GENONI, a.a.O. (Fn620), S.83f., der den Ausschluss eines Rechts zur präventiven Selbstverteidigung insb. in der Praxis zwischen 1920 und 1939 erblickt. Konträr VON BUTLAR, Rechtsstreit oder Glaubensstreit?, in: BRÖHMER ET AL, FS-Ress (2005), S.16, der meint, die Existenz eines präventiven Selbstverteidigungsrechts in der Zeit vor der Charta sei *unbestritten*; ebenso MCCORMACK, Anticipatory self-defence in the legislative history of the United Nations Charter, Is L Rev 25 (1991) 1, S.40. Weitere Nachweise zu beiden Extremansichten bei RANDELZHOFER, a.a.O. (Fn671), S.806, Rn44 in Fn166 und GRAY, International law and the use of force (2000), S.86f. in Fn8f..

739 Vgl. supra Zweiter Teil - 4. Kapitel - A. - V. - 3. - c. , S.145ff..

740 In dieser Richtung wohl auch BRYDE, a.a.O. (Fn721), S.363.

741 Der britische Außenminister CHAMBERLAIN hob - unter Bezugnahme auf eine Note v. 19. Mai 1928 - neben dem Aspekt der Beurteilungskompetenz hervor, dass sich Großbritannien in "certain regions of which the welfare and integrity constitute a special and vital interest for our peace and safety" vorbehalte, zum Schutze seiner Interessen Selbstverteidigungsmaßnahmen zu ergreifen, vgl. *The British Secretary of State for Foreign Affairs (Chamberlain) to the American Chargé(Atherton)* v.18. Juli 1928, abgedr. in Am J Int'l L 23 (1929) 1, Suppl., S.6f.. Der Einwand konstituierte allerdings keinen Vorbehalt im Rechtssinne, vgl. nur - auch im Übrigen eingehend zur amerikanischen und britischen Note - BROWNLIE, a.a.O. (Fn639), S.239-245; GENONI, a.a.O. (Fn620), S.73-76 sowie WRIGHT, a.a.O. (Fn657), S.42ff. insb. S.43 bei Fn14.

742 So bereits GIRAUD, a.a.O. (Fn694), S.717; ebenso wohl VERDROSS, Règles générales du droit international de la paix, RC 30 (1929-V), S.481ff., der zwar die KELLOG'sche Einschätzungsprärogative zurückweist (S.483), indes zugesteht, dass die Selbstverteidigung "*peut* être permise même contre une agression injuste non encore commencée, mais *des plus imminentes* […]." [Hervorh. v. VERDROSS].

d. Staatenpraxis

In diesem Zusammenhang sollen zwei Fälle aus der prächartialen Staatenpraxis aufgearbeitet werden, die nicht nur den *zeitlichen Anfangs- und Endpunkt der prächartialen Entwicklung des "Selbstverteidigungsrechts" darstellen*, sondern zugleich in der wissenschaftlichen wie auch völkerrechtspraktischen Diskussion um ein *Recht zur präventiven Selbstverteidigung* wiederkehrend in Bezug genommen werden.

aa. Der Caroline-Vorfall (29./30. Dezember 1837)

(1.) Sachverhalt

Der Vorfall, bei dem das amerikanische Dampfschiff *Caroline* von britischen Truppen zerstört und zwei amerikanische Staatsbürger getötet wurden, findet seinen Hintergrund in der kanadischen Rebellion gegen die britische Kolonialherrschaft in Jahr 1837.

Nachdem der Versuch aufständischer Kolonisten, die kanadische Hauptstadt Toronto einzunehmen, im Frühjahr 1837 gescheitert war, floh deren Anführer, McKENZIE, nach Buffalo, Bundesstaat New York, USA. Dort bemühte er sich - trotz Kenntnis der amerikanischen Behörden[743] - erfolgreich um Unterstützung für die Rebellion, beschaffte Waffen[744] und rekrutierte bereitwillige Amerikaner und flüchtige Kolonisten für eine "Patriot Army"[745] zum kundgetanen Zwecke einer Invasion in Kanada.[746] Am 13. Dezember 1837, nach der letzten öffentlichen Versammlung in Buffalo, richteten die Rebellen ihr Hauptquartier auf Navy Island ein, einer unter britischer Hoheit stehenden Insel auf der kanadischen Seite des Niagara, unweit des kanadischen Festlandes. Ein weiterer Stützpunkt wurde in Black Rock auf amerikanischem Territorium gebildet.[747] In der Folgezeit riefen die Aufständischen eine Übergangsregierung für die Kronkolonie Kanada aus und griffen - in Vorbereitung der geplanten Invasion - wiederholt das kanadische Festland und vorbeifahrende britische Schiffe an. Ein regelmäßiger Schiffsverkehr zum amerikanischen Festland - insbesondere nach Fort Schlosser im Bundesstaat New York -, in den auch die in amerikanischem Pri-

---

743 Vgl. MENG, The Caroline, in: BERNHARDT ET AL, EPIL, Bd.1 (1992), S.538.

744 Ein Teil der Bewaffnung, darunter zwei Geschütze, wurden gewaltsam aus staatlichen Beständen der USA entwendet, vgl. Brief des Bürgermeisters von Buffalo TROWBRIDGE an den Präsidenten der USA v. 14. Dezember 1837, H Exec Doc, 25th Cong. 2nd Sess. (1838), Dok.74, auszugsw. abgedr. bei JENNINGS, a.a.O. (Fn727), S.82f.

745 Vgl. ROGOFF/COLLINS, a.a.O. (Fn671), S.494.

746 Vgl. Brief des Bürgermeisters von Buffalo TROWBRIDGE, ebd. (Fn744).

747 Vgl. HYDE, a.a.O. (Fn722), S.239.

vateigentum stehende Caroline eingebunden war, versorgte die Rebellen auf Navy Island und Black Rock mit weiteren Waffen und Rekruten.[748]

Bereits am Tag der Besetzung von Navy Island hatte der zuständige britische Gouverneur in Kanada, HEAD, den Gouverneur des Staates New York/USA, MARCY, um Maßnahmen ersucht, die Unterstützung der Aufständischen durch die amerikanische Zivilbevölkerung in Buffalo zu unterbinden.[749] Nachdem das entsprechende Schreiben unbeantwortet und der Versuch der amerikanischen Verwaltung, die öffentliche Ordnung wiederherzustellen, erfolglos geblieben war[750] und sich die Zwischenfälle häuften, forderte HEAD schließlich britisches Militär an, um das kanadische Ufer zu sichern. Der jene Truppen kommandierende Colonel MCNAB entschied am Abend des 29. Dezember 1837, dass die sofortige Zerstörung der Caroline, die inzwischen in Fort Schlosser (USA) festgemacht hatte, in doppelter Hinsicht nützlich sei: Zum Einen würde den Aufständischen die Möglichkeit genommen, zwecks Invasion nach Kanada überzusetzen, zum Anderen würde eine weitere Verstärkung der "Patriot Army" durch Freiwillige und Kriegsmaterial verhindert.[751]

Das Vorhaben wurde in der Nacht zwischen dem 29. und 30. Dezember 1837 umgesetzt. Kurz nach Mitternacht drangen die britischen Truppen in amerikanische Hoheitsgewässer ein, nachdem sie die Caroline nicht - wie vermutet[752] - in der Nähe von Navy Island, d.h. auf britischem Territorium, angetroffen hatten. Das Schiff wurde im Hafen von Fort Schlosser geentert und 33 unbewaffnete, amerikanische Zivilisten, die sich zu diesem Zeitpunkt an Bord befanden, überwältigt. Nennenswerter Widerstand wurde dabei nicht geleistet; gleichwohl kamen zwei amerikanische Bürger ums Leben.[753] Die Caroline wurde in Brand gesetzt, losgemacht, in die Mitte des Flusses geschleppt und stürzte kurze Zeit später führerlos über die Niagarafälle.[754]

---

748 Vgl. *Report of the Law Officers of the Crown* v. 21. Februar 1838, auszugsw. abgedr. bei JENNINGS, a.a.O. (Fn727), S.83.

749 Vgl. Brief von HEAD an MARCY v. 13. Dezember 1837, in: Brit Docs Foreign Aff, Part I, Ser.C, Vol.1 (1986), Dok.2, S.1.

750 Vgl. Brief des Bürgermeisters von Buffalo TROWBRIDGE, a.a.O. (Fn744), auszugsw. abgedr. bei JENNINGS, a.a.O. (Fn727), S.86 in Fn12, ebenso bei CHENG, a.a.O. (Fn720), S.85 in Fn52.

751 Vgl. JENNINGS, a.a.O. (Fn727), S.83f.

752 Vgl. hierzu Note des britischen Sondergesandten ASHBURTON an US-Außenminister WEBSTER v. 28. Juli 1842, in: Brit Docs Foreign Aff, Part I, Ser.C, Vol.1 (1986), Dok.206, S.334.

753 Vgl. HYDE, a.a.O. (Fn722), S.239; ROGOFF/COLLINS, a.a.O. (Fn671), S.495.

754 Vgl. zu den - materiell hier nicht relevanten - Ereignissen um die Festnahme und Anklage des Kanadiers MCLEOD wg. Brandstiftung und Doppelmordes im Fall Caroline, auf Grund derer die - im Folgenden wiederum relevante - diplomatische Korrespondenz zwischen Großbritannien und den USA stattgefunden hat: JENNINGS, a.a.O. (Fn727), S.92ff.; ROGOFF/COLLINS, a.a.O. (Fn671), S.495f..

Die USA erhoben Wiedergutmachungsansprüche gegen Großbritannien,[755] die jedoch britischerseits unter wechselnder Terminologie augrund eines Rechts der Selbsterhaltung ("self-preservation") bzw. der Selbstverteidigung ("self-defence") zurückgewiesen wurden[756]. Im Verlauf der diplomatischen Korrespondenz[757] forderte der amerikanische Außenminister die britische Regierung - mit einer im Untersuchungszusammenhang paradigmatischen Formulierung, der sog. WEBSTER-Formel[758] - auf,

> "to show a necessity of self-defence, instant, overwhelming, leaving no choice of means, and no moment for deliberation."

Im Anschluss führte er - auf die Folgen der britischen Maßnahme Bezug nehmend - aus,

> "[i]t will be for it to show, also, that the local authorities of Canada, even supposing the necessity of the moment authorized them to enter the territories of the United States at all, did nothing unreasonable or excessive; since the act, justified by the necessity of self-defence, must be limited by that necessity, and kept clearly within it."

Schließlich konkretisierte WEBSTER, was er mit der zu Beginn genannten "necessity of self-defence, instant, overwhelming, leaving no choice of means, and no moment for deliberation" meinte:

> "It must be shown that admonition or remonstrance to the persons on board the 'Caroline' was impracticable, or would have been unavailing; it must be shown that day-light could not be waited for; […] that it would not have been enough to seize and detain the vessel; but that there was a necessity, present and inevitable, for attacking her in darkness of the night, while moored to the shore, and while unarmed men were asleep on board, […]"[759]

---

755 Vgl. Brief des US-Außenminister FORSYTH an den britischen Gesandten in Washington FOX v. 5. Januar 1838, in: Brit & Foreign St Papers 26 (1837-1838), S.1376f..

756 Vgl. etwa Brief des britischen Gesandten in Washington FOX an US-Außenminister FORSYTH v. 6. Februar 1838, in: H Exec Doc, 25th Cong. 2nd Sess. (1838), Dok.302.

757 Vgl. Brit & Foreign St Papers 26 (1837-1838), S.1372-1377; Brit & Foreign St Papers 29 (1840-1841), S.1126-1142; Brit & Foreign St Papers 30 (1841-1842), S.193-203; Brit Docs Foreign Aff, Part I, Ser.C, Vol.1 (1986); H Exec Doc, 25th Cong. 2nd Sess. (1838), Dok.64, 73, 74 und 302.

758 Die sog. WEBSTER-Formel ist der erste, *hervorgehobene* Teil des folgenden Zitats.

759 Vgl. Note von US-Außenmiminster WEBSTER an den britischen Gesandten in Washington FOX v. 24. April 1841, in: Brit Docs Foreign Aff, Part I, Ser.C, Vol.1 (1986), Dok.99, S.159 [Hervorh. hinzugef.].

Nach weiterer Korrespondenz akzeptierte die britische Seite die von WEBSTER formulierten rechtlichen Anforderungen.[760] Man wurde sich einig, dass grundsätzlich ein *Interventionsverbot* gelten solle, dies jedoch durch *Ausnahmen* - "growing out of the great law of self-defence"[761] - durchbrochen werden könne, insbesondere wenn die lokalen Behörden einer von ihrem Territorium ausgehenden Gefahr für den Nachbarstaat nicht wirksam entgegentreten.[762] Die Differenzen, ob im Caroline-Fall die Voraussetzungen dafür gegeben waren,[763] wurden einvernehmlich offengelassen. Zur Zahlung einer Wiedergutmachung kam es nicht, die USA drückten gegenüber der britischen Regierung jedoch ihr Bedauern über den Vorfall aus.[764]

(2.) Bewertung

Der Caroline-Vorfall stellt den im Untersuchungszusammenhang am häufigsten in Bezug genommenen Einzelfall dar - freilich nicht selten unter isolierter und verkürzter Paraphrasierung der im ersten Teil des vorstehenden Zitats wiedergegebenen WEBSTER-Formel.[765] Dabei gehen die Meinungen über die Einordnung des Falles und der geführten Korrespondenz nicht unerheblich auseinander. Eine starke Fraktion erblickt in der WEBSTER-Formel - zumindest für die Zeit vor

---

760 Vgl. Note des britischen Sondergesandten ASHBURTON an US-Außenminister WEBSTER v. 28. Juli 1842, in: Brit Docs Foreign Aff, Part I, Ser.C, Vol.1 (1986), Dok.206, S.333: "Agreeing, therefore, on the general principle and on the possible exception to which it is liable, the only question between us is whether this occurrence came within the limits fairly to be assigned to such exceptions: whether, to use your words, there was 'that necessity of self-defence, instant, overwhelming, leaving no choice of means' […]."

761 Vgl. Brief von US-Außenminister WEBSTER an den britischen Sondergesandten ASHBURTON v. 6. August 1842, in: Brit Docs Foreign Aff, Part I, Ser.C, Vol.1 (1986), Dok.214, S.346: "Understanding these principles alike, the difference between the two Governments is only whether the facts in the case of the 'Caroline,' make out a case of such necessity for the purpose of self-defence."

762 Vgl. bereits den Brief des britischen Gesandten in Washington FOX, ebd. (Fn756); ebenso später die Depesche des britischen Sondergesandten ASHBURTON an US-Außenminister WEBSTER v. 28. Juli 1842, in: Brit Docs Foreign Aff, Part I, Ser. C, Vol. I (1986), Dok.206, S.332. Vgl. auch CHENG, a.a.O. (Fn720), S.87.

763 Vgl. nur die Note des britischen Außenministers PALMERSTON an den amerikanischen Gesandten in London STEVENSON v. 27. August 1841, in: Brit Docs Foreign Aff, Part I, Ser.C, Vol.1, Dok.126, S.185-191.

764 Vgl. NEUHOLD, a.a.O. (Fn619), S.134; vertiefend zum "WEBSTER-ASHBURTON-Settlement" JENNINGS, a.a.O. (Fn727), S.88-91 m.w.N.

765 Angesichts der inflationären Bezugnahme auf den *Caroline*-Vorfall wirft BROWNLIE, The principle of the non-use of force in contemporary international law, in: BUTLER, The non-use of force in international law (1989), S.19 bei Fn9 nicht zu Unrecht ein, dass die dabei regelmäßig nur kursorisch, "episodic reference to the *Caroline* incident and the related correspondence" ohne Aufarbeitung der zwischenzeitlichen Entwicklung einer gewissen "curiositi[y] of method" nicht entbehrt [Hervorh. v. BROWNLIE].

Gründung der Vereinten Nationen - die erste explizite Anerkennung eines *Rechts zur präventiven Selbstverteidigung*,[766] andere sehen dagegen lediglich die *Identifikation allgemeiner Rahmenbedingungen für das erst in Entwicklung befindliche Selbstverteidigungsrecht*, insbesondere mit Blick auf das Verhältnismäßigkeiterfordernis.[767]

Der letztgenannten Ansicht ist zu Gute zu halten, dass WEBSTER - im zweiten Teil der zitierten Ausführungen - in der Tat zur Erforderlichkeit und Angemessenheit der britischen Maßnahme Stellung nahm und insofern die Voraussetzungen der Verhältnismäßigkeit umschrieb. Darüber hinaus lässt sich aber ein spezifischer Zusammenhang zur Frage präventiver *Gewaltanwendung* kaum leugnen. Tatsächlich ging es im Caroline-Fall - trotz punktueller Angriffe der Rebellen auf das kanadische Festland und vorbeifahrende britische Schiffe - nicht vorrangig um eine *Reaktion* auf erfolgte Übergriffe,[768] sondern um die *Prävention* einer in nächster Zukunft erwarteten Invasion auf kanadisches Festland. Dies zeigt sich nicht nur in der - tatsächlichen - Entscheidung des kommandierenden Colonel MCNAB, sondern auch im Rechtsgutachten der britischen Law Officers DODSON, CAMPBELL und ROLFE, die explizit zum Ergebnis kamen, dass das Verhalten Großbritanniens als "Vorsorgemaßnahme für die Zukunft und nicht als Vergeltungsschlag für die Vergangenheit"[769] gerechtfertigt war. WEBSTERs Äußerungen - in der dritten zitierten Passage - belegen schließlich, dass auch die amerikanische Seite von einem Fall präventiver Gewaltanwendung ausging: So müsse gezeigt werden, dass eine Warnung ("admonition") unausführbar oder vergeblich ("impractiable or [...] unavailing") gewesen wäre. Eine solche Warnung macht aber naturgemäß nur im Vorfeld einer Verletzung Sinn, d.h. nur solange sich eine bestehende Gefahr noch nicht realisiert hat. Vor diesem Hintergrund ist es durchaus nachvollziehbar, in der erreichten Übereinstimmung hinsichtlich der von WEBSTER formulierten Voraussetzungen einer "necessity of *self-defence*" einen Präzedenzfall für ein Recht zur präventiven *Selbstverteidigung* zu sehen.

---

766 Vgl. etwa BAKER, Terrorism and the inherent right of self-defense (a call to amend Article 51 of the United Nations Charter), Houston J Int'l L 10 (1987) 1, S.32; JENNINGS, a.a.O. (Fn727), S.92; HIGGINS, Problems and process (1994), S.242; HYDE, a.a.O. (Fn722), Bd.1, S.239 bei Fn4; MENG, a.a.O. (Fn743), S.538; SINGH/MCWHINNEY, a.a.O. (Fn730), S.83 bei Fn10; WILDHABER, Gewaltverbot und Selbstverteidigung, in: SCHAUMANN, Völkerrechtliches Gewaltverbot und Friedenssicherung (1971), S.154. KUNDE, a.a.O. (Fn460), S.146 meint gar, WEBSTER wäre es "gelungen, die strikte Begrenzung der präventiven Selbstverteidigung in der Lehre von Hugo Grotius und dessen Nachfolgern Pufendorf und Vattel im Völkerrecht des 19. Jahrhunderts zu verankern."

767 Vgl. etwa ANTONOPOULOS, a.a.O. (Fn670), S.126; BRIERLY/WALDOCK, a.a.O. (Fn617), S.420.

768 Vgl. aber KRAJEWSKI, a.a.O. (Fn727), S.9.

769 Vgl. *Report of the Law Officers of the Crown* v. 25. März 1839, auszugsw. abgedr. bei JENNINGS, a.a.O. (Fn727), S.87 [eig. Übers.].

Im Ergebnis kann jedoch die Annahme, der Caroline-Vorfall (und die WEBSTER-Formel) habe spezifisch die Reichweite eines präventiven *Selbstverteidigungsrechts* konkretisiert, nicht überzeugen. Zum Zeitpunkt des Vorfalles - zu Beginn des 19. Jahrhunderts - hatte sich die Völkerrechtsgemeinschaft gerade erst von der Lehre des 'bellum iustum' losgesagt und war im Übergang zum freien Kriegsführungsrecht begriffen.[770] Ein individualisierbares *rechtliches* Konzept "Selbstverteidigung" bestand zu diesem Zeitpunkt noch nicht, vielmehr gingen die verschiedensten Formen der Selbsthilfe im übergeordneten Konzept der Selbsterhaltung auf.[771] Bezogen auf den Caroline-Vorfall zeigt sich dies deutlich in dem Umstand, dass im Verlauf der Korrespondenz die Begriffe der Selbstverteidigung und Selbsterhaltung synonym verwendet wurden. WEBSTERS Begriffswahl - "necessity of *self-defence*" - stellt vor diesem Hintergrund nicht mehr als eine historische Zufälligkeit dar. Er hätte ebenso gut von einer "necessity of *self-preservation*" sprechen können.[772]

Unabhängig von der terminologischen Überhöhung, passt der Caroline-Vorfall auch von seiner Tatbestandskonstellation nicht auf das Selbstverteidigungsrecht, das sich durch eine rein *bipolare Struktur* - Angreifer und Verteidiger - auszeichnet.[773] Tatsächlich ging es nämlich nicht um ein rein bilaterales Verhältnis zwischen Staaten. Verwickelt waren vielmehr drei faktische Konfliktakteure: Die Vereinigten Staaten, Großbritannien und die Rebellen, wobei Letztere - selbst im Falle einer Anerkennung als Insurgenten[774] - lediglich mit Blick auf das 'ius in bello' Völkerrechtspersönlichkeit hätten innehaben können. Da aber von den Rebellen die "tatbestandliche" Gefahr - Invasion in allernächster Zukunft - ausging, ohne dass dieses Verhalten rechts*subjektiv* hätte erfasst werden können (auch eine "Zurechnung" zu den USA fand insofern nicht statt) handelte es sich nach der hier verwandten Terminologie um eine notstandsähnliche, *unechte Dreieckskonstellation*.[775] Wenn man vor diesem Hintergrund den Caroline-Vorfall unter ein spezifisch rechtliches Konzept subsumiert, ist richtigerweise

---

770 Hierauf weisen auch MCCORMACK, a.a.O. (Fn727), S.248 und SCHACHTER, International law in theory and practice, RC 178 (1982-V), S.152; DERS., The right of states to use armed force, Mich L Rev 82.2 (1984) 5&6, S.1635 hin. Vgl. hierzu ferner schon supra Zweiter Teil - 4. Kapitel - A. - II. - 1. , S.125 m.w.N. in Fn617.

771 Vgl. hierzu supra Zweiter Teil - 4. Kapitel - A. - V. - 4. - a. , S.149 m.N. in Fn727.

772 Vgl. hierzu auch KRAJEWSKI, a.a.O. (Fn727), S.10 der zu Recht darauf hinweist, dass hier nicht zu eng am Wortlaut des Notenwechsels zu haften sei, da es sich im diplomatischen Verkehr gerade nicht um Rechtstexte handele. Zuzustimmen ist insofern auch ASRAT, Prohibition of force under the UN Charter (1991), S.209, der im Caroline-Vorfall ganzheitlich eine Begrenzung des vagen Gesamtkonzepts der Selbsterhaltung sieht.

773 Vgl. hierzu auch MEISER/VON BUTTLAR, a.a.O. (Fn732), S.34, 61; SCHWARZENBERGER, The principle of self-defence in international judicial practice, in: BARCIA TRELLES, Estudios de derecho internacional (1958), S.215.

774 Vgl. hierzu schon supra Erster Teil - 1. Kapitel - B. - II. - 1. , S.22.

775 So auch KRISCH, a.a.O. (Fn613), S.26 m.w.N. in Fn3. Vgl. zur unechten Dreieckskonstellation bereits supra Erster Teil - 1. Kapitel - A. - II. - 3. , S.18.

von einem Fall des *Notstandes*[776] auszugehen.[777] Entsprechend heißt es auch in der Kommentierung zu den ILC-DASR (2001):

> "The Caroline incident of 1837, though frequently referred to as an instance of self-defence, really involved the plea of necessity at a time when the law concerning the use of force had a quite different basis than it now has."[778]

bb. Die deutsche Invasion in Norwegen und Dänemark (9. April 1940)

Neben dem Caroline-Vorfall wird als Beleg eines prächartialen Rechts zur präventiven Gewaltanwendung häufig auf die deutsche Invasion in Norwegen und Dänemark Bezug genommen.

(1.) Sachverhalt

Die Ereignisse um die deutsche Besetzung Norwegens und Dänemarks beginnen mit Planungen des später im Nürnberger Prozess gegen die Hauptkriegsverbrecher verurteilten Oberbefehlshabers der Kriegsmarine RAEDER, des Leiters des außenpolitischen Amtes der NSDAP ROSENBERG und des Befehlshabers der Unterseeboote DÖNITZ im Spätjahr 1939.[779]

---

776 Vgl. hierzu eingehend sub Zweiter Teil - 4. Kapitel - B. - III. - 1. , S.174.

777 Ebenso BOWETT, a.a.O. (Fn720), S.59f.; KUNZ, a.a.O. (Fn670), S.876 in Fn14; FEINSTEIN, Self-defence and Israel in international law, Is L Rev 11 (1976) 4, S.524f.; ROMANO, Combating terrorism and weapons of mass destruction: Reviving the doctrine of a state of necessity, Georgetown L J 87 (1999) 4, S.1048; WEHBERG, a.a.O. (Fn626), S.4 unter Bezugnahme auf STRUPP ("eher Berührungspunkte mit dem völkerrechtlichen Notstand"); ansatzweise auch SOFAER, On the necessity of pre-emption, Eur J Int'l L 14 (2003) 2, S.220: "Webster's language should not, however, be applied as a general rule for all pre-emptive actions. The Caroline incident, in full context, makes clear that Webster's stated rule was meant to apply to situations in which the state on whose territory pre-emptive action is contemplated is not responsible for the threat involved, and is both able and willing to act appropriately to prevent the threat from being realized." [Hervorh. im. Orig. weggelassen]. Für die Annahme eines Notstands i.R.d. übergeordneten Konzepts der Selbsterhaltung: HERSHEY, a.a.O. (Fn722), S.232, §132 bei Fn5 ("extreme case of necessity"); SVARLIEN, a.a.O. (Fn659), S.124 ("an act of necessity for self-preservation"); in diese Richtung wohl auch schon VERDROSS, a.a.O. (Fn742), S.485f., §78 der die Abwehr nicht-staatlicher, aber vom Staatsterritorium ausgehender Gefahren unter "actes d'auto-protection défensive *autre que la légitime defense*" [Hervorh. hinzugef.] subsumiert.

778 *Commentaries to the ILC-DASR* (2001), A/56/10 (Supp) v. 1. Oktober 2001, S.196, §5 [Hervorh. im Orig. weggelassen].

779 Vgl. zur Sachverhaltsdarstellung ANTONOPOULOS, a.a.O. (Fn693), S.298; BLUMENWITZ, a.a.O. (Fn566), S.24f.; CHENG, a.a.O. (Fn720), S.88-92; IMGH NÜRNBERG, Der Nürn-

RAEDER und DÖNITZ setzten sich seit Anfang Oktober 1939 mit der *militärstrategischen* Frage auseinander, wie in Nord-Dänemark, vor allem aber Norwegen Stützpunkte für die (See-)Kriegführung gegen England gewonnen werden könnten. ROSENBERGs Planung, die bereits vor dem Krieg ihren Anfang genommen hatte, zielte - wenngleich nicht ohne militärischen Bezug - primär auf die politische Unterstützung der faschistischen Bewegung des ehemaligen norwegischen Kriegsminister QUISLING ("Nasjonal Samling"), der seinerseits in Norwegen zu putschen beabsichtigte und die Zusammenarbeit mit den deutschen Nationalsozialisten suchte.[780] HITLER war zwar - obschon seit 10. Oktober 1939 von der Aufnahme der Planung in Kenntnis gesetzt[781] - zunächst nicht von der "Notwendigkeit" der Besetzung der beiden Länder überzeugt. Gerade in Bezug auf Norwegen, über dessen Hafenstadt Narvik schwedisches Eisenerz nach Deutschland gelangte, bevorzugte er die Aufrechterhaltung der Neutralität;[782] für ihn stand zu diesem Zeitpunkt die Besetzung der Niederlande und Belgiens im Vordergrund.[783] Seit Dezember 1939 berichteten RAEDER und ROSENBERG dann zunehmend von einer Bedrohung des Reiches durch eine bevorstehende britische

---

berger Prozess gegen die Hauptkriegsverbrecher, Amtlicher Text in deutscher Sprache (1947); MCCORMACK, a.a.O. (Fn727), S.253-261; WALKER, a.a.O (Fn694), S.357-359.

780 Vgl. den Vortrag des britischen Chefanklägers SHAWCROSS in der Sitzung v. 4. Dezember 1945 und des Hilfsanklägers in Nürnberg GRIFFITH-JONES in der Sitzung v. 6. Dezember 1945, IMGH NÜRNBERG, a.a.O. (Fn779), Bd.3, S.150ff. und S.295ff. unter Bezugnahme auf den Fragebogen RAEDERS *Gewinnung von Operationsbasen in Norwegen (Auszug aus Kriegstagebüchern)* v. 3. Oktober 1939 [auszugsw. abgedr. als Beweisstück GB-82 in IMGH NÜRNBERG, Bd.3, S.301], DÖNITZ' Memorandum *Befehlshaber der Unterseeboote, Operations-Abteilung, Stützpunkt in Norwegen* v. 6. Oktober 1939 [auszugsw. abgedr. als Beweisstück GB-83 in IMGH NÜRNBERG, Bd.3, S.302], den *Kurze[n] Tätigkeitsbericht des Außenpolitischen Amtes der NSDAP von 1933-1943*, o.D. [auszugsw. abgedr. als Beweisstück GB-84 in IMGH NÜRNBERG, Bd.3, S.303ff.] sowie den Bericht ROSENBERGs an RAEDER, o.D. [auszugsw. abgedr. als Beweisstück GB-85 in IMGH NÜRNBERG, Bd.3, S.306]; vgl. zur Kooperation mit QUISLING ferner Bericht RAEDERs über eine Konferenz des Kriegsmarinestabs mit HITLER am 12. Dezember 1939, o.D. [auzugsw. abgedr. als Beweisstück GB-86 in IMGH NÜRNBERG, Bd.3, S.308f.]

781 Vgl. *Beitrag zum Kriegstagebuch des Ob.d.M. (Skl), zur Weserübung*, o.D., auszugsw. abgedr. als Beweisstück US-541 in IMGH NÜRNBERG, a.a.O. (Fn779), Bd.4, S.479 sowie die Ausführungen des Verteidigers des angeklagten RAEDER, SIEMERS, in der Sitzung v. 17. Juli 1946, IMGH NÜRNBERG, , Bd.18, S.445.

782 Vgl. etwa Denkschrift HITLERs v. 9 Oktober 1939, auszugsw. abgedr. als Beweisstück US-540 in IMGH NÜRNBERG, a.a.O. (Fn779), Bd.4, S.474ff., hier S.476 ("Die nordischen Staaten") und die Ausführungen des amerikanischen beigeordneten Anklägers in Nürnberg TAYLOR in der Sitzung v. 4. Januar 1946, S.478; vgl. ferner die Aussage des Angeklagten VON RIBBENTROP in der Sitzung v. 20. März 1946, IMGH NÜRNBERG, Bd.10, S.319.

783 Vgl. nur Protokoll einer Rede HITLERS am 23. Novermber 1939, o.D., auszugsw. abgedr. als Beweisstück US-23, IMGH NÜRNBERG, a.a.O. (Fn779), Bd.4, S.476f., hier S.477 und Bd.14, S.205f.

Besetzung Norwegens,[784] obgleich von den ihnen zuarbeitenden Stellen bis Ende März keine eindeutigen Warnungen hierzu gegebenen wurden.[785] Inwieweit bereits in diesem Zeitraum (Oktober-Dezember 1939) *objektiv eine konkrete* Planung seitens der Alliierten - Frankreich und Großbritannien - bestand, Norwegen zu besetzen, ist unklar;[786] sicher ist, dass *frühestens* am 20. März 1940 auf britischer Seite beschlossen wurde, Anfang April - avisiert war der 5. April - die norwegischen Küstengewässer zu verminen.[787]

HITLER ließ sich schließlich von der Notwendigkeit der deutschen Besetzung Norwegens und Dänemarks überzeugen. Ende Januar 1940 beauftragte er den Chef des Obkommandos der Wehrmacht KEITEL mit der weiteren Planung des Vorhabens "Weserübung".[788] In einer von HITLER herausgegebenen Weisung vom 1. März 1940 heißt es hierzu:

> "[...] Die Entwicklung der Lage in Skandinavien erfordert es, alle Vorbereitungen dafür zu treffen, um [...] Dänemark und Norwegen zu besetzen. Hierdurch soll englischen Übergriffen nach Skandinavien

---

784 Vgl. die Ausführungen des britischen Hilfsanklägers JONES in der Sitzung v. 6. Dezember 1945, IMGH NÜRNBERG, a.a.O. (Fn779), Bd.3, S.299 und - in der Sitzung v. 7. Dezember 1945 - S.309ff. unter Bezugnahme auf den *Kurze[n] Tätigkeitsbericht des Außenpolitischen Amtes der NSDAP von 1933-1943*, o.D. [auszugsw. abgedr. als Dokument 007-PS in IMGH NÜRNBERG, Bd.3, S.310 und S.315f.], vgl. ferner die Ausführungen RAEDERS in der Sitzung v. 20. Mai 1946, IMGH NÜRNBERG, Bd.14, S.209 sowie seines Verteidigers SIEMERS in der Sitzung v. 17. Juli 1946, IMGH NÜRNBERG, Bd.18, S.445, 452f..

785 Vgl. einerseits die Befragung des Angeklagten RAEDER durch den britischen stellvertretenden Hauptankläger MAXWELL-FYFE am 20. Mai 1946, IMGH NÜRNBERG, a.a.O. (Fn779), Bd.14, S.210ff. unter Bezugnahme auf einen Bericht der dt. diplomatischen Vertretung in Norwegen v. 29. März 1940 [auszugsw. abgedr. als Beweisstück GB-466, in IMGH NÜRNBERG, Bd.14, S.214] und Bericht der dt. diplomatischen Vertretung in Schweden, o.D. [jeweils auszugsw. abgedr. als Beweisstücke GB-467 und GB-468, in IMGH NÜRNBERG, Bd.14, S.215f.] und andererseits die Ausführungen des RAEDER-Verteidigers SIEMERS in der Sitzung v. 17. Juli 1946, IMGH NÜRNBERG, Bd.18, S.452ff.. Vgl. schließlich Urteil v. 1. Oktober 1946, IMGH NÜRNBERG, Bd.1, S.230: "Wie weit in einflußreichen deutschen Kreisen die Auffassung bestand, daß die Allierten eine Besetzung Norwegens beabsichtigten, kann nicht mit Sicherheit entschieden werden."

786 Die von SIEMERS in der Sitzung v. 17. Juli 1946 in Bezug genommenen Beweisstücke deuten Entsprechendes an; mangels Beweiswürdigung durch das Tribunal im Urteil [abgedr. in IMGH NÜRNBERG, Bd.1, S.189ff., hier insb. S.228-233; engl. Originalfassung in Am J int'l L 41 (1947) 1, S.172-333] kann aber nicht festgestellt werden, ob den Dokumenten ein Beweiswert beizumessen ist.

787 So das Urteil v. 1. Oktober 1946, IMGH NÜRNBERG, a.a.O. (Fn779), Bd.1, S.232; laut Verteidigung wurde der Beschluss sogar erst am 28. März 1940 gefasst, vgl. Ausführung von SIEMERS in der Sitzung v. 17. Juli 1946, IMGH NÜRNBERG, Bd.18, S.457.

788 Vgl. Brief KEITELS v. 27. Januar 1940, auszugsw. abgedr. als Beweisstück GB-87 in IMGH NÜRNBERG, a.a.O. (Fn779), Bd.3, S.311.

> und der Ostsee vorgebeugt, unsere Erzbasis in Schweden gesichert und für Kriegsmarine und Luftwaffe die Ausgangsstellung gegen England erweitert werden. [...]"[789]

Am 8. April 1940 begann Großbritannien - 3 Tage später als geplant - in den Küstengewässern Norwegens eine Minensperre auszulegen, um die Durchfahrt deutscher Kriegs- und Frachtschiffe zu verhindern. Zur Begründung führten die Regierungen Englands und Frankreichs aus:

> "Das Völkerrecht hat immer einem Kriegführenden das Recht zuerkannt, wenn der Feind systematisch illegale Methoden anwendet, geeignete Maßnahmen zu treffen, in Anpassung an die Lage, die durch die Ungesetzmäßigkeit des Feindes geschaffen worden ist. [...] Wenn die Notwendigkeit, den Krieg zu gewinnen, sie jetzt zwingt, solche Maßnahmen zu ergreifen, so wird die Weltmeinung nicht zögern, die Zwangslage, aus der heraus sie handeln mussten, und die Gründe ihrer Aktion, sogleich zu verstehen."[790]

Am 9. April 1940 begann schließlich die deutsche Besetzung Norwegens und Dänemarks. Zur Begründung ließ die Reichsregierung verlautbaren:

> "In dieser entscheidenden Phase des dem deutschen Volke von England und Frankreich aufgezwungenen Existenzkampfes kann die Reichsregierung aber unter keinen Umständen dulden, dass Skandinavien von den Westmächten zum Kriegsschauplatz gemacht [...] wird."[791]

Im Nürnberger Prozess gegen die Hauptkriegsverbrecher wurde die Rechtfertigung auf deutscher Seite konkretisiert. Seitens der Verteidigung des Angeklagten RAEDER wurde betont, dass die britische Verminung zu Unrecht die Verschiffung schwedischen Eisenerzes nach Deutschland unterbunden habe.[792] Insofern meinte Verteidiger SIEMERS (hier klingt eine Bezugnahme auf das Prinzip des Gleichgewichts der Kräfte[793] an):

> "Es dürfte unstreitig sein, daß Deutschland daraufhin berechtigt war, das gestörte *Gleichgewicht* zwischen den Kriegführenden *wiederherzustellen*, also durch Aktionen seiner Streitkräfte dem Gegner den

---

789 Auszugsw. abgedr. als Beweisstück GB-89 in IMGH NÜRNBERG, a.a.O. (Fn779), Bd.3, S.313f..

790 Zit. nach BLUMENWITZ, a.a.O. (Fn566), S.25 m.N. in Fn25.

791 Zit. nach BLUMENWITZ, a.a.O. (Fn566), S.25 m.N. in Fn26.

792 Vgl. Ausführungen des Verteidigers SIEMERS unter Bezugnahme auf ein Rechtsgutachten von MOSLER, IMGH NÜRNBERG, a.a.O. (Fn779), Bd.18, S.446f., 449; vgl. auch BLUMENWITZ, a.a.O. (Fn566), S.25.

793 Vgl. supra Zweiter Teil - 4. Kapitel - A. - V. - 2. , S.139.

Vorteil zu nehmen, den er durch die Neutralitätsverletzung [Anm.: die Verminung] gewonnen hatte."

Zugleich räumte SIEMERS aber ein, dass

> "[d]ie Reaktion gegen eine solche Neutralitätsverletzung [...] sich in erster Linie gegen den Feind [richtet] und nicht gegen den Neutralen. [...] Es kann sicher nicht Deutschland Norwegen besetzen, weil England die Küstengewässer vermint. Diese Tatsache berechtigt nicht zur Besetzung."[794]

Im Ergebnis sah die Verteidigung die deutsche Besetzung Norwegens aber als "Präventivmaßnahme" auf Grund des "völkerrechtlich allgemein anerkannten" "Recht[s] der Selbsterhaltung (The right of self[-]defense; le droit de défense personelle)"[795] gerechtfertigt. Unter Bezugnahme auf die Note des US-Außenministers KELLOG zum Kriegsächtungspakt[796] suchte SIEMERS darzulegen, dass das Recht der Selbsterhaltung unter der "Einschätzungsprärogative"[797] des betroffenen Staates stünde und - eben aus Sicht des Deutschen Reiches - klare Anzeichen dafür bestanden hätten, dass die Verminung der norwegischen Küstengewässer ein Teil eines weiterreichenden englisch-französischen Plans zur Besetzung Norwegens gewesen sei;[798] die Verminung am 8. April 1940 sei insofern die erste Manifestation des Plans gewesen.

Das Reich habe demnach in Antizipation einer "*dicht bevorstehenden*" Gefahr einer britischen Besetzung Norwegens gehandelt.[799] In einer Situation, in der eine kriegführende Partei vom Vorhaben des Feindes, sich durch Besetzung eines neutralen Staates einen strategischen Vorteil zu verschaffen, Kenntnis erlange, bestehe das Recht zu "vorbeugenden Gegenmaßnahmen".[800] Zur *Passivlegitimation Norwegens* als tatsächlich betroffenem (neutralen) Staat - der nach eigenem Bekunden SIEMERS'[801] gerade nicht *auf Grund der Verminung* seiner Küstengewässer besetzt werden durfte -, führte der Verteidiger aus:

---

794 SIEMERS in der Sitzung v. 17. Juli 1946, IMGH NÜRNBERG, a.a.O. (Fn779), Bd.18, S.447 [Hervorh. hinzugef.], ferner S.449.

795 Vgl. SIEMERS in der Sitzung v. 17. Juli 1946, IMGH NÜRNBERG, a.a.O. (Fn779), Bd.18, S.450; er spricht hier von "Rechtstitel".

796 Vgl. supra Zweiter Teil - 4. Kapitel - A. - III. - 2. - d. , S.136 bei Fn663.

797 BLUMENWITZ, a.a.O. (Fn566), S.25.

798 Vgl. SIEMERS in der Sitzung v. 17. Juli 1946, IMGH NÜRNBERG, a.a.O. (Fn779), Bd.18, S.450 a.E.

799 SIEMERS in der Sitzung v. 17. Juli 1946, IMGH NÜRNBERG, a.a.O. (Fn779), Bd.18, S.452, vgl. auch S.458.

800 Vgl. SIEMERS in der Sitzung v. 17. Juli 1946, IMGH NÜRNBERG, a.a.O. (Fn779), Bd.18, S.446, 451.

801 Vgl. bei Fn794.

> "Die Rechtsbeziehungen hinsichtlich der Neutralität bestehen nicht nur zwischen dem Neutralen und jedem der beiden kriegführenden Staaten, sondern die Neutralität [...] ist gleichzeitig auch ein Faktor in den direkten Beziehungen der Kriegführenden untereinander. Wird das Neutralitätsverhältnis zwischen dem einen Kriegführenden und den Neutralen gestört, so kann sich der Neutrale über ein entsprechendes Vorgehen des anderen Kriegführenden nicht beklagen, wobei es keine Rolle spielt, ob der neutrale Staat seine Neutralität nicht schützen kann oder nicht schützen will."[802]

Die Besetzung Norwegens wurde von einer Vielzahl von Staaten, unter anderem den USA, Frankreich und Großbritannien als völkerrechtswidrige Gewaltanwendung verurteilt.[803]

(2.) Bewertung

Grundlegend für die Bewertung des vorstehenden Sachverhaltes ist zunächst die Feststellung, dass zum Zeitpunkt der deutschen Invasion am 9. April 1940 keine Tatsachenbasis existierte, die die Annahme einer *unmittelbar bevorstehenden Besetzung* Norwegens durch die Allierten und eines sich *unmittelbar anschließenden Angriffes von dort* gegen Deutschland gerechtfertigt hätte.

Die tags zuvor begonnene Verminung der norwegischen Küstengewässer - die frühestens am 20. März 1940 seitens der Alliierten beschlossen wurde - ändert hieran nichts. Zum Einen lässt sich aus der Verminung der Küstengewässer nicht auf die Besetzung des Festlandes, geschweige denn auf einen von dort aus nachfolgenden Angriff auf Deutschland schließen. Mit Blick auf die beabsichtigte Unterbindung deutscher Erztransporte ist sogar das Gegenteil der Fall: Eine Verminung entbehrte jedes Sinnes, wenn tatsächlich geplant gewesen wäre, in unmittelbarem Anschluss die norwegische Hafenstadt Narvik unter Kontrolle zu bringen und schon allein durch diese Maßnahme die Erztransporte verhindern zu können. Zum Anderen stand zum Zeitpunkt der Verminung der deutsche Entschluss, Norwegen und Dänemark zu besetzen, bereits fest; Hitler hatte Entsprechendes in der Weisung vom 1. März 1940 formuliert. Dabei trat neben einem präventiven Aspekt ("Hierdurch soll englischen Übergriffen nach Skandinavien und der Ostsee vorgebeugt [...] werden") vor allem die "aggressive" Stoßrichtung des deutschen Plans zu Tage (es solle "für Kriegsmarine und Luftwaffe die Ausgangsstellung gegen England erweitert werden"). Dass HITLER gerade nicht die Gefahr einer britischen Besetzung Norwegens bezeichnet, sondern nur un-

[802] SIEMERS in der Sitzung v. 17. Juli 1946, IMGH NÜRNBERG, a.a.O. (Fn779), Bd.18, S.449.

[803] Vgl. AdG, CD-Rom (2001), Dok Nr.4497 v. 16. April 1940; Dok.Nr.4509 v. 27. April 1940; Dok.Nr. 4515 v. 2. Mai 1940;

spezifisch auf "englische Übergriffe nach Skandinavien und der Ostsee" Bezug nimmt, konterkariert den Vortrag des Verteidigers SIEMERS in Nürberg und offenbart dessen Schutzbehauptungscharakter.

Vor diesem Hintergrund erklärt sich das Urteil des Militärgerichtshofes in Nürnberg. Die Besetzung wurde anhand des - explizit zitierten - Caroline-Falles[804] geprüft,[805] eine Rechtfertigung ("Entschuldigung") verneint und das deutsche Vorgehen im Ergebnis als Angriffshandlung[806] eingeordnet. Dabei wies der Gerichtshof zunächst den Einwand der Verteidigung zurück, maßgebend für die Beurteilung der Rechtmäßigkeit der deutschen "Vorbeugungsmaßnahmen" müsse die ex ante Einschätzung des handelnden Staates sein. Der Gerichtshof stellte vielmehr - in *prozeduraler* Hinsicht - fest, dass das Vorliegen der tatbestandlichen Voraussetzungen im Rahmen einer *ex post-Betrachtung zu* überprüfen sei; im Urteil heißt es wörtlich:

> "Ob jedoch die Maßnahmen, die unter dem Vorwand der Selbstverteidigung unternommen wurden, tatsächlich Angriffs- oder Verteidigungsmaßnahmen waren, muß letzten Endes einer Nachprüfung und einem Urteilsspruch unterliegen, wenn das Völkerrecht überhaupt je zur Geltung gebracht werden soll."[807]

Ob eine schuldlose Fehleinschätzung der Sachlage ex ante durch die Organe des Aktivlegitimation beanspruchenden Staates die spätere Beurteilung der Rechtmäßigkeit ändert, wurde in Ermangelung einer entsprechenden Tatsachenlage[808] nicht thematisiert. Denn das Tribunal sah es - in *materieller* Hinsicht - als erwiesen an, dass die Planung zur Besetzung Norwegens und Dänemarks zur Verbesserung der Angriffsmöglichkeiten auf England geschehen sei.[809] Die von der Verteidigung erhobene Behauptung, man habe lediglich einer alliierten Landung - in Selbstverteidigung - zuvorkommen wollen, trage dagegen nicht. Die deutschen Pläne seien lange vor der allierten Entscheidung, norwegische Küstengewässer zu verminen, konkretisiert worden. Jedenfalls habe eine Besetzung Norwegens aber nicht unmittelbar i.S.d. WEBSTER-Formel bevorgestanden.[810] Im Urteil heißt es weiter:

---

[804] Vgl. supra Zweiter Teil - 4. Kapitel - A. - V. - 4. - d. - aa. , S.153.

[805] Vgl. Urteil v. 1. Oktober 1946, IMGH NÜRNBERG, a.a.O. (Fn779), Bd.1, S.230;

[806] IMGH NÜRNBERG, a.a.O. (Fn779), Bd.1, S.233; im engl. Wortlaut "acts of aggressive war", vgl. Am J int'l L 41 (1947) 1, S.207.

[807] Urteil v. 1. Oktober 1946, IMGH NÜRNBERG, a.a.O. (Fn779), Bd.1, S.232 [Hervorh. hinzugef.]. Vgl. hierzu auch BLUMENWITZ, a.a.O. (Fn566), S.25 bei Fn30; MCCORMACK, a.a.O. (Fn727), S.254f.; WALKER, a.a.O (Fn694), S.358 in Fn242.

[808] Vgl. hierzu die Feststellung des IMGH NÜRNBERG, EBD. (in Fn785 a.E.)

[809] Vgl. Urteil v. 1. Oktober 1946, IMGH NÜRNBERG, a.a.O. (Fn779), Bd.1, S.228, 232.

[810] Vgl. Urteil v. 1. Oktober 1946, IMGH NÜRNBERG, a.a.O. (Fn779), Bd.1, S.231f.. Für den Angriff auf Dänemark wurde im Übrigen gar nicht behauptet, dass "außer Deutschland irgendeiner der Kriegführenden die Besetzung" geplant habe (S.232).

"Aus alledem geht klar hervor, daß, als die Pläne für einen Angriff auf Norwegen entworfen wurden, sie nicht gemacht wurden, um einer *bevorstehenden* Landung der Allierten zuvorzukommen, sondern höchstens, um vielleicht eine alliierte Besetzung *in der Zukunft* zu verhindern."[811]

Aus alledem wird nicht selten geschlossen, das Militärtribunal habe im Grundsatz anerkannt, dass das zu jenem Zeitpunkt (1940) bestehende gewohnheitsrechtliche *Selbstverteidigungsrecht* einen präventiven Anwendungsbereich ("preventive action in foreign territory") gehabt habe,[812] namentlich unter der den bereits von WEBSTER formulierten Voraussetzung einer "unaufschiebbaren und unabwendbaren Notwendigkeit [...], die keine Wahl der Mittel und keinen Augenblick Zeit zur Überlegung läßt."[813]

Diese Bewertung überzeugt nicht. Wie dargelegt, betraf schon der Caroline-Vorfall keine - bipolare - *Selbstverteidigungs*situation, sondern eine (unechte) Dreieckskonstellation und ist richtigerweise konzeptionell unter den *Notstand* subsumiert worden.[814] Ganz ähnlich verhält es sich bei dem hier untersuchten Fall: Soweit nämlich die "tatbestandliche Gefahr" für Deutschland darin bestand, dass der Bedrohungsurheber (England) das Territorium neutraler Dritter (Dänemark, Norwegen) *besetzte*, ging es nicht - wie der deutsche Verteidiger SIEVERS durch Bezugnahme auf die Note KELLOGS zum Kriegsächtungspakt[815] suggerierte - um "Selbsterhaltung" gegen einen zuküftigen englischen Angriff (in der Note ist von "invasion" und "attack" die Rede), sondern lediglich um die *Abwendung der strategisch unerwünschten Entwicklung* "englische[r] Übergriffe nach Skandinavien und der Ostsee". Zur Abwendung dieser Gefahr wurde in die Rechtssphäre Dritter - Norwegen und Dänemark - eingegriffen, ohne dass *diese* Staaten tatsächlicher oder rechtlicher Urheber der Gefahr gewesen wären.[816] Vor diesem Hintergrund handelte es sich auch im vorliegenden Fall um eine unter dem Gesichtspunkt des *Notstandes* zu beurteilende Maßnahme und nicht, wie die von Verteidigung und Gericht verwandte Terminologie nahelegt,

---

811 IMGH NÜRNBERG, a.a.O. (Fn779), Bd.1, S.231 [Hervorh. hinzugef.]; ebenso versteht auch BLUMENWITZ, a.a.O. (Fn566), S.25 das Urteil.

812 Vgl. etwa MCCORMACK, a.a.O. (Fn727), S.254; WILDHABER, a.a.O. (Fn766), S.153; NEUHOLD, a.a.O. (Fn619), S.135 bei Fn275.

813 IMGH NÜRNBERG, a.a.O. (Fn779), Bd.1, S.230.

814 Vgl. supra Zweiter Teil - 4. Kapitel - A. - V. - 4. - d. - aa. - (2.) , S.159 bei und m.N. in Fn777.

815 Vgl. supra Zweiter Teil - 4. Kapitel - A. - III. - 2. - d. , S.136 bei Fn663.

816 Vgl. hierzu auch CHENG, a.a.O. (Fn720), S.91: "In this connection, it must be remembered that the impending violation of a State's neutrality, even if its ultimate object is to injure the opposing belligerent, constitutes primarily a direct threat to the neutral State, and only a *secondary and indirect threat* to the rights of the opposing belligerent" [Hervorh. hinzugef.].

um eine Selbstverteidigungssituation.[817] Dies gilt um so mehr, als mit Blick auf das hier wegen der Staatlichkeit aller Konfliktbeteiligten anwendbare Neutralitätrecht, welches (im vorliegenden Fall: gem. Art.1 des von allen Beteiligten ratifizierten V. Haager *Abkommen, betreffend die Rechte und Pflichten der neutralen Mächte und Personen im Falle eines Landkriegs* vom 18. Oktober 1907[818]) von der grundsätzlichen Unverletztlichkeit des Gebietes der neutralen Macht ausgeht, ein Rechtstitel in erster Linie gegenüber den Neutralen erforderlich ist.[819] Vor eben diesem Hintergrund gelesen macht auch die Urteilsbegründung des Gerichts Sinn, wonach

> "Präventivhandlungen *auf fremdem* [Anm.: i.S.v. *neutralem*[820]] *Gebiet* nur im Falle einer 'unaufschiebbaren und unabwendbaren Notwendigkeit der Selbstverteidigung, die keine Wahl der Mittel und keinen Augenblick Zeit zur Überlegung lässt' [...], gerechtfertigt sind."[821]

e. Zwischenergebnis

Die Entwicklung vom *realpolitischen Konzept* der Selbsterhaltung ("self-preservation") - Sammelkonzept für Selbstverteidigung, Notstand, Rettung eigener Staatsangehöriger im Ausland, etc.[822] - zu einer trennscharfen Abgrenzung

---

817 So zu Recht schon SCHWARZENBERGER, The principle of self-defence in international judicial practice, in: BARCIA TRELLES, Estudios de derecho internacional (1958), S.215; wohl auch KUNZ, Neutrality and the European War 1939-1940, Mich L R 29 (1941) 5, S.738 m.N. und unter Bezugnahme auf LAUTERPACHT: "Occupation of neutral territory under these circumstances 'would be excusable [...] since an *extreme case of necessity* in the interest of self-defence must be considered as an excuse,' but only, 'when the use of the [neutral] territory by the enemy is imminent,' not if 'a belligerent should merely fear that his enemy might perhaps attempt so to use it.'" [Hervorh. hinzugef.]; in diese Richtung auch BLUMENWITZ, Die völkerrechtlichen Aspekte des Irak-Konfliktes, ZfP 50 (2003) 3, S.317f.; jüngst wieder KUNDE, a.a.O. (Fn460), S.147 in Fn391.

818 Abgedr. FHIG, Bd. 3.1 (1992), S.615.

819 Dabei kann hier die Frage dahinstehen, ob die Verletzung der Neutralitätspflichten auf Seiten des Neutralen - gegebenfalls auch nur die mangelnde Gegenwehr gegen Beeinträchtigungen der Neutralität durch die Kriegführenden (sog. Pflicht zur bewaffneten Neutralität) - ein Recht zur Gewaltanwendung gegenüber dem Neutralen einräumt. Denn - wie auch der deutsche Verteidiger Siemers einräumte - war allein die britische Verminung norwegischer Küstengewässer jedenfalls nicht geeignet, die landseitige Besetzung durch Deutschland zu rechtfertigen. Vgl. zur bewaffneten Neutralität und Gewaltrechten gegen den Neutralen *nach* Verletzung der Neutralitätspflicht BOWETT, a.a.O. (Fn720), S.167ff.; BINDSCHEDLER, Die Neutralität im modernen Völkerrecht, ZaöRV 17 (1956) 1, S.17ff.; WILDHABER, a.a.O. (Fn766), S.163f.; KUNZ, a.a.O. (Fn817), Mich L R 29 (1941) 5, S.737f..

820 In diesem Sinne wohl auch CHENG, a.a.O. (Fn720), S.83ff..

821 IMGH NÜRNBERG, a.a.O. (Fn779), Bd.1, S.230 [Hervorh. hinzugef.]

822 Vgl. supra Zweiter Teil - 4. Kapitel - A. - V. - 4. - a. , S.149 m.N. in Fn727.

zwischen den *einzelnen Rechtsfiguren* wurde durch einen uneinheitlichen Sprachgebrauch erheblich erschwert. Lässt man indes die Terminologie in den Hintergrund treten und betrachtet die Fälle *materiell*, sprechen die besseren Gründe dafür, die vorstehend dargestellten - vermeintlichen - Präzedenzfälle eines Rechts zur präventiven Selbstverteidigung als Notstandsfälle einzuordnen.

Die strittige Frage, ob das prächartial bestehende *Selbstverteidigungsrecht* einen präventiven Anwendungsbereich hatte,[823] wird damit - im Zusammenhang mit den bereits dargelegten Argumenten - tendenziell zu verneinen sein; im Ergebnis kann die Frage aber, wie noch zu zeigen sein wird, offen bleiben.[824] Zugleich ist festzustellen, dass die Auflösung des Konzepts der Selbsterhaltung ein *Notstandsrecht* hervorgebracht hat, das entlang der WEBSTER-Formel in Fällen der konkreten Gefahr eines Angriffsgeschehens - "*instant, overwhelming, leaving no choice of means, and no moment for deliberation*" - die Gewaltanwendung zuließ; nach der hier verwandten Terminologie handelt es sich damit um ein Recht zur antizipatorischen Gewaltanwendung.

B. Die Zeit seit Gründung der Vereinten Nationen

Im völkerrechtlichen Gewaltregelungsregime unter Geltung der Charta der Vereinten Nationen wurde die Entwicklung bis 1945, insbesondere die Umkehrung der Regel-Ausnahme-Systematik, konsequent fortgeführt. Der chartiale Regelungskomplex soll dabei im Folgenden nur skizziert werden, da er im Hinblick auf die im Untersuchungszusammenhang interessierenden Aspekte im 5. und 6. Kapitel einer eingehenden Betrachtung unterzogen wird. Eines sei allerdings vorab herausgestellt: Die Charta der Vereinten Nationen stellt zweifelsohne *universelles Völkerrecht* dar. Von hervorzuhebender Bedeutung ist dies insofern, als alle Mitglieder das darin enthaltene Gewaltregelungregime anerkannt und - soweit die Gewaltanwendung erlaubt wird - in ihre *Passivlegitimation eingewilligt* haben.

I. Das Gewaltverbot

Im Zentrum des gegenwärtigen Gewaltregelungsregimes steht das Gewaltverbot, Art.2. Ziff.4 CVN, das - mit im Kern gleichem materiellen Inhalt - auch im Völkergewohnheitsrecht verankert ist;[825] es zählt zum ius cogens und ist nicht ver-

---

823 Vgl. supra Zweiter Teil - 4. Kapitel - A. - V. - 4. - c. , S.152 m.N. in Fn738.

824 Vgl. dazu sub Zweiter Teil - 6. Kapitel - B. - II. , S.347.

825 Vgl. etwa BROWNLIE, a.a.O. (Fn639), S.113, der freilich in Art.2 Ziff.4 CVN die bloße Kodifikation einer bereits vor Gründung der VN bestehenden gewohnheitsrechtlichen Rechtsregel sieht. Die wohl h.M. nimmt dagegen an, dass sich das völkergewohnheitsrechtliche Gewaltverbot aus Art.2 Ziff.4 CVN heraus entwickelt hat: RANDELZHOFER,

wirkbar.[826] Einen Markstein stellt das Gewaltverbot dabei vor allem wegen seines - im Vergleich zum BRIAND-KELLOG-Pakt und der Völkerbundsatzung - *höheren Abstraktionsgrades* und seiner *tatbestandlichen Reichweite* dar. So wurde der "juristisch kaum faßbare Begriff 'Krieg'"[827], der als Zustandsbeschreibung in hohem Maß einer wertenden Betrachtung bedarf, durch das bei natürlicher Betrachtung rein deskriptive Tatbestandsmerkmal der Gewalt[828] ersetzt. Das Verbot knüpft also im Vergleich zum Kriegsverbot nicht mehr an die ggf. durch weitere Merkmale - etwa einen *animus belligerendi* - qualifizierte *Folge* der Gewaltanwendung an, sondern diskriminiert schlicht das *Handlungsmittel*. Die Umstellung von einem normativ geprägten auf ein deskriptives Tatbestandsmerkmal vereinfacht die Subsumierbarkeit und beschränkt die Möglichkeiten von juristisch verbrämten Ausflüchten. Bemerkenswert ist daneben, dass nicht nur die Anwendung, sondern bereits die *Androhung von Gewalt* verboten wurde, weil dadurch alle konkreten Handlungsalternativen in Bezug auf das Handlungsmittel abgedeckt wurden.[829]

Article 2 (4), in: SIMMA ET AL, A Commentary (2002), Bd.1, S.133f., Rn61ff.; SCHINDLER, Die Grenzen des völkerrechtlichen Gewaltverbots, in: SCHINDLER/HAILBRONNER, Die Grenzen des völkerrechtlichen Gewaltverbots, BDGV 26 (1986), S.14 sowie KUNDE, a.a.O. (Fn460), S.107 m.w.N. in Fn136 sowie S.132 bei Fn307. Grundlegend: IGH, *Military and Paramilitary Activities* (Nicaragua/USA), Urt. v. 27. Juni 1986, ICJ Rep. 1986, S.98ff., §187f.

826 Ganz h.M., vgl. nur statt vieler ANTONOPOULOS, a.a.O. (Fn727), S.124; ASRAT, a.a.O. (Fn772), S.241; DOEHRING, Völkerrecht (2004), S.124, Rn281; FROWEIN, Jus Cogens, in: BERNHARDT ET AL, EPIL, Bd.3 (1997), S.66f.; GENONI, a.a.O. (Fn620), S.113; nach intensiver Untersuchung HANNIKAINEN, Peremptory norms (jus cogens) in international law (1988), S.356; KADELBACH, Zwingendes Völkerrecht (1992), S. 186; MÜNCH, Bemerkungen zum ius cogens, in: BERNHARDT ET AL, FS-Mosler (1983), S.625; NEUHOLD, a.a.O. (Fn619), S.75; WILDHABER, a.a.O. (Fn766), S.147 m.w.N.; SCHINDLER, a.a.O. (Fn825), S.14; STEIN/VON BUTLAR, Völkerrecht (2005), S.53, Rn150 sowie IGH, a.a.O. (Fn825), S.100, §190; a.A. wohl KOKOTT, Mißbrauch und Verwirkung von Souveränitätsrechten bei gravierenden Völkerrechtsverstößen, in: BEYERLIN ET AL, FS-Bernhardt (1995), S.149f., die meint, ein Staat könne "seinen Status als Objekt [sic!] des Gewaltverbotes" verwirken, und so zu dem Ergebnis gelangt, dass in "besonders gelagerten Ausnahmesituationen" eine "Verwirkung des Schutzes des Gewaltverbotes" in Betracht komme.

827 HOBE/KIMMINICH, a.a.O. (Fn494), S.499. Vgl. auch SEIDEL, Völkerrechtsordnung an der Schwelle zum 21. Jahrhundert, AVR 38 (2000) 1, S.24; BOTHE, a.a.O. (Fn483), S.645f., Rn9.

828 Auf die - zwischenzeitlich nicht mehr ernsthaft betriebenen - Versuche, unter den Begriff der Gewalt i.S.d. Art.2 Ziff.4 CVN auch "wirtschaftliche" oder "politische" Gewalt, die (physisch gewaltfreie) Verletzung des Selbstbestimmungsrechts oder schwere Menschenrechtsverletzungen zu subsumieren, soll hier nicht eingegangen werden; vgl. hierzu nur m.w.N. RANDELZHOFER, a.a.O. (Fn825), S.118, Rn17-20; KUNIG, ebd. (Fn656); STEIN/VON BUTLAR, a.a.O. (Fn826), S.294, Rn775.

829 Umstritten ist, ob schon die einfache (subjektiv empfundene) *Be*drohung oder nur die final auf eine spezifische Reaktion des Bedrohten gerichtete *An*drohung, d.h. die nötigende Drohung, verboten ist, vgl. hierzu RANDELZHOFER, a.a.O. (Fn825), S.124, Rn38;

Die Auswirkungen von Art. 2 Ziff.4 CVN auf das Gewaltregelungsregime, insbesondere mit Blick auf die Frage, ob die Charta ein *self-contained regime* darstellt, müssen an anderer Stelle vertieft werden.[830] An dieser Stelle genügt die Feststellung, dass die Staatengemeinschaft mit Schaffung bzw. - soweit Staaten den VN nach Gründung beigetreten sind - mit Akzeptanz dieses Prinzips ihrem Willen Ausdruck gegeben haben, Gewalt als Konfliktlösungsmechanismus noch weiter als im prächartialen Völkerrecht zurückzudrängen.

Nur der Vollständigkeit halber soll hier noch die insbesondere im angloamerikanischen Rechtskreis wiederkehrend aufgeworfene Frage angesprochen werden, ob das Gewaltverbot nicht wegen ständiger Mißachtung der *desuetudo* anheimgefallen sei bzw. wegen der jahrzehntelangen Ineffektivität des kollektiven Sicherheitssystems nach den Regeln der *clausula rebula sic stantibus* seine Geltung verloren habe.[831] Die andauernde Diskussion hierüber dürfte indes nur noch akademischer Natur sein. Es genügt der Hinweis, dass die - ohnedies nur für das gewohnheitsrechtliche Korrelat zu Art. 2 Ziff.4 CVN denkbare[832] - *desuetudo* jedenfalls am Fehlen einer entsprechenden 'opinio iuris' scheitert. Bemerkenswerterweise versucht nämlich jeder das Gewaltverbot tatbestandlich verletzende Staat, die eigene Gewaltanwendung zu rechtfertigen, anerkennt also, dass Gewalt grundsätzlich verboten ist.[833] Für die Anwendung der *clausula rebus sic stantibus* bleibt schließlich deshalb kein Raum, weil die Gründerväter der VN sehr wohl das Versagen des kollektiven Sicherheitssystems (Art. 39ff. CVN) vorhergesehen hatten und eben deshalb regionale (Art. 53 CVN) und einzelstaatliche Handlungsoptionen (Art. 51 CVN) in die Charta eingefügt wurden.[834]

---

eingehend SADURSKA, a.a.O. (Fn692), S.239ff. und STÜRCHLER, The threat of force in international law (2007), zum hier angesprochenen Problem, S.38ff..

830 Vgl. sub Zweiter Teil - 5. Kapitel - B. - I. - 3. , S.204.

831 Vgl. etwa FRANCK, Who killed article 2 (4)? or: Changing norms governing the use of force by states, Am J Int'l L 64 (1970) 5, S.809ff.; REISMAN, Criteria for the lawful use of force in international law, Yale J Int'l L 10 (1985) 2, S.279f.; ROSTOW, a.a.O. (Fn691), S.286, 290; AREND, International law and the recourse to force: A shift of paradigms, Stan J Int'l L 27 (1990) 1, S.18ff.; DERS., International law and rogue states: The failure of the Charter, New Eng L Rev 36 (2002) 4, S.752, DERS., International law and the preemptive use of military force, Wash Q 26 (2003) 2, S.99-101; GLENNON, Limits of law, prerogatives of power: interventionism after Kosovo (2001), S.84; DERS., The fog of law: Self-defense, inherence, and incoherence in Article 51 of the United Nations Charter, Harv J L & Pub Pol'y 25 (2002) 2, S.540, 554.

832 Vgl. nämlich STEIN/VON BUTLAR, a.a.O. (Fn826), S.49f., Rn141ff.; mißverständlich insofern VERDROSS/SIMMA, a.a.O. (Fn572), S.362, §573. Der Fehlvorstellung, das völker*vertrags*rechtliche Gewaltverbot (Art.2 Ziff.4 CVN) könne durch desuetudo aufgehoben werden, erliegt etwa KUNDE, a.a.O. (Fn460), S.109 bei Fn147.

833 Vgl. SCHACHTER, Self-defense and the rule of law, Am J Int'l L 83(1989) 2, S.265.

834 Zum Ganzen HENKIN, The reports of the death of Article 2 (4) are greatly exaggerated, Am J Int'l L 65 (1971) 3, S.544-548; KRISCH, a.a.O. (Fn613), S.22f., S.376; RANDELZHOFER, Gründe für den nur beschränkten Erfolg der Kriegsverhütung durch Völkerrecht,

II. Die chartiale Ausnahmentrias

1. Kollektivmaßnahmen - Selbstverteidigung - Feindstaatenklauseln

Dem *Gewaltverbot* setzt die Charta materiell drei Tatbestandskomplexe gegenüber, nach denen die Anwendung von Gewalt *erlaubt* ist, namentlich Kollektivmaßnahmen gem. Art.39, 42 CVN, Selbstverteidigung gem. Art.51 CVN sowie die sog. Feindstaatenklauseln gem. Art.53 Abs.1 S.2 2.Hs und Art.107 CVN. Die Bezeichnung dieser drei Tatbestandskomplexe als *Ausnahmen zum Gewaltverbot* ist dabei genau genommen nicht korrekt, richtet sich doch das Gewaltverbot nur an die Mitgliedstaaten der Vereinten Nationen (Verpflichtungsadressatenkreis) und nicht an die Organisation selbst, sodass jedenfalls kollektive Zwangsmaßnahmen gem. Art.39, 42 CVN nicht als Ausnahme, sondern richtigerweise als das Gewaltverbot flankierende Sanktionsmechanismen einzuordnen sind.[835] An dieser Stelle ist allerdings nur von Relevanz, dass das Handlungsmittel Gewalt grundsätzlich verboten und nur ausnahmsweise erlaubt sein soll - welchen Zweck, welche aktivlegitimierte Partei und welche Voraussetzungen der einzelne Erlaubnistatbestand auch vorsehen mag. Dass die Charta insofern eine *Regel-Ausnahme-Systematik* (Gewaltverbot - Gewaltanwendung) vorsieht, entspricht der herrschenden Meinung.[836]

2. Präventive Gewaltanwendung

Was nun die Berücksichtigung *präventiver Gewaltanwendung* im Chartaregime betrifft, fällt zunächst auf, dass jedenfalls der Sicherheitsrat nach Art.39, 42 CVN präventiv - nämlich bei einer "Bedrohung des Weltfriedens" - Gewaltmaß-

---

in: HAILBRONNER ET AL, FS-Doehring (1989), S.751f.; SCHINDLER, a.a.O. (Fn825), S.19, eingehend VOIGTLÄNDER, Notwehrrecht und kollektive Verantwortung (2001), S.23ff. sowie jüngst wieder KUNDE, a.a.O. (Fn460), S.107ff..

835 Ebenso BRUHA/BORTFELD, Terrorismus und Selbstverteidigung, VN 49 (2001) 5, S.162 bei Fn7. Vgl. zur Diskussion, ob die Tatbestandskomplexe als immanente Schranken des Gewaltverbots, echte Rechtfertigungsgründe oder schlicht Sanktionsmechanismen einzuordnen sind auch BOTHE, a.a.O. (Fn671), S.15; einheitlich dagegen OESER/STEINIGER/GRAEFRATH, Völkerrechtliche Verantwortlichkeit der Staaten (1977), S.128-132, insb. S.130 ("Die Fälle rechtmäßiger Gewaltanwendung im gegenwärtigen Völkerrecht sind nicht Ausnahme von der Regel, sondern Mittel, um die Regel durchzusetzen."), im Übrigen eingehend VOIGTLÄNDER, a.a.O. (Fn834), S.58ff..

836 Vgl. statt vieler ASRAT, a.a.O. (Fn772), insb. S.198ff.; KENNY, a.a.O. (Fn431), S.1162, Rn1, 4; NEUHOLD, a.a.O. (Fn619), S.110f. und S.133; SCHINDLER, a.a.O. (Fn825), S.13f. und 16f.; STEIN/VON BUTLAR, a.a.O. (Fn826), S.297, Rn781; VERDROSS/SIMMA, a.a.O. (Fn572), S.285ff., §§467ff., insb. S.287, §469; VOIGTLÄNDER, a.a.O. (Fn834), S.64-66. Vgl. schließlich auch *Commentaries to the ILC-DASR* (2001), a.a.O. (Fn778), S.169, §2 m.N. gleichlautender Spruchpraxis in §§3ff..

nahmen anordnen kann, wobei er eine weite Einschätzungsprärogative[837] genießt. Dabei handelt es sich freilich um eine spezifische *Kompetenz des Systems kollektiver Sicherheit*; ein unilaterales Recht zur präventiven Gewaltanwendung kann hieraus nicht unmittelbar abgeleitet werden.[838]

Eine - theoretische - Grundlage für präventive unilaterale Gewaltanwendung bilden die sog. Feindstaatenklauseln, hier insbesondere Art.53 Abs.1 S.2 2.Hs CVN, da nach dem Wortlaut Gewaltmaßnahmen ohne vorherige Anordnung des Sicherheitsrates durchgeführt werden dürfen.[839] Dass hierbei gerade die präventive Gewaltanwendung im Hinblick auf *abstrakte Gefahren* umfasst sein soll, belegt die tatbestandlich geforderte Ausrichtung der Regionalabkommen ("gegen die Wiederaufnahme der Angriffspolitik" eines Feindstaates gerichtet)[840] und die Genese des Art.53 Abs.1 S.2 2.Hs CVN.[841] Einigkeit besteht heute aller-

---

837 Vgl. hierzu ASTON, Die Bekämpfung abstrakter Gefahren für den Weltfrieden durch legislative Maßnahmen des Sicherheitsrats - Resolution 1373 (2001) im Kontext, ZaöRV62 (2002) 1-2, S. S.270 m.N. in Fn67 sowie S.277f.; DINSTEIN, a.a.O. (Fn642), S.250-252; FROWEIN/KRISCH, Article 39, in: SIMMA ET AL, Commentary (2002), Bd.1, S.722, Rn16; KUNDE, a.a.O. (Fn460), S.132-134; KIRK, The enforcement of security, Yale L J 55 (1946) 5, S.1089; TOMUSCHAT, Völkerrecht ist kein Zweiklassenrecht, VN 51 (2003) 2, S.44f.; TALMON, The Security Council as world legislature, Am J Int'l L 99 (2005) 4, S.180f.; VOIGTLÄNDER, a.a.O. (Fn834), S.48-50. Vgl. auch den Bericht des UN High-level Panel on Threats, Challenges and Change, *A more secure world: our shared responsibility*, A/59/565 v. 2. Dezember 2004, §§193-198 sowie ICTY, Appeals Chamber, *Decision on the defence motion for interlocutory appeal on Jurisdiction*, Beschl. v. 2. Oktober 1995, http://www.un.org/icty/tadic/appeal/decision-e/51002.htm, §29 [letzter Abruf: 6. September 2007].

838 Vgl. nur FROWEIN/KRISCH, Introduction to Chapter VII, in: SIMMA ET AL, Commentary (2002), Bd.1, S.713f., Rn36 sowie KUNDE, a.a.O. (Fn460), S.133 m.w.N. in Fn316. Zur Frage, ob der Sicherheitsrat in jüngster Zeit in Ausübung *legislativer Befugnisse* neues Völkerrecht gesetzt hat, welches als abstrakt-generelle Regelung ein unilaterales Recht zur präventiven Gewaltanwendung beinhaltet, eingehend sub Zweiter Teil - 6. Kapitel - A. II. - 1. , S.289.

839 Vgl. hierzu auch BLUMENWITZ, Enemy State Clause in the United Nations Charter, in: BERNHARDT ET AL, EPIL, Bd.2 (1995), S.90f.; FRENZKE/HACKER/USCHAKOW, Die Feindstaatenartikel und das Problem des Gewaltverzichts (1971), S.107; KUNDE, a.a.O. (Fn460), S.130-132 m.w.N..

840 Vgl. KELSEN, The law of the United Nations (1950), S.812; sehr deutlich FRENZKE/HACKER/USCHAKOW, a.a.O. (Fn839), S.107 ("[S]o bedeutet 'die Wiederaufnahme einer Angriffspolitik', daß schon die Vorbereitung einer Aggression den Bündnisfall [der regionalen Abmachungen i.S.d. Art.53 Abs.1 S.2 2.Hs CVN] auslöst.") und S.109.

841 Vgl. RESS/BRÖHMER, Article 53, in: SIMMA ET AL, Commentary (2002), Bd.1, S.875f., Rn53f.; KÖRBS, Die Friedenssicherung durch die Vereinten Nationen und Regionalorganisationen nach Kapitel VIII der Satzung der Vereinten Nationen (1997), S.102; VON DER HEYDTE, Die Feindstaatenklauseln in der Satzung der UNO, in: SCHAUMANN, Völkerrechtliches Gewaltverbot und Friedenssicherung (1971), S.255; RUSSELL/MUTHER, A history of the United Nations Charter (1958), S.707ff..

dings, dass die ohnedies nur als Übergangsvorschriften angelegten[842] Feindstaatenklauseln - wegen des zwischenzeitlichen Beitritts der ehemaligen "Feindstaaten" zu den VN, wegen friedensvertraglicher Regelungen bzw. wegen eines Verzichts der aktivlegitimierten Staaten auf die Sonderrechte[843] - überkommen sind und *keine rechtliche Wirkung mehr entfalten*.[844] Zum Teil wird dabei von einer bereits erfolgten, stillschweigenden Änderung der Charta, d.h. *Aufhebung* der Normen, ausgegangen.[845] Zum Teil wird - bei formalrechtlichem Fortbestand der Klauseln - deren *Unanwendbarkeit* wegen Verstoßes gegen das Strukturprinzip der Staatengleichheit (Art.2 Ziff.1 CVN) angenommen, verbunden mit dem Appell zur Aufhebung de lege ferenda.[846] Als Anknüpfungspunkt für ein gegenwärtig bestehendes unilaterales Recht zur präventiven Gewaltanwendung können die Feindstaatenklauseln damit - jedenfalls in direkter Anwendung - nicht dienen.[847]

Als innerchartialer Tatbestand, aus dem sich ein Recht zur präventiven Gewaltanwendung *unmittelbar* ergeben könnte, verbleibt damit nur noch Art.51 CVN. Im Mittelpunkt der Diskussion steht hier die Auslegung des Tatbestandsmerkmals des "bewaffneten Angriffes". Weitgehend Einigkeit herrscht inzwischen, dass nicht jede Anwendung bewaffneter Gewalt das Selbstverteidigungsrecht auslöst, der Angriff vielmehr einer gewissen Intensität bedarf.[848] Die hiernach

---

842 Im Hinblick auf Art.107 CVN ergibt sich dieser Charakter aus seiner eindeutigen systematischen Stellung in Kapitel XVII CVN ("Übergangsbestimmungen betreffend die Sicherheit"). In Bezug auf Art.53 Abs.1 S.1 2.Hs CVN ergibt sich der transistorische Charakter aus Halbsatz 3: "die Ausnahme gilt, bis der Organisation auf Ersuchen der beteiligten Regierungen die Aufgabe zugewiesen wird, neue Angriffe eines solchen Staates zu verhüten." Vgl. hierzu auch RESS, Article 107, in: SIMMA ET AL, A Commentary (2002), Bd.2, S.1332, Rn2; VON DER HEYDTE, a.a.O. (Fn841), S.253; WEHBERG, a.a.O. (Fn460), S.84f..

843 Vgl. nur m.w.N. RESS/BRÖHMER, a.a.O. (Fn841), S.878ff., Rn64-68.

844 Statt vieler BLUMENWITZ, a.a.O. (Fn839), S.92f.; MENK, Gewalt für den Frieden (1992), S.74f. m.w.N. in Fn190; RESS, a.a.O. (Fn842), S.1332, Rn2; VOIGTLÄNDER, a.a.O. (Fn834), S.56; VON DER HEYDTE, a.a.O. (Fn841), S.252; eingehend mit zahlreichen Nachweisen KÖRBS, a.a.O. (Fn841), S.110-136.

845 In diese Richtung VOIGTLÄNDER, a.a.O. (Fn834), S.57 bei Fn204.

846 So MENK, a.a.O. (Fn844), S.75 m.w.N. in Fn191; vgl. auch SCHNEIDER, a.a.O. (Fn460), S.31 in Fn21 (Auffassung der Bundesregierung). Dies enstpricht wohl auch der Auffassung der Generalversammlung, die ausweislich A/Res/50/52 v. 11. Dezember 1995, op. Abs.3 die förmliche Durchführung eines Änderungsverfahrens gem. Art.108 CVN für erforderlich hält, hierzu auch BLUMENWITZ, a.a.O. (Fn839), S.93.

847 Eine andere Frage ist freilich, ob die Feindstaatenklauseln ggf. analog anwendbar sind, vgl. hierzu sub Zweiter Teil - 6. Kapitel - A. - II. - 2. , S.302.

848 Vgl. etwa DAHM, a.a.O. (Fn734), S.51f. ("großer Angriff") m.N. zur Gegenauffassung in Fn11; KUNIG, a.a.O. (Fn656), S.667; KRAJEWSKI, Selbstverteidigung gegen bewaffnete Angriffe nicht-staatlicher Organisationen - Der 11. September 2001 und seine Folgen, AVR 40 (2002) 2, S.191, 199; GENONI, a.a.O. (Fn620), S.138f.; RANDELZHOFER, a.a.O. (Fn671), S.790, Rn4f. m.w.N. in Fn11, 13f., S.796, Rn20 m.w.N.in Fn60; VOLK, a.a.O. (Fn633), S.115 m.w.N. in Fn618. Grundlegend IGH, a.a.O. (Fn825), S.101, §191, vgl.

zwischen Art.2 Ziff.4 CVN und Art.51 CVN bestehende "Rechtsbewährungslücke" ist nach richtiger Ansicht wegen des konsentierten *Sinn und Zwecks* der Charta, Wahrung des Weltfriedens, nicht nur hinzunehmen, sondern geradezu konstitutiv.[849] Umstritten ist indes, ob nur der gegenwärtige oder auch der (unmittelbar) bevorstehende Angriff zu subsumieren ist und ob auch nicht zurechenbare Angriffe Privater - insbesondere: transnationaler terroristischer Vereinigungen - das Merkmal des bewaffneten Angriffs erfüllen können. Hierauf wird an anderer Stelle zurückzukommen sein.[850]

III. Einzelkonzepte mit tatbestandlichem Bezug zu präventiver Gewaltanwendung

Neben den drei innerchartialen Ausnahmen werden seit Gründung der Vereinten Nationen weitere - außerchartiale - Erlaubnistatbestände disktutiert, wie etwa das Recht zur Rettung eigener Staatsangehöriger, die humanitäre Intervention oder die Intervention auf Einladung. Im Untersuchungszusammenhang - unilaterale *präventive* Gewaltanwendung gegen einen drohenden bewaffneten Angriff - spielen diese jedoch keine Rolle und bleiben daher unberücksichtigt.[851] Relevanz erlangen hingegen diejenigen Rechtsinstitute, die geeignet erscheinen, die identifizierte *Adressatenlücke des Gewaltregelungsregimes*[852] zu schließen.

1. Notstand

Von Interesse ist hier zunächst die Rechtfigur des *Notstandes*, die bereits in der Betrachtung des Caroline-Vorfalles (1837) und der deutschen Invasion in Norwegen und Dänemark (1940) angesprochen wurde.[853] Rechtsgrundseitig knüpft der Notstand an eine *Gefahr* an, wobei - anders als dies etwa bei Art.51 CVN im

---

schließlich auch die zahlreichen Nachweise bei KREß, Gewaltverbot und Selbstverteidigungsrecht nach der Satzung der Vereinten Nationen bei staatlicher Verwicklung in Gewaltakte Privater (1995), S.187 in Fn793, der allerdings selbst - wie KUNZ, a.a.O. (Fn670), S.878 und HILLGRUBER, Das Verhältnis von Frieden und Gerechtigkeit - völkerrechtlich betrachtet, ZfP 50 (2003) 3, S.248- a.A. ist.

849 Vgl. etwa BROWNLIE, a.a.O. (Fn639), S.268, 273f.; BLUMENWITZ, Das universelle Gewaltanwendungsverbot und die Bekämpfung des grenzüberschreitenden Terrorismus, BayVBl 32 (1986) 24, S.739; GENONI, a.a.O. (Fn620), S.116; KENNY, a.a.O. (Fn431), S.1162f., Rn3 i.V.m. Rn6-8; RANDELZHOFER, a.a.O. (Fn671), S.790, Rn4; RÖLING, a.a.O. (Fn731), S.6; SCHEUNER, Kollektive Sicherheit, in: STRUPP/SCHLOCHAUER, Wörterbuch des Völkerrechts (1961), Bd.2, S.250; VOLK, a.a.O. (Fn633), S.104.

850 Eingehend hierzu sub Zweiter Teil - 6. Kapitel - A. - II. - 3. , S.305.

851 Weiterführend hierzu KUNDE, a.a.O. (Fn460), S.123ff.; RANDELZHOFER, a.a.O. (Fn825), S.128ff., Rn49ff.; SCHINDLER, a.a.O. (Fn825), S.21ff..

852 Vgl. zusammenfassend supra Erster Teil - 1. Kapitel - C. , S.62.

853 Vgl. supra Zweiter Teil - 4. Kapitel - A. - V. - 4. - d. , S.153.

Rahmen des Tatbestandsmerkmals des "bewaffneten Angriffes" diskutiert wird - hier nicht vorausgesetzt wird, dass die Rechtfertigungslage durch das (zurechenbare) Verhalten eines Völkerrechtssubjekts herbeigeführt worden ist.[854] Es genügt grundsätzlich jede objektive Gefahr, sei diese natürlichen oder künstlichen Ursprungs.[855] Tatsächlich interessiert mit Blick auf die Adressatenlücke des Gewaltregelungsregimes hier auch nur der Fall, dass die tatbestandliche Gefahr keinem Staat zurechenbar ist. Insofern handelt es sich genau genommen um den Fall eines *Aggressivnotstandes*, bei dem der Gefährdete in die Gütersphäre einer Person eingreift, die die Gefahr nicht zu vertreten hat.

Das Institut des Notstandes ("necessity", "etat de nécessité") - welches bereits in der spätmittelalterlichen Lehre des gerechten Kriegs als spezifische 'iusta causa' aufgeführt wurde[856] - ist, wenn nicht gewohnheitsrechtlich[857], so doch jedenfalls als allgemeiner Rechtsgrundsatz i.S.d. Art.38 Abs.1 lit.c) IGH-Statut anerkannt.[858] Einen Hinweis auf die tatbestandlichen Voraussetzungen des Notstandes liefert Art.25 ILC-DASR (2001).[859] Danach kann sich ein Staat auf die unrechtsausschließende Wirkung des Notstandes berufen, wenn die Notstandshandlung

---

854 Vgl. VON BUTLAR, a.a.O. (Fn738), S.19f. in Fn20; *Commentaries to the ILC-DASR* (2001), a.a.O. (Fn778), S.195, §2; ROMANO, a.a.O. (Fn777), S.1046, 1050. So auch schon VERDROSS, a.a.O. (Fn742), S.488f..

855 Als Beispiele dienen wiederkehrend Naturkatastrophen oder außer Kontrolle geratene technische Einrichtungen (Kernkraftwerke, Staudämme, etc.), vgl. etwa bei BROWNLIE, a.a.O. (Fn639), S.376f.; DOEHRING, a.a.O. (Fn826), S.332, Rn769; HERDEGEN, Völkerrecht (2006), S.247f., Rn24; PARTSCH, a.a.O. (Fn727), S.382.

856 Vgl. nur AYALA, a.a.O. (Fn533), II, v, 8ff.; weitere Nachweise bei *Commentaries to the ILC-DASR* (2001), a.a.O. (Fn778), S.201 in Fn420.

857 Bedenken äußern DAHM/DELBRÜCK/WOLFRUM, Völkerrecht, Bd.I/3 (2002), S.923, welchen sich STEIN/VON BUTLAR, a.a.O. (Fn826), S.446, Rn1147 anschließen; vgl. auch KRISCH, a.a.O. (Fn613), S.328 m.w.N. in Fn46. Dagegen für die gewohnheitsrechtliche Geltung *Commentaries to the ILC-DASR* (2001), a.a.O. (Fn778), S.195, §3 mit Bsp. aus der Staatenpraxis in §§4-12 sowie insb. - explizit bejahend - IGH, *Gabčikovo-Nagymaros-Project* (Ungarn/Slowakei), Urt. v. 25. September 1997, ICJ Rep. 1986, S.37, §51.

858 Vgl. FASTENRATH, Ein Verteidigungskrieg läßt sich nicht vorab begrenzen, FAZ v. 12. November 2001, S.8; STEIN/VON BUTLAR, a.a.O. (Fn826), S.446, Rn1149; VERDROSS, a.a.O. (Fn742), S.490; Rechtsvergleichung bei KRISCH, a.a.O. (Fn613), S.323-327; krit. aber RUYS/VERHOEVEN, Attacks by private actors and the right of self-defence, J Conf & Sec L 10 (2005) 3, S.309 m.w.N. in Fn134, nach denen "the state of necessity has always been a very controversial and contested concept"; w.N. bei MEISER/VON BUTTLAR, a.a.O. (Fn732), S.61 in Fn235.

859 A/CN.4/L.602/Rev.1 v. 26. Juni 2001. Da die gewohnheitsrechtliche Geltung des Notstandes jedenfalls nicht unbestritten ist (vgl. die Nachweise in Fn857), soll hier dem Wortlaut des ILC-Entwurfes nur indizielle Wirkung beigemessen werden.

"(a) [i]s the only way for the State to safeguard an essential interest against a grave and imminent peril; and

(b) [d]oes not seriously impair an essential interest of the State or States towards which the obligation exists, or of the international community as a whole."

Nun ist es bei entsprechender Tatsachenlage durchaus naheliegend, die *konkrete Bedrohung durch erhebliche Terroranschläge* seitens einer transnationalen terroristischen Vereinigung als "grave and imminent peril", also eine schwerwiegende und unmittelbar bevorstehende Gefahr einzustufen.[860] Die konkret gefährdeten wesentlichen Interessen ("essential interests") wären in diesem Fall neben der territorialen Integrität des bedrohten Staates etwa Gesundheit und Eigentum einer Vielzahl von Menschen. Bei bloßer Betrachtung der *Notstandslage* bestehen demnach keine grundsätzlichen Bedenken, das Institut des Notstandes für ein Recht zur präventiven Gewaltanwendung heranzuziehen.

Probleme entstehen jedoch, wenn man die rechtsfolgenseitigen Anforderungen an die *Notstandshandlung* in die Betrachtung mit einbezieht. Nach dem Artikelentwurf der ILC - namentlich die oben zitierte lit.(b) - ist die Notstandshandlung nämlich *nur* zulässig, wenn sie nicht ernsthaft grundlegende Interessen desjenigen Staates beeinträchtigt, dem gegenüber die tatbestandlich verletzte Verpflichtung, hier das Gewaltverbot, besteht. Über die einfache Verhältnismäßigkeit hinaus setzt der Notstand - anders als das Selbstverteidigungsrecht - mithin im Rahmen einer Güterabwägung voraus, dass das gefährdete Interesse (Erhaltungsgut) das durch die Notstandshandlung verletzte Interesse (Eingriffsgut) deutlich überwiegen muss.[861] Eben dieses kann bei der präventiven Gewaltanwendung aber durchaus zweifelhaft sein. Die Notstandshandlung wird nämlich - bei *abstrakter Betrachtung* - in der Regel in die selben Interessen, namentlich

---

860 So etwa FASTENRATH, ebd. (Fn858) sowie ROMANO, a.a.O. (Fn777), S.1046ff., 1050, 1056; in dieser Richtung auch RUYS/VERHOEVEN, a.a.O. (Fn858), S.308; vgl. hierzu schließlich auch KREß, a.a.O. (Fn848), S.158 m.w.N. in Fn651 und KOTZUR, "Krieg gegen den Terrorismus" - politische Rhetorik oder neue Konturen des "Kriegsbegriffs" im Völkerrecht?, AVR 40 (2002) 4, S.477. Jedenfalls als Ausnahmetatbestand zum Gewaltverbot - ohne speziellen tatbestandlichen Bezug - anerkennen den Notstand jeweils in engen Grenzen ASRAT, a.a.O. (Fn772), S.239; BROWNLIE, a.a.O. (Fn639), S.376; DOEHRING, a.a.O. (Fn826), S.334, Rn774; HERDEGEN, a.a.O. (Fn855), S.247, Rn23f.; sehr zurückhaltend ("exceptional instances") TAMS, Light treatment of a complex problem: The law of self-defence in the Wall case, Eur J Int'l L 16 (2005) 5, S.967. Vgl. im Übrigen schon DAHM, a.a.O. (Fn734), S.58f..

861 Vgl. etwa STEIN/VON BUTLAR, a.a.O. (Fn826), S.446, Rn1147 und - unter Rückgriff auf die Ergebnisse einer Rechtsvergleichung - KRISCH, a.a.O. (Fn613), S.328f.; ROMANO, a.a.O. (Fn777), S.1047 bei Fn153; vgl. ferner *Commentaries to the ILC-DASR* (2001), a.a.O. (Fn778), S.194, §1 sowie IGH, *Legal Consequences of the Construction of a Wall in the Occupied Palestinian Territory*, Gutachten v. 9. Juli 2004, ICJ Rep. 2004, S.194f., §140.

territoriale Integrität, Gesundheit und Eigentum eingreifen. Ein Überwiegen des Erhaltungsgutes wird sich demnach regelmäßig, wenn überhaupt, nur auf quantitativer Ebene im Rahmen einer *konkreten Abwägung* ergeben können, welche freilich bei der vom Aktivlegitimation beanspruchenden Staat durchzuführenden ex ante Betrachtung durch die erforderliche *doppelte Prognoseentscheidung* - wie schwer ist die Gefährdung, wie schwer sind die Auswirkungen einer geeigneten, erforderlichen und angemessenen Notstandhandlung - erschwert wird.[862]

Die Frage einer abstrakt und konkret durchzuführenden Güterabwägung wird allerdings kaum thematisiert. Entscheidend ist nach der offenbar mehrheitlichen Position vielmehr, dass der Notstand gemäß Art.26 ILC-DASR (2001)[863] einen Verstoß gegen zwingendes Völkerrecht nicht rechtfertigen könne und in Anbetracht des zwingenden Charakters des Gewaltverbotes[864] demnach als Rechtfertigungsgrund für (präventive) Gewaltanwendung abzulehnen sei.[865] Art.26 ILC-DASR (2001) lautet wörtlich:

> "Nothing in this chapter[866] precludes the wrongfulness of any act of a State which is not in conformity with an obligation arising under a peremptory norm of general international law."

Der lapidare Hinweis auf Art.26 ILC-DASR (2001) und den Charakter des Gewaltverbots als ius cogens greift indes zu kurz, stellt sich doch die Frage, weshalb dann das im selben Kapitel - in Art.21 ILC-DASR (2001) - genannte Selbstverteidigungsrecht, auf das der Ausschlusstatbestand des Art.26 ILC-DASR (2001) ebenfalls Anwendung findet,[867] einen tatbestandlichen Verstoß gegen das Gewaltverbot rechtfertigen kann.[868]

---

862 Vgl. hierzu ROMANO, a.a.O. (Fn777), S.1050f., der allerdings die abstrakte Güterabwägung unterlässt.

863 A/CN.4/L.602/Rev.1 v. 26. Juni 2001.

864 Vgl. Nachweise in Fn826.

865 So etwa BLUMENWITZ, a.a.O. (Fn566), S.27; KRISCH, a.a.O. (Fn613), S.329; KUNDE, a.a.O. (Fn460), S.130; RUYS/VERHOEVEN, a.a.O. (Fn858), S.309 m.w.N. in Fn138f.; STEIN/VON BUTLAR, a.a.O. (Fn826), S.446, Rn1149 a.E. i.V.m. S.293, Rn774; TALMON, a.a.O. (Fn608), S.130; TOMUSCHAT, Der 11. September 2001 und seine rechtlichen Konsequenzen, EuGRZ 28 (2001) 21/23, S.539. Krit. indes KREß, a.a.O. (Fn848), S.158, der die Kommentierung des - zwischenzeitlich auch an diesem Punkt überarbeiteten - ILC-Entwurfes (1980) hervorhebt, wonach "das Gewaltverbot [...] nicht in seiner Gesamtheit zum [...] notstandsfesten jus cogens" zähle.

866 Teil I, Kapitel V der ILC-DASR (2001) - *Circumstances precluding wrongfulness* - zählt eine Reihe von Unrechts- bzw. Schuldausschlussgründen auf, u.a. die Einwilligung (Art.20), Selbstverteidigung (Art.21), höhere Gewalt (Art.23) und Notstand (Art.25); zur Kritik an der mangelnden Differenzierung zwischen Rechtfertigungs- und Entschuldigungsgründen TOMUSCHAT, a.a.O. (Fn865), S.539 m.w.N. in Fn31.

867 Vgl. *Commentaries to the ILC-DASR* (2001), a.a.O. (Fn778), S.175, §7 und S.208, §4.

868 Kritik an der Fassung des Art.26 ILC-DASR (2001) übt auch DOEHRING, a.a.O. (Fn826), S.333, Rn774. ROMANO, a.a.O. (Fn777), S.1049, 1051 meint dagegen, "[t]he strike

Eine mögliche Lösung für diesen Widerspruch besteht in der Annahme, dass die Rechtfertigung einer Gewaltanwendung eben nicht nur eine passende *materielle Rechtsgrundlage* erfordert, sondern dass darüber hinaus für diese materielle Rechtsgrundlage ein *formeller Dispens*[869] vom Gewaltverbot bestehen muss: Für das Selbstvereidigungsrecht nach Art.51 CVN könnte sich ein solcher Dispens etwa aus der Formulierung ergeben, nach der "[n]othing in the present Charter shall impair the inherent right of [...] self-defence".

Auf die Konstruktion der Rechtfertigungsgründe als *zusammengesetzte Tatbestände* - materielle Rechtfertigung einerseits, formeller Dipsens vom Gewaltverbot andererseits - wird an anderer Stelle noch vertieft zurückzukommen sein. Für den Notstand lässt sich jedenfalls an dieser Stelle festhalten, dass er tatbestandlich durchaus als Anknüpfungspunkt eines Rechts zur präventiven Gewaltanwendung in Betracht zu ziehen ist, wenngleich im Einzelfall besonderes Augenmerk auf die Güterabwägung zu legen wäre. Die Frage, ob und wie sich ein zur Gewaltanwendung berechtigendes Notstandsrecht mit den übrigen Normen des Gewaltregelungsregimes - insbesondere dem zwingenden Charakter des Gewaltverbotes - vereinbaren lässt, kann dagegen erst beantwortet werden, wenn feststeht, ob die Charta ein abschließendes Regime darstellt.

2. Geschäftsführung ohne Auftrag

Mit Blick auf *unechte Dreieckskonstellation* könnte schließlich neben der Rechtsfigur des Notstandes auch das Institut der *Geschäftsführung ohne Auftrag* ("agency of necessity", "gestion d'affaires", "agencia oficiosa"[870]) Relevanz entfalten,[871] das sich entwicklungsgeschichtlich auf die römische Rechtstradition zur '*negotiorum gestio*' zurückverfolgen lässt.[872]

---

would not violate jus cogens because [...] its limited character would not render it an 'act of aggression' [...]" [Hervorh. v. ROMANO]. Dies überzeugt nicht, denn Art.2 Ziff.4 CVN verbietet nicht *Aggression*, sondern *jede* Anwendung oder Androhung von *Gewalt*.

869 Vgl. hierzu bereits die Systematik des BRIAND-KELLOG-Paktes, supra Zweiter Teil - 4. Kapitel - A. - III. - 2. - d. , S.135.

870 Vgl. zur Terminologie in den verschiedenen Rechtsordnungen STOLJAR, Restitution - unjust enrichment and negotiorum gestio, in: DAVID, IECL, Bd.10, Kap.17 (1984), S.3, §1f..

871 Eben so KREß, a.a.O. (Fn848), S.159 m.w.N. in Fn662, der hierunter auch das Konzept der - hier nicht eigens untersuchten - *Ersatzvornahme* fasst.

872 Vgl. STOLJAR, a.a.O. (Fn870), S.19f., §26-29; SEILER, Der Tatbestand der negotiorum gestio im römischen Recht (1968), S.1.

a. Grundsätzliche Bedeutung für ein Recht zur präventiven Gewaltanwendung

Die Bedeutung der GoA im Untersuchungszusammenhang erschliest sich freilich nicht auf den ersten Blick, liegt doch ihr Kernanwendungsbereich bei den Sekundär- und Hilfsansprüchen zwischen Geschäftsführer und Geschäftsherrn (Schadens- und Aufwendungsersatz, Herausgabeansprüche, Auskunftsansprüche). Betrachtet man aber das Rechtsinstitut und seine Rechtsfolgen (auf Sekundärebene) näher, wird deutlich, dass die GoA daneben auch als *eigenständiger Rechtfertigungsgrund für Gewaltanwendung* (auf Primärebene) Relevanz erlangen könnte.

Ausgangspunkt bildet dabei der charakteristische Tatbestand. Kennzeichnend für die GoA, jedenfalls ihrer römisch-rechtlichen Wurzel[873] nach, ist - im Gegensatz zu Notstand und individueller Selbstverteidigung - die vom Standpunkt des handelnden Rechtssubjekts grundsätzlich *uneigennützige Zielrichtung*:[874] Der Geschäftsführer besorgt, um die Fremdheit des Geschäfts wissend und getragen vom Fremdgeschäftsführungswillen, eine Angelegenheit des Geschäftsherrn, wobei er sich bei der Geschäftsbesorgung am Interesse bzw. dem bekannten oder mutmaßlichen Willen des Geschäftherrn orientiert.[875] Kennzeichnend ist daneben, dass all dies *ohne rechtsgeschäftliche Abrede* zwischen Geschäftsherr und -führer geschieht. Letzterer wird also als auftrags- und vollmachtloser Sachwalter eigeninitatitv im fremden Rechtskreis tätig.

Dieses in der Realität freilich nicht gerade häufig[876] anzutreffende Zusammenfallen fremdnützigen Handelns mit der völligen Abwesenheit einer entsprechenden Handlungsvereinbarung kann bei Anwendung der allgemeinen Rechtsätze auf *Sekundärebene* zwischen Geschäftsherrn und -führer zu einer Reihe unter Redlichkeitsgesichtspunkten[877] korrekturbedürftiger Ergebnisse führen: Muss der Geschäftsführer etwa wegen des Verursacherprinzips notwendige Kosten der Geschäftsführung tatsächlich selbst tragen, obgleich er im Interesse des Ge-

873 Vgl. nur die Zusammenfassung bei SEILER, a.a.O. (Fn872), S.314ff..

874 Vgl. zum altruistischen Ursprung im römischen Recht SEILER, a.a.O. (Fn872), S.2; krit. - insb. zur Betonung im kontinentaleuropöischen Rechtskreis - STOLJAR, a.a.O. (Fn870), S.13ff., §18ff..

875 Vgl. hierzu nur SEILER, a.a.O. (Fn872), S.324-333.

876 SEILER, a.a.O. (Fn872), S.3 spricht insofern treffend von einem "in hohem Maße technischen Rechtsinsitut". Gerade im Völkerrecht ist die Fallpraxis besonders karg, vgl. SERENI, Agency in international law, Am J Int'l L 34 (1940) 4, S.655, HERDEGEN, Zur Geschäftsführung ohne Auftrag (negotiorum gestio) im Völkerrecht, in: HAILBRONNER ET AL, FS-Doehring (1989), S.307ff. sowie sub. c. , S.181 bei und in Fn888ff..

877 Tatsächlich scheint der das römische Rechtsdenken beherrschende Grundsatz der *(bona) fides* grundlegend für die Ausbildung der negotiorum gestio gewesen zu sein, vgl. hierzu SEILER, a.a.O. (Fn872), S.2.

schäftsherrn dessen Angelegenheit erledigt hat, ihm unter Umständen auf Grund einer Vindikationslage sogar zur Herausgabe des durch die Geschäftsführung Erlangten verpflichtet ist? Wie ist zu verfahren, wenn seitens des Geschäftsherrn kein Herausgabeanspruch aus anderem Rechtsgrund (Vindikation, Bereicherung) besteht - darf der Geschäftsherr in diesem Fall das Erlangte behalten? Ist der Geschäftsführer in Anwendung der allgemeinen Regeln des Schadensrechts dem Geschäftsherrn auch dann zum Schadensersatz verpflichtet, wenn er bei der Geschäftsführung Rechtsgüter des Geschäftsherrn nur leicht fahrlässig verletzt hat?

Will eine Rechtsordnung derartige Fragen in Abweichung von den Grundsätzen des Delikts- und/oder Bereicherungsrechts unter *Prämierung der altruistischen Einstellung* des auftragslosen Geschäftsführers interessensgerecht regeln (z.B. Aufwendungsersatzanspruch des Geschäftsführers, Herausgabeanspruch des Geschäftsherrn, ggf. Haftungsprivilegierung des Geschäftsführers), muss sie wegen des Mangels an rechtsgeschäftlicher Vereinbarung Normen bereithalten, die ein "gesetzliches" oder "quasi-vertragliches" Rechtsverhältnis konstituieren. Die hierbei zu treffenden Regelungen werden sich allerdings - zur Wahrung der Widerspruchsfreiheit - regelmäßig nicht auf die Sekundärebene begrenzen. Denn es ließe sich kaum vereinbaren, dass dem Geschäftsführer einerseits ein Aufwendungsersatzanspruch gegen den Geschäftsherrn zur Seite steht, wenn andererseits sein eigenmächtiger Eingriff in eine fremde Rechtssphäre als rechtswidrig und damit als deliktisches Handeln zu qualifizieren wäre. Konsequenterweise kommt daher der - berechtigten - Geschäftsführung ohne Auftrag *auf Primärebene rechtfertigende Wirkung* zu.[878] Eben diese Rechtswirkung ist es, die im Untersuchungszusammenhang relevant sein könnte. Der Aktivlegitimiation beanspruchende Staat GF könnte nach den Grundsätzen der 'negotiorum gestio' gerechtfertigt sein, wenn die Gewaltanwendung dem Rechtskreis des Staats GH zuzuordnen ist, dem Interesse oder Willen desselben entspricht und Staat GF mit Fremdgeschäftsführungswillen handelt. Lediglich klarstellend sei bemerkt, dass die auf GoA gründende Rechtfertigung freilich nur im Verhältnis zwischen Geschäftsführer und Geschäftsherrn wirken kann. Kein Fall einer die *Gewaltanwendung* rechtfertigenden Wirkung der GoA ist dagegen die Geschäftsführung gegen einen Drittstaat auf dessen Territorium, wenn also der Aktivlegitimation beanspruchende Staat GF auf dem Territorium des Staates D für den Staat GH Gewalt anwendet; als Rechtfertigungsgrund im Verhältnis GF-D (bzw. GH-D) kommt hier nur (kollektive) Selbstverteidigung in Betracht.[879]

---

878 Vgl. hierzu DAHM, Völkerrecht, Bd.3 (1961), S.163, 215 sowie HERDEGEN, a.a.O. (Fn876), S.305f.: "In diesem Zusammenhang wird besonders deutlich, dass es bei der Anerkennung der Geschäftsführung ohne Auftrag als Institut des Völkerrechts, *das auch mit Rechtfertigungsfunktion bekleidet ist*, [...]" [Hervorh. hinzugef.].

879 Ebenso HERDEGEN, a.a.O. (Fn876), S.311f. und KRÜGER, Geschäftsführung ohne Auftrag für die Völkergemeinschaft, in: MOSLER/SCHREIBER, FS-Bilfinger (1954), S.193ff., 197, 201.

b. Anwendungsgebiete im Speziellen

Anwendungsgebiete einer völkerrechtlichen GoA im Untersuchungszusammenhang ergäben sich damit im Hinblick auf '*failed states*', von deren Territorium aus *marodierende Banden* dritte Staaten bedrohen.[880] Hier könnte man annehmen, dass ein dritter, nicht notwendig selbst bedrohter Staat GF für den 'failed state' GH auf dessen Territorium gegen die Banden vorgeht und deren Bedrohungsverhalten unterbindet. Da die GoA anders als der Notstand tatbestandlich keine (konkrete) Gefahrenlage, anders als das reaktive Selbstverteidigungsrecht keinen Angriff erfordert,[881] vielmehr jede Angelegenheit genügt, die - auch[882] - zum Rechtskreis des Geschäftsherrn zählt, ließe sich auch eine sehr früh ansetzende *Terrorismusabwehr* auf fremdem Staatsgebiet unter die Fremdgeschäftsführung subsumieren, etwa Maßnahmen gegen "Ausbildungslager" terroristischer Organisationen. Nimmt man in diesem Zusammenhang - Terrorismusabwehr - schließlich an, dass ein tatsächlich entgegenstehender Wille des Geschäftsherrn jedenfalls dann unbeachtlich sein soll, wenn er auf eine Völkerrechtsverletzung oder Aufrechterhaltung eines völkerwidrigen Zustandes abzielt,[883] eröffnet unter Umständen bereits die Duldung bzw. bloße Inaktivität des Geschäftsherrn hinsichtlich terroristischer Entwicklungen auf seinem Staatsgebiet die Möglichkeit eines gewaltsamen Vorgehens durch den Geschäftsführer. Mit dem Institut der Geschäftsführung ohne Auftrag ließen sich damit gerade im Hinblick auf staatsähnliche und nicht-staatliche Konfliktakteure Lücken schließen, die das derzeit auf aktive Verwicklungsformen beschränkte Zurechnungsregime entstehen lässt.

c. Die GoA als Institut des Völkerrechts

Damit stellt sich die Frage, ob die GoA als Institut des Völkerrechts angesehen werden kann. In Ermangelung vertragsrechtlicher Rechtsquellen[884] verbleibt nur

---

880 Vgl. etwa KREẞ, Die Rettungsoperation der Bundeswehr in Albanien am 14. März 1997 aus völker- und verfassungsrechtlicher Sicht, ZaöRV 57 (1999) 2/3, S.335; HERDEGEN, a.a.O. (Fn876), S.305f..

881 Vgl. hierzu auch HERDEGEN, a.a.O. (Fn876), S.305; unpräzise insofern DOEHRING, a.a.O. (Fn826), S.335, Rn777, soweit er die Frage aufwirft, ob der Geschäftsführer tätig werden darf, wenn "ein Staat [der Geschäftsherr] in einen *Notstand*" [Hervorh. hinzugef.] gerät.

882 Vgl. zur Einbeziehung des sog. auch-fremden Geschäfts nach römischer Rechtstradition SEILER, a.a.O. (Fn872), S.19, 324f. und - a.A. - STOLJAR, a.a.O. (Fn870), S.20., §28.

883 Vgl. HERDEGEN, a.a.O. (Fn876), S.319; ähnlich DOEHRING, a.a.O. (Fn826), S.335f., Rn777.

884 Zwar ist der in Art.16 Abs.3 VBS anklingende Ausgleichsgedanke ebenso wie die in Art.2 und 3 *Übereinkommen zur einheitlichen Feststellung von Regeln über die Hilfeleistung und Bergung in Seenot* v. 23. September 1910, abgedr. in RGBl 1913, Nr.4177, S.66 enthaltene Regelung durchaus mit dem Aufwendungsersatzanspruch des Geschäfts-

die Möglichkeit der gewohnheitsrechtlichen Herausbildung bzw. des Rückgriffes auf allgemeine Rechtsgrundsätze. Im Hinblick auf einen völkergewohnheitsrechtlichen Ursprung bestehen schon bei Betrachtung der *Fallpraxis zum Kernanwendungsbereich* (Schadens- und Aufwendungsersatz, etc.) erhebliche Zweifel, ob überhaupt von einer *allgemeinen* Übung gesprochen werden kann. Abgesehen vom *Venezuelan Preferential Claims*-Fall (1902/03)[885] - in dem Deutschland, Italien und Großbritannien (als Geschäftsführer) zum Zwecke der Schuldeneintreibung die Küste Venezuelas blockierten[886] und später gegenüber weiteren "Gläubiger"-Staaten (den Geschäftsherrn) Aufwendungsersatz geltend machten, nachdem Venezuela sich auch diesen gegenüber zu Ratenzahlung aus einem Teil seiner Zolleinnahmen verpfichtet hatte - sind kaum weitere Fälle[887] beschrieben, was wohl zum Teil auch die rare Betrachtung der Rechtsfigur in der völkerrechtlichen Literatur erklären dürfte. Eine hinreichende Basis, aus der sich ohne Rückgriff auf die Rechtsvergleichung die Voraussetzungen einer völkergewohnheitsrechtlichen GoA ableiten ließe, ist denn auch in der Vergangenheit nicht identifiziert worden.[888]

Damit verbleibt lediglich die Annahme eines allgemeinen Rechtsgrundsatzes i.S.d. Art.38 Abs.1 lit.c) IGH-Statut. Hierbei ist zunächst festzustellen, dass die GoA in kontinentaleuropäischen Rechtsordnungen ein durchaus verbreitetes Rechtsinstitut darstellt; exemplarisch sei auf §§677-687 Bürgerliches Gesetzbuch, Art.1372-1375 Code Civil, Art.419-424 Schweizerisches Zivilgesetzbuch

---

führers gegen den Geschäftsherrn vergleichbar. Indes genügen diese vereinzelten und zudem fragmentarischen Bezugnahmen nicht - betroffen ist jeweils nur ein Ausschnitt der Sekundärebene des Rechtsverhältnisses -, um von einer völkervertraglichen Grundlage der GoA als *Institut* des Völkerrechts zu sprechen. Wie hier wohl HERDEGEN, a.a.O. (Fn876), S.303ff., der gar nicht auf vertragliche Rechtsquellen eingeht.

885 Vgl. hierzu mit zahlreichen Nachweisen SILAGI, Preferential claims against Venezuela arbitration, in BERNHARDT ET AL, EPIL, Bd.3 (1997), S.1098f. sowie KRÜGER, a.a.O. (Fn879) m.w.N. in Fn3.

886 Der *Venezuelan Preferential Claims*-Fall ist einer der Fälle, die zu der supra Zweiter Teil - 4. Kapitel - A. - III. -1. , S.128 besprochenen formellen Einschränkung des 'liberum ius ad bellum' durch die DRAGO-PORTER-Konvention geführt haben.

887 Vgl. zum gelegentlich zitierten Fall des Erdbebens in der italienischen Hafenstadt Messina im Jahre 1908, bei dem die Besatzungen britischer und russischer Kriegsschiffe vorübergehend - und ohne Zustimmung der italienischen Regierung - Ordnungsfunktionen über das Katastrophengebiet wahrnahmen, HERDEGEN, a.a.O. (Fn876), S.308 m.N.. Eine Einordnung als Geschäftsführung ohne Auftrag ist hier durchaus möglich, indes scheint wegen des Vorliegens einer (gemeinen) Gefahr die Annahme eines *Notstandes* näherliegend.

888 Vgl. DOEHRING, a.a.O. (Fn826), S.335, Rn777; HERDEGEN, a.a.O. (Fn876), S.309, 312; a.A. - im Hinblick auf die Gewährung diplomatischen Schutzes durch den geschäftsführenden Staat zugunsten von Staatsangehörigen des Geschäftsherrn - freilich ohne Nennung entsprechender Praxis in concreto, SERENI, a.a.O. (Fn876), S.655 und BLECKMANN, Völkergewohnheitsrecht trotz widersprüchlicher Praxis?, ZaöRV 36 (1976) 1-3, S.388 bei Fn39.

sowie Art.2028-2032 des italienischen Codice Civile hingewiesen.[889] Gewisse Probleme bereitet jedoch der anglo-amerikanische Rechtskreis. Das Common Law folgt - auch an dieser Stelle - weniger den römisch-rechtlichen, als vielmehr den naturrechtlichen Traditionen[890] und betont das Moment der Eigenverantwortlichkeit, das der Idee der auftragslosen Fremdgeschäftsführung jedenfalls bei orthodoxer Betrachtung diameteral entgegensteht.[891] Insofern verwundert es nicht, dass im Common Law - im Gegensatz zu den oben bezeichneten kontinentaleuropäischen Kodifikationen - die auftragslose Fremdgeschäftsführung nicht als grundsätzlich zulässige Rechtshandlung beschrieben ist (der nur im Einzelfall Grenzen gesetzt sind), sondern ausgehend von einem grundsätzlichen Verbot der Fremdgeschäftsführung nur wenige enggezogene Einzeltatbestände zu finden sind.[892]

Der Annahme eines allgemeinen Rechtsgrundsatzes steht dies allerdings nicht entgegen; es liegt in der Natur des Rechtsgrundsatzes, dass seine Ausformung in den einzelnen Rechtsordnungen variiert. Dass der anglo-amerikanische Rechtskreis die Tatbestandstypik der GoA insofern nur in *Ausnahme*fällen vorsieht, hindert demnach die Annahme eines *Grund*satzes nicht.[893] Andernfalls könnte kein Rechtssatz, der sachlich eine Ausnahmeregelung darstellt - wie etwa die Selbstverteidigung - zu den allgemein anerkannten Rechtsgrundsätzen im Sinne des Art.38 Abs.1 lit.c) IGH-Statut zählen; gerade für die Selbstverteidigung ist dies aber allgemein anerkannt.[894]

Nach alledem kann die Geschäftsführung ohne Auftrag als allgemeiner Rechtsgrundsatz i.S.d. Art.38 Abs.1 lit.c) IGH-Statut angesehen werden.[895] Dies entspricht wohl auch der Auffassung der ILC, die in der Kommentierung zu Art.9 ILC-DASR ausgeführt hat:

> "The *principle* underlying article 9 owes something to the old idea of the levée en masse, the self-defence of the citizenry in the absence of

---

889 Vg. eingehend STOLJAR, a.a.O. (Fn870), S.21-27, §§31-41 (Frankreich), S.27-30, §§42-47 (Deutschland), S.30f., §§49f. (Schweiz), S.31, §51 (Italien) sowie S.32f., §52 (Niederlande).

890 Zur Ablehnung des Instituts im Naturrecht SEILER, a.a.O. (Fn872), S.1f., bei und in Fn2,4 und 5 mit zahlreichen weiteren Nachweisen.

891 Vgl. STOLJAR, a.a.O. (Fn870), S.18, §24 m.w.N. in Fn51 sowie eingehend S.33ff., §54-58 sowie SEILER, a.a.O. (Fn872), S.1 m.w.N in Fn1.

892 Vgl. dazu m.N. STOLJAR, a.a.O. (Fn870), S.36ff., §§60-65 (eingehend), S.176, §299 (resümmierend).

893 In diese Richtung wohl auch HERDEGEN, a.a.O. (Fn876), S.315f..

894 Vgl. nur mit zahlreichen Nachweisen WEHBERG, a.a.O. (Fn626), S.9.

895 Ebenso DAHM, a.a.O. (Fn878), S.164; DOEHRING, a.a.O. (Fn826), S.335, Rn777; HERDEGEN, a.a.O. (Fn876), S.317 (anders noch einleitend, S.303); ferner wohl auch HOBE/KIMMINICH, a.a.O. (Fn494), S.206 bei Fn10 (unter Bezugnahme auf HERDEGEN) sowie VERDROSS/SIMMA, a.a.O. (Fn572), S.426, §663, die sich in Fn6 auf DAHM beziehen.

> regular forces: in effect it *is a form of agency of necessity*. Instances continue to occur from time to time in the field of State responsibility."[896]

Die Frage, ob die GoA auch als Rechtfertigungsgrund präventiver Gewaltanwendung dienen kann, ist damit freilich noch nicht beantwortet. Ihr soll im Zusammenhang mit den übrigen Begründungsmodellen im 6. Kapitel nachgegangen werden.[897]

3. Repressalie

Erwähnung bedarf schließlich die *Repressalie*. Bedeutung gewinnt dieses Institut der Selbsthilfe[898] jedoch nicht - wie die vorgenannten Einzelkonzepte - als mögliche *Grundlage* eines Rechts zur präventiven Gewaltanwendung, sondern vielmehr im Hinblick auf die *Abgrenzung* des Untersuchungsgegenstandes, namentlich soweit es zu Überschneidungen im sachlichen Anwendungsbereich kommen kann.

a. Historische Entwicklung und heutige Bedeutung

Die Anfänge der Repressalie reichen in das Spätmittelalter zurück. In ihrer Ursprungsform - der *speziellen* Repressalie - bezeichnet sie

> "ein in strengen Rechtsformen geordnetes prozeßähnliches Selbsthilfemittel [...], das einzelnen Bürgern - insbesondere Kaufleuten, die mit Angehörigen anderer Gemeinwesen Handel trieben - ein Instrument bot, um sich für Rechtsansprüche zu entschädigen, für deren Durchsetzung ihnen keine richterliche Instanz zu Gebote stand."[899]

Im Gegensatz zum modernen Repressalienbegriff ging es mithin nicht originär um das zwischenstaatliche Verhältnis. Die Repressalie war vielmehr ein dem Untertan von seiner Obrigkeit in Form eines Repressalienbriefes (lettres des marques et de représsailles) erteilter "Titel", der seinen Inhaber ermächtigte, in gewaltsamer Selbsthilfe Entschädigung bei Landsleuten des einer anderen Obrigkeit unterstehenden Schädigers zu suchen. Der Geschädigte musste allerdings

---

896 *Commentaries to the ILC-DASR* (2001), a.a.O. (Fn778), S.109, §2 [Hervorh. im Orig. weggelassen, kursive Hervorh. hinzugef.].

897 Vgl. sub Zweiter Teil - 6. Kapitel - C. - II. , S.354.

898 Vgl. BOWETT, Reprisals involving recourse to armed force, Am J Int'l L 66 (1972) 1, S.2; SCHRÖDER, Verantwortlichkeit, Völkerstrafrecht, Streitbeilegung und Sanktionen, in: VITZTHUM, Völkerrecht (2007), S.632, Rn112.

899 GREWE, a.a.O. (Fn460), S.146.

zunächst erfolglos versucht haben, bei der Obrigkeit des Rechtsbrechers Wiederherstellung seines Rechts oder Ersatz zu erlangen. Erst danach konnte der Repressalienbrief erteilt werden. Bemerkenswerterweise wurde das Opfer einer rechtmäßigen Repressalie regelmäßig von seinem eigenen Landesherrn entschädigt, sodass im Ergebnis die zwischen Untertanen erfolgten Schädigungen auf Ebene der Obrigkeiten liquidiert wurden.[900] Die später entwickelte - und die spezielle Repressalie ab Mitte des 18. Jahrhunderts endgültig verdrängende[901]- *generelle* Repressalie unterscheidet sich im Wesentlichen in ihrem "aktivlegitimierten" Adressatenkreis. Sie war eine an sämtliche Untertanen gerichtete Aufforderungen zu Vergeltungsmaßnahmen. Gerade diese Form der Repressalie führte aber in ihrer Fortentwicklung nicht selten zu faktisch kriegsähnlichen Zuständen, in denen gerade im 17. und 18. Jahrhundert schließlich auch die jeweilige Obrigkeit zu den Waffen griff. Wich schließlich auch die Voraussetzung einer *vorangegangenen Rechtsverletzung zwischen Privaten* zusehends politischen Anlässen und Motiven, verlor die Repressalie endgültig ihren ursprünglich "privaten" Charakter und entwickelte sich zu einem rein *zwischenstaatlichen Tatbestand.*[902]

Im gegenwärtigen Völkerrecht bezeichnet die Repressalie in Anknüpfung an die historischen "Tatbestandsmermale" einen an sich völkerrechtswidrigen - und damit legitimationsbedürftigen - Akt eines Staates, der nur deshalb gerechtfertigt ist, weil er nach erfolglosem Versuch friedlicher Wiedergutmachung eine verhältnismäßige Reaktion auf einen vorangegangenen Völkerrechtsbruch eines anderen Staates darstellt, mit dem Ziel Wiedergutmachung zu erlangen.[903] Als sog. *bewaffnete Repressalie*, d.h. unter Anwendung von Gewalt, ist sie jedoch nach herrschender Meinung unter Geltung der Charta der Vereinten Nationen durch Art.2 Ziff.4 CVN verboten.[904]

---

900 Vgl. PARTSCH, Reprisals, in: BERNHARDT ET AL, EPIL, Bd.4 (2000), S.200ff..

901 Vgl. ZIEGLER, a.a.O. (Fn460), S.191; LEVENFELD, Israel's counter-Fedayeen tactics in Lebanon: Self-defense and reprisal under modern international law, Colum J Tnt'l L 21 (1982) 1, S.36.

902 Vgl. zum Ganzen: GREWE, a.a.O. (Fn460), S. 238, 429ff., 616; VERDROSS/SIMMA, a.a.O. (Fn572), S.907, §1343; ZIEGLER, a.a.O. (Fn460), S. 158f., 191, 230.

903 Vgl. BRIERLY/WALDOCK, a.a.O. (Fn617), S.401; BOTHA, Anticipatory self-defence and reprisals re-examined. South African attacks on ANC bases in neighbouring states: The 'Guns of Gaborone' or 'rAIDS Disease'?, SA YB Int'l L 11 (1985-1986), S.150 m.w.N. in Fn99f.; IPSEN ET AL, a.a.O. (Fn624), S.1098, §59, Rn45; SCHRÖDER, a.a.O. (Fn898), S.633f., Rn115; VERDROSS/SIMMA, a.a.O. (Fn572), S.907, §1342; PARTSCH, a.a.O. (Fn900), S.201f.; LEVENFELD, a.a.O. (Fn901), S.36f..

904 Statt vieler BROWNLIE, a.a.O. (Fn639), S.281f.; DAHM, a.a.O. (Fn734), S.54 m.w.N. in Fn18; IPSEN ET AL, a.a.O. (Fn624), S.1099, §59, Rn48; SCHINDLER, a.a.O. (Fn825), S.14; SCHRÖDER, a.a.O. (Fn898), S.633, Rn113; RANDELZHOFER, a.a.O. (Fn671), S.794, Rn14 m.w.N. in Fn40 sowie die Nachweise bei BOWETT, a.a.O. (Fn898), S.1 in Fn2. Wegweisend aus der Praxis S/Res 188 (1964) v. 9. April 1964, op. Abs.1 "Condemns reprisals as incompatible with the purposes and principle of the United Nations" sowie

b. Abgrenzungsproblematik

aa. "Nadelstichtaktik" - Akkumulationstheorie

Obschon die Repressalie - in ihrer historischen wie gegenwärtigen Ausformung - per definitionem *reaktiver*, der Untersuchungsgegenstand dagegen *präventiver* Natur ist, beide Rechtsfiguren demnach im *Ausschlussverhältnis* zueinander zu stehen scheinen, bestehen doch gewisse Abgrenzungsschwierigkeiten, namentlich bei der sog. *Nadelstichtaktik* ("hit and run"-tactics). Diese zeichnet sich dadurch aus, dass der "angegriffene" Staat gerade nicht *einem einzelnen* - und i.S.d. Art.51 CVN hinreichend gewichtigen - bewaffneten Angriff ausgesetzt ist, es vielmehr zu einer *Reihe von kleineren gewaltsamen Übergriffen* kommt, die isoliert betrachtet den erforderlichen Schweregrad eines bewaffneten Angriffes jeweils nicht überschreiten. Bei konsequenter Beachtung der erforderlichen Angriffsschwelle hat die Nadelstichtaktik zur Folge, dass der "angegriffene" Staat sich nicht gewaltsam selbst verteidigen darf;[905] eine derartige Reaktion wäre als verbotene gewaltsame Repressalie einzuordnen.

Um dieser Asymmetrie zu begegnen, hat vor allem Israel[906] - bei der Bekämpfung palästinensischer Einheiten, die mit einer "hit-and-run"-Taktik aus Nachbarstaaten[907] gegen israelisches Territorium operiert haben - wiederkehrend die sog. *Akkumulationtheorie* ("accumulation of events"-doctrine)[908] bemüht, um gewaltsame Reaktionen als Selbstverteidigung i.S.d. Art.51 CVN zu rechtfertigen.[909] Hiernach seien mehrere kleine Übergriffe wirkungsbezogen zu "summie-

---

Friendly Relations Declaration (A/Res/2625 (XXV) v. 24. Oktober 1970, Annex), op. Abs.1: "States have a duty to refrain from acts of reprisal involving the use of force." Gerade der *Friendly Relations Declaration* ist dabei als Ausdruck eines übereinstimmenden Staatenwillens bei der Auslegung der Charta besondere Bedeutung beizumessen, so IGH, a.a.O. (Fn825), S.101, §191.

905 Vgl. BLUMENWITZ, a.a.O. (Fn849), S.739.

906 Vereinzelt haben auch auch andere Staaten die Akkumulationstheorie herangezogen, vgl. hierzu die Nachweise bei VOLK, a.a.O. (Fn633), S.118 bei Fn633-636.

907 Zur völkerrechtlichen Bedeutung von Übergriffen aus dem *Gaza-Streifen und Westjordanland*, vgl. supra Erster Teil - 1. Kapitel - B. - II. - 3. - b. , S.29.

908 Vgl. hierzu mit eingehender Untersuchung KREß, a.a.O. (Fn848), S.196ff.; ferner KUNDE, a.a.O. (Fn460), S.154ff.; FEDER, a.a.O. (Fn670), S.415ff.; SCHMALENBACH, Die Beurteilung von grenzüberschreitenden Militäreinsätzen gegen den internationalen Terrorismus aus völkerrechtlicher Sicht, NZWehrr 42 (2000)5, S.181f.. Mit der Akkumulationstheorie verwandt - und daher nicht gesondert behandelt - ist die mit Blick auf Selbstverteidigung gegen terroristische Bedrohungen vor allem im anglo-amerikanischen Völkerrechtsraum vertretene "*consistent pattern*"-Doktrin, vgl. hierzu nur STEIN/VON BUTLAR, a.a.O. (Fn826), S.328, Rn848.

909 Vgl. nur jeweils m.N. BAKER, a.a.O. (Fn766), S.42; BOWETT, a.a.O. (Fn898), S.5; BLUMENWITZ, a.a.O. (Fn849), S.739; HAILBRONNER, Die Grenzen des völkerrechtlichen Gewaltverbots, in: SCHINDLER/HAILBRONNER, Die Grenzen des völkerrechtlichen Gewaltverbots, BDGV 26 (1986), S.83f.; LEVENFELD, a.a.O. (Fn901), S.18f..

ren" und könnten danach in ihrem Gesamtzusammenhang eine hinreichend schwere Gewaltanwendung darstellen,[910] die als Angriff i.S.d. Art.51 CVN zu werten ist.[911] Die auf den jüngsten Übergriff folgende gewaltsame Reaktion sei in Fällen eines solchen *Fortsetzungszusammenhangs* keine unzulässige gewaltsame Repressalie, obgleich der für das reaktive Selbstverteidigungsrecht geforderte enge zeitliche Zusammenhang zwischen Gewalt und Gegengewalt[912] regelmäßig nur hinsichtlich des letzten Einzelübergriffs besteht.

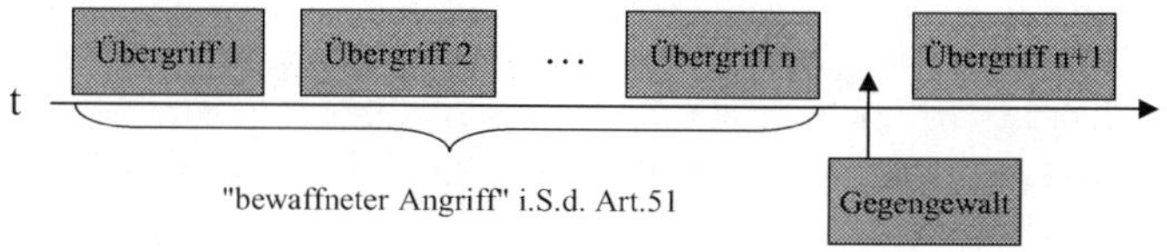

Betrifft dies - theoretisch - nur den reaktiven Bereich, zeigt die Praxis der Akkumulationstheorie, dass sich Aktivlegitimation beanspruchende Staaten regelmäßig auch auf die Prävention weiterer, meist nur abstrakt drohender Übergriffe berufen ("Übergriff n+1").[913] Insofern müsste also, wie KREß festgestellt hat, die

> "wichtigste Auswirkung der [Akkumulationstheorie] [...] im Bereich der *Grenzziehung* zwischen (zulässigen) Selbstverteidigungsmaßnahmen zur Abwehr eines gegenwärtigen bewaffneten Angriffs, [...] an-

---

910 Vgl. ohne nennenswerte dogmatische Unterschiede - weil im Ergebnis auch auf die kumulative Sichtweise mehrerer Gewaltakte abstellend - die in Bezug auf terroristische Gewalt entwickelte "consistent pattern"-Doktrin, vgl. hierzu eingehend (und einschränkend bejahend) MEISER/VON BUTTLAR, a.a.O. (Fn732), S.78ff.; noch weiter geht das ebenfalls von Israel zur Rechtfertigung herangezogene Konzept eines "continuous armed conflict" (BOTHE, Terrorism and the legality of pre-emptive force, Eur J Int'l L 14 (2003) 2, S.236).

911 Die Frage der Zurechnung der Gewaltanwendung bleibt davon unberührt (ebenso IGH im *Case concerning Oil Platforms* (Iran/USA), Urt. v. 6. November 2003, ICJ Rep. 2003, S.191f., §64), wobei sich freilich in Bezug auf private Gewaltanwendung hinsichtlich des bereits herausgearbeiteten Kernkriteriums der *operativen Leitfunktion* die (Nachweis-)Frage stellt, ob der i.R.d. Art.51 CVN passivlegitimierte Staat tatsächlich bei allen "summierten" Einzelvorfällen eine "effectiv" oder "overall controll" ausgeübt hat.

912 Vgl. hierzu IGH, a.a.O. (Fn825), S.122, §237 sowie BAKER, a.a.O. (Fn766), S.43 sowie KUNDE, a.a.O. (Fn460), S.155 m.w.N. in Fn450f..

913 Vgl. exemplarisch nur die Ausführung des israelischen Vertreters TEKOAH in der SR-Sitzung vom 26. August 1969, S/PV.1504, §§65-71; den Brief DESS. an den Sicherheitsrat-Präsidenten v. 12. Mai 1970, S/9795 i.V.m. den Briefen v. 5. Januar 1970, S/9593 und v. 11. Mai 1970, S/9790; vgl. daneben den Sachvortrag der USA in IGH, a.a.O. (Fn911), S.185f., §49 a.E.: "Accordingly, armed action in self-defense was the only option left to the United States *to prevent additional Iranian attacks.*" [Hervorh. hinzugef.]

tizipatorischen Selbstverteidigungsmaßnahmen und (nach Auslegung der [Charta] unzulässigen) gewaltsamen Repressalien"[914] liegen.

Diese Grenzziehung müsste am Tatbestand des Art.51 CVN ansetzen, namentlich am Merkmal des "bewaffneten Angriffs". Indes bestehen schon bei grammatischer Auslegung Bedenken, ob die Akkumulationstheorie hier eine hinreichende Stütze findet: Die verbindlichen Wortlautfassungen der Satzung bezeichnen den Selbstverteidigungsfall übereinstimmend im *Singular,*[915] eine *Mehrzahl* von Vorfällen lässt sich also nicht ohne Weiteres unter den bewaffneten Angriff subsumieren. Hiergegen spricht auch nicht die Hypothese, dass mehrere Einzelvorfälle wirkungsbezogen gerade nur *einen* bewaffneten Angriff konstituieren sollen, bedarf doch auch eine derartige - folgenschwere - Fiktion einer Rechtsgrundlage[916], die jedenfalls in Art.51 CVN nicht vorhanden ist.

Auch *teleologisch* lässt sich die Akkumulationstheorie nur schwer mit den Chartabestimmungen vereinbaren. Die Charta zielt, wie sich aus Art.1 Ziff.1, Art.2 Ziff.4 CVN ergibt, auf die größtmögliche Vermeidung bewaffneter Gewalt in internationalen Beziehungen und begegnet mit der spiegelbildlichen Verpflichtung zur friedlichen Streitbeilegung, Art.1 Ziff.1, Art.2. Ziff.3 CVN, flankiert durch die Zentralisierung von Konkfliktlösungsmechanismen beim Sicherheitsrat (Kapitel VI und VII CVN), insbesondere der Problematik der gewaltsamen *Eskalation* eines Streits. Dies zeigt sich speziell in der nicht selten kritisierten[917] Lücke zwischen den Anwendungsbereichen des weiten Gewaltverbots ("threat or use of force") und des eng gefassten Selbstverteidigungsrechts gem. Art.51 CVN ("armed attack")[918]; hiernach soll gerade nicht jede gewaltsame, geschweige denn sonst völkerrechtswidrige Handlung unilateral mit Gewalt beantwortet werden können. Der Gewaltspirale soll so bereits an der Wurzel begegnet wer-

---

914 KREß, a.a.O. (Fn848), S.197 [Hervorh. hinzugef.].

915 Vgl.: "if *an* armed *attack* occurs" (engl.), "dans le cas où un Membre des Nations Unies est l'object *d'une* agression armeé" (frz.), "en caso de *ataque armado*" (span.)

916 Fiktionen sind dem Völkervertragsrecht dabei keineswegs fremd, vgl. nur exemplarisch Art.44 Versailler Vertrag: "Jeder etwaige Verstoß Deutschlands gegen die Bestimmungen der Artikel 42 und 43 [abgedr. oben in Fn708f.] *gilt als* eine feindselige Handlung gegen die Signatarmächte des gegenwärtigen Vertrags und *als* Versuch einer Störung des Weltfriedens." [Hervorh. hinzugef.]

917 Vgl. etwa DINSTEIN, a.a.O. (Fn642), S.173ff.; KREß, a.a.O. (Fn848), S.189f. ("Außerkraftsetzung des Gegenseitigkeitsprinzips"); KATZ bei HENKIN, Force, intervention, and neutrality in contemporary international law, Am Soc'y Int'l L Proc 57 (1963), S.162 [Diskussionsbeitrag].

918 Vgl. hierzu weiterführend nur BOTHE, a.a.O. (Fn671), S.16ff., insb. bei und m.w.N. in Fn23.

den.[919] Eben dieses Ziel würde aber unterlaufen, wenn die Akkumulationtheorie griffe.[920]

Aber selbst wenn man im Grundsatz die Annahme akzeptieren wollte, dass mehrere kleine Übergriffe - *in ihrer Gesamtheit, ihrem Fortsetzungszusammenhang* - *wirkungsbezogen* einem Einzelangriff von substanziellem Gewicht gleichkommen können, stellen sich zwei zusammenhängende und bezeichnenderweise von Befürwortern der Akkumulationstheorie regelmäßig unbeantwortete Fragen: Nach welchem konkreten Algorithmus ist die Summierung zu vollziehen, nach welchem *Maßstab* ergibt sich gerade die *wirkungsbezogene Gleichsetzung* mit einem bewaffneten Angriff? Und schließlich: Wie *definiert* sich der *Fortsetzungszusammenhang*, der die hierbei zu berücksichtigenden Einzelakte verklammert - wer muss in welchem Zeitraum gegen wen in welcher Weise handeln?[921]

Diese schwerwiegenden "tatbestandlichen" Unklarheiten - welche DINSTEIN als "element of elasticity, which is anyhow characteristic of proportionality"[922] zusammenfasst und dabei unzulässigerweise Rechtsgrund- und Rechtsfolgenseite

---

919 Vgl. nur RANDELZHOFER, a.a.O. (Fn825), S.114, Rn 1 sowie DERS., a.a.O. (Fn671), S.790, Rn4 m.w.N.

920 In diese Richtung - im Zusammenhang mit dem amerikanischen Vorgehen in Tripoli/Libyen 1986 (hierzu auch sub Dritter Teil - 7. Kapitel - B. -IV. , S.408) - auch AREND, a.a.O. (Fn831), S.16.

921 Beispielhaft BLUMENWITZ, a.a.O. (Fn849), S.739; DINSTEIN, a.a.O. (Fn642), S.203; JORASCH, a.a.O. (Fn459), S.208f., der - ohne auch nur *ein* konstitutives Merkmal des "Fortsetzungszusammenhangs" zu benennen - freilich eine "hohe Beweisevidenz" (sic!) fordert. Eine in ihrer Dezidiertheit zum Zurechnungszusammenhang (zweite Frage) erfreuliche Ausnahme bildet KREß, a.a.O. (Fn848), S.203. Eine Akkumulation sei gegeben bei "eine[r] Reihe einzelner, von derselben Quelle herrührender [...] Gewaltakte [...], sofern mit der Vornahme weiterer Gewaltakte von derselben Quelle aus in der nahen Zukunft mit an Sicherheit grenzender Wahrscheinlichkeit zu rechnen ist." KREß' Begründung dieses Tatbestandes mit der "Caroline-Formel" ist indes widersprüchlich (zum zugrundeliegenden Fall vgl. bereits supra Zweiter Teil - 4. Kapitel - A. - V. - 4. - d. - aa. , S.153; die "WEBSTER-Formel" ist auf S.155 unmittelbar nach Fn758 wiedergegeben): Soweit es sich nämlich nach KREß' eigener Darstellung bei der Caroline-Formel um den Musterfall *präventiver* Gewaltanwendung handelt (S.202 bei Fn853), er *diese* Frage aber gerade nicht beantworten will (so S.199 in Fn845), insofern nur die reaktive Reichweite der Akkumulationstheorie berücksichtigt, definiert er den *reaktiven Aspekt durch Kriterien des präventiven Aspekts.* Damit aber genügt er der eigenen Arbeitsthese, die "wichtigste Auswirkung" der Akkumulationstheorie liege "im Bereich der Grenzziehung" zwischen Repressalie, reaktiver und präventiver Selbstverteidigung (vgl. oben bei Fn914) gerade nicht. Ansätze einer Definition jüngst wieder bei VOLK, a.a.O. (Fn633), S.119, die jedoch in ihrer Praktikabilität hinter der KREß' zurückbleibt soweit sie auf einen - in praxi kaum nachweisbaren - "Gesamtplan" Bezug nimmt.

922 Vgl. DINSTEIN, a.a.O. (Fn642), S.203 a.E..

des Selbstverteidigungstatbestandes vermischt[923] - müssen nicht einmal mit dem Mißbrauchsargument katalysiert werden, um zu verdeutlichen, dass jedenfalls die derzeitige "Fassung" der Akkumulationstheorie weder Rechtssatzqualität beanspruchen noch nur im Rahmen einer dynamischen Auslegung von Art.51 CVN herangezogen werden kann. Für beides mangelt es ihr schlicht an einem Mindestmaß an Bestimmheit.

Damit lässt sich festhalten, dass die Akkumulationstheorie den Bereich reaktiver und präventiver Gewaltanwendung nicht etwa voneinander abgrenzt, sondern vielmehr zu einer Gemengelage führt, in deren Folge eine aus Elementen der bewaffneten Repressalie und der präventiven Gewaltanwendung zusammengesetzte *doppelfunktionale Gewaltanwendung* unter Konstruktion eines fortgesetzten "bewaffneten Angriffs" als reaktive Selbstverteidigung i.S.d. Art.51 CVN bemäntelt wird.[924] Es kann daher nicht verwundern, dass die Akkumulationstheorie *in der Praxis* wenig Akzeptanz gefunden hat.[925]

bb. Abgrenzung allein über die Chronologie der Einzelakte

Zur Abgrenzung von verbotener bewaffneter Repressalie und etwa erlaubter präventiver Gewaltanwendung soll daher allein der zeitliche Ablauf der im Einzelfall in Bezug genommenen *Einzelakte* dienen[926]: Nur soweit sich der Aktivlegimitation beanspruchende Staat explizit gegen die Gefahr eines zukünftigen

---

923 Dieser methodische Fehler findet sich auch in der Praxis Israels, vgl. nur den Nachweis bei BOWETT, a.a.O. (Fn898), S.6 bei und in Fn19.

924 In diese Richtung auch ANTONOPOULOS, a.a.O. (Fn693), S.308; STEIN/VON BUTLAR, a.a.O. (Fn826), S.329, Rn850.

925 Vgl. FEDER, a.a.O. (Fn670), S.414f., 416f.; HAILBRONNER, a.a.O. (Fn909), S.83f. mit zahlreichen Nachweisen aus der Praxis des Sicherheitsrates in Fn123f.; SCHMALENBACH, ebd. (Fn908) sowie KUNDE, a.a.O. (Fn460), S.156 m.w.N. in Fn454, der zu Recht klarstellt, dass der IGH, a.a.O. (Fn911), S.191f., §64 keineswegs die Akkumulationstheorie akzeptiert hat. Das Gericht hat hier zunächst das Hauptvorbringen (Einzelakt als bewaffneter Angriff) der USA abgearbeitet (Vgl. S.186f., §§50,52) und sodann das amerikanische Hilfsvorbringen (Akkumulationstheorie) - freilich nur unter fiktiver Annahme aller sonst erforderlichen, im Fall aber nicht hinreichend dargelegten bzw. bewiesenen Tatsachen - zurückgewiesen: "Even taken cumulatively [...] these incidents do not seem to the Court to constitute an armed attack on the United States [...]". Im schlechtesten Fall hat der IGH damit die Frage, ob die Akkumulationstheorie auf das Selbstverteidigungsrecht anzuwenden ist, offengelassen. Da das Gericht indes den amerikanischen Anspruch in tatsächlicher Hinsicht bereits an den fehlenden übrigen Voraussetzungen hätte scheitern lassen können (hier: Zurechnung), sind die Ausführungen des Gerichts wohl vielmehr als obiter dictum gegen die Akkumulationstheorie zu verstehen. VOLK, a.a.O. (Fn633), S.119 bei und m.w.N. in Fn642 weist schließlich auf eine entgegengesetzte h.L. hin.

926 In diese Richtung wohl auch BOTHE, a.a.O. (Fn910), S.235f.; TALMON, a.a.O. (Fn608), S.142.

Gewaltakts richtet, geht es um präventive Gewaltanwendung. Richtet sich die Gegengewalt indes gegen zurückliegende Gewaltakte, liegt - soweit nicht das reaktive Selbstverteidigungsrecht gegeben ist - eine verbotene bewaffnete Repressalie vor. Dies schliest freilich nicht aus, dass sich der Aktivlegitimiation beanspruchende Staat zur *Substantiierung* der ihm drohenden *Gefahr* auf vergangene Vorfälle beruft. Die Akkumulation von früheren Einzelakten kann insofern auf rein *tatsächlicher* Ebene durchaus Berücksichtigung finden, soweit bei einer nachträglichen Prüfung der präventiven Gewaltanwendung - etwa durch den Sicherheitsrat oder den IGH - das Bestehen einer hinreichenden Gefahr zu beurteilen ist.

C. Zusammenfassendes Ergebnis zum 4. Kapitel

Das 4. Kapitel hat gezeigt, dass das Konzept präventiver Gewaltanwendung keineswegs eine Innovation des 20. Jahrhunderts ist. Ebenso konnte herausgearbeitet werden, dass es seit jeher als Aufgabe des Völkerrechts angesehen wurde, diese Handlungsoption zu reglementieren. Die Entwicklung eines kohärenten Rechtsinstituts präventiver Gewaltanwendung hat gleichwohl nicht stattgefunden. Vielmehr wurde abhängig von der jeweiligen Lebenswirklichkeit die Option der vorbeugenden Gewalt in den verschiedensten Konzepten abgebildet, sei es als spezifische 'iusta causa' in der Theorie des gerechten Krieges,[927] sei es als Teil des 'liberum ius ad bellum'[928], sei es im Rahmen des Konzeptes des Gleichgewichts der Kräfte[929], der Provokation[930] oder der Selbsterhaltung.[931] Bei der Betrachtung der Einzelfiguren konnte festgestellt werden, dass keine den grundlegenden Wandel des Völkerrechts überdauert hat. Während die Lehre vom 'bellum iustum' tatsächlich nie völkerrechtlich rezipiert wurde und auch im Hinblick auf das Konzept der Selbsterhaltung erhebliche Zweifel bestehen, ob es je *rechtliche* Bedeutung erlangt hat, sind die übrigen Figuren spätestens in der Zeit zwischen 1900 und 1945 aus der völkerrechtlichen Praxis verschwunden. Als mögliche Rechtsgrundlagen eines Rechts zur präventiven Gewaltanwendung können sie daher bereits an dieser Stelle aus der weiteren Betrachtung ausgeschieden werden.

Als *mögliche außerchartiale* Grundlage für ein Recht zur präventiven Gewaltanwendung konnten hingegen das gewohnheitsrechtliche Selbstverteidigungsrecht,[932] das Notstandsrecht[933] und die Geschäftsführung ohne Auftrag[934] identifi-

[927] Vgl. supra Zweiter Teil - 4. Kapitel - A. - I. , S.102.
[928] Vgl. supra Zweiter Teil - 4. Kapitel - A. - II. , S.125.
[929] Vgl. supra Zweiter Teil - 4. Kapitel - A. - V. - 2. , S.139.
[930] Vgl. supra Zweiter Teil - 4. Kapitel - A. - V. - 3. , S.142.
[931] Vgl. supra Zweiter Teil - 4. Kapitel - A. - V. - 4. - b. , S.150.
[932] Vgl. supra Zweiter Teil - 4. Kapitel - A. - V. - 4. - c. bis e. , S.151.
[933] Vgl. supra Zweiter Teil - 4. Kapitel - B. - III. - 1. , S.174.

ziert werden; diese bedürfen im Verlauf der Untersuchung weiterer Betrachtung. Gleiches gilt für die *innerchartiale Ausnahmentrias*[935], deren Einzeltatbestände - ggf. auch nur mittelbar oder in analoger Anwendung - als Anknüpfungspunkte eines Rechts zur präventiven Gewaltanwendnung in Betracht zu ziehen sind.

---

934 Vgl. supra Zweiter Teil - 4. Kapitel - B. - III. - 2. , S.178.

935 Vgl. supra Zweiter Teil - 4. Kapitel - B. - II. - 2. , S.171.

5. KAPITEL

DIE CHARTA DER VEREINTEN NATIONEN ALS ABSCHLIESSENDES GEWALTREGELUNGSREGIME?

A. Konsequenzen in Bezug auf ein Recht zur präventiven Gewaltanwendung

Unterstellt, die Charta regelte das Recht der Gewaltanwendung in den internationalen Beziehungen abschließend, dann könnte nur sie selbst als Grundlage eines Rechts zur präventiven Gewaltanwendung dienen. Gegebenfalls früher bestehende unilaterale Gewaltrechte, gleich welcher Rechtsquelle, wären - für andere Mitgliedstaaten als die 51 ursprünglichen Mitglieder sukzessive, jeweils mit Aufnahme in die VN - gem. Art.103 CVN,[936] jedenfalls aber nach dem allgemeinen Grundsatz '*lex posterior derogat legi priori*' hinfällig.[937] Für später, etwa durch bi- oder multilateralen Vertrag bestimmte Gewaltrechte ergäbe sich die Derogation allein aus Art.103 CVN.[938] Die derogierende *Wirkung* ginge dabei vom Gewaltverbot, Art.2 Ziff.4 CVN, aus.[939] Der insoweit vermeintlich nahe liegende Einwand '*generalia specialibus non derogant*' würde nicht durchgrei-

---

936 Vgl BERNHARDT, Article 103, in: SIMMA ET AL, A Commentary (2002), Bd.2, S.1297f., Rn15 und - für eine teleologisch begründete Erstreckung über kollidierendes *Vertrags*recht hinaus auf sämtliche der Charta widersprechende Rechtsquellen - Rn21 a.E.. Hiergegen WALKER, Anticipatory collective self-defense in the Charter era: What the treaties have said, Cornell Int'l L J 31 (1998) 2, S.352 bei und in Fn212.

937 So - für die humanitäte Intervention - DELBRÜCK, Zur Effektivität völkerrechtlicher Vertragsregime am Ende des 20. Jahrhunderts - Effektivität des UN-Gewaltverbotes, FW 74 (1999) 1/2, S.150 a.E.; in diese Richtung wohl auch KUNIG, Das völkerrechtliche Gewaltverbot, JURA 29 (1998) 12, S.667f..

938 Vgl. WILDHABER, Gewaltverbot und Selbstverteidigung, in: SCHAUMANN, Völkerrechtliches Gewaltverbot und Friedenssicherung (1971), S.147; ferner BERNHARDT, a.a.O. (Fn936), S.1297, Rn14 mit Praxisnachweis, namentlich die Entwicklung des türkisch-zypriotischen Konflikts Ende Dezember 1963 im Hinblick auf Art.4 *Treaty of Guarantee* v. 16. August 1960 (abgedr. in UNTS 382 (1960), S.3) sowie den Einmarsch der UdSSR in der Tschechoslowakei am 21. August 1968 ("Prager Frühling") im Hinblick auf Art.5 S.2 *Vertrag über Freundschaft, Zusammenarbeit und gegenseitigen Beistand* ("Warschauer Pakt") v. 14. Mai 1955 (abgedr. in UNTS 219 (1955), S.15). Vgl. zu diesen Vorfällen - in bezeichneter Reihenfolge - auch die Rechtsauffassung des zyprischen Delegierten, *Complaint by Cyprus*, Repertory Practice UN Organs, Suppl.3 (1959 - 1966), Bd.4, Art.103, II.B.4., S.211, §71 sowie die Rechtsauffassung des brasilianischen SR-Präsidenten, *Question of Czechoslovakia*, Repertory Practice UN Organs, Suppl.4 (1966 - 1969), Bd.2, Art.103, S.367, §10.

939 Vgl. SIMMA, NATO, the UN and the use of force: Legal aspects, Eur J Int'l L 10 (1999) 1, S.3f.: "In particular, any offensive self-help [...] has been outlawed by the *jus cogens* of the Charter." [Hervorh. v. SIMMA]

fen:[940] Denn die generalklauselartige Fassung des Gewaltverbots ist nicht einem verminderten Grad materiell konkreter Normierung[941], sondern lediglich der "Gesetzestechnik" geschuldet, die Vielzahl der gleichlaufenden Einzelverbote (Repressalienverbot, Verbot gewaltsamer Selbsthilfe, Verbot der gewaltsamen humanitären Intervention, etc.) in einer vor die Klammer gezogenen allgemeinen Bestimmung zusammenzufassen.

I. Innerchartiale Rechtsgrundlage
Auslegung - Analogie - Sekundärrecht

Mangels expliziter Nennung eines Rechts zur präventiven Gewaltanwendung müsste die Charta folglich entsprechend *auslegbar*[942] sein oder auf andere Weise, etwa durch *Analogie*[943] oder über "*chartiales Sekundärrecht*"[944] eine Rechtsgrundlage bieten. Mit Blick auf die Auslegung liegt dabei selbst bei gebotener dynamischer Betrachtung[945] die Grenze in der äußersten Bedeutung des Wortlauts.[946] Das gebietet die gesteigerte Rechtssicherheit, die von kodifiziertem Recht ausgeht.[947] Die Staatenpraxis als auslegungsrelevante spätere Übung wäre mithin nur insoweit zu berücksichtigen, als sie noch Stütze im Wortlaut findet. Darüber hinaus wäre sie prima facie als völkerrechtswidrig einzuordnen.

---

940 In diese Richtung wohl aber GOODHARDT, zit. bei BOWETT, Self-defence in international law (1958), S.187 bei Fn2: "[T]he individual states are only deprived of the exercise of those powers which have been *specifically* forbidden to them." [Hervorh. hinzugef.]

941 Nur dann ist die Kollisionregel '*generalia specialibus non derogant*' anwendbar, vgl. nur VERDROSS/SIMMA, Universelles Völkerrecht (1984), S.502, §786.

942 Vgl. hierzu sub Zweiter Teil - 6. Kapitel - A. - II. - 3. , S.305.

943 Vgl. hierzu sub Zweiter Teil - 6. Kapitel - A. - II. - 2. , S.302.

944 Vgl. hierzu sub Zweiter Teil - 6. Kapitel - A. - II. - 1. , S.289.

945 Dazu m.w.N. RESS, The interpretation of the Charter, in: SIMMA ET AL, A Commentary (2002), Bd.1, S.16, Rn3ff.; IPSEN ET AL, Völkerrecht (2004), S.146, §11, Rn21 sowie schon Einleitung - B. , S.9. bei Fn40ff..

946 Ebenso DAHM/DELBRÜCK/WOLFRUM, Völkerrecht, Bd.I/3 (2002), S.640f.; DOEHRING, Völkerrecht (2004), S.172, Rn396 (in Bezug auf die 'implied-powers'-Lehre); IPSEN ET AL, a.a.O. (Fn945), S.143, §11, Rn14; VITZTHUM, Begriff, Geschichte und Quellen des Völkerrechts, in: DERS., Völkerrecht (2007), S.62f., Rn123; in dieser Richtung ferner IGH, *Land, island and maritime frontier dispute* (El Salvador/Honduras), Urt. v. 11. September 1992, ICJ Rep. 1992, S.586, §380 sowie *Territorial dispute* (Libyen/Tschad), Urt. v. 3. Februar 1994, ICJ Rep. 1994, S.22, §41.

947 Vgl. STEIN/VON BUTLAR, Völkerrecht (2005), S.54, Rn155.

II. Innerchartiale Rechtsgrundlage
Änderung der Charta

Wäre ein Recht zur präventiven Gewaltanwendung nicht aus der Charta selbst, insbesondere durch Auslegung herzuleiten, könnte man mit Blick auf eine mit dem Wortlaut nicht zu vereinbarende Staatenpraxis auch an eine - völkergewohnheitsrechtlich oder stillschweigend rechtsgeschäftlich vorgenommene - *Chartaänderung* denken.[948] *Dass* eine solche formlose Vertragsänderung trotz vertraglicher Änderungsbestimmungen (hier: Art.108, 109 CVN) *prinzipiell* möglich ist, ist anerkannt.[949] Wie KARL in eingehender Untersuchung dargelegt hat, würde eine solche formlose Änderung als actus contrarius indes erfordern, dass eine "*lückenlose Praxis*" der "Gesamtheit der Vertragsparteien"[950] bzw. das "Einvernehmen *aller* Vertragsparteien"[951] nachweisbar ist.[952]

Dieses Konsenserfordernis könnte auch nicht durch eine analoge Anwendung der Quoren der vertraglichen Änderungsbestimmungen (hier etwa 2/3-Mehrheit gem. Art.108, Art.109 Abs.2 CVN) angepasst werden.[953] Dafür mangelt es schon an einer Vergleichbarkeit der Sachlagen, insbesondere was die Garantie einer Verfahrensbeteiligung betrifft: Sowohl in der Generalversammlung (Art.108 CVN) als auch auf einer Konferenz (Art.109 CVN) wären grundsätzlich alle Staaten vertreten, zumindest aber zur Teilnahme eingeladen.

---

948 Vgl. m.w.N. KARL, Vertrag und spätere Praxis im Völkerrecht (1983), passim, insb. S.212ff. und zu der in Parenthese angesprochenen Einordnung späterer Praxis als *gewohnheitsrechtliche* oder *rechtsgeschäftliche* Vertragsänderung, S.245-248.

949 Statt vieler nur KARL, a.a.O. (Fn948), S.340ff.; KARL/MÜTZELBURG/WITSCH, Article 108, in: SIMMA ET AL, A Commentary (2002), Bd.2, S.1346f., Rn12 m.w.N. in Fn29; VERDROSS/SIMMA, a.a.O. (Fn941), S.505f., §§792ff., speziell zur Charta auch S.168f., §§273ff..

950 bei *gewohnheitsrechtlicher* Deutung der Änderung, vgl. dazu KARL, a.a.O. (Fn948), S.249-256, 265 und S.344ff.. Zitate: S.249 und S.265 [Hervorh. v. KARL].

951 bei *rechtsgeschäftlicher* Deutung der Änderung, vgl. dazu KARL, a.a.O. (Fn948), S.268-280, 282 a.E., 284-305, 312f., 344ff.. Zitat: S.313 [Hervorh. hinzugef.].

952 Ebenso BERNHARDT, a.a.O. (Fn936), S.1297, Rn13; KREẞ, Gewaltverbot und Selbstverteidigungsrecht nach der Satzung der Vereinten Nationen bei staatlicher Verwicklung in Gewaltakte Privater (1995), S.34ff., insb. S.36 bei Fn52; SIMMA/BRUNNER/KAUL, Article 27, in: SIMMA ET AL, A Commentary (2002), Bd.1, S.496, Rn55 (beachte aber auch DIES. in Fn953 a.E.); KARL/MÜTZELBURG/WITSCH, ebd. (Fn949). Vgl. konkret in Bezug auf eine formlose Änderung von Art.51 CVN BRUHA, Use of force, in: WOLFRUM ET AL, United Nations: Law, policies and practice (1995), S.1395, Rn18 a.E..

953 Vgl. KARL, a.a.O. (Fn948), S.351f. mit treffender Argumentation gegen AKEHURST, der die analoge Anwendung befürwortet; vermittelnd, für die Erstreckung des Quorums bei einem "spontanen Konsens" SIMMA/BRUNNER/KAUL, a.a.O. (Fn952), S.497, Rn57, freilich ohne zu präzisieren, in welchem Rahmen und innerhalb welchen Zeitraumes ein solch "spontaner" Konsens überhaupt angenommen werden kann.

Während also nach allgemeinen Grundsätzen für die Bildung einer (nichtvertragsändernden) Regel des Völkergewohnheitsrechts die *allgemeine* von der 'opinio iuris' getragene Übung ausreichend ist, bedarf es für die gewohnheitsrechtliche wie stillschweigend rechtsgeschäftliche Vertragsänderung gleichermaßen eines *Konsenses* unter den Vertragsparteien.[954] Es ist auch ohne eingehende Untersuchung der Praxis offenkundig, dass diese Voraussetzung in Bezug auf ein Recht zur präventiven Gewaltanwendung in der Vergangenheit jedenfalls nicht erfüllt wurde. Mithin fällt die Möglichkeit einer Rechtsbegründung durch spätere *vertragsändernde* Praxis weg.

B. Rechtsnatur des chartialen Gewaltregelungsregimes

Die Frage, ob die Charta ein abschließendes Regelungsregime in Bezug auf Gewaltanwendung statuiert,[955] ist keineswegs unumstritten. Bemerkenswerterweise scheinen Teile der Staatengemeinschaft dabei an einer Klärung gar nicht interessiert zu sein, wie die Diskussion - und im Ergebnis: Ablehnung - eines von Russland und Weißrussland 1999 eingebrachten GV-Resolutionsentwurfes beweist,[956] nach dem dem IGH gem. Art.96 Abs.1 CVN unter anderem folgende Frage gestellt werden sollte:

> "Under contemporary international law, does a State or group of States have the right to make use of armed force without a decision of the Security Council taken pursuant to Chapter VII [CVN], except in

[954] KARL, a.a.O. (Fn948), S.249.

[955] So wohl DAHM, Das Verbot der Gewaltanwendung nach Art.2 (4) der UNO-Charta und die Selbsthilfe gegenüber Völkerrechtsverletzungen, die keinen bewaffneten Angriff enthalten, JIR 11 (1962), S.53f. m.w.N in Fn16; GENONI, Die Notwehr im Völkerrecht (1987), S.106f.; HAILBRONNER, Die Grenzen des völkerrechtlichen Gewaltverbots, in: SCHINDLER/HAILBRONNER, Die Grenzen des völkerrechtlichen Gewaltverbots, BDGV 26 (1986), S.55; RANDELZHOFER, Use of force, in: BERNHARDT ET AL, EPIL, Bd.4 (2000), S.1251; RÖLING, On the prohibition of the use of force, in: BLACKSHIELD, FS-Stone (1983), S.277; SCHEUNER, Kollektive Sicherheit, in: STRUPP/SCHLOCHAUER, Wörterbuch des Völkerrechts (1961), Bd.2, S.245 ("Das Verbot der [...] Gewalt ist lückenlos, soweit nicht die Charter selbst Ausnahmen zulässt."); SCHINDLER, Die Grenzen des völkerrechtlichen Gewaltverbots, in: SCHINDLER/HAILBRONNER, Die Grenzen des völkerrechtlichen Gewaltverbots, BDGV 26 (1986), S.17; TOMUSCHAT, Der 11. September 2001und seine rechtlichen Konsequenzen, EuGRZ 28 (2001) 21/23, S.539 ("numerus clausus der anerkannten Rechtfertigungsgründe"); VERDROSS/SIMMA, a.a.O. (Fn941), S.287f., §469ff.; VOIGTLÄNDER, Notwehrrecht und kollektive Verantwortung (2001), S.64; w.N. bei VOLK, Die Begrenzung kriegerischer Konflikte durch das moderne Völkerrecht (2005), S.21; WILDHABER, a.a.O. (Fn938), S.150 bei und in Fn11, der selbst der restriktiven Lesart zuneigt.

[956] Vgl. *Report of the Special Committee on the Charter of the United Nations and on the strengthening of the role of the Organization*, A/54/33 (Supp) v. 12. Mai 1999, §§89ff.; hierzu auch KARL/MÜTZELBURG/WITSCH, a.a.O. (Fn949), S.1371, Rn24 a.E..

exercise of the right to individual or collective self-defence pursuant to Artcile 51 [CVN]?".[957]

Ein entsprechendes Gutachten des IGH - gleich welchen Tenors - wäre trotz der formal fehlenden Bindungswirkung von grundlegender Bedeutung gewesen. Dabei kann davon ausgegangen werden, dass der IGH kaum alle diskutierten Rechtfertigungsgründe für unilaterale Gewalt untersuchte hätte. Kern des Gutachten wäre - ars iuris - vielmehr die allen außerchartialen Rechtfertigungsgründen gemeinsame Frage gewesen, ob das Gewaltregelungsregime der Charta ein abschließendes ist. Eben diese Frage soll - soweit dies die Untersuchung zulässt - in diesem Kapitel einer Antwort zugeführt werden.

Das hierbei zu wählende "Erkentnisverfahren" ist die Interpretation der einschlägigen Chartanormen - deren Auslegung unter Beachtung des Prinzips von Treu und Glauben, ihres systematischen Zusammenhangs im Lichte von Sinn und Zweck unter Berücksichtigung der späteren Übung der Vertragsstaaten. In diesem Zusammenhang sei auf die - Gewohnheitsrecht kodifizierenden und daher auf die Charta anwendbaren -[958] Regeln der WVK hingewiesen, wonach Wortlaut, Systematik, Zusammenhang und spätere Übung im Lichte des Sinnes und Zweckes *Vorrang* gegenüber den ergänzenden Auslegungsmitteln haben: Die häufig bemühten *travaux préperatoires* zur Charta können danach nur ein bereits vorgefundenes Auslegungsergebnis bestätigen oder im Falle der Mehrdeutigkeit, Dunkelheit oder eines offensichtlich sinnwidrigen oder unvernünftigen Ergebnisses zu Rate gezogen werden, Art.32 WVK.[959]

---

957 A/AC.182/L.104/Rev.1 v. 20. April 1999, op. Abs.3.

958 Vgl. KARL, a.a.O. (Fn948), S.353; RESS, a.a.O. (Fn945), S.18, Rn8 mit zahlreichen Nachweisen aus der Rspr. des IGH in Fn38; DERS., Article 107, in: SIMMA ET AL, Commentary (2002), Bd.2, S.1345, Rn8 bei Fn18; VERDROSS/SIMMA, a.a.O. (Fn941), S.491, §775 m.w.N. in Fn5.

959 Dies betont zur Recht FEDER, Reading the U.N. Charter connotatively: Toward a new definition of armed attack , NYU J Int'l L & Pol 19 (1987) 2, S.410f. in Fn82; vgl. auch m.N. MCCORMACK, Self-defense in international law (1997), S.150; IPSEN ET AL, a.a.O. (Fn945), S.145, §11, Rn18; VITZTHUM, a.a.O. (Fn946), S.63, Rn123. Vgl. im Übrigen IGH, *Conditions of Admission of a State to Membership in the United Nations (Charter, Art.4)*, Gutachten v. 28. Mai 1948, ICJ Rep.1948, S.63: "The Court considers that the text is sufficiently clear; consequently, it does not feel that it should deviate from the consistent practice of the Permanent Court of International Justice, according to which there is no occasion to resort to preparatory work if the text of a convention is sufficiently clear in itself."

I. Einzelbetrachtung der Tatbestände

1. Dritter Erwägungsgrund Präambel - Abgeschlossenheit auf Grund des "Verfassungscharakters"?

Hervorzuheben ist zunächst der dritte Erwägungsgrund der Präambel, in dem die vertragschließenden Staaten ihren Entschluß kundtun,

> "Bedingungen zu schaffen, unter denen Gerechtigkeit und die Achtung vor den Verpflichtungen aus Verträgen und anderen Quellen des Völkerrechts gewahrt werden können".

Damit wird nicht nur das - hier nicht weiter zu vertiefende - jedem positivistischen Rechtssystem immanente Spannungsverhältnis zwischen Recht und Gerechtigkeit aufgeworfen.[960] Die vorstehende Erwägung betrifft vor allem die Beziehung zwischen Charta und übrigem Völkerrecht, kann mithin auch für die Frage Relevanz gewinnen, ob die Charta ein abschließendes Gewaltregelungsregime darstellt. VERDROSS und SIMMA ziehen aus der Existenz der dritten Erwägung und Art.38 IGH-Statut den Schluß, dass die

> "vor […] Inkrafttreten [der Charta] in Geltung stehenden Normen des allgemeinen [Völkerrechts], sowie die Verträge und die allgemeinen Rechtsgrundsätze *weitergelten, soweit ihnen nicht durch die UN-Charta derogiert wurde*. Teilt man nun [die] Auffassung, daß die UN-Charta die gegenwärtige Verfassung der universellen Völkerrechtsgemeinschaft ist, so folgt daraus, daß das von ihr als weitergeltend vorausgesetze [Völkerrecht] in ihren Rahmen eingebaut, also von ihr *rezipiert* wurde."[961]

Im Hinblick auf die Einordnung der Charta als Verfassung[962] ergibt sich demnach ein lückenloses Entweder-Oder - entweder sind die übrigen Normen des Völkerrechts derogiert oder aber rezipiert worden. In Konsequenz dessen würde sich das Völkerrechtsregime als eine einheitliche, inhaltlich anhand von Verfassungsgrundsätzen (CVN) aufeinander abgestimmte Rechtsordnung darstellen. Die Auslegung der Charta im Hinblick auf die Frage, ob sie ein abschließendes

---

960 Dazu eingehend HOBE, Wir, die Völker der Vereinten Nationen -, in: DERS., Die Präambel der UN-Charta im Lichte der aktuellen Völkerrechtsentwicklung (1997), S.59ff.; vgl. dazu auch WOLFRUM, Preamble, in: SIMMA ET AL, A Commentary (2002), Bd.1, S.35f., Rn8f. unter Bezugnahme auf den *Report of rapporteur, Subcommittee I/1/A (Farid Zeineddine, Syria), Section 3, to Committee I/1* v. 5.Juni 1945, UNCIO, Bd.6, Dok.785 I/1/28, S.359.

961 VERDROSS/SIMMA, a.a.O. (Fn941), S.221, §374 [Hervorh. hinzugef.], ferner auch S.72, §91a.E..

962 Weitere Vertreter der Verfassungsthese supra Einleitung - A. , S.6 in Fn35.

Gewaltregelungsregime darstellt, erübrigte sich, da '*totum pro parte*' beantwortet; das von VERDROSS und SIMMA skizzierte Rechtssystem wäre *in jeder Hinsicht* ein abschließendes. Fraglich bliebe nach diesem Verständnis allein, ob die Charta ein Recht zur präventiven Gewaltanwendung selbst konstituiert oder ein früher bestehendes rezipiert hat; nachfolgend entstandene[963] außerchartiale Rechtsgrundlagen müssten dagegen - die Möglichkeit einer Änderung der Charta ausgeklammert[964] - angesichts des unterstellten Verfassungscharakters außer Betracht bleiben.

Über die bereits angedeuteten Bedenken zur Deduktion hinaus[965] begegnet das auf den dritten Erwägungsgrund gestützte "Verfassungsargument" erheblichem Zweifel: Das Völkerrecht als in seiner Gesamtheit "unter der Charta aufgehängtes" Rechtssystem zu begreifen, bedeutete zum Ersten, die für den Anwendungsvorrang der Charta (Art.103 CVN) erforderliche Voraussetzung der Widersprüchlichkeit zu präjudizieren: Während nämlich die Prüfung eines Widerspruches in einem ersten Schritt die Feststellung voraussetzt, dass und mit welchem Inhalt der konkrete Aspekt durch die Charta geregelt ist - es andernfalls, namentlich der Lückenhaftigkeit, mangels widerstreitendem Regelungsgehalt an einem *Wider*spruch fehlt - legt der vermeintliche Verfassungscharakter nahe, dass keine Lücken bestehen. Zum Zweiten würde das von VERDROSS und SIMMA im Verfassungscharakter gründende Entweder-Oder von Rezeption und Derogation den Zeitpunkt der Betrachtung der Widersprüchlichkeit auf den Zeitpunkt ihres Inkrafttretens fixieren: Denn soweit nicht zu diesem Zeitpunkt eine bestimmte Regel durch die Charta konstituiert oder rezipiert worden ist, muss zwangsläufig mit postchartial entstandenen Normen ein Widerspruch bestehen. Das Festhalten am status quo von 1945 steht indes zu der für das Funktionieren des Völkerrechtssystems unabdingbaren Wirklichkeitsnähe[966] im Widerspruch.

Vor diesem Hintergrund sind die Chartabestimmungen des sachlich betroffenen Regelungskomplexes - hier: der Gewaltanwendung - jeweils im Speziellen darauf zu überprüfen, ob sie ein abschließendes Regime formen. Eben in Bezug auf die Frage der Gewaltanwendung ist der dritte Erwägungsgrund indes wenig ergiebig. Insbesondere die Bezugnahme auf die "Gerechtigkeit" lässt sowohl den einen als auch den anderen Schluss zu, je nachdem ob man die *Interessen des*

---

963 Die Charta steht - soweit nicht im Einzelfall eine in ihr enthaltene Norm des ius cogens betroffen ist - nicht schon der *Begründung* widersprechenden Rechts entgegen, da Art.103 CVN keinen Geltungs- sondern lediglich einen Anwendungsvorrang postuliert. Hierfür spricht insb. die Bezugnahme auf Art.103 CVN im Rahmen von Art.30 Abs.1 WVK (*Anwendung* aufeinanderfolgender Verträge über den selben Gegenstand) und nicht im Rahmen von Art.46ff. WVK (*Ungültigkeit* von Verträgen), vgl. BERNHARDT, a.a.O. (Fn936), S.1295, Rn6 sowie KARL, a.a.O. (Fn948), S.70-72.

964 Vgl. hierzu bereits supra Zweiter Teil - 5. Kapitel - A. - II. , S.195.

965 Vgl. supra Einleitung - B. , S.6 bei Fn35ff..

966 Vgl. hierzu supra Einleitung - B. , S.9f., insb. bei und in Fn40.

Kollektivs oder des *Einzelstaats* zum Maßstab des "Gerechten" heranzieht. Sieht man in der Gerechtigkeit mit HOBE einen Hinweis auf den (positiven) *Frieden*[967] als den für die Völkerrechtsgemeinschaft in ihrer Gesamtheit anzustrebenden Zustand, lässt sich argumentieren, dass die Charta zwecks Herbeiführung und Gewährleistung des angestrebten Zustandes jegliche, außerhalb ihrer selbst bestehende gewaltberechtigende Regelung ausschließen wollte. Mit Blick auf das einzelstaatliche *Integritätsinteresse* - also der Frage, ob es "gerecht" sein könne, dass der von erheblicher Gewaltanwendung bedrohte Staat den vernichtenden Schlag mangels Rechts zur präventiven Gewaltanwendung hinnehmen müsse (das sog. "sitting-duck"-Argument[968]) - wird man, soweit die Charta nicht selbst ein Recht zur präventiven Gewaltanwendung enthält, hingegen eine ausfüllungsbedürftige Lücke des Chartaregimes identifizieren.

Will man nicht dem einen oder anderen Interesse - aus völkerrechtspolitischen Gründen - den Vorrang gewähren, ist der dritte Erwägungsgrund für die Beantwortung der Frage, ob die Charta ein abschließendes Gewaltregelungsregime darstellt, nicht hilfreich. Er lässt lediglich den - lapidaren - Schluss zu, dass in Bezug auf prächartiales Völkerrecht die Weitergeltung (bzw. Rezeption) ebenso wie die Derogation in Betracht zu ziehen sind.[969]

2. Siebter Erwägungsgrund Präambel - Gewalt und gemeinsames Interesse

Der erste konkrete Hinweis auf einen abschließenden Charakter der Charta in Bezug auf Gewaltanwendung findet sich in der siebten Erwägung der Präambel, in dem die Vertragsstaaten ihren Entschluss festhalten,

> "*Grundsätze* anzunehmen und *Verfahren* einzuführen, die gewährleisten, daß Waffengewalt *nur noch* im *gemeinsamen Interesse* angewendet wird".

---

967 HOBE, a.a.O. (Fn960), S.62-68, insb. S.67f.; in diese Richtung wohl schon BRIERLY/WALDOCK, The law of nations (1963), S.414 a.E..

968 Vgl. hierzu schon supra Einleitung - A. , S.5 bei und m.N. in Fn30.

969 Vgl. aber FRANZKE, Die militärische Abwehr von Angriffen auf Staatsangehörige im Ausland - insbesondere ihre Zulässigkeit nach der Satzung der Vereinten Nationen, ÖZöR NF 16 (1966) 1-2, S.146 m.w.N. in Fn160, der den 3. Präambelsatz *jedenfalls* als Beleg für die Fortgeltung bzw. Rezipierung bestehenden Rechts verstanden wissen will.

a. Zentralnorm eines abschließenden Regelungsregimes?

Da den Präambelbestimmmungen über ihren einleitenden Charakter als Erklärung der gemeinsamen Absichten und Motive der Signatarstaaten[970] hinaus Rechtssatzqualität beizumessen ist,[971] könnte man in dem Passus die verkannte Zentralnorm erblicken, die die Reichweite des chartialen Gewaltregelungsregimes umreißt und nachfolgend im "*Grundsatz*" - Art.2 Ziff.4 CVN - und den spezifischen "*Verfahren*" für Gewaltanwendung - Art.39 i.V.m. Art.42, Art.51, Art.53 Abs.1 S.1 und S.2 2.Hs sowie Art.107 - ihre Konkretisierung erfährt:[972]

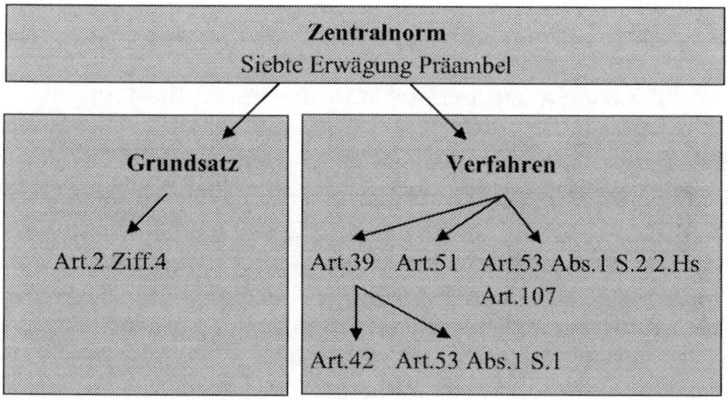

Für eine derartige *Verklammerung* sämtlicher relevanter Normen in der siebten Erwägung spricht die in Kodifikationen gemeinhin beachtete Aufbauregel "allgemeine vor speziellen Vorschriften", mithin die systematische Stellung des Erwägungsgrundes noch vor Art.2 Ziff.4 CVN. Da das Gewaltverbot zwar nicht explizit auf die Ausnahmetatbestände Bezug nimmt, jedoch über den Passus "Ziele der Vereinten Nationen" auch auf die Präambel und damit die siebte Er-

970 Vgl. WOLFRUM, a.a.O. (Fn960), S.37, Rn13; ferner den *Report of rapporteur of Committee 1 to Commission I* v. 13. Juni 1945, UNCIO, Bd.6, Dok.944 I/1/34 (1), S.446f..

971 So zu Recht MEYN, Funktion und Bedeutung der Präambel der UN-Charta, in: HOBE, Die Präambel der UN-Charta im Lichte der aktuellen Völkerrechtsentwicklung (1997), S.28f., m.N. darauf hindeutender Resolutionspraxis (in Fn22f.) und m.w.N. aus der Lit. (in Fn26); ebenso HOBE, a.a.O. (Fn960), S.60; ferner *Report of rapporteur of Committee 1 to Commission I*, a.a.O. (Fn970), S.448: "It is thus clear that there are no grounds for supposing that the Preamble has less legal validity than the two succeeding chapters." Vorsichtiger WOLFRUM, a.a.O. (Fn960), S.37, Rn13, der betont, dass, "[...] its main function is not to set forth basic obligations of the members States and the Organization [...]."

972 So wohl FRANZKE, a.a.O. (Fn969), S.150 und MEYN, a.a.O. (Fn971), S.31, der in der Präambel eine "über das Gewaltverbot hinausgehende internationale Friedensordnung" konturiert sieht.

wägung verweist,[973] die nach Vorstehendem ihrerseits auf die Ausnahmetatbestände als "Verfahren" verweist, könnte man so den materiellen Regelungsgehalt des Gewaltverbotes gleichsam dahingehend präzisieren, dass jegliche Gewalt in den internationalen Beziehungen verboten ist, *mit Ausnahme derer, die zur Wahrung des gemeinsamen Interesses und ausschließlich nach den in der Charta konsentierten Verfahren angewendet wird.*[974] Angesichts der Betonung auf der VN-Gründungskonferenz, dass nur die VN das "gemeinsame Interesse" wahrnehmen können,[975] wäre es - jedenfalls soweit unilaterale Gewaltrechte betroffen sind - durchaus stimmig, von einem materiell abschließenden Regelungsregime auszugehen. Neben der systematischen Verklammerung spräche hierfür nicht zuletzt der Wortlaut "*nur noch*".

b. Kein eindeutiger Verklammerungstatbestand

Zwingend ist diese Interpretation jedoch nicht. Zwar lässt sich durch die Heranziehung der Präambel begründen, dass es *ein* Ziel der Vereinten Nationen ist, Gewalt nur noch im "gemeinsamen Interesse" auszuüben. Wollte man daraus aber ableiten, dass als Rechtsgrundlage *ausschließlich* die in der Charta geregel-

---

973 Vgl. nur RANDELZHOFER, Article 2 (4), in: SIMMA ET AL, A Commentary (2002), Bd.1, S.118, Rn18, S.123, Rn36; STONE, Aggression and world order (1958), S.43; krit. FRANZKE, a.a.O. (Fn969), S.149 a.E. nach dem Art.2 Ziff.4 CVN hinsichtlich der Ziele der VN nur auf Art.1 CVN verweist.

974 In diese Richtung - freilich zumeist *ohne explizite Bezugnahme* auf den siebten Erwägungsgrund, aber unter Hervorhebung eines *gemeinsamen Interesses* der Staatengemeinschaft - BROWNLIE, The principle of the non-use of force in contemporary international law, in: BUTLER, The non-use of force in international law (1989), S.21f.; DINSTEIN, War, aggression and self-defence (2001), S.82 a.E.; MRAZEK, Prohibition of the use of force: Self-defence and self-help in international law, Can YB Int'l L 27 (1989), S.90 a.E.; RANDELZHOFER, a.a.O. (Fn973), S.123, Rn36 m.w.N. in Fn90; DERS., Use of force, in: BERNHARDT ET AL, EPIL, Bd.4 (2000), S.1251; SCHEUNER, a.a.O. (Fn955), S.245; VERDROSS, Idées directrices de l'Organisation des Nations Unies, RC 83 (1953-II), S.14; VERDROSS./SIMMA, a.a.O. (Fn941), S.287, §469; WEHBERG, Krieg und Eroberung (1953), S.59ff., insb. S.62, 68 und S.82-85; a.A. aber KREß, a.a.O. (Fn952), S.174 "die Formulierung des Art.2 Ziff.4 SVN '...oder sonst mit den Zielen der Vereinten Nationen unvereinbar...' [legt] ein Verständnis im Sinne von '...oder nicht andernorts in dieser Satzung ausdrücklich gestattete...' nicht eben nahe."

975 Vgl. nämlich den *Report of rapporteur, Subcommittee I/1/A (Farid Zeineddine, Syria), Section 3, to Committee I/1*, a.a.O. (Fn960), S.359 unter Ziff.5.: "That [der siebte Erwägungsgrund] is clear. The use of armed force is possible in the common interest. We have an Organization. The Organization is only competent to see the common interest and use force in supporting it.") und den *Report of rapporteur of Committee 1 to Commission I*, a.a.O. (Fn970), S.451 unter Preamble, 5., b.: "The phrase in itself is clear enough. The use of force is left possible only in the common interest. As long as we have an Organization, the Organization only is competent to see the common interest and to use force in supporting it."

ten Tatbestände in Betracht kommen, müsste man dieses "gemeinsame Interesse" gleichsam als Wesensmerkmal aller in der Charta geregelten Verfahren erlaubter Gewaltanwendung definieren können. Denn nur wenn es deren "kleinster gemeinsamer Nenner" ist, lässt sich der Begriff des "gemeinsamen Interesses" im siebtem Erwägungsgrund als Verweis verstehen, der auf die in der Charta geregelten "Verfahren" erlaubter Gewaltanwendung deutet.

In diese Konstruktion läßt sich jedenfalls Art.51 CVN[976] nur schwer integrieren, der primär dem Selbsterhalt, einem *egoistischen Interesse*, und bestenfalls reflektorisch dem "*gemeinsamen Interesse*" (hier: der Rechtsbewährung) dient.[977] Die Eigenschaft des "gemeinsamen Interesses" als Platzhalter für die in der Charta geregelten Ausnahmetatbestände ("Verfahren") scheidet damit aus. Gegen einen isoliert auf den siebten Erwägungsgrund gestützen abschließenden Charakter des Chartaregimes spricht daneben, dass selbst unter Beachtung aller in der Charta explizit statuierten Ziele (Art.1 CVN) das "gemeinsame Interesse" einen unbestimmten und insofern für die Begrenzung des Regelungsregimes eher ungeeigneten Rechtsbegriff darstellt.[978] Im Übrigen betrifft das "gemeinsame Interesse" in erster Linie den finalen Aspekt, d.h. die intendierte Wirkung: "*Wem dient* die Gewaltanwendung?" Der kausale Aspekt - "*Auf Grund welchen Rechts* darf Gewalt angewendet werden?" - wird genau genommen gar nicht berührt: Auch die unilaterale Gewaltanwendung, etwa eine nicht mandatierte hu-

---

976 Gleiches gilt tendenziell auch für die sog. Feindstaatenklauseln, die in erster Linie den subjektiven Sicherheitsinteressen Frankreichs und der Sowjetunion dienten, vgl. schon supra Zweiter Teil - 4. Kapitel - B. - II. - 2. , S.172 bei und m.N. in Fn841 sowie eingehend sub Zweiter Teil - 5. Kapitel - B. - V. , S.247.

977 Wie hier KUNZ, Individual and collective self-defense in Article 51 of the Charter of the United Nations, Am J Int'l L 41 (1947) 4, S.876; WOLFRUM, The attack of September 11, 2001, the wars against the Taliban and Iraq: Is there a need to reconsider international law on the recourse to force and the rules in armed conflict?, in Max Planck YB UN L 7 (2003), S.10f.. Es wird nicht bestritten, dass die *Rechtsbewährung* rechtstheoretisch im Selbstverteidigungsrecht enthalten ist. Einer *wirklichkeitsnahen* Auslegung von Völkerrecht (vgl. supra Einleitung - B. , S.8 bei und m.N. in Fn40) hält eine derartige Betrachtung indes nicht stand. Gleichwohl a.A. BOWETT, a.a.O. (Fn940), S.185f.; FRANZKE, a.a.O. (Fn969), S.150 und GRZESZICK, Die Staatsgewalt in der UN-Charta, in: AVR 41 (2003) 4, S.500, die in finaler Hinsicht die dezentrale Rechtsdurchsetzung in den Vordergrund der Selbstverteidigung stellen. Ähnlich MENK, Gewalt für den Frieden (1992), S.72 der von einem "treuhänderischen" Charakter des Selbstverteidigungsrechtes spricht.

978 Vgl. auch GRZESZICK, a.a.O (Fn977), S.488. Wie hier die Unbestimmtheit betonend KREß, ebd. (Fn974), der es unter Bezugnahme auf STONE, a.a.O. (Fn973), S.96, "wenig überraschend" findet, dass das *gemeinsame Interesse* als Begründung für die Zulässigkeit von Gewaltanwendung zur Verhinderung schwerer Verletzungen von Pflichten *erga omnes* herangezogen wird.

manitäre Intervention, kann einem "gemeinsamen Interesse" dienen und gleichwohl - mangels Rechtsgrundlage - rechtswidrig sein.[979]

c. Zwischenergebnis - Möglicher Verklammerungstatbestand

Daher wird man zwar aus der siebten Erwägung die historisch naheliegende Wertentscheidung der Mitgliedstaaten ablesen können, dass Gewalt nicht mehr i.S.d. VON CLAUSEWITZ'schen These - Krieg sei die Fortsetzung der Poltitik mit anderen Mitteln[980] - zur Durchsetzung jedweder Individualinteressen angewendet werden darf. Die Existenz eines 'numerus clausus' von Erlaubnissätzen kann daraus *allein* aber nicht abgeleitet werden.[981]

3. Art.2 Ziff.4 CVN - Das Gewaltverbot

Immanente Voraussetzung eines abschließenden Regelungsregimes ist die aus dem entsprechenden Normgefüge erkennbare Absicht des Normgebers[982], den Regelungsgegenstand - hier: Gewaltanwendung - in *allen denkbaren Sachlagen erfassen zu wollen.* Abhängig von der materiellen Zielsetzung geschieht dies im Gegensatz zur unvollständigen, bloß summarisch-kasuistischen Regelung von Einzeltatbeständen durch Bestimmung einer entsprechenden Generalklausel (Prinzipalnorm), die zwar durch Ausnahmetatbestände durchbrochen wird, aber eben *jedenfalls* eine Regelung bereit hält: Entweder soll ein Verhalten nur ausnahmsweise verboten sein, dann wird eine generelle Erlaubnis (mit Verbotsvorbehalt oder konkret geregelten Verbotstatbeständen) statuiert; oder es soll grundsätzlich verboten sein, dann wird auf ein generelles Verbot (mit Erlaubnisvorbehalt oder konkret geregelten Erlaubnistatbeständen) zurückgegriffen.[983] Letzteres trifft nach wohl herrschender Ansicht auf das Gewaltregelungsregime der Charta zu: Mit Art.2 Ziff.4 CVN ist eine Norm geschaffen worden, die schon ihrem weitgefassten Wortlaut nach ein *generelles Verbot* darstellt:[984]

---

979 Vgl. hierzu sehr lesenswert HILLGRUBER, Das Verhältnis von Frieden und Gerechtigkeit - völkerrechtlich betrachtet, ZfP 50 (2003) 3, S.254f.; ferner WOLFRUM, a.a.O. (Fn977), S.22f..

980 Vgl. VON CLAUSEWITZ, Vom Kriege (1972), S.210 (I, i, 24) sowie S.990ff. (VIII, vi, B).

981 Im Ergebnis ebenso FRANZKE, a.a.O. (Fn969), S.149f.; KREß, a.a.O. (Fn952), S.174.

982 Zur Annahme einer "gesetzgeberischen" Absicht im Völkerrecht krit. KEARLEY, Regulation of preventive and preemptive force in the United Nations Charter: A search for original intent, Wyoming L Rev 3 (2003) 2, S.719ff. unter Bezugnahme auf KELSEN.

983 Vgl. hierzu auch BRUHA, a.a.O. (Fn952), S.1387, Rn2.

984 Statt vieler nur BOTHE, Friedenssicherung und Kriegsrecht, in: VITZTHUM, Völkerrecht (2007), S.645ff., Rn9-17; BROWNLIE, International law and the use of force by states (1963), S.268; BRIERLY/WALDOCK, a.a.O. (Fn967), S.415; BRUHA, a.a.O. (Fn952), S.1389, aber auch S.1392, Rn14; DOEHRING, a.a.O. (Fn946), S.246, Rn571 ("System der Generalklausel"); GENONI, a.a.O. (Fn955), S.111ff., 127f.; KREß, Die Rettungsoperation

"*Alle* Mitglieder unterlassen in ihren internationalen Beziehungen *jede* gegen die territoriale Unversehrtheit oder die politische Unabhängigkeit eines Staates gerichtete oder sonst mit den Zielen der Vereinten Nationen unvereinbare *Androhung oder Anwendung von Gewalt*."[985]

a. Der Einwand des eingeschränkten sachlichen Anwendungsbereichs

Dagegen wird in sachlicher Hinsicht vor allem im anglo-amerikanischen Völkerrechtskreis - ebenfalls unter Heranziehung des Wortlautes - eingewandt, es handele sich bei Art.2 Ziff.4 CVN lediglich um ein restriktiv auszulegendes, *qualifiziertes Verbot*.[986] Wirkung entfalte es nämlich nur, wenn die Gewaltanwendung oder -drohung gegen die territoriale Unversehrtheit oder die politische Unabhägigkeit eines Staates gerichtet oder mit den Zielen der VN unvereinbar sei. Damit solle die Gewaltanwendung zur Veränderung des territorialen status quo bzw. zum Eingriff in das politische System verboten werden. Darüber hinaus könne aber - e contrario zur letzten Alternative des Art.2 Ziff.4 CVN - jedenfalls diejenige Gewalt, die den Zielen der VN dient, nicht vom Verbot umfasst sein.[987]

---

der Bundeswehr in Albanien am 14. März 1997 aus völker- und verfassungsrechtlicher Sicht, ZaöRV 57 (1999) 2/3, S.333 m.w.N. in Fn12; MALANCZUK, Akehurst's modern introduction to international law (1997), S.310f.; MRAZEK, a.a.O. (Fn974), S.82ff.; O'-CONNELL, The myth of preemptive self-defense, Am Soc'y Int'l L Papers (8/2002), http://www.asil.org/taskforce/oconnell.pdf [letzter Abruf: 29. September 2006], S.4; RANDELZHOFER, ebd. (Fn974, beide Fundstellen); SCHINDLER, a.a.O. (Fn955), S.13f.; VOIGTLÄNDER, a.a.O. (Fn955), S.64 m.N. in Fn 223; WILDHABER, a.a.O. (Fn938), S.148; WOLFRUM, The attack of September 11, 2001, the wars against the Taliban and Iraq: Is there a need to reconsider international law on the recourse to force and the rules in armed conflict?, in Max Planck YB UN L 7 (2003), S.9 a.E..

985 [Hervorh. hinzugef.].

986 Vgl. - im Detail nuancierend - nur BOWETT, a.a.O. (Fn940), S.12f., 152, 185f.; KAPLAN/KATZENBACH, The political foundations of international law (1961), S.214; SCHACHTER, The right of states to use armed force, Mich L Rev 82.2 (1984) 5&6, S.1625; STONE, a.a.O. (Fn973), S.43, 95f.; zuletzt wieder SOFAER, On the necessity of pre-emption, Eur J Int'l L 14 (2003) 2, S 223. Außerhalb des anglo-amerikanischen Rechtskreises DAHM, a.a.O. (Fn955), S.49ff. (unter ausdrücklicher Zurückweisung der eindeutigen Genese), FRANZKE, a.a.O. (Fn969), S.148ff. und GRZESZICK, a.a.O. (Fn977), S.500f..

987 So explizit etwa STONE, a.a.O. (Fn973), S.43; DERS., Conflict through Consensus (1977), S.55f.; MCCREDIE, The April 14, 1986 bombing of Libya: Act of self-defense or reprisal?, Case W Res J Int'l L 19 (1987) 2, S.227 bei Fn98; Anklänge auch bei FRANZKE, a.a.O. (Fn969), S.150.

aa. Teleologische Auslegung

Diese Auslegung begegnet mit Blick auf eine ausdrücklich kodifizierte - also nicht etwa aus völkerrechtspolitischen Gründen "hineininterpretierte"[988] - Zielsetzung der Charta, namentlich der Wahrung des Friedens *durch* das System kollektiver Sicherheit[989], nicht unerheblichen Bedenken. Denn es lässt sich nicht vereinbaren, einen Zustand (Frieden) anzustreben, der sich zwar nicht hinreichend, aber erforderlich durch die Abwesenheit von Gewalt auszeichnet, gleichzeitig aber selbige als prinzipiell erlaubtes Handlungsmittel lediglich qualifiziert zu verbieten. Auch der Verzicht der Vertragsstaaten auf den bisherigen Qualifikationstatbestand "Krieg"[990] und der Verwendung des inhaltlich viel weitergehenden Begriffes "Gewalt" verdeutlicht, dass der Verbotsbereich auf alle den - negativen - Frieden gefährdenden Verhaltensweisen ausgedehnt ist. Dann ist es aber nicht zielführend, anzunehmen, durch die benannten Wortlautzusätze sollte nur wieder eine neue Qualifikation geschaffen werden.[991] Schließlich ist es problematisch, dem System kollektiver Sicherheit gerade in Bezug auf die friedenswahrende und -wiederherstellende Gewaltanwendung ein Gewaltmonopol einzuräumen,[992] gleichzeitig aber der unilateralen Gewaltanwendung mehr als nur komplementären Charakter zugestehen zu wollen. Andernfalls käme es regelmäßig zu Situationen, in denen sowohl Einzelstaat als auch kollektives Sicherheitssystem zur Gewaltanwendung berechtigt wären, eine Konkurrenzsituation,

---

988 Vgl. hierzu IPSEN ET AL, a.a.O. (Fn945), S.143, §11, Rn15; HAILBRONNER, a.a.O. (Fn955), S.56 bei und m.w.N. in Fn21.

989 Vgl. anklingend im sechsten und siebten Erwägungsgrund der Präambel, explizit in Art.1. Ziff.1 und bestätigt in Art.24 Abs.1 CVN (Hauptverantwortung des Sicherheitsrats für Weltfrieden und internationale Sicherheit). Wie hier mit besonderer Betonung der Konnexität von Friedenswahrung und dem System kollektiver Sicherheit, BROWNLIE, a.a.O. (Fn984), S.273f.; DOEHRING, a.a.O. (Fn946), S.201, Rn455; KRISCH, Selbstverteidigung und kollektive Sicherheit (2001), S.145f.; JESSUP, Modernes Völkerrecht (1950), S.235; RÖLING, a.a.O. (Fn955), S.274.

990 Von Krieg ist lediglich im ersten Erwägungsgrund der Präambel unter Bezugnahme auf die beiden Weltkriege die Rede. Die eines gewissen Pathos nicht entbehrende Formel, "künftige Geschlechter vor der Geißel des Krieges zu bewahren" ist nicht in die Richtung zu verstehen, die Charta statuiere lediglich ein Kriegsverbot, sondern betont vielmehr - als Mahnung - die schlimmsten Konsequenzen, die Gewaltanwendung nach sich ziehen kann. Vgl. dazu WOLFRUM, a.a.O. (Fn960), S.34f., Rn5; ferner *Report of rapporteur, Subcommittee I/1/A (Farid Zeineddine, Syria), Section 3, to Committee I/1*, a.a.O. (Fn960), S.359.

991 Dies konzediert auch BOWETT, a.a.O. (Fn940), S.151; ferner MÜLLERSON/SCHEFFER, Legal regulation of the use of force, in: DAMROSCH ET AL, Beyond confrontation (1995), S.100. Wie hier MALANCZUK, a.a.O. (Fn984), S.309; RÖLING, a.a.O. (Fn955), S.275 und KUNZ, Bellum justum and bellum legale, Am J Int'l L 45 (1951) 3, S.533.

992 Hierzu eingehend sub Zweiter Teil - 5. Kapitel - B. - 4. , S.214.

die mit Blick auf die Verwirklichung von Frieden kaum als sinn- und zweckmäßig zu erachten ist.[993]

bb. Systematische Auslegung

Unter der Prämisse, dass unilaterale Gewalt regelmäßig egoistische Motive verfolgt, wird die Grundentscheidung des Art.2 Ziff.4 CVN auch durch die oben dargelegte Wertentscheidung der siebten Erwägung der Präambel - dass Gewalt nur noch im "*gemeinsamen Interesse*" angewendet werde - gestützt.[994] Gleiches ergibt sich im Zusammenhang mit Art.2 Ziff.3 CVN, der für alle Vertragsstaaten den Vorrang der friedlichen Streitbeilegung statuiert. Eine systematisch stimmige Ergänzung hierzu bildet Art.2 Ziff.4 CVN nämlich nur, wenn er weit ausgelegt wird.[995]

cc. Genetische Auslegung

Das im Wege der teleologischen und systematischen Auslegung gefundene Ergebnis, dass die Nennung der "territorialen Unversehrtheit" und "politischen Unabhängigkeit" keineswegs eine sachlich-einschränkende Qualifikation des Gewaltverbotes bewirkt, wird unter genetischen Gesichtspunkten bestätigt. Die Aufnahme des Passus' geht auf eine Initiative Australiens[996] zurück und sollte gerade kleineren Staaten versichern, dass ihr territorialer und politischer status quo nicht durch Gewalteinwirkung verändert werden darf.[997] Angesichts der auch auf der VN-Gründungskonferenz von San Franzisko ungelösten Schwierigkeit, den Aggressionstatbestand zu definieren,[998] stand dahinter die pragmatische Überlegung, dass jedenfalls die explizite Nennung dieser beiden Rechtsgüter die Einschätzungsprärogative des Sicherheitsrates bei der Determination ei-

---

993 In diese Richtung auch BROWNLIE, The U.N. Charter and the use of force, in: CASSESE, The current legal regulation of the use of force (1986), S.496f.; GENONI, a.a.O. (Fn955), S.116; JESSUP, a.a.O. (Fn989), S.234ff.; a.A. FRANZKE, a.a.O. (Fn969), S.151f..

994 Vgl. supra Zweiter Teil - 5. Kapitel - B. - I. - 2. , S.200ff.. Wie hier VERDROSS/SIMMA, a.a.O. (Fn941), S.73f., §92; BROWNLIE, ebd. (Fn993).

995 Vgl. BRUHA, a.a.O. (Fn952), S.1389, Rn6; MALANCZUK, a.a.O. (Fn984), S.310; SCHEUNER, a.a.O. (Fn955), S.245; VERDROSS/SIMMA, a.a.O. (Fn941), S.76, §96 sowie S.284, §465; WEHBERG, a.a.O. (Fn974), S.62f.

996 Vgl. Verbatim minutes of the second plenary session v. 28. April 1945, UNCIO, Bd.1, Dok.20 P/6, S.173f. und Amendments to the Dumbarton Oaks Proposals submitted on behalf of Australia v. 5. Mai 1945, UNCIO, Bd.3, Dok.2 G/14 (1), S.543.

997 Vgl. auch Stellungnahme der neuseeländischen Delegation *Verbatim minutes of the seventh plenary session* v. 2. Mai 1945, UNCIO, Bd.1, Dok.58 P/15, S.509.

998 Vgl. GOODRICH/HAMBRO, Charter of the United Nations - Commentary and documents (1949), S.263, 300; FROWEIN/KRISCH, Introduction to Chapter VII, in: SIMMA ET AL, Commentary (2002), Bd.1, S.703, Rn5.

ner Friedensbedrohung, eines Friedensbruches oder einer Angriffshandlung gleichsam "auf Null reduziert" sein müsse, sich mithin dessen Verpflichtung zur Ergreifung kollektiver Maßnahmen ergäbe. Exemplarisch hierzu die Mitteilung des australischen Außenministers EVATT an den australischen Premier CURTIN anlässlich eines Commonwealth Treffens in London zur Vorbereitung der Verhandlung in San Franzisko:

> "The meeting accepted Dr. Evatt's suggestion to amend political independence Chapter [II] (4) of the Dumbarton Oaks proposal[[999]] to read 'All Members of the Organisation shall refrain in their [i]nternational relations from threat or use of force against territorial integrity or political independence of another State or in any other manner inconsistent with the purposes of the Organisation'. It was recognised that if any State violated this obligation it would surely be impossible for the Council to decide a dispute in its favour. Any case of wilful aggression would thus be a clear breach of charter and, coming under the Security Council's jurisdiction, would be met with enforcement action. This was a preferable method than an attempt to define aggression or to make a general declaration that aggression should be met by force."[1000]

Dass es also gerade nicht um eine tatbestandliche Beschränkung des Gewaltverbotes, sondern lediglich um die "ermessenslenkende" Hervorhebung besonders wichtiger Schutzgüter ging, belegt der Umstand, dass zahlreiche andere Delegationen die territoriale Unversehrtheit und politische Unabhängigkeit explizit genannt wissen wollten, ohne sich dabei auf eine bestimmte Vorschrift, etwa Art.2 Ziff.4 CVN, zu kaprizieren[1001] und insofern - ohne Gegenstimme - dem australi-

---

999 Vorentwurf der Charta, ausgearbeitet von den USA, Großbritannien, Frankreich, der Sowjetunion und China, vgl. hierzu sub Zweiter Teil - 5. Kapitel - B. - V. - 1. - a. , S.247.

1000 Mitteilung des australischen Außenministers EVATT an den australischen Premier CURTIN anlässlich eines Commonwealth Treffens in London zur Vorbereitung der Verhandlung in San Franzisko *Forde and Evatt to Curtin Cablegram* v. 17 April 1945, DEPT. FOREIGN AFF. AND TRADE [AUSTRALIEN], Historical Publications, http://www.info.dfat.gov.au/info/historical/HistDocs.nsf/vWeb?OpenView [letzter Ab-ruf: 22. November 2006], Bd.8 (1945), Dok.73, Ziff.15.

1001 Vgl. *Report on the United Nations Conference on International Organization* (1945), DEPT EXTERNAL AFF [KANADA], Conf. Ser. 1945, Nr.2, S.17f.; *Summary report of fourth meeting of Committee I/1* v. 14. Mai 1945, UNCIO, Bd.6, Dok.272 I/1/11, S.286; *Summary report of the fifth meeting of Committee I/1* v. 15. Mai 1945, UNCIO, Bd.6, Dok.308 I/1/14, S.292; *Summary report of seventh meeting of Committee I/1* v. 17. Mai 1945, UNCIO, Bd.6, Dok.382 I/1/19, S.304 sowie *Documentation for meetings of Committee I/1* v. 11. Mai 1945, UNCIO, Bd.6, Dok.215 I/1/10, S.525ff. mit Vorschlägen Boliviens (S.558), Brasiliens (S.558), der Tschechoslowakei (S.560), Ecuadors (S.562), Äqyptens (S.562), Ethopiens (S.563), Mexikos (S.563f.), Panama (S.565f.), Perus (S.566) und Uruguays (S.567).

schen Vorschlag zustimmten.[1002] Dies gilt um so mehr, als der brasilianische Delegierte den hier diskutierten *Einwand des eingeschränkten sachlichen Anwendungsbereiches antizipierte* und zu Bedenken gab, dass

> "apart from the use of legitimate self-defense, the text as it stood at present [einschließlich der dritten Alternative 'sonst mit den Zielen der Vereinten Nationen unvereinbar'] might well be interpreted *as authorizing the use of force unilaterally by a state, claiming that such action was in accordance with the purposes of the Organization.*"[1003]

Diese Auslegung wurde indes von den übrigen Delegationen als fern liegend zurückgewiesen.[1004] Hervorzuheben ist in diesem Zusammenhang zum Einen die Stellungnahme des amerikanischen Vertreters, der betonte, dass

> "the intention of the authors of the original text was to state in the broadest terms an absolut all-inclusive prohibition; the phrase 'or in any other manner' was designated to insure that there should be no loopholes."[1005]

Zum Anderen stellte selbst der Delegierte Norwegens - das mit dem Vorschlag, jegliche unilaterale Gewaltanwendung "if not approved by the Security Council" zu verbieten, eine noch weitergehende Fassung des Gewaltverbotes verfolgte[1006] - klar, dass

> "this pragaraph 4 [i.d.F. des australischen Vorschlags] did not contemplate any use of force, outside of action by the Organization, going beyond individual or collective self-defense."[1007]

1002 Vgl. *Verbatim minutes of second meeting of Commission I* v. 20. Juni 1945, UNCIO, Bd.6, Dok.1123 I/8, S.80-82.

1003 *Summary report of eleventh meeting of Committee I/1* v. 5. Juni 1945, UNCIO, Bd.6, Dok.784 I/1/27, S.334 unter Ziff.7 [Hervorh. hinzugef.].

1004 Vgl. *Report of rapporteur of Subcommittee I/1/A to Committee I/1*, a.a.O. (Fn998), S.720 und *Report of rapporteur of Committee 1 to Commission I*, a.a.O. (Fn970), S.459.

1005 *Summary report of eleventh meeting of Committee I/1*, a.a.O. (Fn1003), S.335 [Hervorh. hinzugef.]: Vgl. zur "intention of the authors of the original text" sub Zweiter Teil - 5. Kapitel - B. - V. - 1. - a. - aa. , S.248.

1006 Dieser Vorschlag wurde mit der Begründung abgelehnt, es sei nicht klar, ob die Zustimmung des Sicherheitsrates ("approved") vor oder nach der Gewaltanwendung zu erfolgen habe, was jedoch - im Falle vorheriger Zustimmung - zur Einschränkung des Selbstverteidigungsrechtes hätte führen können, "while it was clear to the subcommittee that the right of self-defense against aggression should not be impaired or diminshed", *Report of rapporteur of Subcommittee I/1/A to Committee I/1*, ebd. (Fn998).

1007 *Summary report of eleventh meeting of Committee I/1*, ebd. (Fn1003).

Zur generellen Wirkung des Gewaltverbotes sei insofern abschließend auf den kanadischen Report über die Verhandlungen in San Franzisko hingewiesen, in dessen Kommentierung zu Art.2 Ziff.4 CVN es heißt:

> "The result of this paragraph is that force may be used only under the authority of the Organization and only in order to prevent and to remove threats to the peace, and to supress aggressors. The Members have assumed a definite and specific obligation to renounce the use of force in all other circumstances, except that under Article 51 they may use force for individual or collective self-defence 'until the Security Council has taken the measures necessary to maintain international peace and security'." [1008]

dd. Zwischenergebnis

Richtigerweise ist in der Bezugnahme des Art.2 Ziff.4 CVN auf die territoriale Unversehrtheit und politische Unabhängigkeit keine Qualifikation der verbotenen Verhaltensweisen, sondern vielmehr eine *Hervorhebung besonders wichtiger Schutzgüter* zu sehen.[1009] Aber selbst bei einer kasuistischen Betrachtung des Tatbestandes ergibt sich keine Lücke des Gewaltverbotes. Denn jedenfalls die letzte Alternative stellt - wie vom amerikanischen Delegierten dargestellt[1010] - einen alle sonstigen Fälle erfassenden Auffangtatbestand dar. Art.2 Ziff.4 CVN ist somit, aller restriktiven Auslegungsversuche zum Trotz, in sachlicher Hinsicht als generelles Verbot auszulegen.

b. Der Einwand des eingeschränkten persönlichen Anwendungsbereichs

Fraglich ist, ob Art.2 Ziff.4 CVN auch *in persönlicher Hinsicht* eine Prinzipalnorm darstellt, also alle Fallgestaltungen *rechtlich* berücksichtigt, die unter Einbeziehung der bereits beschriebenen *faktischen* Konfliktakteure[1011] entstehen

---

1008 *Report on the United Nations Conference on International Organization* (1945), a.a.O. (Fn1001), S.18.

1009 Ebenso ASRAT, Prohibition of force under the UN Charter (1991), S.241; BROWNLIE, a.a.O. (Fn984), S.265-268; DINSTEIN, a.a.O. (Fn974), S.82; GOODRICH/HAMBRO, a.a.O. (Fn998), S.103-106; MCCORMACK, a.a.O. (Fn959), S.157-162; DERS., Anticipatory self-defence in the legislative history of the United Nations Charter, Is L Rev 25 (1991) 1, S.20; RANDELZHOFER, a.a.O. (Fn973), S.123f., Rn35-37; RÖLING, The ban on the use of force and the U.N. Charter, in: CASSESE, The current legal regulation of the use of force (1986), S.4; SCHINDLER, a.a.O. (Fn955), S.14. KEARLEY, a.a.O. (Fn982), S.669 in Fn23 stellt fest, dass die weite Interpretation - entgegen anderslautender Darstellung - sich wohl auch im anglo-amerikanischen Rechtskreis durchgesetzt habe.

1010 *Summary report of eleventh meeting of Committee I/1*, ebd. (bei und in Fn1005).

1011 Vgl. supra Erster Teil - 1. Kapitel , S.16ff..

können. Auch hier ist der Wortlaut Ausgangspunkt und Grenze der Auslegung. Danach gehören alle "Mitglieder", also die Signatare zum Verpflichtungsadressatenkreis; dies sind inzwischen nahezu alle Staaten. Die früher bestehende und mit Blick auf den Grundsatz der Reziprozität nur mittels eines völkergewohnheitsrechtlichen Korrelats zu Art.2 Ziff.4 CVN auszugleichende Inkongruenz zwischen Verpflichtungsadressatenkreis und Schutzadressatenkreis - zu Letzterem zählten von Beginn an *alle* Staaten unabhängig von einer VN-Mitgliedschaft[1012] - hat sich damit im *rein zwischenstaatlichen Bereich* als historische Übergangsphase erledigt. Insofern kann hier auch in persönlicher Hinsicht von einer generellen Verbotsnorm gesprochen werden, die als Rückgrat eines abschließenden Gewaltregelungsregimes der Charta dienen könnte. Klärungsbedürftig ist dagegen das Verhältnis zwischen Staaten und staatsähnlichen bzw. nicht-staatlichen Konfliktakteuren: *De-facto-Regime, nationale Befreiungsbewegungen*, und *transnationale terroristische Vereinigungen.*[1013]

aa. De facto-Regime

Im Hinblick auf das Verhältnis zwischen Staaten und de facto-Regimen ergibt sich nach herrschender Meinung eine *reziproke* Bindungswirkung an das Gewaltverbot. Angesichts des Wortlauts (Mitglieder der VN können eben nur Staaten sein, Art.3, Art.4 Abs.1 CVN) wird dabei der Schutz des de facto-Regimes aus Art.2 Ziff.4 CVN analog oder - ebenso wie die Bindung des de facto-Regimes - aus einem völkergewohnheitsrechtlichen Korrelat hergeleitet.[1014]

Dass damit eine Norm des Gewaltregelungsregimes *außerhalb* der Charta steht, spricht nur auf den ersten Blick gegen die Abgeschlossenheit des Charta-Regimes: Zwar ist damit der Beweis geführt, dass es neben der Charta im Untersuchungszusammenhang erhebliche *Rechtsquellen* gibt. Soweit aber wie vorliegend die Norm in *materieller* Hinsicht mit Art.2 Ziff.4 CVN *übereinstimmt*[1015] und sich zudem erst nach dem Zweiten Weltkrieg, also unter dem Eindruck der

---

1012 Vgl. die authentischen Sprachfassungen [Hervorh. hinzugef.]: "against the territorial integrity or political independence *of any state*" [engl.]; "contre l'intégrité territoriale ou l'indépendance politique *de tout Etat*" [frz.]; "contra la integridad territorial o la independencia política *de cualquier Estado*" [span.]. Ebenso NEUHOLD, a.a.O. (Fn415), S.71 a.E..

1013 *Insurgenten und Belligerenten* erlangen hier keine Bedeutung, da diese Subjektform bereits vor Gründung der VN aus der völkerrechtlichen Praxis verschwunden ist und damit nicht mehr an Art.2 Ziff.4 CVN gemessen werden kann (vgl. supra Erster Teil - 1. Kapitel - B. - II. - 1. , S.24 bei und in Fn86). Unproblematisch sind auch '*failed states*', die nach herrschender Auffassung durch das Gewaltverbot geschützt und gebunden sind (vgl. supra Erster Teil - 1. Kapitel - B. - II. - 4. - a. , S.40 bei und in Fn184).

1014 Vgl. schon supra Erster Teil - 1. Kapitel - B. - II. - 2. , S.26 bei und m.N. in Fn99.

1015 Vgl. supra Zweiter Teil - 4. Kapitel - B. - I. , S.168 bei und m.N. in Fn825.

Charta, als Gewohnheitsrecht etabliert hat,[1016] muss sich der erste, gegen die Abgeschlossenheit des Regelungsregimes sprechende Anschein geradezu umkehren. Denn mit der Anerkennung eines kongruenten Gewohnheitsrechtssatzes hat die Staatenwelt zum Ausdruck gebracht, dass sie das Chartaregime über den rein zwischenstaatlichen Bereich hinaus auch auf solche staatsähnlichen Entitäten erstrecken wollte, die über ein völkerrechtlich relevantes Gewaltpotential verfügen.[1017] Die Begründung über Völkergewohnheitsrecht ist mithin lediglich eine "formelle Krücke", um die angesichts des Chartawortlauts ("Mitglieder", "Staaten") fehlende Möglichkeit zu überbrücken, de facto-Regime durch Art.2 Ziff.4 CVN unmittelbar zu schützen *und* zu binden. Die Geltung des Gewaltverbots zwischen Staaten und de facto-Regimen ist mithin - entgegen des ersten Eindrucks - als weiteres Indiz für die materielle Abgeschlossenheit des Charta-Regimes zu werten.

bb. Nationale Befreiungsbewegungen und transnationale terroristische Vereinigungen

Deutlich problematischer ist das Verhältnis von Staaten zu nationalen Befreiungsbewegungen und transnationalen terroristischen Vereinigungen. Während für Erstere eine *Bindung* im Einzelfall durchaus in Betracht kommt,[1018] ist dies für Letztere mangels Völkerrechtsubjektsqualität de lege lata ausgeschlossen.[1019]

1016 Vgl. VON DER HEYDTE, Die Feindstaatenklauseln in der Satzung der UNO, in: SCHAUMANN, Völkerrechtliches Gewaltverbot und Friedenssicherung (1971), S.256; KUNDE, Der Präventivkrieg (2007), S.132.

1017 Der Grund hierfür ist offenkundig der im Vergleich zu anderen staatsähnlichen Gebilden mit Abstand höchste Grad an "Staatsähnlichkeit" von de facto-Regimen: Warum sollten gegenüber einem Gebilde, das unmittelbar vor der Staatlichkeit steht, andere Regeln gelten, als gegenüber einem gerade "geborenen" Staat. Dies um so mehr, als sich für die Transformation vom de facto-Regime zum Staat in den seltensten Fällen ein konkreter Zeitpunkt bestimmen lässt, so dass eine differenzierte Behandlung stets willkürlich erschiene.

1018 Dies ist eine Frage des Einzelfalles, vgl. supra Erster Teil - 1. Kapitel - B. - II. - 3. - a. , S.29 m.N. in Fn119.

1019 Ebenso DELBRÜCK, a.a.O. (Fn937), S.156. Zur mangelnden Völkerrechtssubjektivität von Terrororganisationen eingehend supra Erster Teil - 1. Kapitel - B. - III. - 2. - b. - bb. , S.59. Eine Bindung an das Gewaltverbot postuliert indes - freilich mit eher völkerrechtspolitischer denn rechtlicher Begründung - KRAJEWSKI, Preventive use of force and military actions against non-state actors: Revisiting the right of self-defence in insecure times, Baltic YB Int'l L 5 (2005), S.22: "It can be argued that non-State actors, in particular transnational networks and organisations, are equally bound by a general prohibition of the use of force similar to the one articulated in Article 2 (4) [CVN]. It *would be irreconcilable* with a modern concept of international law and international securtiy, if [s]tates were bound by the international prohibtion of to use force, whereas international criminal and terrorist networks and organisations, which [zusammengefasst: über das gleiche Gewaltpotential wie Staaten verfügen], would 'only' be subject to national (and

Unabhängig von der eigenen Adressatenstellung werden beide Konfliktakteure aber prinzipiell allein wegen ihres Aufenthaltes auf dem Territorium eines Staa*tes* durch das Gewaltverbot geschützt - wenngleich auch nur als *Rechtsreflex*[1020]. Für die Hinnahme dieses reflektorischen Schutzes spricht jedoch die Überlegung, dass der durch Art.2 Ziff.4 CVN angeordnete *prinzipielle* Schutz selbst desjenigen Staates, dem privates Gewaltverhalten zurechenbar ist - denn diesem gegenüber muss sich ein verletzter Staat zwecks Gegengewalt auf die *Ausnahme*regelung Art.51 CVN berufen -, nicht weiter gehen kann, als der Schutz eines Staates, dem privates Gewaltverhalten nicht einmal zurechenbar und der lediglich "territorial beteiligter Dritter" ist. Solange also nach dem Willen der Staaten der strikte Territorialitätsbezug als völkerrechtliche Grundkategorie besteht, muss die Überlagerung einer tatsächlich asymetrischen Gewaltbeziehung durch die in der Charta geregelten zwischenstaatlichen Rechtsbeziehungen hingenommen werden. Dass dabei im Verhältnis zwischen Staaten und nichtstaatlichen Konfliktakteuren der *Reziprozitätsgrundsatz* gestört ist, steht dem nicht entgegen. Der insofern tangierte Gleichheitssatz - Art.2 Ziff.1 CVN wie völkergewohnheitsrechtlich - gilt *nur zwischen Staaten.* Art.2 Ziff.4 CVN entfaltet also auch im Hinblick auf nationale Befreiungsbewegungen bzw. transnationale terroristische Vereinigungen als Prinzipalnorm Rechtswirkungen.

cc. Zwischenergebnis

Da an dieser Stelle nur relevant ist, *ob* eine Prinzipalnorm besteht, die alle denkbaren Fallgestaltungen einer rechtlichen Regelung zuführt - ob ihr dies *interessensgerecht* gelingt, ist eine hier nicht zu diskutierende völkerrechtspolitische Frage - spricht auch im Hinblick auf den persönlichen Anwendungsbereich der Norm nichts gegen einen abschließenden Charakter des Gewaltregelungsregimes der Charta.

---

international) criminal law." Selbst wenn man mit KRAJEWSKI die (partielle, passive) Völkerrechtssubjektivität anerkennt, stellt sich wenigstens die Frage, auf welcher Rechtsgrundlage eine Gewaltverbot für diese Akteure besteht; bezeichnenderweise bleibt KRAJEWSKI diese Antwort schuldig. Art.2 Ziff.4 CVN kann hierfür nicht dienen, denn hier bedürfte es der Zustimmung der Terrororganisation, es sich andernfalls um einen unzulässigen Vertrag zu Lasten Dritter handelte, Art.35 WVK. Eine andere Frage ist freilich, ob sich neue Akteure dem *gewohnheitsrechtlichen* Korrelat des Gewaltverbots widersetzen könnten. Dies betrifft ggf. die Frage des "persistent objector", die jedoch hier - es geht vorliegend allein um die chartialen, also völkervertragsrechtlichen Normen - nicht vertieft werden muss.

[1020] Vgl. - eingehend - TALMON, Grenzen der "Grenzenlosen Gerechtigkeit", in: MÄRZ, FS-Vitzthum (2003), S.106f. und m.w.N. aus der Staatenpraxis S.126f. bei und in Fn88; ferner KRAJEWSKI, Selbstverteidigung gegen bewaffnete Angriffe nicht-staatlicher Organisationen - Der 11. September 2001 und seine Folgen, AVR 40 (2002) 2, S.204.

c. Zwischenergebnis - Das Gewaltverbot als Prinzipalnorm

Mit der Existenz einer generellen Verbotsnorm, wie sie Art.2 Ziff.4 CVN statuiert, ist eine erforderliche, wenn auch nicht hinreichende[1021] Voraussetzung für ein abschließendes Regelungsregime erfüllt. Mit ihr ist nicht nur gewährleistet, dass jeder Sachverhalt staatlicher Gewaltanwendung einer Regelung zugeführt werden kann. Angesichts des expliziten Verbotes *jeglicher* Gewaltanwendung ist es auch naheliegend, von einer prinzipiellen Derogation aller vor der Charta bestehenden Rechte zur unilateralen Gewaltanwendung auszugehen, sofern die Charta nicht selbst eine Ausnahme vorsieht. Mithin besteht eine nicht unwesentliche Indikation für die Annahme eines *materiell abschließenden Regelungsregimes*.

4. Art.24 Abs.1, 2 i.V.m. Art.39, 42 CVN - Das Gewaltmonopol des Sicherheitsrates

Wie bereits im Rahmen der Auslegung von Art.2 Ziff.4 CVN angedeutet, spielt für die Struktur des chartialen Gewaltregelungsregimes das in Art.24 Abs.1, 2 i.V.m. Art.39, 42 CVN zum Ausdruck kommende *Gewaltmonopol* des Sicherheitsrats - als Ergänzung des Verbots unilateraler Gewalt - eine entscheidende Rolle.[1022] Die Erfahrungen mit dem Völkerbund und später dem BRIAND-KELLOG-Pakt hatten der Staatenwelt vor Augen geführt, dass weder die Idee kollektiver Sicherheit ohne ein materielles Verbot unilateraler Gewalt, noch ein materielles Verbot ohne hinreichende alternative Konfliktlösungsmechanismen den praktischen Herausforderungen der völkerrechtlichen Realität gerecht wird.[1023] Insofern stellt die Charta, die beide Aspekte aufgreift und miteinander verbindet, eine - freilich nicht vollkommene[1024] - Synthese aus beiden Ansätzen dar. Dass dabei die Idee kollektiver Sicherheit - soweit sie die hier interessierende *Gewaltanwendung* als Sanktionsmechanismus betrifft - im Vergleich zur tatbestandlichen Reichweite des Gewaltverbots eine *nahezu spiegelbildliche Ausprägung* erfahren hat (vereinfacht: "unilaterale Gewalt ist immer verboten",

---

[1021] Vgl. GRZESZICK, a.a.O. (Fn977), S.490.

[1022] Vgl. eingehend KELSEN, Collective security and collective self-defense under the Charter of the United Nations, Am J Int'l L 42 (1948) 4, S.785f..

[1023] Zu Einzelaspekten vgl. NEUHOLD, a.a.O. (Fn415), S.71f.; KIRGIS, The Security Council's first fifty years, Am J Int'l L 89 (1995) 3, S.506f.. Eingehender Vergleich - auf Basis der Dumbarton Oaks Proposals (Vorentwurf der Charta, ausgearbeitet von den USA, Großbritannien, Frankreich, der Sowjetunion und China, vgl. hierzu sub Zweiter Teil - 5. Kapitel - B. - V. - 1. - a. , S.247.) - bei KELSEN, The old and the new League, Am J Int'l L 39 (1945) 1, S.45ff..

[1024] Vgl. etwa NEUHOLD, a.a.O. (Fn415), S.87.

"kollektive Gewalt ist immer erlaubt"), zeigt sich in den zentralen Bestimmungen: Art.24 Abs.1 und den über Art.24 Abs.2 adressierten Art.39, 42 CVN.

a. Art.24 CVN - Die Hauptverantwortung für den Weltfrieden

Gemäß Art.24 Abs.1 CVN übertragen die VN-Mitglieder - um ein *schnelles und wirksames Handeln* der Organisation zu *gewährleisten* - dem Sicherheitsrat die *Hauptverantwortung* für die Wahrung des Weltfriedens und der internationalen Sicherheit und erkennen an, dass er bei der Wahrnehmung seiner Pflichten *in ihrem Namen handelt.*

Es ist sicher verfehlt, in dieser Vertragsbestimmung eine Vereinbarung zwischen den Mitgliedern und dem Sicherheitsrat zu erblicken, durch die Letzterem Rechtspositionen und Vertretungsmacht zum Zwecke seiner Aufgabenerfüllung eingeräumt wird. Denn weder handelt der Sicherheitsrat "im Namen" der Mitglieder - sondern als Organ der Vereinten Nationen - noch haben die Mitgliedstaaten konkrete Rechtspositionen an den Sicherheitsrat als Organ übertragen.[1025] Die Bedeutung der Bestimmung liegt vielmehr in erster Linie im *Politischen*[1026]: Art.24 Abs.1 CVN greift den schon im fünften, sechsten und siebten Erwägungsgrund der Präambel sowie Art.1 Ziff.1 CVN anklingenden Zentralgedanken der kollektiven Sicherheit auf, wonach nicht mehr jedes Einzelglied durch Handlung "nach außen" für seine eigene Sicherheit, sondern eine institutionalisierte Gemeinschaft durch Handlung "nach innen" für die Sicherheit aller Sorge trägt.[1027] Die "Übertragung der Hauptverantwortung" ist damit Ausdruck von *Vertrauen* und *Erwartung*. Exemplarisch sei auf eine Aussage des Delegierten Zimbabwes im Sicherheitsrat (1992) hingewiesen:

> "Finally, this 15-member Council acts *on behalf of* a total of 175 States [...]. This means that 160 States have placed their security, and possibly their very survival, in the hands of the 15. *This is solemn and heavy responsibility that each and every member of the Council carries.*"[1028]

Obgleich politisch im Kern, ist die Bestimmung nicht ohne rechtliche Bedeutung: Sie beschreibt sowohl im Verhältnis zu den Mitgliedern als auch zu ande-

---

[1025] Vgl. eingehend und im Ergebnis überzeugend DELBRÜCK, Article 24, in: SIMMA ET AL, Commentary (2002), Bd.1, S.449f., Rn11 m.N. in Fn31f. zur Gegenauffassung, nach der die Mitgliedstaaten einen Teil ihrer Souveränität dem SR untergeordnet haben.

[1026] Vgl. nur DELBRÜCK, a.a.O. (Fn1025), S.445, Rn3 m.N. in Fn11.

[1027] Vgl. zu den daraus folgenden "psychologischen" Implikationen NEUHOLD, a.a.O. (Fn415), S.144ff..

[1028] MUMBENGEGWI (Zimbabwe) in der SR-Sitzung v. 31. März 1992, S/PV.3063, S.54f. [Hervorh. hinzugef.].

ren Organen der VN[1029] - insbesondere der Generalversammlung - die (kompetenzrechtlich) hervorgehobene *exekutive* Stellung des Sicherheitsrats ("primary responsibility", "responsabilité principale"[1030]). Daneben ist sie gewissermaßen Geschäftsgrundlage für die in Art.25 CVN übernommene Verpflichtung der Mitgliedstaaten, die Beschlüsse des Sicherheitsrats anzunehmen und durchzuführen: Denn *schnell und wirksam* - also effektiv - kann der Sicherheitsrat seine Verantwortung nur erfüllen, wenn die Staaten die Entscheidungen des Systems kollektiver Sicherheit akzeptieren. Art.25 CVN statuiert insofern eine "Ratstreue".

b. Art.39, 42 CVN - Weite Einschätzungsprärogative und weites Ermessen

Die zentrale Stellung des Sicherheitsrats spiegelt sich im sehr weit gefassten Art.39 CVN wider, der das "Tor" zu Maßnahmen nach Kapitel VII darstellt. Die *unbestimmten Rechtsbegriffe* der Friedensbedrohung, des Friedensbruchs und der Angriffshandlung wurden - trotz Bedenken mittlerer und kleiner Länder[1031] - nicht definiert. So sollte dem Sicherheitsrat die notwendige *Flexibiltät in praxi* gewährleistet werden.[1032] Dabei geht der Tatbestand des Art.39 CVN sowohl über Art.2 Ziff.4 CVN als auch Art.51 CVN hinaus. So muss - im Vergleich zum Gewaltverbot - nicht jede Friedensbedrohung zugleich eine Androhung von Gewalt sein, nicht jeder Friedensbruch eine Gewaltanwendung enthalten. Umgekehrt liegt aber in jeder Anwendung oder Androhung von Gewalt stets zumindest eine Friedensbedrohung.[1033] Ebenso verhält es sich mit dem Verhältnis zwischen Aggression und bewaffnetem Angriff.[1034] In der Praxis rekurriert der

---

[1029] Vgl. DELBRÜCK, a.a.O. (Fn1025), S.443f., Rn1, 3;

[1030] Eingehend zum zeitlichen und qualitativen Moment der "Hauptverantwortung" DELBRÜCK, a.a.O. (Fn1025), S.445ff., Rn4-9 (dogmatische Betrachtung) und 14ff. (Praxis).

[1031] Vgl. hierzu KIRK, The enforcement of security, Yale L J 55 (1946) 5, S.1088 m.N. in Fn15; NEUHOLD, a.a.O. (Fn415),123f. m.w.N. in Fn236-239; FROWEIN/KRISCH, Article 39, in: SIMMA ET AL, Commentary (2002), Bd.1, S.719, Rn2 bei und m.w.N. in Fn9f.; vgl. aber auch [STETTINIUS], Report to the President on the results of the San Francisco conference (1969), S.91.

[1032] Vgl. NEUHOLD, a.a.O. (Fn415), S.111, 113; FRANCK, When, if ever, may states deploy military force without prior Security Council authorization?, Wash U J L & Pol'y 5 (2001), S.52 m.N. in Fn1; Vgl. zur bestehenden weiten Einschätzungsprärogative des Sicherheitsrats bereits Zweiter Teil - 4. Kapitel - B. - II. - 1. , S.172 bei und m.w.N. in Fn837.

[1033] Vgl. KELSEN, a.a.O. (Fn1022), S.788; a.A. offenbar FROWEIN/KRISCH, a.a.O. (Fn1031), S.720, Rn6

[1034] Vgl. KELSEN, The law of the United Nations (1950), S.797; NEUHOLD, a.a.O. (Fn415), S.114; MEIER, Der bewaffnete Angriff (1963), S.4f., 16f.; BOTHE, Die Erklärung der Generalversammlung der Vereinten Nationen über die Definition der Aggression, JIR 18 (1975), S.137 in Fn27; DERS., a.a.O. (Fn984), S.672, Rn43; VOLK, a.a.O. (Fn955), S.106 m.w.N. in Fn57; FROWEIN/KRISCH, a.a.O. (Fn1031), S.722, Rn13; RANDELZHOFER, Article 51, in: SIMMA ET AL, A Commentary (2002), Bd.1, S.795, Rn17 mit zahlreichen

Sicherheitsrat - wenn er überhaupt eine Situation des Art.39 CVN explizit determiniert[1035] - regelmäßig auf die Alternative der Friedensbedrohung.[1036] Dabei hat sich das Konzept des "threat to the peace" - das ursprünglich nur als Eingangstatbestand für Kapitel VI-Maßnahmen vorgesehen war[1037] - als wandlungsfähig erwiesen: Wenn auch nicht ohne Widerspruch, hat der Sicherheitsrat hierunter Situationen "subsumiert", die nüchtern betrachtet kaum noch Berührungspunkte mit *Welt*frieden und *internationaler* Sicherheit aufweisen.[1038] Die dem Sicherheitsrat in Art.39 CVN eingeräumte Flexibilität setzt sich in Art.42 CVN fort. Das Erfordernis, wonach der Sicherheitsrat der Auffassung sein muss, dass gewaltlose Zwangsmaßnahmen "unzulänglich sein würden oder sich als unzulänglich erwiesen haben", stellt keine nennenswerte materielle Einschränkung dar: Zwar zwingt sie den Sicherheitsrat für den Einzelfall eine Lagebeurteilung vorzunehmen. Dabei genügt aber schon die bloße Prognose der Unzulänglichkeit gewaltloser Mittel, um gewaltsame Zwangsmaßnahmen anordnen zu können.[1039] Die insofern in Art.39, 42 CVN eingeräumte weite *materielle Einschätzungsprärogative*[1040] erfährt faktisch nur auf *prozeduraler* Ebene eine Einschränkung - namentlich soweit ein ständiges Sicherheitsratsmitglied die Beschlussfassung durch Ausübung des Vetorechts blockieren kann.[1041] Flankiert wird die rechtsgrundseitige Einschätzungsprärogative durch ein *weites Ermessen* hinsichtlich der Auswahl der Maßnahmen. Dies bezieht sich auf die konkret eingesetzten Streitkräfte und Verfahren; Art.42 S.2 CVN enthält insofern lediglich ("können […] einschließen") eine beispielhafte Aufzählung der "erforderlichen

---

Nachweisen in Fn53; a.A. KERSTING, "Act of aggression" und "armed attack" Anmerkungen zur Aggressionsdefinition der UN, NZWehrr 22 (1981), S.142.

1035 Vgl. m.w.N. KIRGIS, a.a.O. (Fn1023), S.512, 537 a.E..

1036 Vgl. STEIN/VON BUTLAR, a.a.O. (Fn947), S.334, Rn856; KUNDE, a.a.O. (Fn1016), S.112 m.w.N. in Fn171; FROWEIN/KRISCH, a.a.O. (Fn1031), S.722, Rn16. Eine der seltenen Ausnahmen, bei denen der Sicherheitsrat einen *Friedensbruch und den Friedensbrecher* determiniert hat, ist S/Res/660 (1990) v. 2. August 1990, präamb. Abs.2 (Irak-Kuwait).

1037 Vgl. Kapitel VIII, Abschnitt B, Ziff.1 und 2 Dumbarton Oaks Proposals (Vorentwurf der Charta, ausgearbeitet von den USA, Großbritannien, Frankreich, der Sowjetunion und China, vgl. hierzu sub Zweiter Teil - 5. Kapitel - B. - V. - 1. - a. , S.247) sowie FROWEIN/KRISCH, a.a.O. (Fn1031), S.718, Rn2 m.w.N. in Fn7.

1038 Vgl. etwa S/Res/788 (1993) v. 19. November 1993 (Liberia), S/Res/1127 (1997) v. 28. August 1997 (Angola), S/Res/1306 (2000) v. 5. Juli 2000 (Ost-Timor), vgl. m.w.N. FROWEIN/KRISCH, a.a.O. (Fn1031), S.720, Rn7f. und S.723f., Rn18 m.N. in Fn52 sowie S.726, Rn25; ferner WOLFRUM, a.a.O. (Fn977), S.11f.; eingehend schließlich KIRGIS, a.a.O. (Fn1023), S.511ff., insb. S.517f. nach Fn86 (Ergebnis), der - unter Billigung der Ausweitung der Friedensbedrohung - fordert, dass der Sicherheitsrat seine Entscheidung für die Staatengemeinschaft nachvollziehbar begründet, und die Verhältnismäßigkeit der Mittel gewahrt bleibt.

1039 Vgl. m.w.N. FROWEIN/KRISCH, Article 42, in: SIMMA ET AL, Commentary (2002), Bd.1, S.753, Rn7f..

1040 Vgl. hierzu schon Zweiter Teil - 4. Kapitel - B. - II. , S.172 bei und m.w.N. in Fn837.

1041 Vgl. KAPLAN/KATZENBACH, a.a.O. (Fn986), S.215; FROWEIN/KRISCH, a.a.O. (Fn1031), S.719, Rn4 bei und m.N. in Fn15.

Maßnahmen". Daneben steht es dem Sicherheitsrat auch offen, eine Regionalorganisation gem. Art.53 Abs.1 S.1 1.Hs CVN zu ermächtigen[1042] oder - in Folge der fehlenden Sonderabkommen gem Art.43 CVN im Wege der Rechtsfortbildung anerkannt[1043] - Staaten oder ad hoc-Koalitionen[1044] zu mandatieren.

c. Zwischenergebnis - Das Gewaltmonopol des Sicherheitsrat als Regelausnahme

Obgleich die Befugnisse des Sicherheitsrats nicht grenzenlos sind,[1045] hat er in Bezug auf die Möglichkeit der Gewaltanwendung eine *außerordentlich weitgefasste Kompetenz*. In der Zusammenschau von Art.24 Abs.1 ("Hauptverantwortung") und Art.39, 42 CVN bestätigt sich damit die bereits dem kanadischen *Report on the United Nations Conference on International Organization*[1046] zu entnehmende Aussage, nach der die Gewaltanwendung des Sicherheitsrates die *Regelausnahme zum Gewaltverbot* darstellt.

[1042] Vgl. BOTHE/MARTENCZUK, Die NATO und die Vereinten Nationen nach dem Kosovo-Konflikt, VN 47 (1999) 4, S.127. Der Begriff der Zwangsmaßnahme in Art.53 Abs.1 S.1 1.Hsn CVN umfasst jedenfalls auch die Gewaltanwendung, vgl. nur - jeweils nach eingehender Untersuchung - WALTER, Vereinte Nationen und Regionalorganisationen (1995), S.171ff. (Ergebnis S.221: *nur gewaltsame Maßnahmen* i.S.d. Art.42 CVN) und KÖRBS, Die Friedenssicherung durch die Vereinten Nationen und Regionalorganisationen nach Kapitel VIII der Satzung der Vereinten Nationen (1997), S.472ff. (Ergebnis S.492: gewaltsame Maßnahmen i.S.d. Art.42 CVN *und diplomatische und wirtschaftliche Zwangsmaßnahmen* i.S.d. Art.41 CVN).

[1043] Vgl. eingehend m.w.N. FROWEIN/KRISCH, a.a.O. (Fn1039), S.756-759, Rn20-27; KIRGIS, a.a.O. (Fn1023), S.521 bei Fn119; SIMMA, a.a.O. (Fn939), S.4; HILLGRUBER, a.a.O. (Fn979), S.247f.; krit. BOTHE, a.a.O. (Fn984), S.676, Rn50 und S.659ff., Rn24.

[1044] Die sog. "coalition of the willing"', vgl. hierzu FRANCK, a.a.O. (Fn1032), S.54-57; WOLFRUM, a.a.O. (Fn977), S.12, 14.

[1045] Zu beachten ist vor allem der Grundsatz der Verhältnismäßigkeit, vgl. weiterführend nur BOTHE, a.a.O. (Fn984), S.673, Rn45; FROWEIN/KRISCH, a.a.O. (Fn1031), S.719f., Rn5 mw.N. in Fn16; DIES, a.a.O. (Fn998), S.710, Rn26; DELBRÜCK, a.a.O. (Fn1025), S.445, Rn3 bei Fn12. Vgl. grundlegend IGH, a.a.O. (Fn959), S.64: "The political character of an organ cannot release it from the observance of the treaty provisions established by the Charter when they constitute limitations on its powers or criteria for its judgment."

[1046] Abgedr. supra Zweiter Teil - 5. Kapitel - B. - I. - 3. - a. - cc. , S.210 bei und m.N. in Fn1008, hier relevant: "The result of this paragraph [Art.2 Ziff.4 CVN] is that force may be used only under the authority of the Organization and only in order to prevent and to remove threats to the peace, and to supress aggressors."

5. Art.51 S.1 1.Hs CVN - Das Selbstverteidigungsrecht

Bei den von der Charta vorgesehenen Ausnahmetatbeständen kommt Art.51 CVN als *dem Rechtfertigungsgrund für unilaterale Gewaltanwendung* eine Schlüsselrolle[1047] zu. Dabei ist es angesichts der eingangs der Untersuchung beschriebenen völkerrechtspolitischen Bedeutung eines Rechts zur präventiven Gewaltanwendung wenig überraschend, dass Wortlaut und Entstehungsgeschichte[1048] des Tatbestandes von Befürwortern und Kritikern gleichermaßen als Beleg für die eigene These herangezogen werden. Der Umstand, dass die Dehnbarkeit einzelner Tatbestandsmerkmale ("naturgegeben", "bewaffneter Angriff") diametral entgegengesetzte Auslegungsergebnisse zu stützen vermag - weswegen Art.51 CVN gelegentlich als "inept piece of draftsmanship"[1049] oder "badly drafted"[1050] bezeichnet wird - stellt aber keinen Hinderungsgrund dar, der Vorschrift rechtliche Relevanz beizumessen.[1051] Darüber hinaus steht außer Frage, dass das Vorliegen der Voraussetzungen im Einzelfall nicht endgültig der "Selbstinterpretation" des Aktivlegitimation beanspruchenden Staates unterliegt,[1052] sondern im Wege der Fremdbeurteilung überprüfbar ist.[1053]

a. Grammatische Auslegung

aa. Die Artikeleinleitung

Im Rahmen der grammatischen Auslegung stellt sich zunächst die Frage nach der Bedeutung der Artikeleinleitung - "Diese Charta beeinträchtigt [...] keines-

---

1047 Vgl. nur VOLK, a.a.O. (Fn955), S.21 ("juristische[r] Dreh- und Angelpunkt"); RANDELZHOFER, a.a.O. (Fn1034), S.790, Rn3 ("pivotal point").

1048 Hierzu eingehend sub Zweiter Teil - 5. Kapitel - B. - V. , S.247ff..

1049 MCDOUGAL/FELICIANO, Law and minimum world public order (1961), S.234.

1050 ASRAT, a.a.O. (Fn1009), S.211 m.N. auf SCHWARZENBERGER;.

1051 Anders wohl der frühere US-Außenminister ACHESON im Rahmen einer Diskussion um die sog. Kuba-Krise, Am Soc'y Int'l L Proc 57 (1963), S.14, nach dem "[t]he survival of States is not a matter of law." Vgl. hierzu kommentierend auch SCHACHTER, Self-defense and the rule of law, Am J Int'l L 83 (1989) 2, S.260f..

1052 So aber noch US-Außenminister KELLOG in seiner Note zum BRIAND-KELLOG-Pakt, abgedr. supra Zweiter Teil - 4. Kapitel - A. - III. - 2. - d. S.136 bei Fn663.

1053 Ebenso KREß, a.a.O. (Fn952), S.31f. Grundlegend: IMGH NÜRNBERG, Der Nürnberger Prozess gegen die Hauptkriegsverbrecher, Amtlicher Text in deutscher Sprache (1947), Urteil v. 1. Oktober 1946, S.232: "Ob jedoch die Maßnahmen, die unter dem Vorwand der Selbstverteidigung unternommen wurden, tatsächlich Angriffs- oder Verteidigungsmaßnahmen waren, muß letzten Endes einer Nachprüfung und einem Urteilspruch unterliegen, wenn das Völkerrecht überhaupt je zur Geltung gebracht werden soll." Ferner IGH, *Military and Paramilitary Activties* (Nicaragua/USA), *Jurisdiction of the Court and admissibilty of the application*, Urt. v. 26. November 1984, ICJ Rep.1984, S435f., §§96ff..

wegs"[1054]. Bemerkenswert ist dabei, dass - anders als das Merkmal des "bewaffneten Angriffes" - diesem Teil des Tatbestandes kaum Aufmerksamkeit geschenkt wird.[1055] Dies verwundert um so mehr, als es für die Annahme einer Regel-Ausnahme-Systematik[1056] gerade in der Ausnahmevorschrift eines grammatischen Anknüpfungspunktes bedarf.[1057] In Anbetracht der Reichweite von Art.2 Ziff.4 CVN - einem *prinzipiell geltenden* Gewalt*verbot* - bildet eben diese einleitende Formulierung einen solchen Anknüpfungspunkt. Mit "keine Bestimmung der Charta"[1058] sind vor allem Art.2 Ziff.4 CVN wie auch die spiegelbildliche Pflicht zur friedlichen Streitbeilegung Art.2 Ziff.3 CVN gemeint. Im Fall eines bewaffneten Angriffes wird der angegriffene Staat mithin von der Beachtung dieser Grundsätze *dispensiert.*

Wenn dagegen BOWETT meint, "[t]his initial phrase is *purely declaratory*"[1059], es handele sich um eine Versicherung '*ex abundante cautela*', dass das - außerhalb der Charta bestehende - Selbstverteidigungsrecht von der Charta unbeeinträchtigt bliebe, basiert diese Interpretation auf der - wie gezeigt systematisch, teleologisch und genetisch kaum haltbaren[1060] - Annahme, Art.2 Ziff.4 CVN lasse *schon auf Grund eines eingeschränkten sachlichen Anwendungsbereiches* implizit solche prächartialen unilateralen Gewaltrechte bestehen, die "mit den Zwecken der VN vereinbar" sind.[1061] Für das oben dargelegte *materielle Verständnis* der Artikeleinleitung spricht im Vergleich zu BOWETTs Auslegungsansatz schließlich auch folgende Überlegung: Die Wirkung des Tatbestandsmerkmals des "bewaffneten Angriff" einmal außer Acht gelassen, ist das Selbstverteidigungsrecht jedenfalls *rechtsfolgenseitig temporal* beschränkt (Art.51 S.1 2.Hs CVN: "bis der Sicherheitsrat die zur Wahrung des Weltfriedens und der internationalen Sicherheit erforderlichen Maßnahmen getroffen hat."); daneben statuiert Art.51 S.2 1.Hs CVN eine - wohl nur *formale*[1062] - *Anzeigepflicht.* Versteht man aber mit BOWETT die Artikeleinleitung als bloß deklaratorische Bestätigung, dass "die Charta" das Selbstverteidigungsrecht unbeeinträchtigt läßt, wäre

---

1054 Authentisch: "Nothing in the present Charter shall impair" [engl.], "Aucune disposition de la présente Charte ne porte atteinte" [frz.], "Ninguna disposición de esta Carta menoscabará" [span.], "Настоящий Устав ни в коей мере не" [russ.].

1055 Bezeichnend insofern die fehlende Kommentierung bei RANDELZHOFER, a.a.O. (Fn1034), S.788, Rn1ff..

1056 Vgl. die Nachweise supra Zweiter Teil - 4. Kapitel - B. - I. , S.204 in Fn984.

1057 Zum Wortlaut als Grenze der Auslegung vgl. supra Zweiter Teil - 5. Kapitel - A. - I. , S.194 m.N. in Fn946.

1058 Vgl. insbesondere den franz. und span. Wortlaut, ebd. (Fn1054).

1059 BOWETT, a.a.O. (Fn940), S.187 m.N. in Fn1.

1060 Vgl. supra Zweiter Teil - 5. Kapitel - B. - I. - 3. , S.204 (Zusammenfassung: - c. , S.214).

1061 Vgl. BOWETT, a.a.O. (Fn940), S.182ff., insb. S.186 a.E..

1062 Str., wie hier GRAY, International law and the use of force (2000), S.90-92, insb. S.91 bei Fn23; eingehend GREIG, Self-defence and the Security Council: What does Article 51 require?, Int'l Comp L Q 40 (1991) 2, S.367f., 379ff., insb. S.387f. (Ergebnis); ALEXANDROV, Self-defense against the use of force in international law (1996), S.146ff..

die Artikeleinleitung paradox, da Art.51 CVN nur wenige Worte später das Selbstverteidigungsrecht Beschränkungen unterwirft. Aufgelöst wird diese Widersprüchlichkeit allein durch die Auslegung, dass die Artikeleinleitung nicht "alle Chartabestimmungen", sondern - gleichsam teleologisch reduziert - nur diejenigen *anderen* Chartabestimmungen betrifft, die dem Selbstverteidigungsrecht *materiell* entgegenstehen. Damit lässt sich festhalten, dass die Artikeleinleitung die notwendige Verknüpfung zum Gewaltverbot und der spiegelbildlichen Pflicht zur friedlichen Streitbeilegung darstellt. Als solche unterstreicht sie die Regel-Ausnahme-Systematik, die ihrerseits für ein abschließendes Gewaltregelungsregime der Charta spricht.

bb. Der "bewaffnete Angriff"

Eine Vielzahl von Stimmen geht davon aus, dass Art.51 CVN für die VN-Mitgliedstaaten die *einzige*, jedenfalls aber *materiell maßgebliche* Rechtsgrundlage für das Selbstverteidigungsrecht darstellt. Ein in welcher Form und Reichweite auch immer prächartial bestehendes Selbstverteidigungsrecht sei durch die Charta derogiert worden, bestenfalls sei von einem tatbestandlich identischen, nur "im Fall eines bewaffneten Angriffes" einschlägigen, gewohnheitsrechlichen Selbstverteidigungstatbestand auszugehen (restriktive Ansicht).[1063] Nach anderer Ansicht stellt Art.51 CVN keine Begrenzung dar, er konserviere vielmehr das vor Gründung der VN gewohnheitsrechtlich bestehende Selbstverteidigungsrecht (extensive Ansicht).[1064] Die Diskussion muss an dieser Stelle nicht in allen Einzelheiten aufgearbeitet werden. Für die hier untersuchte Fragestellung (Abgeschlossenheit des Chartaregimes) genügt es, den zentralen Aspekt - die Bedeutung des "bewaffneten Angriffes"[1065] - herauszuarbeiten. Dabei muss die

---

[1063] Vgl. - im Detail nuancierend - etwa BROWNLIE, a.a.O. (Fn984), S.265, S.271 m.w.N. in Fn5 sowie S.272-275; BRYDE, Self-defence, in: BERNHARDT ET AL, EPIL, Bd.4 (2000), S.363; DAHM, a.a.O. (Fn955), S.53; wohl auch KELSEN, a.a.O. (Fn1034), S.792; KUNIG, a.a.O. (Fn937), S.668; GENONI, a.a.O. (Fn955), S.106f.; RÖLING, a.a.O. (Fn955), S.276ff.; SCHINDLER, a.a.O. (Fn955), S.17 m.w.N. in Fn16; wohl auch SINGH/MCWHINNEY, Nuclear weapons and contemporary international law (1988), S.91f.. Noch weitergehend JIMÉNEZ DE ARÉCHAGA, International law in the past third of a century, RC 159 (1978-I), S.96f. der davon ausgeht, dass prächartial keinerlei Selbstverteidigungsrecht bestanden hat.

[1064] Vgl. - im Detail nuancierend - etwa BOWETT, a.a.O. (Fn940) S.182ff., insb. S.187; MCDOUGAL/FELICIANO, a.a.O. (Fn1049), S.232ff., insb S.235; SCHWEBEL, Aggression, intervention and self-defence in modern international law, RC 136 (1972-II), S.480; WALDOCK, The regulation of the use of force by individual states in international law, RC 81 (1952-II), S.496ff.; w.N. bei GRZESZICK, a.a.O. (Fn977), S.491 in Fn31.

[1065] Authentisch: "if an armed attack occurs"[engl.], "dans le cas où un Membre des Nations Unies est l'object d'une agression armeé" [frz.], "en caso de ataque armado" [span.], "если произойдет вооруженное нападение" [russ.].

grammatisch nicht zu leugnende[1066] begrenzende Wirkung des Merkmals in die möglichen Einzelwirkungen zerlegt werden. Zu nennen sind

(1) das *zeitliche Moment*, das die Frage betrifft, innerhalb welchen Zeitraums ein bewaffneter Angriff geschehen muss - etwa in unbestimmter Zukunft, in unmittelbar nächster Zeit, gegenwärtig und noch andauernd, gerade abgeschlossen oder schon in der Vergangenheit abgeschlossen,[1067]
(2) das *intensive Moment*, das die Frage betrifft, ab welchem Maß von Gewaltanwendung Selbstverteidigung möglich ist,[1068]
(3) das *personale Moment*, das die Frage betrifft, wer rechtlich Urheber eines bewaffneten Angriffes sein kann[1069]

- welche insbesondere von der restriktiven Ansicht betont werden - und schließlich

(4) das *kasuistische Moment*, das die Frage der geschützten Rechtsgüter betrifft, namentlich ob Selbstverteidigung nur noch in Fällen bewaffneter Angriffe (wie auch immer diese zeitlich, personal oder intensiv einzuordnen sind) oder auch in anderen Fällen - etwa der Bedrohung eigener Staatsangehöriger im Ausland[1070] - in Betracht kommt.

Für die *systematische Frage*, ob die Charta ein abschließendes Gewaltregelungsregime enthält, ist es das kasuistische Moment (4), das Relevanz entfaltet - schließlich nimmt Art.51 CVN auf "*das*" Selbstverteidigungsrecht Bezug und bringt damit die Präexistenz eines *außerchartialen Rechts* zum Ausdruck.[1071] Welche Rolle hier der "bewaffnete Angriff" spielt, verdeutlicht der Auslegungsansatz STONEs:

> "It is said that [...] self-defence is limited to the situation after an armed attack has occurred. [...] This view assumes, that the [...] phrase ['if an armed attack occurs'] is an adverbial phrase of time [...]. But this is a strained interpretation. In the standing text the words in question are more apt to be an *adjectival phrase describing the kind of*

1066 Vgl. GOODRICH/HAMBRO, a.a.O. (Fn998), S.106: "This paragraph [Art.51] *obviously* is intended to restrict the freedom of action of a state in the exercise of this inherent right" [Hervorh. hinzugef.].

1067 Vgl. hierzu sub Zweiter Teil - 6. Kapitel - A. - II. - 3. - a. , S.305.

1068 Vgl. hierzu bereits supra Zweiter Teil - 4. Kapitel - B. - II. , S.173 m.N. in Fn848.

1069 Vgl. hierzu sub Zweiter Teil - 6. Kapitel - A. - II. - 3. - b. , S.322.

1070 Ob derartige tatbestandliche Varianten eines Selbstverteidigungsrechts prächartial bestanden haben, ist str., vgl. hierzu bereits supra Zweiter Teil - 4. Kapitel - A. - V. - 4. - c. , S.151 in Fn734.

1071 Vgl. etwa KUNDE, a.a.O. (Fn1016), S.116; VOIGTLÄNDER, a.a.O. (Fn955), S.43; IGH, *Military and Paramilitary Activities* (Nicaragua/USA), Urt. v. 27. Juni 1986, ICJ Rep. 1986, S.94, §176.

self-defense which is not impaired, namely, self-defence against armed attack"[1072].

Für STONEs Auslegung lässt sich der spanische und französische Wortlaut heranziehen, bei dem jeweils nur von einem "Fall", einem *Kasus* die Rede ist ("en caso", "dans le cas").[1073] Die STONE'sche Auslegung, der "bewaffnete Angriff" sei als *unselbständige Beschreibung desjenigen Selbstverteidigungsrechts* zu verstehen, das durch die Charta unbeeinträchtigt bleibe - eben das "Selbstverteidigungsrecht gegen bewaffnete Angriffe" ("self-defence against armed attack") - ist insofern nicht völlig von der Hand zu weisen. Festzuhalten ist dann aber Folgendes: Wendet man diese kasuistische Auslegung konsequent an, ist das präexistierende Selbstverteidigungsrecht jedenfalls hinsichtlich möglicher *anderer geschützter Rechtsgüter* mangels einer Art.51 CVN entsprechenden Norm durch das Gewaltverbot derogiert worden.[1074] Selbst wenn man also den "bewaffneten Angriff" *nur* kasuistisch interpretiert, ergibt sich zumindest *eine* beschränkende Wirkung - nämlich hinsichtlich der Reichweite der Rezeption des prächartialen Selbstverteidigungsrechts betreffend die geschützten Rechtsgüter.[1075] Dies spricht aber tendenziell für die Abgeschlossenheit des Regimes, weil es damit festlegt, welche Rechte weitergelten und welche nicht.

cc. Die "Naturgegebenheit"

Etwas Anderes müsste freilich gelten, wenn die Eigenart des prächartialen Selbstverteidigungsrecht einer teilweise derogierenden Rezeption entgegenge-

---

1072 STONE, Conflict through Consensus (1977), S.48 [Hervorh. im Orig. weggelassen, Hervorh. v. STONE]. In diese Richtung geht schon die Argumentation von WALDOCK, a.a.O. (Fn1064), S.496f. und GOODRICH/HAMBRO, a.a.O. (Fn998), S.106f., 301. Explizit wie STONE auch FRANZKE, a.a.O. (Fn969), S.147.

1073 So wohl auch FEINSTEIN, Self-defence and Israel in international law, Is L Rev 11 (1976) 4, S.528.

1074 Diese Derogation verkennt STONE, ebd. (Fn1072), wenn er meint, "[i]nsofar as acts of self-defence may be within the wider range of self-defence permitted by [customary] international law, *and these acts are not prohibited by the Charter*, Article 51 would not affect them either way." [Hervorh. v. STONE]. Zur Begründung rekurriert STONE auf die restriktive Interpretation des Gewaltverbotes, die supra Zweiter Teil - 5. Kapitel - B. - I. - 3. , S.204 (Zusammenfassung: - c. , S.214) abgelehnt wurde. Vgl. treffend RÖLING, a.a.O. (Fn1009), S.7, der darauf hinweist, es sei paradox, dass das Selbstverteidigungsrecht "in the most serious case (namely that of an armed attack)" nur bis zur Ergreifung hinreichender Maßnahmen durch den Sicherheitsrat bestehen solle, dagegen (bei restriktiver Auslegung von Art.2 Ziff.4 CVN) unbeschränkt bei "less serious and less pressing cases of violation of interests by non-military means".

1075 Vgl. VOIGTLÄNDER, a.a.O. (Fn955), S.70 ("durch die Tatbestandsmerkmale des Art.51 eingegrenzte Rezeption dieses Rechts") unter Hinweis auf MENK, a.a.O. (Fn977), S.207f..

standen hätte. An dieser Stelle erlangt nun die Bezeichnung "naturgegeben"[1076] Bedeutung. Ausgangspunkt ist die ebensowenig bestreitbare wie sonderlich weiterführende Deutung, dass dem Recht durch dieses Attribut eine *Eigentümlichkeit* zukommt. Betrachtet man die authentischen Vertragsfassungen im Vergleich, ergeben sich zwei mögliche Ansätze, diese Eigentümlichkeit zu konkretisieren: Mit der englischen und spanischen Fassung, welche das Selbstverteidigungsrecht als ein "anhaftendes" oder "innewohnendes" Recht bezeichnen und insofern auf einen spezifischen Ursprung Bezug zu nehmen scheinen ("Wem haftet das Recht an, wohnt es inne?"), vor allem aber mit der französischen Bezeichnung als "natürliches" Recht könnte man die "Naturgegebenheit" als Ausdruck *einer besonderen Rechtsquelle* interpretieren. Ausgehend von der russischen Fassung, d.h. dem "unveräußerlichen, unbenehmbaren" Recht,[1077] lassen sich die englische und spanische Fassung aber auch dahingehend interpretieren, dass dem Selbstverteidigungsrecht *ein absoluter Rang* zukommt; in diesem Falle wäre das "Anhaften" bzw. "Innewohnen" Ausdruck einer "Untrennbarkeit".

Die Auslegung der Naturgegebenheit als "gewohnheitsrechtlich"[1078] lässt sich dagegen nicht *grammatisch* begründen. Hiergegen spricht folgender Umstand: In allen authentischen Texten stand zeitgleich mit der Abfassung der Charta mit Art.38 Abs.1 lit.b) IGH-Statut ein klarer Ausdruck für "Gewohnheitsrecht" zur Verfügung. Hätten die Gründerstaaten nun lediglich die gewohnheitsrechtliche Geltung anklingen lassen wollen, hätten sie ohne Not auf den zur Verfügung stehenden Terminus zurückgreifen können.

(1.) Quellenhinweis - Naturrecht oder Souveränität

Was den möglichen Hinweis auf eine besondere Quelle des Selbstverteidigungsrechtes betrifft, liegt ausgehend von der französischen Fassung die Annahme einer *naturrechtlichen Wurzel* am nächsten:[1079] Das Selbstverteidigungsrecht als eines der "Grundrechte der Staaten"[1080]. Versteht man die Natürlichkeit hingegen als Ausdruck der Selbstverständlichkeit, lässt sich der französische Wortlaut mit der englischen und spanischen Bezeichnung ("anhaftend", "innewohnend") - und

---

[1076] Authentisch: "inherent right" [engl.], "droit naturel" [frz.], "derecho immanente" [span.], "неотъемлемого права" [russ.].

[1077] Vgl. hierzu auch BRIERLY/WALDOCK, a.a.O. (Fn967), S.418.

[1078] Vgl. statt vieler STEIN/VON BUTLAR, a.a.O. (Fn947), S.320, Rn831f.; KENNY, Self-defence, in: WOLFRUM ET AL, United Nations: Law, policies and practice (1995), S.1162, Rn3 und S.1163, Rn6;

[1079] Vgl. hierzu etwa DOEHRING, a.a.O. (Fn946), S.463, Rn1042; BOWETT, a.a.O. (Fn940), S.187; DINSTEIN, a.a.O. (Fn974), S.163; KRISCH, a.a.O. (Fn989), S.316; KELSEN, a.a.O. (Fn1034), S.791f.; KUNDE, a.a.O. (Fn1016), S.115; SCHACHTER, a.a.O. (Fn1042), S.8.

[1080] Vgl. hierzu Zweiter Teil - 4. Kapitel - A. - V. - 4., S.148f. bei und m.w.N. in Fn722.

der sich insofern aufdrängenden Frage, wem das Selbstverteidigungsrecht denn "anhaftet" bzw. "innewohnt" - genauso gut als im Völkerrecht paradigmatischen Bezug zur staatlichen *Souveränität* verstehen.[1081] Denn wer wollte leugnen, dass sich ein souveräner Staat - im Sinne faktischer Potenz - verteidigen *kann*; selbstverständlich "haftet" insofern der Souveränität, die die Fähigkeit zur Selbstbehauptung voraussetzt,[1082] das Konzept der Selbstverteidigung "an", "wohnt" ihr "inne".[1083]

Gleichwie man den Quellenhinwei*s* versteht, könnte man daraus schließen, dass das so hergeleitete Selbstverteidigungsrecht einen über- oder vorrechtlichen Charakter annimmt, der es gegen jede positivrechtliche Einschränkung schützt. Schon angesichts der formalen positivistischen Quellenstruktur des Völkerrechts - deren Kodifikation in Art.38 Abs.1 IGH-Statut insoweit ein "zwischen den Vertragsparteien anwendbarer Völkerrechtssatz" i.S.d. Art.31 Abs.3 lit.c) WVK[1084], mithin bei der Auslegung der "Naturgegebenheit" zu berücksichtigen ist - kann aber weder der naturrechtliche noch der souveränitätsrechtliche Auslegungsansatz überzeugen.[1085] Gegen die naturrechtliche Deutung spricht zudem die Nennung kollektiver Selbstverteidigung in Art.51 CVN. Diese gehörte 1945 weder zum allgemein anerkannten Normenbestand, noch zu einem spezifisch "naturrechtlichen";[1086] da sich aber das Attribut "naturgegeben" auf beide Formen der Selbstverteidigung bezieht, ist der Erklärungsansatz paradox. Und das Konzept der Souveränität stellt schließlich nur eine Metavoraussetzung für das Entstehen von Recht dar;[1087] eine die Derogation verhindernde Stellung des Selbstverteidigungsrechts kann sich auch hieraus nicht ergeben.

[1081] Vgl. hierzu auch ASRAT, a.a.O. (Fn1009), S.208; DINSTEIN, a.a.O. (Fn974), S.163f.; KRISCH, a.a.O. (Fn989), S.9, S.275 m.w.N. in Fn13 und S.330f. m.w.N. in Fn53.

[1082] Vgl. hierzu Erster Teil - 1. Kapitel - B. - I. , S.19ff. bei und in Fn68f..

[1083] Eingehend zum Verhältnis von Selbstverteidigung und Souveränität KRISCH, a.a.O. (Fn989), S.330-334.

[1084] Vgl. PELLET, Article 38, in: ZIMMERMANN/TOMUSCHAT/OELLERS-FRAHM, Commentary (2006), S.702, Rn77 m.w.N. in Fn160ff.. Zur Anwendbarkeit der in der WVK kodifizierten Auslegungsregeln auf die Charta vgl. supra Zweiter Teil - 5. Kapitel - B. , S.197 bei und m.w.N. in Fn958.

[1085] Vgl. nur DINSTEIN, a.a.O. (Fn974), S.163; KELSEN, a.a.O. (Fn1034), S.791; KRISCH, a.a.O. (Fn989), S.318ff..

[1086] Vgl. KELSEN, a.a.O. (Fn1034), S.792f.; KENNY, a.a.O. (Fn1078), S.1162, Rn3; KRISCH, a.a.O. (Fn989), S.235f. m.w.N.; GENONI, a.a.O. (Fn955), S.86.

[1087] Vgl. nur KRISCH, a.a.O. (Fn989), S.331 ("Doch ist sie [die Souveränität] auch nicht einfache Rechtsregel, sondern eher Grundprinzip: […] [Souveränität] kann auch als gedankliche Voraussetzung des Völkerrechts gedacht werden, als Grundnorm im Sinne Kelsens, die nicht mehr abgeleitet, sondern nur mehr angenommen werden kann.") und S.332: "Souveränität heißt damit vor allem Freiheit und Gleichheit bei der *Schaffung* des Rechts […]." [Hervorh. v. KRISCH].

(2.) Das Selbstverteidigungsrecht als ius cogens?

Ein absoluter - unbeschränkbarer - Rang käme dem Selbstverteidigungsrecht ungeachtet der umstrittenen Rangfolge der drei Völkerrechtsquellen[1088] allerdings dann zu, wenn es zum ius cogens zählte.[1089] Die als entsprechender Hinweis verstandene "Naturgegebenheit" würde dann nicht nur die Existenz eines außerhalb der Charta bestehenden Selbstverteidigungsrechtes unterstreichen.[1090] Unterstellt, die Einordnung als zwingendes Recht träfe zu, wäre diese Interpretation vor allem ein kaum mehr zu widerlegendes Indiz für die *fehlende Abgeschlossenheit des Chartaregimes*: Das außerhalb der Charta bestehende Selbstverteidigungsrecht wäre schließlich von höherrangiger Natur. Art.51 CVN ("*beeinträchtigt keineswegs*") wäre demnach erforderlich gewesen, um der Gefahr der Nichtigkeit von Art.2 Ziff.4 CVN wegen Widerspruchs zu einer zwingenden Norm des Völkerrechts zu begegnen.[1091]

Damit stellt sich die Frage, ob das Selbstverteidigungsrecht zum zwingenden Völkerrecht zählt. Angesichts des Umstandes, dass das reaktive Selbstverteidigungsrecht als allgemeiner Rechtsgrundsatz in allen Rechtsordnungen anerkannt ist[1092] und Grundgedanke jeder Rechtsordnung auch die Sicherung der Existenz seiner Subjekte ist, andernfalls sie ihre eigene Existenz in Frage stellte,[1093] scheint die Annahme, das Selbstverteidigungsrecht sei eine Regel, "die von der internationalen Staatengemeinschaft in ihrer Gesamtheit angenommen und anerkannt wird als eine Norm, von der nicht abgewichen werden darf und die nur

---

1088 Vgl. hierzu nur BLECKMANN, Völkerrecht (2001), S.73, Rn196; DOEHRING, a.a.O. (Fn946), S.124, Rn281; HERDEGEN, Völkerrecht (2006), S.105, Rn3; MONACO, Sources of international law, in: BERNHARDT ET AL, EPIL, Bd.4 (2000), S.474f.; VITZTHUM, a.a.O (Fn946), S.77, Rn154ff..

1089 So explizit KAHGAN, Jus cogens and the inherent right to self-defense, ILSA J Int'l & Comp L 3 (1997) 3, S.789 bei Fn94 und S.791 bei Fn105; ferner BERES, On assassination as anticipatory self-defense: The case of Israel, Hofstra L Rev 20 (1991) 2, S.322 in Fn3, der gar das Recht zur *präventiven* Selbstverteidigung als ius cogens ansieht (sic!) und insofern erst recht die "normale" Selbstverteidigung wird hierzu zählen müssen; KELSEN, Limitations on the functions of the United Nations, Yale L J 55 (1946) 5, S.1007; JORASCH, Individuelle und kollektive Selbstverteidigung, NZWehrr 23 (1981), S.201f..

1090 Weil die 51 ursprünglichen Mitglieder eben nicht "die Staatengemeinschaft in ihrer Gesamtheit" (Art.53 S.2 WVK) darstellten, konnten diese mit Art.51 CVN nicht selbst zwingendes Recht konstituieren, sodass sich der ius cogens-Charakter auf ein außerhalb der Charta bestehendes Selbstverteidigungsrecht beziehen müsste, vgl. hierzu KAHGAN, a.a.O. (Fn1089), S.781f. bei und m.N. in Fn60.

1091 Vgl. auch KRISCH, a.a.O. (Fn989), S.9 und S.275f.. Problematisch wäre in diesem Fall freilich die Einordnung der Beschränkungen in Art.51 S.1 2.Hs und S.2 CVN, die dann kaum mehr als Sollenssätze darstellen könnten.

1092 Vgl. DOEHRING, a.a.O. (Fn946), S.464, Rn1042; WEHBERG, Gutachten (1952), S.9; KRISCH, a.a.O. (Fn989), S.321f. bei Fn25.

1093 Vgl. nur KRISCH, a.a.O. (Fn989), S.333 m.w.N. in Fn63.

durch eine spätere Norm des allgemeinen Völkerrechts derselben Rechtsnatur geändert werden kann" (Art.53 S.2 WVK[1094]) durchaus nahe zu liegen. Welcher Staat würde, nach dem Stellenwert "seiner" Existenz befragt, dieser weniger als obersten Rang beimessen?

Eine derartige - am *egoistischen Interesse* orientierte - Subsumtion greift indes zu kurz. Zwingendes Recht ist nicht gleichbedeutend mit überragendem Individualinteresse. Gefragt ist nach den Grundpfeilern der Rechtsordnung, deren Existenz im *gemeinsamen Interesse* der Staatengemeinschaft unabdingbar ist,[1095] zumindest aber nur der Disposition der Staatengemeinschaft in ihrer Gesamtheit anheim gestellt sein sollen.[1096] Der konstitutive Bezug auf das Gemeininteresse kommt in Art.53 WVK klar zum Ausdruck: Annahme und Anerkennung zwingender Normen durch die "Staatengemeinschaft *in ihrer Gesamtheit*" bedeutet weit mehr als eine formale Einstimmigkeit. Der Bezug auf die Gemeinschaft stellt zugleich die materielle Schutzrichtung zwingender Normen klar.[1097] Die Erforderlichkeit des gemeinsamen Interesses spiegelt sich auch in der Wirkung erga omnes wieder; nur weil ein Gemeininteresse berührt ist, steht es jedem Staat offen, die Rechtswidrigkeit zu rügen.[1098] Damit lässt sich als Voraussetzung einer zwingenden Norm festhalten, dass sie im gemeinsamen Interesse der Staatengemeischaft *besteht*.

Nun wird gelegentlich argumentiert, das Selbstverteidigungsrecht müsste als Ausnahme zum Gewaltverbot - welches im Gemeininteresse besteht und zum ius cogens zählt[1099] - gleichsam als dessen *actus contrarius* dessen spezifische Rechtsnatur teilen.[1100] Schließlich diene die berechtigte Selbstverteidigung auch der Rechtsbewährung; damit bestehe das Selbstverteidigungsrecht aber gerade

---

1094 Zur Anwendbarkeit der in der WVK kodifizierten Auslegungsregeln auf die Charta vgl. supra Zweiter Teil - 5. Kapitel - B. , S.197 bei und m.w.N. in Fn958.

1095 Vgl. statt vieler nur HANNIKAINEN, Peremptory norms (jus cogens) in international law (1988), S.4 m.w.N. in Fn11; FROWEIN, Jus Cogens, in: BERNHARDT ET AL, EPIL, Bd.3 (1997), S.66; ansatzweise KADELBACH, Zwingendes Völkerrecht (1992), S.30f. ("internationaler ordre public"); KRISCH, a.a.O. (Fn989), S.293 m.w.N. Fn69; MÜNCH, Bemerkungen zum ius cogens, in: BERNHARDT ET AL, FS-Mosler (1983), S.620f. und S.628 a.E. ("materielle Grundordnung der Staatengemeinschaft").

1096 Dass dies freilich im Einzelfall auch subjektive Rechte sein *können*, zeigt die Anerkennung des zwingenden Charakters des *Selbstbestimmungsrechtes*, vgl. hierzu nur DOEHRING, Self-Determination, in: SIMMA ET AL, Commentary (2002), Bd.1, S.62, Rn57ff.; FROWEIN, a.a.O. (Fn1095), S.67 und - differenziert - KADELBACH, a.a.O. (Fn1095), S.223 sowie ausführlich S.257-274; ferner KRISCH, a.a.O. (Fn989), S.300.

1097 Ebenso KRISCH, a.a.O. (Fn989), S.295.

1098 Vgl. nur FROWEIN, a.a.O. (Fn1095), S.66; KRISCH, a.a.O. (Fn989), S.293f.; KADELBACH, a.a.O. (Fn1095), S.32f. m.w.N. in Fn46, S.34 sowie S.178 m.w.N. in Fn9.

1099 Vgl. supra Zweiter Teil - 4. Kapitel - B. - I. , S.168 m.w.N. in Fn825f..

1100 Vgl. dazu m.w.N. nur KRISCH, a.a.O. (Fn989), S.296, insb. die Würdigung SICILIANOS' Ansatz in Fn77.

im Allgemeininteresse.[1101] Dem ist nicht zu folgen. Zwar wird man zugestehen können, dass die *Ausübung* des Selbstverteidigungsrechtes reflektorisch auch Rechtsbewährung mit sich bringt.[1102] Daraus folgern zu wollen, dass das Selbstverteidigungsrecht im Allgemeininteresse *besteht*, ist allerdings ein Fehlschluss. Gerade im Völkerrecht - in dem es an einer effektiven zentralen Rechtsdurchsetzungsinstanz mangelt - müsste aus einer derartigen Gewichtung des Rechtsbewährungsgedankens folgen, dass *jedes* subjektive Recht im Allgemeininteresse besteht: Denn soweit bestehende subjektive Rechte vom jeweiligen Rechtsträger *durchgesetzt* werden, ist das Rechtssystem effektiv, bewährt sich und stärkt das in es bestehende Vertrauen der übrigen Rechtssubjekte. Alleine aus der - reflektorischen - Wirkung der Ausübung eines Rechts auf Sinn und Zweck seiner Existenz schließen zu wollen, erscheint daher als fragwürdig. Angesichts des eingangs der Untersuchung aufgezeigten Postulats der Wirklichkeitsnähe,[1103] wird man richtigerweise vielmehr auf das faktische Interesse abstellen müssen.

Insofern besteht das Selbstverteidigungsrecht aber lediglich im Interesse der Selbsterhaltung und nicht der Effektuierung des Rechtssystems. Insoweit kann aber auch der *actus contrarius*-Ansatz den zwingenden Charakter des Selbstverteidigungsrechtes nicht begründen. Denn das Selbstverteidigungsrecht stellt nicht nur im Mittel (Gewaltanwendung), sondern gerade auch deshalb eine Ausnahme zum Gewaltverbot dar, weil es nicht dem übergeordneten Gemeininteresse (Weltfrieden durch kollektive Sicherheit), sondern dem Individualinteresse des Selbsterhaltes dient.

Die Ausnahmevorschrift teilt also gerade nicht die spezifische, den ius cogens Charakter begründende Rechtsnatur des Gewaltverbotes.[1104] Tatsächlich ergibt schließlich auch die von KRISCH dargelegte und ausgewertete Staatenpraxis als "spätere Übung" i.S.d. Art.31 Abs.3 lit.b WVK[1105] nicht, dass das Selbstverteidigungsrecht nicht abbedungen werden könnte.[1106] Damit lässt sich im Ergebnis festhalten, dass das Selbstverteidigungsrecht *nicht zum ius cogens zählt*.[1107]

1101 Vgl. die Nachweise supra Zweiter Teil - 5. Kapitel - B. - I. - 2. - b. , S.203 in Fn977 sowie bei KRISCH, a.a.O. (Fn989), S.296 in Fn78.

1102 Vgl. supra Zweiter Teil - 5. Kapitel - B. - I. - 2. - b. , S.202.

1103 Vgl. hierzu supra Einleitung - B. , S.9f., insb. bei und in Fn40.

1104 Ähnlich KRISCH, a.a.O. (Fn989), S.296 bei Fn77.

1105 Zur Anwendbarkeit der in der WVK kodifizierten Auslegungsregeln auf die Charta vgl. supra Zweiter Teil - 5. Kapitel - B. , S.197 bei und m.w.N. in Fn958.

1106 Vgl. KRISCH, a.a.O. (Fn989), S.279ff., insb. das Ergebnis S.292f..

1107 Ebenso KRISCH, a.a.O. (Fn989), S.312f.; KADELBACH, a.a.O. (Fn1095), S.214; VON BUTLAR, Rechtsstreit oder Glaubensstreit?, in: BRÖHMER ET AL, FS-Ress (2005), S.27; wohl auch DINSTEIN, a.a.O. (Fn974), S.164 bei Fn33 und WILDHABER, a.a.O. (Fn938), S.148, 170.

(3.) Zwischenergebnis

Im Hinblick auf das Merkmal der "Naturgegebenheit" muss offenbleiben, ob Art.51 CVN für oder gegen ein abschließendes Gewaltregelungsregime spricht. Keiner der Interpretationsansätze kann im Ergebnis überzeugen. Grammatisch betrachtet bleibt unklar, was die Bezugnahme auf das "naturgegebene" Selbstverteidigungsrecht bedeutet.

b. Systematische Auslegung

Im Rahmen der systematischen Interpretation - hier wird nur der innere Zusammenhang von Art.51 CVN beleuchtet, die Gesamtsystematik wird an anderer Stelle behandelt[1108] - spielen die Beschränkungen nach Art.51 S.1 2.Hs und S.2 CVN ein Rolle. Hervorzuheben ist die dabei die *qualifizierte Funktion*. Denn der Anwendungsbereich des Selbstverteidigungsrechts wird nicht nur einfach temporal begrenzt (Art.51 S.1 2.Hs CVN)[1109]. Dies geschieht vor allem *zugunsten des Systems kollektiver Sicherheit*. Diese Subordination wird durch die Anzeigepflicht[1110] bestätigt, denn sie dient dem "schnellen und wirksamen Handeln" (Art.24 Abs.1 CVN) des Sicherheitsrates,[1111] der ausdrücklich zu jedem Zeitpunkt - also auch während der laufenden Selbstverteidigungshandlung - eingreifen darf.[1112] Im Ergebnis werden also nicht nur *Gewaltverbot und Selbstverteidigungsrecht* im Rahmen einer Regel-Ausnahme-Systematik verknüpft (hier ist das verknüpfende Tatbestandsmerkmal die Artikeleinleitung[1113]). Gleiches gilt über die Beschränkungen in Art.51 S.1 2.Hs und S.2 CVN auch für das Verhältnis zum *Gewaltmonopol des Sicherheitsrats*[1114]: Die Subsidiarität des Selbstverteidigungsrechts[1115] ist also genau genommen eine doppelte.[1116] Diese doppelte

---

1108 Vgl. hierzu sub Zweiter Teil - 5. Kapitel - B. - II. , S.237.

1109 Vgl. zur Frage der Beurteilung, wann die "erforderlichen" Maßnahmen ergriffen worden sind, nur GRAY, a.a.O. (Fn1062), S.92-94 m.w.N. in Fn31; GREIG, a.a.O. (Fn1062), S.389ff., S.399f. (Ergebnis); ferner KELSEN, a.a.O. (Fn1022), S.793; DERS., a.a.O. (Fn1034), S.803 bei Fn4.

1110 Vgl. zur str. Rechtsnatur - materiell oder prozedureal - GRAY und GREIG, ebd. (Fn1062).

1111 Vgl. GREIG, a.a.O. (Fn1062), S.387; KELSEN, a.a.O. (Fn1022), S.793; HILLGRUBER, a.a.O. (Fn979), S.250; RANDELZHOFER, a.a.O. (Fn1034), S.804, Rn41 bei Fn150.

1112 Weiterführend zu den vom Sicherheitsrat zu beachtenden Beschränkungen sowie der Qualität der vom Sicherheitsrat vorzunehmenden Maßnahmen, GRAY, a.a.O. (Fn1062), S.94-96; GENONI, a.a.O. (Fn955), S.148f.; eingehend KRISCH, a.a.O. (Fn989), S.160ff. sowie S.175-205.

1113 Vgl. supra Zweiter Teil - 5. Kapitel - B. - I. - 5. - a. - aa. , S.219.

1114 Vgl. WILDHABER, a.a.O. (Fn938), S.149 m.w.N. in Fn6; HILLGRUBER, a.a.O. (Fn979), S.248ff., insb. S.251 spricht hier treffend vom "Überleiten" der "Verfahrensherrschaft".

1115 So etwa KELSEN, a.a.O. (Fn1022), S.785, 791; RANDELZHOFER, a.a.O. (Fn1034), S.804, Rn41; SCHINDLER, a.a.O. (Fn955), S.17; WILDHABER, a.a.O. (Fn938), S.169f.; einge-

Nachrangigkeit spricht aber eher für ein abgeschlossenes Regelungsregime. Denn es wäre nicht gerade einleuchtend, einerseits dem Selbstverteidigungsrecht vertraglich ein (prozedurales) Korsett anzulegen, wenn andererseits der Rückgriff auf das gewohnheitsrechtlich bestehende Selbstverteidigungsrecht offen stünde, das mit Blick auf die rechtsfolgenseitige zeitliche Begrenzung und die Berichtspflicht prächartial keinen Beschränkungen unterlag[1117].[1118]

c. Genetischer Aspekt - Regelung des Selbstverteidigungsrechts

Nicht zuletzt vor dem Hintergrund der historischen Entwicklung der völkerrechtlichen Gewaltregelungsmechanismen - könnte schließlich die Tatsache der expliziten Kodifikation des Selbstverteidigungsrechts auf die Abgeschlossenheit des chartialen Regelungsregimes hindeuten ('*expressio unius exclusio alterius est*'). Wenn nämlich das Selbstverteidigungsrecht gewohnheitsrechtlich fortbestehen sollte, dann wäre ebenso wie bei früheren Vereinbarungen (etwa dem BRIAND-KELLOG-Pakt[1119]) eine ausdrückliche Normierung des Selbstverteidigungsrechtes entbehrlich gewesen; ein klarstellender Notenwechsel hätte genügt.[1120] Eine endgültige Aussage zu dieser Vermutung lässt sich freilich erst nach Betrachtung der Genese von Art.51 CVN treffen.

Nicht durchgreifend ist dagegen die die Fortgeltung eines gewohnheitsrechtlichen Selbstverteidigungsrechts verneinende Argumentation GENONIS:

> "Zudem leuchtet nicht ein, weshalb gerade der Notwehrtatbestand den gewohnheitsrechtlichen Bestimmungen überlassen wäre, währenddem sämtliche anderen Normen, welche die Gewaltanwendung zum Gegenstand haben, der ausdrücklichen Regelung unterstellt sein müssten."[1121]

Dem ist entgegenzuhalten: Soweit Kompetenzen des Systems kollektiver Sicherheit zur Gewaltanwendung (Art.24 Abs.1, 2 i.V.m. Art,39, 42 CVN) - einschließlich der Verhältnisregelungen zur unilateralen Gewaltanwendung - be-

---

hend VOIGTLÄNDER, a.a.O. (Fn955), S.67-74, insb. S.71 bei Fn251ff.; konzedierend GRZESZICK, a.a.O (Fn977), S.502 m.N. in Fn85.

1116 So auch WALTER, a.a.O. (Fn1042), S.82 ("in zweifacher Hinsicht eine Ausnahme").

1117 Zur mangelnden Beschränkung des prächartialen Selbstverteidigungsrechts GRZESZICK, a.a.O (Fn977), S.502; VOIGTLÄNDER, a.a.O. (Fn955), S.43; IGH, a.a.O. (Fn1071), S.105, §200 und S.121, §235.

1118 Ebenso GRZESZICK, a.a.O (Fn977), S.489f..

1119 Vgl. hierzu supra Zweiter Teil - 4. Kapitel - A. - III. - 2. , S.132.

1120 In diese Richtung auch BROWNLIE, a.a.O. (Fn984), S.273; FEDER, a.a.O. (Fn959), S.405f.; RÖLING, a.a.O. (Fn955), S.277; SCHEUNER, a.a.O. (Fn955), S.244, 246; GENONI, a.a.O. (Fn955), S.104.

1121 GENONI, a.a.O. (Fn955), S.105 [Hervorh. hinzugef.].

troffen sind, ist eine vertragliche Regelung als *Konstitutivum* erforderlich. Andernfalls gäbe es weder die Internationale Organisation (VN) noch das handelnde Organ (Sicherheitsrat), noch eine Grundlage für die Kompetenz. Soweit das Gewaltverbot betroffen ist, hat die vertragliche Regelung - wenn nicht konstitutive[1122] - jedenfalls *klarstellende* Funktion. Mit Blick auf die allgemeinen Derogationsregeln bedarf es schließlich auch einer Verhältnisregelung in Bezug auf bestehende und zukünftige andere Rechtsquellen, soweit diese den sachlichen Anwendungsbereich eines neuen Regelungsregimes betreffen und nach dem Willen der Vertragsparteien eine von den allgemeinen Regeln abweichende Derogation stattfinden soll (beispielsweise Art.53 Abs.1 S.1 2.Hs, Art.107 CVN). Es dürfte jedoch keiner Diskussion unterliegen, dass Gewohnheitsrecht weder die *Gründung einer internationalen Organisation* (von der Begründung von Kompetenzen ganz zu schweigen) noch eine *Klarstellung*, noch die Begründung einer - von der Gewohnheit abweichenden - spezifischen Derogationsregelung (Art.103 CVN) zu leisten vermag. Der Umstand, dass alle anderen Normen des Gewaltregelungsregimes vertraglich geregelt sind, deutet daher keineswegs darauf hin, dass das Selbstverteidigungsrecht *nur* in der vertraglichen Form existiert.

d. Zwischenergebnis

Für ein abschließendes Gewaltregelungsregime lässt sich die tatbestandliche Verknüpfung des Selbstverteidigungsrechts mit dem Gewaltverbot und dem Gewaltmonopol des Sicherheitsrats über die Artikeleinleitung sowie Art.51 S.1 2.Hs und S.2 CVN nennen, die insofern als systematisch stimmige Ergänzung zu den weitgefassten Regelnormen (Prinzipalnorm und Regelausnahme) fungiert. Gleiches gilt für das Merkmal des "bewaffneten Angriffes", das - ungeachtet der anwendungsbezogenen Reichweite im Detail - selbst bei restriktivster (kasuistischer) Auslegung zur Beschränkung der Rezeption führt. Die Bedeutung der expliziten Kodifikation des Selbstverteidigungsrechts wie auch dessen "Naturgegebenheit" bleiben dagegen dunkel; hier bedarf es der genetischen Betrachtung.

6. Art.53 Abs.1 S.2 2.Hs und Art.107 CVN - Die Feindstaatenklauseln

Im Anschluss an das Selbstverteidigungsrecht soll auch der Regelungskomplex der sog. Feindstaatenklauseln - neben Art.51 CVN die zweite *unilaterale* Ausnahme zum Gewaltverbot - beleuchtet werden. Dabei sind die Feindstaatenklau-

[1122] Vgl. zur str. Frage, ob bereits vor Gründung der VN ein Gewaltverbot bestand supra Zweiter Teil - 4. Kapitel - A. - III. - 2. - b. , S.133.

seln trotz zwischenzeitlicher Wirkungslosigkeit[1123] für die in diesem Kapitel untersuchte Frage alles andere als bedeutungslos. Sie geben Aufschluss über die ursprüngliche Konzeption der Charta und dienen als Ausgangspunkt für die Ermittlung der gegenwärtigen Reichweite. Im Mittelpunkt der Betrachtung stehen dabei Struktur und Wirkung der Normen. Zunächst sei der Wortlaut in Erinnerung gerufen; Art.53 Abs.1 S.2 CVN liest:

> "Ohne Ermächtigung des Sicherheitsrats dürfen Zwangsmaßnahmen auf Grund regionaler Abmachungen oder seitens regionaler Einrichtungen nicht ergriffen werden; *ausgenommen sind Maßnahmen gegen einen Feindstaat im Sinne des Absatzes 2, soweit sie in Artikel 107 oder in regionalen, gegen die Wiederaufnahme der Angriffspolitik eines solchen Staates gerichteten Abmachungen vorgesehen sind*; die Ausnahme gilt, bis der Organisation auf Ersuchen der beteiligten Regierungen die Aufgabe zugewiesen wird, neue Angriffe eines solchen Staates zu verhüten."[1124]

Art.107 CVN lautet:

> "Maßnahmen, welche die hierfür verantwortlichen Regierungen als Folge des Zweiten Weltkriegs in Bezug auf einen Staat ergreifen oder genehmigen, der während dieses Krieges Feind eines Unterzeichnerstaats dieser Charta war, werden durch diese Charta weder außer Kraft gesetzt noch untersagt."

a. Struktur und Rechtswirkung der Feindstaatenklauseln

Schon bei der Betrachtung des Wortlauts fällt auf, dass die Bestimmungen *keine eigene materielle Rechtsgrundlage* für Gewaltanwendung enthalten. Vielmehr setzen sie über die entsprechenden Tatbestandsmerkmale[1125] voraus, dass ein spezifischer Rechtstitel zur Anwendung von Gewalt *außerhalb der Charta* - in dem der regionalen Abmachung zugrundeliegenden Vertrag bzw. als Kriegsfolge (z.B. ein Friedensvertrag) - *existiert*.[1126] Der Regelungsgehalt der Normen er-

---

[1123] Vgl. hierzu supra Zweiter Teil - 4. Kapitel - B. - II., S.172 bei Fn843-846.

[1124] [Hervorh. hinzugef.]

[1125] Art.53 CVN: "Maßnahmen [...], soweit sie [...] in regionalen [...] Abmachungen vorgesehen sind" und Art.107 CVN: "Maßnahmen, welche die hierfür verantwortlichen Regierungen als Folge des Zweiten Weltkriegs [...] ergreifen oder genehmigen".

[1126] Vgl. BLUMENWITZ, Enemy State Clause in the United Nations Charter, in: BERNHARDT ET AL, EPIL, Bd.2 (1995), S.90-92; KÖRBS, a.a.O. (Fn1042), S.102 mit zahlreichen weiteren Nachweisen in Fn68 sowie S.108; RESS/BRÖHMER, Article 53, in: SIMMA ET AL, Commentary (2002), Bd.1, S.873, Rn48; RESS, Article 107, in: SIMMA ET AL, Commentary (2002), Bd.2, S.1332, Rn1; VOIGTLÄNDER, a.a.O. (Fn955), S.56f.; VON DER HEYDTE, a.a.O. (Fn1016), S.250 und S.257-259 [Diskussionsbeiträge o.N.]; a.A. in Bezug auf

schöpft sich hiernach in der Anordnung, dass Maßnahmen nach Art.53 Abs.1 S.2 2.Hs CVN ohne - vorherige[1127] - Ermächtigung des Sicherheitrats vorgenommen werden dürfen ("ausgenommen hiervon") bzw. Maßnahmen nach Art.107 CVN "durch diese Charta weder außer Kraft gesetzt noch untersagt" werden. Rechtsfolgenseitig handelt es sich in beiden Fällen damit neben einer Ausnahme zu Art.2 Ziff.4 CVN[1128] und der spiegelbildlichen Pflicht zur friedlichen Streitbeilegung, Art.2 Ziff.3 CVN[1129] um Ausnahmen zum Gewaltmonopol des Sicherheitsrats.[1130] Die Feinstaatenklauseln sind mithin wie Art.51 CVN in doppelter Hinsicht Ausnahmetatbestände.

Auffallend ist schließlich, dass die vorausgesetzten externen Rechtstitel - vom persönlichen Anwendungsbereich abgesehen[1131] - sachlich-rechtlich nur in Grundzügen umrissen sind. Aus dem Tatbestandsmerkmal "gegen die Wiederaufnahme der Angriffspolitik gerichtet" (Art.53 CVN) lässt sich rechtsgrundseitig lediglich ableiten, dass keine konkrete Angriffsgefahr erforderlich ist. Es genügt vielmehr allein das Vorhandensein einer Angriffs*politik*, was - unter den dargelegten objektiven Kriterien zur Gefahrentypbestimmung[1132] - eine *abstrakte Gefahr* darstellt. Daneben lässt sich aus dem Tatbestandsmerkmal "gegen die Wiederaufnahme der Angriffspolitik gerichtet" mit Blick auf die Verhältnismäßigkeitsprüfung allenfalls der legitime Zweck für die Gewaltanwendung ableiten.[1133] Die Anknüpfung an die "Folge des Zweiten Weltkriegs" in Art.107 CVN ist dagegen derart vage, dass sich ein konkreter materieller Rahmen für die externen Rechtstitel ohne Hinzudenken weiterer - im Wortlaut nicht angelegter - Merkmale, etwa des Charakters der Maßnahme als *unmittelbare* Kriegsfolge,[1134]

Art.107 CVN wohl FRENZKE/HACKER/USCHAKOW, Die Feindstaatenartikel und das Problem des Gewaltverzichts (1971), S.94 "Ohne Rücksicht auf das Verhalten der Besiegten nach dem Kapitulationsakt *verleiht* Art.107 das nicht definierte Recht der Besatzungsmächte zu Kriegsfolgemaßnahmen" [Hervorh. hinzugef.].

1127 A.A. SIMMA, a.a.O. (Fn939), S.4 (zu Art.53 CVN), der grundsätzlich auch Raum für eine "*ex-post-facto* authorization" sieht.

1128 Vgl. BLUMENWITZ, ebd. (Fn1126); WEHBERG, a.a.O (Fn974), S.85; SCHNEIDER, Die Charter der Vereinten Nationen und das Sonderrecht für die im Zweiten Weltkrieg unterlegenen Nationen (1967), S.87 bei und in Fn61; FRENZKE/HACKER/USCHAKOW, a.a.O. (Fn1126), S.19; KELSEN, a.a.O. (Fn1034), S.808, 813.

1129 Dies hebt zu Recht KELSEN, a.a.O. (Fn1034), S.813 hervor.

1130 Vgl. SCHNEIDER, a.a.O. (Fn1128), S.52, 77; KÖRBS, a.a.O. (Fn1042), S.100 m.w.N. in Fn60. Zum Ganzen treffend KELSEN, a.a.O. (Fn1034), S.806 (zu Art.107 CVN).

1131 Vgl. weiterführend BLUMENWITZ, a.a.O. (Fn1126), S.91; KÖRBS, a.a.O. (Fn1042), S.103-106; SCHNEIDER, a.a.O. (Fn1128), S.79-84 (zu Art.53 Abs.1 S.2 2.Hs CVN) und S.139 (zu Art.107 CVN); KELSEN, a.a.O. (Fn1034), S.805f. (zu Art.107 CVN).

1132 Vgl. supra Erster Teil - 2. Kapitel - C. - II. , S.85.

1133 Ebenso wohl RESS/BRÖHMER, a.a.O. (Fn1126), S.871, Rn41, a.A. SCHNEIDER, a.a.O. (Fn1128), S.138 bei Fn60.

1134 So aber RESS, a.a.O. (Fn1126), S.1333, Rn5f. m.N. in Fn9f.: "[A]ny action had to be *directly* linked to the provocation and waging of the Second World War. […] Any action appearing to be 'a typical result of an independently developing post-war policy' rather

kaum fassen lässt.[1135] Da es hiernach in der Charta an einem konkreten materiellen Rahmen für Voraussetzungen und Reichweite der externen Rechtstitel fehlt,[1136] konnte - freilich unter Beachtung des übrigen Völkerrechts, vor allem des geltenden Kriegsverbotes[1137] - theoretisch eine Vielzahl von außerchartialen Titeln zur unilateralen Gewaltanwendung "short of war" begründet werden.

Insofern bedarf auch[1138] die Einordnung der Feindstaatenklauseln als "Ausnahme" vom Gewaltverbot einer Präzisierung. Tatsächlich bilden sie nur *einen Teil eines aus innerchartialem Dispens und außerchartialem materiellem Rechtstitel zusammengesetzten Ausnahmetatbestandes*. Demzufolge sind die Feindstaatenklauseln in der Vergangenheit zu Recht auch als *Brückennormen*[1139] charakterisiert worden. Diese Struktur der Feindstaatenklauseln lässt bezüglich der in diesem Kapitel untersuchten Frage drei Schlüsse zu.

b. Rückschlüsse im Hinblick auf den Charakter des Chartaregimes

Zum Ersten kann für den Zeitpunkt der Gründung der Vereinten Nationen festgehalten werden, dass Erlaubnisnormen für die unilaterale Gewaltanwendung (hier: gegen Feindstaaten) außerhalb der Charta bestanden haben bzw. noch geschaffen werden durften[1140]. Damit ergibt sich ein kaum zu widerlegendes Indiz,

---

than a direct result of the Second World War did not fall within that category." [Hervorh. hinzugef.] RESS gelangt über diese Annahme zu einer *Kasuistik*, die indes im Wortlaut der Vorschrift keinerlei Stütze findet und schon deshalb nicht überzeugen kann.

1135 Vgl. BLUMENWITZ, a.a.O. (Fn1126), S.91 a.E.; ferner FRENZKE/HACKER/USCHAKOW, a.a.O. (Fn1126), S.20, 103; KELSEN, a.a.O. (Fn1034), S.806; DERS., Limitations on the functions of the United Nations, Yale L J 55 (1946) 5, S.1013; SCHNEIDER, a.a.O. (Fn1128), S.84 mit zahlreichen Nachweisen in Fn42; w.N. schließlich auch bei RESS, a.a.O. (Fn1126), S.1333, Rn5 in Fn7; KIRK, a.a.O. (Fn1031), S.1093.

1136 Bereits in San Franzisko wurde die Fassung des späteren Art.53 Abs.1 S.2 2.Hs CVN als zu unkonkret und weitgehend kritisiert, vgl. die Diskussion in *Summary report of sixteenth meeting of Committee III/3* v. 31. Mai 1945, UNCIO, Bd.12, Dok.704 III/3/36, S.403f. sowie insb. den kanadischen Einwand, "that the text was so unlimited as to time and scope that it could exempt practically anything from Council action" (*Summary report of seventeenth meeting of Committee III/3* v. 3. Juni 1945, UNCIO, Bd.12, Dok.765 III/3/39, S.419). Vgl. hierzu auch FRENZKE/HACKER/USCHAKOW, a.a.O. (Fn1126), S.20; SCHNEIDER, a.a.O. (Fn1128), S.78f..

1137 Vgl. etwa BLUMENWITZ, a.a.O. (Fn1126), S.91; RESS/BRÖHMER, a.a.O. (Fn1126), S.871, Rn42; eingehend SCHNEIDER, a.a.O. (Fn1128), S.90-96, 162.

1138 Zur Einordnung kollektiver Zwangsmaßnahmen supra Zweiter Teil - 4. Kapitel - B. - II. , S. 171 bei Fn835.

1139 Vgl. nur KÖRBS, a.a.O. (Fn1042), S.109 ("Verweisungsnorm") mit zahlreichen weiteren Nachweisen in Fn90.

1140 Vgl. BLUMENWITZ, a.a.O. (Fn1126), S.92 und RESS/BRÖHMER, a.a.O. (Fn1126), S.881, Rn69 m.w.N. in Fn205.

dass die Charta - jedenfalls ursprünglich - *kein materiell abschließendes Regelungsregime* in Bezug auf Gewalt darstellte.

Zum Zweiten folgt aus der Natur der Feindstaatenklauseln als Brückennormen, die einen Dispens vom Gewaltverbot anordnen, aber auch, dass nicht schon die bloße Existenz materieller, außerchartialer Rechtstitel hinreicht. Hätte allein dieser Umstand genügt, hätte es weder der Regelung des indivduellen Selbstverteidigungsrechts in Art.51 CVN noch Art.53 Abs.1 S.2 2.Hs CVN bedurft - die darin in Bezug genommenen unilateralen Gewaltrechte bestanden schließlich bereits bei Gründung der Vereinten Nationen. Es ist also vielmehr so, dass es angesichts der prinzipiellen Geltung des Gewaltverbotes - welches unabhängig von seiner Entwicklung zu einer Norm des ius cogens bereits initial durch Art.103 CVN geschützt war[1141] - *einer Chartanorm bedurfte, die im Hinblick auf externe Rechtstitel den Dispens vom Gewaltverbots anordnete.*

Ein außerhalb der Charta bestehender Rechtstitel konnte - und könnte auch gegenwärtig - *in sich selbst* den Dipsens vom Gewaltverbot nicht enthalten. Es fehlt, so der Titel bereits vor Gründung der VN bestand, am Regelungsgegenstand; bei Begründung des Rechtstitels nach Inkrafttreten der Charta fehlt es an der Dispositionsbefugnis der den Titel schaffenden Staaten ('*nemo plus juris ad alium transfere potest quam ipse habet*'). Eine Ausnahme wäre nur anzuerkennen, wenn die Titel schaffenden Staaten mit den VN-Mitgliedern vollständig identisch wären, was aber als formlose, stillschweigende Änderung der Charta eingeordnet,[1142] wiederum auf die innerchartiale Anordnung eines Dispens hinausliefe.

Zum Dritten ist festzustellen, dass es sich bei dem innerchartialen Dispens - wie Art.53 Abs.1 S.2 2.Hs bzw. Art.107 CVN zeigen - durchaus um *dynamische Verweisung* mit minimalen materiellen Rahmenbedingungen handeln kann, solange in Anbetracht von Art.103 CVN nur klargestellt ist, dass die adressierten externen Titel nicht gegen die Verpflichtungen aus der Charta verstoßen.[1143]

c. Zwischenergebnis - Die Charta als formell abschließendes Gewaltregelungsregime

Die Struktur der Feindstaatenklauseln spricht in erheblichem Maße gegen die Annahme, die Charta sei als *materiell* abschließendes Gewaltregelungsregime konzipiert worden. Relevant ist insofern nicht nur der Umstand, *dass* außerhalb der Charta Rechtstitel zur unilateralen Gewaltanwendung als existierend voraus-

---

1141 Vgl. BERNHARDT, a.a.O. (Fn936), S.1295, Rn9.

1142 Vgl. hierzu supra Zweiter Teil - 5. Kapitel - A. - II. , S.195.

1143 Vgl. hierzu auch KÖRBS, a.a.O. (Fn1042), S.65 m.w.N. in Fn65 ('Weiterentwicklung").

gesetzt wurden; insofern könnte noch von einer rezipierenden Einzelverweisung ausgegangen werden. Es ist vor allem der Umstand, dass *dynamisch* und *ohne die erfassten Rechtsitel materiell klar zu umreißen* auf jene verwiesen und damit eine Fortentwicklung zugelassen wird. Zugleich belegt die Struktur der Feindstaatenklauseln aber auch, dass es zur Vereinbarkeit von inner- und außerchartialen Normen in Bezug auf Gewaltanwendung *einer innerchartialen Verknüpfung* - einer Brückennorm - bedarf, die den Dispens vom Gewaltverbot und vom Vorrang des Gewaltmonopols des Sicherheitsrats enthält. Da aber die Anzahl der in Frage kommenden "Dispensnormen" durch die endliche Zahl der Chartabestimmungen begrenzt ist, kann insofern von einem *formell abschließenden Gewaltregelungsregime* gesprochen werden.

7. Art.103 CVN -
Normenhierarchie

Schließlich sei Art.103 CVN betrachtet; er lautet:

> "Widersprechen sich die Verpflichtungen von Mitgliedern der Vereinten Nationen aus dieser Charta und ihre Verpflichtungen aus anderen internationalen Übereinkünften, so haben die Verpflichtungen aus dieser Charta Vorrang."

Art.103 CVN scheint demnach - jedenfalls soweit es um vertragliche[1144] Grundlagen für außerchartiale unilaterale Gewaltrechte geht - auch für ein abschließendes Regelungsregime zu sprechen, postuliert er doch in Abweichung von der allgemeinen Kollisionsregel '*lex posterior derogat legi priori*' einen grundsätzlichen Anwendungsvorrang[1145] der Chartaverpflichtungen. Soweit sich aber die Mitgliedstaaten gem. Art.2 Ziff.4 CVN zur Beachtung des Gewaltverbots verpflichtet haben, müsste jeder vertragliche Rechtstitel zur Anwendung unilateraler Gewalt, soweit er nicht über eine chartiale Brückennorm in das Chartaregime "inkorporiert" ist, wirkungslos bleiben.

Art.103 CVN regelt als spezielle Kollisionsnorm aber eben nur die *Folgen* eines Normkonfliktes. Insoweit er den Konfliktfall rechtsgrundseitig voraussetzt ("Widersprechen sich") ist er mithin wertungsneutral.[1146] Für die Ermittlung, ob die Charta ein abschließendes Gewaltregelungsregime enthält, ist Art.103 CVN damit irrelevant.

1144 Zur Frage, ob Art.103 CVN nur *widersprechendes Vertrags- oder auch Gewohnheitsrecht* erfasst vgl. die Nachweise in Fn936.

1145 Vgl. BERNHARDT, a.a.O. (Fn936), S.1295, Rn6 sowie KARL, a.a.O. (Fn948), S.70-72.

1146 A.A. FRANCK, Recourse to force (2002), S.5f..

II. Systematik

Zu untersuchen ist schließlich die Gesamtsystematik des chartialen Gewaltregelungsregimes,[1147] kann doch die bisher vorgenommene *Einzelbetrachtung* der Tatbestände *nur indikative Wirkung* für die Frage des *Systemcharakters* zeitigen. Die gilt um so mehr, als die fragmentarische Natur des Völkerrechts[1148] eher gegen die Vermutung spricht, dass ein aus mehreren Einzelnormen bestehender Regelungskomplex abschließend sei. Von größter Bedeutung ist damit das *Verhältnis der Normen zueinander*, weil sich hieraus Anhaltspunkte ergeben können, ob es sich um eine bloße Anhäufung kasuistischer Regelungen oder ein in sich und insofern auch nach außen geschlossenes System handelt.

1. Zusammenfassung bisheriger Indikationen

Zum Überblick seien die Ergebnisse der Einzelbetrachtungen noch einmal zusammengefasst. Als Indizien *für* eine materielle Abgeschlossenheit konnten die generelle Geltung des Gewaltverbotes als *Prinzipalnorm*[1149] sowie das rechtsgrund- wie rechtsfolgenseitig sehr weitgefasste Gewaltmonopol des Sicherheitsrats als ergänzende *Regelausnahme*[1150] zu Art.2 Ziff.4 CVN identifiziert werden. Als erhebliche Indikation *gegen* eine - *materielle* - Abgeschlossenheit wurde hingegen der Charakter der Feindstaatenklauseln als dynamische Verweisung (*Brückennormen*) herausgearbeitet.[1151] Die Auslegung von Art.51 CVN war schließlich - von den bei der Gesamtsystematik zu berücksichtigenden Ergebnissen zu Art.51 S.1 2.Hs, S.2 CVN abgesehen - weniger aussagekräftig: Offen geblieben war die Frage, ob die Kodifikation des Selbstverteidigungsrechts - '*expressio unius exclusio alterius est*' - für das Bestehen eines abschließenden Regimes spricht; und auch die Bedeutung der "Naturgegebenheit" konnte nicht geklärt werden.[1152] Der Präambel - untersucht wurden die dritte und siebte Erwägung - konnte keine klare Tendenz entnommen werden. Von Interesse war eine mögliche Verklammerung aller Gewaltregelungen der Charta im siebten Erwägungsgrund ("verkannte Zentralnorm"), die jedoch - jedenfalls bei materieller Betrachtung des "gemeinsamen Interesses" - nicht mit Art.51 CVN zu vereinbaren ist.[1153]

1147 Mit Blick auf die Einordnung von Art.51 CVN in die Gesamtsystematik a.A. - freilich ohne Begründung - GENONI, a.a.O. (Fn955), S.102 ("An dieser Stelle ist wichtig festzuhalten, dass die Diskussion um die örtliche Eingliederung der völkerrechtlichen Notwehrbestimmung keinen Beitrag zu deren Sinndeutung leistet."

1148 Vgl. hierzu bereits supra Einleitung - A. , S.6 bei Fn36ff..

1149 Vgl. supra Zweiter Teil - 5. Kapitel - B. - I. - 3. , S.204 und insb. c. , S.214.

1150 Vgl. supra Zweiter Teil - 5. Kapitel - B. - I. - 4. , S.214 und insb. c. , S.c. 218.

1151 Vgl. supra Zweiter Teil - 5. Kapitel - B. - I. - 6. , S.231 und insb. c. , S.235.

1152 Vgl. supra Zweiter Teil - 5. Kapitel - B. - I. - 5. , S.219 und insb. d. , S.231.

1153 Vgl. supra Zweiter Teil - 5. Kapitel - B. - I. - 2. , S.201.

2. Gesamtsystematik

Nachfolgend wird untersucht, wie sich diese Indikationen in die Gesamtsystematik einbetten lassen. Den Ausgangspunkt der Betrachtung bildet die - die Regel-Ausnahme-Systematik betonende - Feststellung, dass das Gewaltverbot (wie auch sein Spiegelbild, die Verpflichtung zur friedlichen Streitbeilegung, Art.2 Ziff.3 CVN) als Prinzipalnorm rangentsprechend im "allgemeinen Teil" der Charta (Kapitel I) verortet ist. Demgegenüber finden sich alle Ausnahmevorschriften im "besonderen Teil" (Kapitel VII, VIII und XVII).

a. Die Stellung von Art.51 im VII. Kapitel

Hinsichtlich der Stellung von Art.51 CVN *am Ende des VII. Kapitels* drängt sich auf Grundlage der aus der Betrachtung von Art.24 Abs.1, 2 i.V.m. Art.39,42 CVN gewonnenen Indizien, folgende systematische Interpretation auf: *Grundsätzlich* - und deshalb am Anfang des Kapitels mit rechtsgrund- und rechtsfolgenseitig *weitem Anwendungsbereich* (Art.39, 42 CVN) geregelt - besteht die Befugnis des Systems kollektiver Sicherheit gewaltsame Sanktionen zu verfügen. Nur a*usnahmsweise*, daher am Ende des Kapitels stehend, und nur "im Fall eines bewaffneten Angriffs", dürfen dagegen Staaten - individuell oder kollektiv - unilateral Gewalt anwenden.[1154] Diese Deutung korrespondiert mit der - nach Betrachtung der inneren Systematik von Art.51 CVN festgestellten - Unterordnung der Selbstverteidigung unter das Gewaltmonopol des Sicherheitrats (Art.51 S.1 2.Hs und S.2 CVN). Insofern ergibt sich ein die beiden Verhältnisse - Gewaltverbot zu Gewaltanwendung einerseits, kollektive zu unilateraler Gewaltanwendung andererseits - verknüpfender Befund: Stellt das VII. Kapitel wie festgestellt eine Ergänzung zu Art.2 Ziff.4 CVN dar, indem es die *Regelausnahme* enthält (Art.39, 42 CVN), handelt es sich systematisch betrachtet bei Art.51 CVN nicht nur bloß um eine "zweifache Ausnahme"[1155], sondern um eine zweit*rangige* Ausnahme, eine "*Regelausnahmenausnahme*"[1156]:

[1154] Die Auslegung ist genetisch gesichert, vgl. exemplarisch die sowjetische Stellungnahme, *Summary report of fourth meeting of Committee III/4* v. 25. Mai 1945, UNCIO, Bd.12, Dok.576 III/4/9, S.683f., die Aussagen des sowjetischen Delegierten GOLUNSKY und des US-Delegierten PASVOLSKY im später mit der Verortung von Art.51 CVN befassten Coordination Committee, *Summary report of thirty-fifth meeting of Coordination Committee* v. 4. September 1945, UNCIO, Bd.17, Dok.WD435 CO/199, S.287. Wie hier m.w.N. WALTER, a.a.O. (Fn1042), S.84 bei Fn233, S.85, 87; KÖRBS, a.a.O. (Fn1042), S.70.

[1155] WALTER, a.a.O. (Fn1042), S.82.

[1156] So auch VOIGTLÄNDER, a.a.O. (Fn955), S.72f. ("Ausnahme von der Ausnahme") unter Berufung auf MENK, a.a.O. (Fn977), S.73.

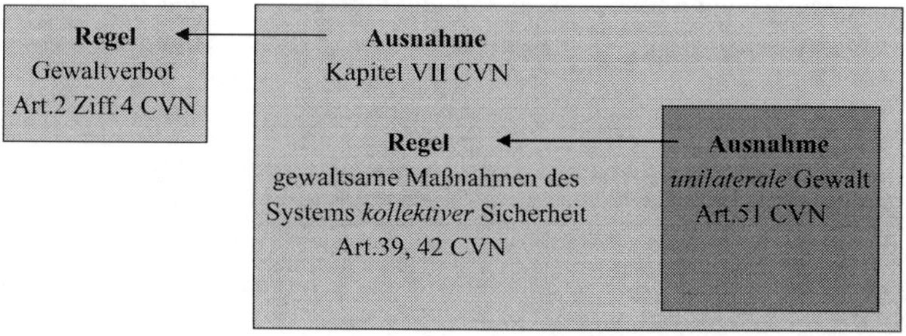

Die so verstandene Gesamtsystematik spricht deutlich für eine abschließende Regelung der Gewaltanwendung: Es besteht ein - im "allgemeinen Teil der Charta" verorteter - Grundsatz (Art.2 Ziff.4 CVN) und ein *in sich geschlossener, abgestufter* Ausnahmenkomplex (Kapitel VII CVN) als "besonderer Teil". Versteht man vor diesem Hintergrund das *gesamte* VII. Kapitel CVN als "*Verfahren*", nach dem die Gewaltanwendung erlaubt ist, ließe sich auch die im siebten Erwägungsgrund der Präambel identifizierte mögliche *Verklammerung von Grundsatz und Ausnahmen* integrieren. Die nach dem Erwägungsgrund angestrebte Gewährleistung, dass Gewalt nur noch im "gemeinsamen Interesse" angewendet wird, wäre zwar angesichts der Durchbrechung von Art.39, 42 CVN durch Art.51 CVN nicht vollständig materiell[1157], in Anbetracht der doppelten Subsidiarität der Selbstverteidigung aber jedenfalls *prozedural* umgesetzt.

b. Die Stellung der Feindstaatenklauseln im VIII. und XVII. Kapitel

Freilich stellt sich dann die Frage, wie sich die Feindstaatenklauseln - Art.53 Abs.1 S.2 2.Hs CVN und Art.107 CVN - integrieren lassen, sprengen sie doch den soeben abgesteckten Rahmen durch ihre Verortung außerhalb von Kapitel VII. Ausgangspunkt bildet hier der Charakter der Feindstaatenklauseln als *Übergangsvorschriften*.[1158]

aa. Art.107 CVN

Soweit danach Art.107 CVN explizit in Kapitel XVII ("*Übergangsbestimmungen* betreffend die Sicherheit") platziert wurde, entspricht die "Auslagerung" ei-

---

[1157] Vgl. hierzu auch HILLGRUBER, a.a.O. (Fn979), S.248 ("Verfahrenskonzentration [...] beim Sicherheitsrat"). Die *materielle* Verklammerung scheitert an dem Umstand, dass die Selbstverteidigung nicht dem gemeinsamen, sondern dem egoistischen Interesse dient, vgl. supra Zweiter Teil - 5. Kapitel - B. - I. - 2. - b. und 3., S.202.

[1158] Vgl. hierzu supra Zweiter Teil - 4. Kapitel - B. - II. - 2. , S.173 bei und m.w.N. in Fn842.

ner in Gesetzgebung und Vertragsgestaltung durchaus üblichen Separation transistorischer Bestimmungen und ist für die vorgefundene systematische Auslegung unschädlich.

bb. Art.53 Abs.1 S.2 2.Hs CVN

Genauere Betrachtung erfordert dagegen Art.53 Abs.1 S.2 2.Hs CVN, der - trotz seines Charakters als vorübergehende Regelung - in einem "operativen" Kapitel (VIII "Regionale Abmachungen") lokalisiert wurde.

(1.) Diskussion um den Standort von Art.53 Abs.1 S.2 2.Hs CVN

Dies wiegt um so schwerer, als auch in Bezug auf *diese* Feindstaatenklausel auf der VN-Gründungskonferenz von San Franzisko eine Verortung im Kapitel für Übergangsvorschriften in der Diskussion gestanden hatte. So war von Ägypten vorgeschlagen worden,

> "to transfer to Chapter XII [DOP[1159]] the exceptional provisions which the sponsoring governments and France proposed to add to the Dumbarton Oaks text […]. He [der ägyptische Delegierte] said that he did not dispute the substance of the paragraph under consideration. At the same time he [der ägyptische Delegierte] considered that since the exception in question was a *provisional measure for a transitional period, it should be dealt with in a separate section.*"[1160]

Der ägyptische Vorschlag wurde indes mit 12:6 Stimmen abgelehnt, die Klausel mit 22:0 Stimmen (bei Enthaltung Ägyptens) inhaltlich gebilligt und an dem der heutigen Platzierung in der Charta entsprechenden Platz der Dumbarton Oaks Proposals[1161] belassen.

Maßgeblich hierfür waren die Ausführungen Frankreichs, wonach die von Art.53 Abs.1 S.2 2.Hs CVN umfassten, gegen eine erneute Aggression Deutschlands gerichteten Beistandsverträge - namentlich der franco-sowjetische[1162] und

[1159] Kapitel XII Dumbarton Oaks Proposals (Vorentwurf der Charta, ausgearbeitet von den USA, Großbritannien, Frankreich, der Sowjetunion und China, vgl. hierzu sub Zweiter Teil - 5. Kapitel - B. - V. - 1. - a. , S.247.) entspricht Kapitel XVII CVN und beherbergte bereits den heutigen Art.107 CVN.

[1160] *Summary report of fifth meeting of Committee III/4* v. 9. Juni 1945, UNCIO, Bd.12, Dok.889 III/4/12, S.705 [Hervorh. hinzugef.].

[1161] Namentlich Kapitel VIII, Abschnitt C, Ziff.2 DOP.

[1162] *Traité d'alliance et d'assistance mutuelle* v. 10. Dezember 1944, abgdr. in: Am J Int'l L 39 (1945) 2, Suppl., S.83; FW 45 (1945) S.69.

der anglo-sowjetische[1163] - auf Grund *zwanzigjähriger Laufzeit* "potentially permanent [in] nature" seien; Kapitel XII DOP behandele dagegen Gegenstände von "purely temporary character".[1164]

Die französische Argumentation erklärt sich vor folgendem Hintergrund: Der im Kapitel für Übergangsbestimmungen verortete Art.107 CVN wäre auf Grund der - freilich sehr vagen[1165] - tatbestandlichen Bezugnahme auf die "Folgen des Zweiten Weltkrieges" jedenfalls *irgendwann* in der Zukunft *automatisch* gegenstandlos geworden - weil sich ab einem gewissen Zeitpunkt nicht mehr hätte vertreten lassen, dass es sich bei einer konkreten Maßnahme gegen einen Feindstaat noch um eine Folge des Weltkrieges handelt.[1166] Das Ende der Anwendbarkeit von Art.53 Abs.1 S.2 2.Hs CVN sollte dagegen schon nach der zur Abstimmung gestellten Entwurffassung des heutigen dritten Halbsatzes ein "*Ersuchen* der beteiligten Regierungen" an die VN, die Verantwortung für die Verhinderung erneuter Aggression der Feindstaaten zu übernehmen, voraussetzen. Wenn aber eine *Mitwirkung der begünstigten Staaten* erforderlich sein sollte, würde die Anwendbarkeit der nämlichen Feindstaatenklausel anders als bei Art.107 CVN nicht automatisch enden.[1167]

Frankreich gehörte zum Kreise der begünstigten Staaten und hatte mit Blick auf die Sicherung seiner Ostgrenze Zweifel an der Effektivität - insbesondere der erforderlichen Geschwindigkeit der Maßnahmenergreifung - des kollektiven Sicherheitssystems und daher ergänzend auf eine regionale Sicherheitsstruktur[1168] gesetzt. Im Wortbeitrag des französischen Delegierten in der sechsten Plenarsitzung in San Franzisko am 2. Mai 1945 heißt es:

1163 *Treaty of Alliance in the War against Hitlerite Germany and her Associates in Europe and of Collaboration and Mutual Assistance thereafter* v. 26. Mai 1942, abgedr. in Am J Int'l 36 (1942) 4, Suppl., S.216; FW 45 (1945) 1/2, S.65.

1164 Vgl. zur Stellungnahme Frankreichs, zur kurzen und nur formelle Aspekte (Zuständigkeit des Committee III/4) betreffenden sowjetischen Stellungnahme sowie zum Abstimmungsergebnis *Summary report of fifth meeting of Committee III/4*, a.a.O. (Fn1160), S.705f..

1165 Vgl. hierzu bereits supra Zweiter Teil - 5. Kapitel - B. - I. - 6. - a. S.234 bei und m.N. in Fn1135.

1166 Vgl. hierzu FAWCETT, Intervention in international law, RC 103 (1961-II), S.364.

1167 Vgl. hierzu KELSEN, a.a.O. (Fn1034), S.811ff.; dies entsprach auch der sowjetischen Auffassung, RUSSELL/MUTHER, A history of the United Nations Charter (1958), S.691f.; *Bericht des Leiters der sowjetischen Delegation, A.A. Gromyko* [...] v. 24. Mai 1945 und v. 2. Juni 1945, MIN. AUSW. ANGELEGENH. UDSSR, Die Sowjetunion auf internationalen Konferenzen während des Großen Vaterländischen Krieges 1941 bis 1945, Bd.5, Die Konferenz der Vereinten Nationen von San Franzisco (1988), Dok.95, S.384, Dok.102, S.491 sowie Dok.104, S.409; w.N. bei KÖRBS, a.a.O. (Fn1042), S.74f..

1168 Vgl. zu dem auf der VN-Gründungskonferenz in San Franzisko bestehenden Spannungsverhältnis zwischen Regionalismus und Universalismus, sub Zweiter Teil - 5. Kapitel - B. - V. - 1. - b. - bb. , S.257.

"It is also necessary that *our conception of security* should be understood. [...] Our expressed determination to procure the necessary *guaranties for our eastern frontier*, the conclusion by the French Government of a *treaty of alliance with the Soviet Government*, our declared intention to conclude *similar treaties with other powers as occasion arises*, and finally our whole-hearted adherence to the principles of collective security - all these elements are not only compatible but they complete each other. *Each contributes its share to the construction of an efficient security system.* [...] We think that this is a question of common sense, and that the International Organization of tomorrow [die VN] will be aided and not hampered if those countries which are most threatened *do their utmost to protect themselves by their own means,and if those which feel threatened by the same perils come to an agreement to protect themselves against those perils.* [...] We are speaking here as people who know to their cost that, to discourage any future attempt at aggression, we must *bridge the gap between the lightning rapidity of aggression and the inevitable slowness of consultation.* Such is the purport of one of the amendments to the Dumbarton Oaks plan suggested by us." [1169]

Vor diesem Hintergrund verwundert Frankreichs "strong objection"[1170] gegen den ägyptischen Vorschlag nicht, musste es doch größtes Interesse daran haben, eine - und sei es nur durch Verortung der betreffenden Feindstaatenklausel *neben Art.107 CVN systematisch begründbare* - Auslegung zu verhindern, nach der auch Art.53 Abs.1 S.2 2.Hs CVN *automatisch* hätte gegenstandslos werden können.[1171] An dem grundsätzlich *transistorischen* Charakter der Regelung ändert all dies freilich nichts. In Anbetracht der Verortung von Art.53 Abs.1 S.2 2.Hs CVN außerhalb von Kapitel VII CVN besteht damit - jedenfalls soweit das anvisierte *endgültige* Gewaltregelungsregime betroffen ist - kein Widerspruch zu dem systematischen Auslegungsergebnis. Bei genauer Betrachtung der französischen Stellungnahme ist sogar das Gegenteil der Fall: Wäre Frankreich davon ausgegangen, dass das Chartaregime *nicht* abschließend ist, hätte es eine derartige "systematische Vorsorge" nicht treffen müssen.

1169 *Verbatim Minutes of the sixth plenary session* v. 2. Mai 1945, UNCIO, Bd.1, Dok.55 P/13, S.437 [Hervorh. hinzugef.].

1170 *Summary report of fifth meeting of Committee III/4*, ebd. (Fn1160).

1171 Ebenso hatte sich Frankreich i.R.d. informellen Entwurfstreffen der Großmächte in San Franzisko bereits gegen eine Fassung der Feindstaatenklausel gewehrt, wonach die VN die Verantwortung zur Prävention erneuter Aggression seitens der Feindstaaten "im Einvernehmen mit den betroffenen Regierungen" an sich ziehen können sollte, vgl. hierzu m.w.N. nur KÖRBS, a.a.O. (Fn1042), S.74 bei Fn300.

(2.) Übergeordnete Systematik der Konfliktlösungsmechanismen

Aber selbst wenn man dieser Erklärung nicht folgt, ist die Verortung von Art.53 Abs.1 S.2 2.Hs CVN systematisch unschädlich. Denn Kapitel VI-VIII CVN gehören zu *einem übergeordneten Regelungskomplex* - den von der Charta vorgesehenen *Konfliktlösungsmechanismen*:[1172] Kapitel VI betrifft die vorrangige *friedliche Streitbeilegung*, Kapitel VII die *Zwangsmaßnahmen* des Systems kollektiver Sicherheit, Kapitel VIII die *grundsätzlich nur friedliche Konfliktlösung durch regionale Strukturen.*[1173]

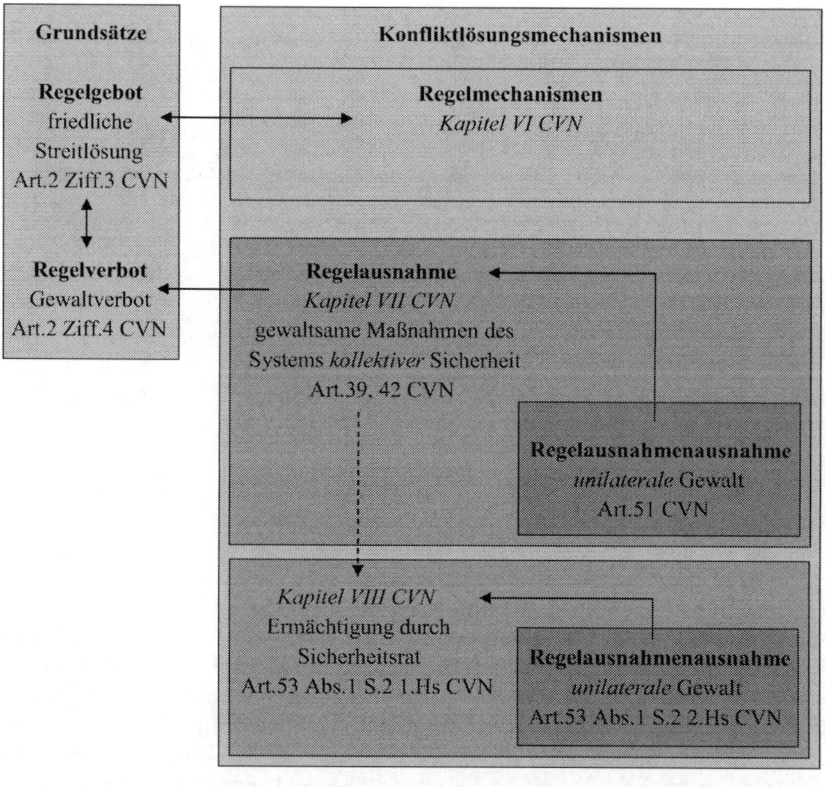

[1172] Der enge Zusammenhang von Kapitel VI-VIII ist genetisch belegt. In den Dumbarton Oaks Proposals waren die drei Regelungskreise noch als Abschnitte A, B und C des Kapitels VI über den Sicherheitsrat zusammengefasst.

[1173] Vgl. zu den - friedlichen wie zwangsweisen - Mechanismen der regionalen Friedenssicherung im Detail KÖRBS, Die Friedenssicherung durch die Vereinten Nationen und Regionalorganisationen nach Kapitel VIII der Satzung der Vereinten Nationen (1997) sowie WALTER, Vereinte Nationen und Regionalorganisationen (1995).

Dass Art.53 Abs.1 S.2 2.Hs CVN danach in Kapitel VIII CVN platziert wurde, ist sachlich-rechtlich naheliegend. Denn es handelt sich um eine Ausnahme von dem gem. Art.52 Abs.1 2.Hs CVN auf regionale Abmachungen durchwirkenden Gewaltverbot [1174] und um eine Ausnahme von der gem. Art.53 Abs.1 S.2 1.Hs CVN für die Gewaltanwendung durch regionale Abmachungen erforderlichen vorherigen Zustimmung des Sicherheitsrates.

3. Zwischenergebnis - Die Charta als formell abschließendes Gewaltregelungsregime

Alle relevanten Normen des chartialen Gewaltregelungsregimes sind in einer in sich geschlossenen Systematik miteinander verknüpft. Die Bestimmungen zur unilateralen Gewaltanwendung (Art.51, Art.53 Abs.1 S.2 2.Hs sowie Art.107 CVN) weisen dabei nicht nur grammatisch bzw. von ihrer inneren Systematik, sondern auch in der Gesamtsystematik die Eigenschaft als *zweitrangige Ausnahme* ("Regelausnahmenausnahme") auf. Im Ergebnis spricht damit der überwiegende Teil der Auslegungsergebnisse für ein *abgeschlossenes Regelungsregime.* Dabei kann es sich in Anbetracht der Funktion der Feindstaatenklauseln als (dynamische) Brückennormen zu außerchartialen Rechtstiteln allerdings nicht um ein *materiell* abschließendes Regime handeln. Da jedoch wie dargelegt, nur chartiale Bestimmungen als Brückennormen in Betracht kommen - nur diese können den Dispens von Gewaltverbot (Art.2 Ziff.4 CVN) und Gewaltmonopol des Sicherheitsrats (Art.24 Abs.1, 2 i.V.m. Art.39, 42 CVN) anordnen - kann von einem *formell abschließenden Gewaltregelungsregime* gesprochen werden.

III. Spätere Übung

Nun stellt sich die Frage, ob das vorstehende Auslegungsergebnis mit Blick auf die spätere Staatenpraxis zu korrigieren ist; denn gem. Art.31 Abs.3 lit.b WVK[1175] ist im Rahmen der systematischen Auslegung auch die "spätere Übung bei der Anwendung des Vertrages, aus der die Übereinstimmung der Vertragsparteien über seine Auslegung hervorgeht" zu berücksichtigen. Genau genommen wäre damit an dieser Stelle zu untersuchen, ob die Staatengemeinschaft wenigstens *einen* außerchartialen Erlaubnistatbestand (etwa die humanitäre In-

[1174] Insofern Art.52 Abs.1 2.Hs CVN voraussetzt, "dass diese Abmachungen oder Einrichtungen und ihr Wirken mit den *Zielen und Grundsätzen* der Vereinten Nationen *vereinbar* sind." [Hervorh. hinzugef.], verweist er auf Kapitel I CVN und damit auf das Gewaltverbot.

[1175] Zur Anwendbarkeit der in der WVK kodifizierten Auslegungsregeln auf die Charta vgl. supra Zweiter Teil - 5. Kapitel - B. , S.197 bei und m.w.N. in Fn958.

tervention, die Rettung eigener Staatsangehöriger im Ausland oder den bewaffneten Selbstbestimmungskampf) anerkannt hat und zwar - mit Blick auf das formell abschließende Regelungsregime - ohne dass es eines innerchartialen Dispenses vom Gewaltverbot und dem Gewaltmonopol des Sicherheitsrats bedarf. In Anbetracht der hochkontroversen Diskussionen um mögliche weitere Ausnahmetatbestände, ist eine nähere Praxisuntersuchung freilich entbehrlich; ein eindeutiges Ergebnis ist hier nicht zu erwarten. Tatsächlich kann vielmehr - wie bereits zu Beginn des Kapitels angedeutet wurde - davon ausgegangen werden, dass sich die Staatengemeinschaft in der grundsätzlichen Fragestellung, ob die Charta ein abschließendes Gewaltregelungsregime darstellt, uneinig ist.[1176] Exemplarisch sei in diesem Zusammenhang auf eine in der Resolutionspraxis der GV wiederkehrende - in ihrem Schweigen vielsagende - Klausel hingewiesen.

So heißt es in der 1970 verabschiedeten *Friendly Relations Declaration*,[1177] op. Abs.1 unter dem das Gewaltverbot betreffenden ersten Grundsatz -

> "Nothing in the foregoing paragraphs shall be construed as enlarging or diminishing *in any way* the scope of the provisions of the Charter concerning cases in which the use of force is lawful."

Ähnlich liest Art.6 *Aggressionsdefinition*[1178] aus dem Jahr 1974:

> "Nothing in this Definition shall be construed as *in any way* enlarging or diminishing the *scope of the Charter*, including its provisions concerning cases in which the use of force is lawful."

Schließlich wird auch in der *Declaration on the Enhancement of the Effectiveness of the Principle of Refraining from the Threat or Use of Force in International Relations*[1179] aus dem Jahr 1987 in op. Abs.2 erklärt, dass

> "[...] nothing in the present Declaration shall be construed as:
>
> (a) Enlarging or diminishing *in any way* the scope of the provisions of the Charter concerning cases in which the use of force is lawful;
>
> (b) Prejudicing in any manner the relevant provisions of the Charter or the rights and duties of Member States or the scope of the functions and powers of the United Nations organs under the Charter, in particular those relating to the threat or use of force;"

1176 Vgl. Zweiter Teil - 5. Kapitel - B. , S.196 bei Fn956f..

1177 A/Res/2625 (XXV) v. 24. Oktober 1970, Annex.

1178 A/Res/3314 (XXIX) v. 14. Dezember 1974, Annex.

1179 A/Res/42/22 v. 18. November 1987, Annex.

Damit hat die in der GV versammelte Staatengemeinschaft wiederholt zum Ausdruck gebracht, dass sie sich hinsichtlich der Reichweite der Chartabestimmungen betreffend die Rechtmäßigkeit von Gewaltanwendung ("the scope of the provisions of the Charter concerning cases in which the use of force is lawful") nicht äußern kann und/oder will. Daraus lässt sich nicht nur schließen, dass keiner der *in der Charta enthaltenen Rechtfertigungsgründe* - vor allem Art.51 CVN - in seinem Anwendungsbereich präjudiziert werden soll (etwa soweit jede der genannten Resolutionen auch Aussagen zum Selbstbestimmungsrecht trifft[1180] und damit zumindest mittelbar die Frage seiner gewaltsamer Durchsetzung, also einem umstrittenen, unilateralen Gewaltrecht berührt[1181]). Auch zum *Gewaltverbot* - ebenfalls eine "Chartabestimmung betreffend die Rechtmäßigkeit von Gewaltanwendung" - und damit zur Frage, wie weit das Verbot bei dynamischem Verständnis (noch) reicht, soll keine Aussage getroffen werden. Besonders deutlich wird die mangelnde Aussage zur Abgeschlossenheit des chartialen Gewaltregelungsregimes in Art.6 *Aggressionsdefinition*, in dessen erstem Halbsatz genau genommen nur steht, dass keine Aussage *zur Reichweite der Charta* getroffen wird; erst im zweiten Halbsatz heißt es dann "einschließlich der Regeln betreffend die Rechtmäßigkeit von Gewaltanwendung".[1182]

Es soll nicht in Abrede gestellt werden, dass sich mit der entsprechenden *völkerrechtspolitischen* Argumentation gerade mit Blick auf derartige Vorbehaltsklauseln das eine oder andere Auslegungsergebnis als vorzugswürdig darstellen lässt.[1183] Dies ist aber nicht Aufgabe der Völkerrechtswissenschaft; bei nüchterner Analyse kann auch die Unklarheit ein klares Auslegungsergebnis sein. So liegt es hier. Die Staatengemeinschaft hat wiederholt zum Ausdruck gebracht, dass sie sich mit Blick auf die Frage, ob die Charta ein abschließendes Regelungsregime darstellt, "in ihrer Uneinigkeit einig" ist.

[1180] Vgl. etwa *Friendly Relations Declaration* (Fn1177), op. Abs.1, fünfter Grundsatz; Art.7 *Aggressionsdefinition* (Fn1178) sowie *Declaration on the Enhancement of the Effectiveness of the Principle of Refraining from the Threat or Use of Force in International Relations* (Fn1179), op. Abs.1, Ziff.I.5. und op. Abs.3.

[1181] Vgl. hierzu die Ausführungen zum *Recht des bewaffneten Befreiungskampfes*, supra Erster Teil - 1. Kapitel - B. - II. - 3. - a. , S.27f. m.N. in Fn110.

[1182] Zu kurz greift hier die Interpretation von BOTHE, a.a.O. (Fn1034), S.139, wenn er meint, der "Vorbehalt in Artikel 6 ist eindeutig ein solcher bei dem gewisse vorbehaltene Rechte als bestehend voraussgesetzt werden, nämlich das Recht zur Selbstverteidigung und das Recht zur Teilnahme an Kollektivmaßnahmen [...]".

[1183] Hier treffend: BOTHE, a.a.O. (Fn1034), S.138, der zum mehrdeutigen Wortlaut von Artikel 7 Aggressionsdefinition ausführt: "Immerhin verstehen beide Seiten bei dieser Streitfrage [gewaltsame Selbstbestimmung] die Vorbehaltsklausel in ihrem Sinne."

IV. Zwischenergebnis

Hiernach kann festgestellt werden, dass die VN-Mitgliedstaaten hinsichtlich der Abgeschlossenheit des chartialen Gewaltregelungsregimes im Verlauf der vergangenen 60 Jahre keine klare Position gefunden haben. Insofern *fehlt* es sowohl an einer *Bestätigung* der - nach bisheriger Auslegung indizierten - formellen Abgeschlossenheit als auch einer Öffnung des Regimes durch - stillschweigende - *Änderung* der Charta. Wurde aber der Rechtszustand nicht geändert, ist davon auszugehen, dass es bei dem ursprünglich verhandelten geblieben ist.

V. Genese

Vor diesem Hintergrund soll nun die prinzipiell subsidiäre[1184] genetische Interpretation - die Betrachtung der vorbereitenden Arbeiten und der Umstände der Normentstehung - *einerseits* zur *Bestätigung* des bisherigen Auslegungsergebnisses (formell abschließendes Regelungsregime) herangezogen werden, und in diesem Zusammenhang *andererseits* die noch *"dunklen"* - für das Auslegungsergebnis bedeutsamen - *Teilfragen* beantworten, ob die explizite Kodifikation des Selbstverteidigungsrechts den Umkehrschluss zulässt, dass alle sonst prächartial bestehenden Gewaltrechte derogiert werden sollten[1185] und welche Bedeutung dem Attribut der "Naturgegebenheit"[1186] in diesem Zusammenhang zukommt.

1. Vorbereitende Arbeiten

a. Die Dumbarton Oaks Proposals

Ausgangspunkt der genetischen Betrachtung sind die in der Zeit vom 21. August bis 7. Oktober 1944 während der Konferenz in Dumbarton Oaks[1187] von den sog. 'sponsoring powers' (USA, Großbritannien, Sowjetunion und China[1188]) ausge-

---

1184 Vgl. supra Zweiter Teil - 5. Kapitel - B. , S.197 bei und m.N. in Fn959.

1185 Vgl. supra Zweiter Teil - 5. Kapitel - B. - I. - 5. - c. , S.230.

1186 Vgl. supra Zweiter Teil - 5. Kapitel - B. - I. - 5. - a. - cc. , S.223.

1187 Zur Vorbereitungskonferenz von Dumbarton Oaks weiterführend m.w.N. nur GREWE/KHAN, Drafting History, SIMMA ET AL, Commentary (2002), Bd.1, S.1ff., insb. S.8f., Rn34ff.; zu den politischen Hintergründen SCHILD, Bretton Woods and Dumbarton Oaks (1995), S.49ff. und S.139ff..

1188 Die Verhandlungen verliefen zweiphasig - bis zum 28. September 1944 zwischen USA, GB und UdSSR, ab dem 29. September 1944 zwischen USA, GB und China. Grund hierfür war die Befürchtung STALINS, offizielle Verhandlungen mit China könnten von Japan als Verstoß gegen den sojwetisch-japanischen Nichtangriffspakt von 1941 gewertet werden und einen Angriff auf Sibirien nach sich ziehen, vgl. SCHILD, a.a.O.

handelten "Proposals for the Establishment of a General International Organization" (Dumbarton Oaks Proposals).[1189] Nach zahlreichen Absichtserklärungen,[1190] waren dies die ersten *konkreten* Entwürfe; auf der VN-Gründungskonferenz in San Franzisko dienten sie als Verhandlungsgrundlage. Neben den Protokollen der VN-Gründungskonferenz gehören die Dumbarton Oaks Proposals damit zu den vorbereitenden Arbeiten i.S.d. Art.32 WVK.[1191] Von Bedeutung sind vor allem zwei Regelungskomplexe: Der Vorläufer des Gewaltverbots und die Bestimmungen zur berechtigten Gewaltanwendung.

aa. Das Gewaltverbot

Bereits die Dumbarton Oaks Proposals sahen ein *Gewaltverbot* vor - und zwar in einer im Hinblick auf die bereits besprochene Reichweite des späteren Art.2 Ziff.4 CVN[1192] auffallend identischen Fassung; Kapitel II Ziff.4 DOP lautete:

> "All members of the Organization shall refrain in their international relations from the threat or use of force in any manner inconsistent with the purposes of the Organization."

Nennenswerte Veränderungen erfuhr der Entwurf nur noch durch die Bezugnahme auf die "territoriale Unversehrtheit" und "politische Unabhängigkeit", welche wie dargelegt lediglich '*ex abundante cautela*' zur Versicherung kleiner Staaten eingefügt wurde und materiell keine Änderung hervorbrachte.[1193] Inso-

---

(Fn1187), S.72 und MIN. AUSW. ANGELEGENH. UDSSR, Die Sowjetunion auf internationalen Konferenzen während des Großen Vaterländischen Krieges 1941-1945, Bd.3 Die Konferenz der Repräsentanten der UdSSR, der USA und Großbritanniens in Dumbarton Oaks (1988), S.224f., Anm. 43 und 48; WEHBERG, Die Vorschläge der 200 amerikanischen Juristen und Publizisten und die Empfehlungen von Dumbarton Oaks, FW 44 (1944) 6, S.373. Bemerkt sei, dass die chinesische Delegation die in der ersten Phase gefundenen Ergebnisse im Wesentlichen bestätigte, vgl. SCHILD, a.a.O. (Fn1187), S.168 m.N. in Fn99.

1189 Abgedr. in Am J Int'l L 39 (1945) 1, Suppl., S.46; FW 44 (1944) 6, S.437; GOODRICH/HAMBRO, a.a.O. (Fn998), S.572; MIN. AUSW. ANGELEGENH. UDSSR, a.a.O. (Fn1188), Dok.70, S.187].

1190 Zum Überblick: Die als *Atlantik-Charta* bekannte gemeinsame Erklärung des Präsidenten der Vereinigten Staaten ROOSEVELT und des britischen Premierminister CHURCHILL v. 14. August 1941; die von 21 Ländern unter Bezugnahme auf die Atlantik-Charta abgegebene *Declaration by United Nations* v. 1. Januar 1942 sowie insb. die als Moskauer Erklärung bekannte *Declaration of Four Nations on General Security* v. 30. Oktober 1943 (dort: Ziffer 4), sämtlich abgedr. bei GOODRICH/HAMBRO, a.a.O. (Fn998), S.569. M.w.N. zu den einzelnen Erklärungen GREWE/KHAN, a.a.O. (Fn1187), S.6-8, Rn24-33.

1191 Zur Anwendbarkeit der in der WVK kodifizierten Auslegungsregeln auf die Charta vgl. supra Zweiter Teil -5. Kapitel -B. , S.197 bei und m.w.N. in Fn958.

1192 Vgl. supra Zweiter Teil - 5. Kapitel - B. - I. - 3. - a. - aa. und bb. , S.206.

1193 Vgl. supra Zweiter Teil - 5. Kapitel - B. - I. - 3. - a. - cc. , S.207.

fern liegt es in Anlehnung an die Auslegung des späteren Art.2 Ziff.4 CVN nahe, dass die vier Großmächte bereits in Dumbarton Oaks von einem *generellen Verbot unilateraler Gewalt* ausgingen. Diese Annahme wird im Rahmen der genetischen Betrachtung durch die die Vorbereitungskonferenz ihrereseits vorbereitenden Arbeiten bestätigt. So heißt es etwa im Memorandum der britischen Regierung,

> "I. [...]
> 5. [a]ls Ziel der Organisation ist [...] die 'Aufrechterhaltung des Weltfriedens und der internationalen Sicherheit' definiert, und dies soll als ihre Hauptbestimmung betrachtet werden.
> 6. Wenn aber die *Anwendung von Gewalt ausgeschlossen* ist, müssen Methoden vorgesehen werden, mit denen die Mitglieder der Organisation ihre *Streitigkeiten durch andere als Methoden der Gewalt beilegen können*; die Schaffung eines Mechanismus dafür soll eines der Ziele der Organisation sein."[1194]

Auch das erste präsidentiell abgesegnte[1195] Arbeitspapier der USA - der *Plan for the Establishment of an International Organization for the Maintenance of International Peace and Security* vom 23. Dezember 1943 - legt ein generelles Gewaltverbot nahe:

> "The organization should provide means of cooperative action for the creation, operation, and coordination of agencies and procedures for the following purposes;
> 1. to prevent the use of force or of threats to use force in international relations *except by authority of the international organization itself*;"[1196]

Anschließend wird klargestellt, jedes Mitglied der zukünftigen Weltorganisation habe

---

1194 *Memorandum der Regierung Großbritanniens über eine internationale Sicherheitsorganisation* v. 22. Juli 1944, MIN. AUSW. ANGELEGENH. UdSSR, a.a.O. (Fn1188), Dok.22, S.62 [Hervorh. hinzugef.].

1195 Vgl. *Notes on Meeting of Secretary Hull with President Roosevelt at the White House* v. 3. Februar 1944, US Foreign Rel 1944, Bd.1 (1966), S.621; hierzu auch SCHILD, a.a.O. (Fn1187), S.62.

1196 *Memorandum by the Secretary of State to President Roosevelt* v. 29. Dezember 1943, *Annex 1 Plan for the Establishment of an International Organization for the Maintenance of International Peace and Security* v. 23. Dezember 1943, US Foreign Rel 1944, Bd.1 (1966), S.615f. [Hervorh. hinzugef.]; hierzu auch SCHILD, a.a.O. (Fn1187), S.61f.). Vgl. ferner Memorandum der Regierung der USA mit vorläufigen Vorschlägen für eine allgemeine internationale Organisation v. 18. Juli 1944, MIN. AUSW. ANGELEGENH. UdSSR, a.a.O. (Fn1188), Dok.15, S.45ff. unter Ziff.I.A.I.3..

"[t]o refrain from the use of force or threat to use force in its relations with other states and from any intervention in the internal affairs of other states, *except in performance of its obligation to contribute to the enforcement procedures instituted by the Executive Council* [d.h. Sicherheitsrat]."[1197]

Dass sich demnach die Verhandlungspartner von Dumbarton Oaks von Beginn an einig waren, ein *absolut geltendes Verbot unilateraler Gewalt* festzulegen,[1198] belegt auch der Gang der Verhandlungen. Nachdem sich nämlich die amerikanische Abordnung - trotz gewisser Bedenken über die Vereinbarkeit des geplanten Gewaltmonopols des Sicherheitsrates mit der amerikanischen Verfassung, insbesondere den Senatsrechten - für das Konzept kollektiver Sicherheit mit starkem Zentralorgan entschieden[1199] und auch die britische Seite anfängliche Pläne mehrerer Regionalräte[1200] zugunsten einer zentralisiert organisierten Weltorganisation fallengelassen hatte, legten die Verhandlungspartner besonderes Gewicht auf die praktischen Voraussetzungen des komplementär zum Gewaltverbot zu schaffenden Gewaltmonopols des kollektiven Sicherheitssystems, namentlich die *hinreichenden militärischen Ressourcen*. Dabei nahm die Sowjetunion die fortschrittlichste Position ein. Sie propagierte den zwischen den Verhandlungspartnern eingehend diskutierten Ansatz eines unter dem *unmittelbaren* Befehl des Sicherheitsrates stehenden *internationalen Fliegerkorps*; in der Stellung-

---

1197 *Memorandum by the Secretary of State to President Roosevelt* v. 29. Dezember 1943, *Annex 2 Principal Obligations of a Member State* v. 29. Dezember 1944, US Foreign Rel 1944, Bd.1 (1966), S.620 [Hervorh. hinzugef.].

1198 Zum chinesischen Memorandum vgl. *Bericht des Botschafters der UdSSR in den USA, A.A. Gromyko, an das Volkskommissariat für Auswärtige Angelegenheiten des UdSSR* v. 9. Septemeber 1944, MIN. AUSW. ANGELEGENH. UDSSR, a.a.O. (Fn1188), Anhang, Dok.1, S.201, 204.

1199 Die Entscheidung fiel freilich nicht aus Überzeugung, sondern aus Mangel an Alternativen: Im Juli 1943 hatte das *Subcommittee on Security Problems* des US-Außenministeriums sowohl den Weg des *Isolationismus* (wegen einer "permanent militarization of the United States to a degree not hitherto experienced", deren Kosten sich spürbar nachteilig auf den amerikanischen Lebensstandard auswirken würden) als auch der *bilateralen Allianzen* (wegen befürchteter Blockbildung) verworfen und stattdessen die Idee der kollektiven Sicherheit erwogen. Die Folge war ein innenpolitischer Spagat zwischen traditionellem Souveränitätsdenken ("Monroe-Doktrin") und der praktischen Notwendigkeit, Kosten und Risiken der Aufrechterhaltung des Weltfriedens über ein kollektives Sicherheitssystem auf mehrere Beteiligten zu verteilen, vgl. SCHILD, a.a.O. (Fn1187), S.54f. m.w.N.; KÖRBS, a.a.O. (Fn1042), S.51 bei und m.w.N. in Fn194.

1200 Vgl. Radio-Ansprache des britischen Premier CHURCHILL v. 21. März 1943, abgedr. in FW 43 (1943) 3/4, S.185-187 [engl. mit dt. Übers.]; Ansätze hiervon noch im *Memorandum der Regierung Großbritanniens über eine internationale Sicherheitsorganisation* v. 22. Juli 1944, a.a.O. (Fn1194), S.79 unter Ziff.21 lit.g). Zum Konzept der Regionalräte allgemein KÖRBS, a.a.O. (Fn1042), S.50 m.N. in Fn190 und SCHILD, a.a.O. (Fn1187), S.67 bei Fn61 und S.68ff..

nahme des sowjetischen Delegationsmitgliedes SLAWIN während einer Beratung der militärischen Vertreter am 24. August 1944 heißt es hierzu:

> "[2.] [...] die Internationale Sicherheitsorganisation [muss] zwecks Verhütung bzw. Unterdrückung einer Aggression in deren Anfangsperiode über mobile und wirksame Mittel verfügen, die den Aggressor entweder zwingen können, auf weitere Kriegshandlungen zu verzichten, oder ihn für eine Zeit binden, die erforderlich ist, die entsprechend festgelegten Quoten der der Internationalen Sicherheitsorganisation zur Verfügung gestellten nationalen Streitkräfte aller Waffengattungen zum Einsatz zu bringen. Solche mobilen und wirksamen Mittel können nur dem Rat der Organisation direkt unterstellte Fliegerkräfte sein."[1201]

Wenngleich sich die Großmächte schließlich auf den sowjetischen Vorschlag nicht einigen konnten - was letztlich den angedeuteten innenpolitischen Bedenken der amerikanischen Abordnung im Hinblick auf den US-Senat geschuldet war[1202] - macht die thematische Fokussierung auf eine hinreichende militärische Ausstattung der VN (Art.43ff. CVN) deutlich, dass unilaterale Gewalt als Gestaltungsmittel in internationalen Beziehungen zugunsten eines im Vergleich zum Völkerbund durchsetzungsfähigen Systems kollektiver Sicherheit nicht nur auf dem Papier ausgeschlossen,[1203] sondern in Anbetracht eines rechtlich *und praktisch effektuierten* Kollektivs schlechthin überflüssig sein sollte.[1204]

1201 *Bericht des Leiters der sowjetischen Delegation, A.A. Gromyko* [...] v. 26. August 1944, MIN. AUSW. ANGELEGENH. UDSSR, a.a.O. (Fn1188), Dok.33, S.110f..

1202 Schon vor dem Hintergrund isolationistischer Strömungen war im Senat kaum mit der Ratifikation einer derartigen Bestimmung zu rechnen, vor allem aber tangierte der Einsatz amerikanischer - wenngleich "internationalisierter" Luftstreitkräfte - das verfassungsmäßig verbürgte Recht des Senats, Krieg zu erklären; vgl. etwa *Extracts from the Personal Diary of the Under Secretary of State (Stettinius), Fifteenth Day, Wednesday, September 6, 1944, Meeting with the President and the Secretar.*, US Foreign Rel 1944, Bd.1 (1966), S.775; ferner SCHILD, a.a.O. (Fn1187), S.55f. bei Fn22, S.73, 147-151 m.w.N. sowie S.165 bei Fn88.

1203 Vgl. hierzu auch die Stellungnahme des amerikanischen Delegierten in San Franzisko, *Summary report of eleventh meeting of Committee I/1*, a.a.O. (Fn1003), S.335 unter Ziff.7 a.E., ("absolute all-inclusive prohibition").

1204 Vgl. hierzu die erklärende Stellungnahme des US-Außenministers STETTINIUS auf der sechsten Plenarsitzung in San Franzisko, *Verbatim minutes of the sixth plenary session*, a.a.O. (Fn1169), S.423f.. Eben so wurden die DOP von anderen Staaten aufgefasst, vgl. etwa Telegramm des australischen Außenministers EVATT an seinen Premier CURTIN anlässlich eines Commonwealth Treffens in London zur Vorbereitung der Verhandlung in San Franzisko, *Forde and Evatt to Curtin Cablegram*, DEPT. FOREIGN AFF. AND TRADE [AUSTRALIEN], a.a.O. (Fn1000), Bd.8 (1945), Dok.73, Ziff.9: "The expectation of complete and immediate application of collective security measures was the chief element commending the Dumbarton Oaks proposals to the peoples of the world." Ferner die Stellungnahme des *türkischen* Delegierten auf der VN-Gründungskonferenz in San Franzisko, *Verbatim minutes of the sixth plenary session*, a.a.O. (Fn1169), S.452 ("The

bb. Berechtigte Gewaltanwendung: Gewaltmonpol des Sicherheitsrats

Dies führt zum Zweiten hervorzuhebenden Regelungskomplex der Dumbarton Oaks Proposals: Den Ausnahmen zum Gewaltverbot. In den Entwürfen waren weder eine dem Art.51 CVN entsprechende Regelung des *Selbstverteidigungsrechtes* noch die im späteren Art.53 Abs.1 S.2 2.Hs CVN vorgesehene *Feindstaatenklausel* enthalten. Nach den Dumbarton Oaks Proposals war die Anwendung von Gewalt allein dem Sicherheitsrat vorbehalten. Die im Wesentlichen dem späteren Art.42 CVN entsprechende Entwurfsfassung, Kapitel VIII Abschnitt B Ziff.4 DOP, lautete:

> "Should the Security Council consider such measures [gewaltlose Maßnahmen gem. Kapitel VIII Abschnitt B Ziff.3 DOP[1205]] to be inadequate, it should be empowered to take such action by air, naval or land forces as may be necessary to maintain or restore international peace and security. Such action may include demonstrations, blockade and other operations by air, sea or land forces of members of the Organization."

Die Monopolisierung der Gewaltanwendung fand ihre Fortsetzung in der Berücksichtigung *regionaler Abkommen.* Nach Kapitel VIII Abschnitt C Ziff.1 DOP mussten "regional arrangements or agencies" zum Einen mit den Grundsätzen der zukünftigen Weltorganisation - und damit *insbesondere mit dem Gewaltverbot* - vereinbar sein. Den darin verbundenen Staaten war mithin die Anwendung unilateraler Gewalt nicht nur individuell, sondern auch im regionalen Kollektiv grundsätzlich verboten. In Konsequenz dessen stand zum Anderen jede "enforcement action" regionaler Strukturen - wozu *zumindest* auch gewaltsame Maßnahmen zählten[1206] - unter dem Vorbehalt der Authorisation durch den Sicherheitsrat. Die im Wesentlichen dem späteren Art.53 Abs.1 S.1 und S.2 1.Hs CVN entsprechende Entwurfsfassung (Kapitel VIII Abschnitt C Ziff.2 DOP) lautete:

Government of the Turkish Republic, which has fervently and militantly defended the principle of collective security, felt itself immediately in sympathy with the Dumbarton Oaks Proposals, in which it saw the realization of a form of association of nations more mature and more perfected than the Geneva Institution [Völkerbund], in that it allows preventive action, the lack of which was the primordial cause of the failure of Geneva. [...] The essential innovation of the new Organization consists in the creation of a Security Council which would dispose of armed forces whose duty it would be to prevent aggression."). Vgl. auch MENK, a.a.O. (Fn977), S.72 m.N. in Fn171 und WEHBERG, a.a.O. (Fn1188), S.374f..

1205 Kapitel VIII Section B Ziff.3 DOP entspricht im Wesentlichen dem späteren Art.41 CVN.

1206 Zur Auslegung des insoweit wortlautidentischen Art.53 Abs.1 CVN, vgl. bereits supra Zweiter Teil - 5. Kapitel - B. - I. - 4. - b. , S.218 bei und m.N. in Fn1042.

"The Security Council should, where appropriate, utilize such arrangements or agencies for enforcement action under its authority, *but no enforcement action should be taken under regional arrangements or by regional agencies without authorization of the Securtiy Council.*"[1207]

Damit waren regionale Abkommen in der zukünftigen Weltorganisation zwar berücksichtigt, der Entwurf postulierte ("should [...] utilize") sogar deren aktive Einbindung (dieser Appell wurde freilich durch die Einschätzungsprärogative des Sicherheitsrates - "The Security Council should, *where appropriate*" - sogleich wieder relativiert). Zugleich war aber die Möglichkeit regionaler Strukturen, ihrer Satzung entsprechend kollektiv Gewalt anzuwenden, erheblich eingeschränkt. Jeder in regionalen Abkommen vorgesehene Automatismus musste angesichts des Erlaubnisvorbehaltes mit dem VN-System kollidieren.

Ein Änderungsvorschlag der anglo-amerikanischen Seite, mit Blick auf die "Feindstaaten" eine dem späteren Art.53 Abs.1 S.1 2.Hs CVN entsprechende Ausnahme zuzulassen, um die aus einem Friedensvertrag mit Deutschland und Japan entspringenden Alliiertenrechte ohne Rücksicht auf das Gewaltverbot der Charta und das Gewaltmonopol des Sicherheitsrates durchsetzen zu können,[1208] wurde zunächst diskutiert,[1209] dann jedoch von sowjetischer Seite kategorisch abgelehnt.[1210] Als Kompromiß wurde lediglich eine dem späteren Art.107 CVN (Kriegsfolgemaßnahmen) vergleichbare Übergangsregelung (Kapitel XII Ziff.2 DOP) aufgenommen.[1211]

cc. Zwischenergebnis

Das in den Dumbarton Oaks Proposals konsentierte Gewaltregelungsregime gründete auf einer "streng universalistische[n] Sichtweise"[1212]: Die Kompetenz, über die Anwendung von Gewalt zu entscheiden, lag - mit Ausnahme der dem

1207 [Hervorh. hinzugef.]

1208 Vgl. RESS/BRÖHMER, a.a.O. (Fn1126), S.875, Rn52; KELSEN, a.a.O. (Fn1034), S.804f..

1209 *Bericht des Leiters der sowjetischen Delegation, A.A. Gromyko* [...], MIN. AUSW. ANGELEGENH. UDSSR, a.a.O. (Fn1188), Dok.57, S.163.

1210 Vgl. MIN. AUSW. ANGELEGENH. UDSSR, a.a.O. (Fn1188), S.225, Anm. 49; die sowjetische Haltung für das Nachkriegssystem war in Dumbarton Oaks noch klar zentralistisch, regionale Vereinbarungen sollten in jedem Fall unter der Kontrolle des Sicherheitsrats stehen, vgl. FRENZKE/HACKER/USCHAKOW, a.a.O. (Fn1126), S.22.

1211 Vgl. *Bericht des Leiters der sowjetischen Delegation, A.A. Gromyko* [...], MIN. AUSW. ANGELEGENH. UDSSR, a.a.O. (Fn1188), Dok.66, S.183f. (unter Ziff.4.).

1212 KÖRBS, a.a.O. (Fn1042), S.55; in diese Richtung auch HUMMER/SCHWEITZER, Article 52, in: SIMMA ET AL, A Commentary (2002), Bd.1, S.814, Rn9 m.w.N.; SCHNEIDER, a.a.O. (Fn1128), S.126f.; KIRK, a.a.O. (Fn1031), S.1083; WALTER, a.a.O. (Fn1042), S.83 bei Fn227.

späteren Art.107 CVN entsprechenden Feindstaatenklausel - alleine beim Sicherheitsrat.[1213] Ein *abschließendes* Regelungsregime sahen die Entwürfe gleichwohl nicht vor. Denn im Ergebnis waren sich alle vier 'sponsoring powers' - trotz fehlender offiziellen Verlautbarung im Entwurf oder einer gemeinsamen Stellungnahme - einig, dass das *völkergewohnheitsrechtliche Selbstverteidigungsrecht* nicht durch das neue Regime verdrängt werden sollte.[1214] So heißt es in der angesprochenen Stellungnahme des sowjetischen Delegierten SLAWIN:

> "[4.] Die Existenz eines der Internationalen Sicherheitsorganisation zur Verfügung stehenden internationalen Fliegerkorps wird insbesondere die Sicherheit der kleinen Länder garantieren, die nicht über ausreichende Streitkräfte zur wirksamen *Abwehr einer Aggression* verfügen. Das Ausbleiben sofortiger Hilfe kann zur Besetzung dieser Länder führen, noch bevor die erforderliche *Unterstützung* gegeben werden kann."[1215]

Daraus lässt sich ableiten, dass nach Ansicht der Sowjetunion grundsätzlich jeder Staat zur Selbstverteidigung berechtigt sein sollte und - gerade in den Fällen, in denen nationale Ressourcen zur *effektiven Ausübung* des Selbstverteidigungsrechtes nicht genügen würden - es Aufgabe der Weltorganisation sein sollte, die Rechtsausübung *praktisch* zu *unterstützen*. Desgleichen sah Großbritannien das Selbstverteidigungsrecht erhalten.[1216] Schließlich interpretierte auch die chinesische Delegation das Gewaltverbot nicht dahingehend, dass es *per se* das Selbstverteidigungsrecht ausschloss. Im Verlauf der Verhandlungen in Dumbarton Oaks wurde von chinesischer Seite vielmehr die Frage in den Raum gestellt, welche Instanz darüber zu befinden habe, ob die Rechtsausübung im Einzelfall berechtigt sei. Die amerikanische Delegation erklärte daraufhin, dass der Sicherheitsrat die geeignete Stelle hierfür sei[1217] und bestätigte damit, dass das

---

1213 Vgl. schon den zeitgenössischen Kommentar von KELSEN, a.a.O. (Fn1023), S.66.

1214 Ebenso schon WEHBERG, a.a.O. (Fn1188), S.375; WALKER, a.a.O. (Fn936), S.351 m.w.N. in Fn204; KIRK, a.a.O. (Fn1031), S.1092; WALDOCK, a.a.O. (Fn1064), S.497.

1215 *Bericht des Leiters der sowjetischen Delegation, A.A. Gromyko* [...] v. 26. August 1944, MIN. AUSW. ANGELEGENH. UDSSR, a.a.O. (Fn1188), Dok.33, S.111 [Hervorh. hinzugef.].

1216 Vgl. KEARLEY, a.a.O. (Fn982), S.678 m.N. auf *A Commentary on the Dumbarton Oaks Proposals for the Establishment of a General International Organization*, Cmd. 6571 (1944), §17, Ziff.5. Nach Abschluss der Konferenz ließ die britische Regierung entsprechend verlautbaren, dass "[d]as Recht auf Selbstverteidigung [...] allen Mitgliedern erhalten [bleibt], wenn sie von einem anderen Staat angegriffen werden." Vgl. *TASS-Mitteilung über die Kommentare der Regierung Großbritanniens zu den auf der Konferenz von Dumbarton Oaks ausgearbeiteten Vorschlägen* v. 21. November 1944, MIN. AUSW. ANGELEGENH. UDSSR, a.a.O. (Fn1188), Anhang, Dok.9, S.216.

1217 Vgl. RUSSELL/MUTHER, a.a.O. (Fn1167), S.466; KEARLEY, a.a.O. (Fn982), S.678.

Selbstverteidigungsrecht nicht durch die Dumbarton Oaks Proposals ausgeschlossen werden sollte.[1218]

Wenn damit aber sicher festgestellt werden kann, dass der zwischen den Großmächten verhandelte Entwurf *kein abschließendes Gewaltregelungsregime* darstellen sollte, stellt sich die Frage, welche konkreten Umstände nach Ende der Verhandlungen in Dumbarton Oaks zur Entstehung von Art.51 CVN und Art.53 Abs.1 S.2 2.Hs CVN geführt haben - also denjenigen Chartabestimmungen, die für das nach den vorrangigen Interpretationsmethoden gefundene Auslegungsergebnis von größter Bedeutung sind.

b. Die Jalta-Formel und der Regionalismus

Bemerkenswerterweise bildet nicht das *materielle* Gewaltregelungsregime der Dumbarton Oaks Proposals - etwa das Fehlen einer expliziten Regelung zum Selbstverteidigungsrecht[1219], sondern eine *verfahrensrechtliche* Frage den Ausgangspunkt der Entwicklung.

aa. Abstimmungsmodus im Sicherheitsrat - das Vetorecht

Trotz intensiver Verhandlungen hatten sich die Konferenzteilnehmer in Dumbarton Oaks nicht abschließend auf einen konkreten *Abstimmungsmodus im Sicherheitsrat* einigen können. Zwar standen die 'sponsoring powers' bereits zu diesem Zeitpunkt - im Grundsatz - geschlossen hinter dem Einstimmigkeitsprinzip der permanenten Mitglieder bei operativen Beschlüssen des Sicherheitsrates - und damit ihrem *Vetorecht*.[1220] Indes herrschte Streit über die Quoren und ins-

---

1218 Ebenso MENK, a.a.O. (Fn977), S.72 m.N. in Fn170; GENONI, a.a.O. (Fn955), S.95f..

1219 Nach dem *Originalwortlaut* der Änderungsvorschläge, die von den nach San Franzisko eingeladenen Staaten eingereicht wurden, scheint in der Tat nur die Türkei das Fehlen einer Regelung zum Selbstverteidigungsrecht "bemängelt zu haben", vgl. *Suggestions of the Turkish Government concerning the Proposals for the Maintenance of Peace and Security agreed on at the Four-Power Conference at Dumbarton Oaks*, ebd. (Fn1219): "The Proposals do not contain any provision on the subject of *legitimate defense*. Although this right is of an *obvious nature*, it would be useful to insert in the Charter a provision justifying legitimate defense against a surprise attack by another state." [Hervorh. hinzugef.]

1220 Vgl. MIN. AUSW. ANGELEGENH. UDSSR, a.a.O. (Fn1188), passim, insb. Einleitung, S.19ff. m.w.N., den *Bericht des Leiters der sowjetischen Delegation, A.A. Gromyko [...]* v. 27. August 1944, Dok.35, S.114, das *Memorandum der Regierung Großbritanniens über eine internationale Sicherheitsorganisation* v. 22. Juli 1944, Dok.22, S.69 unter Ziff.13. Vgl. ferner der amerikanische *Plan for the Establishment of an International Organization for the Maintenance of International Peace and Security* v. 23. Dezember 1943, a.a.O. (Fn1196), S.618. Die Wankelmütigkeit der amerikanischen Delegation in

besondere über den Abstimmungsmodus für Streitfälle, in die ein oder mehrere ständige Ratsmitglieder verwickelt waren. In Bezug auf Letzteres sollte nach anglo-amerikanischer Vorstellung das betroffene Ratsmitglied kein Stimmrecht haben,[1221] während die Sowjetregierung beim Abrücken vom Einstimmigkeitsprinzip Missbrauch durch den Westen befürchtete[1222] und lediglich einem "besonderen Abstimmungsmodus"[1223] zuzustimmen bereit war. Die Auseinandersetzung über diesen Punkt verhärtete sich zusehends; am Ende der Konferenz in Dumbarton Oaks ließen die Großmächten den gesamten Komplex der Abstimmung im Sicherheitsrat offen, freilich im Wissen, dass aus innen- und vor allem außenpolitischen Gründen - Aufrechterhaltung der bisher gezeigten Einigkeit[1224] und damit Stärkung des Vertrauens kleinerer Staaten in die neue Weltorganisation[1225] - bis zur VN-Gründungskonferenz in San Franzisko eine gemeinsame Abstimmungsformel ausgearbeitet sein müsste. Unter Vermeidung einer detaillierten offiziellen Stellungnahme hieß es im Abschlussdokument von Dumbarton Oaks dementsprechend - diplomatisch - nur:

Bezug auf die konkrete Fassung des Abtimmungsverfahrens war innenpolitisch motiviert, es galt Rücksicht auf die verschiedenen Lager im Senat zu nehmen. Eingehend hierzu SCHILD, a.a.O. (Fn1187), S.65 bei Fn51f., S.149-156 m.w.N, insb. S.151 oben, S.159-161 und 164f.. Vgl. schließlich auch die zeitgenössische Kommentierung von BORCHARD, The Dumbarton Oaks Conference, Am J Int'l L 39 (1945) 1, S.97f.: "Decision of the Council [...] are to be reached by majority vote, but, while voting power has not been settled, it is reported that as part of that majority the Big Five must be unanimous" sowie KELSEN, a.a.O. (Fn1023), S.66f..

1221 Vgl. nur *President Roosevelt to the Ambassador in the Soviet Union* v. 8. September 1944, US Foreign Rel 1944, Bd.1 (1966), S.788f. sowie die Stellungnahme des Leiters der britischen Delegation CADOGAN, enthalten in *Bericht des Leiters der sowjetischen Delegation, A.A. Gromyko* [...] v. 25. August 1944, MIN. AUSW. ANGELEGENH. UDSSR, a.a.O. (Fn1188), Dok.31, S.106 a.E.; ferner SCHILD, a.a.O. (Fn1187), S.63f. und insb. S.153 bei Fn46f., wonach treibende Kraft die britische Delegation war.

1222 MIN. AUSW. ANGELEGENH. UDSSR, a.a.O. (Fn1188), Einleitung, S.20.

1223 *Botschaft J.W. Stalins an F.D. Roosevelt* v. 14. September 1944, MIN. AUSW. ANGELEGENH. UDSSR, a.a.O. (Fn1188), Dok.59, S.165.

1224 Vgl. nur die in Fn1190 genannten politischen Absichtserklärungen der Großmächte.

1225 Vgl. etwa *President Roosevelt to the Ambassador in the Soviet Union*, ebd. (Fn1221). Vgl. ferner *Bericht des Leiters der sowjetischen Delegation, A.A. Gromyko* [...] v. 18. September 1944, MIN. AUSW. ANGELEGENH. UDSSR, a.a.O. (Fn1188), Dok.63, S.169 ("Stettinius fragte mich [Gromyko], wie ich zu dem Vorschlag stünde, die Frage der Abstimmung auf der Konferenz der Vereinten Nationen [San Franzisko] zu stellen [...]. Als persönliche Meinung antwortete ich, dass ich diesen Vorschlag für unpraktikabel hielte. Man könne sich vorstellen, sagte ich, welchen Eindruck eine Konferenz [Dumbarton Oaks] hinterlassen würde, auf der die Großmächte keine gemeinsame Sprache finden. Eine solche Konferenz würde ein klägliches Ergebnis zeitigen.") und *Aus dem Abschlußbericht der sowjetischen Delegation auf der Konferenz von Dumbarton Oaks*, Dok.68, Anlage *Erklärungen A.A. Gromykos, E. Stettinius' und A. Cadogans auf der Abschlusssitzung der Konferenz von Dumbarton Oaks*, S.185f..

"VOTING
(Note - The question of voting procedure in the Security Council is still under consideration.)"[1226]

Damit blieb auch das im Kern bereits in Dumbarton Oaks konsentierte Vetorecht der permanenten Ratsmitglieder[1227] - offiziell - vorerst unausgesprochen. Erst mit dem viereinhalb Monate später auf der Konferenz von Jalta vom 4. bis 11. Februar 1945[1228] gefundenen, die Dumbarton Oaks Proposals insofern ergänzenden Kompromiß wurde die Weltöffentlichkeit von dem Vorrecht der Großmächte in Kenntnis gesetzt: In allen anderen als Verfahrensfragen sollte eine Sieben-Stimmen-Mehrheit genügen,

> "inbegriffen die gleichlautenden Stimmen der ständigen Mitglieder, [...] wobei vorausgesetzt wird, dass sich bei Beschlüssen gemäß Kapitel VIII Abschnitt A und gemäß Kapitel VIII Abschnitt C Absatz 1 zweiter Satz eine an dem Streitfall beteiligte Partei der Stimme enthält."[1229]

bb. Reaktionen der Staatengemeinschaft

Diese - Art.27 Abs.3 CVN entsprechende - Formel verursachte erhebliches Misstrauen bei den VN-Gründungsmitgliedern. Im Vordergrund stand dabei weniger die für die Veto-Mächte so bedeutende Problematik der Abstimmung bei Verwicklung eines ständigen Ratsmitgliedes in einen Konflikt. Es ging vielmehr um die Konsequenzen der Verknüpfung des *allgemeinen Vetorechts* mit dem *Gewaltmonopol* im Hinblick auf die erforderliche *Authorisierung von "enforcement actions"* regionaler Abmachungen.

Hintergrund des Misstrauens war der bereits kurz nach Gründung des Völkerbundes wiedererstarkte *Regionalismus*. Das wenig zwingende System kollektiver Sicherheit des Völkerbundes im Fall von Aggression und Krieg (Art.10f. VBS), das Einstimmigkeitsprinzip im Völkerbundrat und die Tatsache, dass die

---

1226 Kapitel VI Abschnitt C DOP.

1227 Vgl. Nachweise in Fn1220. Falsch ist insofern die landläufige Darstellung, die Großmächte hätten sich erst auf der Konferenz von Jalta auf das *Vetorecht* geeinigt.

1228 Zu den Verhandlungen: MIN. AUSW. ANGELEGENH. UDSSR, Die Sowjetunion auf internationalen Konferenzen während des Großen Vaterländischen Krieges 1941 bis 1945, Bd.4, Die Krim (Jalta)konferenz der höchsten Repräsentanten der drei alliierten Mächte - UdSSR, USA und Großbritannien (1986), Dok.8, S.73-90.

1229 *Protokoll der Arbeit der Krimkonferenz*, MIN. AUSW. ANGELEGENH. UDSSR, a.a.O. (Fn1228), Dok.28, S.230. Bemerkenswert ist, dass dieser Vorschlag fast wörtlich einem internen Entwurf der *Formulation Group* der amerikanischen Delegation v. 13. September 1944, US Foreign Rel 1944, Bd.1 (1966), S.805f., entspricht, der bereits in Dumbarton Oaks zur Verhandlung gestellt, aber abgelehnt worden war.

Vereinigten Staaten von Amerika schon anfänglich, die Sowjetunion nach ihrem Ausschluss 1938 nicht mehr dem Völkerbund angehörten, hatte eine Vielzahl von Staaten veranlasst, ihre territoriale Integrität durch bi- und regional multilaterale Sicherheitsabkommen zu schützen[1230] - wofür Art.21 VBS Tür und Tor öffnete.[1231] Da der Völkerbund angesichts des Ausbruches des Zweiten Weltkrieges - praktisch - endgültig gescheitert war, verwundert es nicht, dass gerade in der Zeit ab 1939 eine erhebliche Zahl von Beistandspakten geschlossen worden waren.[1232]

Nach den durch die Jalta-Formel ergänzten Entwürfen von Dumbarton Oaks wurde nun offenbar, dass regionale Stukturen - soweit sie denn unter "regional arrangements or agencies" i.S.d. Kapitel VIII Abschnitt C DOP zu subsumieren wären[1233] - nicht nur den Grundsätzen der zukünftigen Weltorganisation (Gewaltverbot) würden entsprechen müssen. Vor allem sollten regionale Abkommen, die dem Zweck kollektiver Sicherheit oder kollektiver Verteidigung gewidmet waren, bei der Gewaltanwendung von der Ermächtigung eines Gremiums abhängig sein, *das durch das Veto einer Großmacht ohne Weiteres lahm zu legen sein würde*. Es wurde befürchtet, dass das Veto aus "sachfremden" Erwägungen - etwa den zwischen den Großmächten bestehenden ideologischen Gegensätzen - ausgeübt werden könnte und sich so eine Großmacht ohne aktuelle sicherheitspolitische Interessen in einer fremden Region einmischen könnte.[1234]

1230 Vgl. KÖRBS, a.a.O. (Fn1042), S.46f.; zahlreiche Bsp. bei WALKER, a.a.O. (Fn936), S.347-350.

1231 Vgl. KÖRBS, a.a.O. (Fn1042), S.46f.; WALTER, a.a.O. (Fn1042), S.25.

1232 Zwischen 1939 und 1945 schlossen allein mit der Sowjetunion sieben Staaten derartige Beistandsvereinbarungen: Estland am 28. September 1939; Lettland am 5. Oktober 1939; Großbritannien am 25. Mai 1942, die Tschechoslowakei am 12. Dezember 1943, Frankreich am 10. Dezember 1944, Jugoslawien am 11. April 1945 und schließlich Polen am 21. April 1945. Vgl. hierzu m.N. KÖRBS, a.a.O. (Fn1042), S.60, Fn230; FRENZKE/HACKER/USCHAKOW, a.a.O. (Fn1126), S.22-26 und SCHNEIDER, a.a.O. (Fn1128), S.127ff..

1233 Dass der in den DOP verwendete Begriff "regional arrangements or agencies" für die VN-Gründerstaaten alles Andere als eindeutig waren, zeigen nicht zuletzt die in San Franzisko gemachten Vorschläge zur Definition derselben, vgl. hierzu nur *Interim report to Committee III/4 on the work of Subcommittee III/4/A, submitted by the rapporteur Dr. V. K. Wellington Koo (China)* v. 15. Mai 1945, UNCIO, Bd.12, Dok.335 III/4/A/5, S.835 unter Ziff.1; detailliert *Terms of reference of Committee III/4* v. 14. Mai 1945, UNCIO, Bd.12, Dok.269 III/4/5 v. 14. Mai 1945, S.764ff..

1234 So schon Telegramm des australischen Außenministers EVATT an den australischen Premier CURTIN anlässlich eines Commonwealth Treffens in London zur Vorbereitung der Verhandlung in San Franzisko, *Forde and Evatt to Curtin Cablegram*, DEPT. FOREIGN AFF. AND TRADE [AUSTRALIEN], a.a.O. (Fn1000), Bd.8 (1945), Dok.73, Ziff.17: "The main discussion [...] centred on the present requirement that no regional enforcement action shall be taken without the approval of the Security Council. Attention was drawn [...] on having a Regional Security System as a *second line of defence* should a world system of security fail. [...] It was pointed out that enforcement action by the World Or-

Für den Fall der Uneinigkeit der Großmächte im Sicherheitsrat musste dies aber nicht nur zur Folge haben, dass die neue Weltorganisation handlungsunfähig würde. Die gleiche Gefahr würde zugleich die Mechanismen der Regionalabmachungen treffen. Nach den Dumbarton Oaks Proposals i.d.F. des Jalta-Kompromisses drohte mithin die völlige Blockade der größtenteils aus bi- und multilateralen Abkommen bestehenden globalen Sicherheitsstruktur.[1235]

c. Änderungsvorschläge

Das auf der VN-Gründungskoferenz mit "regional arrangements" befasste Committee III/4[1236] sah sich denn auch mit zahlreichen Änderungsvorschlägen konfrontiert. Angesichts der Vorschlagsfülle wurde ein Subcomittee (III/4/A) eingesetzt, mit dem Auftrag, "[...] to analyze, classify, and where possible to amalgamate the ammendments submitted by the various delegations."[1237] Sieht man von den Vorschlägen hinsichtlich einer Definition der Begriffe "regional arrangement or agency" ab,[1238] zeigt die von Subcomittee III/4/A durchgeführte Analyse und Klassifikation, dass die überwiegende Zahl der Änderungsvorschläge auf eine Modifikation der *Ermächtigung* für regionale "enforcement action" abzielte.[1239]

---

ganisation might be prevented by the *veto of a single great power which was itself interested in the region* where a threat to peace arose and in that case threatened Nations would have to fall back on other arrangements." [Hervorh. hinzugef.]. Diese Bedenken wurden dann auch in San Franzisko vorgetragen und erhielten große Zustimmung anderer Delegationen, vgl. *Summary report of second meeting of Committee III/4* v. 10. Mai 1945, UNCIO, Bd.12, Dok.196 III/4/4, S.668. Vgl. hierzu auch BOWETT, a.a.O. (Fn940), S.182f.; WALTER, a.a.O. (Fn1042), S.83, 170; RUSSELL/MUTHER, a.a.O. (Fn1167), S.694f..

1235 Vgl. statt vieler nur KÖRBS, a.a.O. (Fn1042), S.56ff. mit zahlreichen Nachweisen in Fn212.

1236 Aufgabe von Committee III/4 war - ausweislich des *Summary report of the first meeting of Committee III/4* v. 5. Mai 1945, UNCIO, Bd.12, Dok.100 III/4/2, S.664 - "[...] [t]o prepare and recommend to Commission II draft provisions for the Charter of the United Nations relating to matters dealt with in Chapter VIII, Section C, of the Dumbarton Oaks Proposals, and the comments and suggestions relevant thereto submitted by the Governments participating in the Coference." Übersicht über die Aufgaben der übrigen Commissions, Committees und Sub-Committees bei FORDE/EVATT, United Nations Conference on International Organization - Report by the Australien delegates (1945), S.12-14.

1237 Vgl. *Summary report of second meeting of Committee III/4*, a.a.O. (Fn1236), S.669.

1238 Vgl. in Fn1233.

1239 Stichwortartige Übersicht aller Änderungsvorschläge im *Interim report to Committee III/4 [...]*, a.a.O. (Fn1233), S.836ff.; detaillierte Aufstellung in den *Terms of reference of Committee III/4*, a.a.O. (Fn1233), S.764ff.; eine übersichtliche Kommentierung der wichtigsten Änderungsvorschläge bietet KÖRBS, a.a.O. (Fn1042), S.61-76. Vgl. ferner

Nach Vorschlägen Belgiens, Australiens und Venezuelas sollte die mit der ratsseitigen Ermächtigung für "enforcement actions" regionaler Abkommen entstehende Problematik - Blockade bzw. Einmischung auf Grund sachfremder Erwägungen - auf *prozeduralem* Wege durch einen *besonderen Abstimmungsmodus* gelöst werden.[1240] Der umfangreichere Teil der Änderungsvorschläge sah dagegen eine *materielle* Änderung von Kapitel VIII Abschnitt C Ziff.2 DOP[1241] vor. Danach sollten in bestimmten Fällen regionale Maßnahmen ohne vorherige Ermächtigung durch den Sicherheitsrat zulässig sein:

- Die vier 'sponsoring powers' - durch einen Vorschlag Frankreichs flankiert - griffen den bereits in Dumbarton Oaks von anglo-amerikanischer Seite gemachten (dort aber von den anderen Großmächten noch abgelehnten) Vorschlag[1242] einer *Feindstaatenregelung* auf, wonach eine materielle Ausnahme von der Ermächtigung "for measures to prevent renewed aggression by the present enemy states"[1243] bestehen sollte. Hieraus enstand - mit nur geringfügigen, überwiegend redaktionellen Änderungen - die Feindstaatenklausel des Art.53 Abs.1 S.2 2.Hs CVN.[1244]

FOX, Collective enforcement of peace and security, Am Pol Sci Rev 39 (1945) 5, S.977ff.

1240 Vgl. *Interim report to Committee III/4 [...]*, a.a.O. (Fn1233), S.837; im Einzelnen *Terms of reference of Committee III/4*, a.a.O. (Fn1233), S.766 (Australien), S.767 (Belgien) und S.784 (Venezuela). Die Beratung dieser Vorschläge wurde - auf Betreiben der Großmächte, die den Jaltakompromiß nicht mehr zur Disposition stellten - unter Hinweis auf die Unzuständigkeit des Subcommittee über die Frage des Abstimmungsverfahrens im Sicherheitsrat abgelehnt, vgl. *Bericht des Leiters der sowjetischen Delegation, A.A. Gromyko* [...] v. 12. Mai 1945, MIN. AUSW. ANGELEGENH. UDSSR, a.a.O. (Fn1167), Dok.82, S.358; vgl. hierzu auch EVATT, Die Vereinten Nationen (1951), S.15f..

1241 Abgedr. supra Zweiter Teil - 5. Kapitel - B. - V. - 1. - a. - bb. , S.253 bei Fn1207.

1242 Vgl. bei Fn1209.

1243 *Interim report to Committee III/4* [...], a.a.O. (Fn1233), S.836; vgl. hierzu auch Zusätzliche Änderung der vier Mächte - der UdSSR, der USA, Großbritanniens und Chinas - zu den in Dumbarton Oaks angenommenen Vorschlägen v. 11. Mai 1945, MIN. AUSW. ANGELEGENH. UDSSR, a.a.O. (Fn1167), Dok.77, S.336f..

1244 Die Unterschiede der Vorschläge bestanden im Detail: Nach Ansicht der 'sponsoring powers' sollte die Regelung entsprechend der in Kapitel XII Ziff.2 DOP vorgesehenen Feindstaatenklausel (Art.107 CVN) zwar materiell unbeschränkt, jedoch nur solange gelten, "until such time as the Organization may, by consent of Governments concerned, be charged with the responsibility" (*Terms of reference of Committee III/4*, a.a.O. (Fn1233), S.765). Frankreich wollte dagegen gewaltsame Maßnahmen gegen Feindstaaten zeitlich nicht beschränken (*Terms of reference of Committee III/4*, a.a.O. (Fn1233), S.778) Im Ergebnis bestand der Kompromiß in einer Änderung des Vorschlages der 'sponsoring powers': Statt einer Übertragung der Verantwortung auf die VN "im *Einvernehmen*" forderte die Endfassung - im Interesse Frankreichs - ein "*Ersuchen* der beteiligten Regierungen" (hierzu bereits supra Zweiter Teil - 5. Kapitel - B. - II. - 2. - b. - bb. - (1.) , S.241 bei und m.N. in Fn1167). Die Kompromißformel wurde zwischen den fünf Großmächten intern ausgehandelt (vgl. *Bericht des Leiters der sowjetischen Delegation, A.A. Gromyko* [...] v. 29. Mai 1945, MIN. AUSW. ANGELEGENH. UDSSR, a.a.O. (Fn1167),

- Nach einem Vorschlag der Türkei und einem weiteren Frankreichs sollten Maßnahmen von "regional arrangements of a defensive nature" (Türkei) bzw. solcher, "provided for in treaties of assistance" (Frankreich) unabhängig von spezifischen passivlegitimierten Adressaten, etwa den Feindstaaten, lediglich einer *Berichtspflicht*[1245] unterliegen.[1246]

- Nach einem weiteren australischen Vorschlag sollte eine neuer Abschnitt D in Kapitel VIII (regional arrangements) eingefügt werden:

> "If the Security Council does not itself take measures, and does not authorize action to be taken under a regional arrangement or agency for maintaining or restroing international peace, nothing in this Charter shall be deemed to abrogate the right of the parties to any arrangement which is consistent with this Charter to adopt such measures as they deem just and necessary for maintaining or restoring international peace an security in accordance with that arrangement."[1247]

Interessanterweise wurde dieser Vorschlag - wörtlich so enthalten in den *Terms of reference of Committee III/4* vom 14. Mai 1945 - nur einen Tag später im *Interim report to Committee III/4 on the work of Subcommittee III/4/A*, verfasst vom chinesischen Berichterstatter KOO wie folgt stichpunktartig zusammengefasst:

Dok.99, S.392f.) und im Anschluss in Subcommittee III/4/A mit 9J:0N Stimmen angenommen, vgl. *Final report to Committee III/4 by Subcommittee III/4/A on the amalgamation of amendments, submitted by the Rapporteur, Dr. V. K. Wellington Koo (China)* v. 8. Juni 1945, UNCIO, Bd.12, Dok.854 III/4/11, S.863f..

1245 Vgl. *Interim report to Committee III/4 [...]*, a.a.O. (Fn1233), S.837. Die Türkei forderte "acceptance of regional arrangements providing for automatic action as constituent elements of collective security, on condition that they should be conceived for the exclusive purpose of defense and *that the signatory states which might have to avail themselves thereof should be required to report, within the shortest possible time, to the Council on the emergency measures* [...]" (*Terms of reference of Committee III/4*, a.a.O. (Fn1233), S.781); Frankreich formulierte: "With a view to maintaining the rights of the Council, *the Signatory States of such treaties should report to it, with the least possible delay, such measures as they may have been led to take in the execution of the stipulations of these treaties*." (*Terms of reference of Committee III/4*, a.a.O. (Fn1233), S.777) [alle Hervorhebungen hinzugef.].

1246 In eine ähnliche Richtung zielte auch der Vorschlag der Tschechoslowakei, wonach "as a general rule for cases of immediate danger where the suspension of any coercive action until the intervention of the Securtiy Council may cause irremediable delays" eine allgemeine Authorisation im Voraus erteilt werden sollte. Maßnahmen regionaler Abmachungen sollten in diesen Fällen als "automatic action" vorgenommen werden können und nur der nachträglichen Überprüfung durch den SR unterliegen, vgl. *Interim report to Committee III/4 [...]*, a.a.O. (Fn1233), S.837; ferner *Terms of reference of Committee III/4*, a.a.O. (Fn1233), S.773.

1247 *Terms of reference of Committee III/4*, a.a.O. (Fn1233), S.766.

"*self-defensive* action, regional or otherwise, [...] become permissible after failure of the Security Council to authorize such action or take action itself."[1248]

Mit dieser Zusammenfassung war in Subcommittee III/4/A - jedenfalls in dokumentierter Form - zum ersten Mal von *Selbstverteidigung* ("self-defensive action") die Rede; wohl hieraus wird gelegentlich der Schluss gezogen, Australien habe den Ursprungsvorschlag zu Art.51 CVN unterbreitet.[1249] Dieser Schluss geht fehl. Denn der tatsächlich zu Art.51 CVN führende Vorschlag war zum Zeitpunkt des *Interim report to Committee III/4 on the work of Subcommittee III/4/A* v.15. Mai 1945[1250] noch gar nicht unterbreitet worden. Die Analyse- und Klassifizierungsbemühungen des Subcommittee dürfen in diesem Zusammenhang nicht darüber hinwegtäuschen, dass die eigentliche Genese von Art.51 - freilich unter Berücksichtigung der Arbeit des Subcommittee - tatsächlich nicht in dieser Arbeitsgruppe, sondern, wie schon hinsichtlich des oben dargelegten Vorschlags zu Art.53 Abs.1 S.2 2.Hs CVN[1251], im Rahmen informeller Gespräche der 'sponsoring powers' und Frankreichs am Rande der Konferenz stattfand.[1252] Die dort konsentierten Entwürfe wurden im Subcommittee als Großmächteentwurf vorgestellt. Ausgangspunkt der internen Verhandlungen zu Art.51 CVN war aber gerade nicht der australische, sondern ein - weiterer und von seinem Gegenstand gar nicht von Subcomittee III/4/A zu bearbeitender - französischer Vorschlag,[1253] der vergleichbar mit Art.15 Abs.7 VBS[1254] vorsah,

---

1248 *Interim report to Committee III/4 [...]*, a.a.O. (Fn1233), S.837 (unter lit.C.).

1249 Vgl. exemplarisch KEARLEY, a.a.O. (Fn982), S.680f. bei Fn87f.; KÖRBS, a.a.O. (Fn1042), S.67f.; schließlich EVATT, a.a.O. (Fn1240), S.24f. (unter Ziff.8), der bezeichnenderweise als australischer Außenminister Delegationsleiter in San Franzisko war.

1250 Der *Interim report to Committee III/4 [...]*, a.a.O. (Fn1233), S.833 fasste die Ergebnisse der Sitzungen vom 10., 11., 14. und 15. Mai 1945 (vormittags) zusammen.

1251 Vgl. bei und in Fn1244.

1252 Ebenso WALTER, a.a.O. (Fn1042), S.83 bei Fn229f.; [STETTINIUS], a.a.O. (Fn1031), S.104; zu den auf der Konferenz beobachteten Vor- und Nachteilen dieser internen Beratungen, EVATT, a.a.O. (Fn1240), S.10f.. Die internen Verhandlungen der Großmächte sind eingehend dokumentiert in US Foreign Rel 1945, Bd.1 (1967), S.691ff. sowie MIN. AUSW. ANGELEGENH. UDSSR, Die Sowjetunion auf internationalen Konferenzen während des Großen Vaterländischen Krieges 1941 bis 1945, Bd.5, Die Konferenz der Vereinten Nationen von San Franzisco (1988).

1253 Vgl. US-Außenminister STETTINIUS in *Minutes of the third Five-Power informal consultative meeting on proposed amendments (part I)* v. 12. Mai 1945, US Foreign Rel 1945, Bd.1 (1967), S.691, der zu Beginn der informellen Gespräche, die letztlich zur Genese von Art.51 CVN führten, mitteilte, dass "the United States Delegation had studied the amendement put forward by the French and taking the French language as a basis [of] an new draft." Vgl. hierzu auch *Bericht des Leiters der sowjetischen Delegation, A.A. Gromyko* [...] v. 12. Mai 1945, MIN. AUSW. ANGELEGENH. UDSSR, a.a.O. (Fn1167), Dok.82, S.359; vgl. auch RUSSELL/MUTHER, a.a.O. (Fn1167), S.699.

> "[s]hould the Council not succeed in reaching a decision, the members of the Organization reserve to themselves the *right to act as they may consider necessary in the interest of peace, right and justice.*"[1255]

Auf Grund *dieses* insbesondere von den Vereinigten Staaten als viel zu weitgehend empfundenen[1256] Änderungsvorschlages kam es zu einem ersten amerikanischen Entwurf, in dem *erstmals vom "inherent right"* die Rede war:

> "Should the Security Council not suceed in preventing aggression, and should aggression occur by any state against any member state, such member state possesses the *inherent right* to take necessary measures for self-defense. The *right* to take such measures for self-defense against armed attack shall also apply to understandings or arrangements like those embodied in the Act of Chapultepec, under which all members of a group of states agree to consider an attack against any one of them as an attack against all of them. [...]"[1257]

Auffallend ist dabei, dass sich das Attribut lediglich auf das Individualrecht (Satz 1) bezieht, während in der kollektiven Variante (Satz 2) - hier noch unter expliziter Nennung des Act of Chapultepec - nur von "Recht" die Rede ist.[1258] Das Attribut fand sich später auch im anglo-amerikanischen Zwischenentwurf[1259] wieder, wobei es dort bereits unterschiedslos das individuelle wie auch kollektive Selbstverteidigungsrecht bezeichnete. Der erste zwischen den USA,

---

1254 Ebenso der französische Außenminister BIDAULT in *Minutes of the third Five-Power informal consultative meeting on proposed amendments (part II)* v. 12. Mai 1945, US Foreign Rel 1945, Bd.1 (1967), S.706.

1255 Änderungsvorschläge Frankreichs zu den DOP, o.T., v. 21. März 1945, UNCIO, Bd.3, Dok.2 G/7 (o), S.385; abgedr. auch in US Foreign Rel 1945, Bd.1 (1967), S.691 [Hervorh. hinzugef.]. Der Vorschlag wurde französischerseits als Ausdruck des Selbstverteidigungsrechts gesehen, vgl. BIDAULT, ebd. (Fn1254).

1256 Vgl. etwa die Aussage der US-Delegationsmitglieder STASSEN und PASVOLSKY, *Memorandum by Mr. Robert W. Hartley of the United States delegation of a conversation* v. 12. Mai 1945, US Foreign Rel 1945, Bd.1 (1967), S.699, 702. PASVOLSKY führte treffend aus, dass "[...] the French amendment [...] was 'wide open'; it enabled complete freedom of action by a state, and in acting under it a state could legally wreck the proposed international organization." Wie hier KEARLEY, a.a.O. (Fn982), S.699f. bei Fn197; FRANCK, a.a.O. (Fn1146), S.48.

1257 *Minutes of the third Five-Power informal consultative meeting on proposed amendments (part I)*, a.a.O. (Fn1253), S.691 [Hervorh. hinzugef.].

1258 Vgl. MCCORMACK, Anticipatory self-defence in the legislative history of the United Nations Charter, Is L Rev 25 (1991) 1, S.32f., der allerdings die Schlussfolgerung zieht, "[i]n reality the intention of the United States delegation was probably not so much to draw a distinction between individual and collective self-defence [...]". Diese Schlussfolgerung lässt sich historisch widerlegen, vgl. sub Zweiter Teil - 6. Kapitel - A. II. - 3. - a. - bb. - (5.) , S.316.

1259 Vgl. *Minutes of informal drafting session* v. 12. Mai 1945, US Foreign Rel 1945, Bd.1 (1967), S.705.

Großbritannien, China und Frankreich zum "Hauptproblem der Regionalorganisationen"[1260] *abgestimmte Kompromißentwurf* lautete dann:

> "Nothing in this Charter impairs the *inherent right of self-defence*, either individual or collective, in the event that the Security Council does not maintain international peace and security and an armed attack against a member state occurs."[1261]

Nach Einarbeitung der sowjetischen Stellungnahme zu diesem Entwurf[1262] wurde zwischen den fünf Großmächten schließlich der endgültige - mit Art.51 CVN nahezu wortgleiche - Vorschlag entworfen:

> "Nothing in this Charter impairs the inherent right of individual or collective self-defense, if an armed attack occurs against a member state, until the Security Council has taken measures necessary to maintain international peace and security. Measures taken in the excercise of this right shall be immediately reported to the Security Council and shall not in any way affect the authority and responsibility of the Security Council under this Charter to take at any time such action as it

---

1260 So US-Außenminister STETTINIUS, ebd. (Fn1255): "Mr. Stettinius said that the main problem which the group had been assembled to consider was that of regional arrangements".

1261 Abgedr. bei KEARLEY, a.a.O. (Fn982), S.706f. bei Fn235 unter Bezugnahme auf RESTON, Conference deadlock ended by proposal from Truman, N.Y. Times v. 16. Mai 1945, S.A1. Dt. Übers. in *Bericht des Leiters der sowjetischen Delegation, A.A. Gromyko* [...] v. 15. Mai 1945, MIN. AUSW. ANGELEGENH. UDSSR, a.a.O. (Fn1167), Dok.88, S.368f.. Nach der Einigung zwischen den USA, Großbritannien, China und Frankreich wurde dem Committee III/4 von amerikanischer Seite mitgeteilt, dass man nun einen Entwurf im Subcommittee III/4/A präsentieren werde, vgl. die Ausführungen von US-Außenminister STETTINIUS und des stellvertretenden britischen Außenministers CADOGAN in *Minutes of the fourth Five-Power informal consulatitive meeting on proposed amendements* v. 15. Mai 1945, US Foreign Rel 1945, Bd.1 (1945), S.739 (woraus sich auch die Mitteilung des Entwurfes an die Presse und die fehlende Abstimmung mit dem sowjetischen Botschafter GROMYKO ergibt) i.V.m. *Summary report of third meeting of Committee III/4* v. 17. Mai 1945, UNCIO, Bd.12, Dok.363 III/4/7, S.674.

1262 Vgl. *Bericht des Leiters der sowjetischen Delegation, A.A. Gromyko* [...] v. 19. Mai 1945, MIN. AUSW. ANGELEGENH. UDSSR, a.a.O. (Fn1167) Dok.91, S.374 sowie *Minutes of the sixth Five-Power informal consultative meeting on proposed amendments* v.19. Mai 1945, US Foreign Rel 1945, Bd.1 (1945), S.812f.. Der sowjetische Vorschlag lautete: "Nothing in this Charter impairs the inherent right of self-defense, either indiudual or collective, if prior to undertaking the measures for the maintenance of international peace and security by the Security Council an armed attack against a member state occurs."; vgl. hierzu auch KEARLEY, a.a.O. (Fn982), S.707f.; RUSSELL/MUTHER, a.a.O. (Fn1167), S.702.

may deem necessary in order to maintain or restore international peace and security."[1263]

Dieser Vorschlag wurde von Subcommittee III/4/A, Comittee III/4 und Commission III nahezu unverändert und jeweils einstimmig angenommen.[1264] Es ist erwähnenswert, dass erst *nach* Annahme des Vorschlags durch Subcommittee III/4/A und Committee III/4 die mit der Ausarbeitung des Gewaltverbotes befassten Arbeitsgruppen dokumentierten, dass

> "the unilateral use of force or similar coercive measures is not authorized or admitted. The use of arms in legitimate self-defense remains admitted and unimpaired. The *use of force, therefore, remains legitimate only to back up the decisions of the Organisation at the start of a controversy or during its solution in the way that the Organization itself ordains.*"[1265]

2. Die Umstände des Vertragsschlusses

Neben den vorbereitenden Arbeiten nennt Art.32 WVK[1266] auch die Umstände des Vertragsschlusses. Zum Zwecke der abschließenden Bewertung der Genese, insbesondere zum besseren Verständnis der bezeichneten Änderungsvorschläge, sei daher die Interessenslage der jeweiligen Proponenten nachgezeichnet.

a. USA und die lateinamerikanischen Staaten

Wie sich bereits bei den Verhandlung in Dumbarton Oaks - insbesondere bei der Frage der effektiven militärischen Ausstattung des Sicherheitsrates[1267] und der Diskussion um das Vetorecht - abgezeichnet hatte, befanden sich die Vereinig-

---

1263 Vgl. *Seventh Five-Power informal consultative meeting on proposed amendments* v. 20. Mai 1945, US Foreign Rel 1945, Bd.1 (1945), S.823f..

1264 Vgl. *Interim Report to Committee III/4 by Subcommittee III/4/A on the amalgamation of amendments, submitted by the rapporteur, Dr. V. K. Wellington Koo (China)* v. 23. Mai 1945, UNCIO, Bd.12, Dok.533 III/4/A/9, S.849; *Summary report of fourth meeting of Committee III/4*, a.a.O. (Fn1154), S.680; Protokoll des zweiten Treffens der Commission III, o.T. v. 14. Juni 1945, UNCIO, Bd.11, Dok.972 III/6, S.48ff.; vgl. hierzu auch RUSSELL/MUTHER, a.a.O. (Fn1167), S.703f..

1265 *Report of rapporteur of Committee 1 to Commission I*, a.a.O. (Fn970), S.459 [Hervorh. hinzugef.]; vgl. auch *Report of rapporteur of Subcommittee I/1/A to Committee I/1*, a.a.O. (Fn998), S.721.

1266 Zur Anwendbarkeit der in der WVK kodifizierten Auslegungsregeln auf die Charta vgl. supra Zweiter Teil -5. Kapitel -B. , S.197 bei und m.w.N. in Fn958.

1267 Vgl. supra Zweiter Teil - 5. Kapitel - B. - V. - 1. - a. - aa. , S.250f. insb. bei und m.w.N. in Fn1202.

ten Staaten in einem Dilemma[1268]: Einerseits zählten sie zu den *Hauptbefürwortern* einer effektiven, im Gegensatz zum Völkerbund von den Großmächten getragenen *Weltorganisation* - wohlwissend, dass das eigene Territorium angesichts der Weiterentwicklung der Kriegstechnik kaum dauerhaft durch die geographische Isolation zu schützen sein würde, eine insofern indizierte, globale Sicherheitsarchitektur aber nicht zuletzt aus wirtschaftlichen Gründen auf mehreren Schulter verteilt werden musste.[1269] Andererseits betonte das seit mehr als einem Jahrhundert geltende und insbesondere im US-Senat unterstützte[1270] außenpolitische Konzept der USA - die MONROE-Doktrin[1271] - in besonderem Maße die *Autonomie der westlichen Hemisphäre* und sah als "doctrine of self-defense"[1272] die unilaterale gewaltsame Verteidigung der US-amerikanischen Interessen in der eigenen "sphere of influence" vor. Zielte diese Konzeption ursprünglich auf die Ablösung der europäischen Kolonialherrschaft im mittel- und südamerikanischen Subkontinent zwecks Aufbau und Sicherung des US-amerikanischen Interessensraumes ab,[1273] ergab sich etwa seit den 1930er Jahren eine grundsätzliche Neuorientierung, die in San Franzisko ihre Auswirkungen zeigen sollte. War nämlich der amerikanische Kontinent für die USA - trotz institutionalisierter Zusammenarbeit mit den übrigen amerikanischen Staaten seit 1890 - bis dato eher *Objekt* der eigenen Interessen und im Ergebnis Raum zahlreicher Interventionen[1274] gewesen, erkannten die Vereinigten Staaten auf der In-

---

1268 Vgl. die Aussage von US-Senator VANDENBERG, wiedergegeben im *Bericht des Leiters der sowjetischen Delegation, A.A. Gromyko* [...] v. 12. Mai 1945, MIN. AUSW. ANGELEGENH. UDSSR, a.a.O. (Fn1167), Dok.82, S.357; hierzu auch KUNZ, The Inter-American system and the United Nations Organization, Am J Int'l L 39 (1945) 4, S.764.

1269 Vgl. etwa die DOP-Kommentierung durch US-Außenminister STETTINIUS in US Dept St Bull 12 (1945), S.115-117, exemplarisch das supra Erster Teil - 2. Kapitel - A. - II. , S.68 bei Fn333 abgedruckte Zitat; vgl. ferner hierzu die Darstellung in Fn1199 m.w.N..

1270 Vgl. etwa die Aussage des US-Senators CONNALLY im Hinblick auf die Ratifikation der Charta durch den US-Senat, *Minutes of the third Five-Power informal consultative meeting on proposed amendments (part I)*, a.a.O. (Fn1253), S.693, wonach "everybody knows the importance which the Senate attaches to the Monroe Doctrine [...]". Hierzu auch SCHILD, a.a.O. (Fn1187), S.149ff..

1271 Bezeichnet die am 2. Dezember 1823 dem US-Kongress vom damaligen US-Präsidenten MONROE i.R.d. Jahresberichts vorgelegten *Grundzüge der amerikanischen Außenpolitik*, die sich durch die Betonung der Unabhängigkeit von Europa ("two spheres of influence"-Idiom, Prinzip der "non intervention" und "non-colonization") auszeichnen. Weiterführend nur MALANCZUK, Monroe Doctrine, in: BERNHARDT ET AL, EPIL, Bd.3 (1997), S.460ff. m.w.N und - insb. zur Entstehung und Entwicklung bis zum Ersten Weltkrieg - KRAUS, Die Monroedoktrin in ihren Beziehungen zur amerikanischen Diplomatie und zum Völkerrecht (1913).

1272 Vgl. GOODRICH/HAMBRO, a.a.O. (Fn998), S.297 und S.303 m.N. in Fn133; MALANCZUK, a.a.O. (Fn1271), S.462.

1273 Vgl. OPPENHEIM/LAUTERPACHT, Oppenheim's international law (1955), Bd.1, S.314, §138.

1274 Vgl. OPPENHEIM/LAUTERPACHT, a.a.O. (Fn1273), S.315, §138 (3); die Interventionen im Einzelnen bei KRAUS, a.a.O. (Fn1271), S.82-267.

teramerikanischen Konferenz von Montevideo 1933 das Prinzip der Nichtintervention an[1275] (Einleitung der "Good Neighbor Policy"[1276]). Damit aber war der entscheidende Schritt für eine zwischen *gleichberechtigten Subjekten* bestehende Regionalorganisation vollzogen, die - wie die folgenden Konferenzen zeigten sollten[1277] - im Sinne einer *Kontinentalisation der MONROE-Doktrin*[1278] die Abschottung der gesamten *panamerikanischen Hemisphäre* vorsah. Mit der nur wenige Wochen vor der Konferenz von San Franzisko beschlossenen Resolution VIII der Inter-American Conference on Problems of War and Peace vom 6. März 1945[1279] - besser bekannt als *Act of Chapultepec*[1280] - erreichte diese Entwicklung vor Gründung der VN ihren Höhepunkt. Darin betonten die amerikanischen Staaten nicht nur aufs Neue den Anspruch, Angelegenheiten des amerikanischen Kontinents autonom im eigenen System lösen zu wollen,[1281] sie erklärten - in *Part I, Declaration* - auch,

> "[3.] [t]hat every attack of a state against the integrity or the inviolability of territory, or against the souvereignty or political independence of an American state, shall [...] be considered as an act of aggression against the other states which sign this declaration"

und

[1275] Vgl Art.8 *Convention on the Rights and Duties of States* v. 26. Dezember 1933, abgedr. in Am J Int'l L 28 (1934) 2, Suppl., S.75.

[1276] Vgl. *Statement by the Secretary of State at the Seventh International Conference of American States, Montevideo* v. 15 Dezember 1933, US Dept State Publ 1983, Peace and War: United States Foreign Policy, 1931-1941 (1943), S.195.

[1277] Vgl. exemplarisch nur Ziff.2 *Declaration of Principles of Inter-American Solidarity and Cooperation* v. 21. Dezember 1936, abgedr. in US Dept State Publ 1983, Peace and War: United States Foreign Policy, 1931-1941 (1943), S.351; Drittes Prinzip der *Declaration of Lima* v. 24. Dezember 1938, abgedr. in US Dept St Publ 1983, Peace and War: United States Foreign Policy, 1931-1941 (1943), S.438; *Declaration of Panama* v. 3. Oktober 1939, Am J Int'l L 34 (1940) 1, Suppl., S.17.

[1278] Vgl. hierzu Stellungnahme des US-Delegationsmitglieds DULLES, *Memorandum by Mr. Robert W. Hartley of the United States delegation of a conversation*, a.a.O. (Fn1256), S.700 sowie des US-Außenministers STETTINIUS, *Record of First Informal Consultative Meeting With Chairmen of Delegations of Certain American Republics* v. 14. Mai 1945, US Foreign Rel 1945, Bd.1 (1967), S.712 sowie US-Senator CONALLY, ebd. (Fn1270); ferner CANYES, The Inter-American system and the Conference of Chapultepec, Am J Int'l L 39 (1945) 3, S.511; MALANCZUK, a.a.O. (Fn1271), S.462; LIANG, Regional arrangements and international security, Transaction Grotius Soc'y 21 (1945), S.224.

[1279] Abgedr. in Am J Int'l L 39 (1945) 2, Suppl., S.108; FW 45 (1945) 3, S.187. Die Resolution trägt den offiziellen Titel *Declaration on reciprocal assistance and American solidarity*.

[1280] Vgl. Part III: "This declaration and recommendation shall be known by the name of Act of Chapultepec".

[1281] Vgl. insb. die Päambel, fünfte Erwägung, lit.(E); m.w.N. auch KÖRBS, a.a.O. (Fn1042), S.57f.

"[4.] [t]hat in case that acts of aggression occur or there may be reasons to believe that an aggression is being prepared [...], the states signatory to this declaration will consult amongst themselves in order to agree upon measures they think it may be advisable to take."

Das panamerikanische System verband mithin in dieser Entwicklungsphase den Aspekt kollektiver Verteidigung mit Ansätzen eines regionalen Systems kollektiver Sicherheit. Ausweislich *Part II, Recommendation* sollte zur weiteren Institutionalisierung dieses Systems ein Vertrag geschlossen werden, der die einschlägigen Prozeduren, insbesondere "use of armed force to prevent or repel aggression" verbindlich festlegen sollte.

Insofern galt es für die US-amerikanische Delegation in San Franzisko trotz Festhaltens am Konzept einer starken Weltorganisation, die lateinamerikanischen Partner - und im Hinblick auf die Ratifikation der Charta auch den an der MONROE-Doktrin festhaltenden eigenen Senat[1282] - zu versöhnen, die angesichts des Gewaltmonopols des Sicherheitsrates und der "Vereinbarkeitsklausel" der Dumbarton Oaks Proposals[1283] nicht nur die rechtliche Geltung des Acts of Chapultepec und dessen geplante Fortentwicklung[1284] in Frage stehend sahen, sondern vor allem eine Einmischung der neuen Weltorganisation in intrakontinentale Angelegenheiten befürchteten.[1285] In diesem Zusammenhang sei am Randc auf die von Subcommittee III/4/A ebenfalls klassifizierten Änderungsvorschläge der Lateinamerikanischen Staaten hingewiesen, die die explizite Vereinbarkeit des *Act of Chapultepec* mit den Grundsätzen der zu gründenden Weltorganisation in Kapitel VIII Abschnitt C DOP[1286] deklariert und eine weitgehende Automonie ihrer Regionalorganisation im Rahmen der friedlichen Streitbeiliegung konstituiert wissen wollten.[1287]

1282 Vgl. die Äußerungen von US-Außenminister STETTINIUS und der US-Senatoren CONNALLY und VANDENBERG, *Minutes of the third Five-Power informal consultative meeting on proposed amendments (part I)*, a.a.O. (Fn1253), S.692ff., ferner US-Außenminister STETTINIUS, *Memorandum by Mr. Robert W. Hartley of the United States delegation of a conversation*, a.a.O. (Fn1256), S.698 a.E sowie US-Delegationsmitglied DULLES, S.700f. sowie [STETTINIUS], a.a.O. (Fn1031), S.107.

1283 Kapitel VIII Abschnitt C Ziff.1 Dumbarton Oaks Proposals, vgl. hierzu supra Zweiter Teil - 5. Kapitel - B. - V. - 1. - a. - bb. , S.252.

1284 Vgl. *Inter-American Treaty of Reciprocal Assistance* v. 2. September 1947, abgedr. in US Dept St Bull 17 (1947), S.565.

1285 Vgl. dazu *Record of first informal consultative meeting with chairmen of delegations of certain American republics*, a.a.O. (Fn1278), S.712-719; ferner CANYES, a.a.O. (Fn1278), S.506-508; KUNZ, a.a.O. (Fn1268), S.764f., S.766 bei Fn35.

1286 Entspricht dem heutigen Kapitel VIII CVN.

1287 Vgl. *Interim report to Committee III/4 [...]*, a.a.O. (Fn1233), S.835f. (unter Ziff.1 lit.A. , Ziff.3. sowie Ziff.4.), jeweils m.N. auf die *Terms of reference of Committee III/4*, a.a.O. (Fn1233), S.765ff.. Vgl. hierzu auch *Bericht des Leiters der sowjetischen Delegation, A.A. Gromyko* [...] v. 12. Mai 1945, MIN. AUSW. ANGELEGENH. UDSSR, a.a.O. (Fn1167), Dok.82, S.356f.; hierzu auch RUSSELL/MUTHER, a.a.O. (Fn1167), S.700f..

b. Frankreich und Sowjetunion

Frankreich - das während des Krieges an keiner der großen Konferenzen teilgenommen hatte und nach den Dumbarton Oaks Proposals lediglich "zu gegebener Zeit" ("in due course") einen ständigen Sitz im Sicherheitsrat haben sollte - verfolgte im Vorfeld der Konferenz von San Franzisko im Besonderen zwei Ziele: Einerseits wollte es mit Blick auf die Nachkriegszeit seinen *außenpolitischen Einfluss* in Mitteleuropa sichern;[1288] andererseits hatte es - durch seine unmittelbare geographische Nähe zum Deutschen Reich und der Erfahrung dreier Kriege mit diesem binnen eines Jahrhunderts - ein erhebliches *Sicherheitsbedürfnis*.[1289] Beiden Interessen wurde durch den *Traité d'alliance et d'assistance mutuelle* mit der Sowjetunion v. 10. Dezember 1944[1290] Rechnung getragen: Die UdSSR, deren eigenes Interesse in Osteuropa[1291] - insbesondere in der Polenfrage - seit der Konferenz von Dumbarton Oaks zunehmend auf anglo-amerikanischen Widerstand stieß und die insofern an einem weiteren europäischen Verbündeten interessiert war,[1292] protegierte in der Folgezeit Frankreichs außenpolitische Stellung - etwa bei der Frage der Aufteilung Deutschlands und Frankreichs Teilnahme im allierten Kontrollgremium;[1293] zugleich fanden beide Seiten einen - zumindest in absehbarer Zukunft - militärisch potenten Bündnispartner. Von hervorzuhebender Bedeutung ist im vorliegenden Zusammenhang vor allem Art.3 des Beistandsvertrages. Dort heißt es[1294]:

1288 KÖRBS, a.a.O. (Fn1042), S.61 m.N. in Fn234.

1289 Vgl. etwa die Stellungnahme des französischen Delegierten anlässlich des zweiten Treffens der Commission III, o.T. v. 14. Juni 1945, UNCIO, Bd.11, Dok.972 III/6, S.58; ferner den Wortbeitrag des französischen Delegierten in der sechsten Plenarsitzung am 2. Mai 1945, abgedr. supra Zweiter Teil - 5. Kapitel - B. - II. - 2. - b. - bb. - (1.) , S.242 bei und m.N. in Fn1169; ferner den an Art.15 Abs.7 VBS orientierten, sehr weitgehenden französischen Entwurf v. 21. März 1945, abgedr. supra Zweiter Teil - 5. Kapitel - B. - V. - 1. - c. , S.263 bei und m.N. in Fn1255, der den Ausgangspunkt der internen Verhandlungen zwischen den Großmächten zu Art.51 CVN darstellte (vgl. in Fn1253). Wie hier KÖRBS, a.a.O. (Fn1042), S.61 m.N. in Fn233.

1290 *Traité d'alliance et d'assistance mutuelle* v. 10. Dezember 1944, a.a.O. (Fn1162).

1291 Vgl. KÖRBS, a.a.O. (Fn1042), S.61 m.N. in Fn231; SCHNEIDER, a.a.O. (Fn1128), S.129 m.w.N. Fn20. Vor diesem Hintergrund erklären sich schließlich auch die in Fn1232 genannten Beistandspakte mit den - für die UdSSR bezogen auf die eigene Sicherheit in militärischer Hinsicht kaum interessanten - Staaten Südost- und Osteuropas Jugoslawien, Polen und Tschechoslowakei.

1292 Vgl. MIN. AUSW. ANGELEGENH. UDSSR, a.a.O. (Fn1228), Dok.6, S.60-64 sowie Einleitung, S.27f.; FRENZKE/HACKER/USCHAKOW, a.a.O. (Fn1126), S.24.

1293 Vgl. Unterredung zwischen dem britischen Premier CHURCHILL, US-Präsident ROOSEVELT und dem sowjetischen Regierungschef STALIN, *Aufzeichnungen über die Sitzung der Regierungschefs* v. 5. Februar 1945, MIN. AUSW. ANGELEGENH. UDSSR, a.a.O. (Fn1228), Dok.6, S.60-64 sowie Einleitung, S.21ff.; ferner DEUERLEIN, Die Einheit Deutschlands (1957), S.63, 69.

1294 Dt. Übers. nach FW 45 (1945) S.69.

> "Die Hohen Vertragschließenden Seiten verpflichten sich, am Ende des gegenwärtigen Konfliktes mit Deutschland in gemeinsamem Einverständnis alle erforderlichen Ma[ß]nahmen zur Beseitigung jeder neuen Bedrohung von seiten Deutschlands zu ergreifen und sich jeder Initiative zu widersetzen, die einen neuen Angriffsversuch von seiner Seite möglich machen könnte."

In Anschluss daran heißt es in Art.4 zum *casus foederis*:

> "Im Falle, dass eine der Hohen Vertragschließenden Parteien sich in Feindseligkeiten mit Deutschland verwickelt sehen sollte, sei es in Folge eines von ihm begangenen Angriffes, sei es aufgrund des obigen Artikels 3, so wird ihr die andere Partei unverzüglich jede in ihrer Macht liegende Hilfe und jeglichen Beistand zuteil werden lassen."

Nicht nur kam damit der Gedanke der *unilateralen Prävention* zum Ausdruck,[1295] was für die übrigen, von der UdSSR zwischen 1942 und 1945 geschlossenen Beistandspakte gleichmaßen galt.[1296] Vor allem handelte es sich nach Auslegung der Vertragsparteien um einen "Automatismus"[1297]. Dabei war der französischen Übergangsregierung unter DE GAULLE freilich spätestens seit Ergänzung der Dumbarton Oaks Proposals durch den Kompromiss von Jalta bewusst, dass für den beschriebenen Fall die Zustimmung des Sicherheitsrates und damit *der anderen* Großmächte erforderlich sein würde. Entsprechend bestand französischerseits erhebliches Interesse, für das "regional arrangement" mit der UdSSR eine Ausnahmeregelung in San Franzisko durchzusetzen, um beide Sicherheitsmechanismen gleichermaßen nutzen zu können.[1298]

[1295] Vgl. FRENZKE/HACKER/USCHAKOW, a.a.O. (Fn1126), S.23; SCHNEIDER, a.a.O. (Fn1128), S.128-130, 137f., 158.

[1296] Vgl. jeweils Art.2 und Art.3 des sowjetisch-britischen Vertrages v. 25. Mai 1942, a.a.O. (Fn1163) und des sowjetisch-tschechoslowakischen Vertrages v. 12. Dezember 1943, abgedr. Am J Int'l L 39 (1945) 2, Suppl., S.81, sowie Art.4 des sowjetisch-polnischen Vertrages v. 21. April 1945, abgedr. in UNTS 12 (1948), S.391; in der Bewertung wie hier SCHNEIDER, a.a.O. (Fn1128), S.137 bei und in Fn56.

[1297] Vgl. FRENZKE/HACKER/USCHAKOW, a.a.O. (Fn1126), S.23f. m.N. in Fn35 und unter Bezugnahme auf eine Vorsprache des französischen Gesandten in der Sowjetunion CATROUX beim sowjetischen Außenminister MOLOTOW v. 6. März 1945.

[1298] Vgl. hierzu insbesondere die Ausführungen des französischen Delegierten auf der sechsten Plenarsitzung in San Franzisko am 2. Mai 1945, abgedr. supra Zweiter Teil - 5. Kapitel - B. - II. - 2. - b. - bb. - (1.) , S.242 bei und m.N. in Fn1169; ferner LIANG, a.a.O. (Fn1278), S.223; FRENZKE/HACKER/USCHAKOW, a.a.O. (Fn1126), S.24 m.N. in Fn36 und unter Bezugnahme auf eine Vorsprache CATROUX' beim sowjetischen Außenminister MOLOTOW v. 25. Februar 1945, wonach die französische Übergangsregierung - unter Drohung, der VN-Gründungskonferenz fernzubleiben - die Sowjetunion schließlich sogar unter Druck setzte, in ihrem Sinne tätig zu werden.

Schließlich ließ auch die Sowjetunion - nicht zuletzt wegen der Konfrontation in der Polenfrage[1299] - von ihrer noch in Dumbarton Oaks vertretenen Auffassung, "enforcement actions" regionaler Abkommen ausnahmslos von einer Ermächtigung des Sicherheitsrats abhängig zu machen, ab. Sie erweiterte noch kurz vor Beginn der VN-Gründungskonferenz, am 21. April 1945 "demonstrativ" ihr Geflecht an bilateralen Abkommen[1300] - in diesem Fall bezeichnenderweise mit der provisorischen polnischen Regierung - und verfolgte nunmehr das Ziel, zumindest die im Hinblick auf eine neuerliche Aggression Deutschlands geschlossenen Beistandspakte von der Kontrolle des Sicherheitsrates auszunehmen.[1301]

c. Großbritannien

Großbritannien hatte in gleicher Weise wie Frankreich mit der Sowjetunion paktiert,[1302] um sich gegen eine neuerliche Aggression des Deutschen Reiches zu versichern - und insofern schon in Dumbarton Oaks eine Ausnahme für "enforcement actions" regionaler Abmachungen im Hinblick auf die Feindstaaten unterstützt.[1303] Auch dieser Pakt trug *präventive* Züge, Art.3 Abs.2:

> "[…] [Die Parteien] werden nach Beendigung der Feindseligkeiten alle in ihren Kräften stehenden Ma[ß]nahmen treffen, um eine Wiederholung der Angriffe und Friedensverletzung durch Deutschland oder irgendeinen der mit ihm durch Angriffsakte in Europa verbündeten Staaten unmöglich zu machen."[1304]

Daneben wollte die britische Regierung im Hinblick auf das Verhältnis zwischen der Türkei und Bulgarien - letzteres ebenfalls einem "Feindstaat" - versichert haben, dass

---

1299 Vgl. bei und Nachweise in Fn1292.

1300 So FRENZKE/HACKER/USCHAKOW, a.a.O. (Fn1126), S.24f.; vgl. zum plötzlichen Gesinnungswandel der UdSSR auch SCHNEIDER, a.a.O. (Fn1128), S.129-131, insb. Fn26.

1301 Bezeichnend die *Erklärung des Volkskommissars für Auswärtige Angelegenheiten der UdSSR, W. M. Molotow, auf der Pressekonferenz in San Franzisko* v. 7. Mai 1945, MIN. AUSW. ANGELEGENH. UDSSR, a.a.O. (Fn1167), Dok.74, S.331f.; ferner KÖRBS, a.a.O. (Fn1042), S.63; FRENZKE/HACKER/USCHAKOW, a.a.O. (Fn1126), S.24f.; SCHNEIDER, a.a.O. (Fn1128) S.131 bei Fn26.

1302 *Treaty of Alliance in the War against Hitlerite Germany and her Associates in Europe and of Collaboration and Mutual Assistance thereafter* v. 26. Mai 1942, a.a.O. (Fn1163).

1303 Vgl. *Bericht des Leiters der sowjetischen Delegation, A.A. Gromyko* [...], MIN. AUSW. ANGELEGENH. UDSSR, a.a.O. (Fn1188), Dok.57, S.163.

1304 Dt. Übers. nach FW 45 (1945) 1/2, S.65. Vgl. auch FRENZKE/HACKER/USCHAKOW, a.a.O. (Fn1126), S. S.22.

"[i]n the event of an attack on Turkey by Bulgaria, the latter acting perhaps at the instigation of the Soviet Union [...] Great Britain, as a matter of self-defense of the Empire, wished to have the opportunity to act as once."[1305]

d. Die pazifischen Staaten: Australien und Neuseeland

Australien sah sich im Verlauf des Kriegsjahres 1942 erstmals seit Staatsgründung einer Gefährdung seines Territoriums ausgesetzt: Nach dem japanischen Überraschungsangriff auf den US-Flottenstützpunkt Pearl Harbour am 7. Dezember 1941, der der japanischen Flotte im Pazifik für Monate die Vormachtstellung gesichert hatte, eroberte Japan bis Mai 1942 blitzartig weite Teile des südwestpazifischen Raumes[1306] - u.a. Myanmar (Burma), Teile von Malaysia und Indonesien, die Philippinen und den Norden Papua Neu Guineas, insbesondere aber Singapur, das bisher als strategische Bastion des Empire für den pazifischen Raum gegolten hatte.[1307] Am 19. Februar 1942 kam es zum ersten Angriff auf Australien (japanisches Bombardement auf Darwin).

Dies vor Augen bewertete die australische Regierung die Gefahr einer japanischen Invasion als hoch[1308] und versuchte, Kräfte zur Verteidigung des Landes zu mobilisieren. Da ein Großteil der australischen Streitkräfte "als Gefolge der britischen Krone"[1309] in anderen Teilen der Erde eingesetzt waren,[1310] war Australien auf Unterstützung angewiesen. Die Versprechung CHURCHILLS vom August 1940, Großbritannien sei im Fall einer japanischen Invasion zu jeder Maß-

1305 So der britische Außenminister EDEN in *Memorandum by Mr. Robert W. Hartley of the United States delegation of a conversation*, a.a.O. (Fn1256), S.700, ferner S.702. Vgl. zur korrespondierenden Haltung der Türkei - allerdings ohne das Empire explizit zu nennen - *Verbatim minutes of the sixth plenary session*, a.a.O. (Fn1169), S.453, zweiter und dritter Absatz.

1306 KEY, Australia in Commonwealth and world affairs, 1939 to 1944, Int'l Aff 21 (1945) 1, S.63, 66.

1307 Vgl. *Sir Earle Page, Special Representative in the United Kingdom, to Mr John Curtin, Prime Minister, Cablegram P29* v. 22. Januar 1942, DEPT. FOREIGN AFF. AND TRADE [AUSTRALIEN], a.a.O. (Fn1000), Bd.5 (1941/1942), Dok.292 sowie - darauf Bezug nehmend - *Mr John Curtin, Prime Minister, to Mr Winston Churchill, U.K. Prime Minister, Cablegram Johcu 21* v. 23. Januar 1942, Dok.294, Ziff.3.

1308 Vgl. die Einschätzung des australischen Premier CURTIN vor der japanischen Besetzung Malaysias und Indonesiens, *Mr John Curtin, Prime Minister, to Mr Winston Churchill, U.K. Prime Minister, Cablegram Johcu 19* v. 21. Januar 1942, DEPT. FOREIGN AFF. AND TRADE [AUSTRALIEN], a.a.O. (Fn1000), Bd.5 (1941/1942), Dok.287, Ziff.1 und 3 sowie nach der Besetzung, *Mr John Curtin, Prime Minister, to Mr Clement Attlee, U.K. Secretary of State for Dominion Affairs, Cablegram 166 [1]* v. 4. März 1942, Dok.388, Ziff.A.1..

1309 Vgl. nämlich KEY, a.a.O. (Fn1306), S.67.

1310 Vgl. KEY, a.a.O. (Fn1306)1, S.63.

nahme bereit, "sacrificing every interest except only defence position of this island [d.h. Großbritannien] on which all depends"[1311], erwies sich allerdings als inzwischen überholt.[1312] Nicht zuletzt hieraus hatte die australische Regierung die Schlussfolgerung gezogen, dass die bisherigen Verteidigungsmöglichkeiten - insbesondere das Vertrauen in das Empire - zukünftig nicht ausreichen würden.[1313] Insofern war man einer Internationalen Organisation durchaus zugetan. Als weitere Säule sollte allerdings eine *regionale, pazifische Zusammenarbeit* - unter Einschluss der Vereinigten Staaten[1314] - hinzutreten.[1315] Entsprechend hieß es in dem am 21. Januar 1944 zwischen Australien und Neuseeland geschlossenen ANZAC-Vertrag[1316] unter Ziff.13:

> "The two Governments agree that, within the framework of a general system of world security, a *regional zone of defence* [...] shall be established and that this zone should be based on Australia and New Zealand [...]."[1317]

1311 Vgl. *Lord Caldecote, U.K. Secretary of State for Dominion Affairs, to Sir Geoffrey Whiskard, U.K. High Commissioner in Australia*, Cablegram 262 v. 11. August 1940, DEPT. FOREIGN AFF. AND TRADE [AUSTRALIEN], a.a.O. (Fn1000), Bd.4 (1940/1941), Dok.64, Ziff.4. Welch hohen Stellenwert die australische Regierung ihrerseits der Aussage beimaß, zeigt *Dr H. V. Evatt, Minister for External Affairs, to Mr A. T. Stirling, External Affairs Officer in London, Cablegram unnumbered* v. 4. März 1942, DEPT. FOREIGN AFF. AND TRADE [AUSTRALIEN], a.a.O. (Fn1000), Bd.5 (1941/1942), Dok.387, Ziff.4..

1312 Vgl. *Mr John Curtin, Prime Minister, to Mr Winston Churchill, U.K. Prime Minister, Cablegram Johcu 21* v. 23. Januar 1942, DEPT. FOREIGN AFF. AND TRADE [AUSTRALIEN], a.a.O. (Fn1000), Bd.5 (1941/1942), Dok.294, insb. Teil IV, Ziff.14; *Mr John Curtin, Prime Minister, to Mr Clement Attlee, U.K. Secretary of State for Dominion Affairs, Cablegram 136* v. 22. Februar 1942, Dok.357; *Memorandum by Dr H. V. Evatt, Minister for External Affairs, The Defence of Australia* v. 26. Mai 1942, Dok.497 und schließlich *Prime Minister's War Conference Minute 23 v. 1. Juni 1942*, Dok.510, insb. Ziff.11.

1313 Vgl. etwa das Memorandum des Staatssekratärs im Verteidigungsministerium SHEDDEN an den Staatssekretär im Außenministerium HODGSON, *Shedden to Hodgson, Memorandum* v. 7. Januar 1944, DEPT. FOREIGN AFF. AND TRADE [AUSTRALIEN], a.a.O. (Fn1000), Bd.7 (1944), Dok.6, Annex, *Future of Southwest Pacific Region-Conference between Australian and New Zealand Ministers, January 1944, Terms of reference*, Ziff.5. und 6..

1314 Exemplarisch für die Hinwendung zu den USA bereits die Neujahrsansprache des australischen Premier CURTIN v. 28. Dezember 1941, auszugsw. abgedr. bei KEY, a.a.O. (Fn1306), S.63.

1315 Vgl. Memorandum des australischen Premier CURTIN anläßlich der bilateralen Verhandlungen *Conference of Australian and New Zealand Ministers, Proceedings of the Conference, Statement by Australian Prime Minister and Minister for Defence on memorandum by the Defence Committee relative to the defence of the South-West Pacific Region* v. 18 Januar 1944, DEPT. FOREIGN AFF. AND TRADE [AUSTRALIEN], a.a.O. (Fn1000), Bd.7 (1944), Dok.20, insb. Ziff.II.4.; .

1316 Abgedr. in Am J Int'l L 38 (1944) 3, Suppl., S.193.

1317 [Hervorh. hinzugef.].

Im Unterschied zum südamerikanischen System war jedoch kein regionales System kollektiver Sicherheit geplant, sondern die bloße Organisation und Koordination der Verteidigung des südwestpazifischen Raums.[1318] So hieß es im internen Bericht des *Defence Committee* zur Frage der Vereinbarkeit der vorgesehenen "regional zone of defence" mit den Dumbarton Oaks Proposals:

> "It was considered that the proposal in the Australian - New Zealand Agreement for establishing a regional zone of defence is in no way incompatible with the proposal for regional arrangements in the Dumbarton Oaks Draft. The two proposals *appear* to be aimed at *different objectives* and to have no direct relationship to each other. The regional zone of defence in the Australian - New Zealand Agreement defines a specific region in which the Australian and New Zealand Governments have declared their mutual defence interests. In this zone or region, it is considered desirable that arrangements should be made for close co-operation in defence [...] between Australia and New Zealand and other portions of the British Commonwealth as well as certain friendly powers who are united in a common interest to defend this zone. The objective in the Australian - New Zealand Agreement is to ensure the defence of this zone against a potential external aggressor. On the other hand, the regional arrangements or agencies contemplated in the Dumbarton Oaks Draft have as their object the maintenance of conditions of peace and security within regional areas through regional action and the settlement locally, if possible, of disputes arising between States within the regional area."[1319]

Der ANZAC-Vertrag sollte Grundlage für ein multilaterales Verteidigungsbündnis sein, wobei die USA, die ihrerseits im Rahmen der Monroe-Doktrin an der Sicherung des pazifischen Raums interessiert waren, im Zentrum der australisch-neuseeländischen Regionalinitative stand. Nachdem Australien die Vereinigten Staaten von der Unterzeichnung des ANZAC-Vertrages unterrichtet hatten, erhielt es jedoch folgende Antwort:

> "It is understandable that Australian and New Zealand Governments should wish to reach agreement between themselves on matters of common concern, and that they should wish to make their views known to other Governments. I am frankly disturbed, however, at the proposal of the two Governments to call an early conference of powers with territorial interests in the South and Southwest Pacific to consider the problem of regional security and related matters. I have discussed this with the President, and while we agree that these matters

[1318] Ebenso LIANG, a.a.O. (Fn1278), S.225f..

[1319] *Defence Committee Report, World Organization: Post-Hostilities Planning and Australian - New Zealand Agreement* v. 18. Oktober 1944, DEPT. FOREIGN AFF. AND TRADE [AUSTRALIEN], a.a.O. (Fn1000), Bd.7 (1944), Dok.321, Ziff.B.10..

must be given utmost attention, we have *considerable doubts that it is yet time for discussing them at a formal conference of interested powers*. [...]

There is also the question of approach, which should be carefully considered. In our opinion, it is necessary to agree upon arrangements for a general international security system before attempting to deal with problems of regional security. Any attempt to deal with regional security in the Southwest Pacific in advance of agreement on a general security system might well give rise to efforts on the part of other regional groups to make their own exclusive arrangements for security. Thus, such a conference as is proposed might in the end result in a number of independent regional systems and seriously interfere with efforts to achieve a general system of world security. [...]"[1320]

Nach Willen der USA sollte die australisch-neuseeländische Initative also zumindest bis zur Unterzeichnung der Charta nicht, jedenfalls nicht durch eine öffentlichkeitswirksame Konferenz vorangetrieben werden, um die Gründung der VN nicht durch eine weitere regionale Splitterorganisation zu gefährden. Insofern stellten die australischen Bemühungen auf der VN-Gründungskonferenz den Versuch dar, die rechtliche Möglichkeit eines regionalrechtlich organisierten Verteidigungsbündnisses für die Zukunft zu sichern.[1321]

3. Zusammenfassende Bewertung

Mit Blick auf die zu Beginn der genetischen Betrachtung benannten, nach den vorrangigen Interpretationsmethoden noch *offenen Teilfragen* - namentlich ob die explizite Kodifikation des Selbstverteidigungsrechts den Umkehrschluss zulässt, dass alle sonst prächartial bestehenden Gewaltrechte derogiert werden sollten und welche Bedeutung dem Attribut der "Naturgegebenheit" in diesem Zusammenhang zukommt - ist damit folgende Feststellung zu treffen.

a. Unilaterale kollektive Gewaltanwendung

Die vorbereitenden Arbeiten und die dargelegten Umstände verdeutlichen, dass die an der Evolution von Art.51 CVN und Art.53 Abs.1 S.2 2.Hs CVN beteiligten und/oder interessierten Staaten *als Regelungsgegenstand* in allererster Linie

1320 Brief des amerikanischen Gesandten in Australien JOHNSON an den australischen Premier CURTIN, *Note by Curtin of Conversation with Johnson* v. 3 Februar 1944, DEPT. FOREIGN AFF. AND TRADE [AUSTRALIEN], a.a.O. (Fn1000), Bd.7 (1944), Dok.40, Anhang, *Johnson to Curtin, Letter* v. 3. Februar 1944.

1321 Vgl. MCCORMACK, a.a.O. (Fn1258), S.28; RUSSELL/MUTHER, a.a.O. (Fn1167), S.688.

die Vereinbarkeit unilateraler, *regionalrechtlich kollektiv organisierter Gewaltanwendung* mit dem universalen kollektiven Sicherheitssystem im Auge hatten.[1322] In Bezug auf diesen Regelungsgegenstand lassen sich zwei Interessensgruppen[1323] unterscheiden:

Auf der einen Seite standen die an den *USA* als Hegemonialmacht der westlichen Hemisphäre "angehängten" Staaten des *lateinamerikanischen Subkontinents* einschließlich der Pazifikstaaten *Australien und Neuseeland*. Diese Staatengruppe war auf die autonome Funktionsfähigkeit ihrer bereits bestehenden und - im Falle Australiens und Neuseelands - geplanten regionalen Sicherheitsmechanismen bedacht. Die USA stellten dabei den mäßigenden Pol dar und verwandten größte Anstrengungen darauf, die Grundsätze der Weltorganisation - Gewaltverbot und Gewaltmonopol - nicht zu untergraben.[1324] Im Ergebnis wurde diese Gruppe durch Art.51 CVN in seiner heutigen Fassung zufriedengestellt, die lateinamerikanischen Staaten verzichteten in Anbetracht dieser Bestimmung auch auf die ursprünglich geforderte "Vereinbarkeitserklärung"[1325] von Charta und Act of Chapultepec.[1326]

Auf der anderen Seite standen die am europäischen Kontinent interessierten Staaten (*Frankreich, Sowjetunion und Großbritannien*), die vor allem hinsichtlich ihres ineinandergreifenden bilateralen Paktsystems zum Zwecke der Präven-

---

1322 Ebenso ASRAT, a.a.O. (Fn1009), S.199f.; BAKER, Terrorism and the inherent right of self-defense (a call to amend Article 51 of the United Nations Charter), Houston J Int'l L 10 (1987) 1, S.30f.; BRIERLY/WALDOCK, a.a.O. (Fn967), S.417f.; GOODRICH/HAMBRO, a.a.O. (Fn998), S.297 und S.301; LIANG, a.a.O. (Fn1278), S.226f.; MALANCZUK, a.a.O. (Fn1271), S.462; WALDOCK, a.a.O. (Fn1064), S.497; WILDHABER, a.a.O. (Fn938), S.165 m.w.N..

1323 Besonders deutlich wird dies i.R.d. internen Verhandlungen der Großmächte zu Art.51 CVN, die von den USA zunächst als "latein-amerikanisches" Pendant zu der im Kern bereits konsentierten ("europäischen") Feindstaatenklausel des Art.53 Abs.1 S.2 2.Hs CVN vorangetrieben wurde, vgl. insb. die Aussagen der US-Senatoren VANDENBERG und CONALLY in *Minutes of the third Five-Power informal consultative meeting on proposed amendments (part I)*, a.a.O. (Fn1253), S.692-695 sowie des mexikanischen Delegierten PADILLA in *Record of first informal consultative meeting with chairmen of delegations of certain American republics*, a.a.O. (Fn1278), S.717; dies diente insbesondere gegenüber Großbritannien als Argument, das sich vehement gegen die Stärkung des panamerikanischen Regionalismus' etwa durch wörtliche Nennung des Act of Chapultepec in der Charta wehrte, vgl. die Ausführungen des britischen Außenminister EDEN, a.a.O., S. 692f., 696; vgl. hierzu auch FOX, a.a.O. (Fn1239), S.977f..

1324 Vgl. supra Zweiter Teil - 5. Kapitel - B. - V. - 2. - a. , S.265 (Interessenlage der USA und der lateinamerikanischen Staaten) sowie d. , S.272 (Interessenlage der Pazifikstaaten Australien und Neuseeland).

1325 Vgl. supra Zweiter Teil - 5. Kapitel - B. - V. - 2. - a. , S.268 bei und m.N. in Fn1287.

1326 Vgl. *Summary Report of fourth Meeting of Committee III/4, a.a.O. (Fn1154), S.680f.; ferner Record of third consultative meeting with ambassadors of certain American republics* v. 20 Mai 1945, US Foreign Rel.1945, Bd.1 (1967), S.825f..

tion erneuter Aggression seitens Deutschlands eine "Bereichsausnahme" von der vorherigen Ermächtigung durch den Sicherheitsrat anstrebten.[1327] Diese Gruppe wurde durch die Aufnahme der Feindstaatenklausel in Art.53 Abs.1 S.2 2.Hs CVN zufriedengestellt.[1328]

Vor dem Hintergrund, dass dabei kein Staat das absolute Gewaltverbot oder das - spiegelbildliche - Gewaltmonopol des Sicherheitsrates *grundsätzlich* in Frage stellte, die jeweiligen Proponenten vielmehr die Aufnahme einer ihre Interessen abdeckenden *Ausnahmeregelung* betrieben, bestätigt die Genese von Art.51 und Art.53 Abs.1 S.2 2.Hs CVN den Umkehrschluss '*expressio unius exclusio alterius est*' *insofern,* als die *unilateral kollektive* Gewaltanwendung - im Spannungsverhältnis zum Gewaltmonopol des Sicherheitsrates - auf die in der Charta bezeichneten beiden Fälle beschränkt werden sollte.[1329] Während dabei Art.53 Abs.1 S.2 2.Hs CVN bestimmungsgemäß als Brückennorm zu außerchartialen Rechtsgrundlagen - dem Geflecht bilateraler Beistandsabkommen Frankreichs, Großbritanniens und der Sowjetunion - fungierten sollte[1330], war Art.51 CVN insofern (kollektive Selbstverteidigung) *konstitutiv und begründete eine eigene vertragliche Rechtsgrundlage.*[1331] Hieran ändert die Bezeichung des gesamten Selbstverteidigungsrechts als "naturgegeben" nichts. Denn die *kollektive* Selbstverteidigung gehörte zum Zeitpunkt der Gründung der Vereinten Nationen *nicht* zum anerkannten völkerrechtlichen Normenbestand.[1332]

b. Unilaterale individuelle Gewaltanwendung

Mit Blick auf die unilaterale *indidviduelle* Gewaltanwendung stellt Art.51 CVN dagegen zugleich eine *eigenständige vertragliche Rechtsgrundlage* dar *und* begründet über das Attribut der Naturgegebenheit den *Brückennormcharakter*.

1327 Vgl. supra Zweiter Teil - 5. Kapitel - B. - V. - 2. - b. und c. , S.271.

1328 Vgl. hierzu KÖRBS, a.a.O. (Fn1042), S.102; BLUMENWITZ, a.a.O. (Fn1126), S.90ff.; RESS/BRÖHMER, a.a.O. (Fn1126), S.875f., Rn53f..

1329 Vgl. zur Möglichkeit des Umkehrschlusses supra Zweiter Teil - 5. Kapitel - B. - I. - 5. - c. , S.230; wie hier - bezogen auf die kollektive Selbstverteidigung - GRZESZICK, a.a.O (Fn977), S.491; KREß, a.a.O. (Fn952), S.180; bezogen auf kollektive präventive Gewaltanwendung auch KEARLEY, a.a.O. (Fn982), S.725 bei Fn332, S.728 bei Fn343.

1330 Vgl. zum Charakter von Art.53 Abs.1 S.2 2.Hs CVN als Brückennorm eingehend supra Zweiter Teil - 5. Kapitel - B. - I. - 6. , S.231.

1331 Zutreffend insofern BOWETT, a.a.O. (Fn940), S.187: "The term 'collective self-defence' has been regarded as *extension* of the traditional right [...]" [Hervorh. hinzugef.]; in diese Richtung schon KELSEN, a.a.O. (Fn1034), S.792ff. und KUNZ, a.a.O. (Fn977), S.873f., 875.

1332 Vgl. supra Zweiter Teil - 5. Kapitel - B. - I. - 5. - a. - cc. - (1.) , S.225 bei und m.N. in Fn1086.

aa. Rekapitulation der maßgeblichen genetischen Aspekte

Schon nach den Dumbarton Oaks Proposals waren sich die 'sponsoring powers' einig, dass das Selbstverteidigungsrecht auch ohne Nennung und trotz des bereits in den Entwürfen statuierten absoluten Gewaltverbots, Kapitel II Ziff.4 DOP, als *fortbestehend vorausgesetzt* würde.[1333] Auch ohne eine gemeinsame offizielle Verlautbarung hierzu war offenbar die absolute Mehrzahl der VN-Gründerstaaten gleicher Ansicht.[1334]

Hervorzuheben ist in diesem Zusammenhang jedoch der - im Rahmen der internen Verhandlungen der Großmächte zu Art.51 CVN als Basisentwurf gehandhabte[1335] - französische Entwurf, wonach es den Mitgliedstaaten sogar vorbehalten bleiben sollte, bei Uneinigkeit des Sicherheitsrates "to act as they may consider necessary in the interest of peace, right and justice."[1336] Der französische Vorschlag bestätigte das gewohnheitsrechtlich anerkannte *reaktive* Selbstverteidigungsrecht, wie auch jedes andere bei Gründung der VN bestehende unilaterale Gewaltrecht. Insbesondere wäre damit auch - etwa mit Blick auf den seit dem Caroline-Vorfall anerkannten Notstand[1337] - die unilaterale *präventive* Gewaltanwendung möglich gewesen. Wenn nämlich der Sicherheitsrat bei einer Friedens*bedrohung* nicht zur Beschlussfassung gelangen sollte, wäre nach dem französischen Entwurf jeder Mitgliedstaat berechtigt gewesen, die nach seiner Auffassung notwendigen Schritte einzuleiten, insbesondere also auch mit unilateraler Gewalt zu verhindern, dass sich die Friedensbedrohung in einem bewaffneten Angriff manifestiert.

Auf Grund *dieses* als zu weitgehend empfundenen Änderungsvorschlages, wurden zwischen den Großmächten weitere Entwürfe diskutiert, in denen - eingeführt durch einen amerikanischen Vorschlag und unter Bezugnahme auf die "Monroe-Doktrin" - der Terminus des "inherent right" auftauchte. Im amerikanischen Ursprungsentwurf bezeichnete er lediglich das Individualrecht; das kollektive Selbstverteidigungsrecht war dagegen nur als "right" bezeichnet.[1338] Im Verlauf der weiteren internen Verhandlungen der Großmächte ging die Unterscheidung ohne erkennbare sachliche Rechtfertigung verloren und fand sich schließlich - unterschiedslos auf individuelle und kollektive Variante bezogen -

---

[1333] Vgl. supra Zweiter Teil - 5. Kapitel - B. - V. - 1. - a. - cc. , S.254 bei und m.N. in Fn1214-1218.

[1334] Vgl. supra Zweiter Teil - 5. Kapitel - B. - V. - 1. - b. , bei und in Fn1219.

[1335] Vgl. supra Zweiter Teil - 5. Kapitel - B. - V. - 1. - c. , S.262 bei und m.N. in Fn1253.

[1336] Vgl. supra Zweiter Teil - 5. Kapitel - B. - V. - 1. - c. , S.263 bei und m.N. in Fn1255.

[1337] Vgl. hierzu supra Zweiter Teil - 4. Kapitel - A. - V. - 4. - d. , S.153 (Staatenpraxis) und e. , S.167 (Zwischenergebnis).

[1338] Vgl. supra Zweiter Teil - 5. Kapitel - B. - V. - 1. - c. , S.263f. bei und m.N. in Fn1257 (amerikanischer Ursprungsentwurf), Fn1261 (Viermächtentwurf USA, Großbritannien, China, Frankreich).

im gemeinsamen Vorschlag der 'sponsoring powers' und Frankreichs für Subcommittee III/4/A wieder.[1339] Der offiziellen Verhandlungsdokumentation zufolge wurde das Attribut auch dort nicht kommentiert.[1340] Erwähnung fand es - implizit - in den Stellungnahmen der mit der Ausarbeitung des Gewaltverbotes befassten Ausschüsse, die *nach Annahme* des Großmächteentwurfes zu Art.51 CVN feststellten, dass die unilaterale Gewaltanwendung zwar grundsätzlich nicht zulässig sei ("the unilateral use of force or similar coercive measures is not authorized or admitted"), das Selbstverteidigungsrecht indes *anerkannt und unbeeinträchtigt bleibe* ("remains admitted and unimpaired").[1341]

bb. Folgerungen

Der genetische Verlauf verdeutlicht nach hier vertretener Auffassung zweierlei:

(1.) Keine Freiheit der unilateralen individuellen Gewaltanwendung - Art.51 CVN als Rechtsgrundlage des Selbstverteidigungsrechts.

Die von Frankreich angestrebte *materiell unbeschränkte* unilaterale Rechtstellung ("to act as they may consider necessary in the interest of peace, right and justice") - welche zur Rezeption *aller* präexistierenden unilateralen Gewaltrechte durch die Charta unter der prozeduralen Bedingung fehlender Einigung des Sicherheitsrats geführt hätte - konnte sich nicht durchsetzen; tatsächlich hätte dies das Gewaltverbot konterkariert. Stattdessen einigte man sich auf das "naturgegebene Selbstverteidigungsrecht"[1342], einen Tatbestand, der sich seit Beginn des Jahrhunderts vom undifferenzierten Konzept der Selbsterhaltung abgekoppelt und - bei freilich verbleibenden Unklarheiten über die tatbestandliche Reichweite im Detail[1343] - insbesondere seit dem BRIAND-KELLOG-Pakt eine rechtliche Eigenständigkeit gewonnen hatte.[1344] Damit kann zunächst festgestellt werden, dass auch für den unilateral *individuellen* Bereich der Gewaltanwen-

---

1339 Vgl. supra Zweiter Teil - 5. Kapitel - B. - V. - 1. - c. , S.265 bei und m.N. in Fn1263.

1340 Vgl. die in Fn1264 genannten Nachweise.

1341 Vgl. die in Fn1265 genannten Nachweise.

1342 Vgl. exemplarisch die Erklärung des US-Senators CONALLY gegenüber den lateinamerikanischen Staaten in *Notes on second informal consultative meeting with chairmen of delegations of certain American republics* v. 15. Mai 1945, US Foreign Rel 1945, Bd.1 (1967), S.734: "The new paragraph was based on an express recognition of the inherent right of self-defense."

1343 Vgl. zeitgenössisch LIANG, a.a.O. (Fn1278), S.230; KUNZ, a.a.O. (Fn977), S.879 a.E.; ferner zur str. Frage, ob es prächartial etwa ein Selbstverteidigungsrecht zur Rettung eigener Staatsangehöriger im Ausland gab, supra Zweiter Teil - 4. Kapitel - A. - V. - 4. - c. , S.151 in Fn734

1344 Vgl. hierzu eingehend supra Zweiter Teil - 4. Kapitel - A. - V. - 4. , S.148.

dung eine Beschränkung auf die in der Charta genannten Tatbestände, hier Art.51 CVN, beabsichtigt war. Der Umkehrschluss, dass die Kodifikation gerade des Selbstverteidigungsrechts zugleich die Derogation anderer präexistierender unilateraler Gewaltrechte bedeutete,[1345] kann damit bestätigt werden.

Dabei wurde mit Art.51 CVN - einerseits - eine ganz *konkret gefasste vertragsrechtliche Grundlage* des Selbstverteidigungsrechts auch für die individuelle[1346] Tatbestandsvariante geschaffen, die insbesondere mit Blick auf das Merkmal des "bewaffneten Angriffes" der *vertraglichen Auslegung* unterliegt und insofern in den bereits an anderer Stelle näher ausgeführten Einzelaspekten - dem zeitlichen Moment, dem persönlichen Moment und dem Intensitätsmoment[1347] - einen eigenen, ganz *spezifischen Anwendungsbereich* hat.

(2.) "Naturgegebenheit" als Brücke - "bewaffneter Angriff" als Abgrenzungskriterium zur Derogation

Andererseits stellt sich die Bezugnahme auf das "naturgegebene" Selbstverteidigungsrecht - insbesondere vor dem Hintergrund der Besorgnis des US-Senats bzgl. der Fortgeltung der (kontinentalisierten) MONROE-Doktrin als "doctrine of self-defense" sowie des erheblichen französischen Sicherheitsbedürfnisses - *zugleich als Brücke zum gewohnheitsrechtlichen Selbstverteidigungsrecht* dar, welches wie dargelegt bei Gründung der Vereinten Nationen zwar als rechtlicher Tatbestand herauskristallisiert, aber in seiner detaillierten Reichweite durchaus umstritten war. Es dürfte insofern kein Zufall sein, dass es gerade die Vereinigten Staaten waren, die den Begriff des "naturgegebenen" Selbstverteidigungsrechts aufbrachten, hatte doch nur 17 Jahre zuvor US-Außenminister KELLOG ausgeführt[1348]:

> "Every nation is free at all times and *regardless of treaty provisions* to defend its territory from attack or invasion [...] Express recognition by treaty of this *inalienable right*, however, *gives rise to the same difficulty encountered in any effort to define aggression.* It is the identical question approached from the other side. Inasmuch as no treaty provision can add to the natural right of self-defense, *it is not in the interest of peace that a treaty should stipulate a juristic conception of*

1345 Vgl. zur Möglichkeit des Umkehrschlusses supra Zweiter Teil - 5. Kapitel - B. - I. - 5. - c. , S.230. Bereits bejaht für die unilaterale *kollektive* Gewaltanwendung supra Zweiter Teil - 5. Kapitel - B. - V. - 3. - a. , S.277 bei Fn1329.

1346 Zu Art.51 CVN als vertragliche Rechtsgrundlage der kollektiven Selbstverteidigung vgl. supra Zweiter Teil - 5. Kapitel - B. - V. - 3. - a. , S.277 bei Fn1331.

1347 Vgl. supra Zweiter Teil - 5. Kapitel - B. - I. - 5. - bb. , S.222 bei Fn1067-1069.

1348 Diesen Zusammenhang sehen offenbar auch GOODRICH/HAMBRO, a.a.O. (Fn998), S.299, 301.

self-defense since it is far too easy for the unscrupulous to mold events to accord with an agreed definition."[1349]

Insofern sollte das Gewohnheitsrecht als zweite - und möglicherweise auch tatbestandlich weitergehende - Grundlage für das Selbstverteidigungsrecht neben der Charta fortbestehen, um einen gewissen Handlungsspielraum zu erhalten. Völlig unbeschränkt sollte diese Fortgeltung und ggf. auch Fortentwicklung indes nicht sein. Hier gewinnt der an anderer Stelle dargelegte kasuistische Auslegungsansatz STONES[1350] an Bedeutung: Die gewohnheitsrechtliche Selbstverteidigung sollte eben nur insofern "admitted and unimpaired" bleiben, als sie sich gegen "bewaffnete Angriffe" richtet.[1351] Die spezifische tatbestandliche Reichweite des "bewaffneten Angriffs" darf dabei für das gewohnheitsrechtliche Selbstverteidigungsrecht freilich nicht a priori analog des Verständnisses von Art.51 CVN als vertragliche Grundlage bestimmt werden. Andernfalls ergäbe sich ein vollständiger Gleichlauf der beiden Rechtsgrundlagen, ein Ergebnis, welches die Bezugnahme auf das "naturgegebene" Selbstverteidigungsrecht sinnlos machte, weil es lediglich zu einer Verdoppelung des gleichen Rechts käme.[1352]

cc. Zwischenergebnis - Doppelnatur von Art.51 CVN

Ob es zwischenzeitlich - nach über 60 Jahren Staatenpraxis - tatsächlich zu einer weitestgehenden Deckungsgleichheit zwischen dem vertraglichen und dem ge-

---

1349 *Identic notes of the government of the United States to the governments of Australia, Belgium, Canada, Czechoslovakia, France, Germany, Great Britain, India, The Irish Free State, Italy, Japan, New Zealand, Poland, South Africa* v. 23. Juni 1928, abgedr. in Am J Int'l L 22 (1928) 3, Suppl., S.109ff. [Hervorh. hinzugef.]; in weiteren Auszügen abgedr. supra Zweiter Teil - 4. Kapitel - A. - III. - 2. - d. , S.136 bei Fn663.

1350 Vgl. supra Zweiter Teil - 5. Kapitel - B. - I. - 5. - a. - bb. , S.223 bei Fn1072.

1351 Konsquenterweise wird dann auch davon auszugehen sein, dass die prozeduralen Beschränkungen des Art.51 S.2 1.Hs CVN (Berichtspflicht) für das gewohnheitsrechtliche Selbstverteidigungsrecht gelten sollten.

1352 In diese Richtung auch der IGH, a.a.O. (Fn1071), S.94, §176: "As regards the suggestion that the areas covered by the two sources of law [Vertrag und Gewohnheitsrecht] are identical, the Court observes that the United Nations Charter [...] by no means covers the whole area of the regulation of the use of force in international relations. On one essential point, this treaty itself refers to pre-existing customary international law; this reference to customary law is contained in the actual text of Article 51, which mentions the 'inherent right' [...]. [I]t is hard to see how this can be other than of a customary nature [...]. [...] It cannot therefore be held that Article 51 is a provision which 'subsumes and supervens' customary international law. It rather demonstrates that [...] customary law continues to exist alongside treaty law. The areas governed by the two sources of law thus do not overlap exactly, and the rules do not have the same content." Zustimmend DINSTEIN, a.a.O. (Fn974), S.165; WOLFRUM, a.a.O. (Fn977), S.28 bei Fn86, S.30; KUNDE, a.a.O. (Fn1016), S.116f. spricht hier zutreffend von einer "Synthese".

wohnheitsrechtlichen Selbstverteidigungsrecht gekommen ist,[1353] kann an dieser Stelle dahinstehen. Relevant für die in diesem Kapitel untersuchte Fragestellung ist alleine, dass Art.51 CVN weder die allein maßgebliche (vertragliche) Rechtsgrundlage des Selbstverteidigungsrechts[1354], noch einen bloß deklaratorischen Hinweis auf das gewohnheitsrechtliche Selbstverteidigungsrecht darstellt,[1355] sondern einen *zweischichtigen, doppelfunktionalen Tatbestand:* Zum Einen ist er *eigene Rechtsgrundlage*; zum Anderen ist er über das Tatbestandsmerkmal der "Naturgegebenheit" *Brückennorm*[1356] zum gewohnheitsrechtlichen Selbstverteidigungsrecht und ordnet insofern den für die Vereinbarkeit mit dem Gewaltverbot erforderlichen Dispens[1357] an.

Diese vermittelnde Position überzeugt schließlich nicht nur durch ihre Widerspruchsfreiheit, sondern vermeidet auch die den Extrempositionen innewohnende Statik, die der *Wirklichkeitsnähe* des Völkerrechts widerspricht. Bei vermittelndem Verständnis wird einerseits ein konsentiertes "Minimalrecht" (Art.51 CVN als eigene vertragliche Rechtsgrundlage mit eigener Auslegung) gesichert, andererseits - etwa im Hinblick auf neue Gefahren - eine Dynamik eröffnet, die das mit größten Schwierigkeiten verbundene Erfordernis einer Chartaänderung vermeidet: In der Staatenwelt kann sich, ohne dass es eines chartaändernden Konsenses[1358] bedarf, eine von Rechtsüberzeugung getragene Übung entwickeln, die das *nur kasuistisch gegen Angriffsgeschehen prädeterminierte* gewohnheitsrechtliche Selbstverteidigungsrecht fortentwickelt; Art.51 CVN bietet - als dynamische Brückennorm verstanden - auch für diesen Fall den erforderlichen Dispens vom Gewaltverbot. Dies entspricht im Ergebnis dem von den Gründerstaaten intendierten Charakter der Charta als *Grundgerüst:*

> "[T]he Charter cannot be amplified to include all major purposes and principles that cover international behavior; but should include the basic ones, which, by virtue of their being basic, can and shall serve the

---

1353 In diese Richtung wohl KENNY, a.a.O. (Fn1078), S.1162, Rn3; VOLK, a.a.O. (Fn955), S.136 sowie offenbar IGH, *Case concerning Oil Platforms* (Iran/USA), Urt. v. 6. November 2003, ICJ Rep. 2003, S.86f.,§51; a.A RANDELZHOFER, a.a.O. (Fn1034), S.790, Rn5 einerseits und S.805f., Rn44.

1354 Vgl. supra Zweiter Teil - 5. Kapitel - B. - I. - 5. - a. - bb. , S.221 bei und m.N. in Fn1063.

1355 Vgl. supra Zweiter Teil - 5. Kapitel - B. - I. - 5. - a. - bb. , S.221 bei und m.N. in Fn1064.

1356 Ebenso KRISCH, a.a.O. (Fn989), S.30; STEIN/VON BUTLAR, a.a.O. (Fn947), S.320, Rn831f.; VON BUTLAR, a.a.O. (Fn1107), S.17 m.N. in Fn6; MALLISON/MALLISON, The Israeli aerial attack of June 7, 1981, upon the iraqui nuclear reactor: Aggression or self-defense?, Vand J Tnt'l L 15 (1982) 3, S.421.

1357 Zur Natur des aus Dispens und Rechtstitel zusammengesetzten Rechtfertigungsgrundes vgl. supra 5. Kapitel - B. - 6. - b. und c. , S.234 (Feindstaatenklauseln). Die dort ausgeführten systematischen Überlegungen gelten für Art.51 CVN gleichermaßen.

1358 Vgl. zum Erfordernis eines Konsenses auch bei gewohnheitsrechlicher Änderung der Charta supra Zweiter Teil - 5. Kapitel - A. - II. , S.195 m.w.N..

Organization and its members to draw from them, whenever necessary, their corollaries and implications."[1359]

c. Zwischenergebnis

Vor diesem Hintergrund bestätigt die Genese des chartialen Gewaltregelungregimes, hier insbesondere von Art.51 CVN und Art.53 Abs.1 S.2 2.Hs CVN, die durch die vorrangigen Auslegungsmethoden indizierte Annahme eines formell abschließenden Regimes, wobei jeder der chartialen unilateralen Ausnahmetatbestände (auch) als Brückennorm fungiert.

C. Zusammenfassendes Ergebnis zum 5. Kapitel

Im Verlauf des 5. Kapitels konnte dargelegt werden, dass die Charta *kein materiell abschließendes Gewaltregelungsregime* enthält.

Mit Art.2 Ziff.4 CVN normiert sie zwar die *Prinzipalnorm* des Gewaltregelungsregimes, was sich nicht zuletzt in dem Umstand zeigt, dass das Gewaltverbot in den Jahrzehnten seit Gründung der Vereinten Nationen den Rang zwingenden Rechts eingenommen hat. Auch ist das Gewaltverbot sowohl in seinem sachlichen als auch persönlichen Anwendungsbereich allumfassend; jede Anwendung von Gewalt ist danach prima facie völkerrechtswidrig und bedarf zur Rechtfertigung eines Erlaubnistatbestandes (*Regel-Ausnahme-Systematik*).[1360]

Die Charta enthält indes keinen materiellen 'numerus clausus' der Rechtfertigungsgründe. Freilich enthält sie mit Art.39, 42 CVN und Art.51 CVN *eigenständige vertragliche Grundlagen* für die Anwendung von Gewalt; wie aber sowohl anhand der Feindstaatenklauseln als auch - nach genetischer Betrachtung - anhand Art.51 CVN gezeigt werden konnte, verweist die Charta daneben auf *außerchartiale Rechtstitel*. Vor dem Hintergrund des Gewaltverbotes als Prinzipalnorm ist für die Rechtswirksamkeit derartiger außerchartialer Gewalttitel aber ein innerchartialer Dispens vom Gewaltverbot erforderlich. Der externe Gewalttitel kann diesen aus kompetenz- und derogationsrechtlichen Gründen nicht selbst begründen.[1361] Erst der durch die Verweisnorm angeordnete innerchartiale Dispens führt zu einer - im Sinne des Art.103 CVN widerspruchsfreien - Verknüpfung von Gewaltverbot und außerchartialem Rechstitel i.S.d. Regel-Ausnahme-Systematik.

[1359] *Report of rapporteur of Committee 1 to Commission I*, a.a.O. (Fn970), S.449; vgl. hierzu auch KEARLEY, a.a.O. (Fn982), S.723.

[1360] Vgl. zum Gewaltverbot supra Zweiter Teil - 5. Kapitel - B. - I. - 3. , S.204.

[1361] Vgl. hierzu supra 5. Kapitel - B. - 6. - b. und c. , S.234.

Wegen der Begrenztheit der Verweis-/Dispensnormen ist die Charta daher richtigerweise als *formell abschließendes Regelungsregime* in Bezug auf Gewaltanwendung in den internationalen Beziehung anzusehen.

Für die weitere Untersuchung kann damit im Grundsatz festgestellt werden, dass neben den chartialen Erlaubnistatbeständen auch außerchartiale Tatbestände als Grundlage eines Rechts zur präventiven Gewaltanwendung in Betracht zu ziehen sind. Dabei ist freilich neben der schlüssigen Begründung der Existenz des außerchartialen Rechtstitels stets auch die Tragfähigkeit der Brücke zum Chartaregime zu prüfen.

6. KAPITEL

DIE EINZELNEN BEGRÜNDUNGSANSÄTZE

Im 6. Kapitel wird untersucht, welche konkrete Rechtsgrundlage als Anknüpfungspunkt für ein Recht zur präventiven Gewaltanwendung in Betracht kommt. Die untersuchten Ansätze sind dabei, soweit möglich, den einzelnen Rechtsquellen - Vertrag, Gewohnheitsrecht, Allgemeine Rechtsgrundsätze - zugeordnet. Im Vordergrund der Betrachtung steht die theoretische Schlüssigkeit der Erklärungsansätze. Dabei stellt sich wiederkehrend die Frage, ob sich die Begründungsansätze mit konsentierten Grundsätzen des Völkerrechts vereinbaren lassen, allen voran der Grundsatz der souveränen Gleichheit der Staaten. Die Staatenpraxis wird, soweit sie im Rahmen der dynamischen Auslegung oder als Voraussetzung für die Bildung eines Gewohnheitsrechtssatzes zu berücksichtigen ist, eingehend im Dritten Teil untersucht.

A. Vertragsrechtliche Ansätze

I. Außerchartialer Ansatz - Das Recht bi- und multilateraler Beistandsverträge

1. These

WALKER[1362] vertritt die These, dass das Recht zur antizipierten (kollektiven[1363]) Selbstverteidigung[1364] seit dem Wiener Kongress zu den üblichen und rechtlich zulässigen Gegenständen bi- und multilateraler Beistandsverträge gezählt hat und auch gegenwärtig in *vertragsrechtlicher* Form *neben der Charta* besteht. Ob

---

[1362] WALKER, Anticipatory collective self-defense in the Charter era: What the treaties have said, Cornell Int'l L J 31 (1998) 2, S.321ff..

[1363] WALKER, ebd. (Fn1362), beschäftigt sich zwar nicht explizit mit dem Individualrecht. Wie er indes ausführt, erfordert jede kollektive Form der Selbstverteidigung, dass bei *einem* der gemeinschaftlich handelnden Staaten *alle Voraussetzungen der individuellen Selbstverteidigung vorliegen* (S.353f. bei Fn217-221 und S.370 bei Fn326), womit die Existenz des indivduellen Rechts zur antizipierten Selbstverteidigung zwingende Voraussetzung für die Existenz des kollektiven Pendants ist.

[1364] WALKER, ebd. (Fn1362), verwendet durchgängig den Begriff der "*anticipatory self-defense*", ohne ihn explizit zu definieren; dies soll den jeweils im Einzelfall beteiligten Staaten überlassen bleiben (vgl. insb. S.354-357). WALKER scheint allerdings die äußerste Grenze berechtigter präventiver Gewaltanwendung dort zu ziehen, wo *konkrete Umstände* einen *unmittelbar bevorstehenden* Angriff eines *Staates* nahelegen (vgl. S.323 bei Fn6 sowie S.327, 358, 375), was der hier - supra Erster Teil - 3. Kapitel - C. - II. , S.99 - angenommenen Definition antizipierter Selbstverteidigung entspricht.

es daneben eine universelle völkergewohnheitsrechtliche Grundlage hat, lässt er - obgleich er eine Tendenz festzustellen meint - im Ergebnis offen.[1365]

Im Hinblick auf die Vereinbarkeit mit der Charta stellt WALKER auf die in Art.51 CVN enthaltene Brücke der "Naturgegebenheit"[1366] und das chartiale Anerkenntnis von Souveränität[1367] (Art.2 Ziff.1 CVN) ab. Dass die "Naturgegebenheit" als Brücke zu Normen des *Vertrags*rechts fungieren muss, begründet WALKER mit der Behauptung, die Gründerstaaten der Vereinten Nationen hätten bei Abfassung von Art.51 CVN das Selbstverteidigungsrecht eben in der Form vor Augen gehabt, wie es durch die Vertragspraxis seit dem Wiener Kongress bestanden habe, namentlich auch und gerade in der präventiven Variante.[1368] Schließlich zeige auch eine entsprechende Vertragspraxis nach Gründung der Vereinten Nationen, dass ein präventives unilaterales Gewaltrecht von der Staatengemeinschaft als legale Handlungsoption in Übereinstimmung mit Art.51 CVN angesehen werde.[1369]

2. Bewertung

WALKERs Ansatz kann nicht überzeugen. Im Ergebnis fehlt es an einer tragfähigen Verknüpfung des formell abschließenden chartialen Chartaregimes mit dem - vermeintlich - in bi- und multilateralen Beistandsverträgen enthaltenen Recht zur präventiven Gewaltanwendung.

Soweit WALKER auf das *Anerkenntnis der Souveränität* (Art.2 Ziff.1 CVN) abstellt, kann dieses nicht als Brückennorm fungieren. Ausfluss der Souveränität ist zwar das Vertragsschlussrecht (Art.6 WVK). Daraus jedoch eine *grundsätzliche* Vereinbarkeit außerchartialer Gewaltregelungen mit dem chartialen Regelungsregime - insbesondere Art.2 Ziff.4 CVN - herleiten zu wollen, würde im Ergebnis bedeuten, sämtliche inhaltlichen Bestimmungen der Charta der Disposition der Mitgliedstaaten anheim zu stellen - ein Ergebnis, das schon mit Blick auf Art.103 CVN jeder Logik entbehrt.

Und auch die "*Naturgegebenheit*" des Selbstverteidigungsrecht stellt keine tragfähige Verknüpfung dar. Nach der Betrachtung der Genese des chartialen Ge-

---

1365 Vgl. WALKER, a.a.O. (Fn1362), S.324f.: "[...] this form of joint response by states *appears* to have attained the status of a customary norm" [Hervorh. hinzugef.].

1366 Vgl. WALKER, a.a.O. (Fn1362), S.352f., S.370 bei Fn329 sowie S.375 bei Fn347.

1367 Vgl. WALKER, a.a.O. (Fn1362), S.370 bei Fn329.

1368 Vgl. WALKER, a.a.O. (Fn1362), S.325-351. Vgl. aber zur anderslautenden Vertragspraxis zwischen 1920 und 1939 nur BROWNLIE, International law and the use of force by states (1963), S.259.

1369 Vgl. WALKER, a.a.O. (Fn1362), S.376.

waltregelungsregimes[1370] kann insbesondere ausgeschlossen werden, dass Art.51 CVN in Anbetracht der prächartialen Vertragspraxis *seit dem Wiener Kongress* entworfen wurde. Es ging ganz konkret um die Vereinbarkeit verschiedener Regionalabkommen - insbesondere des Act of Chapultepec und des hiernach noch zu schließenden Beistandsvertrages - mit der Charta.[1371] Ohnedies sind die von WALKER für die Zeit von 1815 bis 1945 in Bezug genommenen Verträge ganz überwiegend Ausdruck des 'liberum ius ad bellum', das bereits mit dem BRIAND-KELLOG-Pakt und dem SAAVEDRA-LAMAS-Vertrag aus dem völkerrechtlichen Normenbestand ausgeschieden wurde.[1372] Gleiches gilt, soweit die von WALKER angeführte Vertragspraxis an die Konzepte des Gleichgewichts der Kräfte[1373] und der Provokation[1374] anschließt.[1375]

Soweit WALKER schließlich auf das *postchartiale* Vertragsrecht Bezug nimmt[1376] - etwa den Brüsseler WU-Vertrag[1377], den NATO-Vertrag[1378], den Vertrag über wirtschaftliche Zusammenarbeit und kollektive Selbstverteidigung der AL-Staaten[1379], den ANZUS-Pakt[1380] oder den Warschauer Pakt[1381] - und die darin enthaltenen Vereinbarungen (etwa Konsultativvereinbarungen[1382]) als Beleg eines mit Art.51 CVN zu vereinbarenden antizipatorischen Selbstverteidigungsrecht erachtet, fußt seine Überlegung auf einem Zirkelschluss: Alle genannten Verträge enthalten eine Kollisionsklausel, wonach das Selbstverteidigungsrecht

1370 Vgl. supra Zweiter Teil - 5. Kapitel - B. - V. , S.247.

1371 Vgl. hierzu insbesondere die Interessenlage derjenigen Staaten, deren Vorschläge mit Blick auf die Entstehung von Art.51 CVN berücksichitgt wurden, supra Zweiter Teil - 5. Kapitel - B. - V. - 2. , S.265.

1372 Vgl. hierzu eingehend supra Zweiter Teil - 4. Kapitel - A. - II. und III. , S.125 sowie zusammenfassend IV. S.136; WALKERs These überrascht um so mehr, als er selbst konstatiert, dass "[t]he treaties of 1815-1914 were not drafted with today's concepts of self-defense, anticipatory self-defense, or collective self-defense in mind. They have been superseeded by the Pact of Paris [BRIAND-KELLOG-Pakt] insofar as they justify resort to offensive war as national policy."

1373 Vgl. etwa WALKER, a.a.O. (Fn1362), S.326.

1374 Vgl. etwa WALKER, a.a.O. (Fn1362), S.331 a.E., 333, 334 a.E., 340f..

1375 Vgl. hierzu eingehend bereits supra Zweiter Teil - 4. Kapitel - A. - V. - 2. und 3. , S.139.

1376 WALKER, a.a.O. (Fn1362), S.359-370.

1377 Treaty of Economic, Social and Cultural Collaboration and Collective Self-defense v. 17. März 1948, abgedr. in UNTS 34 (1949), S.246.

1378 *The North Atlantic Treaty* v. 4. April 1949, abgedr. in UNTS 34 (1949), S.243.

1379 Joint Defence and Economic Co-operation Treaty between the States of the Arab League v. 13. April 1950, abgedr. in Am J Int'l L 49 (1955) 2, Suppl., S.51.

1380 *Security Treaty between Australia, New Zealand and the United States of America* v. 1. September 1951, ATS (electr.) 1952, Nr.2, http://www.austlii.edu.au/au/other/dfat/treaties/1952/2.html [letzter Abruf: 12. November 2007].

1381 Vertrag über Freundschaft, Zusammenarbeit und gegenseitigen Beistand v. 14. Mai 1955, abgedr. in UNTS 219 (1955), S.15.

1382 Art.3 ANZUS-Vertrag, Art.3 Warschauer Pakt.

nur in Übereinstimmung mit Art.51 CVN bestehen soll[1383] bzw. der jeweilige Vertrag Rechte und *Pflichten aus der Charta unberührt lässt*[1384] (hier insbesondere Art.2 Ziff.4 CVN). Auch den insofern bezeichnenden Umstand, dass nahezu sämtliche Verträge nicht den prächartial noch häufig verwendeten - tendenziell weiten - Begriff der *Aggression*, sondern in Anküpfung an Art.51 CVN den Begriff des *bewaffneten Angriffs* verwenden,[1385] lässt WALKER unberücksichigt. All dies verdeutlicht aber, dass die Verträge gerade kein über Art.51 CVN hinausgehendes Selbstverteidigungsrecht gewähren wollen; maßgeblich soll vielmehr die Reichweite von Art.51 CVN selbst sein.

Aber selbst wenn man in den von WALKER bezeichneten postchartialen Beistandsverträgen eine selbständige Grundlage für ein Recht zur präventiven Gewaltanwendung erblicken wollte, ist es die Existenz von Art.53 Abs.1 S.2. 2.Hs CVN, die belegt, dass die Gründerstaaten bei Abfassung des Art.51 CVN jedenfalls keine Beistandsverträge erfassen wollten, die eine präventive Gewaltanwendung ermöglichen. Denn in diesem Fall wäre Art.53 Abs.1 S.2 2.Hs CVN in Ermangelung eines eigenständigen Anwendungsbereiches überflüssig gewesen.[1386] WALKERs These ist daher abzulehnen.

II. Innerchartiale Ansätze

Schwerpunktmäßig knüpfen die vertragsrechtlichen Begründungsansätze denn auch an der bestehenden "Ausnahmentrias" der Charta selbst an. Im Folgenden soll daher untersucht werden, ob sich ein - auf Basis der im 4. Kapitel herausgearbeiten Definitionen möglicherweise auch genauer spezifizierbares - Recht zur präventiven Gewaltanwendung im Zusammenhang mit Kollektivmaßnahmen nach Art.39ff. CVN, den Feindstaatenklauseln, insbesondere Art.53 Abs.1

1383 Art.5 WU-Vertrag, Art.5 NATO-Vertrag, Art.4 Warschauer Vertrag.

1384 Art.6 ANZUS-Vertrag, Art.11 Vertrag über wirtschaftliche Zusammenarbeit und kollektive Selbstverteidigung der AL-Staaten, Art.7 NATO-Vertrag.

1385 Hierauf weist auch MEIER, Der Begriff des bewaffneten Angriffs, AVR 16 (1974/75) 4, S.377 m.N. hin.

1386 Instruktiv zur sowjetischen Vertragspraxis unter Art.53 Abs.1 S.2 2.Hs CVN FRENZKE/HACKER/USCHAKOW, Die Feindstaatenartikel und das Problem des Gewaltverzichts (1971), S.110: "Betrachtet man die einzelnen Klauseln der neuabgeschlossenen Ostpakte [nach 1963], so kann man die Auffassung vertreten, daß die Neuabschlüsse *auf die Präventivmaßnahmen* gegen die Bundesrepublik *verzichtet* hätten. Sie haben ihre Beistandsklauseln '*ganz auf die Regeln der Selbstverteidigung gemäß Art.51 [CVN] abgestellt* (Vorliegen eines bewaffneten Angriffs, Mitteilung an den Sicherheitsrat usw.)'" [Hervorh. hinzugef.] Vgl. hierzu auch [STETTINIUS], Report to the President on the results of the San Francisco conference (1969), S.103 a.E. und HULME, San Francisco Conference (1945), S.37, die beide jeweils deutlich herausstellen, dass *präventive* Gewaltanwendung unter *Art.53 CVN* möglich sein sollte.

S.2 2.HS CVN oder dem Selbstverteidigungsrecht gem. Art.51 CVN begründen lässt.

1. Sicherheitsratsbeschlüsse

Die Art.39ff. CVN können keine *unmittelbare* Grundlage für den Untersuchungsgegenstand darstellen. Soweit der Sicherheitsrat präventive Gewaltanwendung nach Art.42 CVN im Einzelfall mandatiert, liegt darin eine Maßnahme des Systems kollektiver Sicherheit, [1387] und gerade keine unilaterale Gewaltanwendung. Vor dem Hintergrund der seit Resolution 1373 (2001)[1388] entbrannten Diskussion um *(quasi-)legislative Maßnahmen des Sicherheitsrates*[1389] stellt sich allerdings die Frage, ob eine Resolution nicht als *allgemeine Rechtsgrundlage* für ein Recht zur präventiven Gewaltanwendung dienen könnte.

a. Die rechtlichen Anknüpfungspunkte

Einen möglichen materiellen Ansatzpunkt liefert hierbei Resolution 1373 (2001) selbst, in der es unter Anderem heißt:

> "The Security Council,
>
> [...]
> Reaffirming further that such acts, like any act of international terrorism, constitute a threat to international peace and security,
> [...]
> Acting under Chapter VII of the Charter of the United Nations,
> [...]
> 2. Decides also that all States shall:

1387 Vgl. supra Zweiter Teil - 4. Kapitel - B. - II. - 1., S. 171.

1388 S/Res/1373 (2001) v. 28. September 2001.

1389 Vgl. hierzu - auch weiterführend - ASTON, Die Bekämpfung abstrakter Gefahren für den Weltfrieden durch legislative Maßnahmen des Sicherheitsrats - Resolution 1373 (2001) im Kontext, ZaöRV62 (2002) 1-2, S.257ff. m.w.N. in Fn9; FROWEIN/KRISCH, Introduction to Chapter VII, in: SIMMA ET AL, Commentary (2002), Bd.1, S.708, Rn21-23; SCHWEISFURT, Völkerrecht (2006), S.501ff.; SZASZ, The Security Council starts legislating, Am J Int'l L 96 (2002) 4, S.901; STEIN/VON BUTLAR, Völkerrecht (2005), S.351f., Rn895ff. TALMON, The Security Council as world legislature, Am J Int'l L 99 (2005) 4, S.175ff. m.w.N. in Fn4f.; WAGNER, Die wirtschaftlichen Maßnahmen des Sicherheitsrats nach dem 11. September 2001 im völkerrechtlichen Kontext - Von Wirtschaftssanktionen zur Wirtschaftsgesetzgebung?, ZaöRV 63 (2003) 4, S.879ff., insb. S.909ff.; ZIMMERMANN/ELBERLING, Grenzen der Legislativbefugnisse des Sicherheitsrats, VN 52 (2004) 3, S.71ff.. Neben Resolution 1373 (2001) wird auch auf S/Res/1422 (2002) v. 12. Juli 2002, S/Res/1487 (2003) v. 12. Juni 2003 sowie S/Res/1540 (2004) v. 28. April 2004 Bezug genommen.

[...]

(b) *Take the necessary steps to prevent the commission of terrorist acts*, including by provision of early warning to other States by exchange of information;"[1390]

Soweit der Sicherheitsrat insofern verbindlich entschieden hat, dass alle Staaten die "erforderlichen Schritte" zu unternehmen haben, um die Begehung terroristischer Akte zu verhüten, lässt sich jedenfalls bei grammatischer Betrachtung vertreten, dass damit auch die unilaterale präventive Anwendung von Gewalt erfasst wird.[1391] Dies gilt um so mehr, als die Wendung "alle erforderlichen Mittel" zu ergreifen, mit der regelmäßig zur Authorisierung von Gewalt nach Art.42 CVN gebrauchten Formulierung vergleichbar ist.[1392] Dass Resolution 1373 (2001) dabei nicht von "authorizes" spricht, ist jedoch unter der Prämisse, dass sie gerade einen abstrakt-generellen Rechtssatz zur unilateralen präventiven Anwendung von Gewalt aufstellt, nicht schädlich, weil die Authorisierung charakteristisch eine Einzelfallentscheidung ist.

Unbedenklich ist schließlich, dass es im nachfolgenden Halbsatz von op. Abs.2 heißt, "including by provision of early warning to other States by exchange of information" und insofern eine konkrete gewalt*lose* Maßnahme aufgezählt wird.

1390 S/Res/1373 (2001) v. 28. September 2001, präamb. Abs.3 sowie op. Abs.2 lit.(b) [Hervorh. im Orig. weggelassen/Hervorh. hinzugef.].

1391 In diese Richtung auch - wenngleich durchweg kritisch - BYERS, Terrorism, the use of force and international law after 11 September, Int'l Comp L Q 51 (2002) 2, S.402 bei Fn8; GOWLLAND-DEBBAS [Diskussionsbeitrag] zitiert bei KIRCHNER, Conference report - The role of non-state actors in international law and the perpetual war against terrorism - "From Government to Governance?" - 6th ASIL / NVIR Joint Conference in The Hague, 3 - 5 July 2003, Ger L J 4 (2003) 8, S.839 ("blanket permission for all acts committed in the war against terrorism"); ASTON, a.a.O. (Fn1389), S.258f. sowie S.286 bei und in Fn163 unter Berufung auf WILLIAMS, Amerikas Krieg gegen den Terrorismus, VN 40 (2001) 6, S.10; WOLF, Terrorismusbekämpfung unter Beweisnot, HuV-I 14 (2001) 4, S.211. Ähnlich TIETJE/NOWROT, Völkerrechtliche Aspekte militärischer Maßnahmen gegen den internationalen Terrorismus, NZWehrR 44 (2002) 1, S.16, die unter Anknüpfung an S/Res/1373 (2001), op. Abs.3 lit.c eine "neue Form der Authorisierung" erblicken, bei der der Sicherheitsrat über Art.53 Abs.1 CVN regionale Abmachungen zur Durchführung von Zwangsmaßnahmen in Anspruch nimmt. Vgl. schließlich auch TOMUSCHAT, Der 11. September 2001 und seine rechtlichen Konsequenzen, EuGRZ 28 (2001) 21/23, S.544, der offenbar auch auf op. Abs.2 lit.b abstellt ("Zulässigkeit des Einsatzes 'aller Mittel'"), dabei aber nur die *reaktive* Gewalt im Blick zu haben scheint.

1392 Vgl. etwa die mit Blick auf die Besetzung Kuwaits durch den Irak ergangene Resolution 678 (1990), S/Res/678 (1990) v. 29. November 1990, op. Abs.2, durch die die VN-Mitgliedstaaten authorisiert wurden, "*to use all necessary means* to uphold and implement resolution 660 (1990) and all subsequent relevant resolutions and to restore international peace and security in the area" [Hervorh. hinzugef.]. Vgl. hierzu auch TALMON, Grenzen der "Grenzenlosen Gerechtigkeit", in: MÄRZ, FS-Vitzthum (2003), S.133 m.w.N. in Fn115 aus der SR-Resolutionspraxis.

Denn anders als etwa die Wendung "in particular" ("insbesondere") erzwingt die Wendung "including" ("einschließlich") nicht den Rückschluss auf die strukturelle Vergleichbarkeit der Maßnahmen (hier also: Gewalt*losigkeit*). Man könnte vielmehr den Standpunkt einnehmen, dass die Verpflichtung einer "early *warning*" gerade auch der Vorbereitung effektiver präventiver Gewaltanwendung dienen soll, wobei es dann mit Blick auf eine "*early* warning" vertretbar erscheint, von einem zeitlich tendeziell früher anwendbaren Recht, mithin einem *Recht zur präemptiven Gewaltanwendung*[1393] auszugehen. Dafür spräche auch, dass es bei legislativem Handeln hinsichtlich einer *abstrakten Gefahr* - Akte des internationalen Terrorismus - vor dem Hintergrund effektiver Gefahrenabwehr nur konsequent ist, das mutmaßlich geschaffene unilaterale Gewaltrecht ebenso nur vom Vorliegen einer abstrakten Gefahr abhängig zu machen.[1394]

b. Bewertung

Die Überlegung, der Sicherheitsrat könne einen Völkerrechtssatz (als Grundlage eines Rechts zur präventiven Gewaltanwendung) schaffen, wirft in Anbetracht der bisher ganz vorherrschenden Einordnung des Sicherheitsrats als *Exekutiv*organ[1395] zahlreiche prinzipielle Probleme auf. Im Vordergrund steht dabei die Frage, ob der Sicherheitsrat *grundsätzlich* legislativ tätig werden kann, wobei mit Blick auf die Schaffung eines subjektiven Gewaltrechts spezifische Grenzen des chartialen Gewaltregelungsregimes zu berücksichtigen sind.

aa. Abgrenzung zwischen legislativem und exekutivem Handeln - Resolution 1373 (2001) als Völkerrechtssatz oder Allgemeinverfügung?

Zunächst stellt sich freilich die Frage, ob der Sicherheitsrat mit Resolution 1373 (2001) tatsächlich *legislativ* gehandelt hat; denn soweit nur ein Exekutivakt vorliegt, ergäbe sich keine *allgemeine* Legitimationswirkung.[1396] Obgleich der Beg-

---

1393 Vgl. zur Definition supra Erster Teil - 3. Kapitel - C. - IV. , S.99.

1394 In die Richtung, freilich in *allgemeiner* Würdigung der Resolution ASTON, a.a.O. (Fn1389), S.269 ("Auf diese Weise hat er [Anm.: SR] sichergestellt, dass die generell-abstrakten Regeln auf der Rechtsfolgenseite der Art der festgestellten Friedensbedrohung entsprechen.") und WAGNER, a.a.O. (Fn1389), S.904 a.E. ("Vorverlagerung des Eingriffszeitpunkts").

1395 Vgl. BRUHA/TAMS, Die Vereinten Nationen und das Völkerrecht, AusPuZ 22/2005, S.38 bei Fn24; FROWEIN/KRISCH, a.a.O. (Fn1389), S.705f., Rn12f. sowie S.709 Rn21a.E.; TALMON, a.a.O. (Fn1389), S.179 m.w.N. in Fn48; m.w.N. ZIMMERMANN/ELBERLING, a.a.O. (Fn1389), S.72 bei Fn7 und S.76 bei Fn59.

1396 Aber selbst wenn es sich bei Resolution 1373 (2001) "nur" um einen Exekutivakt handelt, ließe sich diskutieren, ob nicht op. Asb.2 eine Ermächtigung zur Anwendung präventiver Gewalt im Einzelfall, also mit Blick auf die "*perpetrators, organizers and*

riff der "international legislation" uneinheitlich verwendet wird,[1397] ist für die Abgrenzung im Ergebnis allein entscheidend, ob die Resolution materiell als *abstrakt-generelle* Maßnahme einzuordnen ist.[1398]

Dabei bestehen mit Blick auf den *generellen Charakter* kaum Zweifel, hat der Sicherheitsrat doch explizit "all states" adressiert. Probleme entstehen jedoch hinsichtlich des Kriteriums der *Abstraktheit*. Obwohl überwiegend angenommen wird, der Sicherheitsrat habe rechtsfolgenseitig eine vom Einzelfall gelöste Materie (namentlich "Akte des internationalen Terrorismus" und die darin bestehende *abstrakte Bedrohung des Weltfrieden*) einer Regelung zuführen wollen,[1399] könnte man gleichermaßen die Auffassung vertreten, tatsächlich sollte - und durfte[1400] - es nur um die terroristischen Aktivitäten *derjenigen* gehen, *die die Anschläge vom 11. September zu verantworten hatten*.[1401] Ein erstes Indiz hierfür ergibt sich aus der in Resolution 1373 (2001) in Bezug genommenen[1402] Resolution 1368 (2001), in der der Sicherheitsrat die Staaten aufruft, "to *work together urgently to bring to justice the perpetrators, organizers and sponsors of these terrorist attacks* and stresses that those responsible for aiding, supporting or harbouring the perpetrators, organizers and sponsors of these acts *will be held accountable*"[1403]. Vor diesem Hintergrund könnte man Resolution 1373 (2001) als bloße Konkretisierung der schon in Resolution 1368 (2001) geforderten Zusammenarbeit zur Verfolgung der Hintermänner der Anschläge vom 11. September 2001 interpretieren. Für eine auf den Einzelfall bezogene Entscheidung spricht darüber hinaus, dass es der Sicherheitsrat in Resolution 1373 (2001) unterlassen hat, den - ohnedies hochumstrittenen, und damit kaum als hinreichend klar vorauszusetzenden - Begriff des "(internationalen) Terrorismus" zu definie-

---

sponsors" (S/Res/1368 v. 12 September 2001, op. Abs.3) der Anschläge vom 11. September darstellt. Eine solche "Rechtfertigung" fiele indes nicht in den Untersuchungszusammenhang, weil in diesem Fall nicht von einer unilateralen, sondern einer mandatierten präventiven Gewaltanwendung auszugehen wäre.

1397 Zum Begriff der "international legislation" eingehend TALMON, a.a.O. (Fn1389), S.175-177.

1398 So auch ASTON, a.a.O. (Fn1389), S.267-269; MEISER/VON BUTTLAR, Militärische Terrorismusbekämpfung unter dem Regime der UN Charta (2005), S.24f.; SCHWEISFURT, a.a.O. (Fn1389), S.504, Rn24f.; TALMON, a.a.O. (Fn1389), S.176; KIRGIS, The Security Council's first fifty years, Am J Int'l L 89 (1995) 3, S.520 bei Fn112.

1399 Vgl. nur ASTON, a.a.O. (Fn1389), S.267; SCHWEISFURT, a.a.O. (Fn1389), S.504, Rn24 (letzter Spiegelstrich); SZASZ, a.a.O. (Fn1389), S.902; WAGNER, a.a.O. (Fn1389), S.904.

1400 Es wird vertreten, dass Kapitel VII nur Maßnahmen für *konkrete* Einzelfälle zulässt, so nach systematischer Auslegung insb. ZIMMERMANN/ELBERLING, a.a.O. (Fn1389), S.71f. m.w.N. in Fn6; vgl. auch ASTON, a.a.O. (Fn1389), S.277 m.w.N. Fn102 und HILLGRUBER, Das Verhältnis von Frieden und Gerechtigkeit - völkerrechtlich betrachtet, ZfP 50 (2003) 3, S.247, der bei abstrakten Gefahren lediglich Kapitel VI CVN eröffnet sieht.

1401 Dies zieht auch WAGNER, a.a.O. (Fn1389), S.912f. in Erwägung.

1402 S/Res/1373 (2001) v. 28. September 2001, präamb. Abs.1.

1403 S/Res/1368 (2001) v. 12. September 2001, op. Abs.3 [Hervorh. hinzugef.].

ren.[1404] Ist der sachliche Anwendungsbereich der Resolution danach durch Auslegung zu ermitteln, so ist dem Umstand, dass gerade die Anschläge von 11. September 2001 Anlass für die Entscheidung waren,[1405] im Rahmen einer historischen Betrachtung Rechnung zu tragen. Folgt man diesen Argumenten, könnte man in Resolution 1373 (2001) damit auch eine bloß *konkret-generelle* Maßnahme, eine Art Allgemeinverfügung[1406], erblicken.[1407]

Die Gesamtbetrachtung spricht allerdings gegen diese Auslegung. Mit Ausnahme der ersten und zweiten präambularen Erwägung sowie dem op. Abs.3 lit.e findet sich in Resolution 1373 (2001) kein den Anwendungsbereich konkretisierender Hinweis. Vielmehr wird gerade im operativen Teil der Resolution ausschließlich in allgemeiner Form von "(international) terrorism" gesprochen. Es werden Verpflichtungen aufgestellt, wie sie sich insbesondere in der *International Convention for the Suppression of the Financing of Terrorism* v. 9. Dezember 1999[1408] und der *International Convention for the Suppression of Terrorist Bombings* v. 15. Dezember 1997[1409] wiederfinden.[1410] Darüber hinaus werden unmittelbare Pflichten[1411] statuiert, die "zum Kernbestand einer allgmeinen Konvention zur Bekämpfung des internationalen Terrorismus gehören würden."[1412] Damit hat der Sicherheitsrat deutlich gemacht, dass er für eine *unbestimmte Zahl von Anwendungsfällen* einen Maßnahmenkatalog statuieren wollte, den er zu-

---

1404 Zur Problematik mangelnder Bestimmtheit auch ASTON, a.a.O. (Fn1389), S.285; WAGNER, a.a.O. (Fn1389), S.903 a.E und TALMON, a.a.O. (Fn1389), S.188ff., dessen Einschätzung, in Abwesenheit einer Definition erlaube es Resolution 1373 (2001) "each member state to define terrorist acts under its domestic legislation", freilich nur für jene Verpflichtungen gelten kann, die ausschließlich den nationalen Jurisdiktionsbereich betreffen.

1405 Vgl. SZASZ, ebd. (Fn1399); TALMON, a.a.O. (Fn1392), S.159; BRUHA, Neuer internationaler Terrorismus: Völkerrecht im Wandel?, in: KOCH, Terrorismus - Rechtsfragen der äußeren und inneren Sicherheit (2002), S.63.

1406 Ebenso FROWEIN/KRISCH, a.a.O. (Fn1389), S.709, Rn21 a.E.

1407 Vgl. auch ASTON, a.a.O. (Fn1389), S.268 m.w.N. in Fn63; ein typisches Beispiel derartiger konkret-genereller Resolutionen sind Wirtschaftssanktionen, wie sie etwa mit S/Res/661 (1990) v. 6 August 1990 , op. Abs.3, 4 gegen den Irak verhängt worden sind.

1408 Text in: A/Res/54/109 v. 25. Februar 2000.

1409 Text in: A/Res/52/164 v. 9. Januar 1998

1410 Vgl. S/Res/1373 v. 21. September 2001, op. Abs.1 lit.b-d sowie op. Abs.2, lit.b, e, f. Vgl. hierzu mit Nennung der einschlägigen Normen der genannten Konventionen ASTON, a.a.O. (Fn1389), S.262f. bei und in Fn26-28 sowie S.264 bei und in Fn37; ferner WAGNER, a.a.O. (Fn1389), S.901f. und exemplarisch TALMON, a.a.O. (Fn1392), S.120.

1411 Teilweise freilich mit "Richtliniencharakter", so dass es noch nationaler Umsetzungsakte bedarf, vgl. etwa S/Res/1373 v. 21. September 2001, op. Abs.2 lit.e,g sowie op. Abs.3 lit.f. So auch SCHWEISFURT, a.a.O. (Fn1389), Rn25 a.E.; TALMON, a.a.O. (Fn1389), S.189 bei Fn124; WAGNER, a.a.O. (Fn1389), S.904.

1412 ASTON, a.a.O. (Fn1389), S.264.

dem in seinem *zeitlichen Anwendungsbereich* nicht beschränkt hat.[1413] Das Fehlen einer Definition des internationalen Terrorimus ist in diesem Zusammenhang zwar beklagenswert, kann aber nach alledem die Feststellung, dass Resolution 1373 (2001) tatsächlich abstrakt-generelle Maßnahmen enthält, nicht hindern.

Es lässt sich also festhalten, dass Resolution 1373 (2001) von seiner Rechtsnatur und seinem Regelungsgehalt durchaus als Grundlage für ein allgemeines Recht zur präventiven Gewaltanwendung (in Bezug auf terroristische Bedrohungen) in Betracht zu ziehen ist. Einer *Brückennorm* bedarf es hier freilich nicht; die Verknüpfung einer rechtsetzenden Sicherheitsratsresolution mit der Charta ergäbe sich aus der Einordnung als *derivativem Rechtssatz*. Stattdessen erhebt sich aber die Frage, ob und in welchen Grenzen der Sicherheitsrat tatsächlich Recht setzen darf.

bb. Kompetenz

(1.) Verbandskompetenz

Die Kompetenzfrage muss bei der Verbandskompetenz der VN beginnen, kann doch die (Organ-)Kompetenz des Sicherheitsrates nicht weiter gehen, als die der VN selbst.[1414] Dabei ist festzustellen, dass die Verbandskompetenz - soweit sie überhaupt hinterfragt wird - regelmäßig mit einem lapidaren Hinweis auf Art.1 Ziff.1 CVN (Wahrung des Weltfriedens und der internationalen Sicherheit) bejaht wird,[1415] was angesichts des Wortlautes kaum überzeugen kann. Art.1 Ziff.1 CVN liest:

"Die Vereinten Nationen setzen sich folgende Ziele:

1413 Ebenso BRUHA, a.a.O (Fn1405), S.63f.; SCHWEISFURT, a.a.O. (Fn1389), S.504, Rn24; TALMON, a.a.O. (Fn1389), S.176 bei Fn16. ASTON, a.a.O. (Fn1389), S.265 spricht von "echte Querschnittsregeln unter Vermeidung jeglicher Anknüpfung an konkrete Erscheinungsformen des Terrorismus".

1414 Vgl. WAGNER, a.a.O. (Fn1389), S.910, der die Frage dann aber keiner Antwort zuführt; ferner ICTY, *Prosecutor v Duško Tadic A/K/A "Dule", Decision on the defence motion on jurisdiction*, Beschl. v. 10. August 1995, http://www.un.org/icty/tadic/trialc2/decision-e/100895.htm, §15 sowie in gleicher Sache ICTY, Appeals Chamber, *Decision on the defence motion for interlocutory appeal on Jurisdiction*, Beschl. v. 2. Oktober 1995, http://www.un.org/icty/tadic/appeal/decision-e/51002.htm, §28 [alle Seiten letzter Abruf: 6. September 2007].

1415 So etwa SCHWEISFURT, a.a.O. (Fn1389), S.505, Rn26 bei Fn57, der unter Bezugnahme auf WAGNER, a.a.O. (Fn1389), S.910 meint, es bestünden "keine Zweifel"; dabei verkennt SCHWEIßFURTH, dass WAGNER mit dem Hinweis auf Art.1 Ziff.1 CVN nicht die *Verbandskompetenz* bejaht, sondern lediglich die Richtigkeit der Feststellung des ICTY, Appeals Chamber, ebd. (Fn1414), zu unterstreichen suchte, *die Kompetenz des Sicherheitsrates könne nicht weiter gehen als die der VN.*

> 1.den Weltfrieden und die internationale Sicherheit zu wahren und zu diesem Zweck *wirksame Kollektivmaßnahmen* zu treffen, um Bedrohungen des Friedens zu verhüten und zu beseitigen, Angriffshandlungen und andere Friedensbrüche zu unterdrücken und internationale Streitigkeiten oder Situationen, die zu einem Friedensbruch führen könnten, durch friedliche Mittel *nach den Grundsätzen der Gerechtigkeit und des Völkerrechts* zu bereinigen oder beizulegen".

Wenngleich nicht auszuschließen ist, dass unter "wirksame Kollektivmaßnahmen" auch legislative Akte fallen *können*, so ist diese Annahme keinesfalls zweifelsfrei. Problematisch ist insbesondere, dass zur Zielerreichung (Wahrung des Weltfriedens und der internationalen Sicherheit) "*nach* den Grundsätzen der Gerechtigkeit und des Völkerrechts" ("in conformity", "conformément") gehandelt werden soll, was eher auf eine Rechts*anwendung* bzw. Rechts*beachtung*, denn auf eine Recht*setzung* hindeutet.

Ein Indiz für eine die Rechtsetzung umfassende Verbandskompetenz ergibt sich dagegen aus Art.1 Abs.2 CVN, in dem es heißt:

> "2. freundschaftliche, auf der Achtung vor dem Grundsatz der Gleichberechtigung und Selbstbestimmung der Völker beruhende Beziehungen zwischen den Nationen zu entwickeln und *andere geeignete Maßnahmen zur Festigung des Weltfriedens zu treffen*".

Wenn nämlich "Frieden durch Recht"[1416] geschaffen werden kann, und unter Recht in diesem Zusammenhang nicht nur Rechtsprechung und Rechtsdurchsetzung, sondern auch die - insbesondere zur Anpassung an geänderte Lebensumstände *geeignete* - Rechtssetzung zu zählen ist,[1417] ließe sich unter Rückgriff auf Art.1 Abs.2 CVN durchaus eine entsprechende Verbandskompetenz begründen.

(2.) Organkompetenz und Ermächtigungsgrundlage

Die Verbandskompetenz auf diesem Wege vorausgesetzt, stellt sich sodann die Frage nach der Organkompetenz des Sicherheitsrates und einer entsprechenden Ermächtigungsgrundlage. Beide Punkte können sich - gleichsam in einem Normenkomplex zusammenfallend - nur aus Art.39 i.V.m. Art.41 CVN ergeben,

---

[1416] Eingehend SCHNEIDER, Frieden durch Recht, HB 17 (1999), passim, insb. das Ergebnis ab S.90ff.; vgl. auch KELSEN, Collective security and collective self-defense under the Charter of the United Nations, Am J Int'l L 42 (1948) 4, S.789 "Since peace is not necessarily identical with law, the enforcement machinery established by the Charter is no guarantee for the maintenance or restoration of existing law; *but it may create new law.*" [Hervorh. hinzugef.].

[1417] Eben so SCHNEIDER, a.a.O. (Fn1416), S.93, die damit freilich ein "Idealmodell" beschreibt.

denn nur im Rahmen dieser Vorschriften erhält der Rat die Befugnis mit *bindender Wirkung die Anwendung gewaltloser Maßnahmen zu regeln.*[1418] Dass legislative Maßnahmen im Katalog des Art.41 CVN nicht aufgezählt sind, ist dabei grundsätzlich unschädlich, denn es handelt sich nur um eine beispielhafte Aufzählung.[1419]

Problematisch ist freilich, dass in Art.13 Abs.1 lit.a CVN explizit *der Generalversammlung* die Aufgabe übertragen wird, "die fortschreitende Entwicklung des Völkerrechts sowie seine Kodifizierung zu begünstigen". Insofern bestehen durchaus Zweifel, ob es - wenn schon in Art.13 CVN ausdrücklich benannt - nicht vielmehr Aufgabe der GV wäre, legislativ tätig zu werden.[1420] Dem ist zum Einen entgegenzuhalten, dass lediglich von einer "Begünstigung" ("promoting", "encourager") die Rede ist, die GV also nur als Plattform für die Staatengemeinschaft dienen soll, Kodifizierungsbemühungen voranzutreiben, was mit der Unverbindlichkeit der GV-Beschlüsse, Art.14 CVN, korrespondiert.[1421] Zum Anderen erschiene es - die Verbandskompetenz der VN vorausgesetzt - durchaus problematisch, dem Sicherheitsrat als für den Weltfrieden *hauptverantwortlichen* Organ der VN eine ("Auffang-"/"Not-")Kompetenz im Bereich der *Friedensbedrohungen* zu verwehren, ohne in Konflikt mit der Zielvorgabe zu kommen, der Sicherheitsrat solle "schnell und effektiv" (Art.24 Abs.1 CVN) handeln.[1422] Dies gilt um so mehr, als Kodifikationsbemühungen im Völkerrecht schnell Jahre oder gar Jahrzehnte in Anspruch nehmen.[1423] Vor diesem Hinter-

---

1418 Ebenso TALMON, a.a.O. (Fn1389), S.179f.. Gewaltlose Maßnahmen des Sicherheitsrats sind auch in Kapitel VI CVN vorgesehen, welche freilich - obschon gem. Art.25 CVN grundsätzlich für die Mitglieder der VN bindend - eben nur als *Aufforderung* (Art.33 Abs.2 CVN) oder *Empfehlung* (Art.36 Abs.1 und Art.37., Abs.2 CVN) ausgestaltet sind und damit jedenfalls einer *Regelung* nicht genügen.

1419 Vgl. hierzu nur eingehend WAGNER, a.a.O. (Fn1389), S.907f.; ASTON, a.a.O. (Fn1389), S.280f.; STEIN/VON BUTLAR, a.a.O. (Fn1389), S.345, Rn880 sowie ICTY, Appeals Chamber, a.a.O. (Fn1414), §§34f..

1420 So dezidiert ZIMMERMANN/ELBERLING, a.a.O. (Fn1389), S.72; Art.13 CVN aufgreifend, im Ergebnis eine davon ausgehende Sperrwirkung ablehnend WAGNER, a.a.O. (Fn1389), S.911 und ASTON, a.a.O. (Fn1389), S.281.

1421 Wie hier WAGNER, a.a.O. (Fn1389), S.911 m.N. in Fn179. Damit bleiben "Herren der Rechtsetzung" die Staaten. Dies entspricht auch der Praxis der *kooperativen Rechtsetzung*, vgl. hierzu BRUHA/TAMS, a.a.O. (Fn1395), S.33 mit Bsp. in Fn4. Dass die GV jedenfalls nicht berechtigt ist, neue Rechtfertigungsgründe zu schaffen, hat bereits DAHM, Das Verbot der Gewaltanwendung nach Art.2 (4) der UNO-Charta und die Selbsthilfe gegenüber Völkerrechtsverletzungen, die keinen bewaffneten Angriff enthalten, JIR 11 (1962), S.71 zutreffend festgestellt.

1422 Wohl vor diesem Hintergrund spricht ASTON, a.a.O. (Fn1389), S.259 von einer "Art Notstandsgesetzgebung"; in diese Richtung auch WAGNER, a.a.O. (Fn1389), S.913 und TALMON, a.a.O. (Fn1389), S.182 ("single-issue legislator"), S.184 ("emergency legislation").

1423 So auch WAGNER, ebd. (Fn1422). Bezeichnend ist auch die Presseerklärung des SR-Präsidenten PLEUGER zu S/Res/1540 (2004) v. 28. April 2004, http://www.un.org/

grund ließen sich mithin - obschon nicht zweifelsfrei[1424] - sowohl die Organkompetenz als auch eine hinreichende Ermächtigungsgrundlage bejahen.

cc. Verfahrensmängel

Erhebliche Bedenken bestehen allerdings mit Blick auf die Einordnung legislativer Sicherheitsratsresolutionen unter die formellen Rechtsquellen, also diejenigen "Verfahren", nach denen anerkanntermaßen (universelle) Völkerrechtssätze entstehen können. Inbesondere lässt sich die - einmütig als *Novum* bezeichnete[1425] - Praxis des Sicherheitsrates kaum unter den völkerrechtlichen Vertrag i.S.d. Art.38 Abs.1 lit.a IGH-Statut subsumieren.[1426] Ausschlaggebend ist hier, im Gegensatz etwa zur Struktur der europäischen Rechtsordnung, dass die absolute Mehrheit der Mitgliedstaaten die Charta und insbesondere Art.25 CVN als Anknüpfungspunkt[1427] für derivatives Vertragsrecht kaum im Wissen ratifiziert haben dürfte, dass der Sicherheitsrat eines Tages als "Gesetzgeber" auftritt.[1428] Insofern mangelt es an einem primärrechtlichen Konsens, der als Grundlage für die Einordnung abstrakt-genereller SR-Beschlüsse als derivatives Vertragsrecht dienen könnte.[1429]

News/briefings/docs/2004/pleugerpc.DOC.htm [letzter Abruf: 7. September 2007]: "The Americans were absolutely right to say there was a gap in international law pertaining to non-State actors. So, either new international law should be created, either waiting for customary international law to develop, or by negotiating a treaty or convention. Both took a long time, and everyone felt that there was an 'imminent threat', which had to be addressed and which could not wait for the usual way."

1424 Vgl. nur die bei ZIMMERMANN/ELBERLING, a.a.O. (Fn1389), S.75 bei und in Fn40, 44-47 genannten Proteste einiger Staaten zu Resolution 1422 (2002) und S/Res/1540 (2004); ferner MEISER/VON BUTTLAR, a.a.O. (Fn1398), S.25 m.w.N. in Fn95; TALMON, a.a.O. (Fn1392), S.125; BRUHA, a.a.O (Fn1405), S.64.

1425 Statt vieler ASTON, a.a.O. (Fn1389), S.258, 266f.; FINKE/WANDSCHER, Terrorismusbekämpfung jenseits militärischer Gewalt, VN 40 (2001) 5, S.171; MEISER/VON BUTTLAR, a.a.O. (Fn1398), S.24 m.w.N in Fn88; TALMON, a.a.O. (Fn1389), S.175; SCHWEISFURT, a.a.O. (Fn1389), S.503f., Rn24; SZASZ, a.a.O. (Fn1389), S.905 a.E.; ZIMMERMANN/ELBERLING, a.a.O. (Fn1389), S.71.

1426 So aber TALMON, a.a.O. (Fn1389), S.179.

1427 Vgl. VOIGTLÄNDER, Notwehrrecht und kollektive Verantwortung (2001), S.47 m.w.N. in Fn161.

1428 Eine Ausnahme dürften allenfalls die Schweiz, Ost-Timor und Montenegro darstellen, die - rein zeitlich betrachtet - erst *nach* Beschluss von S/Res/1373 in die VN aufgenommen wurden.

1429 Vgl. hierzu auch PELLET, Article 38, in: ZIMMERMANN/TOMUSCHAT/OELLERS-FRAHM, Commentary (2006), S.709, Rn96. Im vorliegenden Zusammenhang haben ZIMMERMANN/ELBERLING, a.a.O. (Fn1389), S.74f. zu Recht darauf hingewiesen, dass auch die Befolgung des mit S/Res/1373 (2001), op. Abs.6 erfolgten Aufrufs an die Staaten, dem CTC einen Bericht über die Implementierung der Resolution zukommen zu lassen, nicht zwingend *eine nachträgliche Bestätigung einer Legislativermächtigung des Sicherheitsrat*s darstellt. A.A. WAGNER, a.a.O. (Fn1389), S.911f., der aus dieser Praxis, der Verur-

Dabei ist freilich nicht unumstritten, ob Art.38 IGH-Statut überhaupt einen *numerus clausus* der Rechtsquellen zum Ausdruck bringt oder neben der Trias - richterliche Entscheidungen und Lehrmeinung i.S.d. Art.38 Abs.1 lit.d) sind lediglich "Hilfsmittel zur Feststellung von Rechtsnormen" und nicht selbst Rechtsquelle - weitere Quellen in Betracht kommen, etwa einseitige Akte, Verträge multinationaler Unternehmen mit Staaten oder Akte internationaler Organisationen.[1430] Gegen einen erschöpfenden Katalog wird vorgebracht, Art.38 IGH-Statut adressiere - was seine systematische Stellung unterstreiche - als *Verfahrensnorm* nur den IGH. Die Schöpfer der Vorschrift hätten nicht beabsichtigt, ein generelles und abstraktes Quellensystem festzuschreiben; schließlich seien die Staaten als Normgeber jederzeit in der Lage, neue Formen der Rechtsschöpfung zu entwickeln, ein numerus clausus würde mithin der Dynamik des Völkerrechts nicht gerecht.[1431]

Dem ist zu Recht widersprochen worden:[1432] Das Völkerrecht basiert auf - und entspringt aus - der *souveränen Gleichheit* der Staaten. Die Quellen Vertrag, Gewohnheit und allgemein anerkannter Rechtsgrundsatz widerspiegeln diesen *zentralen Aspekt der Gleichordnung*, den Gedanken einer idealerweise vollständigen (Vertrag), im Spannungsverhältnis zur Effektivität zumindest aber sehr breiten Zustimmung bzw. Basis bei der Rechtsetzung (Gewohnheitsrecht, Rechtsgrundsatz).[1433] Gerade die als alternative Rechtsquellen besonders disku-

---

teilung der Anschläge vom 11. September 2001 durch die Generalversammlung (A/Res/56/1 v. 18. September 2001) sowie der Plenardebatte *Measures to Eliminate International Terrorism* (A/56/PV.12 - PV.22 v. 1.-5. Oktober 2001) schlussfolgert, die Mitglieder der Vereinten Nationen hätten ihre Übereinstimmung mit der rechtlichen Einschätzung des internationalen Terrorismus als Gefahr für den Weltfrieden und "somit mit den Maßnahmen des Sicherheitsrates kundgetan". Dies Auffassung geht fehl, da sich aus der - in der Tat bestehenden - *rechtsgrundseitigen* Übereinstimmung keine zwangsläufige Übereinstimmung mit den *rechtsfolgenseitigen* Maßnahmen ergibt.

1430 Vgl. zum Überblick und m.w.N. nur PELLET, a.a.O. (Fn1429), S.704ff., Rn84ff.; VITZTHUM, Begriff, Geschichte und Quellen des Völkerrechts, in: DERS., Völkerrecht (2007), S.74ff., Rn148ff. Eingehend KRATZSCH, Rechtsquellen des Völkerrechts außerhalb von Artikel 38 Absatz 1 IGH-Statut (2000).

1431 Vgl. etwa VITZTHUM, a.a.O. (Fn1430), S.74, Rn148f.; m.w.N. KRATZSCH, a.a.O. (Fn1430), S.12f..

1432 Statt vieler BLECKMANN, Grundprobleme und Methoden des Völkerrechts (1982), S.229; DERS., Völkerrecht (2001), S.73, Rn196 und S.92, Rn245; vgl. ferner DOEHRING, Völkerrecht (2004), S.125, Rn284; FASTENRATH, Lücken im Völkerrecht (1991), S.88f.; paradox aber KRATZSCH, a.a.O. (Fn1430), S.17 bei Fn63 einerseits und S.22 bei Fn84 andererseits.

1433 Ebenso IPSEN ET AL, Völkerrecht (2004), S.218, §16, Rn15 a.E . ("Konsensprinzip"); explizit auch HOBE/KIMMINICH, Völkerrecht (2004), S.172; noch weitergehend HILLGRUBER, Das Verhältnis von Frieden und Gerechtigkeit - völkerrechtlich betrachtet, ZfP 50 (2003) 3, S.245.

tierten einseitigen staatlichen Akte und solche internationaler Organisationen haben eine derartige Basis jedoch nicht.[1434]

Und auch der Hinweis auf einen vermeintlich nur verfahrensrechtlichen Charakter des Art.38 IGH-Statut geht fehl, soll doch der IGH "nach dem Völkerrecht" entscheiden. Es liegt dann aber auf der Hand, dass dem Gericht der Zugriff auf sämtliche Rechtssätze des Rechtssystems gestattet werden soll, die die Staaten unter sich gelten lassen wollen.[1435]

Schließlich steht auch die von VITZTHUM herausgestellte "Dynamik des Völkerrechts" einem abschließenden Quellenkatalog nicht im Wege: Die Dynamik ist kein abstrakter Prozess, sondern Folge des Wirkens der Staaten. Und diesen steht es in der Tat jederzeit offen, im Wege einer "Metarechtsetzung", neue Rechtsquellen zu schaffen. Allerdings haben sich die Staaten in Ausübung ihrer Souveränität zugleich in derselben beschränkt und zur Berücksichtigung der Rechtsgleichheit verpflichtet.[1436] Die Schaffung neuer Rechtsquellen kann also nur unter Respekt der selbst auferlegten "souveränen *Gleichheit*" geschehen.[1437] Bezeichnenderweise meint denn auch VITZTHUM: "Weitere Arten von Rechtsquellen sind möglich, wenn über sie *Einvernehmen* besteht".[1438]

Es ist insofern vor allem der *verfahrensrechtliche Aspekt*, der ein legislatives Handeln des Sicherheitsrates größten Zweifeln aussetzt. Dabei müssen nicht einmal *politische* Bedenken bemüht werden, der Sicherheitsrat könne unter amerikanischer Dominanz vor allem für die Setzung von "Hegemonialrecht" instrumentalisiert werden.[1439] Es ist schlicht mit der *rechtlich*[1440] nach wie vor *paradigmatisch etatozentrisch geprägten Völkerrechtsordnung* - welche sich spätestens seit Gründung der Vereinten Nationen durch das Strukturprinzip der Rechtsgleichheit (Art.1. Ziff.2, Art.2 Ziff.1 CVN) auszeichnet - unvereinbar, dass ein Gremium von nur 15 Staaten Recht setzt, ohne dass auch nur *ein* Ver-

---

1434 Vgl. nur FASTENRATH, a.a.O. (Fn1432), S.104-107 und KRATZSCH, a.a.O. (Fn1430), S.26ff. und S.61ff.

1435 Ebenso m.w.N. FASTENRATH, a.a.O. (Fn1432), S.89. Dass der IGH dabei auch Sicherheitsratsresolutionen in seinen Entscheidungen berücksichtigt, diesen sogar gem. Art.103 CVN Höherrangigkeit gegenüber außerchartialem Recht attestiert (so IGH, *Case concerning questions of interpretation and application of the 1971 Montreal Convention arising from the aerial incident at Lockerbie* (Libyen/USA), Beschl. v. 14. April 1992, ICJ Rep. 1992, S.126, §42), steht dem nicht entgegen, denn damit ist noch nichts über die Natur des Sicherheitsratsbeschlusses als Legislativ- oder Exekutivakt gesagt. Dies verkennt TALMON, a.a.O. (Fn1389), S.179 bei Fn44.

1436 Vgl. hierzu schon m.w.N. supra Erster Teil - 1. Kapitel - B. - I. , S.20 bei und in Fn69.

1437 Ebenso KRISCH, Selbstverteidigung und kollektive Sicherheit (2001), S.332f..

1438 VITZTHUM, a.a.O. (Fn1430), S.75 Rn148 a.E. [Hervorh. hinzugef.].

1439 In diese Richtung wohl SZASZ, a.a.O. (Fn1389), S.905; ZIMMERMANN/ELBERLING, a.a.O. (Fn1389), S.76; BRUHA/TAMS, a.a.O. (Fn1395), S.37f..

1440 Zur Inkongruenz von Recht und Realität vgl supra Erster Teil , S.15ff..

fahrensschritt zur Feststellung einer hinreichend legitimierenden Übereinstimmung der Staaten vorgesehen wäre.[1441] Dies gilt umso mehr, als zum Einen das Gremium selbst erheblichen Bedenken mit Blick auf Legitimation und Gleichheitssatz ausgesetzt ist,[1442] zum Anderen selbst ein nachträglicher *universeller* völkerrechtlicher Vertrag über die selbe Regelungsmaterie wegen Art.103 CVN dem "Resolutionsrecht" nachginge.[1443]

dd. Spezifische Grenzen des chartialen Gewaltregelungsregimes für legislatives Handeln des Sicherheitsrates

Bestehen damit bereits nach der *grundsätzlichen* Betrachtung erhebliche Bedenken, ist jedenfalls *spezifisch* für den Bereich des Gewaltregelungsregimes eine Rechtsetzungskompetenz des Sicherheitsrates abzulehnen.

Zum Ersten ist zu berücksichtigen, dass die Ermächtigungsgrundlage Art.41 CVN nur *gewaltlose* Maßnahmen vorsieht.[1444] Dem widerspricht zwar unter formaler Betrachtung die Schaffung eines Rechtssatzes nicht. Wenn aber dieser Rechtssatz seinerseits die Anwendung von Gewalt gestattet, überschreitet das legislative Handeln - zumindest unter Umgehungsgesichtpunkten - materiell die vorgesehenen Rechtsfolgen ("Ermessensüberschreitung"). Und auch der Hinweis auf Art.42 CVN vermag hier nicht weiterzuhelfen. Art.39, 42 CVN lassen lediglich die *von der Einzelfallentscheidung* des Sicherheitsrats abhängige Gewaltanwendung des Systems kollektiver Sicherheit zu, muss doch der Sicherheitsrat Maßnahmen nach Art.41 CVN - von vornherein oder nach deren Ergrei-

---

[1441] So im Ergebnis auch BRUHA/TAMS, a.a.O. (Fn1395), S.38 bei Fn25; STEIN/VON BUTLAR, a.a.O. (Fn1389), S.351, Rn896; FROWEIN/KRISCH, a.a.O. (Fn1389), S.709, Rn23; ZIMMERMANN/ELBERLING, a.a.O. (Fn1389), S.75 m.w.N. in Fn50 und BYERS [Diskussionsbeitrag] zitiert bei KIRCHNER, a.a.O. (Fn1391), S.846, der allerdings nicht gerade geglückt den Begriff des "democratic deficit" benutzt, welcher - seiner gängigen Verwendung in Bezug auf die europäische Rechtsordnung entsprechend - weniger die mangelnde Beteiligung der *Staaten*, denn des *Volkes* beschreibt; vg. auch ASTON, a.a.O. (Fn1389), S.271f. sowie S.275 mit zahlreichen Nachweisen in Fn94. Angemerkt sei schließlich exemplarisch, dass den nicht-ständigen Mitgliedern des Sicherheitsrates nicht mehr als ein Tag Zeit blieb, um den von den USA eingebrachten Resolutionsentwurf für Resolution 1373 (2001) zu prüfen, vgl. FINKE/WANDSCHER, a.a.O (Fn1425), S.171 bei Fn36.

[1442] Vgl. FINKE/WANDSCHER, a.a.O (Fn1425), S.172; hierzu auch ASTON, a.a.O. (Fn1389), S.281 m.w.N. in Fn116.

[1443] Vgl. TALMON, a.a.O. (Fn1389), S.184 bei Fn90 unter Bezugnahme auf IGH, ebd. (Fn1435).

[1444] Vgl. FROWEIN/KRISCH, Article 39, in: SIMMA ET AL, Commentary (2002), Bd.1, S.740, Rn11 mw.N. in Fn26; vgl. auch ICTY, Appeals Chamber, a.a.O. (Fn1414), §35: "All the Article [Art.41 CVN] requires is that they do not involve 'the use of force.' It is a negative definition."

fung - als unzureichend bewertet haben. Wenn dies in Anbetracht einer weiten Einschätzungsprärogative rechtlich auch nur eine geringe "Schwelle" darstellt,[1445] kann diese Beurteilung sachgerecht jedenfalls *nur auf Basis der Tatsachen im Einzelfall* getroffen werden. Eine Delegation dieser Beurteilungskompetenz an einen Mitgliedstaat kommt aber nicht in Betracht.[1446] Zum Zweiten widerspräche die Schaffung eines Rechtssatzes zur unilateralen präventiven Gewaltanwendung *gerade durch den Sicherheitsrat* der Grundstruktur des chartialen Gewaltregelungsregimes, nach dem die Prävention grundsätzlich dem System kollektiver Sicherheit (vertreten durch den SR) obliegt, während unilaterale Maßnahmen bestenfalls ausnahmsweise zur Verhütung von Gewalt ergriffen werden dürfen.[1447] Die Konstituierung eines unilateralen Rechts durch den Sicherheitsrat käme angesichts Art.24 Abs.1 CVN -

> "Um ein schnelles und wirksames Handeln der Vereinten Nationen zu gewährleisten, *übertragen* ihre Mitglieder dem Sicherheitsrat die *Hauptverantwortung* für die Wahrung des Weltfriedens und der internationalen Sicherheit [...]"

- einer "Rückübertragung" der Hauptverantwortung gleich. Die hierfür erforderliche "Kompetenz-Kompetenz" hat der Sicherheitsrat indes trotz Einschätzungsprärogative[1448] ebensowenig[1449] wie er eine Änderung der Charta vornehmen kann (Art.108f. CVN); "Herren des Vertrages" sind allein die Mitgliedstaaten.

c. Zwischenergebnis

Legislative Sicherheitsratsbeschlüsse können nicht zur Begründung eines Rechts zur präventiven Gewaltanwendung dienen. Bereits grundsätzlich bestehen erhebliche Bedenken, ob der Sicherheitsrat Völkerrecht setzen kann. Jedenfalls in Bezug auf das formell abschließende Gewaltregelungsregime ist dies abzulehnen, weil damit im Ergebnis stets eine Änderung der Charta einherginge, die nicht zur Disposition des Sicherheitsrates steht.

1445 Vgl. hierzu bereits supra Zweiter Teil - 5. Kapitel - B. - I. - 4. - b. , S.217 bei Fn1039.

1446 Ebenso FROWEIN/KRISCH, a.a.O. (Fn1389), S.713f., Rn33 a.E. m.N. in Fn107f. sowie Rn36.

1447 Ebenso BRUHA/TAMS, a.a.O. (Fn1395), S.37; ASTON, a.a.O. (Fn1389), S.279f.; wohl auch TOMUSCHAT, a.a.O. (Fn1391), S.543.

1448 Vgl. hierzu schon Zweiter Teil - 4. Kapitel - B. - II. , S.172 bei und m.w.N. in Fn837.

1449 Vgl. FROWEIN/KRISCH, a.a.O. (Fn1389), S.710, Rn25.

2. Feindstaatenklauseln

Eine zweite denkbare Basis für ein Recht zur präventiven Gewaltanwendung innerhalb der Charta stellen die Feindstaatenklauseln dar, schließlich waren sie gerade zu dem Zweck in die Charta eingefügt worden, die auf gewaltsame Prävention gerichteten Beistandsverträge Frankreichs und der Sowjetunion mit dem neuen Gewaltregelungsregime in Einklang zu bringen.[1450] Isoliert von der Rechtsfolgenseite betrachtet, scheinen sich die Feindstaatenklauseln damit geradezu anzubieten. Eine *unmittelbare* Anwendung der Feindstaatenklauseln scheidet freilich aus; denn ihrem direkten Anwendungsbereich gemäß sind die Feindstaatenklauseln heute obsolet.[1451] Wie jedoch bereits angedeutet wurde, stellt sich - zumindest theoretisch - die Frage einer *analogen* Anwendung.

a. Die rechtlichen Anknüpfungspunkte

Eine Analogie setzt eine planwidrige Regelungslücke und die Vergleichbarkeit der Sach- und Interessenslage des normierten und des nicht normierten Falles voraus. Eine *planwidrige* Regelungslücke im tendenziell "planlosen" und fragmentarischen Völkerrecht[1452] festzustellen, erfordert dabei grundsätzlich einen hohen Aufwand in Erforschung und Analyse der bestehenden Rechtslage.[1453] Zu groß ist andernfalls die Gefahr, dass die Rechtsfigur der Analogie zur Krücke politischer Wunschvorstellungen wird.[1454] Die Beurteilung, ob und inwieweit eine Regelungslücke existiert, ist andererseits keine einfach disjunktive, sondern eine wertungsabhängige Frage.[1455] Die Grenze zwischen "Nichtregelung" und "Schlechtregelung" sind fließend - exemplarisch sei hier nur auf den Komplex des transnationalen Terrorismus hingewiesen: Wie bereits dargelegt wurde, ist die Frage der Gewaltanwendung auch in diesem Verhältnis (Staat-Terrororganisation) grundsätzlich, wenn auch nicht reziprok geregelt.[1456]

1450 Vgl. supra Zweiter Teil - 4. Kapitel - B. - II. - 2. , S.172 bei und m.N. in Fn840f.

1451 Vgl. supra Zweiter Teil - 4. Kapitel - B. - II. - 2. , S.173 bei und m.N. in Fn844.

1452 Vgl. zum fragmentarischen Charakter der Völkerrechts bereits supra Einleitung - A. , S.6 bei Fn36ff..

1453 Aus diesem Grund beschränken IPSEN ET AL, a.a.O. (Fn1433), S.245, §19, Rn5 a.E, 7 den Anwendungsbereich der Analogie auf das Völkervertragsrecht. Zur Planwidrigkeit allgemein DIES., S.245, §19, Rn6 bei Fn110 sowie BLECKMANN, a.a.O. (Fn1432), S.207f..

1454 Die Analogie teilt - als deduktives Verfahren - die Gefahren der Deduktion, vgl. auch hierzu supra Einleitung -A. , S.7 sowie B. , S.14.

1455 Krit. BLECKMANN, a.a.O. (Fn1432), S.209, der den Rückgriff auf "rechtspolitische Erwägungen" zur Lückenbestimmung im Völkerrecht tendenziell ablehnt, weil es "einerseits a priori bestehende Allgemeininteressen der Völkerrechtsgemeinschaft nicht gibt, andererseits solche rechtspolitischen Erwägungen bei der Feststellung und Auslegung des Völkerrechts nach der klassischen Rechtsquellenlehre ausgeschlossen sind [...]".

1456 Vgl. supra Zweiter Teil - 5. Kapitel - B. - I. - 3. - b. - bb. , S.212.

Insoweit wäre zunächst festzustellen, ob hinsichtlich der herausgearbeiteten Asymmetrien der Konfliktwirklichkeit[1457] mit Blick auf die unilateralen Gewaltrechte tatsächlich Regelungslücken bestehen. In einem zweiten Schritt müßte dann die Vergleichbarkeit der Sach- und Interessenslagen festgestellt werden. Hinsichtlich einer analogen Anwendung der *Feindstaaten*klauseln drängt sich dabei die Problematik der sog. Schurkenstaaten wie auch transnationaler Terrororganisationen als "ennemis du genre humain"[1458] geradezu auf.[1459] In diesem Zusammenhang wird deutlich, dass die bereits besprochene Begrifflichkeit der "Schurkenstaaten", abgesehen von ihrer sozio-psychologischen Wirkung, auch eine ganz konkrete *völkerrechtliche* Relevanz gewinnen könnte, die möglicherweise - wenn auch nicht in dem hier dargestellen Zusammenhang[1460] - beabsichtigt ist.

[1457] Vgl. zusammenfassend supra Erster Teil - 2. Kapitel - B. , S.81.

[1458] LAUBACH/PREUß/SCHMIERER/STOLL, Die Rolle des Völkerrechts in einer globalisierten Welt (2004), S.25. Vgl. exemplarisch auch die *Erklärung der Bundesregierung zu den Anschlägen in den Vereinigten Staaten von Amerika* v. 12. September 2001, Plenarprotokoll 14/186, S.18293, in der Bundeskanzler SCHRÖDER die Anschläge als "Kriegserklärung an die zivilisierte Völkergemeinschaft" und "Kriegserklärung gegen die gesamte zivilisierte Welt" bezeichnete. Ähnlich die *Gemeinsame Erklärung der Staats- und Regierungschefs der Europäischen Union, der Präsidentin des Europäischen Parlaments, des Präsidenten der Europäischen Kommission und des Hohen Vertreters für die Gemeinsame Außen- und Sicherheitspolitik* v. 14. September 2001, Bull. EU 9-2001, Ziff.1.6.4 ("Anschlag auf uns alle und damit auf unsere weltoffenen, demokratischen, multikulturellen und toleranten Gesellschaften").

[1459] Vgl. LAUBACH/PREUß/SCHMIERER/STOLL, a.a.O. (Fn1458), S.24: "So stellt sich die Frage, ob Staaten, die aufgrund ihres bisherigen aggressiven Verhaltens und ihres nicht-demokratischen Charakters zur Gewaltanwendung nach innen und außen neigen, nicht einen geringeren Schutz vor Interventionen der Völkerrechtsgemeinschaft erhalten müssten, als rechtstreue Staaten. Immerhin gibt es in Gestalt der Feindstaatenklausel des Art.107 der Charta der Vereinten Nationen ein - historisch obsoletes - Beispiel. *Seine zeit- und situationsgemäße Modifizierung und Aktualisierung sollte in Erwägung gezogen werden.*" [Hervorh. hinzugef.]; klar ablehnend - in Bezug auf den Irak - BLUMENWITZ, Die völkerrechtlichen Aspekte des Irak-Konfliktes, ZfP 50 (2003) 3, S.308 bei Fn29.

[1460] Denkbar ist auch, dass - etwa im Rahmen von Art.51 CVN - *Zurechnungsprobleme im Zusammenhang mit terroristischen Gewaltakten* durch Subsumtion unter die vermeintlichen Tatbestände 'war on terror' und 'rogue state' überspielt werden sollen. So stellt MÉGRET, "Krieg?" - Völkerrechtssemantik und der Kampf gegen den Terrorismus, KJ 35 (2002) 2, S.169 treffend fest: "Die Tatsache, dass die 'Terroristen' [des 11. September 2001] schon wenige Stunden nach den Anschlägen mit 'den ihnen Zuflucht gewährenden Staaten' gleichgestellt wurden, zeigt, in welch obsessiver Weise versucht wird, eine Verbindung von Terrorakten zu staatlich-souveränen Auftraggebern herzustellen." In diese Richtung auch KOTZUR, "Krieg gegen den Terrorismus" - politische Rhetorik oder neue Konturen des "Kriegsbegriffs" im Völkerrecht?, AVR 40 (2002) 4, S.461f..

b. Bewertung

Die angesprochenen Voraussetzungen (Regelungslücke und Vergleichbarkeit von Sach- und Interessenlage) können im Ergebnis aber dahinstehen, weil die analoge Anwendung der Feindstaatenklauseln bereits aus anderen Gründen nicht in Betracht kommt.

Erhebliche Zweifel bestehen zum Ersten mit Blick auf die *sachliche Vergleichbarkeit.* Soweit nämlich in Art.53 Abs.1 S.2 2.Hs CVN tatbestandlich die "*Wieder*aufnahme der Angriffspolitik" vorausgesetzt wird, weisen OESER ET AL zu Recht darauf hin, dass damit an die niedergeschlagene Aggression des Zweiten Weltkrieges angeknüpft wird;[1461] im Hinblick auf Art.107 CVN ergibt sich Entsprechendes durch die Anknüpfung an die "*Folgen* des Zweiten Weltkrieges". Vor diesem Hintergrund könnten die Feinstaatenklauseln bestenfalls mit Blick auf Terrororganisationen greifen, die bereits in der Vergangenheit ein mit den Aggressionen der Feindstaaten im Zweiten Weltkrieg vergleichbares aggressives Verhalten an den Tag gelegt haben. Selbst mit Blick auf die Folgen des 11. September 2001 wird man hier aber eine Vergleichbarkeit ablehnen müssen.
Zweifel bestehen zum Zweiten mit Blick auf die *Rechtsfolgenseite.* Wie bereits dargelegt wurde, handelt es sich bei den Feindstaatenklauseln nämlich nicht um selbständige Rechts*titel*, sondern nur um Brückennormen, die für außerhalb der Charta bestehende vertragliche Rechtstitel den Dispens vom Gewaltverbot anordnen.[1462] Derartige vertragliche Rechtstitel sind aber nicht ersichtlich.
Eine analoge Anwendung der Feindstaatenklauseln scheitert schließlich an dem Umstand, dass es sich bei Art.53 Abs.1 S.2 2.Hs und Art.107 CVN entsprechend der Systematik des Gewaltregelungsregimes um *Ausnahmebestimmungen* handelt. Ausnahmebestimmungen können aber schon nach ihrem Sinn und Zweck nicht analog herangezogen werden, da sie ansonsten ihren Charakter als Ausnahmebestimmung verlieren.[1463]

c. Zwischenergebnis

Die Feindstaatenklauseln können nicht im Wege der Analogie für ein unilaterales Recht zur präventiven Gewaltanwendung nutzbar gemacht werden; ob das chartiale Gewaltregelungsregime Regelungslücken enthält, kann daher offen bleiben.

[1461] Vgl. OESER/STEINIGER/GRAEFRATH, Völkerrechtliche Verantwortlichkeit der Staaten (1977), S.130; ebenso - unter Bezugnahme auf SCHIEDERMAIR - RESS/BRÖHMER, Article 53, in: SIMMA ET AL, Commentary (2002), Bd.1, S.873, Rn49 m.N. in Fn117.

[1462] Vgl. supra Zweiter Teil - 5. Kapitel - B. - I. - 6. - a. , S.232.

[1463] Vgl. hierzu auch BLECKMANN, a.a.O. (Fn1432), S.249 sowie - in Bezug auf das Selbstverteidigungsrecht - DAHM, a.a.O. (Fn1421), S.61 m.N. in Fn45.

3. Das Selbstverteidigungsrecht (Art.51 CVN)

Von größer Bedeutung ist schließlich Art.51 CVN als *dem* Ausnahmetatbestand für unilaterale Gewalt. Dabei müssen - gerade in Anbetracht der seit dem 11. September 2001 (neu) entbrannten Diskussion um eine effektive Terrorismusbekämpfung - zwei Aspekte trennscharf auseinandergehalten werden. Zum Einen geht es um die den *zeitlichen Anwendungsbereich* berührende Frage, namentlich ob unter Art.51 CVN schon die - konkrete oder abstrakte - Gefahr eines bewaffneten Angriffes subsumiert werden kann. Zum Anderen geht es um die den *persönlichen Anwendungsbereich* berührende Frage, wer überhaupt passivlegitimierter Adressat des Selbstverteidigungsrechtsverhältnisses sein kann.

a. Der zeitliche Anwendungsbereich

aa. These

Eine Auffassung sieht die unilaterale präventive Gewaltanwendung durch Art.51 CVN selbst gedeckt.[1464] Tragendes Argument ist eine mit Blick auf das zeitliche Moment weite Auslegung des Tatbestandsmerkmals des *bewaffneten Angriffs*[1465].

bb. Bewertung

(1.) Grammatische Auslegung

Der *englische* Text legt eine eher enge Auslegung nahe: Das Verb "occur" bedeutet passieren, geschehen, auftreten, vorfallen oder vorkommen und ist - insbesondere in der gewählten Zeitform (Präsens) - tendenziell auf ein aktuelles,

---

[1464] Vgl. etwa BAKER, Terrorism and the inherent right of self-defense (a call to amend Article 51 of the United Nations Charter), Houston J Int'l L 10 (1987) 1, S.45f.; FENWICK, The quarantine against Cuba: Legal or illegal?, Am J Int'l L 57 (1963) 3, S.589ff.; SCHMITT, Counter-terrorism and the use of force in international law (2002), S.65; jüngst wieder KUNDE, Der Präventivkrieg (2007), S.139ff. mit zahlreichen weiteren Nachweisen in Fn355. Vgl. auch GRAY, International law and the use of force (2000), S.115: "States prefer to argue for an extended interpretation of armed attack […]. The clear trend in state practice is to try to bring the action within Article 51 and to claim the existence of an armed attack rather than to expressly argue for a wider right under customary international law."

[1465] Vgl. die authentischen Sprachfassungen: "if an armed attack occurs"[engl.], "dans le cas où un Membre des Nations Unies est l'object d'une agression armeé" [frz.], "en caso de ataque armado" [span.], "если произойдет вооруженное нападение" [russ.].

gegenwärtiges Geschehen ausgerichtet.[1466] Danach wäre jedenfalls die präemptive Selbstverteidigung auszuschließen, während die interzeptive Selbstverteidigung - die an die bereits begonnene Angriffshandlung anküpft - umfasst wäre: Dem englischen Wortlaut ist insofern nicht zu entnehmen, dass jedenfalls der Angriffs*erfolg* - ein Schaden - bereits eingetreten sein muss. Hinsichtlich der antizipatorischen Selbstverteidigung, also einem unmittelbar bevorstehenden Angriff, ist der englische Wortlaut dagegen nicht eindeutig.[1467]

Die *französische* Sprachfassung ("dans le cas où un Membre des Nations Unies est l'object d'une agression armeé") ließe zwar durch die Zeitform Präsens prinzipiell den gleichen Schluss zu. Sinntragend ist indes der Satzteil "das Ziel einer bewaffneten Aggression [zu sein]", wobei der Begriff der "bewaffneten Aggression" - im Spannungsverhältnis zwischen dem eher weiten Aggressions- und dem eher engen Angriffstatbestand - eine Mittelstellung einnimmt.[1468] Insofern lässt sich vertreten, dass die Aggression, sei sie auch durch das Attribut der Bewaffnung in ihrer Modalität näher definiert, gerade auch solche Handlungsweisen umfassen kann, die einem aktuellen Angriffsgeschehen unmittelbar vorgelagert sind. Hierfür spricht insbesondere die Verwendung des Begriffes der "politique d'agression" in der französischen Fassung von Art.53 Abs.1 S.2 2.Hs CVN (Feindstaatenklausel), welche ihrerseits präventives Vorgehen umfassen sollte.[1469] Die französische Fassung deutet daher eher auf ein weites Verständnis,[1470] dass jedenfalls die Interzeption und auch die Antizipation umfasst.

1466 So etwa RANDELZHOFER, Article 51, in: SIMMA ET AL, A Commentary (2002), Bd.1, S.803, Rn39; KELSEN, Limitations on the functions of the United Nations, Yale L J 55 (1946) 5, S.1010; TOMUSCHAT, Völkerrecht ist kein Zweiklassenrecht, VN 51 (2003) 2, S.42; JESSUP zit. bei MCCORMACK, Self-defense in international law (1997), S.123 bei Fn32; in diese Richtung wohl auch JORASCH, Individuelle und kollektive Selbstverteidigung, NZWehrr 23 (1981), S.205.

1467 Dezidiert a.A. KUNZ, Individual and collective self-defense in Article 51 of the Charter of the United Nations, Am J Int'l L 41 (1947) 4, S.878, der dem Worlaut den Ausschluss jeder präventiven Selbstverteidigung entnimmt.

1468 BRIERLY/WALDOCK, The law of nations (1963), S.419 a.E.; in diese Richtung wohl auch JORASCH, a.a.O. (Fn1466), S.205.

1469 Vgl. supra Zweiter Teil - 4. Kapitel - B. - II. - 2. , S.172 bei und m.N. in Fn840.

1470 Vgl. JIMÉNEZ DE ARÉCHAGA, La coordination des systèmes de l'ONU et de l'Organisation des États Américains pour le règlement pacifique des différends et la sécurité collective, RC 111 (1964-I), S.503f; BROWNLIE, a.a.O. (Fn1368), S.275; FEDER, Reading the U.N. Charter connotatively: Toward a new definition of armed attack , NYU J Int'l L & Pol 19 (1987) 2, S.418f. in Fn106; HIGGINS, The development of international law through the political organs of the United Nations (1963), S.199; NEUHOLD, Internationale Konflikte - verbotene und erlaubte Mittel ihrer Austragung (1977), S.136 in Fn279; RANDELZHOFER, a.a.O. (Fn1466), S.803, Rn39 in Fn140; WALDOCK, The regulation of the use of force by individual states in international law, RC 81 (1952-II), S.497 a.E.; a.A. - freilich ohne Begründung - KRAJEWSKI, Preventive use of force and military actions against non-state actors: Revisiting the right of self-defence in insecure times, Baltic YB Int'l L 5 (2005), S.7 und TOMUSCHAT, a.a.O. (Fn1466), S.42.

Ebenso lässt sich auch die Zeitform des den Selbstverteidigungsfall umschreibenden Verbs im *russischen* Wortlaut - "произойдет" interpretieren: Es handelt sich um eine Form des Futur I ("wird geschehen"). Die *spanische* Version - "en caso de ataque armado" - spricht schließlich ohne Verb schlicht vom Fall des bewaffneten Angriffes, wobei man sich trefflich darüber streiten kann, ob der Fall erst mit dem "ersten Schuss"[1471] beginnt oder wenn bereits - konkretisiert - absehbar ist, dass ein bewaffneter Angriff bevorsteht.[1472]

Unter grammatischen Gesichtspunkten lässt sich damit festhalten, dass das *Konzept präemptiver Selbstverteidigung* keine Stütze im Wortlaut findet.[1473] Weder lässt sich mit Blick auf die französische und spanische Fassung bei einer abstrakten Gefahr *ein* Fall determinieren (schließlich stehen die genauen Umstände noch nicht fest), noch "geschieht" i.S.d. englischen Fassung ein bewaffneter Angriff, der sich erst in unbestimmter Zukunft manifestiert.[1474] Die Interzeption ist dagegen nach allen Wortlauten abgedeckt. Weder der Begriff des bewaffneten Angriffs ("armed attack", "ataque armado") noch der bewaffneten Aggression ("agression armeé") setzen voraus, dass ein Schaden bereits eingetreten ist - eine unweigerlich zum Angriffserfolg führende Angriffshandlung genügt damit.

Uneindeutig sind die authentischen Sprachfassungen dagegen im Bereich der Antizipation. Dies zeigt sich exemplarisch an den sehr unterschiedlichen, letztlich interpretierenden Übersetzungen. In der amtlichen deutschen Fassung[1475] ist - orientiert an der spanischen Version[1476] - von "im Fall eines bewaffneten An-

---

1471 In diese Richtung wird dem französischen Außenminister BRIAND - im Zusammenhang mit der Definition eines bewaffneten Angriffes - der Ausspruch zugeschrieben: "A cannon shot is a cannon shot; you can hear it and it often leaves traces", zit. bei FEDER, a.a.O. (Fn1470), S.412 m.N. in Fn87. Die "first shot"-These wurde seit der *Convention of Aggression* v. 3. Juli 1933, abgedr. in Am J Int'l 27 (1993) 4, Suppl., S.192 - einem auf sowjetische Initiative zurückgehenden multilateralen Vertrag zur Aggressorendefinition - vor allem vom Ostblock vertreten, vgl. hierzu nur BOTHE, Die Erklärung der Generalversammlung der Vereinten Nationen über die Definition der Aggression, JIR 18 (1975), S.131f.; HAILBRONNER, Die Grenzen des völkerrechtlichen Gewaltverbots, in: SCHINDLER/HAILBRONNER, Die Grenzen des völkerrechtlichen Gewaltverbots, BDGV 26 (1986), S.80; ferner FEINSTEIN, Self-defence and Israel in international law, Is L Rev 11 (1976) 4, S.531f. und DINSTEIN, War, aggression and self-defence (2001), S.170.

1472 Dass dem spanischen Wortlaut kein hinreichendes Indiz für oder gegen präventive Selbstverteidigung entnommen werden kann, sieht auch BROWNLIE, a.a.O. (Fn1368), S.275.

1473 Vgl. KUNDE, a.a.O. (Fn1464), S.136; O'CONNELL, The myth of preemptive self-defense, Am Soc'y Int'l L Papers (8/2002), http://www.asil.org/taskforce/oconnell.pdf [letzter Abruf: 29. September 2006], S.5ff..

1474 Ebenso BOTHE, Terrorism and the legality of pre-emptive force, Eur J Int'l L 14 (2003) 2, S.232.

1475 Wortlaut abgedr. supra Einleitung - A. , S.1 bei Fn2.

1476 Die ihrerseits sowohl Begriffsteile der französischen ("dans le cas") als auch der englischen Fassung ("armed attack") enthält.

griffes" die Rede. Die Wendung ist mit Blick auf den zeitlichen Anwendungsbereich tendenziell offen. Noch deutlicher ist die - wohl im Anschluss an die französische und russische Fassung vorgenommene -Übersetzung VON MANGOLDTS: "Wenn ein bewaffneter Angriff [...] *unternommen wird*, [...]"[1477]. Im Begriff der "Unternehmung" kommt ein deutlich vor Beginn der eigentlichen Angriffshandlung ansetzendes Verständnis zum Ausdruck, das die unmittelbaren Vorbereitungshandlungen und damit die Antizipation umfasst. NEUHOLD dagegen übersetzt - dicht angelehnt an die englische Fassung - "wenn ein Angriff mit Waffengewalt erfolgt"[1478] und bringt über den Begriff "erfolgen" eine eher reaktive Interpretation zum Ausdruck. Jede Interpretation kann sich auf einen Teil der authentischen Wortlaute stützen; eine vollintegrative Interpretation bietet dagegen keine der Übersetzungen. Mit Blick auf das Konzept *der Antizipation* lässt der Wortlaut damit keinen sicheren Schluss zu[1479] - insofern ist auch die Vermutung einer einheitlichen Bedeutung i.S.d. Art.33 Abs.3 WVK erschüttert. In einem solchen Fall sind gem. Art.33 Abs.4 WVK zunächst die übrigen Auslegungsmittel heranzuziehen.

(2.) Teleologische Auslegung

Die teleologische Interpretation ist dabei allerdings wenig hilfreich. Hier stellt sich nämlich zunächst die Frage, welchen Sinn und Zweck man Art.51 CVN zumisst, worüber man durchaus geteilter Ansicht sein kann.

Bei *natürlicher (gewöhnlicher) Betrachtung* wird man dem Selbstverteidigungsrecht vor allem den Zweck zuerkennen, einen möglichst effektiven Selbstschutz zu gewähren. Dieses Verständnis spräche für eine eher weite Auslegung, die dann präventive Maßnahmen mit einschliest, soweit sie zur Realisierung eines effektiven Selbstschutzes erforderlich sind.[1480] Darauf aufbauend lässt sich bei *wirklichkeitsnaher* Betrachtung - namentlich in Anbetracht der technischen Asymmetrien und der insofern fortentwickelten Bedrohungslagen[1481] - vertreten, die "Erforderlichkeitsschwelle" sei soweit vorverlagert, wie gerade noch effektive Abwehrmöglichkeiten bestehen. Im Einzelfall müsste dann sogar die Präemp-

---

[1477] VON MANGOLDT, San Francisco Charta der Vereinten Nationen, Postdamer Erklärungen und andere Dokumente aus der Übergangszeit zwischen Krieg und Frieden (1948), S.61 [Hervorh. hinzugef.]

[1478] NEUHOLD, a.a.O. (Fn1470), S.136.

[1479] JORASCH, a.a.O. (Fn1466), S.205 hält den Wortlaut sogar für völlig aussagelos.

[1480] Vgl. exemplarisch FEDER, a.a.O. (Fn1470), S.416 bei Fn101; in diese Richtung wohl auch BOWETT, Self-defence in international law (1958), S.20 und TIETJE/NOWROT, a.a.O. (Fn1391), S.9 bei Fn50.

[1481] Vgl. hierzu supra Erster Teil - 2. Kapitel - A. - II. - 1. und 2. , S.69 sowie zusammenfassend B. - III. , S.83.

tion umfasst sein.[1482] Bis zum Ende des Kalten Krieges ließ sich die so verstandene (weite) ratio auch mit dem Gesichtspunkt stützen, das System kollektiver Sicherheit sei ineffektiv, die Staaten müssten quasi selbst für ihre Sicherheit sorgen.[1483] Die praktische Wirksamkeit des kollektiven Sicherheitssystems hat sich jedoch seit Anfang der 1990er Jahre erheblich gesteigert;[1484] jedenfalls hat sich der Hinweis auf einen "gelähmten Sicherheitsrat" damit überholt.[1485] An einem tendenziell weiten, die Antizipation umfassenden Verständnis von Sinn und Zweck der Selbstverteidigung unter dem Auslegungsgesichtspunkt der Effektivität[1486] ändert dies allerdings nichts.

Betrachtet man das Gewaltregelungsregime dagegen einheitlich und geht von *einem übergeordneten Zweck* aus - namentlich der Friedenssicherung durch das System kollektiver Sicherheit (siebte Erwägung Präambel CVN, Art.1. Ziff.1 CVN, Art.24 Abs.1 CVN) wird man - ebenfalls unter dem Gesichtspunkt des *effet utile* - eher zu einer restriktiven Zweckbestimmung gelangen, die im Zweifel jegliche präventive unilaterale Gewaltanwendung ausschliest.[1487]

1482 In diese Richung AREND, International law and the preemptive use of military force, Wash Q 26 (2003) 2, S.98 ("effective self-defense"); ebenso BAKER, a.a.O. (Fn1464), S.44 ("The key [...] is determining at what point the requirement of necessity is triggered.") und dann S.46 ("narrow interpretation [...] is also unrealistic in this age of missiles and nuclear weapons"). In polemisierender Weise kommt dies auch in den Schlagworten zum Ausdruck, die Charta sei kein "suicide pact" (vgl. die Nachweise in Fn29) bzw. eine enge Auslegung des bewaffneten Angriffes würde "the aggressor's right to the first stroke" schützen, so etwa WALDOCK, a.a.O. (Fn1470), S.498.

1483 Vgl. exemplarisch nur BAKER, a.a.O. (Fn1464), S.28; MCCORMACK, a.a.O (Fn1466), S.121, 188, 196f., 209f.; O'BRIEN, Reprisals, deterrence and self-defense in counterterror operations, Va J Int'l L 30 (1989/90) 2, S.469-471. Vgl. hierzu ferner GRAY, a.a.O. (Fn1464), S.87 m.N. in Fn10 und S.98 bei Fn46; VOLK, Die Begrenzung kriegerischer Konflikte durch das moderne Völkerrecht (2005), S.104 und MEISER/VON BUTTLAR, a.a.O. (Fn1398), S.70 m.w.N. in Fn283f.; hierzu auch WOLFRUM, The attack of September 11, 2001, the wars against the Taliban and Iraq: Is there a need to reconsider international law on the recourse to force and the rules in armed conflict?, in Max Planck YB UN L 7 (2003), S.20 bei Fn61.

1484 Vgl. hierzu mit zahlreichen Nachweisen - auch aus der Praxis des Sicherheitsrates - BOTHE, Friedenssicherung und Kriegsrecht, in: VITZTHUM, Völkerrecht (2007), S.667ff., Rn35ff.; MEISER/VON BUTTLAR, a.a.O. (Fn1398), S.71; FROWEIN/KRISCH, a.a.O. (Fn1389), S.704, Rn8 m.N. in Fn20; SIMMA, NATO, the UN and the use of force: Legal aspects, Eur J Int'l L 10 (1999) 1, S.17.

1485 Vgl. KUNIG, Das völkerrechtliche Gewaltverbot, JURA 29 (1998) 12, S.667; KOTZUR, a.a.O. (Fn1460), S.469.

1486 Vgl. hierzu nur IPSEN ET AL, a.a.O. (Fn1433), S.144, §11, Rn16 m.w.N. in Fn68; VITZTHUM, a.a.O. (Fn1430), S.63, Rn123.

1487 Vgl. etwa BOTHE, a.a.O. (Fn1474), S.229f.; VOLK, a.a.O. (Fn1483), S.142f.; SCHALLER, Massenvernichtungswaffen und Präventivkrieg - Möglichkeiten der Rechtfertigung einer militärischen Intervention im Irak aus völkerrechtlicher Sicht, ZaöRV 62 (2002) 3, S.657; vgl. auch GENONI, Die Notwehr im Völkerrecht (1987), S.105f..

Damit kann auch die teleologische Auslegung kein eindeutiges Ergebnis zu Tage fördern, nicht zuletzt weil in Art.51 CVN das Spannungsverhältnis zwischen der staatlichen Souveränität einerseits und dem System kollektiver Sicherheit andererseits[1488] kulminiert. Will man nicht aus völkerrechtspolitischen Gründen dem einen oder dem anderen "reinen System" bei der Bestimmung des Telos den Vorzug geben,[1489] wird offenbar, dass erst die systematische Betrachtung weiteren Aufschluss geben kann.

(3.) Systematische Auslegung

(a.) Systematisches Verhältnis von Art.2 Ziff.4 CVN zu Art.51 CVN

Art.2 Ziff.4 CVN verbietet nicht nur die Anwendung, sondern auch die Gewaltandrohung ("threat of force", "la menace de la force"). Dieses Verbot überschneidet sich - jedenfalls teilweise[1490] - mit der möglichen tatbestandlichen Gefahrenlage eines Rechts zur präventiven Gewaltanwendung.

Folgt man nun der These, dass durch Art.2 Ziff.4 CVN nur diejenige Gewalt*androhung* verboten sei, die *unmittelbar, ohne wesentliche Zwischenschritte* in eine Gewaltanwendung umschlagen kann,[1491] hätte dies zur Folge, dass Art.51 CVN zwar einen antizipatorischen, keinesfalls aber einen präemptiven Anwendungsbereich hat.[1492] Denn wenn schon die "abstrakte" An- bzw. Bedrohung nicht verboten ist, wäre es geradezu sinnwidrig, hiergegen ein Selbstverteidigungsrecht zu gewähren: Seit jeher besteht Einigkeit, dass Selbstverteidigung ein rechtlich *missbilligtes* Verhalten voraussetzt.[1493]

Fraglich ist dabei freilich die Prämisse der Argumentation, namentlich dass nur diejenige Gewaltandrohung verboten ist, die unmittelbar in eine Gewaltanwen-

---

1488 Vgl. hierzu bereits Einleitung - A. , S.5 bei Fn32f.;

1489 Was dem induktiven Ansatz dieser Untersuchung nicht gerecht würde, vgl. supra Einleitung - A. , S.6 sowie B. , S.14. Vgl. hier insb. auch HAILBRONNER, a.a.O. (Fn1471), S.56 bei und m.w.N. in Fn21; diese Gefahr besteht gerade bei der teleologischen Auslegung, vgl. IPSEN ET AL, a.a.O. (Fn1433), S.143, §11, Rn15: "Die teleologische Auslegung birgt in besonderem Maße die Gefahr in sich, die Grenze zwischen objektivem und subjektivem, auf den Parteiwillen abstellenden Ansatz zu überschreiten."

1490 Zur Frage ob Art.2 Ziff.4 CVN nur die finale Androhung oder bereits jede (objektive) Bedrohung erfasst, vgl. die Nachweise supra Zweiter Teil - 4. Kapitel - B. - I. S.169 in Fn829.

1491 So ASRAT, Prohibition of force under the UN Charter (1991), S.140. Vgl. hierzu auch STÜRCHLER, The threat of force in international law (2007), S.55.

1492 Vgl. zur Definition antizipierter Selbstverteidigung und präemptiver Selbstverteidigung supra Erster Teil - 3. Kapitel - C. - II. und III. , S.99: Nur die präemptive Selbstverteidigung erlaubt noch weitere wesentliche Zwischenschritte zur Gefahrenrealisation.

1493 Vgl. supra Zweiter Teil - 4. Kapitel - A. - V. - 4. - c. , S.151 bei und insb. in Fn733.

dung umschlagen kann. Wie jüngst STÜRCHLER in eingehender Auseinandersetzung mit dem Konzept des "threat of force" festgestellt hat, besteht in der Charta, insbesondere in Art.2 Ziff.4 CVN kein Anhaltspunkt für eine *derartig* verengende Interpretation des Gewaltverbotes.[1494] Das Kriterium der *unmittelbar bevorstehenden Manifestation einer Bedrohung* sei vielmehr dem prächartialen Konzept von Selbstverteidigung, namentlich dem Caroline-Vorfall entlehnt.[1495] Damit offenbart sich aber ein - überdies historisch fragwürdiger - Zirkelschluss: Es kann nicht das Konzept der prächartialen Selbsterhaltung herangezogen werden, um die Reichweite des Gewaltandrohungsverbotes zu definieren, um sodann hieraus einen Rückschluss auf die Reichweite des chartialen Selbstverteidigungsrechtes zu ziehen. Eine Ableitung der Reichweite des "bewaffneten Angriffes" aus dem Gewalt*androhungs*verbot ist insofern nicht möglich.

Etwas Anderes gilt allerdings mit Blick auf das Gewalt*anwendungs*verbot. Verengend wirkt sich dabei die aus der Regel-Ausnahme-Systematik folgende Auslegungsregel '*exceptiones sunt strictissimae interpretationis*' aus, wonach die den Ausnahmefall regelnde Vorschrift eng auszulegen ist.[1496] Dabei handelt es sich gewissermaßen um eine *Fernwirkung der ratio der Prinzipalnorm* (Art.2 Ziff.4 CVN), die eben grundsätzliche Geltung beansprucht und keine Umgehung durch eine weite Auslegung der Ausnahmetatbestände duldet.[1497] Insofern spricht Art.2 Ziff.4 CVN gegen eine weite Auslegung des "armed attack", wobei eine klare Grenzziehung mit Blick auf die verschiedenen Möglichkeiten präventiver Selbstverteidigung - hier insbesondere antizipatorische und präemptive Selbstverteidigung - freilich nicht möglich ist. Mit Blick auf Art.2 Ziff.4 CVN kann damit nur eine verengende Tendenz festgestellt werden.

(b.) Systematisches Verhältnis von Art.39 CVN zu Art.51 CVN

Für eine weite Auslegung spricht auf den ersten Blick die systematische Stellung von Art.51 CVN in Kapitel VII, dessen Anwendungsbereich ausweislich der Kapitelüberschrift und "Eingangsnorm" - Art.39 1.Hs CVN - auch bei *Frie-*

1494 STÜRCHLER, ebd. (Fn1491).

1495 STÜRCHLER, a.a.O. (Fn1491), S.55f. unter Bezugnahme auf die sog. WEBSTER-Formel. Vgl. hierzu bereits supra Zweiter Teil - 4. Kapitel - A. - V. - 4. - d. - aa. , S.153; die Formel ist auf S.155 unmittelbar nach Fn758 wiedergegeben.

1496 So - in Bezug auf Art.51 CVN - etwa CASSESE, Terrorism is also disrupting some crucial legal categories of international law, Eur J Int'l L 12 (2001) 5, S.1000; NINČIĆ, m.N. zit. bei MCDOUGAL/FELICIANO, Law and minimum world public order (1961), S.233 bei Fn253; VOIGTLÄNDER, a.a.O. (Fn1427), S.30; krit. GRZESZICK, Die Staatsgewalt in der UN-Charta, in: AVR 41 (2003) 4, S.490.

1497 Vgl. JORASCH, a.a.O. (Fn1466), S.207f.; VOLK, a.a.O. (Fn1483), S.142; m.w.N. RANDELZHOFER, a.a.O. (Fn1466), S.803, Rn39; JIMÉNEZ DE ARÉCHAGA, a.a.O. (Fn1470), S.506; SCHACHTER, Self-defense and the rule of law, Am J Int'l L 83 (1989) 2, S.266.

densbedrohungen und damit bereits bei bloßen *Gefahren* und nicht erst bei eingetretenen Rechtsgutsverletzungen eröffnet ist.[1498] Gegen diese Auslegung spricht aber, dass sich Art.39 1.Hs CVN inhaltlich allein auf die *Kompetenz des Sicherheitsrates* bezieht, eine Bedrohung oder den Bruch des Friedens bzw. das Vorliegen einer Angriffshandlung *festzustellen*, um - wie sich im Zusammenhang mit Art.39 2.Hs CVN ergibt - daraufhin weitere Maßnahmen des kollektiven Sicherheitssystem nach Art.41f. CVN zu ergreifen. Damit ist Art.39 CVN aber gerade keine für das *komplette* VII. Kapitel vorgezogene "Eingangsnorm", sondern *nur* ein solche *für kollektive Maßnahmen*.[1499]

Insofern ergibt sich das genaue Gegenteil: Auch im Verhältnis von Art.39 zu Art.51 CVN ist die Auslegungsregel '*exceptiones sunt strictissimae interpretationis*' anwendbar, stellt doch Art.51 CVN nicht nur eine Ausnahme zum Gewaltverbot, sondern auch eine Ausnahme gegenüber dem Gewaltmonopol des Sicherheitsrats dar ("zweitrangige Ausnahme").[1500] Soweit aber die "Hauptverantwortung" des Sicherheitsrats über den Begriff der Friedensbedrohung gerade auch die Gefahrenabwehr umfasst[1501] ("weite Einschätzungsprärogative"[1502]), wäre es sinnwidrig, von einem ebenso weitgehenden Anwendungsfeld für die unilaterale Gewaltanwendung auszugehen. Gegen eine weite Auslegung des "bewaffneten Angriffes" spricht auch, dass Art.51 CVN - obgleich die Charta mit "threat to the peace" in Art.39 CVN eine terminologische Grundlage für die Beschreibung von Bedrohungen bereit hält - *nur* von bewaffnetem Angriff spricht ('*expressio unius exclusio alterius est*').[1503] Im Verhältnis zu Art.39 CVN ergibt sich damit ein klarer Ausschlus der präemptiven Selbstverteidigung und eine deutliche Tendenz gegen die Antizipation.

1498 So SCHMITT, a.a.O. (Fn1464), S.26, der aus der Überschrift des VII. Kapitels "Action with respect to threats to the peace […]" folgert, dass "the entire chapter [einschließlich Art.51 CVN] deals with actions that threaten international peace and security, *whatever the source*." [Hervorh. v. SCHMITT].

1499 Vgl. nur BOTHE/MARTENCZUK, Die NATO und die Vereinten Nationen nach dem Kosovo-Konflikt, VN 47 (1999) 4, S.130. Diese Auslegung ist genetisch gesichert, vgl. hierzu supra Zweiter Teil - 5. Kapitel - B. - II. - 2. - a. , S.238 bei und m.N. in Fn1154.

1500 Vgl. hierzu supra Zweiter Teil - 5. Kapitel - B. - II. - 2. - a. , S.238 bei und m.N. in Fn1156.

1501 Ebenso TOMUSCHAT, a.a.O. (Fn1466), S.44; SCHMALENBACH, Die Beurteilung von grenzüberschreitenden Militäreinsätzen gegen den internationalen Terrorismus aus völkerrechtlicher Sicht, NZWehrr 42 (2000) 5, S.185; JORASCH, a.a.O. (Fn1466), S.208 nach Fn20; in diese Richtung auch BOTHE, a.a.O. (Fn1474), S.229.

1502 Vgl. hierzu supra Zweiter Teil - 4. Kapitel - B. - II. , S.172 bei und m.N. in Fn837 sowie Zweiter Teil - 5. Kapitel - B. - 4. - b. , S.216.

1503 Vgl. auch BOTHE, a.a.O. (Fn1474), S.229; DINSTEIN, a.a.O. (Fn1471), S.168; JIMÉNEZ DE ARÉCHAGA, International law in the past third of a century, RC 159 (1978-I), S.95.

(c.) Systematisches Verhältnis von Art.53 Abs.1 S.2 2.Hs CVN zu Art.51 CVN

Ein starkes Indiz gegen eine die *präemptive Selbstverteidigung* erfassende Auslegung des Art.51 CVN stellt schließlich die Existenz von Art.53 Abs.1 S.2 2.Hs CVN dar, der gerade zur Vereinbarkeit unilateraler präventiver Gewaltanwendung mit dem Chartaregime im Hinblick auf *eine abstrakte Gefahr* ("Wiederaufnahme der Angriffspolitik" eines Feindstaates) eingefügt wurde.[1504] Wenn aber Art.51 CVN in Anbetracht der abstrakten Gefahr eines Angriffes einschlägig wäre, entbehrte Art.53 Abs.1 S.2 2.Hs CVN eines eigenständigen Anwendungsbereiches.

(d.) Die Aggressionsdefintion

Im Rahmen der systematischen Betrachtung soll schließlich noch die Aggressionsdefinition[1505] Berücksichtigung finden. In Art.2 Aggressionsdefintion heißt es:

> "The first use of armed force by a State in contravention of the Charter shall constitute *prima facie* evidence of an act of aggression although the Security Council may, in conformity with the Charter, conclude that a determination that an act of aggression has been committed would not be justified in the light of other relevant circumstances, including the fact that the acts concerned or their consequences are not of sufficient gravity."[1506]

Der Umstand, dass hiernach der Ersteinsatz von Waffengewalt lediglich einen *Anscheinsbeweis* für die Annahme einer Aggression liefert - e contrario: die Erstanwendung von Gewalt nicht *stets* eine Aggression darstellt - wird gelegentlich als Beleg für eine implizite Anerkennung eines Rechts zur präventiven Selbstverteidigung geltend gemacht.[1507] Die Logik dieses Arguments erschliest sich unter Heranziehung von Art.1 Aggressionsdefinition, nach dem

> "[a]ggression is *the use of armed force* by a State against the sovereignty, territorial integrity or political independence of another State,

---

[1504] Vgl. hierzu supra Zweiter Teil - 4. Kapitel - B. - II. - 2. , S.172 bei und m.N. in Fn840f..

[1505] A/Res/3314 (XXIX) v. 14. Dezember 1974, Annex.

[1506] [Hervorh. v. der GV]

[1507] Vgl. etwa HAILBRONNER, a.a.O. (Fn1471), S.80f.; KUNDE, a.a.O. (Fn1464), S.140f.; MALANCZUK, Countermeasures and self-defence as circumstances precluding wrongfulness in the International Law Commission's draft articles on state responsibility, ZaöRV 43 (1983) 4, S.762; w.N. bei VON BUTLAR, Rechtsstreit oder Glaubensstreit?, in: BRÖHMER ET AL, FS-Ress (2005), S.17f. in Fn9.

or in any other manner inconsistent with the Charter of the United Nations [...]".[1508]

Wird damit nahezu identisch der Wortlaut von Art.2 Ziff.4 CVN wiederholt,[1509] liegt der Schluss nahe, dass die *Erstanwendung* von Gewalt, soweit sie im Einzelfall *keine* Aggression darstellt, mit Blick auf das Gewaltverbot gerechtfertigt sein muss. Insofern könnte man die Auffassung vertreten, die Staatengemeinschaft habe mit der Aggressionsdefinition entgegen der "first shot"-Theorie[1510] zum Ausdruck gebracht, dass die präventive Selbstverteidigung - die sich gerade durch die Erstanwendung von Gewalt auszeichnet - nicht per se unzulässig ist. Unterstellt man mit der herrschenden Meinung, dass die Aggressionsdefinition in Anbetracht ihres nur empfehlenden Charakters[1511] weder als verbindliche Legaldefinition des Angriffaktes i.S.d. Art.39 CVN noch als Definition des bewaffneten Angriffes[1512] zu verstehen ist, sie indes gem. Art.31 Abs.3 lit.b WVK[1513] als spätere Übung *indiziell* zur Auslegung von Art.51 CVN herangezogen werden kann,[1514] ergibt sich damit auf den ersten Blick mit der Anscheinsregel ein gewichtiges Argument für eine weite Auslegung des "bewaffneten Angriffes", was sowohl dem Konzept der Antizipation als auch der Präemption einen Anwendungsbereich eröffnete.

1508 [Hervorh. hinzugef.]

1509 Und damit in Übereinstimmung mit dem fünften Erwägungsgrund der Definition das "Aggressionsverbot" als Teil des "Gewaltverbots" definiert, vgl. BOTHE, a.a.O. (Fn1471), S.128, 135; hierzu auch HOBE/KIMMINICH, a.a.O. (Fn1433), S.85.

1510 Vgl. hierzu bereits supra Zweiter Teil - 6. Kapitel - A. - II. - 3. - a. - bb. - (1.) , S.307 bei und m.N. in Fn1471.

1511 BOTHE, a.a.O. (Fn1471), S.140f. betont daneben - nicht zu Unrecht - dass der "rechtliche Gehalt der Definition [...] im Text mehrfach relativiert" wird, etwa in Art.2 und Art.4.

1512 Aus den vorbereitenden Arbeiten ergibt sich, dass sich nahezu alle Staaten darüber einig waren, dass die Begriffe der Aggression und des bewaffneten Angriffes nicht identisch seien; darüberhinaus wehrte sich insb. der Westen gegen jeden Versuch, eine Definition des bewaffneten Angriffes in die Aggressionsdefinition aufzunehmen. Vgl. zum Ganzen jeweils mit weiterführenden Nachweisen, insb. auf die relevanten UN-Dokumente VOLK, a.a.O. (Fn1483), S.106f. bei Fn567-569; RANDELZHOFER, a.a.O. (Fn1466), S.795, Rn17 bei Fn48-52 und BOTHE, a.a.O. (Fn1471), S.136 bei Fn25.

1513 Zur Anwendbarkeit der in der WVK kodifizierten Auslegungsregeln auf die Charta vgl. supra Zweiter Teil -5. Kapitel - B. , S.197 bei und m.w.N. in Fn958.

1514 Vgl. GRAY, a.a.O. (Fn1464), S.97. Grundlegend IGH, *Military and Paramilitary Activities* (Nicaragua/USA), Urt. v. 27. Juni 1986, ICJ Rep. 1986, S.103f., §195; DELBRÜCK, The fight against global terrorism: Self-defense or collective security as international policy action? Some comments in the international legal implications of the "war against terrorism", Ger YB Int'l L 44 (2001), S.15 in Fn22; VOIGTLÄNDER, a.a.O. (Fn1427), S.29 m.w.N.; ZANARDI, Indirect military aggression, in: CASSESE, The current legal regulation of the use of force (1986), S.114ff.. A.A. offenbar BRUHA/BORTFELD, Terrorismus und Selbstverteidigung, VN 49 (2001) 5, S.164f..

Bei genauerer Betrachtung verliert die Argumentation freilich an Überzeugungskraft. Soweit es nämlich in Art.1 Aggressionsdefinition - gleichsam zur Konkretisierung der prima facie-Regel - heißt, dass

> "a determination that an act of aggression has been committed would not be justified in the light of other relevant circumstances, including the fact that the acts concerned or their consequences are not of sufficient gravity",

soll die Nichtannahme einer Aggression *im Einzelfall* auf der *Tatsachenlage* des Lebenssachverhaltes ("relevant circumstances") - beispielhaft sind hier genannt: Konsequenzen und Schwere der Gewaltanwendung - und *nicht* auf der Annahme eines *Rechtfertigungsgrundes* beruhen.[1515] Hierfür spricht auch die Einleitung von Art.2 Aggressionsdefinition, wonach nur "*gegen die Charta verstoßende*" Gewalt den Anscheinsbeweis begründet. Die Beurteilung, ob ein Rechtfertigungsgrund vorliegt, ist damit - absolut schlüssig - der Beurteilung, ob in Anbetracht der Tatsachen die Annahme einer Aggression gerechtfertigt ist, *vorgelagert*. Wenn nämlich bereits die Gewaltanwendung gerechtfertigt ist, kann keine Aggression mehr vorliegen. Ist aber die Frage, ob ein Rechtfertigungsgrund vorliegt, demnach beantwortet, *bevor die Bewertung als Aggresion vorgenommen* wird, kann aus der - ohnedies nur verfahrensrechtlichen - Beweislastregel nicht auf die Existenz eines - materiellrechtlichen - Erlaubnistatbestandes rückgeschlossen werden. Der an die prima facie-Regel anknüpfende Umkehrschluss bricht damit in sich zusammen.

Dem ließe sich noch entgegenhalten, dass sich dann zumindest im Umkehrschluss aus der Wendung der "*first use* of armed force by a State *in contravention of the Charter*" ergäbe, dass ein Recht zur präventiven Selbstverteidigung bestehen müsse. Für diesen Umkehrschluss spricht zwar die Annahme, dass die Generalversammlung kaum eine derartige Formulierung gewählt hätte, wenn es nicht auch eine Grundlage für eine mit der Charta zu vereinbarende Erstanwendung von Waffengewalt gegeben hätte. Hierüber auf die Existenz *gerade* eines Rechts zur präventiven Selbstverteidigung zu schließen, ist aber alles Andere als zwingend, weil mit den Feindstaatenklauseln auch zum Zeitpunkt der Verabschiedung der Aggressionsdefiniton jedenfalls eine Rechtsgrundlage für unilaterale präventive Gewalt bestand.[1516] Damit lässt sich resümmieren, dass Art.2 Aggressionsdefinition bestenfalls dazu dienen kann, ein gefundenes Ergebnis zu stützen; ausschlaggebend für die Ermittlung des sachlich-temporalen Anwen-

---

[1515] Dies verkennen CASSIN ET AL, The General Assembly, 29th Session: The definition of aggression, Harv Int'l L J 16 (1975) 3, S.606 a.E., 609, die unter die "relevant circumstances" auch das Selbstverteidigungsrecht subsumieren.

[1516] An der Geltung der Feindstaatenklauseln insb. gegenüber Deutschland hielt die Sowjetunion auch nach dem Beitritt der BRD und der DDR bis 1988 fest, vgl. nur VOLK, a.a.O. (Fn1483), S.18 m.w.N. in Fn90.

dungsbereichs für Art.51 CVN kann sie indes mangels eines zwingenden Schlusses nicht sein.[1517]

(4.) Zwischenergebnis

In der Gesamtbetrachtung lässt sich nach alledem ausschließen, dass Art.51 CVN als Grundlage für ein Recht zur *präemptiven Selbstverteidigung* dienen kann: Wortlaut und Systematik sind hier eindeutig; vor dem Hintergrund der unklaren Bestimmung der ratio von Art.51 CVN bleibt insofern auch kein Raum für eine "teleologische Korrektur".

Ebenso deutlich ist die Auslegung im Hinblick auf das Konzept der *interzeptiven Selbstverteidigung*. Keiner der authentischen Wortlaute setzt einen Schadens*eintritt* voraus und auch im systematischen Verhältnis zu Art.39 und Art.53 CVN bestehen keine Bedenken, weil die Interzeption sich nicht gegen eine Bedrohung ("threat to the peace", "renewal of aggressive policy"), sondern einen in der unumkehrbaren Angriffshandlung manifestierten bewaffneten Angriff richtet.

Weiterhin unklar ist dagegen das Konzept der *antizipatorischen Selbstverteidigung*. Hier lässt sich nach den vorrangigen Auslegungsmethoden lediglich aus dem systematischen Verhältnis von Art.51 zu Art.39 CVN eine Tendenz gegen eine erweiternde Auslegung erkennen. Ist aber das Ergebnis insofern noch "dunkel", kann die genetische Betrachtung als ergänzende Auslegungsmethode herangezogen werden, Art.32 lit.a WVK[1518].

(5.) Genetische Auslegung

An anderer Stelle wurde bereits dargestellt, dass die in der UNAEC getätigte Stellungnahme der USA, der Begriff des "armed attack" bedürfe angesichts der Existenz von Atomwaffen einer *Neu*definition, ein erstes Indiz für eine - ursprünglich - eher enge Auslegung des zeitlichen Anwendungsbereiches von Art.51 CVN liefert.[1519] Hierauf aufbauend sollen nun die vorbereitenden Arbeiten auf weitere Hinweise untersucht werden.

[1517] Im Ergebnis ebenso RANDELZHOFER, a.a.O. (Fn1466), S.804, Rn39; VON BUTLAR, a.a.O. (Fn1507), S.17 bei Fn9.

[1518] Zur Anwendbarkeit der in der WVK kodifizierten Auslegungsregeln auf die Charta, wie auch zur Subsidiarität der genetischen Auslegung, vgl. schon supra Zweiter Teil - 5. Kapitel - B. , S.197 bei und m.w.N. in Fn958f.

[1519] Vgl. supra Erster Teil - 2. Kapitel - A. - II. - 2. - a. , S.70 insb. bei Fn344.

(a.) Offizielle Verhandlungsprotokolle

Art.51 CVN wurde - wie Art.53 Abs.1 S.2 2.Hs CVN - zwischen den fünf Großmächten in informellen Gesprächen entworfen und dann in den offiziellen Verhandlungen der Gründungskonferenz als "gemeinsamer Vorschlag der sponsoring powers" diskutiert, aber nicht mehr wesentlich geändert.[1520] Die offiziellen Verhandlungsprotokolle geben daher kaum Aufschluss darüber, weshalb und mit welcher Bedeutung gerade der Begriff des "armed attack" gewählt wurde.[1521] Eine der wenigen verwertbaren offiziellen Stellungnahmen kommt bezeichnenderweise von einer der an der Entwurfsarbeit beteiligten Großmächte, der französischen Delegation, die die *Endfassung von Art.51 und Art.53 CVN* auf Kommissionsebene (hier: Commission III) - also der höchsten technischen Verhandlungsebene[1522] - wie folgt kommentierte:

> "This text makes a *clear distinction* between the *prevention* and the *repression* of aggression.
>
> As far as *prevention* of aggression is concerned, it vests in the Security Council the task of making the necessary provision and taking whatever measures are necessary. It renders obligatory the authorization of the Council for the measures which the states concerned would take, with *an exception in the case of the application of treaties for the prevention of fresh aggressions by our present enemies.* And this exception will endure until the signatories think that the Security Council is in a position to take over the task.
>
> But as far as *repression* of aggression is concerned, -- and that is a form of legitimate individual or collective self-defense -- the text indicates the right of the signatories of regional understandings or treaties of mutual assistance to act immediately without awaiting the execution of the measures taken by the Security Council."[1523]

[1520] Vgl. hierzu nur (auf Subcommittee-Ebene) *Interim report to Committee III/4 by Subcommittee III/4/A on the amalgamation of amandments, submitted by the rapporteur Dr. V.K. Wellington Koo (China)* v. 23. Mai 1945, UNCIO, Bd.12, Dok.533 III/4/A/9, S.848f.; (auf Committee-Ebene) *Summary report of the fourth meeting of Committee III/4* v. 25.Mai 1945, UNCIO, Bd.12, Dok.576 III/4/9, S.680ff. und (auf Commission-Ebene) Protokoll der zweiten Sitzung von Commission III, o.T. v. 14. Juni 1945, UNCIO, Bd.11, Dok.III/6, S.48ff.

[1521] So auch BAKER, a.a.O. (Fn1464), S.33; MCCORMACK, Anticipatory self-defence in the legislative history of the United Nations Charter, Is L Rev 25 (1991) 1, S.35.

[1522] Vgl. zur Struktur der Konferenz in San Franzisko FORDE/EVATT, a.a.O. (Fn1236), S.12ff..

[1523] Stellungnahme des französischen Delegierten in der zweiten Sitzung von Commission III, o.T. v. 14. Juni 1945, UNCIO, Bd.11, Dok.III/6, S.58 [Hervorh. hinzugef.].

Diese Aussage unterstreicht das bereits gefundene systematische Verhältnis zwischen der Hauptverantwortung des Sicherheitsrates und dem ihm hierfür zur Verfügung stehenden Instrumentarium *zu Zwecken der Prävention* einerseits und der Selbstverteidigung zu *Zwecken der Repression* andererseits. Bemerkenswert ist insofern auch die Hervorhebung der Feindstaatenklauseln als *einzige unilaterale Ausnahme zur kollektiven Prävention*. Die französische Stellungnahme, die von den übrigen Delegationen widerspruchslos hingenommen wurde, spricht deutlich für einen ausschließlich reaktiven Anwendungsbereich des Art.51 CVN und insofern für eine zeitlich enge Auslegung des bewaffneten Angriffes.

(b.) Informelle Vorverhandlungen der fünf Großmächte

Vor dem Hintergrund der US-amerikanischen Bemühungen, das panamerikanische Regionalsystem mit der Charta in Einklang zu bringen,[1524] wird gelegentlich aber auch geschlussfolgert,

> "[t]he link with the Chapultepec Treaty provides a reason for the inclusion of the words 'if an armed attack occurs' and explains *why it was not said that self-defense is limited to cases of armed attack.*"[1525]

Dies überzeugt jedoch schon deshalb nicht, weil der Begriff des "armed attack" im Act of Chapultepec gar nicht auftaucht, geschweige denn als zeitlich weites Konzept definiert wurde. Im Act of Chapultepec ist vielmehr durchgängig von "aggression" oder "act of aggression" die Rede - Termini, die im Rahmen der Entwurfsgeschichte von Art.51 CVN zwar immer wieder als Tatbestandsalternative aufgegriffen wurden, aber im Ergebnis bewusst fallen gelassen wurden. Exemplarisch ist die Stellungnahme des britischen Außenministers EDEN, der den Ursprungsentwurf der amerikanischen Delegation[1526] ablehnte, weil "no one had been able to define aggression in thirty years."[1527] Bedenken äußerte auch der chinesische Botschafter KOO, der mit Blick auf den amerikanischen Entwurf feststellte, dass "the aggression to which reference is made in this draft is not limited either in time or scope." Insofern stelle sich aber die Frage, ob die Bedin-

---

1524 Vgl. hierzu eingehend supra Zweiter Teil - 5. Kapitel - B. - V. - 2. - a. , S.265.

1525 SCHACHTER, The right of states to use armed force, Mich L Rev 82.2 (1984) 5&6, S.1634 [Hervorh. hinzugef.]. Vgl. auch KEARLEY, Regulation of preventive and preemptive force in the United Nations Charter: A search for original intent, Wyoming L Rev 3 (2003) 2, S.668.

1526 Der amerikanische Ursprungsentwurf v. 12. Mai 1945 ist abgedr. supra Zweiter Teil - 5. Kapitel - B. - V. - 1. - c. , S.263 bei und m.N. in Fn1257.

1527 Minutes of the third Five-Power informal consultative meeting on proposed amendments (part I), v. 12. Mai 1945, US Foreign Rel 1945, Bd.1 (1967), S.692.

gung im ersten Satz -"Should the Security Council not succeed in preventing aggression" - ebenso für das Selbstverteidigungsrecht gelte.[1528]

Der amerikanische Delegierte und Jurist STASSEN stellte daraufhin klar, dass nach dem amerikanischen Entwurf "the right of collective or group action only comes into operation in the event of an armed attack" und dass "[i]t is not as broad as the treaty formula in Chapter VIII, Section C, Paragraph 2 [d.h. der neuen, zwischen den Großmächten bereits konsentierten[1529] Feindstaatenklausel, Art.53 Abs.1 S.2 2.Hs CVN]. Under that formula the parties to the treaties could take enforcement action against the enemy states. Under the United States draft there is no right of enforcement. There is only the *right of action in self-defense against armed attack.*"[1530] Gerade die letzte Aussage geht vollständig konform mit der bereits zitierten französischen Stellungnahme in Commission III, wonach die Feindstaatenklausel gem. Art.53 Abs.1 S.2 2.Hs CVN die einzige unilaterale Ausnahme vom Gewaltverbot darstellt, die einen präventiven Anwendungsbereich hat.

(c.) US-Delegationsinterne Gespräche

Eine enge Auslegung belegen schließlich auch die delegationsinternen Gespräche.[1531] Zu nennen ist hier etwa die Aussage STASSENS, der auf den Hinweis des Delegationsmitgliedes und Rechtsberaters des US-Außenministeriums HACKWORTH, "the present draft[[1532]] greatly qualified the right of self-defense by limiting it to the occasion of an armed attack" geantwortet hat, dass "this was intentional and sound. *We did not want excercised the right of self-defense before an armed attack had occurred.*"[1533] In die gleiche Richtung geht auch der Dialog

1528 Minutes of the third Five-Power informal consultative meeting on proposed amendments (part I), a.a.O. (Fn1527), S.694.

1529 Vgl. hierzu Botschafter GROMYKO, *Minutes of the third Five-Power informal consultative meeting on proposed amendments (part I)*, a.a.O. (Fn1527), S.692; der Vorschlag ist abgedr. in *Terms of reference of Committee III/4* v. 14. Mai 1945, UNCIO, Bd.12, Dok.269 III/4/5 v. 14. Mai 1945, S.765.

1530 *Minutes of the third Five-Power informal consultative meeting on proposed amendments (part I)*, a.a.O. (Fn1527), S.694, 695 [Hervorh. hinzugef.].

1531 Mit eingehender Analsye KEARLEY, a.a.O. (Fn1525), S.663ff.; wie hier auch FRANCK, Recourse to force (2002), S.50 bei Fn12f.; KRISCH, a.a.O. (Fn1437), S.54; STÜRCHLER, a.a.O. (Fn1491), S.50f.; WOLFRUM, a.a.O. (Fn1483), S.29 bei Fn93.

1532 Der relevante erste Satz des von HACKWORTH in Bezug genommenen Entwurfs v. 19. Mai 1945 liest: "Nothing in this Charter impairs the inherent right of self-defense, either individual or collective, *if an armed attack* occurs against a member state before the Security Council has taken adequate measures to maintain international peace and security." Vgl. US Foreign Rel 1945, Bd.1 (1967), S.817 [Hervorh. hinzugef.].

1533 *Minutes of the fourty-eighth meeting (executive session), of the US delegation* v. 20. Mai 1945, US Foreign Rel 1945, Bd.1 (1967), S.818 [Hervorh. hinzugef.].

zwischen STASSEN und GATES. Dabei hinterfragte GATES "our freedom under this provision[[1534]] in case a fleet had started from abroad against an American republic, but had not yet attacked." STASSEN antwortete darauf, "that we could not under this provision attack the fleet but we could send a fleet of our own and *be ready in case an attack came.*"[1535] Hingewiesen sei auch auf die Aussage des Sonderassistenten des US-Außenminsters für Angelegenheiten der Internationalen Organisation und der Sicherheit PASVOLSKY. In der relevanten Passage gibt PASVOLSKY gegen den französischen Entwurf[1536] und vor dem Hintergrund, "that it would be impossible to permit complete freedom of [unilateral] action without smashing the entire international organization"[1537] zu bedenken, dass "the original United States amendment[[1538]] would be *limited to armed attack* and would thus limit freedom of action [...] [Thus], it would be better to limit the right of self-defense along the lines of the United States proposal."[1539]

(d.) Zwischenergebnis

Nach der genetischen Auslegung bestehen gewichtige Anhaltspunkte, dass der Begriff des "bewaffneten Angriffs" in den Verhandlungen zwischen den fünf Großmächten als *enges, rein reaktives Konzept* verstanden und als solches in den offiziellen Verhandlungen präsentiert wurde.

Da aber auch die Antizipation eine Form der Prävention ist, verbleibt nach genetischer Betrachtung auch für diese Form präventiver Selbstverteidigung kein Raum im Rahmen des Art.51 CVN.[1540]

1534 Der relevante erste Satz des von GATES in Bezug genommenen Entwurfs v. 12. Mai 1945 liest: "Nothing in this Charter impairs the inherent right of self-defense, either individual or collective, in the event that the Security Council has failed to maintain international peace and security and *an armed attack against a member state has occurred.*" Vgl. US Foreign Rel 1945, Bd.1 (1967), S.708 i.V.m. S.705 [Hervorh. hinzugef.].

1535 *Minutes of the thirty-eigth meeting of the US delegation* v. 14. Mai 1945, US Foreign Rel 1945, Bd.1 (1967), S.709 [Hervorh, hinzugef.].

1536 Der französische Entwurf v. 21. März 1945 ist abgedr. supra Zweiter Teil - 5. Kapitel - B. - V. - 1. - c. , S.263 bei und m.N. in Fn1255.

1537 *Memorandum by Mr. Robert W. Hartley of the United States delegation of a conversation* v. 12. Mai 1945, US Foreign Rel 1945, Bd.1 (1967), S.702f., vgl. hierzu auch die Anmerkung *, S.697 a.E..

1538 Abgedr. bei Fn1526.

1539 *Memorandum by Mr. Robert W. Hartley of the United States delegation of a conversation*, ebd. (Fn1537).

1540 Im Ergebnis wie hier WOLFRUM, a.a.O. (Fn1483), S.29: "Thus, under the wording of Article 51 of the UN-Charter there is no right to preventive self-defence, be it anticipatory or pre-emptive, [...]".

Dagegen wird teilweise der Einwand erhoben, insbesondere die amerikanischen - delegationsinternen - Stellungnahmen seien ausschließlich im Zusammenhang der Diskussion um *kollektive* Selbstverteidigung und der Regelung für regionale Abmachungen nach Kapitel VIII CVN gemacht worden,[1541] das *individuelle* antizipatorische Selbstverteidigungsrecht habe dagegen offenbar nicht berührt werden sollen.[1542] Und in der Tat spricht etwa der amerikanische Ursprungsentwurf[1543] für eine derartige Differenzierung: Auffallend ist hier die tatbestandsmäßig zweigeteilte Regelung von individueller und kollektiver Selbstverteidigung: Während erstere gegen "aggression" möglich sein sollte, wurde letztere auf den Fall eines "armed attack" beschränkt.[1544] Isoliert genetisch betrachtet müsste danach genau genommen zwischen der indiviudellen und kollektiven Selbstverteidigung unterschieden werden.

Im Ergebnis kann dies aber nicht überzeugen. Der Wortlaut ist die Grenze der Auslegung[1545]. Für eine rechtsgrundseitige Differenzierung des Tatbestandes in Fälle individueller Selbstverteidigung einerseits und kollektiver Selbstverteidigung andererseits ist insofern kein Raum, da beide Fälle unterschiedslos unter das Erfordernis eines bewaffneten Angriffes gestellt worden sind.[1546]

cc. Zwischenergebnis

Es lässt sich also festhalten, dass die Genese der chartialen Selbstverteidigungsbestimmung den durch das systematische Verhältnis von Art.51 CVN zu Art.39 CVN indizierten Befund bestätigt, dass das Tatbestandsmerkmal des bewaffneten Angriffs - im Gegensatz zu den Tatbestandsvarianten des Art.39 CVN - *keinen* präventiven Anwendungsbereich eröffnet. Damit scheidet neben der Präemption auch die Antizipation im Rahmen von Art.51 CVN aus. Ob dieses vor-

---

1541 Vgl. KEARLEY, a.a.O. (Fn1525), S.668 (allgemein) sowie - jeweils in Bezug auf die zit. Aussagen - S.710 (zum Dialog HACKWORTH-STASSEN, a.a.O. (bei Fn1533)), S.705f. (zum Dialog STASSEN-GATES, a.a.O. (bei Fn1535)) sowie S.698f. (zur Aussage PASVOLSKYS, a.a.O. (bei Fn1539)).

1542 Vgl. KEARLEY, a.a.O. (Fn1525), S.726ff.. Vgl. hier auch die Stellungnahme des US-Delegationsmitgliedes DULLES in *Minutes of the thirty-eighth meeting of the US delegation*, a.a.O. (Fn1535), S.710, der einen Vorschlag des britischen Außenministers Eden - "Nothing in this Charter should invalidate the right of self-defense against armed attack, either individual or collective..." - deshalb problematisch fand, "as the narrowing expression 'armed attack' applied in this draft both to the individual and collective rights."

1543 Abgedr. bei Fn1526.

1544 Vgl. mit Nachweis weiterer ähnlich lautender Arbeitsentwürfe KEARLEY, a.a.O. (Fn1525), S.695, S.698ff.., S.703 nach Fn215, S.710 bei Fn258f..

1545 Vgl. supra Zweiter Teil - 5. Kapitel - A. - I. , S. 194 m.N. in Fn946.

1546 In diese Richtung schon JIMÉNEZ DE ARÉCHAGA, a.a.O. (Fn1503), S.96; GENONI, a.a.O. (Fn1487), S.104f.; vgl. hierzu ferner FRANCK und KRISCH, ebd. (Fn1531).

läufige Auslegungsergebnis unter dynamischen Gesichtspunkten zu korrigieren ist, wird im Dritten Teil der Untersuchung zu überprüfen sein.

b. Der persönliche Anwendungsbereich

Unabhängig von diesem - vorläufigen - Auslegungsergebnis hinsichtlich der Erweiterbarkeit des zeitlichen Anwendungsbereiches von Art.51 CVN sollen nachfolgend die spezifischen Problemstellungen untersucht werden, die sich mit Blick auf das faktische Konfliktpotential nicht-staatlicher Akteure - allen voran: transnationaler terroristischer Vereinigungen - ergeben. In Anbetracht der bereits an anderer Stelle herausgearbeiteten personalen sowie der "Rationalitäts-"Asymmetrie[1547] wird dabei - bislang freilich vorrangig für den Bereich reaktiver Selbstverteidigung - auch die Erweiterung des persönlichen Anwendungsbereiches von Art.51 CVN auf transnationale terroristische Vereinigungen diskutiert. Dogmatisch sind hierbei zwei Ansatzpunkte in Betracht zu ziehen: Einerseits die Erweiterung des Zurechnungsregimes (bilaterale Konstellation[1548]), genau genommen also nur eine *mittelbare Erweiterung* des persönlichen Anwendungsbereiches; andererseits die Einbeziehung nicht-staatlicher Akteure als *unmittelbare Normadressaten* (echte Dreieckskonstellation[1549]). Die grundsätzlich denkbare dritte Alternative - Erfassung des nicht-staatlichen Gewaltpotentials als rechtsubjektsneutrale, objektive Tatbestandsbedingung (unechte Dreieckskonstellation[1550]) - passt auf das Selbstverteidigungsrecht strukturell nicht: Anders als etwa der (Aggresiv-)Notstand sieht die Selbstverteidigung ein Auseinanderfallen der die Rechtfertigungslage herbeiführenden Person und des passivlegitimierten Adressaten nicht vor. Die Selbstverteidigung richtet sich *stets nur* gegen den Angreifer.[1551]

aa. Mittelbare Erweiterung: Modifikation des Zurechnungsregimes

Mit Blick auf die Erweiterung des bisher auf aktive Verwicklungsformen beschränkten Zurechnungsregimes[1552] werden seit dem 11. September 2001 für den Bereich *reaktiver* Selbstverteidigung neue Zurechnungstatbestände diskutiert.

1547 Vgl. supra Erster Teil - 2. Kapitel - A. - II. - 3. bis 5. , S.74 sowie zusammenfassend B. - I. und II. , S.82.

1548 Vgl. hierzu supra Erster Teil - 1. Kapitel - A. , S.16, inbs. II. - 1. , S.18.

1549 Vgl. hierzu supra Erster Teil - 1. Kapitel - A. , S.16, inbs. II. - 2. , S.18.

1550 Vgl. hierzu supra Erster Teil - 1. Kapitel - A. , S.16, inbs. II. - 3. , S.18.

1551 Vgl. hierzu m.w.N. sub Zweiter Teil -- 6. Kapitel - A. - II. - 3. - b. - bb. - (2.) - (c.) , S.336 bei Fn1615ff..

1552 Vgl. hierzu bereits supra Erster Teil - 1. Kapitel - B. - II. - 4. - b. , S.41ff. (im Zusammenhang mit 'failed states') sowie III. - 2. - b. - 0, S.55 (im Zusammenhang mit transnationalen terroristischen Vereinigungen).

Ausgangspunkt der Diskussion ist die Problematik, dass hinsichtlich der Handlungen transnationaler terroristischer Organisationen kaum je eine *operative Leitfunktion* ("effective control", "overall controll")[1553] eines Staates angenommen werden kann. Inwieweit diese Ansätze über den - hier nicht im Detail zu betrachtenden - Anwendungsfall reaktiver Selbstverteidigung hinaus für den Bereich präventiver Gewaltanwendung, also für die *Zurechnung einer Gefahrenlage*, überzeugen können, ist Gegenstand der folgenden Analyse. Dabei ist grundsätzlich unbedenklich, dass das Zurechnungsregime die Reichweite der Primärnormen des chartialen Gewaltregelungsregimes konkretisiert. Dies widerspricht insbesondere nicht dem abschließenden Charakter des Gewaltregelungsregimes, da durch die (Weiter-)Entwicklung von Zurechnungsnormen keine eigenständigen Rechtstitel für die Anwendung von Gewalt geschaffen werden, sondern lediglich der Anwendungsbereich der bestehenden Eingriffsgrundlagen (insbesondere Art.51 CVN) konkretisiert wird.

(1.) Grenzüberschreitung ("external link") - These und Bewertung

Den umfassendsten Ansatz wählt STAHN, der die Ersetzung der konservativen Zurechnungskriterien durch das Erfordernis einer bloßen Grenzüberschreitung ("external link") vorschlägt,[1554] das er - für Art.51 CVN a fortiori - unter Rückgriff auf das Tatbestandsmerkmal der "internationalen Beziehungen" (Art.2 Ziff.4 CVN) gewinnt.[1555] Ein hinreichender Zusammenhang zur Annahme eines *staatlichen* bewaffneten Angriffes soll danach im *reaktiven Bereich* bestehen,

> "if the attack 'emantes' from another territory than the targeted state; or if the attack has been launched and directed from the territory of the targeted state by foreign nationals."[1556]

Schon allein die gewohnheitsrechtliche *Existenz von Zurechnungsregeln* verdeutlicht indes, dass die Staatengemeinschaft in der bloßen Grenzüberschreitung kein hinreichendes Kriterium erblickt, um ein physisch privates Verhalten rechtlich einem Staat zuzuschreiben. Die Grenzüberschreitung ist insofern zwar notwendige Voraussetzung, um den Anwendungsbereich des völkerrechtlichen Gewaltregelungsregimes zu eröffnen; sie zugleich zum Kernkriterium bei der Bestimmung des rechtlichen Urhebers des Angriffsgeschehens und damit des

---

1553 Vgl. hierzu bereits supra Erster Teil - 1. Kapitel - B. - III. - 2. - b. - 0, S.58 m.w.N. in Fn279.

1554 Vgl. STAHN, "Nicaragua is dead, long live Nicaragua" - the right to self-defence under Art.51 UN Charter and international terrorism (2003), http://edoc.mpil.de/conference-on-terror/present/stahn.pdf [letzter Abruf: 12. Februar 2004], S.25ff..

1555 STAHN, a.a.O. (Fn1554), S.27f..

1556 STAHN, a.a.O. (Fn1554), S.28.

passivlegitimierten Adressaten im Rahmen des Selbstverteidigungsrechtsverhältnisses zu machen, bedeutet dagegen, auf die - intendierte - beschränkende Wirkung der Zurechnung vollständig zu verzichten. STAHNs Ansatz führt zur einer "*Garantiehaftung*", die - mit Ausnahmen im Weltraumrecht[1557] - bislang klar abgelehnt worden ist.[1558]

Die Auswirkungen einer derartigen "Garantiehaftung" sind im *Bereich der präventiven Gewaltanwendung* gegen physisch von transnationalen Terrororganisationen gesetzte Gefahren besonders bedenklich: Während nämlich im reaktiven Bereich durch den konkret manifestierten Angriff zumindest noch eine *tatsächliche* Eingrenzung der Zurechnungssubjekte besteht (wo ist der lokale Ursprung des Angriffes, welche Staatsangehörigen haben den Angriff ausgeführt), fehlt im Bereich präventiver Gewaltanwendung gegen terroristische Gefahren selbst dieser letzte objektive Bestimmungspunkt.[1559] Stattdessen hängt die "Zurechnung" mittels des Kriteriums der Grenzüberschreitung gleich in *doppelter Hinsicht* von einer Prognose des Aktivlegitimiation beanspruchenden Staates ab - namentlich hinsichtlich des "ob" *und* des "woher" (bzw. "durch wen") der Gefahr eines terroristischen angriffsgleichen Geschehens. Bei wirklichkeitsnaher Betrachtung - unter Berücksichtigung der Transnationalisierung, wie sie etwa in der von Staatsangehörigkeit losgelösten Rekrutierungspraxis und der "swarming"-Taktik von Schläfern[1560] zum Ausdruck kommt - führt STAHNs Ansatz im präventiven Bereich zu einem *Höchstmaß an Rechtsanwendungsunsicherheit* und fördert damit zwischenstaatliches Mißtrauen und internationale Instabilität, muss doch latent jeder Staat (wegen des Aufenthalts eines auf seinem Staatsgebiet lebenden, potentiell einzusetzenden Schläfers) damit rechnen, passivlegitimierte Partei präventiver Gewaltanwendung zu sein.

Wegen einer durch erhebliche Rechtsanwendungsunsicherheit katalysierten "Garantiehaftung" ist STAHNs Ansatz daher - unabhängig von seiner Tragfähigkeit für den reaktiven Bereich - jedenfalls für den Bereich präventiver Gewaltanwendung abzulehnen.

[1557] Vgl. VOLK, a.a.O. (Fn1483), S.131 m.N. in Fn699; IPSEN ET AL, a.a.O. (Fn1433), S.954, §56, Rn44.

[1558] Vgl. statt vieler nur NAERT, The impact of the fight against international terrorism on the ius ad bellum after '11 September', Kath U Leuven Fac L Inst Int'l L Working Papers 68 (Januar 2005), www.law.kuleuven.ac.be/iir/nl/wp/WP/WP68e.pdf [letzter Abruf: 18. August 2007], S.41 m.w.N. in Fn240; VOLK, a.a.O. (Fn1483), S.107 bei und m.w.N. in Fn374-380 sowie S.207 bei und m.w.N. in Fn10; TALMON, a.a.O. (Fn1392), S.156; WOLF, a.a.O. (Fn1391), S.234 bei Fn6.

[1559] Auf die erheblichen Unsicherheiten im Tatsächlichen weisen auch SCHMALENBACH, a.a.O. (Fn1501), S.182 und MEISER/VON BUTTLAR, a.a.O. (Fn1398), S.85 hin.

[1560] Vgl. hierzu bereits supra Erster Teil - 1. Kapitel - B. - III. - 2. - b. - cc. , S.62 bei Fn291.

(2.) Gewährung einer Zufluchtsstätte ("safe haven" / "harboring doctrine") - These und Bewertung

Der nächst engere Zurechnungsansatz knüpft an die Gewährung einer Zufluchtsstätte ("safe haven") an, also die *aktive Überlassung* von Staatsgebiet, die *willentliche und wissentliche Duldung* der Nutzung von Staatsgebiet durch eine transnationale Terrororganisation bzw. das *bewußte Unterlassen* geeigneter Maßnahmen gegen solche Aktivitäten.[1561] Primäres Argument hierfür ist die - unstreitige - Tatsache, dass Terrororganisationen wie al Qaida trotz der charakteristischen Transnationalisierung einer territorialen Basis, eines Rückzugsraumes bedürfen, in dem terroristische Aktivitäten ungestört vorbereitet, finanziert und geplant werden können.[1562] Unstreitig dürfte daneben sein, dass in Anbetracht der aus Art.2 Ziff.4 CVN fließenden[1563] und anerkannten Schutzpflicht[1564] -

> "[to] refrain from organizing, instigating, facilitating, financing, encouraging or tolerating terrorist activities and to take appropriate practical measures to ensure that their respective territories are not used for terrorist installations or training camps, or for the preparation or organization of terrorist acts intended to be committed against other States or their citizens"[1565]

[1561] Vgl. etwa CASSESE, a.a.O. (Fn1496), S.996f.; MEISER/VON BUTTLAR, a.a.O. (Fn1398), S.47 bei Fn188, S.54; BRUHA/BORTFELD, a.a.O. (Fn1514), S.166; HÄUBLER, Der Schutz der Rechtsidee, ZRP 34 (2001) 12, S.540f.; TIETJE/NOWROT, a.a.O. (Fn1391), S.10f.; in diese Richtung wohl auch DELBRÜCK, a.a.O. (Fn1514), S.15 bei Fn25 und RANDELZHOFER, a.a.O. (Fn1466), S.802, Rn34.

[1562] Vgl. MEISER/VON BUTTLAR, a.a.O. (Fn1398), S.14, 54; BRUHA/BORTFELD, a.a.O. (Fn1514), S.166; KRAJEWSKI, Selbstverteidigung gegen bewaffnete Angriffe nichtstaatlicher Organisationen - Der 11. September 2001 und seine Folgen, AVR 40 (2002) 2, S.194.

[1563] Grundlegend *Friendly-Relations-Deklaration,* A/Res/2625 (XXV) v. 24. Oktober 1970, Annex, op. Abs.1, 1. Prinzip, Abs.9.

[1564] Vgl. statt vieler FROWEIN, Der Terrorismus als Herausforderung für das Völkerrecht, ZaöRV 62 (2002) 4, S.883; HERZOG, Terrorismus - Versuch einer Definition und Analyse internationaler Übereinkommen zu seiner Bekämpfung (1991), S.131ff., insb. S.138; RUYS/VERHOEVEN, Attacks by private actors and the right of self-defence, J Conf & Sec L 10 (2005) 3, S.306; SCHMITT, a.a.O. (Fn1464), S.42; TRAVALIO, Terrorism, international law, and the use of military force, Wis Int'l L J 18 (2000) 1, S.148f. m.w.N. in Fn10-12.

[1565] Hier exemplarisch A/Res/49/60 v. 17. Februar 1995, Annex ("*Declaration on measures to eliminate international terrorism*"), op. Abs.5. lit.a. Hiernach wortlautgleich und insofern (trotz fehlender Bindungswirkung von GV-Resolutionen) starkes Indiz für eine entsprechende gewohnheitsrechtliche Pflicht A/Res/51/210 v. 16. Januar 1997, A/Res/52/165 v. 19. Januar 1998, A/Res/53/108 v. 26. Januar 1999, A/Res/54/110 v. 2. Februar 2000, A/Res/55/158 v. 30. Januar 2001, A/Res/56/88 v. 24. Januar 2002, A/Res/57/27 v. 15. Januar 2003, A/Res/58/81 v. 8. Januar 2004, A/Res/59/46 v. 16. Dezember 2004, A/Res/60/43 v. 6. Januar 2006, A/Res/61/40 v. 18. Dezember 2006 (sämtlich op. Abs.5). Vgl. ferner A/Res/60/1 v. 24. Oktober 2005 ("*2005 World Summit*

- die willentliche und wissentliche aktive oder duldende Überlassung von Staatsraum an Terroristen ebenso eine *Völkerrechtsverletzung* des überlassenden Staates darstellt, wie die Unterlassung, gegen die bekanntgewordene Inanspruchnahme des eigenen Territoriums vorzugehen.[1566]

Problematisch ist allerdings, diese - regelmäßig durch de-jure Organe begangene und insofern dem Staat i.S.d. Art.4 ILC-DASR (2001) zuzurechnende - *(erste) Pflichtverletzung als Grundlage eines Zurechnungsschrittes* zu machen, nach dem die von der auf dem betreffenden Staatgebiet handelnden Terrororganisation ausgehende Gefahr angriffsgleicher Geschehen dem beherbergenden Staat zuzurechnen sind und ihn insofern zum passivlegitimierten Adressaten präventiver Gewaltanwendung determiniert.

Nicht nur werden damit Primär- und Sekundärnormebene der Staatenverantwortlichkeit - Pflichtverletzung einerseits und Handlungszurechnung andererseits - verkehrt: Nach der "harboring doctrine" begründet eine *Pflichtverletzung die weitergehende Handlungszurechnung* und widerspricht damit der dem Zurechnungsregime zu Grunde liegenden Systematik, wonach die *Handlungszurechnung gerade zwingende Voraussetzung für die Annahme einer Pflichtverletzung* ist.[1567]

Outcome"), op. Abs.86 und A/Res/60/288 v. 20. September 2006 ("*The United Nations Global Counter-Terrorism Strategy*"), Annex ("*Plan of Action*"), op. Abs.II.1. Vgl. schließlich aus der SR-Praxis exemplarisch: S/Res/1373 (2001) v. 28. September 2001, preamb. Abs.9, op. Abs.1 lit.d, op. Abs.2 lit.a; S/Res/1617 (2005) v. 29. Juli 2005, op. Abs.1 lit.c (konkretisiert hinsichtlich al-Qaida, BIN LADEN und Taliban); S/Res/1636 (2005) v. 31. Oktober 2005, op. Abs.4.

1566 Vgl. BLUMENWITZ, Einsatzmöglichkeiten der Bundeswehr im Kampf gegen den Terrorismus, ZRP 35 (2002) 3, S.104 a.E.; RUFFERT, Terrorismusbekämpfung zwischen Selbstverteidigung und kollektiver Sicherheit - Die Anschläge vom 11.9.2001 und die Intervention in Afghanistan, ZRP 35 (2002) 6, S.248; CASSESE, The international community's "legal" response to terrorism, Int'l Comp L Q 38 (1989) 3, S.597; HÄUßLER, a.a.O. (Fn1561), S.540; TALMON, a.a.O. (Fn1392), S.156f. bei Fn204f..

1567 Vgl. SCHRÖDER, Verantwortlichkeit, Völkerstrafrecht, Streitbeilegung und Sanktionen, in: VITZTHUM, Völkerrecht (2007), S.587, Rn14 m.w.N. in Fn39; IPSEN ET AL, a.a.O. (Fn1433), S.615, Rn2 und S.636, Rn1; HOBE/KIMMINICH, a.a.O. (Fn1433), S.242 nach Fn22. Trennung und Reihenfolge von Zurechnung und Pflichtverletzung ergeben sich aus Art.2 ILC-DASR (2001), A/CN.4/L.602/Rev.1 v. 26. Juni 2001: "There is an internationally wrongful act of a State when conduct consisting of an action or omission: (a) Is attributable to the State under international law; and (b) Constitutes a breach of an international obligation of the State"; hierzu *Commentaries to the ILC-DASR* (2001), A/56/10 (Supp) v. 1. Oktober 2001, S.71, §§5, 7 sowie S.81, §4 ("For *particular conduct* to be characterized as an internationally wrongful act, it must first be attributable to the State.") Vgl. zu der im Ergebnis mit der "harboring doctrine" berührten Lehre von der "implied state complicity" bereits supra Erster Teil - 1. Kapitel - B. - II. - 4. - b. - aa. - (2.) , S. 45 bei und m.w.N. in Fn211-215.

Im Bereich der präventiven Gewaltanwendung bleibt zudem unberücksichtigt, dass - in Ermangelung eines konkret manifestierten Angriffsgeschehens - eine auf der pflichtwidrigen Aufenthaltsgewährung basierende Zurechnung zu einer nur *geringfügig modifizierten "Garantiehaftung"*[1568] führt: Da nämlich der "safe haven" gerade unabhängig von einem konkreten Anschlag gewährt wird[1569] und insofern eine *Dauerpflichtverletzung* darstellt, kommt es im Ergebnis nicht zu einer Zurechnung von konkreten Einzelhandlungen, sondern zu einer generellen - sämtliche durch eine Terrororganisation von einem Staatsgebiet aus gesetzten Gefahren umfassenden - Zustandszurechnung, deren entscheidendes Kriterium die Nutzung von Teilen des Staatsgebietes zur physischen Herbeiführung einer Angriffsgefahr ist.[1570] Eine derartig *generelle* und an einen bloßen *Status* (Territorialität[1571]) anknüpfende Zurechnung widerspricht indes dem systematisch auf *konkrete* Einzel*handlungs*zurechnungen[1572] zugeschnittenen Zurechnungsregime gleich in doppelter Hinsicht.

Schließlich ist der Begriff des "safe haven" bislang - bezeichnenderweise - nicht klar definiert worden, ist unklar, ab welchem "Schwellenwert" von der Gewährung einer sicheren Zufluchtsstätte ausgegangen werden kann,[1573] was zusätzlich zu einer Rechtsanwendungsunsicherheit führt, scheint es doch dem Aktivlegiti-

---

1568 Vgl. hierzu supra Zweiter Teil - 6. Kapitel - A. - II. - 3. - b. - aa. - (1.) , S.324 bei und m.w.N. in Fn1558.

1569 Zutreffend MEISER/VON BUTTLAR, a.a.O. (Fn1398), S.53.

1570 Vgl. nur MEISER/VON BUTTLAR, a.a.O. (Fn1398), S.55: "Eine Verbindung besteht jedoch zu der Terrororganisation in ihrer Gesamtheit, und damit ist zugleich der Zusammenhang zu der von ihr dauerhaft (und über den konkreten, in sich abgeschlossenen Terrorakt hinaus) ausgehenden, 'latenten' Gefahr hergestellt."

1571 Vgl. hierzu supra Erster Teil - 1. Kapitel - B. - II. - 4. - b. - bb. , S.46 (im Zusammenhang mit 'failed states').

1572 Vgl. nur die den ILC-DASR (2001), a.a.O. (Fn1567), mit Art.2 vorangestellte Definition des "internationally wrongful act" als "*conduct* consisting of *an* action or omission" [Hervorh. hinzugef.]und die jeweils auf spezifische Einzelhandlungen Bezug nehmenden Zurechnungstatbestände Art.4-11 ILC-DASR (2001). Hierzu auch *Commentaries to the ILC-DASR* (2001), a.a.O. (Fn1567) S.71, §5 "For *particular conduct* to be characterized as an internationally wrongful act, it must first be attributable to the State." Bezeichnenderweise betont die Kommentierung der ILC durchgängig, dass jeder Einzelfall für sich zu betrachten ist, was eine generelle Zurechnung gerade ausschliest, exemplarisch *Commentaries to the ILC-DASR* (2001), S.92, §13, S.107, §5, S.108, §7 und S.159, §9.

1573 Vgl. ebenso STAHN, a.a.O. (Fn1554), S.43: "It is, in particular, unclear where imputability ends. It might sound reasonable to allow military action against states in which training centres or camps of global terrorist groups are located. But what about states that 'harbor' only a handful of terrorists […]"; ähnlich DERS., International law at a crossroads? - The impact of September 11, ZaöRV 62 (2002) 1/2, S.228; ferner BYERS, a.a.O. (Fn1391), S.413.

mation beanspruchenden Staat überlassen, festzustellen, ob ein sicherer Zufluchtsort gewährt wird.[1574]

Dagegen wird - mit Blick auf eine wenigstens durch *aktive willentliche und wissentliche Überlassung* von Staatsgebiet begründete "harboring doctrine" - gelegentlich mit einer Analogie zu Art.3 lit.f Aggressionsdefinition[1575] sowie Art.16 ILC-DASR (2001)[1576] argumentiert. Schließlich könne auch die aktive willentliche und wissentliche Überlassung von Staatsgebiet an einen anderen Staat zum Zwecke der Vornahme einer Angriffshandlung als "bewaffneter Angriff" des überlassenden Staates eingeordnet werden. In Anbetracht des vergleichbaren Konfliktpotentials transnationaler terroristischer Vereinigungen sei eine analoge Anwendung dieser Zurechnungsregeln geboten.[1577]

Dies überzeugt nicht. Die Argumentation lässt die konkreten rechtlichen Bedingungen der zwecks Analogie in Bezug genommenen Bestimmungen außer Betracht und verkennt die mangelnde rechtliche Vergleichbarkeit der geregelten und ungeregelten Sachverhalte.

Zum Ersten setzen sowohl Art.3 lit.f Aggressionsdefiniton als auch Art.16 ILC-DASR (2001) voraus, dass ein "anderer Staat" - also ein *Völkerrechtssubjekt* - eine *eigene völkerrechtswidrige* Handlung, bespielsweise einen Angriffsakt, vollzieht. So heißt es in der Aggressionsdefinition, dass das überlassene Staatsgebiet "to be used by that *other State for perpetrating an act of aggression*"; Art.16 ILC-DASR (2001) spricht von einem "State which aids or assists *another State in the commission of an internationally wrongful act by the latter* [...]".[1578] Eben dieses ist bei Terrororganisationen aber nicht der Fall, diese verfügen nicht über eine eigene Völkerrechtssubjektivität[1579] und können insofern - schon man-

---

1574 Ebenso BOTHE, a.a.O. (Fn1474), S.237. CASSESE, a.a.O. (Fn1496), S.1000 schlägt vor, dass der Sicherheitsrat die Entscheidung vornehmen soll.

1575 A/Res/3314 (XXIX) v. 14. Dezember 1974, Annex, Art.3 lit.f liest: "The action of a State in allowing its territory it has placed at the disposal of another State, to be used by that other State for perpetrating an act of aggression against a third State"

1576 A/CN.4/L.602/Rev.1 v. 26. Juni 2001. Art.16 ILC-DASR (2001) liest: "A State which aids or assists another State in the commission of an internationally wrongful act by the latter is internationally responsible for doing so if: (a) That State does so with knowledge of the circumstances of the internationally wrongful act; and (b) The act would be internationally wrongful if committed by that State."

1577 Vgl. etwa MEISER/VON BUTTLAR, a.a.O. (Fn1398), S.54; BRUHA, a.a.O (Fn1405), S.70f.; WOLFRUM, a.a.O. (Fn1483), S.37.

1578 Vgl. auch *Commentaries to the ILC-DASR* (2001), a.a.O. (Fn1567), S.160, §11: "The wrongfulness of the aid or assistance given by the former is dependent [...] on the wrongfulness of the conduct of the latter." Wie hier auch VOLK, a.a.O. (Fn1483), S.132 m.N. auf ANZILOTTI, AGO und MÖSSNER in Fn712.

1579 Vgl. hierzu bereits supra Erster Teil - 1. Kapitel - B. - III. - 2. - b. - bb. , S.59 sowie zur Frage, ob der Tatbestand des Art.51 CVN eine Rechtssubjektivität von terroristischen

gels Pflichtenbindung[1580] - keine "eigene" völkerrechtswidrige Handlung vornehmen.[1581]

Zum Zweiten passen Art.3 lit.f Aggressionsdefiniton und Art.16 ILC-DASR (2001) auch rechtsfolgenseitig nicht: Denn die - ggf. zu Gegenmaßnahmen berechtigende - Pflichtwidrigkeit des sein Staatsgebiet (in Teilen) überlassenden Staates besteht nicht in der *Pflichtwidrigkeit des anderen Staates*, sondern in der *eigenen Überlassungshandlung*.[1582] Ob aber die Überlassungshandlung (im reaktiven Bereich) selbst als "bewaffneter Anriff" gewertet werden kann, hängt vom Erreichen der Intensitätsschwelle[1583] in Bezug auf die Hilfe- oder Unterstützungshandlung ab;[1584] Entsprechendes muss erst recht für die "Gefahrenschwelle" im präventiven Bereich gelten, wobei kaum zu bezweifeln sein dürfte, dass die bloße Gewährung einer territorialen Basis diese Schwelle schon deshalb nicht erreicht, weil sie selbst gar nicht grenzübergreifend wirkt.[1585]

Zum Dritten kann der Hinweis auf Art.3 lit.f Aggressionsdefiniton als auch Art.16 ILC-DASR (2001), bei denen es jeweils um eine an die *Handlung* eines Staatsorgans anküpfende spezifische *Einzelfallzurechnung* geht, nicht erklären, weshalb das "safe haven"-Konzept - jedenfalls im Bereich präventiver Gewalt - zu einer an den *Zustand* der Gebietsüberlassung anknüpfenden *generellen Zurechnung* einer theoretischen Vielzahl dort entspringender Einzelgefahren führt.

Vereinigungen nahelegt, eingehend sub Zweiter Teil - 6. Kapitel - A. - II. - 3. - b. - bb. , S.332.

1580 Vgl. zur hier interessierenden, mangelnden Bindung terroristischer Organisationen an das Gewaltverbot supra Zweiter Teil - 5. Kapitel - B. - I. - 3. - b. - bb. , S.212 m.N. in Fn1019.

1581 Ebenso SCHMALENBACH, a.a.O. (Fn1501), S.187; in diese Richtung auch SCHINDLER, Die Grenzen des völkerrechtlichen Gewaltverbots, in: SCHINDLER/HAILBRONNER, Die Grenzen des völkerrechtlichen Gewaltverbots, BDGV 26 (1986), S.38f.; dies übersieht WOLFRUM, a.a.O. (Fn1483), S.37. Dies übersehen WOLFRUM/PHILIPP, The status of the Taliban: Their obligations and rights under international law, Max Planck YB UN L 6 (2002), S.595.

1582 Vgl. IPSEN ET AL, a.a.O. (Fn1433), S.647, §40, Rn39 und *Commentaries to the ILC-DASR* (2001), a.a.O. (Fn1567), S.155, §1 ("In such a case, the assisting State will *only be responsible to the extent that its own conduct* has caused or contributed to the internationally wrongful act") sowie - noch deutlicher - S.159, §10 ("It [the assisting State] is *not responsible*, as such, *for the act of the assisted State*." [Hervorh. hinzugef.]; mißverständlich insofern RANDELZHOFER, a.a.O. (Fn1466), S.799, Rn29 der vom "concept of the duplicate attacker" spricht; a.A. KERSTING, "Act of aggression" und "armed attack" Anmerkungen zur Aggressionsdefinition der UN, NZWehrr 22 (1981), S.139.

1583 Vgl. hierzu bereits supra Zweiter Teil - 4. Kapitel - B. - II. , S.173 m.N. in Fn848.

1584 Vgl. VOLK, a.a.O. (Fn1483), S.129; TOMUSCHAT, a.a.O. (Fn1391), S.541f. unter Bezugnahme auf IGH, a.a.O. (Fn1514), S.103f., §195.

1585 Vgl. hierzu auch KRAJEWSKI, a.a.O. (Fn1562), S.194 bei Fn63; CASSESE, a.a.O. (Fn1566), S.599.

Damit lässt sich zusammenfassend festhalten, dass die "harboring doctrine" - selbst in ihrer reduzierten Reichweite: willentliche und wissentliche Überlassung von Staatsgebiet durch aktives Tun "analog" Art.3 lit.f Aggressionsdefiniton und Art.16 ILC-DASR (2001) - nicht nur einen neuen Zurechnungs*tatbestand*, sondern eine völlige Abkehr von der bisherigen Zurechnungssystematik darstellt. Ein derartiger Paradigmenbruch bedarf einer ganz erheblichen gewohnheitsrechtsändernden Staatenpraxis,[1586] die bislang nicht - auch nicht in Folge des 11. Septembers - nachgewiesen werden konnte.[1587]

(3.) Objektive Vorhersehbarkeit - These und Bewertung

TIETJE und NOWROT wählen daneben - in Modifikation des Kriteriums einer effektiven Kontrolle[1588] - einen Zurechnungsansatz, wonach "jedes staatliche Verhalten, welches objektiv vorhersehbar zu einer Unterstützung terroristischer Aktivitäten führt, [genügen soll,] um die betreffende private Terrorgruppe als de

---

1586 In diese Richtung wohl auch NAERT, a.a.O. (Fn1558), S.41 ("Yet even if this trend becomes established, it could take some time before it becomes clear under what precise conditions such attribution will be possible in the future.").

1587 Vgl. BOTHE/MARTENCZUK, a.a.O. (Fn1499), S.130; eingehend KREß, Gewaltverbot und Selbstverteidigungsrecht nach der Satzung der Vereinten Nationen bei staatlicher Verwicklung in Gewaltakte Privater (1995), S.24 (Einleitung mit Definitionen), S.130-135 (Bewertung der Praxis) S.147-162 (Meinungsstand in der Lehre); TALMON, a.a.O. (Fn1392), S.152 a.E.; SCHMALENBACH, a.a.O. (Fn1501), S.186f.; STAHN, International law at a crossroads? - The impact of September 11, ZaöRV 62 (2002) 1/2, S.227f. m.w.N. in Fn218; sehr treffend schon DERS., Security Council Resolutions 1368 (2001) and 1373 (2001): What they say and what they do not say, http://www.ejil.org/forum_WTC/ny-stahn.pdf], S.4f.; mit Untersuchung der Staatenpraxis nach dem 11. September 2001 TRAPP, Back to basics: Necessity, proportionality, and the right of self-defence against non-state terrorist actors, Int'l Comp L Q 56 (2007) 1, S.142ff., S.156 (Ergebnis); jüngst offenbar auch IGH, *Armed activities on the territory of the congo* (Kongo/Uganda), Urt. v. 19. Dezember 2005, http://www.icj-cij.org/docket/files/116/10455.pdf, §§147, 301, ebenso Judge KOOIJMANS (seperate opinion), http://www.icj-cij.org/docket/files/116/10463.pdf, §§20-24 [alle Dokumente letzter Abruf: 17. November 2007]. Die gelegentlich anzutreffende Behauptung, im Zuge der Anschläge vom 11. September 2001 habe sich eine erweiternde "Interpretation" des Zurechnungsregimes durchgesetzt - vgl. etwa KUNDE, a.a.O. (Fn1464), S.118f. jeweils bei Fn207 und 212 - wird bezeichnenderweise nicht mit entsprechender Praxis belegt. Vgl. hierzu treffend WOLFRUM, a.a.O. (Fn1483), S.2f.: "However, where the development of new rules would result in the derogation of established ones the onus is on those advocating the development of new rules, to prove that the old rules have fallen in *desuetudo* or have been replaced by the new ones." [Hervorh. v. WOLFRUM].

1588 Vgl. hierzu bereits die Darstellung des gewohnheitsrechtlich anerkannten Zurechnungsregimes supra Erster Teil - 1. Kapitel - B. - II. - 4. - b. , S.41ff. (im Zusammenhang mit 'failed states') sowie III. - 2. - b. - 0, S.55 (im Zusammenhang mit transnationalen terroristischen Vereinigungen).

facto-Organ des Staates zu qualifizieren".[1589] TIETJE und NOWROT knüpfen dabei an die bereits dargelegte Pflicht[1590] an, terroristische Aktivitäten auf dem eigenen Staatsgebiet nicht zu fördern bzw. zu dulden, hiergegen vielmehr geeignete Maßnahmen zu ergreifen.[1591]

Im Ergebnis handelt es sich damit um ein nur durch das Kriterium der "objektiven Vorhersehbarkeit" modifiziertes "safe haven"-Konzept. Der Ansatz kann insofern aus den selben Gründen nicht überzeugen - inbesondere kommt es auch hier zu einer Vermengung von Pflichtverletzung und Zurechnung.[1592] Abgesehen hiervon stellt sich die Frage, wann eine tatsächlich bewirkte "Unterstützung" terroristischer Vereinigungen *nicht mehr* "objektiv vorhersehbar" ist: Will ein Staat die Zurechnung effektiv vermeiden, muss er einen enormen Aufwand im Bereich der (innerstaatlichen) Gefahrenabwehr betreiben, um aus dem Bereich der objektiven Vorhersehbarkeit in den atypischer Geschehensabläufe zu gelangen. Dies zwingt die Staaten in einem Maße zur Gestaltung ihrer inneren Lage, das kaum noch mit einer vom Grundsatz der Souveränität im Kernbereich geschützten "domaine reservée" zu vereinbaren ist.

Insofern mutet es aber geradezu zynisch an, wenn TIETJE und NOWROT meinen, unter Zugrundelegung eines "verobjektivierten Fahrlässigkeitsmaßstabes"[1593] würde "dem das Recht der Staatenverantwortlichkeit beherrschenden Grundsatz Rechnung getragen, dass ein Staat immer nur für ein eigenes Verhalten, also das seiner Organe bzw. *de facto*-Organe, verantwortlich ist."[1594]

(4.) Zwischenergebnis

Keiner der dargestellten Ansätze zur Erweiterung des Zurechnungsregimes kann - rechtlich - überzeugen; im Ergebnis führen alle Ansätze zu einer im Völkerrecht nur ausnahmsweise statuierten "Garantiehaftung". Für den Bereich der präventiven Gewaltanwendung kommt jeweils erschwerend hinzu, dass sich nach keinem der bezeichneten Ansätze ein *genauer* Zeitpunkt der Zurechnung bestimmen lässt, der - mangels eines bereits begonnenen Angriffes - den einzigen fixierbaren Zeitpunkt darstellt, ab dem ein - unterstelltes - Recht zur präventiven Gewaltanwendung geltend gemacht werden kann.

1589 TIETJE/NOWROT, a.a.O. (Fn1391), S.9.

1590 Vgl. supra Zweiter Teil - 6. Kapitel - A. - II. - 3. - b. - aa. - (2.) , S.325 bei und m.w.N. in Fn1563-1566.

1591 TIETJE/NOWROT, a.a.O. (Fn1391), S.8.

1592 Vgl. supra Zweiter Teil - 6. Kapitel - A. - II. - 3. - b. - aa. - (2.) , S.326 m.N. in Fn1567.

1593 TIETJE/NOWROT, a.a.O. (Fn1391), S.10.

1594 TIETJE/NOWROT, a.a.O. (Fn1391), S.9 a.E. [Hervorh. v. TIETJE/NOWROT].

bb. Unmittelbare Erweiterung: Nicht-staatliche Akteure als Adressaten

(1.) These

Neben der Erweiterung des Zurechnungsregimes wird - bislang ebenfalls vorwiegend mit Blick auf das *reaktive* Selbstverteidigungsrecht - seit den Anschlägen des 11. September 2001 die Auffassung vertreten, dass über das Tatbestandsmerkmal des "armed attack" nicht nur originär staatliche bzw. einem Staat zurechenbare Angriffe,[1595] sondern auch private Gewaltakte, die nach den geltenden Regeln keiner Zurechnung fähig sind, erfasst werden.[1596]

Demnach sollen *nicht-staatliche Akteure selbst passiv legitimierte Adressaten* des Selbstverteidigungsrechts sein können. Dass dabei nicht-staatliche Gewaltakte jedenfalls nur dann als "bewaffneter Angriff" gelten können, wenn sie - wie dies auch im originär zwischenstaatlichen Verhältnis vorausgesetzt wird[1597] - einen gewissen Schweregrad erreichen, ist nahezu unumstritten und bedarf keiner weiteren Thematisierung.[1598]

1595 So aber die jedenfalls bis zum 11. September 2001 h.M., vgl. nur BROWNLIE, a.a.O. (Fn1368), S.280; BRUHA/BORTFELD, a.a.O. (Fn1514), S.164 m.w.N. in Fn21; KERSTING, a.a.O. (Fn1582), S.142; KOTZUR, a.a.O. (Fn1460), S.470; NAERT, a.a.O. (Fn1558), S.9 mit zahlreichen Nachweisen in Fn34; TIETJE/NOWROT, a.a.O. (Fn1391), S.6 m.w.N. in Fn27f..

1596 So etwa BRUHA/TAMS, a.a.O. (Fn1395), S.36; TAMS, Light treatment of a complex problem: The law of self-defence in the Wall case, Eur J Int'l L 16 (2005) 5, S.972; TOMUSCHAT, a.a.O. (Fn1391), S.540; vorsichtig KRAJEWSKI, a.a.O. (Fn1562), S.195ff., 201; DERS., a.a.O. (Fn1470), S.21 m.w.N. in Fn72; wohl auch SCHWEISFURT, a.a.O. (Fn1389), S.502, Rn19 bei Fn46 und NAERT, a.a.O. (Fn1558), S.39f. m.w.N. in Fn225.

1597 Vgl. supra Zweiter Teil - 4. Kapitel - B. - II. - 2. , S.173 m.N. in Fn848.

1598 Vgl. nur eingehend STAHN, a.a.O. (Fn1554), S.36ff., ferner KRAJEWSKI, a.a.O. (Fn1562), S.199; DERS., a.a.O. (Fn1470), S.21; TIETJE/NOWROT, a.a.O. (Fn1391), S.10; SCHMALENBACH, a.a.O. (Fn1501), S.179ff.; krit. aber MEISER/VON BUTTLAR, a.a.O. (Fn1398), S.34-37, die indes das "scale and effects"-Kriterium als *grundsätzlich* zu unbestimmt und offen für subjektive Wertung in Frage stellen und durch das Verhältnismäßigkeitsprinzip ersetzen wollen. Unabhängig davon, dass es hierdurch zu einer Vermischung von Rechtsgrund- und Rechtsfolgenseite kommt, kann dieser Ansatz schon deshalb nicht überzeugen, weil er teleologisch verfehlt ist. Wenn grundsätzlich jeder Angriff das Selbstverteidigungsrecht auslöst und nur rechtsfolgenseitig eine Eindämmung des damit tatsächlich eintretenden Gewaltkonfliktes erreicht werden kann, wird das Ziel des Gewaltverbotes verfehlt, die Anwendung unilateraler Gewalt zurückzudrängen - jedenfalls realiter besteht nach Beginn eines Konfliktes stets die Eskalationsgefahr. Abgesehen hiervon ist das "scale und effects"-Kriterium sicher wertungsoffen, wird aber durch hinreichende Staatenpraxis konkretisiert.

(2.) Bewertung

(a.) Grammatische Auslegung

Für die erweiternde Auslegung wird ins Feld geführt, der Wortlaut stehe einer Subsumtion privater, nicht-zurechenbarer "Angriffe" jedenfalls nicht entgegen, denn eine staatliche Urheberschaft würde von Art.51 CVN nicht gefordert.[1599] Dies ist insofern zutreffend, als keine der verbindlichen Sprachfassungen explizit von einem *staatlichen* (bzw. einem Staat zurechenbaren) Angriff spricht, und nach der *gewöhnlichen Bedeutung* der Begriff "bewaffneter Angriff" eine Aussage über Mittel und Intention der tatbestandlichen Handlung, nicht aber über deren physischen bzw. rechtlichen Urheber trifft. Bezieht man aber im Rahmen der grammatischen Auslegung den - systematischen - Umstand ein, dass es sich bei der Charta um einen *völkerrechtlichen* Vertrag handelt, der *ausschließlich* dem Beitritt von *Staaten* offen steht (Art.4 CVN) und *unmittelbar nur für seine Mitglieder Pflichten begründen* kann (Art.35 WVK[1600]), besteht freilich ein erstes Indiz, dass der Begriff des "bewaffneten Angriffs" *im Gesamtzusammenhang* nur den staatlichen Angriff meint.[1601]

(b.) Teleologische Auslegung

Für eine Beschränkung des persönlichen Anwendungsbereiches auf staatliche bzw. einem Staat zurechenbare Angriffe spricht die teleologisch-historische Auslegung. Denn die Gründerstaaten der VN hatten - entsprechend der zu diesem Zeitpunkt noch bestehenden etatozentrischen Konfliktrealität[1602] - nicht-staatliche (bzw. staatsähnliche) Konfliktakteure mit eigenständiger Relevanz noch gar nicht als Regelungsmaterie im Blick.[1603] Diese Gruppe von Akteuren fand erst im Zuge der durch Entkolonialisierung und Stellvertreterkriege ausgelösten Diskussion um indirekte Gewalt Eingang in das Gewaltregelungsregime, wobei die Erfassung nicht-staatlichen Konfliktpotentials freilich noch vollstän-

---

1599 Vgl. BRUHA/TAMS, a.a.O. (Fn1395), S.36 bei Fn19; BRUHA/BORTFELD, a.a.O. (Fn1514), S.165; TOMUSCHAT, a.a.O. (Fn1391), S.540; MEISER/VON BUTTLAR, a.a.O. (Fn1398), S.32f.; RUYS/VERHOEVEN, a.a.O. (Fn1564), S.290; BRUHA, a.a.O (Fn1405), S.65.

1600 Zur Anwendbarkeit der in der WVK kodifizierten Auslegungsregeln auf die Charta vgl. supra Zweiter Teil - 5. Kapitel - B. , S.197 bei und m.w.N. in Fn958.

1601 Dies konstatieren auch TOMUSCHAT, a.a.O. (Fn1391), S.540 und MEISER/VON BUTTLAR, a.a.O. (Fn1398), S.32; dezidiert RUFFERT, a.a.O. (Fn1566), S.247f. ("Das Problem verlagert sich auf die Ebene der Zurechnung", S.248 bei Fn13); vgl. auch KOTZUR, a.a.O. (Fn1460), S.470 bei Fn83.

1602 Vgl. hierzu zusammenfassen supra Erster Teil - 2. Kapitel - B. - I. , S.82.

1603 So auch TOMUSCHAT, a.a.O. (Fn1391), S.540; DELBRÜCK, a.a.O. (Fn1514), S.15; RUYS/VERHOEVEN, a.a.O. (Fn1564), S.291 m.w.N. in Fn9; AREND, International law and the preemptive use of military force, Wash Q 26 (2003) 2, S.97f..

dig im Zeichen einer staatszentrierten, *mediatisierten Adressierung* stand (Zurechnung).[1604]

Dem wird entgegen gehalten, ein *dynamisches* Verständnis von Sinn und Zweck erfordere die erweiterte Auslegung, schließlich stünden "*materielle* Aspekte - etwa die Intensität eines Angriffes, sein Bedrohungspotenzial, etc. - und nicht das *formelle* Kriterium der (Nicht-)Staatlichkeit des Angreifers im Vordergrund."[1605] Dies überzeugt nicht. Es kommt nicht *allein* auf die Wirkung von Gewalt an - diese indiziert nur die Überschreitung der völkerrechtlichen Relevanzschwelle und ist damit erforderliches[1606], nicht aber hinreichendes Kriterium, um einen "nicht-staatlichen bewaffneten Angriff" anzunehmen. Es bedarf darüber hinaus schon zur Determination des passivlegitimierten Akteurs eines *rechtlichen* Urhebers der Gewalt. Steht aber kein Rechtssubjekt als passivlegitimierter Adressat zur Verfügung, fehlt es am personellen Substrat für ein Rechtsverhältnis, mögen die "materiellen Aspekte" noch so vergleichbar sein; die Stärke des Gewaltgeschehens kann das Erfordernis einer Rechtsperson nicht kompensieren. Schließlich geht auch die Aussage ASTONS fehl, es sei "[u]nerheblich [...], dass der Anschlag allem Anschein nach auf das Konto nicht-staatlicher Akteure geht, zumal sich der Angriff gezielt gegen einen Staat richtete und einen bewaffneten zwischenstaatlichen Konflikt erheblichen Ausmaßes nach sich zog."[1607] Denn für die Bestimmung der beteiligten Rechtssubjekte ist nicht etwa der nachträgliche Konflikt maßgeblich, sondern der Angriff.[1608]

1604 Vgl. hierzu RUYS/VERHOEVEN, a.a.O. (Fn1564), S.292ff.; NEUHOLD, a.a.O. (Fn1470), S.77ff.. Lesenswert zum Aufkommen der Diskussion mit zahlreichen Nachweisen aus der UN-Praxis DAHM, a.a.O. (Fn1421), S.67ff. sowie LOBEL, Covert war and congressional authority, U Pa L R 134 (1986) 5, S.1039f. m.N in Fn18-20.

1605 BRUHA/TAMS, a.a.O. (Fn1395), S.36 a.E. [Hervorh. v. BRUHA/TAMS]; ebenso KOTZUR, a.a.O. (Fn1460), S.471; TIETJE/NOWROT, a.a.O. (Fn1391), S.10 bei Fn52; in diese Richtung auch TOMUSCHAT, a.a.O. (Fn1391), S.540 m.w.N. in Fn40 und MEISER/VON BUTTLAR, a.a.O. (Fn1398), S.33f.. Letztere erliegen dabei nicht nur der bereits in Frage gestellten Semantik eines *Krieges gegen den Terrorismus* ("Anschläge vom 11. September 2001 von den USA ohnedies als *kriegsähnliche* Handlung aufgefasst" [Hervorh. hinzugef.]), sondern interpretieren den Telos von Art.51 CVN ohne Beachtung des ihn mitbestimmenden Art.2 Ziff.4 CVN: "Denn das Völkerrecht muß sich zur Wahrnehmung seiner Befriedungsfunktion [sic!] als fähig erweisen, die Beziehungen zwischen allen wesentlichen Akteuren im internationalen System auf eine rechtliche Basis zu stellen." Wenn dies zu einer Ausweitung des Selbstverteidigungsrechts führt, ohne dass die Akteure reziprok an das Gewaltverbot gebunden sind (vgl. hierzu schon supra Zweiter Teil - 5. Kapitel - B. - I. - 3. - b. - bb. S.212 bei und m.w.N. in Fn1019), wird keine Befriedung, sondern allenfalls eine Eskalation erreicht.

1606 Vgl. bei und m.N. in Fn1598.

1607 ASTON, a.a.O. (Fn1389), S.276 bei Fn96.

1608 So zu Recht WAGNER, a.a.O. (Fn1389), S.907 in Fn154.

(c.) Systematische Auslegung

Im Rahmen der grammatischen Auslegung wurde bereits allgemein auf den sich systematisch erschließenden Aspekt der *Zwischenstaatlichkeit* hingewiesen. Grundlegend ist dabei der Zusammenhang zwischen Art.2 Ziff.4 und Art.51 CVN (Regel-Ausnahme-Verhältnis). Das Gewaltverbot richtet sich an die Mitglied*staaten* und verbietet diesen "*in ihren internationalen Beziehungen*" jede Anwendung oder Androhung von Gewalt; eine entsprechende Verpflichtung nicht-staatlicher Akteure kann Art.2 Ziff.4 CVN dagegen nicht leisten.[1609] Wenn nun aber das Gewaltverbot nur die zwischenstaatliche Gewaltanwendung betrifft, kann Art.51 CVN - als Ausnahme hierzu - in seinem Anwendungsbereich nicht weiter gehen.[1610] Darin kommt schließlich auch der friedenswahrende Charakter des auf der souveränen *Gleichheit der Staaten* beruhenden Prinzips der *Reziprozität* zum Ausdruck. Nur weil die Beteiligten zugleich dem wechselseitigen Gewaltverbot unterworfen sind und im Falle der Zuwiderhandlung gleichermaßen mit der zu duldenden Anwendung von Gewalt zu rechnen haben, entsteht in dem auf Gleichordnung basierenden Völkerrechtssystem überhaupt erst ein Normbeachtungsdruck.[1611]

Im Rahmen der systematischen Auslegung spricht für die Staatszentriertheit des Angriffes ferner Art.1 Aggressionsdefinition[1612], der den in Art.39 CVN enthaltenen Tatbestand der Aggression als "armed force *by a state against* [..] *another state*" definiert.[1613] Wenn nämlich schon der weitere Begriff der Aggression die Zwischenstaatlichkeit voraussetzt, muss dies a majore ad minus auch für den engeren Begriff des bewaffneten Angriffes gelten.[1614]

Im Rahmen der systematischen Betrachtung ist schließlich der Umstand zu würdigen, dass die Annahme, nicht-staatliche Akteure könnten als Völkerrechtssubjekte nicht nur physisch, sondern auch rechtlich Urheber tatbestandlicher Gefahren sein, stets zu einem *echten Dreiecksverhältnis* führt. Dabei ist zu berücksich-

---

1609 Zur fehlenden Bindung terroristischer Organisationen an Art.2 Ziff.4 CVN supra Zweiter Teil - 5. Kapitel - B. - I. - 3. - b. - bb. S.212 bei und m.w.N. in Fn1019.

1610 Wie hier GAJA, In what sense was there an 'armed attack'?, Eur J Int'l L Discussion Forum, http://www.ejil.org/forum_WTC/ny-gaja.html [letzter Abruf: 1. September 2007]; KRAJEWSKI, a.a.O. (Fn1562), S.187f. m.w.N. in Fn26; wohl auch WOLF, a.a.O. (Fn1391), S.205f.; STAHN, a.a.O. (Fn1554), S.27f..

1611 Ebenso NEUHOLD, a.a.O. (Fn1470), S.56; vgl. auch BOWETT, a.a.O. (Fn1480), S.8 unter Hinweis auf WESTLAKE.

1612 A/Res/3314 (XXIX) v. 14. Dezember 1974, Annex.

1613 Vgl. zur Heranziehbarkeit der Aggressionsdefinition i.R.d. Auslegung des Art.51 CVN supra Zweiter Teil - 6. Kapitel - A. - II. - 3. - a. - bb. - (3.) - (d.) , S.314 bei und m.w.N. in Fn1511-1514.

1614 Dass der Begriff des bewaffneten Angriffes ungeachtet des Verhältnisses zum Aggressionsbegriff im Detail jedenfalls den *engeren* Begriff darstellt, ist weitestgehend unbestritten, vgl. Nachweise supra Zweiter Teil - 5. Kapitel - B. - I. - 4. - b. , S.216 in Fn1034.

tigen, dass die Frage des *Eingriffstitels* gegen den nicht-staatlichen Akteur (Selbstverteidigungsrecht) klar von der Frage des *Duldungstitels* gegen den territorial betroffenen Drittstaat getrennt werden muss.[1615] Problematisch ist vor diesem Hintergrund die rein bipolare Struktur des Selbstverteidigungsrechts.[1616] Wiewohl grundsätzlich mehr als zwei Akteure im Rahmen des Selbstverteidigungsrechtsverhältnisses abgebildet werden können - namentlich im Rahmen der kollektiven Selbstverteidigung - gibt es gleichwohl stets nur *zwei Seiten*: Die Seite des Angegriffenen und die Seite des Verteidigenden. Der in Art.51 CVN implizit enthaltende Duldungstitel richtet sich mithin nur gegen den oder die Angreifer. Wenn aber dem betroffenen Drittstaat der "bewaffnete Angriff" nicht zurechenbar ist, er mithin nicht Angreifer ist, kann Art.51 CVN selbst keinen Duldungstitel gegen den Drittstaat bereit halten.[1617]

Vor diesem Hintergrund werden verschiedene Versuche unternommen, den Duldungstitel aus außer*tatbestandlichen* Erwägungen herzuleiten. Von der Reduktion des "Schutzzweckes der territorialen Integrität"[1618] für solche Gebietsteile, die vom nicht-staatlichen Akteur genutzt werden, über eine Schutzpflichtverletzung

---

1615 Ebenso TAMS, a.a.O. (Fn1596), S.973 ; DELBRÜCK, a.a.O. (Fn1514), S.15; ferner MEISER/VON BUTTLAR, a.a.O. (Fn1398), S.34, 60ff.

1616 Vgl. MEISER/VON BUTTLAR, a.a.O. (Fn1398), S.34, 61 und KRAJEWSKI, a.a.O. (Fn1562), S.202f., die zutreffend darlegen, dass Art.51 CVN rechtsfolgenseitig nur *eine* Ausnahme bzw. *ein* Recht beinhaltet; ferner schon SCHWARZENBERGER, The principle of self-defence in international judicial practice, in: BARCIA TRELLES, Estudios de derecho internacional (1958), S.215f..

1617 Vgl. BRUHA/BORTFELD, a.a.O. (Fn1514), S.166; STAHN, a.a.O. (Fn1587), S.215 m.w.N. in Fn159; TIETJE/NOWROT, a.a.O. (Fn1391), S.13; TOMUSCHAT, a.a.O. (Fn1391), S.541f. sowie schon DAHM, a.a.O. (Fn1421), S.59 m.w.N. in Fn35; a.A. - ohne rechtlich überzeugende Argumentation - TALMON, a.a.O. (Fn1392), S.167f. ("Das Selbstverteidigungsrecht gegen Terroristen geht somit von vornherein implizit [sic!] davon aus, dass sich diese im Gebiet eines anderen Staates befinden."), der die Beeinträchtigung des Drittstaates rechtsfolgenseitig über die Grundsätze der Verhältnismäßigkeit lösen will. Der Ansatz ist schon deshalb fehlerhaft, weil er Rechtsgrund- und Rechtsfolgenseite miteinander vermischt (Diese dogmatische Ungenauigkeit ist gerade in der Diskussion um die völkerrechtliche Selbstverteidigung häufig - gewissermaßen als "letzte Lösung" - anzutreffen, vgl. exemplarisch supra Zweiter Teil - 4. Kapitel - B. - III. - 3. - b. - aa. , S.190 bei und in Fn923 (DINSTEIN zur Akkumulationstheorie) sowie supra Zweiter Teil - 6. Kapitel - A. - II. - 3. - b. - bb. - (1.) , S.332 in Fn1598 (MEISER/VON BUTLAR zum "scale and effects"-Kriterium)). Soweit TALMON später (S.179) gar meint feststellen zu können, "[d]as Recht zur Selbstverteidigung umfasst auch Maßnahmen gegen Dritte, wenn der Angriff nicht anders abgewendet werden kann", ignoriert er den strukturellen Unterschied zwischen Selbstverteidigung und Notstand.

1618 So KRAJEWSKI, a.a.O. (Fn1562), S.203f., nach dem der nicht-staatliche Akteur aus dem "Souveränitätsschild" des Drittstaates heraustritt. Genau genommen handelt es sich dabei aber nicht um einen Duldungstitel, sondern nur um eine teleologische Reduktion bzw. Teilverwirkung des Gewaltverbotes, so - dogmatisch korrekt, in der Sache aber wegen der Unverwirkbarkeit des Gewaltverbotes abwegig - TOMUSCHAT, a.a.O. (Fn1391), S.541 bei Fn44; wohl auch schon DAHM, a.a.O. (Fn1421), S.57 nach Fn27.

des Drittstaates[1619] bis hin zur "analogen Anwendung des klassischen Neutralitätsrechts"[1620] werden die verschiedensten Varianten diskutiert. Mit einer *Auslegung* von Art.51 CVN als Grundlage eines Rechts zur präemptiven Gewaltanwendung hat dies indes nichts mehr zu tun.

(d.) Dynamische Auslegung

Im Rahmen der Auslegung ist schließlich der dynamische Charakter des Völkerrechts zu berücksichtigen - und damit die Völkerrechtspraxis. Dabei sei an dieser Stelle noch einmal hervorgehoben, dass das hieraus folgende dynamische Moment der Auslegung nicht die *Bildung neuen Rechts* betrifft, sondern lediglich die an der Wirklichkeit orientierte Interpretation *bestehender Normen.*[1621]

Nun wird im Zuge der dynamischen Auslegung unter Berufung auf die neuere *Praxis des Sicherheitsrates*, terroristische Handlungen als Friedensbedrohungen i.S.d. Art.39 1.Hs CVN zu bestimmen,[1622] geschlussfolgert, dieser habe anerkannt, dass "auch nicht-staatliche Gewalt die internationale Sicherheit und den Weltfrieden bedrohen kann und dass *Urheber derartiger Gewalt Adressaten von*

1619 So wohl DELBRÜCK, a.a.O. (Fn1514), S.15. Tatsächlich liegt der Gedanke einer Schutzpflichtverletzung (vgl. zum Bestehen derselben supra Zweiter Teil - 6. Kapitel - A. - II. - 3. - b. - aa. - (2.) , S.325 bei und m.N. in Fn1564) sämtlichen Ansätzen zu Grunde, was sich besonders deutlich bei KRAJEWSKI, a.a.O. (Fn1562), S.203ff. zeigt: Stets geht es im Kern darum, dass der Drittstaat *nicht willig oder nicht in der Lage ist, die Bedrohung zu unterbinden.*

1620 So BRUHA, a.a.O (Fn1405), S.76; MEISER/VON BUTTLAR, a.a.O. (Fn1398), S.62f.; KOTZUR, a.a.O. (Fn1460), S.475; in Ansätzen bereits JORASCH, a.a.O. (Fn1466), S.215 und DAHM, a.a.O. (Fn1421), S.59 in Fn36. Dezidiert - zu Recht - dagegen indes schon WILDHABER, Gewaltverbot und Selbstverteidigung, in: SCHAUMANN, Völkerrechtliches Gewaltverbot und Friedenssicherung (1971), S.164 a.E.. Der neutralitätsrechtliche Ansatz kann schon deshalb nicht überzeugen, weil die Neutralität - wie ihre Entstehungsgeschichte bestätigt - auf dem Grundsatz der souveränen Gleichheit beruht, der eben nur zwischen den Staaten gilt. Solange also Terrororganisationen nicht von der Staatengemeinschaft zu gleichrangigen Völkerrechtssubjekten gemacht werden, kann ein dritter Staat hinsichtlich der Auseinandersetzung zwischen Staat und Terrororganisation nicht den Status eines "Neutralen" einnehmen.

1621 Vgl. supra Einleitung - B. , S.9 insb. bei Fn40ff..

1622 Vgl. erstmals S/Res 1368 (2001) v. 12. September 2001, op. Abs.1; seitdem etwa S/Res 1373 (2001) v. 28. September 2001, präamb. Abs.3; S/Res/1377 (2001) v. 12. November 2001, Annex, präaemb. Abs.3; S/Res/1456 (2003) v. 20. Januar 2003, Annex, präamb. Abs.1; S/Res/1465 (2003) v. 3. Februar 2003, op. Abs.1; S/Res/1535 (2004) v. 26. März 2004, präamb. Abs.1, 2 ; S/Res/1566 (2004) v. 8. Oktober 2004, präamb. Abs.1 und op. Abs.1.; S/Res/1611 (2005) v. 7. Juli 2005, präamb. Abs.2, op. Abs.1; S/Res/1618 (2005) v. 4. August 2005, präamb. Abs.4, op. Abs.1; S/Res/1624 (2005) v. 14. September 2005, präamb. Abs.3.

völkerrechtlichen Pflichten sein können."[1623] Aus dem Umstand, dass *nicht-staatliche* Wirkungseinheiten im Rahmen des Art.39 CVN als Urheber einer Friedensbedrohung genannt würden, sei - unter Zugrundelegung des einheitlichen Friedensbegriffes der Charta - die Folgerung zu ziehen, auch in Art.51 CVN könnten nunmehr nicht-staatliche Entitäten als Adressaten auftreten, mithin *rechtlich* betrachtet Urheber eines bewaffneten Angriffes sein.[1624] Dies gelte um so mehr, als in Resolution 1373 (2001) sowohl von einer Friedensbedrohung als auch von Selbstverteidigungsrecht die Rede ist.[1625]

Diese Argumentation kann aus mehreren Gründen nicht überzeugen. Bereits in der tatsächlichen Analyse ist sie ungenau: Der Sicherheitsrat hat in Bezug auf ein *abstraktes Phänomen* die Friedensbedrohung festgestellt; an keiner Stelle hat er dagegen anerkannt, dass der physische "*Urheber derartiger Gewalt Adressat von völkerrechtlichen Pflichten*" sei.[1626] Soweit diese Feststellung aber auf Grund des Umkehrschlusses getroffen wird, jeder physische Bedrohungsurheber müsse zugleich zumindest Adressat der "Pflicht" sein, keine Friedensbedrohungen zu verursachen,[1627] müsste dies konsequenterweise dazu führen, dass der Sicherheitsrat mit einem Federstreich einer - in Anbetracht der mangelnden Definition des Begriffs des internationalen Terrorismus: völlig unbestimmten - Zahl von Personen und Gruppierungen Völkerrechtssubjektivität "verliehen hätte".[1628]

1623 KRAJEWSKI, a.a.O. (Fn1562), S.197 [Hervorh. hinzugef.].

1624 Vgl. KRAJEWSKI, a.a.O. (Fn1562), S.197f.; den gleichen Schluss ziehen ASTON, a.a.O. (Fn1389), S.266 bei Fn48; FRANCK, Terrorism and the right of self-defense, Am J Int'l L 95 (2001) 4, S.840; SCHWEISFURT, a.a.O. (Fn1389), S.503; TOMUSCHAT, a.a.O. (Fn1391), S.543f.; wohl auch Judge KOOIJMANS (separate opinion) in IGH, *Legal Consequences of the Construction of a Wall in the Occupied Palestinian Territory*, Gutachten v. 9. Juli 2004, ICJ Rep. 2004, S.229f., §35 und STAHN, a.a.O. (Fn1554), S.20 bei Fn77.

1625 BRUHA/BORTFELD, a.a.O. (Fn1514), S.164 erblicken etwa in der "vorsichtige[n] Anspielung auf das Selbstverteidigungsrecht [...] durchaus [....] eine verklausulierte Anerkennung einer Selbstverteidigungssituation und damit notwendigerweise des Vorliegens eines bewaffneten Angriffes".

1626 Erst recht hat der Sicherheitsrat nicht - wie TIETJE/NOWROT, a.a.O. (Fn1391), S.10 meinen feststellen zu können - "ausdrücklich das Recht auf Selbstverteidigung unter den gegebenen Umständen anerkannt [...], *ohne von einer effektiven Kontrolle der Terroristen durch die Taliban auszugehen.*" Derartiges geht nicht im Ansatz aus der Resolution hervor.

1627 In diese Richtung KRAJEWSKI, a.a.O. (Fn1562), S.196.

1628 Vgl. auch S/Res/1617 (2005) v. 29. Juli 2005, in dem der Sicherheitsrat die Tätigkeiten der al-Qaida, der Taliban, BIN LADENS "and individuals, groups, undertakings and entities *associated* with them" als Friedensbedrohung gewertet hat (preamb. Abs.13) und sodann in op. Abs.2 eine kasuistische "Legaldefinition" des Begriffs "associated" gegeben hat, die mit der Generalkausel "*otherwise supporting acts or actvitites of*" endete. Nach KRAJEWSKI, a.a.O. (Fn1562), S.196 müsste dann konsequenterweise einer unüberschaubaren Zahl von Personen und Gruppen Völkerrechtssubjektivität im Bereich des Gewaltregelungsregimes zugestanden worden sein. Im Prinzip müsste Gleiches schließlich auch für die *Flüchtlinge* gelten, die 1994 aus Ruanda in die Nachbarstaaten ström-

Ungeachtet dieser wenig überzeugenden Konsequenz entspricht die dem Umkehrschluss zu Grunde liegende Prämisse - jede Friedensbedrohung muss einem Völkerrechtssubjekt zugerechnet werden können[1629] - nicht der Konzeption der Tatbestandsalternative "Friedensbedrohung". Mehr noch als die "Angriffshandlung" und die "Aggression" ist der Begriff der "Friedensbedrohung" *entpersonalisiert*.[1630] Er ist in erster Linie ein politisches, wirkungsbezogenes Konzept, das dem Sicherheitsrat eine weite Einschätzungsprärogative einräumt.[1631] Es soll ihm gerade für jene Fälle, in denen wegen tatsächlicher Unkenntnis eine Zurechnung weder bewiesen noch widerlegt werden kann, das Tor zu Kapitel-VII-Maßnahmen öffnen. Ein entpersonalisiertes Verständnis wird schließlich durch die weit überwiegende Praxis belegt.[1632]

Aber selbst wenn man in Resolution 1368 und 1373 (2001) eine Anerkennung der Rechtssubjektivität für terroristische Gruppierungen erblicken will, wäre zu berücksichtigen, dass die Anerkennung durch den Sicherheitsrat für die Mitgliedstaaten ohne Belang wäre - eine Anerkennung kann nur inter partes wirken.[1633] Damit wäre allenfalls von einer Anerkennung im Verhältnis *VN - nicht staatlicher Konfliktakteur* zum Zwecke einer effektiven Terrorismusbekämpfung *durch das System kollektiver Sicherheit* auszugehen.[1634] Insofern kommt es auf den Rückschluss von Art.39 auf Art.51 CVN über einen - nicht unumstrittenen[1635] - "einheitlichen Friedensbegriff" gar nicht mehr an.

---

ten, denn in S/Res/918 (1994) v. 17. Mai 1994, preamb. Abs.8 i.V.m. 18 waren diese Flüchtlingsströme Grund für den Sicherheitsrat, eine Friedensbedrohung anzunehmen.

1629 Explizit KRAJEWSKI, a.a.O. (Fn1562), S.196.

1630 In diese Richtung wohl auch KUNDE, a.a.O. (Fn1464), S.112f.; vgl. hierzu auch FROWEIN/KRISCH, a.a.O. (Fn1389), S.705, Rn13 bei und m.N. in Fn35 sowie DIES., Article 42, in: SIMMA ET AL, Commentary (2002), Bd.1, S.755, Rn15 m.w.N. bei Fn39.

1631 Vgl. hierzu schon Zweiter Teil - 4. Kapitel - B. - II. , S.172 bei und m.w.N. in Fn837 sowie Zweiter Teil - 5. Kapitel - B. - 4. - b. , S.216.

1632 Dass der Sicherheitsrat dabei ganz überwiegend eine Friedensbedrohung determiniert, selbst wenn der Aggressor klar zu Tage tritt, hat vor allem politische Gründe und in gewisser Hinsicht bereits auch eine befriedende Funktion: Es muss kein Staat an den Pranger gestellt werden. Vgl. Nachweise supra Zweiter Teil - 5. Kapitel - B. -I. - 4. - b. , S.217 in Fn1036.

1633 In diese Richtung wohl auch FROWEIN/KRISCH, a.a.O. (Fn1389), S.716, Rn45 a.E. ("[…] now subject to the jurisdiction *of the SC*." [Hervorh. hinzugef.]; FROWEIN, a.a.O. (Fn1564), S.886 bei Fn30; ebenso wohl BRUHA/BORTFELD, a.a.O. (Fn1514), S.163, die nur von "Ausstrahlungen auf andere Bereiche des Völkerrechts" sprechen.

1634 Ebenso WOLF, a.a.O. (Fn1391), S.210.

1635 Der sog. positive Friedensbegriff scheint sich dabei nicht zuletzt wegen einiger Hinweise in der Präambel und Art.1 der Charta - zumindest abgeschwächt - durchzusetzen. Vgl. m.w.N. WOLFRUM, Article 1, in: SIMMA ET AL, A Commentary (2002), Bd.1, S.41, Rn8f.; FROWEIN/KRISCH, a.a.O. (Fn1444), S.720, Rn6; BRUHA, a.a.O (Fn1405), S.65 in Fn49.

Schließlich hat der Sicherheitsrat das Selbstverteidigungsrecht nur präambulär erwähnt und nur "as recognized by the Charter of the United Nations"; die Annahme, er habe insofern mit Resolution 1368 und 1373 (2001) den persönlichen Anwendungsbereich des Selbstverteidigungsrechts dezidiert erweitern wollen, ist daher nicht überzeugend.[1636] In Anbetracht der bei Beschlussfassung noch unklaren Tatsachenlage über die wahren Urheber des Anschlages, erscheint es vielmehr wahrscheinlich, dass der Sicherheitsrat - in schlichter Unkenntnis einer möglichen Zurechnung - das Selbstverteidigungsrecht nicht von vornherein durch seine prompte Maßnahmenergreifung i.S.d. Art.51 S.1 2.Hs CVN ausschließen wollte.[1637]

Im Rahmen der dynamischen Betrachtung wird neben der insofern unergiebigen Praxis des Sicherheitsrates auch auf die *unmittelbare Reaktion der Staatengemeinschaft* zu den Anschlägen vom 11. September 2001 und des darauf folgenden Militäreinsatzes abgestellt.[1638] Dabei wird zwar zu Recht hervorgehoben, dass große Teile der Staatengemeinschaft die Anschläge verurteilt[1639] und sich - bei flüchtiger Betrachtung - auch mit dem militärischen Vorgehen in Afghanistan einverstanden erklärt haben. Ohne *detaillierte* Betrachtung der Staatenreaktion daraus herleiten zu wollen, dass Art.51 CVN - den in ihrer Gesamtheit schwerwiegenden Ergebnissen der grammatischen, teleologischen und systematischen Auslegung zum Trotz - in seinem personalen Anwendungsbereich ad hoc erweitert worden ist, erscheint aber fragwürdig, zumal sich (gerade bei oberflächlicher Betrachtung) nicht ausschließen lässt, dass "die internationale Reaktionen eher dem Schock der Ereignisse vom 11. September 2001 und weniger einer neuen allgemeinen Rechtsauffassung geschuldet waren."[1640] Soweit tat-

1636 STAHN, Security Council Resolutions 1368 (2001) and 1373 (2001): What they say and what they do not say, http://www.ejil.org/forum_WTC/ny-stahn.pdf [letzter Abruf: 17. November 2001], S.4 bei Fn6 hebt in diesem Zusammenhang zurecht hervor, dass die Resolutionen 1368 (2001) und 1373 (2001) im Gegensatz etwa zu Resolution 660 (1990) v. 6 August 1990 ("Affirming the inherent right of […] self-defence, in response to the armed attack by Iraq against Kuwait, in accordance with Article 51 […]") gerade keinen Adressaten nennt. In diese Richtung auch WOLFRUM/PHILIPP, a.a.O (Fn1581), S.590f..

1637 Vgl. BRUHA/BORTFELD, a.a.O. (Fn1514), S.164; MEISER/VON BUTTLAR, a.a.O. (Fn1398), S.27 m.w.N in Fn106; WOLF, a.a.O. (Fn1391), S.209; TALMON, a.a.O. (Fn1392), S.158f.; HÄUßLER, a.a.O. (Fn1561), S.539. In dieser Richtung auch FROWEIN, a.a.O. (Fn1564), S.886 und WOLFRUM/PHILIPP, a.a.O (Fn1581), S.587 in Fn104.

1638 So - jeweils mit Bsp. - etwa KRAJEWSKI, a.a.O. (Fn1562), S.198f. mit zahlreichen Nachweisen in Fn81-85; MEISER/VON BUTTLAR, a.a.O. (Fn1398), S.28f. m.N. in Fn111-113. Vgl. auch TIETJE/NOWROT, a.a.O. (Fn1391), S.5 m.N. in Fn22-24.

1639 Vgl. nur die Stellungnahmen der jeweiligen Gruppenvertreter in der GV-Sitzung v. 12. September 2001, A/56/PV.1: KUMALO (Süd Afrika), S.6 für die afrikanischen Staaten; NGUYEN THANH CHAU (Vietnam), S.6 für die asiatischen Staaten; GALUŠKA (Tschechien), S.6 für die osteuropäischen Staaten; ISHMAEL (Guyana), S.7 für die lateinamerikanischen Staaten; GOUNARIS (Griechenland), S.7 für die westeuropäischen Staaten. Ferner A/Res/56/1 v. 12. September 2001; S/Res/1368 (2001) v. 12. September 2001.

1640 KRAJEWSKI, a.a.O. (Fn1562), S.207.

sächlich explizit *rechtliche* Aussagen getroffen werden, sind diese im Übrigen nicht gerade eindeutig. Exemplarisch sei *an dieser Stelle*[1641] auf den Beschluss des Nordatlantikrates v. 12. September 2001[1642] hingewiesen, nach dem

> "[t]he Council agreed that if it is determined that *this attack was directed from abroad* against the United States, it shall be regarded as an action covered by Article 5 of the Washington Treaty, which states that an armed attack against one or more of the Allies in Europe or North America shall be considered an attack against them all."[1643]

Die konditionale Aussage "if it is determined that *this attack was directed from abroad*" lässt - insbesondere mit Blick auf die Wendung "*directed*" und der insofern bestehenden begrifflichen Anlehnung an das auf aktive Verwicklungsformen beschränkte Zurechnungsregime[1644] - durchaus den Schluss zu, der Nordatlantikrat habe lediglich für den *Fall der Zurechenbarkeit der Anschläge zu einem anderen Staat* ("abroad") die Ausrufung des Bündnisfalles vorgesehen.[1645] Ebenso gut kann man den Schwerpunkt der Auslegung aber auch auf den Begriff "abroad" legen - der nicht nur "Ausland" i.S.v "anderer Staat", sondern schlicht auch "von außen" meinen kann. In diesem Fall stützte die Erklärung die These, es komme auf die Zurechnung zu einem anderen Staat nicht an, womit implizit die These von der Rechtssubjektivität nicht-staatlicher Akteure gestützt würde.[1646]

Damit lässt sich an dieser Stelle festhalten, dass die Staatenreaktion im Zuge des 11. September 2001 und der Operation Enduring Freedom im Rahmen der dynamischen Auslegung zwar nicht ignoriert werden kann; auf Grundlage der *Feststellung bloßer Solidarität* lässt sich indes zur spezifischen Frage der

1641 Vgl. hierzu eingehend sub Dritter Teil - 7. Kapitel - B. - VI. , S.428.

1642 *Statement by the North Atlantic Council* v. 12. September 2001, Press Release (2001) 124, http://www.nato.int/docu/pr/2001/p01-124e.htm [letzter Abruf: 19. August 2007];

1643 [Hervorh. hinzugef.]. Vgl. hierzu auch den Antrag der Bundesregierung, Einsatz bewaffneter deutscher Streitkräfte bei der Unterstützung der gemeinsamen Reaktion auf terroristische Angriffe gegen die USA auf Grundlage des Artikels 51 der Satzung der Vereinten Nationen und des Artikels 5 des Nordatlantikvertrags sowie der Resolution 1368 (2001) und 1373 (2001) des Sicherheitsrats der Vereinten Nationen v. 7. November 2001, BT-Drucks. 14/7296.

1644 Vgl. hierzu bereits supra Erster Teil - 1. Kapitel - B. - II. - 4. - b. , S.41ff. (im Zusammenhang mit 'failed states') sowie III. - 2. - b. - 0, S.55 (im Zusammenhang mit transnationalen terroristischen Vereinigungen).

1645 In diese Richtung auch TOMUSCHAT, a.a.O. (Fn1391), S.540; HÄUßLER, a.a.O. (Fn1561), S.540.

1646 So etwa NAERT, a.a.O. (Fn1558), S.40, der die Wendung "directed from abroad" nur als Ausdruck eines "international element" ansieht. Vgl. hierzu auch STAHN, a.a.O. (Fn1554), S.26 ("external link").

Rechtssubjektivität nicht-staatlicher Akteure i.R.v. Art.51 CVN kein Rückschluss ziehen.[1647]

(3.) Zwischenergebnis

Die Annahme einer eigenständigen Adressatenstellung nicht-staatlicher Akteure im Rahmen von Art.51 CVN lässt sich nach Durchführung der *grammatischen, teleologischen und systematischen* Interpretation nicht begründen. Zwar ist bei wirklichkeitsnaher Betrachtung ein nicht unerheblicher Anpassungsdruck zu verzeichnen. Von den grundsätzlichen Bedenken gegen die Völkerrechtssubjektivität transnationaler terroristischer Organisationen abgesehen,[1648] lassen sich die Konsequenzen jedoch weder mit den in Art.51 CVN zum Ausdruck kommenden völkerrechtlichen Strukturprinzipien (Eigenverantwortlichkeit; Reziprozität) noch mit der bipolaren Grundstruktur des Selbstverteidigungsrechts (Angreifer vs. Verteidiger; Bestehen nur *eines* Duldungstitels) vereinbaren. Ob vor diesem Hintergrund die *dynamische* Betrachtung zu einem anderen Ergebnis führen kann, ist zweifelhaft - denn sie kann bestehendes Recht nur bis zur Grenze der Auslegbarkeit dehnen.

c. Zwischenergebnis

Nach Auslegung von Art.51 CVN kann - vorbehaltlich der noch zu untersuchenden Staatenpraxis in Bezug auf die Auslegung des Tatbestandsmerkmals des "bewaffneten Angriffes" - festgestellt werden, dass das chartiale Selbstverteidigungsrecht keine Grundlage für ein Recht zur präventiven Gewaltanwendung bietet; ausgenommen hiervon ist lediglich das "semi-präventive" Konzept der interzeptiven Selbstverteidigung, das Verteidigungshandlungen erlaubt, die ein Staat nach Beginn eines bewaffneten Angriffes i.S.d. Art.51 CVN, aber noch vor Eintritt des Angriffserfolges unternimmt.

Daneben ist auszuschließen, dass Art.51 CVN transnationale terroristische Vereinigungen unmittelbar als *rechtliche Adressaten* erfasst; die Bestimmung hat einen rein zwischenstaatlichen Anwendungsbereich. Bei der insofern in Betracht zu ziehenden mittelbaren Erfassung terroristischer Gefahren kann keiner der untersuchten Ansätze - Grenzüberschreitung, "safe haven" und objektive Vorhersehbarkeit - überzeugen. Im Ergebnis führen - von dogmatischen Unstimmigkeiten abgesehen - alle vorgeschlagenen *Erweiterungen des Zurechnungsregimes* zu einer mit den Grundsätzen der Zurechnung nicht zu vereinbarenden "Garantiehaftung" für privates Verhalten.

[1647] Vgl. auch TAMS, a.a.O. (Fn1596), S.973 bei Fn62; GAJA, ebd. (Fn1610).

[1648] Vgl. hierzu eingehend supra - Erster Teil - 1. Kapitel - B. - III. - 2. - b. - bb. , S.59.

B. Gewohnheitsrechtliche Ansätze

Mit Blick auf die "Naturgegebenheit" des Selbstverteidigungsrechts werden darüber hinaus gewohnheitsrechtliche Grundlagen eines Rechts zur präventiven Gewaltanwendung diskutiert. Ausgehend von einer kurzen Darstellung der theoretischen Grundlagen der Entstehung von Völkergewohnheitsrecht werden in diesem Kapitel die hierzu vorgeschlagenen Konzeptionen untersucht. Die Praxisbetrachtung ist dem 3. Teil der Untersuchung vorbehalten.

I. Methodische Problematik - Die Natur des Völkergewohnheitsrechts

Die vorwiegend in der Lehre geführte Diskussion, wie Völkergewohnheitsrecht im Detail entsteht, geändert oder aufgehoben wird, betrifft eine (Meta-)Rechtsfrage, die (paradoxerweise) wohl ohne eine - freilich nicht gerade zu erwartende - universelle Kodifikation kaum jemals endgültig zu beantworten sein wird. "[D]ie Diskussion […] ist ebenso umfangreich wie nie abgeschlossen", meint BERNHARDT zu Beginn seiner "fragmentarischen Betrachtung [des] ungeschriebene[n] Völkerrecht[s]"[1649] - und wenn es in Anbetracht des Topos der Rechtssicherheit auch unbefriedigend erscheinen mag, entbehrt diese Aussage nicht ihrer Berechtigung.[1650] Nicht zuletzt aus diesem Grunde soll daher ein weiterer theoretischer Diskussionsbeitrag zur Natur des Gewohnheitsrechts unterbleiben. Ausgehend von der ständigen Praxis des IGH[1651] wird vielmehr vom herrschenden *dualistischen Konzept* der Entstehung von Völkergewohnheitsrecht ausgegangen, dessen kursorische Darstellung den Ausgangspunkt für die Beurteilung der gewohnheitsrechtlichen Begründungsansätze eines Rechts zur präventiven Gewaltanwendung bildet.

1649 Beide Zitate: BERNHARDT, Ungeschriebenes Völkerrecht, ZaöRV 36 (1976) 1, S.50.

1650 Treffend insofern auch KIRCHNER, Völkergewohnheiten aus Sicht der Rechtsanwendung (1989), S.59: "Die […] Einbettung der Diskussion um die Entstehung von [Völkergewohnheitsrecht] in unterschiedliche rechtsphilosophische und rechtstheoretische Ansätze führt vor Augen, daß eine Diskussion […] aus diesem Blickwinkel unwillkürlich in eine Sackgasse führen muß."

1651 Vgl. etwa IGH, a.a.O. (Fn1514), S.97, §183, *North Sea Continental Shelf* (Deutschland/Dänemark, Deutschland/Niederlande), Urt. v. 20. Februar 1969, ICJ Rep.1969, S.44, §77 sowie - sehr deutlich - *Continental Shelf* (Libyen/Malta), Urt. v. 3. Juni 1985, ICJ Rep.1985, S.29, §27: "It is of course *axiomatic* that the material of customary international law is to be looked for primarily in the *actual practice and opinio juris* of States […]" [Hervorh. im Orig. weggelassen/Hervorh. hinzugef.]. W.N. bei PELLET, a.a.O. (Fn1429), S.749f., Rn209 in Fn530ff..

1. Konstitutive Merkmale von Gewohnheitsrecht

Gemäß Art.38 Abs.1 lit.b IGH-Statut ist das Völkergewohnheitsrecht "Ausdruck einer allgemeinen, als Recht anerkannten Übung". Bei aller Kritik an vorgenannter Bestimmung[1652] lassen sich daran die *im Wesenskern konsentierten*[1653] Voraussetzungen eines Gewohnheitsrechtssatzes ablesen, namentlich eine gleichermaßen[1654] vorhandene *allgemeine Übung* und eine mit *dieser Praxis korrespondierende Rechtsüberzeugung*.

a. Allgemeine Übung

Unter das objektive Merkmal der *Übung* lassen sich nahezu alle denkbaren, nach außen erkennbaren Einzelhandlungen von Staaten subsumieren, vom einfachen - unmittelbar im internationalen Raum wirkenden - Tun, über "(koordinierte) Maßnahmen der nationalen Gesetzgeber"[1655] bis hin zum bloßen Unterlassen.[1656] Für die *Allgemeinheit* der Übung wird regelmäßig - von der noch zu betrachtenden Figur des spontanen Gewohnheitsrechts[1657] abgesehen - eine gewisse *Dauer, Verbreitung und Einheitlichkeit* der Praxis gefordert. Der hierbei jeweils zu erreichende "Grenzwert" lässt sich nicht numerisch ausdrücken. Formelhaft gesprochen muss bei einem ganz überwiegenden Teil der vom - potentiellen - Rechtssatz betroffenen Staaten über eine gewisse Dauer eine deutlich gleich-

---

[1652] Vgl. etwa STEIN/VON BUTLAR, a.a.O. (Fn1389), S.44, Rn124; VERDROSS/SIMMA, Universelles Völkerrecht (1984), S.348, §552; BERNHARDT, a.a.O. (Fn1649), S.64 m.w.N. in Fn34.

[1653] Vgl. PELLET, a.a.O. (Fn1429), S.749, Rn207; DELBRÜCK, Structural changes in the international system and its legal order: International law in the era of globalization, SZIER 11 (2001) 1, S.29; KUNZ, The nature of customary international law, Am J Int'l L 47 (1953) 4, S.665; ROBERTS, Traditional and modern approaches to customary international law: A reconciliation, Am J Int'l L 95 (2001) 4, S.757. Für die - insofern gemeinsame - Basis der Lehre vgl. nur KIRCHNER, a.a.O. (Fn1650), S.59 a.E..

[1654] Zum Streit über die jeweils *höhere Gewichtung* von Übung oder Rechtsauffassung und zur Frage, welches Element *zuerst vorliegen* muss, statt vieler, jeweils mit zahlreichen Nachweisen der vertretenen Einzelpositionen: ROBERTS, a.a.O. (Fn1653), S.761ff. und KIRCHNER, a.a.O. (Fn1650), S.13ff.; einen kurzen Überblick geben auch VERDROSS/SIMMA, a.a.O. (Fn1652), S.346ff., §551.

[1655] STEIN/VON BUTLAR, a.a.O. (Fn1389), S.44, Rn126.

[1656] Vgl. IPSEN ET AL, a.a.O. (Fn1433), S.215ff., §16, Rn6, eingehend Rn17-23; KIRCHNER, a.a.O. (Fn1650), S.63 bei Fn1; ferner KUNZ, a.a.O. (Fn1653), S.666. Unklar BLECKMANN, Zur Feststellung und Auslegung von Völkergewohnheitsrecht, ZaöRV 37 (1977) 1, S.507f., der neben "faktischen Einzelhandlungen" auch "generelle[s] Verhalten der Staaten" als Übung anerkennt. Die sich insofern aufdrängende Frage, was anderes als eine wiederkehrende Einzelpraxis ein generelles Verhalten konstituieren kann, bleibt BLECKMANN schuldig.

[1657] Vgl. hierzu sub Zweiter Teil - 6. Kapitel - B. - I. - III. , S.349.

förmige Praxis zu beobachten sein.[1658] Anders als das Vertragsrecht setzt Gewohnheitsrecht damit keinen punktuellen, uniformen Konsens voraus.[1659] Die drei Kritererien der Dauer, Häufigkeit und Einheitlichkeit scheinen dabei in einem bis zu einem gewissen Grad flexiblen - die Antiproportionalität wechselseitig kompensierenden - Gesamtverhältnis zu stehen: Eine eher kürzere Dauer kann durch eine in diesen (kurzen) Zeitraum fallende "state practice [...] *both extensive and virtually uniform*"[1660] ausgeglichen werden, wenn diese in gleicher Intensität die erforderliche Rechtsüberzeugung aufweist.[1661]

b. Entsprechende Rechtsüberzeugung

In subjektiver Hinsicht erfordert die Entstehung eines Gewohnheitsrechtssatzes eine - der Praxis entsprechende, also ebenso allgemeine - *Überzeugung* der Staatengemeinschaft, dass das geübte Verhalten *obligatorisch ist* ('opinio iuris sive necessitatis'). Die Beurteilung, ein Verhalten sei politisch (in-)opportun, genügt dagegen nicht.[1662] Die erforderliche Rechtsüberzeugung ist insofern von dem - ggf. mit Blick auf einen spezifischen Vorfall geäußerten - politischen Willen abzugrenzen. Im Einzelfall bereitet diese Abgrenzung Schwierigkeiten. Gerade zu Zeiten des Kalten Krieges war eine deutliche "Lagerbildung" bei offiziellen Stellungnahmen zur - gewaltanwendungsbezogenen - Praxis zu beobachten,[1663] die kaum durchgängig einer gleichförmigen Rechtsauffassung geschuldet gewesen sein dürfte. Im Zweifel wird man allerdings bei einer (fundierten) *rechtlichen* Ausführung von der Äußerung einer *Rechts*auffassung auszugehen haben.[1664]

1658 Vgl. IPSEN ET AL, a.a.O. (Fn1433), S.215ff., §16, Rn7ff.; STEIN/VON BUTLAR, a.a.O. (Fn1389), S.45, Rn128.

1659 Sehr treffend BERNHARDT, a.a.O. (Fn1649), S.68: "Entstehung, Änderung und Erlöschen gewohnheitsrechtlicher Regeln sind Vorgänge in der Zeit, bei denen der Augenblick weniger zählt als das Kontinuierliche."

1660 In diese Richtung lässt sich die Äußerung des IGH, *North Sea Continental Shelf* (Deutschland/Dänemark; Deutschland/Niederlande), Urt. v. 20. Februar 1969, ICJ Rep.1969, S.43, §74 deuten.

1661 In diese Richtung wohl auch IPSEN ET AL, a.a.O. (Fn1433), S.215f., §16, Rn9; BERNHARDT, a.a.O. (Fn1649), S.66 bei Fn42.

1662 Vgl. IPSEN ET AL, a.a.O. (Fn1433), S.218, §16, Rn14f.; KUNZ, a.a.O. (Fn1653), S.667; vgl. auch IGH, a.a.O. (Fn1660), S.44, §77.

1663 Ein gutes Beispiel liefern die Stellungnahmen zur amerikanischen Bombardierung von Militäreinrichtungen in Libyen 1986, vgl. hierzu sub Dritter Teil - 7. Kapitel - B. - IV. , S.408, insb. die nahezu geschlossene "einfache" Verurteilung durch den Ostblock,

1664 Wie hier FORD, Legal processes of change: Article 2 (4) and the Vienna Convention On The Law Of Treaties, J Arm'd Conf L 4 (1999) 1, S.88 bei Fn91; ROBERTS, a.a.O. (Fn1653), S.757 bei Fn7 und BERNHARDT, a.a.O. (Fn1649), S.63f. bei Fn 32f.; in diese Richtung wohl auch BLECKMANN, a.a.O. (Fn1656), S.506; IPSEN ET AL, a.a.O. (Fn1433), S.225, §16, Rn35. Nach a.A. stellen Äußerungen von Staatenvertretern Übung dar, vgl. etwa STEIN/VON BUTLAR, a.a.O. (Fn1389), S.44, Rn126. Richtigerweise wird man hier

2. Gewichtungsregeln

Gerade im Hinlick auf das der Allgemeinheit innewohnende Erfordernis der *Verbreitung* von Übung und entsprechender 'opinio iuris' wird gelegentlich eine "Gewichtung" angedacht, nach der bestimmten Staaten in der Gesamtbetrachtung eine größere Bedeutung beigemessen werden könnte.[1665]

Dies vermag nicht zu überzeugen. Weder bietet der - konsentierte (!) - Art.38 Abs.1 lit.b IGH-Statut einen (grammatischen) Anhaltspunkt für ein derartiges Auswahlverfahren, noch lässt sich eine solche Differenzierung mit dem Strukturprinzip der souveränen Gleichheit vereinbaren.[1666] Aber selbst wenn eine Differenzierung prinzipiell - rechtlich - zulässig wäre, stellt sich gerade im Zusammenhang mit Gewaltanwendung die Frage eines *sachgerechten Kriteriums*.[1667]

BLECKMANNs Vorschlag, das "politische Gewicht" zu berücksichtigen[1668], bleibt im Ergebnis zu unbestimmt. Was macht das politische Gewicht aus - eine allgemeine Hegemonialstellung oder die Wortführerschaft in der spezifischen Rechtsfrage? BLECKMANN nennt - offenbar beispielhaft - die umfangreichere Praxis und bezogen auf Großbritannien den Umstand, es sei "dafür bekannt, daß [es] sich dem Völkerrecht gemäß"[1669] verhält. Erstgenanntes Kriterium kann schon deshalb nicht überzeugen, weil ein Rechtssatz - sieht man von den sachenrechtlichen Zuordnungssätzen ab - stets zwischen (mindestens) zwei

differenzieren müssen: Die "sekundäre", eine einzelne vorangegangene Übung *kommentierende* Äußerung ist Ausdruck einer 'opinio iuris', während eine Erklärung *ohne unmittelbaren Anlass einer (fremden) Übung* selbst eine Übung darstellen kann.

1665 Vgl. hierzu etwa DOEHRING, a.a.O. (Fn1432), S.128, Rn291; STEIN/VON BUTLAR, a.a.O. (Fn1389), S.47f., Rn136; BLECKMANN, Völkergewohnheitsrecht trotz widersprüchlicher Praxis?, ZaöRV 36 (1976) 1-3, S.396 bei und in Fn72; KREß, a.a.O. (Fn1587), S.49ff.

1666 So schon TOMUSCHAT, Deutsche Rechtsprechung in völkerrechtlichen Fragen 1958-1965, ZaöRV 28 (1968) 1, S.57; IPSEN ET AL, a.a.O. (Fn1433), S.216f., §16, Rn11: "Diese Staaten sollten die verschiedenen geographischen Regionen und sozio-politischen Systeme repräsentieren; denn in der gegenwärtigen Staatengemeinschaft, die aufgrund zahlreicher, insbesondere ideologischer und politischer Unterschiede in verschiedene Gruppierungen geteilt ist, muß die Repräsentation einer jeden dieser Gruppen unverzichtbar sein. Nur wenn dies gewährleistet ist, lässt sich die 'allgemeine' Geltung […] annehmen." Vgl. zum Strukturprinzip der souveränen Gleichheit insb. supra Zweiter Teil - 6. Kapitel - A. - II. - 1. - b. - cc. , S.298 ab Fn1432.

1667 Anders als etwa der Bereich der Raumfahrt, bei der in der Tat nur wenige Staaten die faktische Möglichkeit haben, an einer allgemeinen Übung mitzuwirken, ist das Recht der Gewaltanwendung ein die Staatengemeinschaft universell betreffender Bereich. Insofern braucht auch auf das vom IGH angesprochene "Betroffenheitskriterium" (IGH, a.a.O. (Fn1660), S.44, §77: "States whose interests are specially affected"), nicht näher eingegangen zu werden. Vgl. hierzu weiterführend VITZTHUM, a.a.O. (Fn1430), S.69ff., Rn137ff..

1668 Vgl. BLECKMANN, ebd. (Fn1665).

1669 BLECKMANN, a.a.O. (Fn1665), S.396 in Fn72.

Rechtssubjekten wirkt.[1670] Insofern scheint die besonders häufige Übung *eines* Staates mit Blick auf die Feststellung einer allgemein tragenden 'opinio iuris' sogar zum entgegengesetzten Ergebnis führen zu müssen: Von hervorzuhebender Bedeutung müsste dann sein, wie die übrige Staatenwelt das Verhalten einordnet. Was das zweite Kriterium der "besonderen Völkerrechtstreue" betrifft, kann sich eine derartige "allgemeine Rechtsüberzeugung" nur auf *bestehendes* Völkerrecht beziehen, ist also für die Frage von *erst entstehendem* Recht irrelevant. Soweit STEIN/VON BUTLAR argumentieren, die bevorzugte Gewichtung sog. großer Staaten trage "der tatsächlichen Machtverteilung in den internationalen Beziehungen Rechnung"[1671] ist dies - *insbesondere hinsichtlich des Gewaltregelungsregimes* - schlicht eine euphemistische Verkehrung des Prinzips der Wirklichkeitsnähe[1672]: Die Bezugnahme auf die *Macht*verhältnisse ist entlarvend. Ein "politisch gefühltes Bedürfnis" nach Dynamik im Recht mag einen Anstoss für eine rechtsändernde Praxis geben - ersetzen kann es sie nicht.

II. Prächartiales Völkergewohnheitsrecht

1. These

Zahlreiche Autoren, vorwiegend aus der anglo-amerikanischen Völkerrechtslehre, vertreten die Aufassung, ein Recht zur präventiven Gewaltanwendung ergäbe sich aus dem *prächartialen gewohnheitsrechtlichen Selbstverteidigungsrecht*[1673], welches - in *dieser* Form durch Art.51 CVN unverändert und insofern "konserviert" - *neben der* Charta fortwirke.[1674]

2. Bewertung

Unter *grammatischen* Gesichtspunkten wird für die parallele Fortgeltung des prächartialen Selbstverteidigungsrechts der "konservierende"[1675] Wortlaut von Art.51 CVN, namentlich die Bezeichnung als "inherent right" und die Artikel-

---

[1670] Vgl. auch HOBE/KIMMINICH, a.a.O. (Fn1433), S.186.
[1671] STEIN/VON BUTLAR, a.a.O. (Fn1389), S.48, Rn136.
[1672] Vgl. hierzu supra Einleitung - B. , S.9f., insb. bei und in Fn40.
[1673] Vgl. hierzu eingehend supra Zweiter Teil - 4. Kapitel - A. - V. - 4. S.148.
[1674] Vgl. MCDOUGAL/FELICIANO, a.a.O. (Fn1496), S.232ff.; SCHWEBEL, Aggression, intervention and self-defence in modern international law, RC 136 (1972-II), S.480; WALDOCK, a.a.O. (Fn1470), S.496ff.; BOWETT, a.a.O. (Fn1480), S.184, 191f.; wohl auch SCHACHTER, a.a.O. (Fn1525), S.1634f.; jüngst wieder POLEBAUM, zit. bei MEISER/VON BUTTLAR, a.a.O. (Fn1398), S.69 bei Fn273.
[1675] POLEBAUM , zit. in VON BUTLAR, a.a.O. (Fn1507), S.17 in Fn7.

einleitung angeführt.[1676] Auch das Tatbestandsmerkmal des bewaffneten Angriffes spreche nicht gegen eine solche Auslegung: Dieses bedeute - in der Zusammenschau mit der Naturgegebenheit - nämlich nicht, dass Selbstverteidigung *ausschließlich* im Falle eines bewaffneten Angriffes zulässig sei.[1677] Daneben wird insbesondere auf die *Genese* des Art.51 CVN verwiesen, der zur Klarstellung der Vereinbarkeit von Selbstverteidigungsmaßnahmen regionaler Vereinbarungen mit dem System kollektiver Sicherheit eingefügt worden sei.[1678] Für die Fortgeltung des gewohnheitsrechtlichen Selbstverteidigungsrechts scheint schließlich der - *systematische* - Umstand zu sprechen, dass in Bezug auf das in Art.51 CVN nicht angelegte Verhältnismäßigkeitserfordernis, auf Völkergewohnheitsrecht zurückgegriffen wird.[1679]

Zur Beurteilung dieses Erklärungsansatzes kann weitestgehend auf die bisher gefundenen Ergebnisse zurückgegriffen werden: Da die Naturgegebenheit in der Tat als "Brücke" zu einem außerchartialen gewohnheitsrechtlichen Selbstverteidigungstatbestand verstanden werden kann, steht einer Fortgeltung jedenfalls mit Blick auf die Vereinbarkeit mit dem Gewaltverbot (Dispensanordnung) nichts entgegen. Angesichts des festgestellten Dopppelcharakters von Art.51 CVN - Rechtsgrundlage einerseits, Brückennorm andererseits - ist auch das Tat-

---

1676 Vgl. etwa GREIG, International law (1976), S.893; MALLISON/MALLISON, The Israeli aerial attack of June 7, 1981, upon the iraqui nuclear reactor: Aggression or self-defense?, Vand J Tnt'l L 15 (1982) 3, S.420f.; BERES/TISDDON-CHATTO, Reconsidering Israel's destruction of Iraq's Osiraq nuclear reactor, Temp Int'l & Comp L J 9 (1995) 2, S.438; SCHLEI, Anticipatory self-defense, Green Bag 2nd Ser 6 (2003) 1, S.196. Mit eben dieser Argumentation auch IGH, a.a.O. (Fn1514), S.94, §176, wobei klargestellt wurde (S.103, §194): "In view of the circumstances in which the dispute has arisen, reliance is placed by the Parties only on the right of self-defence in the case of an armed attack which has already occured, *and the issue of the lawfulness of a response to the imminent threat of armed attack has not been raised. Accordingly the Court expresses no view on that issue.*" [Hervorh. hinzugef.] Vgl. aber auch Judge SCHWEBEL (separate opinion), a.a.O., S.347f., §173; w.N. bei MALANCZUK, a.a.O. (Fn1507), S.758 in Fn227.

1677 Vgl. MCDOUGAL/FELICIANO, a.a.O. (Fn1496), S.237 in Fn261 ("A proposition that 'if A, then B' is *not* eqivalent to, and does *not* necessarily imply, the proposition that 'if, and only if, A, then B'" [Hervorh. v. MCDOUGAL/FELICIANO]; SCHWEBEL, a.a.O. (Fn1674), S.480. Hier besteht eine gewisse Ähnlichkeit zur adjektivischen Interpretation von STONE, Conflict through Consensus (1977), S.48 (hierzu bereits supra Zweiter Teil - 5. Kapitel - B. - I. - 5. - a. - bb. , S.223 bei Fn1072), der indes von *Art.51 CVN* als Rechtsgrundlage ausgeht.

1678 Vgl. etwa WALDOCK, a.a.O. (Fn1470), S.497; SCHACHTER, a.a.O. (Fn1525), S.1633f..

1679 Vgl. HIGGINS, a.a.O. (Fn1470), S.205; SCHACHTER, a.a.O. (Fn1525), S.163; GLENNON, The fog of law: Self-defense, inherence, and incoherence in Article 51 of the United Nations Charter, Harv J L & Pub Pol'y 25 (2002) 2, S.545 bei Fn19. Vgl. hierzu auch IGH, a.a.O. (Fn1514), S.94, §176 sowie bestätigt in *Legality of the Threat or Use of Nuclear Weapons,* Gutachten v. 8. Juli 1996, ICJ Rep. 1996, S.245, §41.

bestandsmerkmal des bewaffneten Angriffes in der hier einschlägigen kasuistischen Betrachtung unschädlich.[1680]

Gleichwohl kann der Begründungsansatz *für die Gegenwart* nicht überzeugen. Unabhängig von der Frage, ob prächartial überhaupt ein *präventives* Selbstverteidigungsrecht bestanden hat,[1681] widerspräche es der Natur des Gewohnheitsrechts als dynamischer, von kontinuierlicher Übung und Rechtsüberzeugung getragener Rechtsquelle, diesen Rechtszustand über mehr als 60 Jahre als "eingefroren" zu betrachten.[1682] Etwas Anderes könnte allenfalls gelten, wenn ein prächartiales Selbstverteidigungsrecht zum ius cogens zählte,[1683] was jedoch wie dargelegt auszuschließen ist.[1684] Insofern kann im Ergebnis auch die Frage offen bleiben, ob das prächartiale Selbstverteidigungsrecht tatsächlich einen präventiven Anwendungsbereich hatte.[1685]

3. Zwischenergebnis

Maßgeblich kann allein die Staatenpraxis nach Gründung der Vereinten Nationen sein.[1686] Nur sie kann Aufschluss darüber geben, ob eine völkergewohnheitsrechtliche Grundlage für ein Recht zur präventiven Gewaltanwendung neben der Charta (fort-)besteht.

III. Spontan entstandenes postchartiales Gewohnheitsrecht

1. These

Schließlich sei auf die Theorie der spontanen Entstehung von Gewohnheitsrecht eingegangen, wurde doch seit den militärischen Maßnahmen der USA im Anschluss an die Attentate vom 11. September 2001 - nicht zuletzt auf Grund der unzähligen Solidaritätsbekundungen der Staatengemeinschaft im unmittelbaren

[1680] Vgl. hierzu supra Zweiter Teil - 5. Kapitel - B. - V. - 3. S.275.

[1681] Vgl. hierzu supra Zweiter Teil - 4. Kapitel - A. - V. - 4. - e. , S.148.

[1682] Ebenso GRAY, a.a.O. (Fn1464), S.87; in diese Richtung wohl auch BOTHE, a.a.O. (Fn1474), S.232 a.E.; MRAZEK, Prohibition of the use of force: Self-defence and self-help in international law, Can YB Int'l L 27 (1989), S.108; in gleiche Richtung KUNDE, a.a.O. (Fn1464), S.116 in Fn190 unter Berufung auf BRYDE, Self-defence, in: BERNHARDT ET AL, EPIL, Bd.4 (2000), S.363.

[1683] Vgl. O'CONNELL, a.a.O. (Fn1473), S.13.

[1684] Vgl. hierzu bereits supra Zweiter Teil - 5. Kapitel - B. - I. - 5. - cc. - (2.) , S.226, insb. S.228 bei und m.N. in Fn1107.

[1685] Vgl. hierzu bereits supra Zweiter Teil - 4. Kapitel - A. - V. - 4. - e. , S.167.

[1686] Ebenso KUNDE, a.a.O. (Fn1464), S.117; vgl. auch BOTHE, Der Irak-Krieg und das völkerrechtliche Gewaltverbot, AVR 41 (2003) 3, S.256.

Nachgang der Anschläge[1687] - gelegentlich die spontane Erzeugung einer gewohnheitsrechtlichen Grundlage eines (nicht näher spezifizierten) Rechts zur präventiven Gewaltanwendung in Erwägung gezogen.[1688]

2. Bewertung

Zunächst bedarf es eines differenzierten Blickes auf die Grundzüge der von CHENG und AGO entwickelten Theorien des "spontan entstehenden" Völkergewohnheitsrechts.

Nach der These CHENGs liegt *allein in der Übereinstimmung* der 'opinio iuris' das konstitutive Element des Völkergewohnheitsrechts; die übende Staatenpraxis erschöpfe sich dagegen in einer - entbehrlichen - Beweisfunktion.[1689] Nach dieser Ansicht müsste also festgestellt werden, dass die ganz überwiegende Mehrheit der Staaten eine entsprechende 'opinio iuris' getragen hat. Hier stellt sich freilich die Frage, ob die zahlreichen Reaktionen tatsächlich Rechtsauffassungen zum Ausdruck gebracht haben oder angesichts der schrecklichen Ereignisse nicht "nur" politischer Opportunität bzw. emotionaler Anteilnahme zu schulden waren.[1690]

Die auf AGO - und seine Positivismuskritik zurückgehende[1691] - Theorie negiert dagegen jegliches positive konstitutive Element. Recht wird nicht erzeugt, sondern in seiner vorbestimmten Existenz von der Staatengemeinschaft *im Wege der Reflektion erkannt*. "Spontan" ist insofern nicht die Rechtsentstehung, sondern nur deren Erkenntnis. Die von der Rechtsüberzeugung getragene Übung stellt danach lediglich einen - für die Existenz des Rechts irrelevanten - Beweis der Erkenntnis dar.[1692] Im Ergebnis könnte nach dieser Theorie sogar dahin stehen, ob die Staatenreaktion tatsächlich Ausdruck einer 'opinio iuris' war, ist doch selbst diese nach AGO keine konstitutive Voraussetzung von Völkergewohnheitsrecht.

1687 Vgl. AdG, CD-Rom (2001), Dok Nr.45182-1, 45182-2, 45182-3 v. 11. September 2001.

1688 Vgl. KRAJEWSKI, a.a.O. (Fn1470), S.13; noch sehr vorsichtig DERS., a.a.O. (Fn1562), S.198 in Fn81 und S.206 bei Fn120 und CASSESE, a.a.O. (Fn1496), S.997. Vgl. auch TALMON, a.a.O. (Fn1392), S.136ff. zum reaktiven Selbstverteidigungsrecht.

1689 CHENG entwickelte seine These in Betrachtung der *Declaration of Legal Principles Governing the Activities of States in the Exploration and the Use of Outer Space*, A/Res 1962 (XVIII) v. 13. Dezember 1963. Vgl. eingehend m.w.N. KIRCHNER, a.a.O. (Fn1650), S.20ff.; VERDROSS/SIMMA, a.a.O. (Fn1652), S.358, §566.

1690 Vgl. KRAJEWSKI, a.a.O. (Fn1562), S.207.

1691 Vgl. KIRCHNER, a.a.O. (Fn1650), S.32.

1692 Vgl. eingehend m.w.N. KIRCHNER, a.a.O. (Fn1650), S.32ff.; ferner VERDROSS/SIMMA, a.a.O. (Fn1652), S.347, §551; HOBE/KIMMINICH, a.a.O. (Fn1433), S.186; TALMON, a.a.O. (Fn1392), S.138.

Eine eingehende Untersuchung der Ansätze mit Blick auf ihre tatsächliche Ausfüllung ist entbehrlich. Abgesehen von einer gewissen Stütze im Wortlaut des Art.38 Abs.1 lit.b IGH-Statut ("international custom, as *evidence* of a general practice accepted as law", "la coutume internationale comme *preuve* d'une pratique générale acceptée comme étant le droit"[1693]),[1694] entbehren beide Ansätze einer überzeugenden Grundlage: Einem *Gewohnheits*rechtssatz ist begriffsnotwendig eine gewisse Dauerhaftigkeit wesenseigen. Eine spontane Gewohnheit ist mithin nichts als eine 'contradictio in adiecto' - ein Paradoxon.[1695]

Selbst wenn ausgehend vom mißverständlich verwendeten Begriff des Beweises ("evidence", "preuve") der Übung und/oder 'opinio iuris' keine konstitutive, sondern nur eine Erkenntnis- bzw. Beweisfunktion zudenken wollte, lässt sich kaum erklären, wie der Beweis eines (abstrakten) Rechtssatzes durch einen (konkreten) Fall und die hierzu geäußerten Rechtsauffassungen geführt werden sollte. In diesem Fall handelt es sich doch eher um ein von der Staatengemeinschaft gefälltes *konkretes Urteil*, denn um einen *abstrahierten Rechtssatz.*

3. Zwischenergebnis

Die Theorien von der spontanen Entstehung von Völkergewohnheitsrechts können folglich nicht überzeugen. Zu Recht sind sie daher im Allgemeinen[1696] wie auch in Bezug auf die Staatenpraxis nach dem 11. September 2001[1697] abgelehnt worden.

IV. Zwischenergebnis

Als - mögliche - Rechtsgrundlage für ein Recht zur präventiven Gewaltanwendung verbleibt damit ein *seit Gründung der Vereinten Nationen gewachsenes Gewohnheitsrecht.* Ob eine entsprechende von der Rechtsüberzeugung getragene allgemeine Übung festzustellen ist, wird im 3. Teil der Arbeit untersucht und abschließend - mit Blick auf die im 3. Kapitel differenzierten und definierten Konzepte - zu würdigen sein.

1693 [Hervorh. hinzugef.]

1694 Vgl. zur Kritik am Wortlaut die Nachweise in Fn1652.

1695 Vgl. KIRCHNER, a.a.O. (Fn1650), S.25; IPSEN ET AL, a.a.O. (Fn1433), S.214, §16, Rn5.

1696 Vgl. etwa PELLET, a.a.O. (Fn1429), S.752, Rn215 bei Fn553; VERDROSS/SIMMA, a.a.O. (Fn1652), S.358, §566, S.361f., §571; KIRCHNER, a.a.O. (Fn1650), S.24f., 36; a.A. BERNHARDT, a.a.O. (Fn1649), S.67, 72f..

1697 Vgl. TIETJE/NOWROT, a.a.O. (Fn1391), S.1; KRAJEWSKI, a.a.O. (Fn1470), S.13, der aber offenbar die Figur des spontanen Völkergewohnheitsrechts nicht grundsätzlich ablehnt, sondern lediglich die Voraussetzungen als nicht gegeben ansieht.

C. Ansätze mit Bezug zu allgemeinen Rechtsgrundsätzen

I. Notstand

1. Die rechtlichen Anknüpfungspunkte

Wie bereits dargelegt wurde, kommt *grundsätzlich* auch das Rechtsinstitut des Notstandes als Grundlage für ein Recht zur präventiven Gewaltanwendung in Betracht. Im Vergleich zum Selbstverteidigungsrecht ist der Notstand dabei rechtsgrundseitig zweifellos das weitergehende Recht: Während das Selbstverteidigungsrecht nur im Fall eines bewaffneten Angriffes einschlägig ist, erfordert der Notstand lediglich eine *konkrete* Gefahr.

2. Bewertung

Als zentrales Problem wurde bereits das Verhältnis des Notstandes zum Gewaltverbot identifiziert. Dabei wurde festgestellt, dass die generelle Aussage, die Notstandshandlung dürfe nicht gegen zwingendes Recht verstoßen, nicht geeignet ist, die Relevanz des Rechtsinstituts für das Gewaltregelungsregime auszuschließen.[1698] Vielmehr stellt sich in Anbetracht der Charta als formell abschließendem Regelungsregime die Frage, ob für die außerchartiale Figur des Notstandes eine tragfähige Brückennorm existiert, die den Dispens vom Gewaltverbot enthält.

In Betracht kommt hier die Brücke des *Art.51 CVN*. Für eine derartige Erstreckung ließe sich anführen, dass der Notstand *rechtsfolgenseitig* (Verhältnismäßigkeit) ähnliche - wegen der Güterabwägung im Ergebnis sogar noch striktere - Anforderungen stellt und *jedenfalls insofern* keine Aushöhlung des Gewaltverbotes droht.[1699] Gegen eine Adressierung des Notstandes durch Art.51 CVN spricht aber schon der *Wortlaut*: Bezug wird eben nur auf das naturgegebene Recht zur *Selbstverteidigung* genommen. Dies lässt sich auch nicht durch eine historische Betrachtung überwinden, wonach sowohl das Selbstverteidigungsrecht als auch der Notstand dem selben Konzept - dem der Selbsterhaltung - entsprungen sind.[1700] Wie bereits dargelegt wurde, ist spätestens mit Abschluss des

---

[1698] Vgl. supra Zweiter Teil - 4. Kapitel - B. - III. - 1. , S.177 bei Fn865ff.

[1699] Dies betont auch ROMANO, Combating terrorism and weapons of mass destruction: Reviving the doctrine of a state of necessity, Georgetown L J 87 (1999) 4, S.1046 m.w.N. auf SCHACHTER in Fn146.

[1700] Vgl. hierzu auch die Nachweise supra Zweiter Teil - 4. Kapitel - A. - V. - 4. - a. , S.149 in Fn727, insb. PARTSCH, Self-Preservation, in: BERNHARDT ET AL, EPIL, Bd.4 (2000), S.380f.; vgl. ferner schon die gemeinsame Wurzel als 'iusta causa' i.R.d. Lehre vom gerechten Krieg, hierzu Zweiter Teil - 4. Kapitel - A. - V. - 4. - a. , S.148 sowie B. - III. - 1. S.175 bei und m.w.N. in Fn856.

BRIAND-KELLOG-Paktes das Konzept der Selbsterhaltung aus der völkerrechtlichen Praxis - wenn es überhaupt je *rechtliche* Relevanz erlangt hatte und nicht bloß die *motivatorische* (soziologische) Kehrseite der Selbstverteidigung war - verschwunden;[1701] als *Tatbestand* hat sich allein das Selbstverteidigungsrecht etabliert.[1702] Entsprechend kann der Hinweis auf die Naturgegebenheit des Selbstverteidigungs*rechts* in Art.51 CVN auch nicht als universelle Brücke zu beliebigen Selbsthilfekonzepten verstanden werden, sondern erfasst nur das gewohnheitsrechtliche *Selbstverteidigungsrecht*.

Daneben besteht ein erheblicher *systematischer* Unterschied zwischen Selbstverteidigung und Notstand. Im Rahmen der Selbstverteidigung existiert eine wechselseitige Bedingung und Beschränkung zwischen der Angriffshandlung - sei sie im Einzelfall auch keine eigenhändige, sondern "nur" eine zugerechnete - und der Selbstverteidigungshandlung: Der Angriff ist nicht nur erforderliche rechtsgrundseitige Voraussetzung der Verteidigung - und insofern *Erlaubnismoment* -, er ist zugleich über das Prinzip der Verhältnismäßigkeit Maßstab für die Reichweite der Verteidigung - und insofern *begrenzendes Moment*. Schließlich enthält der Umstand des (verbotswidrigen) Angriffes zugleich das *Duldungsmoment*; der *Angreifer* muss die Verteidigung hinnehmen, ohne sich seinerseits wehren zu dürfen. Bei alledem sind die am Rechtsverhältnis beteiligten Personen durch ihr *eigenes Handeln* Herren über das Rechtsverhältnis: Beendet der Angreifer seinen Angriff endgültig, endet auch das Selbstverteidigungsrecht; entscheidet er sich für einen nur mit geringen Mitteln geführten Angriff, muss er nur eine angemessene, entsprechend milde Reaktion dulden.

Diese dem Selbstverteidigungsrecht immanente Wechselbezüglichkeit enthält die Rechtsfigur des Notstandes - jedenfalls im Hinblick auf die hier interessierende Sachverhaltsvariante der mangelnden Zurechenbarkeit der Gefährdungen (Aggressivnotstand) - nicht. Der passivlegimierte Staat hat keine *unmittelbare* Möglichkeit, das "ob" und "wie" der "Verteidigungshandlung" zu beeinflussen, schließlich unterliegt die Gefahr gerade nicht seiner *Kontrolle*. Ein wesentlicher Unterschied besteht ferner im Hinblick auf die Duldungspflicht des passivlegitimierten Staates: Soweit sich eine solche überhaupt aus dem Notstandstatbestand ergibt - und er nicht bloßer Entschuldigungsgrund ist[1703] -, entspringt sie jedenfalls nicht der eigenen (oder zugerechneten) verbotswidrigen Angriffshandlung, sondern einer bloßen Güterabwägung.

1701 Vgl. hierzu supra Zweiter Teil - 4. Kapitel - A. - V. - 4. - b. , S.150; zum BRIAND-KELLOG-Pakt im speziellen supra Zweiter Teil - 4. Kapitel - A. - III. - 2. - a. bis d. , S.132ff..

1702 Vgl. supra Zweiter Teil - 4. Kapitel - A. - V. - 4. - c. , S.151.

1703 In diese Richtung ROMANO, a.a.O. (Fn1699), S.1046, 1052f.; krit. auch TOMUSCHAT, a.a.O. (Fn1391), S.539 bei Fn31.

Nicht zuletzt die erheblichen strukturellen Unterschiede zwischen Selbstverteidigungsrecht und Notstand verbieten es folglich, den Letzteren als außerchartialen Rechtfertigungsgrund über die Brücke der Naturgegebenheit zu adressieren und damit für den Fall des Notstandes einen Dispens vom Gewaltverbot herbeizuführen.

Die Verknüpfung über die *Feindstaatenklauseln* scheitert schließlich an der Tatsache, dass die Feindstaatenklauseln ihrem ursprünglichen Anwendungsbereich gemäß keine Geltung mehr beanspruchen können[1704], und auch eine analoge Anwendung, etwa auf "Schurkenstaaten", nicht in Betracht kommt.[1705]

3. Zwischenergebnis

Im Ergebnis kann die Feststellung, die Rechtsfigur des Notstandes könne eine Verletzung des Gewaltverbotes - als ius cogens - nicht rechtfertigen,[1706] bestätigt werden; damit scheidet auch der Notstand als Grundlage eines Rechts zur präventiven Gewaltanwendung aus.

II. Geschäftsführung ohne Auftrag

1. Die rechtlichen Anknüpfungspunkte

Es wurde bereits festgestellt, dass die GoA zu den allgemeinen Rechtsgrundsätzen des - postchartialen - Völkerrechts gezählt werden kann und von ihrer tatbestandlichen Struktur vor allem im Hinblick auf unechte Dreieckskonstellationen - Beteiligung von marodierenden Banden in 'failed states' und Terrororganisationen - zu passen scheint.[1707] Da sie tatbestandlich lediglich an ein "fremdes Geschäft" anknüpft und - insofern noch weitergehend als der Notstand - nicht nur auf die staatliche Zurechenbarkeit des privaten Bedrohungsverhaltens verzichtet, sondern darüber hinaus nicht einmal eine Gefahr voraussetzt,[1708] kann zudem festgehalten werden, dass die GoA das denkbar weiteste, also das *Recht zur präemptiven Gewaltanwendung*[1709] stützen könnte.

[1704] Vgl. supra Zweiter Teil - 4. Kapitel - B. - II. , S.173 bei und m.N. in Fn844.
[1705] Vgl. supra Zweiter Teil - 6. Kapitel - A. - II. - 2. , S.302.
[1706] Vgl. supra Zweiter Teil - 4. Kapitel - B. - III. - 1. , S.177 bei und m.N. in Fn865.
[1707] Vgl. supra Zweiter Teil - 4. Kapitel - B. - III. - 2. , S.178.
[1708] Vgl. insb. die Ausführungen supra Zweiter Teil - 4. Kapitel - B. - III. - 2. - b. , S.181.
[1709] Vgl. supra Erster Teil - 3. Kapitel - C. - IV. , S.99.

2. Bewertung

Offen geblieben war jedoch die Frage, ob sich die grundsätzlich anzunehmende Rechtfertigungswirkung der GoA gerade auch *im chartialen Gewaltregelungsregime* entfalten kann. Bedenken bestehen hier zunächst im Hinblick auf den Grundsatz der souveränen *Gleichheit der Staaten*, Art.1 Ziff.2, Art.2 Ziff.1 CVN. Bleibt es nämlich - im (Regel-)Fall eines fehlenden ausdrücklichen Willens - dem Geschäftsführer überlassen, darüber zu urteilen, ob die Geschäftsbesorgung dem mutmaßlichen Willen bzw. dem Interesse des Geschäftsherrn entspricht, entsteht nicht nur eine nennenswerte Mißbrauchsgefahr;[1710] vor allem würde das *Primat des staatlichen Willens* als Kern der souveränen Gleichheit[1711] ausgehöhlt. Dies ließe sich nur durch einen Verzicht auf die Tatbestandsalternative des mutmaßlichen Willens sowie einer strikt akzessorischen Bestimmung des Interesses aus dem wirklichen - und damit ausdrücklich oder zumindest konkludent geäußerten - Willen des Geschäftsherrn vermeiden,[1712] mit der Folge, dass die GoA keine Anwendung finden könnte, wenn sich der Wille des Geschäftsherrn nicht zweifelsfrei feststellen lässt. In diesem Fall verlöre die GoA aber eine ihrer charakteristischen Eigenschaften, das absprachelose Tätigwerden. Denn soweit der Wille des Geschäftsherrn bekannt gegeben sein muss, ist die Annahme eines wenigstens konkludent erteilten Handlungsauftrages naheliegend.

Erhebliche Probleme bereitet daneben die Vereinbarkeit der GoA mit der Eigenart des chartialen Gewaltregelungsregimes als *formell abschließendes Regelungsregime.*[1713] Wie bereits festgestellt wurde, bedarf es für außerchartiale Tatbestände einer *Brückennorm*, die zugleich den *Dispens vom Gewaltverbot* anordnet. Eine Verknüpfung über *Art.51 CVN* scheitert daran, dass die Geschäftsführung ohne Auftrag noch weniger Gemeinsamkeiten mit dem Selbstverteidigungsrecht hat, als dies beim Notstand der Fall ist: Das Selbstverteidigungsrecht

---

[1710] Plakativ HERDEGEN, Zur Geschäftsführung ohne Auftrag (negotiorum gestio) im Völkerrecht, in: HAILBRONNER ET AL, FS-Doehring (1989), S.305, der die Gefahr sieht, dass "diese Rechtsfigur quasi zum 'trojanischen Pferd' für Übergriffe in fremde Hoheitsrechte" gerät.

[1711] Vgl. hierzu IGH, a.a.O. (Fn1514), S.107f., §205, HERDEGEN, a.a.O. (Fn1710), S.318, 321 und KRÜGER, Geschäftsführung ohne Auftrag für die Völkergemeinschaft, in: MOSLER/SCHREIBER, FS-Bilfinger (1954), S.174f., 182.

[1712] In diese Richtung wohl auch KRÜGER, a.a.O. (Fn1711), S.203, soweit er den Gedanken der Repräsentation heranzieht und feststellt, dass der Repräsentant (hier also der Geschäftsführer) "ausschließlich fremdbestimmt" ist. Etwa Anderes könnte im Hinblick auf Verpflichtungen *erga omnes* gelten, die gerade unabhängig vom Willen des einzelnen Staates bestehen und insofern den Rückschluss auf ein "objektives Interesse" zulassen, so zu Recht HERDEGEN, a.a.O. (Fn1710), S.306 a.E..

[1713] Vgl. supra Zweiter Teil - 5. Kapitel - C. , S.283.

dient dem Eigeninteresse,[1714] die GoA ist charakteristisch fremdnützig.[1715] Im Hinblick auf die *Feindstaatenklauseln* gilt das zum Notstand Gesagte entsprechend.

3. Zwischenergebnis

Besteht demnach keine Brückennorm innerhalb der Charta, die für das Rechtsinstitut der Geschäftsführung ohne Auftrag als außerchartialem Rechtstitel den Dispens vom Gewaltverbot anordnet, endet der Anwendungsbereich der völkerrechtlichen GoA dort, wo der Anwendungsbereich des Gewaltverbotes beginnt.[1716]

D. Quellen sui generis - Herdegens "Konstruktives Völkerrecht"

Neben den anerkannten Rechtsquellen werden in der Literatur vereinzelt auch "Quellen eigener Art" bemüht, um die Existenz des untersuchten Rechts zu begründen. Im Gegensatz zu der gelegentlich anzutreffenden, unverhohlen auf politische Notwendigkeiten gestützten "Argumentation",[1717] basieren diese Ansätze auf juristischer Methodik und können danach Gegenstand der wissenschaftlichen Diskussion sein. Erwidert sei hier auf HERDEGENs Figur des "konstruktiven Völkerrechts".[1718]

Ausgangspunkt für HERDEGENs Argumentation sind die - zweifellos bestehenden - Herausforderungen für die hergebrachte Rechtsquellenlehre. Diese reagiere auf bestehende Asymmetrien in der Staatenwelt - etwa im Hinblick auf die stark variierende Bevölkerungszahl, die ungleiche Wirtschaftskraft oder das unterschiedliche militärische Potential der Staaten - zunehmend mit "wenig hilfreichen Abstraktionen", was gerade bei der für die Entstehung von Gewohnheitsrecht erforderlichen Feststellung einer allgemeinen Übung und korrelierenden 'opinio iuris' zu Schwierigkeiten führe. Soweit die hergebrachte Quellenlehre verlange, die Rechtsüberzeugung müsse zwar "nicht völlig universell" sein, solle aber doch "den Konsens in der Staatengemeinschaft in quasi-universeller oder

---

[1714] Vgl. schon - auch zur gelegentlich vertretenen These, die Selbstverteidigung diene auch bzw. gerade der dezentralen Rechtsdurchsetzung - supra Zweiter Teil - 5. Kapitel - B. - I. - 2. - b. S.203 bei und m.w.N. inFn977.

[1715] Vgl. supra Zweiter Teil - 4. Kapitel - B. - III. - 2. - a. , S.179 bei und m.w.N. in Fn874.

[1716] Im Ergebnis - freilich mit anderer Begründung, namentlich der "lückenfüllenden Funktion der allgemeinen Rechtsgrundsätze" - ebenso HERDEGEN, a.a.O. (Fn1710), S.320f..

[1717] Vgl. supra Einleitung - A. , S.6 bei und in Fn34.

[1718] HERDEGEN, Asymmetrien in der Staatenwelt und die Herausforderungen des "konstruktiven Völkerrechts", ZaöRV 64 (2004) 3, passim, insb. S.581f..

zumindest hinreichend repräsentativer Weise bekunden", gewönnen derartige Formeln im völkerrechtlichen Diskurs zunehmend "fiktive Züge".[1719] Als ein Beispiel dient HERDEGEN die Diskussion über die Zulässigkeit einseitiger Präventionsmaßnahmen, die er - freilich ohne konkretere Ausführungen zur Rechtsgrund- und Rechtsfolgenseite - als "zulässige Option" ansieht, wenn der Sicherheitsrat dem Anspruch, nach Kapitel VII. CVN kollektive Sicherheit zu gewährleisten, nicht gerecht werde.[1720]

I. These

1. Zur Methodik

HERDEGEN will der methodischen Problematik - insbesondere im Hinblick auf die Feststellung von Völkergewohnheitsrecht - mit einer *neuen Art von Völkerrechtssätzen* begegnen: Dem "Typus des 'konstruktiven Völkerrechts'".[1721] Dieser Typus lebe von

> "[1.] dem stetigen Anwachsen *auslegungsbedürftigen* Vertragsrechts und Sekundärrechts internationaler Organisationen, das oft nach *weiterer Konkretisierung* verlangt oder *bewusst unterschiedlichen Deutungen* Raum gibt,
>
> [2.] der Anerkennung völkerrechtlicher *Werte*, die bei der Konkretisierung von Völkerrechtsnormen zum wechselseitigen Ausgleich und zur Abwägung drängen,
>
> [3.] der *teleologischen Anpassung* von Völkerrechtsnormen an neue Herausforderungen (wie den Kampf gegen den internationalen Terrorismus),
>
> [4.] der *teleogiebestimmten Konkordanz* konkurrierender vertraglicher Regelungswerke und
>
> [5.] der *deduktiven* Sicherung innerer Stimmigkeit durch Syllogismen (wie Analogieschlüsse)."[1722]

Die von HERDEGEN aufgezählten fünf Kriterien lassen sich nochmals straffen: Ziffer 2. betrifft den von HERDEGEN befürworteten "*Wertordnungsgedanken*",[1723]

[1719] Vgl. HERDEGEN, a.a.O. (Fn1718), S.579.
[1720] Vgl. HERDEGEN, a.a.O. (Fn1718), S.573.
[1721] HERDEGEN, a.a.O. (Fn1718), S.581.
[1722] HERDEGEN, a.a.O. (Fn1718), S.581f. [Hervorh. hinzugef.].
[1723] Vgl. HERDEGEN, a.a.O. (Fn1718), S.574-576.

wonach der Völkerrechtsgemeinschaft bestimmte Grundwerte (wie etwa Gewaltverbot, Menschenrechte, "good governance", etc.) zugrunde liegen. Nur auf dieser *normativen Grundlage* lasse sich die "Völkerrechtsordnung als komplexe, in sich stimmige Wertordnung [...]erhalten."[1724]

Ziffer 3.-5. betreffen die *Methodik*, wie sich auf dieser normativen Grundlage (neue) Rechtssätze - das "konstruktive Völkerrecht" - gewinnen lassen, namentlich durch *teleologische Anpassung* (3.), *teleogiebestimmte Konkordanz* (4.) und andere Formen der *Deduktion* (5.).

Zur in Ziffer 1. implizit angesprochenen Frage der *Deutungshoheit*, spricht HERDEGEN mit Blick auf eine "dynamische Auslegung der UN-Charta [...], welche die Grenzen zur Rechtsfortbildung berührt oder überschreitet", dem Sicherheitsrat - der "gewissermaßen als Repräsentant aller UN-Mitglieder" agiere[1725] - "im Rahmen des VII. Kapitels [CVN] eine Konkretisierungs- und Auslegungsprärogative zu"[1726] und stellt daneben fest:

> "Charme und zugleich Verführungskraft des Wertordnungsansatzes liegt in der dadurch ermöglichten Fortentwicklung gewohnheitsrechtlicher Normen und dynamischer Auslegung der UN-Charta. Diese Dynamik macht die *Rechtsfortbildung zum Gegenstand der Auslegung* unter Verzicht auf überkommene Konsensbedingungen. Die Destillation bestimmter völkerrechtlicher Grundwerte als Abwägungsfaktoren *operiert mit dem Zuspruch maßgeblicher, nicht notwendig mehrheitlicher Lehrmeinungen* und mit der *Rechtsanschauung gewichtiger, nicht notwendig mehrheitlicher Segmente der Staatengemeinschaft.*"[1727]

Bezeichnenderweise schlägt HERDEGEN an anderer Stelle vor, auch bei der Ermittlung von allgemeinen Rechtsgrundsätzen den realen Asymmetrien methodisch Rechnung zu tragen, und den in Art.38 Abs.1 lit.c) IGH-Statut enthaltenen Verweis auf die "Kulturvölker" ("civilized nations") als "Basis für eine selektive Betrachtung nationaler Rechtssysteme" zu reaktivieren; als Referenzgrundlage bei der Ermittlung allgemeiner Rechtsgrundsätze sollten danach nur solche Staaten herangezogen werden, die etwa ein Mindestmaß an Menschenrechten und

---

1724 HERDEGEN, a.a.O. (Fn1718), S.575.

1725 HERDEGEN, a.a.O. (Fn1718), S.581. Dies darf bezweifelt werden. Der Sicherheitsrat ist Sachwalter des Systems kollektiver Sicherheit, nicht aber Repräsentant der einzelnen Mitglieder, geschweige denn ihrer Einzelinteressen. "Repräsentativ" kann hier bestenfalls die Generalversammlung sein.

1726 HERDEGEN, a.a.O. (Fn1718), S.581. Dies erinnert an den bereits abgelehnten Ansatz von Legislativbefugnissen des Sicherheitsrates, vgl. supra Zweiter Teil - 6. Kapitel - A. - II. - 1., S.289.

1727 HERDEGEN, a.a.O. (Fn1718), S.575 [Hervorh. hinzugef.], ebenso so schon S.572 a.E..

einen funktionsfähigen Rechtsschutz durch eine unabhängige Justiz gewährleisten.[1728]

Extrahiert man die wesentlichen Grundzüge des als "konstruktives Völkerrecht" bezeichneten neuen Typus von Rechtssätzen, verbleibt danach folgende Methodik:

> Auf *Basis* einer komplexen, wiewohl in sich stimmigen *Grundwertordnung* können im Wege der *zielorientierten Modifikation*, *Konkordanz* sowie anderen Formen der *Deduktion* Rechtssätze gewonnen werden: die *Rechtsfortbildung* wird zum *Gegenstand der Auslegung*. *Autoritativ* für die Bestimmung der Grundwerte sind - speziell im Hinblick auf Kapitel VII CVN als Herzstück des chartialen Gewaltregelungsregimes - Äußerungen des *Sicherheitsrates*, sowie - allgemein - bestimmte *Lehrmeinungen* und bestimmte Teile der *Staatengemeinschaft*, die jedoch nicht die Mehrheit repräsentieren müssen.

2. Zum Untersuchungsgegenstand

Dass die unilaterale Prävention beim Versagen des Sicherheitsrats eine zulässige Option bleiben müsse, scheint HERDEGEN mit der Figur des *konstruktiven Völkerrechts* begründen zu wollen. Er hält fest, dass

> "vor allem bei der UN-Charta [...] eine wertgebundene und abwägungsoffene Interpretation ganz erhebliche Konkretisierungs- und Handlungsspielräume [schafft]. Dies begünstigt vor allem bei Einschränkungen des Gewaltverbots im Rahmen einer Wertabwägung Staaten mit einer Oligopol- oder Hegemonialstellung".[1729]

Auch in Bezug auf den - der Figur des konstruktiven Völkerrechts zugrundeliegenden - *Wertordnungsgedanken* führt er aus, die Bedeutung desselben lasse sich

> "kaum überschätzen. Denn dieser Ansatz öffnet herkömmlich formal strukturierte Prinzipien wie das Gewaltverbot einer Abwägung mit kollidierenden Werten. Vor allem *entzieht dieser Deutungsansatz der absoluten Dominanz des Integritätsinteresses jedes einzelnen Staates die Grundlage*. [...] Bei allen Problemen ist ein wertbezogener Deutungsansatz schon wegen der formalen Rigidität, d.h. der faktischen Änderungsresistenz der UN-Charta unverzichtbar."[1730]

[1728] Vgl. HERDEGEN, a.a.O. (Fn1718), S.581.
[1729] HERDEGEN, a.a.O. (Fn1718), S.582.
[1730] HERDEGEN, a.a.O. (Fn1718), S.575f. [Hervorh. hinzugef.].

Das danach - und sei es nur de lege ferenda - begründete Recht zur präventiven Gewaltanwendung, welches HERDEGEN i.S. *präemptiver Gewaltanwendung* versteht,[1731] vereinbart er mit dem Charta-Regime über die Brücke der "Naturgegebenheit" des Art.51 CVN.[1732]

II. Bewertung

HERDEGENS Ansatz kann im Ergebnis nicht überzeugen. Nicht nur ignoriert die Annahme einer "komplexen, in sich stimmigen Wertordnung"[1733] den fragmentarischen Charakter des Völkerrechts, der ein deduktives Vorgehen - gleich ob man dieses als "teleologische Anpassung", "teleogiebestimmte Konkordanz" oder "deduktive Sicherung durch Syllogismen" bemäntelt - ohnehin erheblich erschwert.[1734] HERDEGENS Methodik ist vor allem in sich widersprüchlich, gründet sie doch einerseits auf einem Wertordnungsgedanken, mißachtet aber andererseits das tragende Strukturprinzip des Völkerrechts: die *souveräne Gleichheit der Staaten* (Art.1 Ziff.2, Art.2 Ziff.1 CVN). Denn die formelle Gleichheit der Staaten lässt sich mit einer Rechtsquelle ("konstruktives Völkerrecht") nicht vereinbaren, deren materielle Grundlage ("Wertordnung") wie auch methodische Ermittlung ("Deduktion") der Bestimmung durch eine *Elite* vorbehalten ist. Dies gilt um so mehr, wenn diese Elite schon formell nicht repräsentativ ist ("Sicherheitsrat"), nur auf Basis normativer Kriterien bestimmt wird ("*gewichtige* [...] Segmente der Staatengemeinschaft") oder von vornherein bestenfalls Hilfsfunktionen übernehmen kann ("maßgebliche [...] *Lehrmeinungen*"[1735]).

Die Unvereinbarkeit mit dem Grundsatz der souveränen Gleichheit der Staaten gilt auch, soweit bestehende Normen von Eliten rechtsschöpfend "ausgelegt" werden sollen. Ungeachtet der Tatsache, dass die Auslegung ein aliud zur Rechtsschöpfung ist und nicht etwa nur ein minus, sind Schöpfer des Völkerrechts eben nur die souveränen Staaten selbst, und zwar - wie Art.38 IGH in sämtlichen Alternativen betont - in der *Allgemeinheit* ihrer Gemeinschaft. Die Gleichheit in der Rechtsbindung setzt also die Gleichheit in der Rechtsschöpfung voraus.

1731 Hierfür spricht, dass HERDEGEN, a.a.O. (Fn1718), S.574, die Nationale Sicherheitsstrategie der USA vom 17. September 2002 "argumentativ in den Bahnen des Völkerrechts" sieht und diese, wie supra Erster Teil - 3. Kapitel - B. - I. - 4. , S.93ff. dargelegt, dem wohl weitesten Verständnis präventiver Gewaltanwendung entspricht; vgl. hierzu auch die im Rahmen dieser Untersuchung verwendete Definition präemptiver Gewaltanwendung supra Erster Teil - 3. Kapitel - C. - IV. , S.99.

1732 Vgl. HERDEGEN, a.a.O. (Fn1718), S.573.

1733 HERDEGEN, a.a.O. (Fn1718), S.575.

1734 Vgl. hierzu bereits supra Einleitung - A. , S.6f..

1735 Vgl. nämlich Art.38 Abs.1 lit.d) IGH-Statut: "Hilfsmittel".

Wenngleich die "Allgemeinheit" nicht zwingend einen vollständigen Konsens voraussetzt - "allgemein" heißt eben nicht "einstimmig" oder "ausnahmslos" - so kann jedenfalls ein nicht einmal mehrheitlicher Teil nicht genügen. Wie dagegen HERDEGENS "nicht notwendig mehrheitlicher" Teil der Staatengemeinschaft vor dem Hintergrund der souveränen Gleichheit der Staaten überhaupt besonderes Gewicht erlangen soll - fließt nicht aus der souveränen Gleichheit auch das Prinzip "one state - one vote", unabhängig von Bevölkerungszahl, Wirtschaftskraft oder militärischem Potential? - bleibt bezeichnenderweise unbeantwortet.

Womöglich soll hier aber - wie von HERDEGEN für die Ermittlung der allgemeinen Rechtsgrundsätze vorgeschlagen[1736] - anhand normativer Kriterien, namentlich einem Mindestmaß an nationaler Wertordnung ("civilized nations"[1737]), ein Kreis relevanter Staaten ausgewählt werden. Unabhängig von der Frage, welche Instanz anhand welcher Kriterien die Selektion autoritativ vornehmen soll, ist kaum zu übersehen, dass diese Vorgehensweise die *Findung materieller Völkerrechtssätze methodisch prädeterminiert*: Der Mindeststandard der innerstaatlichen Rechtsordnung wird im Mantel der Methodik zum materiellen Mindeststandard der Völkerrechtsordnung.

Schließlich leidet in erheblichem Maße die *Rechtssicherheit und -klarheit*, wenn nicht jeder Staat anhand formaler Kriterien feststellen kann, ob ein Rechtssatz besteht, sondern eine "wertgebundene und abwägungsoffene Interpretation" vornehmen muss. Insofern räumt auch HERDEGEN - in Bezug auf eine das Gewaltverbot relativierende Auslegung - ein, dass für das

> "strikt verstandene Gewaltverbot [...] der Belang an größtmöglicher Rechtsklarheit, die Stärkung des Mechanismus kollektiver Sicherheit und der materielle Gehalt des Gewaltverbotes mit seiner humanitären Intention"[1738]

streite. Diesen gewichtigen Argumenten begegnet er mit dem Einwand, eine "statische" Auslegung mache "nachfolgende Generationen zu Gefangenen einer vor einem halben Jahrhundert getroffenen Wertentscheidung [...]."[1739] Diese Replik trägt jedoch nicht, denn richtigerweise ist die Charta dynamisch auszulegen. Die Grenze (auch) der dynamischen Auslegung ist aber das bestehende Recht; nur dieses kann ausgelegt, nicht aber neues durch Auslegung geschaffen werden. Es sind also die Staaten, die "Herren des Völkerrechts", die - gewiss auch den von HERDEGEN identifizierten Asymmentrien geschuldet - schlicht nicht fähig oder willens sind, das bestehende Regime fortzuentwickeln; die

---

1736 Vgl. oben bei und m.N. in Fn1728.

1737 Gegen das "Herausdefinieren" einzelner Staaten aus der Staatengemeinschaft auf Basis dieses Terminus dezidiert VITZTHUM, a.a.O. (Fn1430), S.72, Rn143.

1738 HERDEGEN, a.a.O. (Fn1718), S.576.

1739 HERDEGEN, ebd. (Fn1738).

"Änderungsresistenz"[1740] liegt also nicht, wie HERDEGEN meint, in der Charta der Vereinten Nationen oder ihrer Auslegung, sondern in ihren Mitgliedern begründet. HERDEGENs Ansatz hat fürwahr "Charme und zugleich Verführungskraft", als Grundlage für ein Recht zur präventiven Gewaltanwendung kann er nicht dienen.

E. Zusammenfassendes Ergebnis zum 6. Kapitel

In Bezug auf die konkrete Rechtsgrundlage eines Rechts zur präventiven Gewaltanwendung wurden im vorangegangenen Kapitel verschiedene Ansätze beleuchtet.

Bei den vertragsrechtlichen Ansätzen konnte zunächst *WALKERs These* widerlegt werden, wonach sich ein Recht zur antizipatorischen Selbstverteidigung aus der Existenz prä- und postchartialer Beistandsverträge ableiten lasse und - adressiert über die "Naturgegebenheit" des Selbstverteidigungsrechts oder das Anerkenntnis der Souveränität - neben der Charta bestehe.[1741] Im vertraglichen Bereich lag der Schwerpunkt folglich auf den innerchartialen Ansätzen, die an die bestehende Ausnahmetries anknüpfen. Mit Blick auf Sicherheitsratsresolution 1373 (2001) wurde geprüft, ob eine nach Art.25 CVN bindende *Entscheidung des Sicherheitsrates* als Rechtsgrundlage für ein unilaterales Recht zur präventiven Gewaltanwendung - insbesondere hinsichtlich terroristischer Bedrohungen - dienen kann. Dies wurde im Ergebnis wegen grundsätzlicher Bedenken gegen das Zustandekommen sowie der spezifischen Unvereinbarkeit derartigen "sekundären Chartarechts" mit den Rahmenbedingungen des chartialen Gewaltregelungsregimes abgelehnt.[1742] Abgelehnt wurde auch eine *Analogie zu den Feindstaatenklauseln*, vor allem was eine Anwendung auf sog. Schurkenstaaten betrifft: Ausschlaggebend war hier der Umstand, dass die Feindstaatenklauseln als Ausnahmetatbestände schon grundsätzlich nicht analogiefähig sind.[1743]

Mit Blick auf *Art.51 CVN* wurde sowohl der für ein Recht zur präventiven Gewaltanwendung primär interessierende zeitliche Anwendungsbereich sowie - in Anbetracht der Problematik nicht-staatlicher Gefährdungspotentiale - der persönliche Anwendungsbereich beleuchtet. Unter Vorbehalt der noch zu untersuchenden Staatenpraxis mit Blick auf die Auslegung des "bewaffneten Angriffes" konnte festgestellt werden, dass Art.51 CVN - mit Ausnahme der interzipierenden Selbstverteidigung - keine Rechtsgrundlage für ein Recht zur präventiven

---

1740 HERDEGEN, a.a.O. (Fn1718), S.576.
1741 Vgl. supra Zweiter Teil - 6. Kapitel - A. - I. , S.285.
1742 Vgl. supra Zweiter Teil - 6. Kapitel - A. - II. - 1. , S.289.
1743 Vgl. supra Zweiter Teil - 6. Kapitel - A. - II. - 2. , S.302.

Gewaltanwendung darstellt.[1744] Daneben konnte herausgearbeitet werden, dass transnationale terroristische Vereinigungen - ungeachtet der erheblichen Zweifel hinsichtlich der Zuerkennung einer Völkerrechtssubjektivität - nicht als eigenständiger Rechtsadressat im Rahmen von Art.51 CVN in Betracht kommen.[1745] Mit Blick auf eine über das anerkannte Regime hinausgehende Zurechnung konnten verschiedene Ansätze, darunter das "safe haven"-Konzept als mit den Grundsätzen der Zurechnung unvereinbar zurückgewiesen werden. Tragend war im Ergebnis vor allem der Umstand, dass die Konzepte zu einer nach geltendem Recht nur ausnahmsweise - positivrechtlich - statuierten staatlichen "Garantiehaftung" führen.[1746]

Bei den gewohnheitsrechtlichen Ansätzen war - ausgehend von der herrschenden dualistischen Theorie zur Entstehung von Gewohnheitsrecht - die Theorie der *Konservierung eines prächartialen Rechts*[1747] zur präventiven Gewaltanwendung ebenso zurückzuweisen, wie die Annahme der *spontanen Rechtsentstehung*[1748] im Nachgang zu den Attentaten vom 11. September 2001.

Im Bereich der allgemeinen Rechtsgrundsätze wurden *Notstand*[1749] und *Geschäftsführung ohne Auftrag*[1750] geprüft, die insbesondere als Rechtsgrundlage für die präventive Gewaltanwendung gegen terroristische Gefahren geeignet erschienen. Im Ergebnis konnte jedoch festgestellt werden, dass keine tragfähige Brückennorm in der Charta existiert, die mit Blick auf die untersuchten Rechtsfiguren den notwendigen Dispens vom Gewaltverbot anordnet.

Schließlich wurde HERDEGENs - nicht unter eine spezifische Rechtsquelle zu fassender - Ansatz des "konstruktiven Völkerrechts"[1751] gewürdigt. Im Ergebnis war dieser wegen mannigfacher Widersprüche zu den geltenden Strukturprinzipien des Völkerrechts, allen voran dem Grundsatz der souveränen Gleichheit - nicht tragfähig.

Damit kann als Ergebnis des 6. Kapitels festgehalten werden, dass - abhängig von einer entsprechenden Staatenpraxis - lediglich Art.51 CVN und ein gegebenfalls daneben bestehendes gewohnheitsrechtliches Selbstverteidigungsrecht als Grundlage eines Rechts zur präventiven Gewaltanwendung in Betracht kommen. Die für ein endgültiges Ergebnis erforderliche Betrachtung der Staatenpraxis schliest sich im 3. Teil der Untersuchung an.

1744 Vgl. supra Zweiter Teil - 6. Kapitel - A. - II. - 3. - a. , S.305.
1745 Vgl. supra Zweiter Teil - 6. Kapitel - A. - II. - 3. - b. - bb. , S.332.
1746 Vgl. supra Zweiter Teil - 6. Kapitel - A. - II. - 3. - b. - aa. , S.322.
1747 Vgl. supra Zweiter Teil - 6. Kapitel - B. - II. , S.347.
1748 Vgl. supra Zweiter Teil - 6. Kapitel - B. - III. , S.349.
1749 Vgl. supra Zweiter Teil - 6. Kapitel - C. - I. , S.352.
1750 Vgl. supra Zweiter Teil - 6. Kapitel - C. - II. , S.354.
1751 Vgl. supra Zweiter Teil - 6. Kapitel - D. , S.356.

DRITTER TEIL

PRAXISBETRACHTUNG

Vor dem Hintergrund der bisherigen Ergebnisse soll schließlich der Frage nachgegangen werden, ob die Staatenpraxis seit Gründung der Vereinten Nationen eine *erweiternde Auslegung* des Begriffs *des "bewaffneten Angriffes" in Art.51 CVN* zulässt und/oder ob sie eine von entsprechender Rechtsüberzeugung getragene allgemeine Übung aufweist, die die Annahme einer *gewohnheitsrechtlichen Grundlage eines Rechts zur präventiven Gewaltanwendung* rechtfertigt. Als Untersuchungsgegenstand dienen hierbei sieben Vorfälle, die im Rahmen der wissenschaftlichen (und praktischen) Diskussion um ein Recht zur unilateralen präventiven Gewaltanwendung wiederkehrend als "Präzendenzfälle" in Bezug genommen worden sind.

7. KAPITEL

STAATENPRAXIS

A. Methodik der Fallaufarbeitung

Im Rahmen der *Sachverhaltsdarstellung* wird - ausgehend von einer kursorischen Rekapitulation der relevanten Hintergünde - der Geschehensablauf und die Staatenreaktion dargelegt.

Von größter Bedeutung ist dabei die *konkret präsentierte Rechtfertigung* des Aktivlegimitation beanspruchenden Staates, die insbesondere für die Debatten im Sicherheitsrat, aber auch für die übrige Staatenreaktion den rechtlichen Bezugspunkt vorgibt.[1752] Zu Recht hat GRAY in diesem Zusammenhang darauf hingewiesen, dass

> "certain writers, however, ignore this choice by states and argue that if states in fact act in anticipation of an armed attack this should count as anticipatory self-defence in state practice."[1753]

Es ist demnach nicht Aufgabe der Völkerrechtswissenschaft, in die Staatenpraxis rechtliche Konzepte hineinzuinterpretieren. Rechtschaffende sind alleine die Staaten. Diesen obliegt es, die mit der Übung korrespondierende Rechtsauffassung so darzulegen, dass sie von anderen Staaten geteilt oder zurückgewiesen werden kann.[1754]

Führt also der Aktivlegitimation beanspruchende Staat nach entsprechender Tatsachenbehauptung explizit das *reaktive* Selbstverteidigungsrecht als Rechtfertigung an, kann eine undifferenziert unterstützende Äußerung eines Drittstaates - ohne konkrete Rechtsausführungen - nicht als 'opinio iuris' für die *präventive* Selbstverteidigung gedeutet werden, selbst wenn nach objektiver Sachlage ein präventives Geschehen vorlag.[1755]

1752 Ein hervorragendes Beispiel ist die SR-Debatte zur israelischen Bombardierung des irakischen Kernreaktors Tamuz 1, vgl. hierzu sub. Dritter Teil - 7. Kapitel - B. - III. - b. , S.397.

1753 GRAY, International law and the use of force (2000), S.112; zustimmend ANTONOPOULOS, The unilateral use of force by states in international law (1997), S.299ff..

1754 Vgl. hierzu auch FRANCK, Terrorism and the right of self-defense, Am J Int'l L 95 (2001) 4, S.840 bei Fn3; STAHN, International law at a crossroads? - The impact of September 11, ZaöRV 62 (2002) 1/2, S.234f. beide unter Bezugnahme auf IGH, *Military and Paramilitary Activities* (Nicaragua/USA), Urt. v. 27. Juni 1986, ICJ Rep. 1986, S.119ff., §§230-234, 248f., wonach die Berufung auf das Selbstverteidigungsrecht "must be supported by credible evidence of an armed attack and of the attacker's identity."

1755 Vgl. hierzu auch KUNDE, Der Präventivkrieg (2007), S.209f. bei und in Fn253 unter Bezugnahme auf IGH, a.a.O. (Fn1754), S.134, §266: "The Court is [...] not entitled to ascribe to States legal views which they do not themselves formulate." Vgl. für den *Unter-*

In der auf die Sachverhaltsdarstellung folgenden *Bewertung* wird das Geschehen dann unter Zugrundelegung der im 3. Kapitel erarbeiteten Definitionen[1756] - soweit möglich - unter die verschiedenen Konzepte präventiver Gewaltanwendung subsumiert.

Hiernach wird die Rechtsauffassung derjenigen Staaten rekapituliert, die zum Vorfall Stellung bezogen haben. Die fehlende Verurteilung des Aktivlegitimation beanspruchenden Staates durch den Sicherheitsrat kann dabei nicht per se als allgemein unterstützende 'opinio iuris' gewertet werden. Denn schon *ein* - möglicherweise nur politisch motiviertes - Veto genügt, um die Verurteilung zu verhindern. Maßgeblich sind daher allein die Einzelauffassungen der Staaten und nicht das Urteil des Sicherheitsrats als Gremium. Undifferenzierte - also auf die vorgetragene Rechtfertigung nicht eingehende - Einzelverurteilungen können dabei nur als Indiz gegen eine entsprechende 'opinio iuris' gewertet werden, da die Verurteilung theoretisch auch etwa auf der mangelnden Verhältnismäßigkeit der ergriffenen Maßnahmen beruhen kann; solche Staaten werden nachfolgend auch als *kritische Staaten* bezeichnet.

suchungszusammenhang insbesondere IGH, *Armed activities on the territory of the congo* (Kongo/Uganda), Urt. v. 19. Dezember 2005, http://www.icj-cij.org/docket/files/116/10455.pdf [letzter Abruf: 17. November 2007], §143: "The Court recalls that Uganda has insisted in this case that operation 'Safe Haven' was *not a use of force against an anticipated attack*. As was the case also in the Military and Paramilitary Activities in and against Nicaragua [...] case, *'reliance is placed by the Parties only on the right of self-defence in the case of an armed attack which has already occurred, and the issue of the lawfulness of a response to the imminent threat of armed attack has not been raised'* [...]. The Court there found that '{a}ccordingly {it} expresses no view on that issue'. So it is in the present case. The Court feels constrained, however, to observe that the wording of the Ugandan High Command document on the position regarding the presence of the UPDF in the DRC makes no reference whatever to armed attacks that have already occurred against Uganda at the hands of the DRC (or indeed by persons for whose action the DRC is claimed to be responsible). Rather, the position of the High Command is that it is necessary 'to secure Uganda's legitimate security interests'. The specified security needs are essentially preventative [...] Only one of the five listed objectives refers to a response to acts that had already taken place [...]." [Hervorh. im Orig. weggelassen / Hervorh. hinzugef.].

1756 Vgl. supra Erster Teil - 3. Kapitel - C. , S.98.

B. Untersuchte Einzelfälle

I. USA - Kuba / UdSSR: Die "Kuba-Krise" (24. Oktober - 20. November 1962)

1. Sachverhalt

a. Hintergrund

Die durch amerikanische Luft- und Seestreitkräfte durchgeführte "Quarantäne" Kubas im Spätjahr 1962 markierte den Höhepunkt einer Entwicklung, die zugleich in den interamerikanisch-kubanisch und den amerikanisch-sowjetischen Beziehungen wurzelte.

Mit Blick auf die *interamerikanische Entwicklung* war Ausgangspunkt der Erfolg der kubanischen Revolution gegen das BATISTA-Regime im Januar 1959: Seit Machtübernahme CASTROs hatte sich Kuba zunehmend dem Kommunismus zugewandt,[1757] was von den übrigen amerikanischen Staaten, insbesondere den USA, vor dem Hintergrund der (kontinentalisierten) MONROE-Doktrin[1758] äußerst kritisch kommentiert worden war und Anfang 1962 schließlich zum Ausschluss der CASTRO-Administration von der Teilnahme in den Organen der OAS geführt hatte.[1759] Die Konfrontation war dabei zunächst gewaltlos verlaufen: So war es kubanischerseits u.a. zur Verstaatlichung US-amerikanischen Eigentums, seitens der USA u.a. zum Abbruch der diplomatischen Beziehungen und drastischen Wirtschaftssanktionen gekommen.[1760] Nicht zuletzt die gescheiterte "Schweinebuchtinvasion" vom 17. April 1961, bei der Exilkubaner - mit Unterstützung der US-Regierung - einen gewaltsamen Sturz des CASTRO-Regimes herbeizuführen versucht hatten,[1761] führte jedoch zu einer qualitativen Verände-

---

1757 Vgl. MALLISON, Limited naval blockade or quarantine-interdiction: National and collective defense claims valid under international law, Geo Wash L Rev 31 (1962) 2, S.336; WEBER, Cuban Quarantine, in: BERNHARDT ET AL, EPIL, Bd.1 (1992), S.882; FENWICK, The quarantine against Cuba: Legal or illegal?, Am J Int'l L 57 (1963) 3, S.590f..

1758 Vgl. hierzu bereits supra Zweiter Teil - 5. Kapitel - B. - V. - 2. - a. , S.265.

1759 Vgl. die OAS-Beschlüsse v. 31. Januar 1962 anläßlich des 8. Konsultativtreffens der OAS-Außenminister in Punta del Este, bei STEINICKE, Quellenindex zur Cubakrise (1969), Dok.45-48, S.83ff. m.w.N, hierzu auch KOOS, Völkerrechtliche Würdigung der Blockademassnahmen der USA gegen Kuba (1967), S.2.

1760 Vgl. zum Abbruch der diplomatischen Beziehungen US Dept St Bull 44 (1961), S.103; zur Reduktion der Importquote kubanischen Zuckers *Proclamation Nr.3383*, Fed Reg 25 (1960), S.13131; zum Handelsembargo *Proclamation Nr.3447*, Fed Reg 27 (1962), S.1085. Vgl. auch WEBER, a.a.O. (Fn1757), S.882 und KOOS, a.a.O. (Fn1759), S.1f.. Zu den hierdurch aufgeworfenen Rechtsfragen WRIGHT, The Cuban quarantine, Am J Intl'l L 57 (1963) 3, S.546f. (Ziff.1. und 4.).

1761 Vgl. AdG, CD-Rom (2001), Dok.9038 v. 20. April 1961, Dok.9045 v. 22. April 1961; ferner KOOS, a.a.O. (Fn1759), S.1f.; MAGENHEIMER, Die Kuba-Krise vom Oktober 1962

rung des Konflikts: Seit diesem Vorfall hatte sich Kuba, das einen erneuten Versuch einer amerikanischen Invasion fürchtete, verstärkt um eine militärische Bindung an die Sowjetunion bemüht.[1762] Am 2. September 1962 sagte die UdSSR schließlich offiziell Unterstützung durch Waffenlieferungen zu.[1763]

Im gleichen Zeitraum waren die *amerikanisch-sowjetischen Beziehungen* durch Ausbau und Sicherung der jeweiligen Kapazitäten strategischer Nuklearwaffen geprägt; die USA hatten dabei seit Beginn der 1960er Jahre offiziell auf dem Territorium dreier NATO-Partner - Großbritannien, Italien und der Türkei - Mittelstreckenraketen stationiert, deren Einsatzradius gesamt Osteuropa und westliche Teile der Sowjetunion, einschließlich Moskau, umfasste.[1764] Die daraus resultierenden politischen Spannungen zwischen den Supermächten hatten sich zuletzt auf Grund der sowjetischen Haltung zur Berlin-Frage seit dem Mauerbau 1961 nochmals erheblich verschärft.[1765] Vor diesem Hintergrund hatte die amerikanische Regierung mit Blick auf die sowjetische Ankündigung, Kuba mit Waffen zu beliefern, bis Anfang Oktober 1962 mehrfach erklärt, die USA würden - notfalls mit Waffengewalt - verhindern, dass Kuba zu einer offensiven Militärbasis der UdSSR ausgebaut werde, wenngleich bislang noch keine Hinweise auf Lieferung offensiver Waffensysteme (Atomraketen[1766]) vorlägen.[1767] In die-

---

als Beispiel für strategisches Krisenmanagement, in: RAUCHENSTEINER/SCHMIEDL, Formen des Krieges (1991), S.160; WRIGHT, a.a.O. (Fn1760), S.546 (Ziff.3).

1762 Vgl. hierzu WRIGHT, a.a.O. (Fn1760), S.549f.; HIGGINS, The development of international law through the political organs of the United Nations (1963), S.203 in Fn67.

1763 Vgl. Abschlusskommuniqué anläßlich eines Besuches einer kubanischen Delegation in der Sowjetunion v. 2. September 1962, AdG, CD-Rom (2001), Dok.10080 v. 4. September 1962, ferner Dok.10097 v. 11. September 1962. Inoffiziell war es jedoch schon seit geraumer Zeit zu Waffenlieferungen der UdSSR an Kuba gekommen, vgl. CHAYES, The Cuban Missile Crises (1987), S.8 m.w.N. in Fn1.

1764 Vgl. AdG-CD-Rom (2001), Dok.8174 v. 24. Januar 1060, Dok.8906 v. 6. Februar 1961, Dok.10014 v. 1. August 1962.

1765 Vgl. hierzu AdG, CD-Rom (2001), Dok.9184 v. 28. Juni 1961, Dok.9234 v. 19. Juli 1961, Dok.9284-1 und -2 v. 18. August 1961, Dok.9977 v. 12. Juli 1962, Dok.10113 v. 18. September 1962, Ziff.4f., Dok.10130 v. 28. September 1962, Dok.10140 v. 30. September 1962, Dok.10175 v. 12. Oktober 1962; ferner MAGENHEIMER, a.a.O. (Fn1761), S.159f..

1766 "[M]ilitary missile capacity" in Kuba wurde amerikanischerseits als offensiv angesehen, vgl. CHAYES, a.a.O. (Fn1763), S.10 m.N. in Fn104.

1767 Vgl. Presseerklärung des amerikanischen Präsidenten KENNEDY v. 4. September 1962, AdG, CD-Rom (2001), Dok.10080 v. 4. September 1962; Erklärung KENNEDYS v. 13. September 1962, AdG, CD-Rom (2001), Dok.10101 v. 13. September 1962; die gemeinsame Resolution von US-Senat und Repräsentantenhaus v. 20. September 1962 unter Bezugnahme auf die MONROE-Doktrin, AdG, CD-Rom (2001), Dok.10127 v. 26. September 1962; Erklärung KENNEDYS v. 27. September 1962 sowie Erklärung des amerikanischen Verteidigungsministers MCNAMARA v. 28. September 1962, AdG, CD-Rom (2001), Dok.10130 v. 28. September 1962; Fernsehinterview mit dem amerikanischen Außenminister RUSK v. 30. September 1962, AdG, CD-Rom (2001), Dok.10140 v. 30. September 1962; Rede des amerikanischen Vizepräsidenten JOHNSON v. 1. Oktober

sem Zusammenhang wurde US-Präsident KENNEDY am 24. September 1962 durch Gesetz ermächtigt, im Krisenfall 150.000 Reservisten einzuberufen.[1768] Von kubanisch-sowjetischer Seite wurden die amerikanischen Äußerungen und insbesondere die Ermächtigung KENNEDYs als Ankündigung einer Aggression gegen Kuba bezeichnet und - angesichts dieser Einschätzung - wiederholt hervorgehoben, es würden lediglich Defensivwaffen ausgeliefert.[1769]

b. Geschehensablauf und Staatenreaktion

Am 22. Oktober 1962 teilte US-Präsident Kennedy in einer Fernsehansprache mit, dass die amerikanische Regierung über unfehlbare Informationen hinsichtlich der Existenz von Raketenabschussbasen für sowjetische Mittelstreckenraketen auf Kuba verfüge; die von dort abgeschossenen Raketen seien in der Lage, Atomsprengköpfe weit in die USA hinein zu transportieren. Ein Teil der Abschussanlagen sei bereits fertig gestellt, ein anderer Teil sei noch im Bau. Die Umwandlung Kubas in einen wichtigen strategischen Militärstützpunkt der UdSSR stelle eine flagrante Verletzung des *Inter-American Treaty of Reciprocal Assistance* v. 2. September 1947[1770] (nachfolgend: Rio-Vertrag) und der Charta der Vereinten Nationen dar. Daneben bestehe ein krasser Widerspruch zu den wiederholten Versicherungen der Sowjetunion, nur defensive Waffen an Kuba zu liefern. KENNEDY führte sodann aus:

> "Acting, therefore, in the defense of our own security and of the entire Western Hemisphere [...] I have directed that the following initial steps be taken immediately:
> [...] To halt this offensive buildup, a strict quaratine[[1771]] on all offensive military equipment under shipment to Cuba is being initiated.

1962, AdG, CD-Rom (2001), Dok.10141 v. 1. Oktober 1962. Vgl. auch CHAYES, a.a.O. (Fn1763), S.8ff. bei und m.N. in Fn5, 10, 12, 15.

1768 Abgedr. in Dept St Bull 47 (1962), S.597; vgl. hierzu auch AdG, CD-Rom (2001), Dok.10124 v. 24. September 1962.

1769 Vgl. Erklärung der sowjetischen Regierung zu Waffenlieferungen an Kuba, AdG, CD-Rom (2001), Dok.10097 v. 11. September 1962; Rede des sowjetischen Außenminister GROMYKO vor der Generalversammlung am 21. September 1962, GAOR 17 (1962), S.38ff.; ferner die Erklärung der kubanischen Regierung v. 1. Oktober 1962, AdG, CD-Rom (2001), Dok.10141 v. 1. Oktober 1962.

1770 Abgedr. in UNTS 21 (1948), S.77.

1771 Vgl. zur - hier nicht interessierenden - rechtlichen Würdigung dieses dem Seevölkerrecht unbekannten Begriffs eingehend WRIGHT, a.a.O. (Fn1760), S.554ff.; MEEKER, Defensiv quarantine and the law, Am J Int'l L 57 (1963) 3, S.515f.; HIGGINS, a.a.O. (Fn1762), S.202 in Fn66 m.w.N. sowie ROUSSEAU (Le Monde v. 26. Oktober 1962) und REIßMÜLLER (FAZ v. 26. Oktober 1962), letztere zusammengefasst in AdG, CD-Rom (2001), Dok.10193-2 v. 28. Oktober 1962, Ziff.31.

[…] We are calling tonight for an immediate meeting of the Organ of Consultation, under the *Organization of American States*, to consider *this threat to hemispheric security* and to invoke Articles 6 and 8 of the Rio Treaty in support of all necessary action. The United Nations Charter allows for regional security arrangements - and the nations of this hemisphere decided long ago against military presence of outside powers."[1772]

Am 23. Oktober 1962 fasste das Konsultativorgan der OAS unter Bezugnahme auf Art.6, 8 Rio-Vertrag einstimmig den Beschluss,

"[t]o *recommend* that the member states […] take all measures, individually or collectively, including the use of armed force, […] to ensure that the Government of Cuba cannot continue to receive from the Sino-Soviet powers military material and related supplies which may threaten the peace and security of the Continent, *and to prevent the missiles in Cuba with offensive capability from ever becoming an active threat to the peace and the security of the Continent*;
[…] [t]o inform the Security Council of the United Nations of this resolution in accordance with Article 54 of the Charter of the United Nations […]."[1773]

Am selben Tag - und *Bezug nehmend auf vorstehenden Beschlusswortlaut* - ordnete US-Präsident KENNEDY mit Wirkung vom 24. Oktober 1962 entsprechend seiner Ankündigung nunmehr verbindlich an,

"to interdict […] the delivery of offensive weapons and associated materiel to Cuba. […] To enforce this order, the Secretary of Defense shall take appropriate measures […], employing the land, sea and air forces of the United States […] In carrying out this order, *force shall not be used except in case of failure or refusal to comply with directions, or with regulations or directives of the Secretary of Defense issued hereunder, after reasonable efforts have been made to communicate them to the vessel or craft, or in case of self-defense.*"[1774]

1772 *Adress by President Kennedy* v. 22. Oktober 1963, abgedr. in US Dept St Bull 47 (1962), S.715ff. [Hervorh. hinzugef.].

1773 Abgedr. in Dept St Bull 47 (1962), S.722f. sowie in *Letter dated 23 October 1962 from the Secretary-General of the Organization of American States addressed to the Secretary-General of the United Nations*, S/5193, SCOR 17 (1962), Suppl. (October, November, December), S.161 [Hervorh. hinzugef.].

1774 *Proclamation Nr.3504*, Fed Reg 27 (1962), S.10401; abgedr. ferner in US Dept St Bull 47 (1962), S.717 [Hervorh. hinzugef.].

Ab dem 23. Oktober 1962 befasste sich der Sicherheitsrat nach Briefen der USA[1775], Kubas[1776] und der UdSSR[1777] in 4 Sitzungen mit der Situation. Der amerikanische Vertreter STEVENSON wiederholte die amerikanische Sicht der Sachlage unter Zitierung von KENNEDYs Fernsehansprache[1778] und führt dann aus:

> "In view of this transformation of Cuba into a base for offensive weapons of sudden mass destruction, the President announced the initiation of a strict quarantine on all offensive military weapons under shipment to Cuba. He did so because, in the view of my Government, the recent developments in Cuba [...] *constitute a threat to the peace of this hemisphere*, and, indeed, to the peace of the world."[1779]

Nach eingehender Würdigung der Ziele der Vereinten Nationen, in deren Rahmen der amerikanische Vertreter eine - auch verbal - scharfe Abgrenzung zwischen den Systemen von Ost und West zeichnete,[1780] führte STEVENSON vor dem Hintergrund des interamerikanischen Regionalsystems aus, dass

> "[t]he *crucial fact* is that Cuba has given the Soviet Union a bridghead and staging area in this hemisphere; that it has invited an extra-continental, anti-democratic and expansionist Power into the bosom of the American family; that it has made itself an accomplice in the communist enterprise of world dominion."[1781]

Dabei sei zu berücksichtigen, dass die sowjetischen Basen in Kuba - im Gegensatz zu den amerikanischen Raketenstützpunkten in den NATO-Staaten - eindeutig offensiven Zwecken dienten.[1782] Diese "new phase of aggression" könne von den USA und den anderen Staaten der westlichen Hemisphäre nicht hingenommen werden.[1783] Aus diesem Grund sei die Quarantäne angeordnet worden;

1775 *Letter dated 22 October 1962 from the representative of the United States of America addressed to the President of the Security Council*, S/5181, SCOR 17 (1962), Suppl. (October, November, December), S.146.

1776 *Letter dated 22 October 1962 from the representative of Cuba addressed to the President of the Security Council*, S/5183, SCOR 17 (1962), Suppl. (October, November, December), S.148.

1777 *Letter dated 23 October 1962 from the representative of the Union of Soviet Socialist Republics addressed to the President of the Security Council*, S/5186, SCOR 17 (1962), Suppl. (October, November, December), S.149.

1778 STEVENSON (USA) in der SR-Sitzung v. 23. Oktober 1962, S/PV.1022, §13.

1779 STEVENSON (USA), a.a.O. (Fn1778), §14 [Hervorh. hinzugef.].

1780 STEVENSON (USA), a.a.O. (Fn1778), §§15-45, insbesondere §§25-28.

1781 STEVENSON (USA), a.a.O. (Fn1778), §58 [Hervorh. hinzugef.].

1782 STEVENSON (USA), a.a.O. (Fn1778), §§59-63, 69-76.

1783 STEVENSON (USA), a.a.O. (Fn1778), §77. Vgl. aber - nicht zu Recht - WRIGHT, a.a.O. (Fn1760), S.548f., der feststellte, dass "[i]t is difficult to find the Soviet Union violated any obligation of international law in shipping missiles to [...] Cuba, at the request of the Castro government."

da *das gesamte interamerikanische System herausgefordert sei*, habe man eine Sitzung des Konsultativorgans der OAS einberufen, um unter Art.6, 8 Rio-Vertrag "support of all necessary action" zu erbitten.[1784] Ein entsprechender Beschluss sei ergangen.[1785] Der vor diesem Hintergrund vorgelegte US-Resolutionsentwurf sah keine (nachträgliche) Ermächtigung der OAS zur Vornahme von Zwangsmaßnahmen vor.[1786]

Der kubanische Vertreter entgegnete, dass Kuba sich in Anbetracht der militärischen und wirtschaftlichen Maßnahmen der Vergangenheit lediglich für defensive Zwecke bewaffne.[1787] Die Blockade Kubas sei ein kriegerischer Akt unter Verstoß gegen Art.2 Ziff.4 CVN ohne "a single legal or moral ground on which to justify".[1788] Auch der sowjetische Vertreter ZORIN - der die Lieferung von Offensivwaffen an Kuba bestritt[1789] - hob hervor, dass der amerikanische Vertreter

> "said practically nothing about any political, legal or moral grounds, deriving from the United Nations Charter, for the aggressive acts which the United States has committed during the past twenty-four hours against the small State of Cuba. This is, of course, not accidental, since there is in fact nothing that the United States Government can say in defence of its aggressive position."[1790]

Entsprechend handele es sich bei den ergriffenen Maßnahmen um nichts anderes als eine Seeblockade, einen Verstoß gegen Art.2 Ziff.4 CVN und eine Aggression, für die es keine Rechtfertigung gebe.[1791] Durch Verhängung kollektiver Zwangsmaßnahmen verletzten die USA das Vorrecht des Sicherheitsrates.[1792] Vor diesem Hintergrund seien die Handlungen entsprechend des sowjetischen Resolutionsentwurfes zu verurteilen.[1793] In Anbetracht des sowjetischen Bestreitens konfrontierte der amerikanische Vertreter seinen sowjetischen Amtskollegen in der 1025. Sitzung des Sicherheitsrates mit Luftaufnahmen der teilweise

---

[1784] STEVENSON (USA), a.a.O. (Fn1778), §79.

[1785] STEVENSON (USA), a.a.O. (Fn1778), §81. Die wesentlichen Teile des OAS-Beschlusses sind bei Fn1773 wiedergegeben.

[1786] S/5182, enthalten im Protokoll zur SR-Sitzung v. 23. Oktober 1962, S/PV.1022, §80 [Hervorh. im Orig. weggelassen].

[1787] GARCIA INCHAUSTEGUI (Kuba) in der SR-Sitzung v. 23. Oktober 1962, S/PV.1022, §§90ff..

[1788] GARCIA INCHAUSTEGUI (Kuba), a.a.O. (Fn1787), §§109f., 114, 117, 122, 125 (Zitat: §110).

[1789] ZORIN (Sowjetunion) in der SR-Sitzung v. 23. Oktober 1962, S/PV.1022, §§150-156.

[1790] ZORIN (Sowjetunion), a.a.O. (Fn1789), §135.

[1791] ZORIN (Sowjetunion), a.a.O. (Fn1789), §§138, 140, 143, 147, 157f., 161, 163, 178 lit.(f.).

[1792] ZORIN (Sowjetunion), a.a.O. (Fn1789), §172.

[1793] ZORIN (Sowjetunion), a.a.O. (Fn1789), §180 sowie op. Abs.1 des sowjetischen Resolutionsentwurfes, S/5187, enthalten im Protokoll zur SR-Sitzung v. 23. Oktober 1962, S/PV.1022, §180.

fertiggestellten, teilweise im Bau befindlichen Abschussbasen[1794] und forderte ihn zu einer Erklärung auf,[1795] woraufhin ZORIN die Echtheit der Luftaufnahmen bestritt.[1796] Mit Blick auf den Vorwurf mangelnder Rechtfertigung führte der amerikanischen Vertreter in der selben Sitzung aus:

> "Some here [im Sicherheitsrat] have attempted to question the *legal basis of the measures taken by the American Republics to protect the Western Hemisphere* [...], and I would gladly expand in our position on this, but in view of the proposal now before us [...[1797]] perhaps this is a matter for discussion which, in view of its complexity and length, could be more fruitfully delayed to a later time."[1798]

Zur dieser *konkreten* Darlegung der amerikanischen Rechtsauffassung im Sicherheitsrat kam es freilich nicht mehr; nach Beginn der Quarantäne wurden jedoch in einer Informationsschrift des amerikanischen Außenministeriums die Rechtsgrundlagen der Quarantäne Kubas veröffentlicht. Danach stützte sich die amerikanische Regierung ausschließlich auf den OAS-Beschluss. Kollektive militärische Aktionen der OAS seien dabei nicht nur im Fall eines bewaffneten Angriffes, sondern nach Art.6, 8 Rio-Vertrag auch bei einer Gefährdung des Friedens und der Sicherheit des Kontinents möglich. Die OAS stimme mit den Prinzipien und Grundsätzen der VN überein (Art.52 CVN) und habe unter Berücksichtigung dieser Vorgaben die Möglichkeit, Mitgliedstaaten die Anwendung militärischer Gewalt zur Aufrechterhaltung von Frieden und Sicherheit in

---

1794 Vgl. STEVENSON (USA) in der SR-Sitzung v. 25. Oktober 1962, S/PV.1025, §§58-67.

1795 In diesem Zusammenhang entspann sich ein ungewöhnlicher, gleichzeitig für die Eigenart des Völkerrechts als Gleichordnungsrechtsordnung aber paradigmatischer Schlagabtausch zwischen dem amerikanischen und dem sowjetischen Vertreter. STEVENSON (USA), a.a.O. (Fn1794), §49, fragte vor Beginn seiner Beweisdarlegung: "Do you, Ambassador Zorin, deny that the USSR has placed and is placing medium and intermediate-range missiles and sites in Cuba? Yes or No? Do not wait for the interpretation. Yes or no?" ZORIN (Sowjetunion), §50, entgegnete, "I am not in an American court of law, and therefore do not wish to answer a question put to me in the manner of a prosecuting counsel. You will receive the answer in due course in my capacity as representative of the Soviet Union." STEVENSON, §51, insistierte: "You are in the courtroom of world opinion right now, and you can answer 'yes' or 'no'. You have denied that they exist - and I want to know whether I have understood you correctly." ZORIN, §52, antwortete - als amtierender SR-Präsident - "Please continue your statement, Mr. Stevenson. You will receive the answer in due course" und rief, nachdem STEVENSON abermals auf eine Antwort bestand ("I am prepared to wait for my answer until Hell freezes over, if that is your decision.", §53) kurzerhand den Vertreter Chiles auf, §54.

1796 ZORIN (Sowjetunion) in der SR-Sitzung v. 25. Oktober 1962, S/PV.1025, §§79-83.

1797 Gemeint war das Vermittlungsangebot des Generalsekretär U THANT, vgl. hierzu nachfolgend bei Fn1821.

1798 STEVENSON (USA), a.a.O. (Fn1794), §20 [Hervorh. hinzugef.].

der Hemissphäre zu empfehlen. Eine Zwangsmaßnahme i.S.d. Art.53 CVN liege nicht vor, da der Beschluss lediglich empfehlend und nicht verpflichtend sei. [1799]

In der SR-Debatte bezogen die im Rat vertretenen Staaten wie folgt Stellung: Rumänien beurteilte die Quarantäne als militärische Blockade in Friedenszeiten, als Verstoß gegen Art.2 Abs.4 CVN,[1800] und forderte die Verurteilung der USA durch den Sicherheitsrat gemäß des sowjetischen Resolutionsentwurfes.[1801] China[1802] unterstutzte dagegen die im Sicherheitsrat vorgetragene amerikanische Position. Mit Blick auf die Quarantäne führte der chinesische Vertreter LIU - offenbar in enger Auslegung des Gewaltverbotes[1803] - aus:

> "The United States [...] has already initiated measures calculated to call an immediate halt to the shipment of military 'matériel' to Cuba. I think it is quite *within the right of the United States* to stop the continuous flow of offensive weapons into Cuba when the security of the United States and its sister republics is being threatened. In the view of my delegation, measures undertaken to prevent the possibility of war cannot be regarded as acts of hostility, *but should be considered as compatible with the Purposes and Principles of the Charter of the United Nations* in the preservation of peace and security."[1804]

Frankreich teilte die amerikanische Beurteilung, dass die Sowjetunion die Weltöffentlichkeit getäuscht habe und dass atomare Kurz- und Mittelstreckenraketen auf Kuba Offensivwaffen darstellten.[1805] Trotz grundsätzlicher Anerkennung des

---

1799 Zusammenfassung bei STEINICKE, a.a.O. (Fn1759), Dok.122, S.205; abgedr. bei CHAYES, a.a.O. (Fn1763), Anhang III, der auch Bedeutung und Entstehungsgeschichte eingehend kommentiert, S.17ff.; vgl. hierzu auch MCDEVITT, The UN Charter and the Cuban quarantine, JAG J 17 (1963) 3, S.71f. Zu den vom US-Außenministerium evaluierten völkerrechtlichen Grundlagen der Quarantäne auch *Record of meeting* v. 1. Oktober 1962, US Foreign Rel 1961-1963, http://www.state.gov/www/about_state/history/frusXI/index.html [letzter Abruf: 4. November 2007], Dok.31.

1800 Vgl. MALITZA (Rumänien) in der SR-Sitzung v. 24. Oktober 1962, S/PV.1023, §§63, 70-73.

1801 Vgl. MALITZA (Rumänien), a.a.O. (Fn1800), §§42ff., insb. §§53, 57f., 67, 69, 78; ferner die Erklärung der Regierung der Rumänischen Volksrepublik v. 25. Oktober 1962 bei STEINICKE, a.a.O. (Fn1759), Dok.196, S.305.

1802 Gemeint ist hier die Republik China (Taiwan) die bis 1971 ständiges Sicherheitsratsmitglied war, jedoch auf Grund A/Res/2758 (XXVI) v. 25. Oktober 1971 mitgliedschaftlich gegen die Volksrepublik China "ausgetauscht" wurde. Zur Haltung der Volksrepublik China nachfolgend bei Fn1839.

1803 Vgl. hierzu supra Zweiter Teil - 5. Kapitel - B. - I. - 3. - a. , S.205.

1804 LIU (China) in der SR-Sitzung v. 24. Oktober 1962, S/PV.1024, §23 [Hervorh. hinzugef.].

1805 Vgl. SEYDOUX (Frankreich) in der SR-Sitzung v. 24. Oktober 1962, S/PV.1024, §§3, 8. Ferner Kommuniqué des französischen Ministerrats v. 24. Oktober 1962, AdG, CD-Rom (2001), Dok.10193-2 v. 28. Oktober 1962, Ziff.16; Zusammenfassung hierzu bei STEINICKE, a.a.O. (Fn1759), Dok.170, S.276.

Rechts, für die eigene Verteidigung zu sorgen, sah der französische Vertreter SEYDOUX insofern keine Berechtigung Kubas hinsichtlich der Stationierung.[1806] Der OAS-Beschluss sei vor dem Hintergrund des Bestrebens der Staaten der westlichen Hemisphäre, ihre Unabhängigkeit zu wahren, verständlich; der darin ausgedrückte Wille müsse vom Sicherheitsrat akzeptiert werden, weswegen Frankreich den amerikanischen Resolutionsentwurf unterstütze.[1807] Im Kern übereinstimmend äußerte sich der britische Vertreter DEAN.[1808]

Die Vertreter Venzuelas und Chiles befassten sich ganz überwiegend mit dem spezifischen Verhältnis Kubas zu den lateinamerikanischen Staaten, mit der Unabhängigkeit des panamerikanischen Regionalsystems und betonten die Bedeutung des OAS-Beschlusses.[1809] Zumindest tendenziell proamerikanisch äußerte sich schließlich auch Irland. Vor dem Hintergrund des Rechts, die eigene Verteidigung zu organisieren, betrachtete der irische Vertreter AIKEN jedoch in erster Linie die Frage, ob die sowjetischen Raketen auf kubanischem Territorium als "Offensivwaffen" einzuordnen seien, was er im Ergebnis bejahte; insofern teilte auch er die amerikanische Einschätzung, dass es zu einer empfindlichen Störung des atomaren Gleichgewichts gekommen sei.[1810] Dies sei

> "a *political* fact which we cannot ignore. The Soviet Union may criticize the reactions of the United States in the case of Cuba, but it cannot fail to understand them."[1811]

Daraus zog AIKEN indes nicht den Schluss, dass die unilateralen Maßnahmen der USA gerechtfertigt seien; vielmehr rief er an dieser Stelle seiner Ausführungen beide Seiten zu Verhandlungen auf, "while there is still time."[1812]

Von besonderer Klarheit war die Stellungnahme Ghanas. Der ghanische Vertreter QUAISON-SACKEY betonte, Ghana könne - auf Basis des amerikanischen Tat-

---

1806 Vgl. SEYDOUX (Frankreich), a.a.O (Fn1805), §§4, 6.

1807 Vgl. SEYDOUX (Frankreich), a.a.O (Fn1805), §§9-12.

1808 Vgl. DEAN (Großbritannien) in der SR-Sitzung v. 24. Oktober 1962, S/PV.1023, §§19-31 (zur Täuschung durch die UdSSR), §§16 a.E., 27 (zum Verteidigungsrecht Kubas), §§36f. (zur Betonung der regionalen Konfliktlösung in der westlichen Hemisspähre), §41 (volle Unterstützung des US-Resolutionsentwurfes). Vgl. hierzu auch die weiteren offiziellen Stellungnahmen Großbritanniens außerhalb des Sicherheitsrats nachgewiesen bei STEINICKE, a.a.O. (Fn1759), Dok.171-174, S.278ff..

1809 Vgl. SOSA RODRIGUEZ (Venezuela) in der SR-Sitzung v. 24. Oktober 1962, S/PV.1023, §§3ff., insb.§8; ferner SCHWEITZER (Chile) in der SR-Sitzung v. 24. Oktober 1962, S/PV.1024, §§26ff., insb. §50.

1810 Vgl. AIKEN (Irland) in der SR-Sitzung v. 24. oktober 1962, S/PV.1023, §§88-93.

1811 Vgl. AIKEN (Irland), a.a.O. (Fn1810), §94 [Hervorh. hinzugef.].

1812 Vgl. AIKEN (Irland), a.a.O. (Fn1810), §96.

sachenvortrages - die seitens der USA geäußerten Befürchtungen verstehen.[1813] Andererseits habe aber jeder Staat das Recht, adäquate Maßnahmen zur Vorbereitung seiner Verteidigung zu ergreifen, wobei "the measures any State takes to preserve its own security are entirely a matter for its judgement."[1814] Elaboriert erwog der ghanaische Vertreter im Anschluss - als *einziges* Sicherheitsratsmitglied mit Blick auf ein *Recht zur präventiven Selbstverteidigung*[1815] - eine mögliche Rechtfertigung der Quarantäne. Beginnend mit einer Rechtfertigung als OAS-Kollektivmaßnahme wies er auf die Eigenart der mit Luft- und Seestreitkräften durchgeführten Quarantäne als Zwangsmaßnahme i.S.d. Art.42 CVN hin, womit Art.53 Abs.1 S.2 1.Hs CVN zur Anwendung komme. Insofern fehle es aber an der Ermächtigung seitens des Sicherheitsrates.[1816] Vor diesem Hintergrund stelle sich die Frage, ob die Quarantäne zumindest auf Basis des "inherent right of self-defence" gerechtfertigt sei. Als Maßstab gelte die WEBSTER-Formel[1817], wonach es einer "necessity of self-defence, instant, overwhelming, leaving no choice of means and no moment for deliberation" bedürfe. Eine solche liege nicht vor: Zum Einen mangele es an einem zwingenden Beweis *für den offensiven Charakter* der Entwicklung in Kuba. Zum Anderen sei die Entwicklung noch nicht soweit fortgeschritten, dass eine *vorherige Befassung des Sicherheitsrates* ausgeschlossen gewesen wäre; dessen Verantwortung sei aber überragend.[1818] Von größter Bedeutung sei freilich eine schnelle Verhandlungslösung zwischen den Konfliktparteien, zu deren Zweck ein entsprechender Resolutionsentwurf eingebracht werde.[1819]

Der Co-Sponsor dieses Resolutionsentwurfes, die Vereinigte Arabische Republik (VAR) betonte, dass die Maßnahmen der USA ohne Ermächtigung des Sicherheitsrates durchgeführt worden seien, obwohl diesem die Hauptverantwor-

---

1813 Vgl. QUAISON-SACKEY (Ghana) in der SR-Sitzung v. 24. Oktober 1962, S/PV.1024, §§90-92.

1814 Vgl. QUAISON-SACKEY (Ghana), a.a.O. (Fn1813), §§95, 102f. (Zitat: §103).

1815 Vgl. die Sitzungsprotokolle S/PV.1022 bis S/PV.1025; vgl. auch AREND/BECK, International law and the use of force (1993), S.75. AREND, International law and the preemptive use of military force, Wash Q 26 (2003) 2, S.94 setzt sich eine Dekade später - und ohne dass sich die historischen Erkenntnisse geändert hätten - unbegründet in Widerspruch zu seiner früheren Darstellung; bedenklich auch KUNDE, Der Präventivkrieg (2007), S.150 bei Fn414-416, wonach sich angeblich die "Diskussion im Sicherheitsrat [...] auf die Frage nach der unmittelbaren Bedrohung im Sinne der Webster-Formel [konzentrierte], die mehrheitlich verneint wurde." [Hervorh. hinzugef.].

1816 Vgl. QUAISON-SACKEY (Ghana), a.a.O. (Fn1813), §§107-109.

1817 Vgl. hierzu bereits supra Zweiter Teil - 4. Kapitel - A. - V. - 4. - d. - aa. , S.153; die Formel ist vollständig auf S.155 unmittelbar nach Fn758 wiedergegeben.

1818 Vgl. QUAISON-SACKEY (Ghana), a.a.O. (Fn1813), §§110, 112.

1819 S/5190, enthalten im Protokoll zur SR-Sitzung v. 24. Oktober 1962, S/PV.1024, §113; vgl. hierzu auch AdG, a.a.O (Fn1805), Ziff.14.. Der Resolutionsentwurf rief zur Vermittlung durch den VN-Generalsekretär auf.

tung für Weltfrieden und internationale Sicherheit übertragen sei; damit seien sie völkerrechtswidrig.[1820]

Tatsächlich war für die friedliche Konfliktbeilegung die von zahlreichen blockfreien Staaten gewünschte[1821] Vermittlungsinitative des VN-Generalsekretärs U THANT von größter Bedeutung. Nach den Grundsätzen von "moderation, self-restraint and good sense"[1822] gelang es U THANT Zeit und eine gemeinsame Basis für die direkten Verhandlungen zwischen den Konfliktparteien zu schaffen: Ausgehend von seinem Verhandlungsappell und Vermittlungsangebot im Sicherheitrat,[1823] rief er die Regierungsoberhäupter der Konfliktparteien in gleichlautenden Schreiben zur freiwilligen Unterbrechung der jeweils von der Gegenseite verurteilten Handlung - Waffenverschiffung nach Kuba sowjetischerseits sowie Quarantänemaßnahme seitens der USA - auf.[1824] Im weiteren Verlauf der Korrespondenz bekam er schließlich von beiden Staaten die Zusage, für - freilich kurze und unbestimmte Zeit - seinem Vorschlag zu folgen.[1825] Im Ergebnis verständigten sich KENNEDY und CHRUSCHTSCHOW über den Abbau der Basen und Abzug der bereits in Kuba befindlichen Rakten, und zwar - wie sich später herausstellte - im Gegenzug zum Abzug der amerikanischen Mittelstreckenraketen in der Türkei.[1826] Am 21. November 1962 wurde die Quarantäne aufgehoben.[1827] Ungeklärt blieb die Frage, ob sich tatsächlich schon Atomsprengköpfe auf Kuba befunden hatten.[1828]

1820 Vgl. RIAD (VAR) in der SR-Sitzung v. 24. Oktober 1962, S/PV.1024, §74 sowie die Presseerklärung des Ministerpräsidenten SABRI v. 23. Oktober 1962 bei STEINICKE, a.a.O. (Fn1759), Dok.154, S.256.

1821 Vgl. RIAD (VAR), a.a.O. (Fn1820), §62; VN-Generalsekretär U THANT in der SR-Sitzung v. 24. Oktober 1962, S/PV.1024, §119; AdG, a.a.O (Fn1805), Ziff.15.

1822 U THANT, a.a.O. (Fn1821), §117.

1823 Vgl. U THANT, a.a.O. (Fn1821), §§116-126.

1824 Vgl. U THANT, a.a.O. (Fn1821), §119; ferner AdG, a.a.O (Fn1805), Ziff.15.

1825 Die weitere Korrespondenz des VN-Generalsekretärs ist teilw. abgedr. in JIR 12 (1962), S.491ff.; m.w.N stichpunktartig zusammengefasst bei STEINICKE, a.a.O. (Fn1759), Dok.2-9, S.6ff., Dok.97, S.160f., Dok.99, S.164f., Dok.104, S.176f., Dok.125f., S.S.209ff..

1826 Die Korrespondenz ist teilw. abgedr. in JIR 12 (1962), S.495ff.; vgl. m.w.N. auch bei STEINICKE, a.a.O. (Fn1759), Dok.100ff., S.166ff., Dok.129, S.216 sowie Dok.135f., S.225. Kommentierend MALLISON, a.a.O. (Fn1757), S.340ff.. Zum "Tauschhandel" MAGENHEIMER, a.a.O. (Fn1761), S.169ff. sowie Geo Wash U Nat'l Sec Archive, *Memorandum for the Secretary of State from the Attorney General* v. 30. Oktober 1962, http://www.gwu.edu/~nsarchiv/nsa/cuba_mis_cri/621030%20Memorandum%20for%20 Sec.%20of%20State.pdf sowie *Dobrynin Cable to the USSR Foreign Ministry, 27 October 1962*, http://www.gwu.edu/~nsarchiv/nsa/cuba_mis_cri/621027%20Dobrynin%20 Cable%20to%20USSR.pdf [letzter Abruf beider Dokumente: 4. November 2007].

1827 Vgl. *Proclamation Nr.3507*, Fed Reg 27 (1962), S.11525; abgedr. ferner in JIR 12 (1962), S.481f..

1828 Vgl. MAGENHEIMER, a.a.O. (Fn1761), S.162 a.E.. Nach Freigabe geheimer Regierungsdokumente stellte sich heraus, dass keine Nuklearsprengköpfe auf Kuba waren, vgl. Geo

Während der Quarantäne - am 26. Oktober 1962 - brachten amerikanische Kriegsschiffe einen libanesischen Frachter auf, ohne dass es zur Anwendung militärischer Gewalt kam; dagegen wurde ein sowjetisches U-Boot (B-59) am 27. Oktober 1962 durch Wasserbomben zum Auftauchen gezwungen.[1829] Die amerikanische Maßnahme beinhaltete damit - unabhängig von der seevölkerrechtlichen Fragestellung - eine rechtfertigungsbedürftige Androhung[1830] und Anwendung von Gewalt.

Auch außerhalb des Sicherheitsrats bezog die Staatengemeinschaft Stellung: Dänemark etwa betonte das Festhalten am Prinzip der Freiheit der Meere, unterstützte aber die "amerikanische Gegenreaktion als begrenzte Maßnahme zur Verhinderung von einer unmittelbaren Bedrohung der Sicherheit der westlichen Hemisphäre".[1831] Unterstützung erhielten die USA ferner von nahezu allen lateinamerikanischen Staaten unter Betonung des OAS-Beschlusses.[1832] Australien teilte die amerikanische Auffassung, dass die Stationierung von Nuklearwaffen in Kuba eine Bedrohung für die westliche Hemisphäre darstelle und unterstrich die Bedeutung regionaler Bündnisse.[1833] Ähnlich äußerten sich Japan[1834] und Kanada[1835].

Wash U Nat'l Sec Archive, *Chronology of Specific Events Relating to the Military Buildup in Cuba*, o.D., http://www.gwu.edu/~nsarchiv/nsa/cuba_mis_cri/pfiabchron.pdf, §190 [letzter Abruf: 4. November 2007].

1829 Vgl. WEISBURD, Use of force - The practice of states since World War II (1997), S.217 m.N. in Fn68; KUNDE, a.a.O. (Fn1815), S.149 m.w.N. in Fn408. Zum "U-59"-Vorfall: Geo Wash U Nat'l Sec Archive, *Charts/deck logs of anti-submarine warfare operations related to USSR submarine B-59* v. Oktober 1962, http://www.gwu.edu/~nsarchiv /nsa/cuba_mis_cri/621000%20Charts-deck%20logs.pdf sowie *Recollections of Vadim Orlov (USSR Submarine B-59): We will Sink Them All, But We will Not Disgrace Our Navy*, o.D., http://www.gwu.edu/~nsarchiv/nsa/cuba_mis_cri/020000%20Recollections %20of%20Vadim%20Orlov.pdf [beide Dokumente letzter Abruf: 4. November 2007].

1830 Vgl. die Anordnung Präsident KENNEDYs, Gewalt zur Durchsetzung der Quarantäne anzuwenden, *Proclamation Nr.3504*, auszugsweise abgedr. bei und m.N. in Fn1774.

1831 Vgl. Erklärung des dänischen Außenministers HAEKKERUP v. 31. Oktober 1962 bei STEINICKE, a.a.O. (Fn1759), Dok.163, S.269, Zitat in dt. Übers. nach STEINICKE.

1832 Vgl. die Nachweise bei STEINICKE, a.a.O. (Fn1759), Dok.159, S.263 (Chile), Dok.168, S.274 (Dominikanische Republik), Dok.175f., S.282ff. (Haiti), Dok.186, S.294f. (Mexiko), Dok.200, S.312f. (Venezuela). Eine Ausnahme war Brasilien, das der Gewaltanwendung nicht zustimmte, vgl. AdG, a.a.O (Fn1805), Ziff.20.

1833 Vgl. Erklärung des australischen Premierministers MENZIES im Parlament v. 23. Oktober 1962, bei STEINICKE, a.a.O. (Fn1759), Dok.156, S.258.

1834 Vgl. Presseerklärung der japanischen Regierung v. 24. Oktober 1962 sowie Antwortschreiben des japanischen Ministerpräsidenten IKEDA an den amerikanischen Präsidenten KENNEDY v. 25. Oktober 1962, beide Dokumente inhaltlich zusammengefasst bei STEINICKE, a.a.O. (Fn1759), Dok.178f., S.286f..

1835 Vgl. die bei STEINICKE, a.a.O. (Fn1759), Dok.181-185., S.289ff. nachgewiesenen Stellungnahmen der kanadischen Regierung.

Die BRD bestätigte die Notwendigkeit der Quarantäne und sah die Forderung auf Abbau und Abzug der Raketenbasen als berechtigt an.[1836]

Deutlich verurteilend äußerten sich dagegen Albanien, das das amerikanische Vorgehen als Verstoß gegen das Interventions- und Gewaltverbot sowie den Grundsatz der Freiheit der Meere einstufte.[1837] Ebenso - lediglich im Duktus nuancierend - positionierten sich Bulgarien,[1838] die Volksrepublik China[1839], Vietnam[1840], Polen[1841], die Tschechoslowakei[1842] und Ungarn.[1843] Schweden protestierte, nach dem Grundsatz der Freiheit der Meere dürfe in Friedenszeiten kein Schiff auf hoher See behindert werden.[1844] Eine Reihe blockfreier Staaten stellten ohne Bewertung der unilateralen Handlungen von Sowjetunion und USA das Erfordernis einer friedlichen Verhandlungslösung heraus, so etwa Ceylon[1845], Finnland[1846] und Jugoslawien[1847]; in diese Richtung äußerte sich auch der Heilige Stuhl.[1848]

1836 Vgl. Rundfunk- und Fernsehansprache des deutschen Bundeskanzlers ADENAUER v. 26. Oktober 1962, AdG, a.a.O (Fn1805), Ziff.16; STEINICKE, a.a.O. (Fn1759), Dok.164ff., S.270ff.

1837 Vgl. die Erklärung der Regierung der Volksrepublik Albanien v. 26. Oktober 1962 bei STEINICKE, a.a.O. (Fn1759), Dok.155, S.257.

1838 Vgl. *Letter dated 24 October 1962 from the Deputy Minister for Foreign Affairs of the People's Republic of Bulgaria addressed to the Secretary-General*, S/5189, SCOR 17 (1962), Suppl. (October, November, December), S.154.

1839 Vgl. Erklärung der Regierung der Volksrepublik China v. 25. Oktober 1962 bei STEINICKE, a.a.O. (Fn1759), Dok.160ff., S.264ff.. Zur Haltung der - zu diesem Zeitpunkt noch den ständigen Ratssitz innehabenden - Republik China (Taiwan) vgl. oben bei Fn1802ff..

1840 Vgl. Erklärung der Regierung der Demokratischen Republik Vietnam v. 26. Oktober 1962 bei STEINICKE, a.a.O. (Fn1759), Dok.193, S.302.

1841 Vgl. Erklärung der Regierung der Volksrepublik Polen v. 24. Oktober 1962 bei STEINICKE, a.a.O. (Fn1759), Dok.195, S.304.

1842 Vgl. *Letter dated 24 October 1962 from the representative of Czechoslovakia addressed to the Secretary-General*, S/5192, SCOR 17 (1962), Suppl. (October, November, December), S.157.

1843 Vgl. *Letter dated 25 October 1962 from the representative of Hungary addressed to the President of the Security Council*, S/5194, SCOR 17 (1962), Suppl. (October, November, December), S.163.

1844 Vgl. Pressekommuniqué des schwedischen Außeminsters v. 26. Oktober 1962 bei STEINICKE, a.a.O. (Fn1759), Dok.197, S.307 m.w.N.; ferner AdG, a.a.O (Fn1805), Ziff.22.

1845 Vgl. Parlamentsrede der ceylonesischen Ministerpräsidentin BANDARANAIKE vor dem Parlament bei STEINICKE, a.a.O. (Fn1759), Dok.157a, S.260 m.w.N..

1846 Vgl. Presseerklärung der finnischen Regierung v. 27. Oktober 1962 bei STEINICKE, a.a.O. (Fn1759), Dok.169, S.275 m.w.N..

1847 Vgl. *Letter dated 30 October 1962 from the representative of Yugoslavia addressed to the Secretary-General*, S/5200, SCOR 17 (1962), Suppl. (October, November, December), S.171.

1848 Vgl. Rundfunkansprache von PAPST JOHANNES XXIII. v. 25. Oktober 1962, AdG, a.a.O (Fn1805), Ziff.17.

2. Bewertung

a. Einordnung: Präemptive Selbstverteidigung

Der Vorfall ist nach hier verwendeter Definition[1849] unter das Konzept der *präemptiven Selbstverteidigung* einzuordnen: Zu keinem Zeitpunkt wurde seitens der amerikanischen Regierung ein unmittelbar bevorstehender Angriff, eine konkrete Gefahr behauptet. Ein Teil der Abschussanlagen war vielmehr noch gar nicht fertiggestellt, darüber hinaus war unklar, ob die auf Kuba vorhandenen Raketen bereits mit nuklearen Gefechtsköpfen bestückt und damit einsatzbereit waren. Für die Annahme einer bloß *abstrakten Gefahr* eines staatlichen - kubanischen oder sowjetischen - Angriffes spricht daneben der Wortlaut des von Präsident KENNEDY in der Quarantäneanordnung[1850] in Bezug genommenen OAS-Beschlusses, nach dem die Abschottung Kubas den Zweck verfolgte, "to prevent the missiles in Cuba with offensive capability *from ever becoming an active threat* to the peace and the security of the Continent".[1851]

b. Opinio iuris

Die Einordnung unter das Konzept präemptiver Selbstverteidigung darf indes nicht darüber hinweg täuschen, dass die USA als *Rechtsgrundlage* gerade *nicht* auf das individuelle oder kollektive *Selbstverteidigungsrech*t rekurrierten.[1852]

1849 Vgl. hierzu supra Erster Teil - 3. Kapitel - C. - III. , S.99.

1850 *Proclamation Nr.3504*, auszugsweise abgedr. bei und m.N. in Fn1774.

1851 In der Einordnung wie hier HENKIN, Force, intervention, and neutrality in contemporary international law, Am Soc'y Int'l L Proc 57 (1963), S.151f., der im direkten Vergleich zum Caroline-Vorfall und unter Subsumtion unter die WEBSTER-Formel ausführt, dass "Cuba was not a case of 'beating the punch' someone who was about to strike."; ebenso ALEXANDROV, Self-defense against the use of force in international law (1996), S.159 bei Fn185; in diese Richtung auch SADURSKA, Threats of force, Am J Int'l L 82 (1988) 2, S.260. A.A. bei freilich *sehr* weitem Verständnis des "bewaffneten Angriffs" KOOS, a.a.O. (Fn1759), S.125, 128f., der im Aufbau von Raketenbasen auf Kuba einen *gegenwärtigen* Angriff erblickt.

1852 So - als damalige Rechtsberater des Weißen Hauses - MEEKER, a.a.O. (Fn1771), S.523 und CHAYES, a.a.O. (Fn1763), S.63 bei Fn82. Vgl. ferner GRAY, International law and the use of force (2000), S.113; HENKIN, a.a.O. (Fn1851), S.151; KRAJEWSKI, Preventive use of force and military actions against non-state actors: Revisiting the right of self-defence in insecure times, Baltic YB Int'l L 5 (2005), S.11 m.w.N. in Fn32; MÜLLERSON/SCHEFFER, Legal regulation of the use of force, in: DAMROSCH ET AL, Beyond confrontation (1995), S.108; WILDHABER, Gewaltverbot und Selbstverteidigung, in: SCHAUMANN, Völkerrechtliches Gewaltverbot und Friedenssicherung (1971), S.153f. m.w.N. in Fn20; WRIGHT, a.a.O. (Fn1760), S.560 bei und in Fn53. Unzutreffend ist die Behauptung von HIGGINS, a.a.O. (Fn1762), S.202 nach Fn66, die USA hätten sich in der SR-Diskussion auf Art.51 CVN gestützt; nicht überzeugend insofern auch MCDEVITT,

Tatsächlich wollte die US-Regierung nämlich gerade verhindern, einen allgemeinen, vom Beschluss der OAS losgelösten Fall eines *Rechts* zur *präemptiven Selbstverteidigung* zu statuieren.[1853]

Bereits in der Rede zur Nation führte Präsident KENNEDY - unter Hervorhebung der Stellung regionaler Abkommen im Rahmen der Charta der Vereinten Nationen ("The United Nations Charter allows for regional security arrangements [...]") - aus, dass man mit Blick auf die angekündigte Quarantäne die OAS anrufen werde, um gem. *Art.6, 8* Rio-Vertrag "support of all necessary action" zu erlangen. Art.6, 8 Rio-Vertrag betreffen aber nicht die kollektive Selbstverteidigung (hier wäre Art.3 Rio-Vertrag einschlägig gewesen[1854]), sondern insbesondere Maßnahmen der OAS als regionales System kollektiver Sicherheit. Entsprechend sah der am nächsten Tag vom Konsultativorgan der OAS gefasste Beschluss lediglich eine Benachrichtigung des Sicherheitsrats gem. *Art.54* CVN vor - obwohl der für die Information des Sicherheitsrats einschlägige Art.5 Rio-Vertrag eine deutliche Unterscheidung zwischen der Benachrichtigung über die Ausübung des Selbstverteidigungsrechts einerseits und die Benachrichtigung über Maßnahmen der OAS als regionales System kollektiver Sicherheit trifft.[1855] Auch in der eigentlichen Quarantäneanordnung[1856] nahm KENNEDY Bezug auf den OAS-Beschluss nach Art.6, 8 Rio-Vertrag und nicht - auch nicht hilfsweise oder ergänzend - auf Art.51 CVN oder das gewohnheitsrechtliche Selbstverteidigungsrecht. Ebensowenig führte der amerikanische Vertreter im Sicherheitsrat STEVENSON zum Selbstverteidigungsrecht aus, sondern betonte, dass "the recent developments in Cuba [...] constitute a *threat to the peace of this hemisphere* [...]" und nahm damit inhaltlich auf Art.6 Rio-Vertrag Bezug. Auch die Informationsschrift des US-Außenministeriums bezog sich rechtfertigend allein auf

---

a.a.O. (Fn1799), S.75ff. und SCHLEI, Anticipatory self-defense, Green Bag 2nd Ser 6 (2003) 1, S.195ff..

1853 So CHAYES, a.a.O. (Fn1763), S.17f. bei Fn41, S.23 und S.63ff. sowie MEEKER, a.a.O. (Fn1771), S.523, welche seinerzeit beide als Rechtsberater im Weißen Haus arbeiteten. In diese Richtung auch HAILBRONNER, Die Grenzen des völkerrechtlichen Gewaltverbots, in: SCHINDLER/HAILBRONNER, Die Grenzen des völkerrechtlichen Gewaltverbots, BDGV 26 (1986), S.82f. m.w.N. in Fn122 und KUNDE, a.a.O. (Fn1815), S.150, wobei letzterer - terminologisch ungenau - davon spricht, dass ein Präzendenzfall *antizipatorischer* Selbstverteidigung vermieden werden sollte. Tatsächlich ist die antizipatorische Selbstverteidigung nach amerikanischem Verständnis aber als Inbegriff der WEBSTER-Formel im Selbstverteidigungsrecht enthalten, nur erkannten die US-Rechtsberater in der Kuba-Krise, dass die bloße Stationierung von Raketen eben noch keine *unmittelbare* Angriffsgefahr darstellte.

1854 Vgl. auch CHAYES, a.a.O. (Fn1763), S.20; a.A. MALLISON, a.a.O. (Fn1757), S.370.

1855 Art.5 Rio-Vertrag lautet: "The High Contracting Parties shall immediately send to the Security Council of the United Nations, in conformity with Articles 51 and 54 of the Charter of the United Nations, complete information concerning the activities undertaken or in contemplation in the exercise of the right of self-defense or for the purpose of maintaining inter-American peace and security."

1856 *Proclamation Nr.3504*, auszugsweise abgedr. bei und m.N. in Fn1774.

den OAS-Beschluss.[1857] Ob dabei die amerikanische Auffassung überzeugen kann, die Quarantäne stelle keine Zwangsmaßnahme i.S.d. Art.53 Abs.1 S.2 1.Hs CVN dar, weil der OAS-Beschluss keine Verpflichtung, sondern nur eine Empfehlung ausgesprochen habe, und es bedürfe insofern - anders als von Ghana[1858] explizit, der Sowjetunion[1859] und der VAR[1860] implizit gefordert - keiner Ermächtigung des Sicherheitsrats, ist zweifelhaft.[1861] Für die Zwecke der Untersuchung kann dies allerdings dahinstehen; relevant ist alleine, *dass* die USA als *Rechtsgrundlage* den *OAS-Beschluss* ansahen und dies deutlich kommunizierten.

Für die Ermittlung der Rechtsauffassung der Staatenwelt ist diese Feststellung von größter Bedeutung. Denn soweit sich etwa Frankreich und Großbritannien[1862], Dänemark, Australien, Japan, Kanada, die Bundesrepublik[1863] und die lateinamerikanischen Staaten[1864] proamerikanisch äußerten, teilweise unter expliziter Hervorhebung der Rolle regionaler Organisationen im Allgemeinen[1865] bzw. des OAS-Beschlusses im Speziellen[1866], galt ihre Zustimmung *nicht* einem allgemeinen (präemptiven) *Selbstverteidigungsrecht*, sondern einer präventiven Maßnahme der OAS als regionales System kollektiver Sicherheit gegenüber einem ihrer Mitglieder, durchgeführt von den USA. Gegen die behauptete Rechtfertigung der USA sprachen sich neben Kuba und der Sowjetunion,[1867] Rumänien[1868] und der VAR[1869] auch Albanien, Bulgarien, die Volksrepublik China, Vietnam, Polen, die Tschechoslowakei, Ungarn und Schweden[1870] aus. Ohne erkennbare rechtliche Wertung äußerten sich Irland - das die Störung des nuklea-

1857 Vgl. bei und m.N. in Fn1799.
1858 Vgl. bei und m.N. in Fn1816.
1859 Vgl. bei und m.N. in Fn1792.
1860 Vgl. bei und m.N. in Fn1820.
1861 Die Auffassung wurzelt im Ergebnis in einer - wie bereits an anderer Stelle dargelegt: nicht haltbaren - *engen Auslegung des Gewaltverbots*, wie sie auch der chinesische Vertreter LIU bei und m.N. in Fn1804 vertreten hat. Eben so die damaligen Rechtsberater des Weißen Hauses CHAYES, a.a.O. (Fn1763), S.20 bei Fn55 (hinsichtlich der U2-Überflüge über kubanisches Territorium) sowie MEEKER, a.a.O. (Fn1771), S.523f. (hinsichtlich der Quarantäne). Vgl. hierzu eingehend auch WRIGHT, a.a.O. (Fn1760), S.553 bei Fn33 sowie S.556ff.; m.w.N. WEBER, a.a.O. (Fn1757), S.883f..
1862 Vgl. bei und m.N. in Fn1805-1808.
1863 Vgl. bei und m.N. in Fn1831-1836.
1864 Vgl. bei und m.N. in Fn1809, 1832.
1865 Vgl. bei und m.N. in Fn1833 (Australien).
1866 Vgl. bei und m.N. in Fn1831 (Dänemark), Fn1807f. (Frankreich, Großbritannien) sowie Fn1809, 1832 (die lateinamerikanischen Staaten).
1867 Vgl. bei und m.N. in Fn1787-1793.
1868 Vgl. bei und m.N. in Fn1800f..
1869 Vgl. bei und m.N. in Fn1820.
1870 Vgl. bei und m.N. in Fn1837-1844.

ren Gleichgewichts explizit nur als "*political* fact" anerkannte[1871] - Ceylon, Finnland, Jugoslawien und der Heilige Stuhl[1872].

Soweit China (Taiwan)[1873] das amerikanische Vorgehen offenbar unter enger Auslegung des Gewaltverbotes rechtfertigte, handelt es sich um ein Rechtsverständnis contra legem.[1874] Danach bestehen erhebliche Bedenken, aus der Staatenreaktion im Rahmen der Kuba-Krise eine Rechtsauffassung abzuleiten, die ein allgemeines - jedem Staat - zustehendes Recht zur präemptiven Selbstverteidigung trägt.[1875] Eine substantielle Äußerung nahm tatsächlich einzig Ghana vor, dass sich zwar - im Hinblick auf die Quarantäne - deutlich *gegen eine präemptive*, durch die Bezugnahme auf die WEBSTER-Formel jedoch inzident für die *antizipatorische Selbstverteidigung* aussprach.[1876]

Abschließend lässt sich festhalten, dass die Kuba-Krise zwar bei objektiver Betrachtung durchaus den Problemkreis präventiver Selbstverteidigung berührte, von der Staatengemeinschaft entsprechend der amerikanischen Vorstellung[1877] indes nicht unter dem Gesichtspunkt eines allgemeinen - jedem Staat - zustehenden Rechts zur präventiven Gewaltanwendung reflektiert wurde.

II. Israel - Ägypten/Jordanien/Syrien: Der "Sechs-Tage-Krieg" (5. -10. Juni 1967)

1. Sachverhalt

a. Hintergrund

Als konkreter Hintergrund des sog. Sechs-Tage-Kriegs lässt sich eine massive Verschlechterung der israelisch-arabischen Beziehungen seit dem Spätjahr 1966 identifizieren. So war es seit Oktober 1966 zu einer Reihe gewaltsamer Zwischenfälle im Grenzgebiet zwischen Israel einerseits, Libanon, Syrien und Jordanien andererseits gekommen. Anlaß hierfür waren vor allem gewaltsame Sa-

[1871] Vgl. bei und m.N. in Fn1811.
[1872] Vgl. bei und m.N. in Fn1845-1848.
[1873] Vgl. bei und m.N. in Fn1802-1804.
[1874] Vgl. zur Auslegung des Gewaltverbotes eingehend supra Zweiter Teil - 5. Kapitel - B. - I. - 3. - a. , S.205.
[1875] In diese Richtung aber MCDOUGAL, The Soviet-Cuban quarantine and self-defense, Am J Int'l L 57 (1963) 3, S.603 bei Fn14f.; FRANCK, Recourse to force (2002), S.101 bei Fn26; AREND/BECK, a.a.O. (Fn1815), S.76f..
[1876] Vgl. bei und m.N. in1817f..
[1877] Vgl. bei und m.N. in1853.

botageaktivitäten der El Fatah gewesen, die Israel mit gezielten Militäraktionen auf arabischem Territorium beantwortet hatte.[1878]

Die Spannungen verschärften sich, nachdem Ägypten den VN-Generalsekretär U THANT im Mai 1967 offiziell und ohne Angabe von Gründen aufgefordert hatte, die nach der Suezkrise 1956 auf der Sinai-Halbinsel als Puffer zwischen Israel und Ägypten - auf ägyptischem Territorium - stationierten UNEF-Truppen abzuziehen.[1879] Der VN-Generalsekretär war daraufhin der ägyptischen Forderung unmittelbar und ohne Konsultation Israels unter Hinweis auf die Natur der UNEF-Mission als peace-keeping operation und der insofern maßgeblichen (widerruflichen) Einwilligung nachgekommen,[1880] was später von einer ganzen Reihe von Staaten als völkerrechtlich korrekt eingeordnet,[1881] insbesondere in der westlichen Welt aber als - zumindest - politisch falsche Entscheidung kritisiert wurde.[1882] Ägyptens Staatsführung hatte dabei gegenüber U THANT versichert, dass kein offensives Vorgehen gegen Israel geplant sei.[1883] Spätestens mit der Abzugsorder für die UNEF-Truppen kam es dann sowohl auf israelischer als auch arabischer Seite zu nicht unerheblichen Truppenbewegungen im Grenzgebiet, wobei Ägypten innerhalb weniger Tage die komplette Sinai-Halbinsel remilitarisierte.[1884] Begleitet wurden diese Geschehnisse von wechselseitigen, an Schärfe gewinnenden Vorwürfen, die Gegenseite plane einen Angriff, bei gleichzeitiger Versicherung, die eigene Seite werde keine offensiven Maßnahmen beginnen.[1885] In die angespannte Lage erklärte am 22. Mai 1967 Ägyptens

---

[1878] Vgl. AdG, CD-Rom (2001), Dok.13212-1 v. 5. Juni 1967; Keesing's Rec World Events 13 (1967), S.22062, 20063, 21817; *Report by the Secretary-General* v. 19. Mai 1967, S/7896, S.2 (Ziff.7). Zu einer entsprechenden Rüge des Sicherheitsrats gegenüber Israel wegen gewaltsamer Gegenmaßnahmen in Jordanien vgl. S/Res/228 (1966), op. Abs.2, hierzu auch *Report by the Secretary-General concerning the incident which took place 13 November 1966 in Jordan* v. 18. November 1966, S/7593.

[1879] Die Aufforderung ist abgedr. in *Special report of the Secretary-General to General Assembly's 22nd session* v. 18. Mai 1967, A/6669.

[1880] Vgl. *Report by the Secretary-General* v. 19. Mai 1967, S/7896, S.3f. (Ziff.10ff.), *Report by the Secretary-General* v. 26. Mai 1967, S/7906, S.1ff. (Ziff.3ff.) sowie UNYB 17 (1967), S.197.

[1881] Namentlich: Afghanistan, Albanien, Brasilien, Burundi, Guinea, Indien, Indonesien, Jugoslawien, Mauretanien, Marokko, Nepal, Pakistan, Polen, Sudan, Sri Lanka, Ukraine, Tschechoslowakei, Zambia, Zypern, vgl. UNYB 17 (1967), S.198f..

[1882] Vgl. etwa die Stellungnahmen Großbritanniens und Kanadas, Keesing's Rec World Events 13 (1967), S.22063.

[1883] Vgl. *Report by the Secretary-General* v. 26. Mai 1967, S/7906, S.3 (Ziff.9).

[1884] Vgl. *Report by the Secretary-General* v. 19. Mai 1967, S/7896, S.5 (Ziff.18); AdG, CD-Rom (2001), Dok. 13212-1 v. 5. Juni 1967.

[1885] Vgl. AdG, CD-Rom (2001), Dok. 13212-2 v. 5. Juni 1967; Keesing's Rec World Events 13 (1967), S.22063. Vgl. in diesem Zusammenhang auch die Stellungnahme der sowjetischen Regierung, verlesen vom sowjetischen Vertreter FEDORENKO in der SR-Sitzung v. 24. Mai 1967, S/PV.1342, §46 sowie die Antwort des israelischen Vertreters RAFAEL, §§62ff..

Staatspräsident NASSER die Schließung der Straße von Tiran[1886] für israelische sowie solche - unter anderer Flagge fahrenden - Schiffe, die "strategische Materialien" für Israel geladen hatten.[1887] Hierauf Bezug nehmend betonte der VN-Generalsekretär U THANT in seinem Bericht vom 26. Mai 1967, Israel habe in der Vergangenheit deutlich gemacht, dass es die Verweigerung der Durchfahrt durch die Straße von Tiran als '*casus belli*' ansehe.[1888] Auf Initiative Kanadas und Dänemarks[1889] beschäftigte sich der Sicherheitsrat seit 24. Mai 1967 mit den Spannungen im Mittleren Osten, ohne jedoch zu einem Ergebnis zu kommen.[1890]

b. Geschehensablauf und Staatenreaktion

Am 5. Juni 1967, 3.10 Uhr (EST) informierte Israel den SR-Präsidenten:

> "I have just received reports that Egyptian land and air forces have moved against Israel and Israel forces are now engaged in repelling Egyptian forces."[1891]

Nur 20 Minuten später informierte auch Ägypten den SR-Präsidenten:

> "Israel has committed a treacherous premeditated aggression against the United Arab Republic this morning. The Israelis launched attacks against the Gaza Strip, Sinai, airports in Cairo, in the Suez Canal area and several other airports within the United Arab Republic. [...] In repelling this aggression, I wish to inform you, [...] that [Ägypten] has decided to defend itself by all means, in accordance with Article 51 of the Charter of the United Nations."[1892]

Die Informationslage zur Frage, wer die Auseinandersetzung begonnen hatte, blieb zunächst widersprüchlich. Der Verlauf des Krieges wurde dagegen schnell deutlich: Bereits während des ersten Gefechtstages zerstörte die israelische Luftwaffe nahezu vollständig die - sich ganz überwiegend am Boden befinden-

---

1886 Für Israel als Anrainer des Golfes von Akabar ist die Straße von Tiran der einzige Zugang zum Roten Meer und damit zum Indischen Ozean.

1887 AdG, CD-Rom (2001), Dok. 13212-1 v. 5. Juni 1967.

1888 Vgl. *Report by the Secretary-General* v. 26. Mai 1967, S/7906, S.4 (Ziff.10).

1889 Vgl. *Letter dated 23 May 1967 from the permanent representatives of Canada and Denmark adressed to the President of the Security Council*, S/7902.

1890 Überblick bei FEINSTEIN, Self-defence and Israel in international law, Is L Rev 11 (1976) 4, S.557f.; vgl. hierzu im Detail die Protokolle der SR-Sitzung v. 24. Mai bis 5. Juni 1967, S/PV.1341 bis S/PV.1347.

1891 Vgl. Protokoll der SR-Sitzung v. 5. Juni 1967, S/PV.1347, §4.

1892 Vgl. Protokoll der SR-Sitzung v. 5. Juni 1967, S/PV.1347, §6 sowie *Letter dated 5 June 1967 from the permanent representative of the United Arab Republic addressed to the President of the Security Council*, S/7926.

den - ägyptischen, syrischen und jordanischen Luftstreitkräfte. Nicht zuletzt die derart gewonnene Lufthoheit ermöglichte es den israelischen Einheiten innerhalb der folgenden drei Tage (6.-8. Juni 1967) den Gaza-Streifen, die komplette Sinai-Halbinsel und das Westjordanland - einschließlich der Altstadt Jerusalems - einzunehmen, wobei die jeweiligen arabischen Truppen sprichwörtlich überrannt wurden. Am 9. und 10 Juni eroberte Israel schließlich im Grenzgebiet zu Syrien die strategisch wichtigen Golanhöhen, bevor es zu einem Waffenstillstand kam.[1893]

Der Vorfall war Gegenstand von 15 Sitzungen des Sicherheitsrates zwischen dem 5. und 14. Juni 1967.[1894] Die erste Ratssitzung zum Kampfgeschehen fand ca. 40 Stunden nach Ausbruch der Feindseligkeiten statt; dabei wurde zunächst - noch vor Erörterung der Lage - eine von den Ratsmitgliedern in bilateralen Konsultationen als *Minimalkonsens* vorbereitete Resolution[1895] einstimmig verabschiedet.[1896] Darin wurden die an dem Konflikt beteiligten Regierungen aufgerufen,

> "to take as a first step all measures for an immediate cease-fire and for a cessation of all military activities in the area".

Schon in den darauf folgenden Kommentierungen der Ratsmitglieder zum Abstimmungsverhalten - in deren Zuge die USA und Großbritannien dezidiert Meldungen entgegentraten, sie würden Israel bei den laufenden Kampfhandlungen militärisch unterstützen[1897] - zeichnete sich eine für den Kalten Krieg untypische Positionierung ab:

Zwar verurteilten die östlichen und arabischen Staaten, unterstützt durch einige blockfreie Staaten, das Vorgehen Israels in Anwendung einer auf den "ersten Schuss" abstellenden Aggressionsdefinition[1898] als *geplante Aggression*[1899] und

---

1893 Vgl. Keesing's Rec World Events 13 (1967), S.22099; AdG, CD-Rom (2001), Dok.13228-1 v. 15. Juni 1967.

1894 Vgl. hierzu die Protokolle S/PV.1347 bis S/PV.1361.

1895 S/Res/233 (1967) v. 6. Juni 1967.

1896 Vgl. Protokoll der SR-Sitzung v. 6. Juni 1967, S/PV.1348, § 4f., die dortigen Ausführungen von GOLDBERG (USA), §9 und SETTE CAMARA (Brasilien), §66.

1897 Vgl. GOLDBERG (USA), a.a.O. (Fn1896), §§14-17, 116ff., DERS. in der SR-Sitzung v. 7. Juni 1967, S/PV.1350, §59ff. sowie CARADON (Großbritannien) in der SR-Sitzung v. 6. Juni 1967, S/PV.1348, §§33f..

1898 Vgl. zur "first-shot"-Theorie bereits supra Zweiter Teil - 6. Kapitel - A. - II. - 3. - a. - bb. - (1.) , S.307 bei und m.N. in Fn1471 sowie (3.) - (d.) , S.314 bei und in Fn1510 m.w.N..

1899 Vgl. FEDORENKO (Sowjetunion) in der SR-Sitzung v. 6 Juni 1967, S/PV.1348, §§40, 47, 49, ferner TARABANOV (Bulgarien), §§72, 74ff., PACHACHI (Irak), §§105ff. sowie KEITA (Mali), §80 und SHAHI (Pakistan) in der SR-Sitzung v. 14. Juni 1967, S/PV.1460, §54.

forderten insofern eine explizit verurteilende SR-Resolution;[1900] daneben wiesen sie frühzeitig auf die Problematik eines territorialen *fait accompli* mit Blick auf Geländegewinne Israels hin.[1901]

Die übrigen im Sicherheitsrat vertretenen Staaten - insbesondere die traditionellen Verbündeten Israels: USA, Großbritannien und Frankreich - verhielten sich dagegen, wie bereits in den ersten öffentlichen Stellungnahmen angeklungen war,[1902] ausgesprochen *zurückhaltend*, verurteilten oder rechtfertigten keine der Konfliktparteien, betonten vielmehr nur die Notwendigkeit, durch kleine Schritte - namentlich zunächst durch einen Waffenstillstand - eine den Gesamtkonflikt an seiner Wurzel fassende Lösung unter Führung der VN zu erarbeiten.[1903] Mit Ausnahme der Sowjetunion, die bereits früh deutlich machte, dass nach ihrer Einschätzung die arabischen Konfliktakteure "legitimate defensive measures" vorgenommen hätten,[1904] äußerte sich zunächst kein Ratsmitglied zur Rechtfertigungsfrage.

Vor diesem Hintergrund kommt der von Israel vorgetragenen Rechtfertigung größte Bedeutung zu. Tatsachenseitig hob der israelische Vertreter EBAN dabei zunächst drei Geschehenskomplexe als *Hauptfaktoren des jüngsten Spannungsverlaufes* im Mittleren Osten hervor[1905]: Da seien zum Ersten zahlreiche Sabota-

---

[1900] Vgl. FEDORENKO (Sowjetunion), a.a.O. (Fn1899), §50f.; TARABANOV (Bulgarien), a.a.O. (Fn1899), §76; dezidiert PACHACHI (Irak), a.a.O. (Fn1899), §§107, 109, 112ff.); später in der SR-Sitzung v. 6. Juni 1967 auch TOMEH (Syrien), S/PV.1348, §228 und BENHIMA (Marokko), §255. Vgl. hierzu auch den ab der SR-Sitzung v. 8 Juni 1967, S/PV.1351, §§48ff. diskutierten sowjetischen Resolutionsentwurf v. 8. Juni 1967, S/7951, op. Abs.1.

[1901] Vgl. TARABANOV (Bulgarien), a.a.O. (Fn1899), §75, in der SR-Sitzung v. 7. Juni 1967, S/PV.1350, §64 und in der SR-Sitzung v. 9. Juni 1967, S/PV.1352, §126; FEDORENKO (Sowjetunion) in der SR-Sitzung v. 9. Juni 1967, S/PV.1352, §78; so auch - zunächst ohne Verurteilung Israels, vielmehr als Betonung des allgemeinen Prinzips '*ex iniuria ius non oritur*' in Bezug auf *alle* Konfliktparteien - PARTHASARATHI (Indien) in der SR-Sitzung v. 6. Juni 1967, S/PV.1348, §88 sowie - später in Bezug auf Israel - in der SR-Sitzung v. 9. Juni 1967, S/PV.1352, §85ff..

[1902] Vgl. AdG, CD-Rom (2001), Dok.13228-2 v. 15. Juni 1967 zur Position der USA, Frankreichs und Großbritanniens.

[1903] Vgl. die Stellungnahmen in der SR-Sitzung v. 6. Juni 1967, S/PV.1348 seitens GOLDBERG (USA), §§8, 10, 12, MAKONNEN (Äthiopien), §§20f., 23, 28, SEYDOUX (Frankreich), §32, CARADON (Großbritannien), §§36f., RUDA (Argentinien), §§53f., IGNATIEFF (Kanada), §§61f., 64, SETTE CAMARA (Brasilien), §65, MATSUI (Japan), §70, LIU (China), §82f. sowie PARTHASARATHI, (Indien), §87, dessen übrige - verurteilende Ausführungen, insb. §94 - sich auf die wohl unbeabsichtigte Tötung indischer UNEF-Soldaten durch israelische Einheiten bezogen; vgl. schließlich auch die Ausführungen des dänischen Ratspräsidenten (§99). Vgl. hierzu auch den amerikanischen Resolutionsentwurf v. 8 Juni 1967, S/7952. Vgl. hierzu auch AREND/BECK, International law and the use of force (1993), S.77; GRAY, International law and the use of force (2000), S.113.

[1904] Vgl. FEDORENKO (Sowjetunion), a.a.O. (Fn1899), §42.

[1905] Vgl. EBANS (Israel) in der SR-Sitzung v. 6. Juni 1967, S/PV.1348, §§145 a.E., 177: "These then were the three main elements in the tension: the sabotage movement; the

geakte gegen Israel ausgehend von syrischem Territorium seit Oktober 1966, wobei "[i]n general, fourteen or fifteen such incidients would *accumulate* before response was considered necessary"[1906]. Zum Zweiten sei da - vor dem Hintergrund des Grundsatzes der Freiheit der friedlichen Passage - die Schließung der Straße von Tiran, welche als einziger Zugang Israels zum Indischen Ozean überlebenswichtig sei. Eine derartige Blockade habe nach "pre-Charter parlance" als kriegerischer Akt gegolten.[1907] Schließlich - "more imminent than anything else" - sei die ägyptische Remilitarisierung der Sinai-Halbinsel nach plötzlichem und ohne Konsultation Israels erfolgtem Abzug der UNEF-Truppen[1908] zu nennen, die eine massive, Israel umzingelnde Truppenkonzentration seitens der arabischen Nachbarstaaten im israelisch-arabischen Grenzgebiet komplettiert habe.[1909] Begleitet von unzweideutigen Kriegsankündigungen der ägyptischen Staatsführung,[1910] habe die Summe dieser Geschehnisse zu einer "apocalyptic air of approaching peril"[1911] und einer massiven Störung der "relativen Stabilität" der ägyptisch-israelischen Beziehungen geführt.[1912] Israel habe trotz allem bis zuletzt keinen Zweifel daran gelassen, eine diplomatische Lösung anzustreben.[1913] Schließlich habe aber festgestanden, dass

> "the margin of general security was becoming smaller and smaller. Thus, on the morning of 5 June, when Egyptian forces *engaged us by air and land, bombarding the villages of Kissufim, Nahal-Oz and Ein Hashelosha* we knew our limit of safety had been reached, and perhaps passed. In accordance with its inherent right of self-defence as formulated in Article 51 of the United Nations Charter, Israel *responded* defensively in full strength."[1914]

---

blockade of the port [Eliat]; and, perhaps more imminent than anything else, this vast and purposeful encirclement movement, against the background of an authorized presidential statement [NASSERS] announcing that the objective of the encirclement was to bring about the destruction and the annihilation of a sovereign State."

1906 EBAN (Israel), a.a.O. (Fn1905), §166. Vgl. hierzu auch die Nachweise in Fn1878.

1907 Vgl. EBAN (Israel), a.a.O. (Fn1905), §§145 a.E., 170, 173-175. Vgl. hierzu auch *Report by the Secretary-General*, ebd. (Fn1888).

1908 Vgl. zu diesem Teilaspekt die Ausführungen EBANs (Israel), a.a.O. (Fn1905), §§162-165, die er resümmierend mit den Worten zusammenfasste: "[W]hat is the use of a United Nations presence if it is in effect an umbrella which is taken away as soon as it begins to rain?"

1909 Vgl. EBAN (Israel), a.a.O. (Fn1905), §§144f., 147, 167f.,

1910 EBAN (Israel), a.a.O. (Fn1905), §150 zitierte hier - ohne Angabe einer Quelle - eine Ankündigung des ägyptischen Staatspräsidenten NASSERs v. 26. Mai 1967, wonach "[w]e intend to open a general assault against Israel. This will be total war. Our basic aim will be to destroy Israel."

1911 EBAN (Israel), a.a.O. (Fn1905), §148.

1912 Vgl. EBAN (Israel), a.a.O. (Fn1905), §178.

1913 Vgl. EBAN (Israel), a.a.O. (Fn1905), §§154, 176f..

1914 EBAN (Israel), a.a.O. (Fn1905), §155 [Hervorh. hinzugef.].

Auch Jordanien habe - trotz israelischer Ankündigung, keinen Angriff gegen jordanisches Gebiet zu führen und nur in Selbstverteidigung zu handeln - mit Luft- und Artillerie-Angriffen über die gesamte israelisch-jordanische Grenze die Feindseligkeiten *eröffnet*;[1915] entsprechendes gelte für Syrien.[1916] Daher habe Israel - "[w]hen the approaching Egyptian aircraft appeared on our radar screens, soon to be followed by artillery attacks on our villages near the Gaza Strip" - Gegenmaßnahmen ergriffen und den Sicherheitsrat gem. Art.51 CVN informiert.[1917]

Danach lässt sich festhalten, dass der israelische Vertreter zwar detailliert den Verlauf der Spannungen - und eine insofern von Israel wahrgenommene Gefahr eines unmittelbar bevorstehenden arabischen Angriffes - dargestellt hat; diese Darstellung ließe sich je nach Beweiswürdigung auch in einem Recht zur antizipierten Selbstverteidigung abbilden. *Zur Rechtfertigung* hat EBAN indes nicht diese Gefahr, sondern den - von Israel behaupteten - Beginn der bewaffneten Feindseligkeiten seitens Ägypten, Jordanien und Syrien angeführt; Israel habe die Angriffe lediglich *beantwortet*.[1918] Bemerkenswert ist in diesem Zusammenhang, dass Israel zu keinem Zeitpunkt der SR-Diskussion zwischen dem 6. und 14. Juni 1967 Ausführungen zur Rechtfertigung eines *präventiven* Vorgehens gemacht hat.[1919]

Die Rechtfertigung Israels wurde in der anschließenden Diskussion vor allem auf Tatsachenebene beantwortet. So warf etwa der syrische Vertreter TOMEH Israel Täuschung vor; es sei

---

1915 Vgl. EBAN (Israel), a.a.O. (Fn1905), §157f..

1916 Vgl. EBAN (Israel), a.a.O. (Fn1905), §158.

1917 EBAN (Israel), a.a.O. (Fn1905), §161.

1918 Wie hier ANTONOPOULOS, The unilateral use of force by states in international law (1997), S.300 a.E., 309 a.E.; GRAY, a.a.O. (Fn1903), S.112f.; QUIGLEY, The United Nations actions against Iraq: A precedent for Israel's Arab territories, Duke J Comp & Int'l L 2 (1992) 2, S.203 bei Fn64.

1919 Vgl. die Sitzungsprotokolle S/PV.1348 bis S/PV.1361. Die in der völkerrechtlichen Literatur häufig zu findenden Darstellungen, Israel habe im Sicherheitsrat (auch) auf ein Recht zur *präventiven* Selbstverteidigung rekurriert, entbehren damit jeder Grundlage, vgl. exemplarisch bei AREND/BECK, a.a.O. (Fn1903), S.76 ("As the debate progressed, however, [der israelische Vertreter] Eban gave more emphasis to the anticipatory nature of Israel's action"); ebenso AREND, International law and the preemptive use of military force, Wash Q 26 (2003) 2, S.95; ALEXANDROV, Self-defense against the use of force in international law (1996), S.154 ("Israel was the only State to examine the concept [of anticipatory self-defense]"); FRANCK, Recourse to force (2002), S.100 ("Alternatively, Israel argued a right of anticipatory self-defense [...]"); VON BUTLAR, Rechtsstreit oder Glaubensstreit?, in: BRÖHMER ET AL, FS-Ress (2005), S.18 ("Der Erstschlag der israelischen Armee [...] wurde im Sicherheitsrat nicht unter dem Gesichtspunkt der präventiven Selbstverteidigung verhandelt, obwohl Israel sich hierauf berief, [...]") und KUNDE, Der Präventivkrieg (2007), S.151 bei Fn420 ("Israel berief sich mithin nicht ausschließlich, aber zumindest unterstützend auf antizipatorische Selbstverteidigung.").

"crystal clear [...] that the Israelis were the ones who started the aggression against the United Arab Republic. [...] In the chain and sequence of events that followed afterwards, everything was the result of that first act of aggression; namely, that Israel attacked the United Arab Republic with premeditation and after a well-prepared campaign."[1920]

In diese Richtung ging auch der Vortrag Ägyptens[1921], Jordaniens[1922], Malis[1923] und Bulgariens, das in diesem Zusammenhang ein Selbstverteidigungsrecht der arabischen Staaten betonte.[1924] Auch der sowjetische Vertreter trug wiederholt vor, Israel habe die Feindseligkeiten begonnen und sei daher als Aggressor zu verurteilen.[1925] In diesem Zusammenhang nahm der sowjetische Vertreter Bezug auf eine Äußerung des israelischen Botschafters in London, die belege, dass Israel die bewaffnete Auseinandersetzung begonnen habe:

"Among other pieces of evidence, one particularly striking is a National Broadcasting Company dispatch from London to the effect that Israel was the first to engage in military operations in the war in the Near East.That was stated [...] by none other than the Israel Ambassador in London, Aharon Remez."[1926]

Israel dementierte die Äußerung,[1927] bestritt die arabische Tatsachenversion in der weiteren Diskussion und hielt an der ersten Darstellung fest, nach der die Feindseligkeiten von den arabischen Staaten begonnen worden seien.[1928] In der SR-Sitzung v. 13. Juni 1967 - 3 Tage nach Beginn des Waffenstillstandes - fass-

1920 TOMEH (Syrien) in der SR-Sitzung v. 6. Juni 1967, S/PV.1348, §201; vgl. DERS. auch in der SR-Sitzung v. 9. Juni 1967, S/PV.1352, §161 und §240 ("[W]e are in a legitimate state of self-defence") sowie S/PV.1353, §§67-71, 73, 135-137.

1921 Vgl. EL KONY (Ägypten) in der SR-Sitzung v. 7. Juni 1967, S/PV.1350, §23ff. sowie in der Sitzung v. 9. Juni 1967, S/PV.1353, §26ff..

1922 Vgl. El-Farra (Jordanien) in der SR-Sitzung v. 8. Juni 1967, S/PV.1351, §135 sowie in der Sitzung v. 9. Juni 1967, S/PV.1353, §§119ff..

1923 Vgl. KEITA (Mali) in der Sitzung v. 9. Juni 1967, S/PV.1353, §151.

1924 Vgl. TARABANOV (Bulgarien) in der SR-Sitzung v. 7. Juni 1967, S/PV.1350, §65ff. (§67 zum Selbstverteidigungsrecht), eingehend in der SR-Sitzung v. 8. Juni 1967, S/PV.1351, §§96f.

1925 Vgl. FEDORENKO (Sowjetunion) in der SR-Sitzung v. 7. Juni 1967, S/PV.1349, §7, in der SR-Sitzung v. 8. Juni 1967, S/PV.1351, §§35, 122, 152ff., in der SR-Sitzung v. 9. Juni 1967, S/PV.1352, §119

1926 FEDORENKO (Sowjetunion) in der SR-Sitzung v. 8. Juni 1967, S/PV.1351, §122; der bulgarische Vertreter TARABANOV machte sich - in der selben Sitzung - den sowjetischen Vortrag zu Eigen (§149), ebenso EL-FARRA (Jordanien) in der SR-Sitzung v. 10./11. Juni 1967, S/PV.1356, §164.

1927 Vgl. EBAN (Israel) in der SR-Sitzung v. 8. Juni 1967, S/PV.1351, §149.

1928 Vgl. EBAN (Israel) in der SR-Sitzung v. 7. Juni 1967, S/PV.1350, §41, in der SR-Sitzung v. 8. Juni 1967, S/PV.1351, §81ff. (unter Vorlage einer äygptischen Operation Order); ferner RAFAEL (Israel) in der Sitzung v. 9. Juni 1967, S/PV.1353, §129.

te der isralische Vertreter KIDRON nochmals die Sach- und Rechtslage aus Sicht Israels zusammen und wiederholte dabei die Ausführungen EBANs zur Entwicklung der Spannungen sowie der aufkommenden Gefahr eines arabischen Angriffes.[1929] Dann trug er wörtlich vor:

> "We were surrounded. The armed ring was closed. All that the Arab forces were waiting for was the signal to start. [...] That start *signal was given* on 5 June, when Egyptian planes [...] took off for their assigned targets in Israel, while at the same time an artillery barrage on Israel farming villages was opened from the Gaza Strip. Shortly afterwards, Jordan guns sited amid [...] Jerusalem started shelling the Israel capital, causing heavy casualties, and the Syrien artillery joined the devil's chorus in the north. The *aggression had begun*. [...] This is the record; that is what happened. Israel was designated to be the helpless victim of a massive assault. In accordance with Article 51 of the United Nations Charter, the victim defended itself, alone and succesfully."[1930]

Während der gesamten SR-Diskussion enthielten sich die westlichen Staaten trotz der massiven Vorwürfe gegen Israel von Seiten des Ostblockes und der arabischen Staaten jeden Sachvortrages zum Beginn des bewaffneten Geschehens wie auch jeder auf diesen Aspekt bezogenen Bewertung der von den Konfliktparteien - gegensätzlich - vorgetragenen Sachlage; insbesondere führten sie nichts zur Rechtfertigung Israels aus.[1931] Betont wurde stattdessen - entsprechend der Resolutionen 233-236[1932] - die Wichtigkeit eines wirksamen Waffenstillstandes als erster Schritt zu einer dauerhaften Gesamtlösung.[1933]

Hervorgehoben sei - im Rahmen der Behandlung des Vorfalles im Sicherheitsrat - schließlich die Stellungnahme Pakistans, wonach "[t]he Charter permits the exercise of the use of self-defence only if an armed attack, I repeat armed attack, occurs." Ein derartiger Angriff habe seitens der arabischen Staaten aber nicht

---

1929 Vgl. KIDRON (Israel) in der SR-Sitzung v. 13. Juni 1967, S/PV.1358, §§198-203.

1930 KIDRON (Israel), a.a.O. (Fn1929), §§203-205 [Hervorh. hinzugef.].

1931 Ebenso GRAY, a.a.O. (Fn1903), S.113; WEISBURD, Use of force - The practice of states since World War II (1997), S.138; einräumend insofern AREND/BECK, a.a.O. (Fn1903), S.77; ALEXANDROV, a.a.O. (Fn1919), S.154 bei Fn163; FRANCK, a.a.O. (Fn1919), S.102 a.E..

1932 S/Res/233 (1967) v. 6. Juni 1967; S/Res/234 (1967) v. 7. Juni 1967; S/Res/235 (1967) v. 7. Juni 1967; S/Res/236 (1967) v . 11. Juni 1967. S/Res/237 (1967) v. 14. Juni 1967 behandelt humanitäre Belange.

1933 Vgl. - exemplarisch - in der SR-Sitzung v. 9. Juni 1967, S/PV.1352 die Ausführungen von GOLDBERG (USA), §§40ff., COX (Kanada), §§80f., RUDA (Argentinien), §§104-106, CARVALHO SILOS (Brasilien), §§107-109, Iyalla (Nigeria), §§249-253, Seydoux (Frankreich), §254 sowie - in der Sitzung v. 9. Juni 1967, S/PV.1353 - GOLDBERG (USA), §§91ff., CARADON (Großbritannien), §§219ff., 228 und TINE (Frankreich), §225. Vgl. ferner die Nachweise in Fn1931.

stattgefunden, auch nicht im Wege der Verweigerung der Durchfahrt durch die Straße von Tiran. Hieraus einen *casus belli* zu konstruieren, sei nichts anderes als ein Rückschritt zu einer "pre-Charter mentality".[1934]

Zu einer unter anderem von der Sowjetunion angestrebten[1935] Verurteilung Israels durch den Sicherheitsrat kam es nicht. Mit Resolution 242 (1967)[1936] wurde allerdings - fast sechs Monate nach Ende des Sechs-Tage-Krieges - die von den Ostblockstaaten bereits zu Beginn des Konflikts angesprochene[1937] Problematik eines territorialen *fait accompli* aufgegriffen und Israel zur Räumung der besetzten Gebiete - Golanhöhen, Sinai, Gaza-Streifen und Westjordanland - aufgefordert. Der Vorfall wurde im Anschluss an die SR-Debatte - mit nahezu deckungsgleichen Argumenten, insbesondere seitens Israel, das weiterhin den Beginn des Krieges durch die arabischen Staaten behauptete[1938] - in der Generalversammlung diskutiert. Auch hier kam es entgegen der klar verurteilenden Position des Ostblocks, der arabischen und einiger blockfreier Staaten[1939] zu keiner Verurteilung Israels;[1940] ein entsprechender Entwurf der Sowjetunion[1941] wurde mit 36J:57N (23E)[1942] abgelehnt. Grund hierfür war jedoch nicht etwa die mehrheitliche Annahme einer Rechtfertigung Israels - derartige Stellungnahmen sind *nicht* dokumentiert - sondern vielmehr die Ansicht, es sei mit Blick auf die zukünftige Lösung des Gesamtkonfliktes politisch nicht zweckmäßig, einem Staat die volle Verantwortung für den Konflikt aufzubürden.[1943] Bezeichnend ist schließlich, dass Indien - in der Annahme, dass Israel den ersten Schuss abgegeben hat - offenbar als einziger Staat das Konzept präventiver Gewaltanwendung explizit angesprochen hat, wobei es feststellte, dass "[t]he concept of a preemptive strike or a preventive war was contrary to the United Nations Charter."[1944]

1934 SHAHI (Pakistan) in der SR-Sitzung v. 14. Juni 1967, S/PV.1460, §§51f.; vgl. hierzu auch QUIGLEY, a.a.O. (Fn1918), S.210ff..

1935 Vgl. S/7951, S/7951/Rev.1, S/7951/Rev.2; die Resolution wurde mit 4J:0N (11E) abgelehnt, vgl. UNYB 17 (1967), S.188.

1936 S/Res/242 (1967) v. 22. November 1967.

1937 Vgl. bei und m.N. in Fn1901.

1938 Vgl. UNYB 17 (1967), S.195f..

1939 Namentlich: Afghanistan, Ägypten, Albanien, Bulgarien, Burundi, Guinea, Indien, Indonesien, Irak, Jordanien, Kuba, Mali, Mongolei, Pakistan, Somalia, Sowjetunion, Sudan, Syrien, Tansania, Tschechoslowakei, Ukraine, Ungarn, Weißrussland, Zambia. Von den westlichen Staaten: Spanien, vgl. im Einzelnen UNYB 17 (1967), S.199-201.

1940 Die im Ergebnis verabschiedeten Resolutionen befassten sich nur mit humanitären Belangen in den besetzen Gebieten, vgl. A/Res/2252 (ES-V) und A/Res/2253 (ES-V), beide v. 4. Juli 1967, abgedr. in UNYB 17 (1967), S.221f..

1941 A/L.519, im Wesentlichen wiedergegeben in UNYB 17 (1967), S.193.

1942 Vgl. UNYB 17 (1967), S.209.

1943 Vgl. exemplarisch: Belgien, Dänemark, Elfenbeinküste, Kanda, Neuseeland, Uruguay, UNYB 17 (1967), S.199.

1944 Zitiert nach UNYB 17 (1967), S.200; nach ANTONOPOULOS, a.a.O. (Fn1918), S.309, Fn346 handelt es sich um A/PV.1530, §153.

Im Verlauf der späteren Aufarbeitung des Vorfalles - genauer: nach Ablehnung der verurteilenden Resolutionsvorschläge der Sowjetunion in Sicherheitsrat und Generalversammlung - räumte Israel ein, dass es tatsächlich die bewaffnete Auseinandersetzung begonnen hatte, hielt jedoch an seiner Rechtfertigung durch Selbstverteidigung fest.[1945]

2. Bewertung

a. Einordnung: Reaktive Selbstverteidigung

Legt man die in Sicherheitsrat und Generalversammlung vorgetragene (unkorrigierte) israelische Sachverhaltsdarstellung zugrunde, wäre - bezogen auf den Bereich präventiver Gewaltanwendung - bestenfalls von einem Fall *interzeptiver Selbstverteidigung*[1946] auszugehen,[1947] namentlich wenn man unterstellt, dass die gegenüber Ägypten ergriffenen Abfangmaßnahmen bereits zu einem Zeitpunkt wirksam geworden waren, als "the approaching Egyptian aircraft appeared on our radar screens."[1948] Voll überzeugen kann diese Einordnung freilich nicht, denn nach Aussage der israelischen Vertreter EBAN und KIDRON war es zeitgleich bereits zum Beschuss israelischer Dörfer durch arabische Bodenstreitkräfte und infolge dessen zu israelischen Verlusten gekommen, hatte also die arabische Aggression bereits begonnen. Danach wird man die israelische Rechtfertigung in Sicherheitsrat und Generalversammlung richtigerweise vielmehr als Darstellung einer rein *reaktiven Selbstverteidigung* einzuordnen haben.[1949]

Nach einer *ex post Betrachtung* - namentlich nach der Konzession Israels, es habe die Feindseligkeiten begonnen - lässt sich der Sechs-Tage-Krieg freilich als Fall *antizipierter Selbstverteidigung*[1950] einordnen, wenn man im Rahmen der Beweiswürdigung zu dem Schluss kommt, dass die von israelischer Seite betonten Geschehnisse - Sabotageakte, Schließung der Straße von Tiran, Truppenkonzentrationen - einen unmittelbar bevorstehenden arabischen Angriff indizierten, für dessen Vollzug es keiner weiteren wesentlichen Zwischenschritte mehr bedurfte.[1951]

1945 Vgl. m.w.N. QUIGLEY, a.a.O. (Fn1918), S.204ff.;

1946 Vgl. zur Definition derselben supra Erster Teil - 3. Kapitel - C. - I. III. , S.99.

1947 So wohl DINSTEIN, War, aggression and self-defence (2001), S.173; FEINSTEIN, a.a.O. (Fn1890), S.556 und WOLFRUM, The attack of September 11, 2001, the wars against the Taliban and Iraq: Is there a need to reconsider international law on the recourse to force and the rules in armed conflict?, in Max Planck YB UN L 7 (2003), S.32.

1948 EBAN (Israel) in der SR-Sitzung v. 6. Juni 1967, S/PV.1348, §166.

1949 Wie hier ANTONOPOULOS, GRAY und QUIGLEY, ebd. (Fn1918).

1950 Vgl. zur Definition derselben supra Erster Teil - 3. Kapitel - C. - II. , S.99.

1951 So DINSTEIN, a.a.O. (Fn1947), S.173 bei Fn69; FRANCK, a.a.O. (Fn1919), S.105; in der Beweiswürdigung a.A. - mit der Folge, dass nach hier verwendeter Terminologie von

b. Opinio iuris

Die Differenzierung in einen Zeitraum vor und nach dem israelischen Eingeständnis erscheint paradox, schließen sich doch reaktive und präventive Selbstverteidigung gegenseitig aus. Mit Blick auf die Ermittlung der opinio iuris ist die Unterscheidung dagegen von ganz entscheidender Bedeutung. Soweit nämlich aus der mangelnden Verurteilung Israels ein nicht unerheblicher Teil der Literatur den Schluss zieht, dass einige - namentlich die die Verurteilung in Sicherheitsrat und Generalversammlung ablehnenden - Staaten ein Recht zur antizipatorischen Selbstverteidigung anerkannt hätten,[1952] verkennt diese Ansicht, dass sich eine die Ablehnung der Verurteilung tragende 'opinio iuris' gar nicht auf ein - behauptetes - Recht zur antizipatorischen Selbstverteidigung beziehen konnte. Israel hatte schließlich sowohl in Sicherheitsrat als auch Generalversammlung vorgetragen, sich gegen einen bereits begonnenen Angriff gewehrt zu haben. Soweit sich also die Teile der Staatengemeinschaft, die die Verurteilung undifferenziert abgelehnt haben, Israels Sachverhaltsdarstellung und rechtliche Bewertung zu eigen gemacht haben, bezog sich eine etwa festzustellende 'opinio iuris' allein auf das reaktive Selbstverteidigungsrecht.[1953] Abgesehen hiervon machten einige Staaten deutlich, dass sie eine Verurteilung mit Blick auf die angestrebte Gesamtlösung des Nahostkonfliktes als politisch unzweckmäßig ansahen.

Vor diesem Hintergrund kann die Bewertung, der Sechs-Tage-Krieg stelle ein Paradebeispiel aus der ein antizipatorisches Selbstverteidigungsrecht bestätigenden Staatenpraxis dar, nicht überzeugen. Tatsächlich ist das Gegenteil der Fall. Zahlreiche Staaten des Ostblocks, der arabischen Welt sowie einige blockfreie und westliche Staaten verfolgten eine Verurteilung Israels - und zwar ausgehend

---

einem Fall präemptiver Selbstverteidigung auszugehen wäre - BLUMENWITZ, Der Präventivkrieg und das Völkerrecht, Politische Studien 54 (2003) 5, S.31; QUIGLEY, a.a.O. (Fn1918), S.206ff..

1952 Vgl. FEINSTEIN, a.a.O. (Fn1890), S.559 bei Fn246; FRANCK, a.a.O. (Fn1919), S.105; HAILBRONNER, Die Grenzen des völkerrechtlichen Gewaltverbots, in: SCHINDLER/HAILBRONNER, Die Grenzen des völkerrechtlichen Gewaltverbots, BDGV 26 (1986), S.80 a.E.; GARDNER, Commentary on the law of self-defense, in: DAMROSCH/SCHEFFER, Law and force in the new international order (1991), S.51; MEISER/VON BUTTLAR, Militärische Terrorismusbekämpfung unter dem Regime der UN Charta (2005), S.65f.; MALANCZUK, Countermeasures and self-defence as circumstances precluding wrongfulness in the International Law Commission's draft articles on state responsibility, ZaöRV 43 (1983) 4, S.762 a.E.; SCHMALENBACH, Die Beurteilung von grenzüberschreitenden Militäreinsätzen gegen den internationalen Terrorismus aus völkerrechtlicher Sicht, NZWehrr 42 (2000) 5, S.182; SCHWEBEL, Aggression, intervention and self-defence in modern international law, RC 136 (1972-II), S.481 bei Fn16; WOLFRUM, a.a.O. (Fn1947), S.32.

1953 Ex post erlangtes Wissen muss hier außer Betracht bleiben, vgl. DINSTEIN, a.a.O. (Fn1947), S.173 bei Fn71.

von seitens Israel erst später eingeräumten Sachverhaltsdarstellung eines antizipatorischen Vorgehens. Für diese Staatengruppe entsprach der tatsächliche Bezugspunkt ihrer Rechtsauffassung damit bereits anfänglich dem "wahren" Geschehen. Dabei stellte ein Teil dieser Staaten ausdrücklich auf eine durch die Theorie des ersten Schusses bestimmte Aggressionsdefiniton ab, die überhaupt keinen Raum für ein Recht zur präventiven Selbstverteidigung lässt, gleich ob antizipatorisch oder präemptiv; hierzu zählen Bulgarien, Irak, Mali, Pakistan und die Sowjetunion[1954]. Explizit abgelehnt hat das Konzept unilateraler präventiver Selbstverteidigung auch Indien.[1955] Zur Gruppe der jedenfalls kritischen Staaten sind mangels substantiierter Rechtsausführungen all diejenigen Staaten zu zählen, die eine Verurteilung Israels undifferenziert unterstützten, namentlich Marokko[1956] sowie Afghanistan, Ägypten, Albanien, Burundi, Guinea, Indonesien, Jordanien, Kuba, Mongolei, Somalia, Spanien, Sudan, Syrien, Tansania, Tschechoslowakei, Ukraine, Ungarn, Weißrussland und Zambia.[1957]

III. Israel - Irak:
Zerstörung des irakischen Atomreaktors Tamuz 1 (7. Juni 1981)

1. Sachverhalt

a. Hintergrund

Die Hintergründe der Bombardierung des irakischen Atomreaktors Tamuz 1 reichen bis in die späten 1960er Jahre zurück. Nach Gründung der nationalen Atomenergiekommission (1956) hatte Irak 1968 in Tuwaitha nahe Bagdad ein Kernforschungszentrum gebaut, das mit einem 2-MW-Forschungsreaktor sowjetischer Bauart betrieben wurde und radioaktive Isotope für Medizin und Landwirtschaft produzierte. 1969 ratifizierte Irak - anders als Israel[1958] - den Atomwaffensperrvertrag[1959] und unterlag seit dessen Inkrafttreten am 5. März 1970 Inspektionen durch die IAEA. Anfang der 1970er Jahre bemühte sich die irakische Regierung erfolglos um einen 500-MW-Schwerwasserreaktor ("Schneller Brüter") französischer Bauart, der konstruktionsbedingt ("Natururanbeschickung") kernphysikalisch - in einer ersten Stufe - zur Gewinnung von waffentauglichem

1954 Vgl. bei und m.N. in Fn1899.
1955 Vgl. bei und m.N. in Fn1944.
1956 Vgl. bei und m.N. in Fn1900.
1957 Vgl. bei und m.N. in Fn1939.
1958 Zum damaligen israelischen Atomprogramm vgl. nur BIRNBERG, The sun sets in Tamuz 1: The Israeli raid on Iraq's nuclear reactor, Cal W Int'l L J 13 (1983) 1, S.91f.; MALLISON/MALLISON, The Israeli aerial attack of June 7, 1981, upon the iraqui nuclear reactor: Aggression or self-defense?, Vand J Tnt'l L 15 (1982) 3, S.425.
1959 *Treaty on the Non-Proliferation of Nuclear Weapons* v. 1. Juli 1968, abgedr. in UNTS 729 (1968), S.161.

Plutonium hätte dienen können. Ende 1975 einigte man sich schließlich mit Frankreich über den Kauf eines Kernforschungszentrums, zu dem unter anderem der später zerstörte 40-MW-Forschungsreaktor Tamuz 1 ("Osirak") zählte.[1960]

Dieser Reaktor konnte bauartbedingt mit hochangereichertem Uran beschickt werden, das zwar alternativ zum Bau einer Atombombe hätte genutzt werden können, dagegen unmittelbar - ohne Hinzutreten weiterer Technologie - nicht zur Herstellung einer "kritischen Masse"[1961] *Plutonium* geeignet war.[1962] Zugleich wurde mit Frankreich die Lieferung von ingesamt 72 kg Spaltmaterial (hochangereichertes Uran) vereinbart, von dem zum Zeitpunkt der Zerstörung des Reaktors 12 kg geliefert waren; weitere 24 kg sollten im September 1981 geliefert werden.[1963]

IAEA-Inspektionen im Hinblick auf den zerstörten Reaktor fanden erstmals während dessen Bau im September 1979, ferner bei der Anlieferung der zwölf Kilogramm Uran im Juni 1980 sowie - letztmalig vor der isralischen Aktion - im Januar 1981 statt. Auffälligkeiten - insbesondere etwa das Fehlen von Brennstäben oder deren Austausch gegen Attrappen - wurden nicht festgestellt. In seinem *Report on Safeguards* v. 12. Juni 1981 stellt der IAEA-Generaldirektor EKLUND unter eingehender Würdigung der technischen Gegebenheiten des Tamuz 1-Reaktors fest, dass zwar weder die Entwendung von Brennelementen aus hochangereichertem Uran noch die geheime Produktion von waffentauglichem Plutonium im Reaktor *technisch auszuschließen* sei, aber mit *sehr großer Wahrscheinlichkeit entdeckt* worden wäre. Die Inspektionen hätten bis zuletzt keine Beanstandungen erbracht.[1964]

1960 Vgl. AdG, CD-Rom (2001), Dok.19849 v. 19. November 1975 sowie Dok.23730 v. 29. Juli 1980.

1961 Bezeichnet die Menge des spezifischen, spaltbaren Materials, die zum Bau einer Atombombe erforderlich ist. Sie liegt bei Plutonium bei etwa 8kg und bei hochangereichertem Uran bei ca. 25kg.

1962 Vgl. zu den technischen Details die Ausführungen des IAEA-Generaldirektors EKLUND vor dem Sicherheitsrat am 19. Juni 1981, S/PV.2288, §§13-15; ferner SLOSS, Forcible arms control: preemptive attacks on nuclear facilities, Chi J Int'l L 4 (2003) 1, S.41ff..

1963 Abhängig von der Informationsquelle variieren Zahlen und (Rand-)Fakten, vgl. etwa die Darstellung des irakischen Atomprogrammes bei BIRNBERG, a.a.O. (Fn1958), S.92-94; DIES. stützt sich ausschließlich auf die Ergebnisse einer Anhörung im US-Senat (*The Israeli Air Strike*, Hearings before the Senate Committee on Foreign Relations, 97th Cong. 1st Sess. (1981), S.1ff.).

1964 Vgl. *IAEA Director-General Reports on Safeguards, Statement by Director-General*, IAEA/989 v. 12. Juni 1981 [Pressemitteilung], abgedr. ILM 20 (1981) 4, S.965; ferner EKLUND, a.a.O. (Fn1962), §§10f..

b. Geschehensablauf und Staatenreaktion

Am 7. Juni 1981 flog die israelische Luftwaffe einen Einsatz auf das Kernforschungszentrum Tuwaitha. Um beim Anflug so lange wie möglich von irakischem Radar unentdeckt zu bleiben, wurde zunächst Jordanien in großem Bogen über den Golf von Akaba umflogen; danach führte die Flugroute über den äußersten Norden Saudi-Arabiens, sodass die am Persischen Golf stationierten amerikanischen AWACS[1965] die israelischen Einheiten nicht erfassen konnten. Während des gesamten Fluges kommunizierten die Piloten in arabischer Sprache. Um 18:37 Uhr Ortszeit erreichten die israelischen Einheiten das Kernforschungszentrum und bombardierten gezielt den noch im Bau befindlichen Forschungsreaktor Tamuz 1. Der Reaktor wurde vollständig zerstört, ein französischer Techniker und mehrere Iraker kamen ums Leben.[1966]

Die Entscheidung, den Reaktor zu zerstören, war nach offiziellen israelischen Angaben bereits Monate zuvor gefällt worden:[1967] Man habe verlässliche Informationen darüber erhalten, dass der Reaktor der Herstellung waffenfähigen Plutoniums dienen sollte, das die Produktion von Atombomben von der Stärke der Hirsohima-Bombe erlauben würde, sodass "a mortal danger to the people of Israel progressively arose."[1968] Aus zuverlässiger Quelle habe man zwischenzeitlich erfahren, dass der Reaktor Anfang Juli 1981 oder Anfang September 1981 fertiggestellt werden sollte. Da in diesem Fall der Reaktor binnen kurzer Zeit radioaktiv gewesen wäre - ein Bombardement also unweigerlich zu massivem radioaktivem Niederschlag über Bagdad und zur Verletzung zehntausender Menschen geführt hätte - habe sich die israelische Regierung entschieden, ohne weiteren Aufschub zu handeln. Um zivile Verluste so gering wie möglich zu halten, habe man den Angriff sonntagsabends geflogen, nachdem alle ausländischen Techniker die Anlage verlassen haben.[1969]

Im Verlauf der auf irakische Forderung[1970] einberufenen Dringlichkeitssitzung des Sicherheitsrates, ergänzte der israelische Vertreter BLUM die Ausführungen

---

1965 Vgl. AdG, CD-Rom (2001), Dok.23909-2 v. 1. Oktober 1980.

1966 Vgl. AdG, CD-Rom (2001), Dok.24639 v. 12. Juni 1981; UNYB 35 (1981), S.275f.; vgl. auch WEISBURD, Use of force - The practice of states since World War II (1997), S.287f..

1967 Vgl. *Interview with Prime Minister Begin* v. 9. Juni 1981, ISRAEL MFA, Israels Foreign Relations, Selected Documents, http://www.mfa.gov.il/mfa, Menupunkt: Foreign Relations / Historical Documents [letzter Abruf: 3. Mai 2007], Bd.7 (1981/1982), Dok.27.

1968 *Statement by the Government of Israel on the Bombing of the Iraqi Nuclear Facility near Baghdad* v. 8. Juni 1981, ISRAEL MFA, a.a.O. (Fn1967), Bd.7 (1981/1982), Dok.26.

1969 *Statement by the Government of Israel on the Bombing of the Iraqi Nuclear Facility near Baghdad* v. 8. Juni 1981, ISRAEL MFA, ebd. (Fn1968); Stellungnahme BLUMs (Israel) in der SR-Sitzung vom 12. Juni 1981, S/PV.2280, §102.

1970 *Letter dated 8 June 1981 from the Charge d'affaires of the Permanent Mission of Iraq to the United Nations addressed to the President of the Security Council*, S/14509.

zur Rechtfertigung des Bombardements in tatsächlicher und rechtlicher Hinsicht. Die Zerstörung des Reaktors sei ein

> "act of self-preservation, both morally and legally. In so doing, Israel was exercising its inherent right of self-defence as understood in *general international law* and as preserved in *Article 51 of the Charter of the United Nations*."[1971]

Bezüglich der *Tatsachen* führte der israelische Vertreter aus, Irak habe neben dem Reaktor weitere Technologien erworben, die zur Herstellung von Nuklearwaffen erforderlich seien, insbesondere ein strahlenchemisches Labor, eine sog. "heiße Zelle", die der Isolierung von Plutonium aus dem vorhandenen Spaltmaterial (hochangereichertes Uran) dienen und bis Ende 1981 fertiggestellt werden sollte;[1972] dabei bezog sich BLUM offenbar auf eine Laboreinheit, die sich unter dem zerstörten Reaktor befand.[1973] Das zum Bau von Kernwaffen erforderliche Spaltmaterial habe sich der Irak nicht nur aus (IAEA-)kontrollierten bilateralen Geschäften (welche tatsächlich u.a. mit Italien und Frankreich geführt wurden[1974]) beschafft, sondern auch über den internationalen Schwarzmarkt. Daneben seien Anreicherungseinrichtungen vorhanden, im Übrigen suche der Irak auch auf eigenem Territorium nach Uran.[1975] Der Irak verfüge zudem über die technischen Möglichkeiten, eine Kernwaffe nach Israel zu befördern, namentlich mittels Flugzeugen oder einer in Entwicklung befindlichen Boden-Boden-Rakete mit 3000 km Reichweite.[1976] Alles in allem hätte der Irak etwa *Mitte der 80er Jahre* über Kernwaffen - seien es Uran-, seien es Plutoniumbomben - verfügt,[1977] die er seinen unverhohlenen Drohungen[1978] entsprechend gegen Israel eingesetzt hätte. Die unmittelbar bevorstehende Inbetriebnahme des Reaktors habe das Bombardement zum gegebenen Zeitpunkt erforderlich gemacht, "after the usual international procedures and avenues had proved futile".[1979] Die hier angesprochenen friedlichen Bemühungen vertiefte der israelische Vertreter

---

1971 BLUM (Israel), a.a.O. (Fn1969), §58 [Hervorh. hinzugef.].

1972 Vgl. BLUM (Israel), a.a.O. (Fn1969), §81.

1973 Nach BIRNBERG, a.a.O. (Fn1958), S.92 soll 1978 mit Italien ein Vertrag über die Lieferung einer solchen "hot cell" geschlossen worden sein; vgl. hierzu die Stellungnahme des IAEA-Generaldirektors EKLUND in der SR-Sitzung v. 19. Juni 1981, S/PV.2288, §15, wonach das unter dem zerstörten Reaktor befindliche Laboratorium jedenfalls *nicht* geeignet war, um Plutonium zu isolieren.

1974 Vgl. AdG, ebd. (Fn1966) sowie Dok.23730 v. 29. Juli 1980.

1975 Vgl. BLUM (Israel), a.a.O. (Fn1969), §83.

1976 Vgl. BLUM (Israel), a.a.O. (Fn1969), §84.

1977 Vgl. BLUM (Israel), a.a.O. (Fn1969), §89.

1978 Israel bezog sich hierbei vornehmlich auf Presseäußerungen irakischer Regierungsangehöriger, vgl. BLUM (Israel), a.a.O. (Fn1969), §91; weitere Nachweise bei WEISBURD, a.a.O. (Fn1966), S.288 in Fn168, ferner BIRNBERG, a.a.O. (Fn1958), S.87 bei und in Fn10.

1979 Vgl. BLUM (Israel), a.a.O. (Fn1969), §102.

BLUM - mit Ausnahme von Israels politischer Forderung, nach dem Vorbild des Tlatelolco-Vertrages[1980] eine Atomwaffen freie Zone im Mittleren Osten zu schaffen - nicht. Im Hinblick auf die nach Aussage des IAEA-Generaldirektors EKLUND[1981] in der Vergangenheit regelmäßig und ohne Beanstandungen durchgeführten Inspektionen der IAEA verwies BLUM auf Lückenhaftigkeiten und Umgehungsmöglichkeiten.[1982]

Im Rahmen seiner *rechtlichen* Ausführungen rekurrierte der israelische Vertreter unter anderem auf Autoritäten wie BOWETT[1983], KAPLAN und KATZENBACH[1984], WALDOCK[1985], SCHWEBEL[1986] und MCDOUGAL[1987], die - freilich nuancierend - prinzipiell die Existenz eines Rechtes zur präventiven Gewaltanwendung bejahen. Dabei betonte BLUM in Anbetracht veränderter Bedrohungszenarien das Erfordernis einer *realitätsnahen Interpretation von Art.51 CVN*. Im Hinblick auf ein etwa neben der Charta völkergewohnheitsrechtlich bestehendes Recht zur präventiven Gewaltanwendung, welches bis dato ganz überwiegend unter Bezugnahme auf den Caroline-Fall[1988] hergeleitet wurde, erklärte BLUM:

> "We have been reminded here of the *Caroline* affair. But that incident, as is well known [...] occurred almost a century and a half ago. It occurred precisely 108 years before Hiroshima. To try to apply it to nuclear situation in the post-Hiroshima time makes clear the absurdity of the position of those who base themselves upon it. To assert the applicability of the *Caroline* principles to a State confronted with the threat of nuclear destruction would be an emasculation of that State's inherent and natural right of self-defence."[1989]

Im Anschluss daran stellte der israelische Vertreter klar, dass der Anwendungsbereich des - an sich seit Jahrhunderten unveränderten - Selbstverteidigungs-

---

1980 *Treaty for the prohibition of nuclear weapons in Latin America* v. 14. Februar 1967, abgedr. in UNTS 634 (1968), S.326.

1981 Vgl. bei Fn1964.

1982 Vgl. BLUM (Israel) in der SR-Sitzung vom 19. Juni 1981, S/PV.2288, §§62-76.

1983 Vgl. BLUM (Israel), a.a.O. (Fn1969), §100 sowie - hier in Bezug genommen - BOWETT, Self-defence in international law (1958), S.191f..

1984 Vgl. BLUM (Israel), a.a.O. (Fn1969), §99 sowie - hier in Bezug genommen - KAPLAN/KATZENBACH, The political foundations of international law (1961), S.212f..

1985 Vgl. BLUM (Israel), a.a.O. (Fn1969), §98 sowie a.a.O. (Fn1982), §81 sowie - hier in Bezug genommen - WALDOCK, The regulation of the use of force by individual states in international law, RC 81 (1952-II), S.498.

1986 Vgl. BLUM (Israel), a.a.O. (Fn1982), §83 sowie - hier in Bezug genommen - SCHWEBEL, Aggression, intervention and self-defence in modern international law, RC 136 (1972-II).

1987 Vgl. BLUM (Israel), a.a.O. (Fn1982), §84 sowie - hier in Bezug genommen - MCDOUGAL, The Soviet-Cuban quarantine and self-defense, Am J Int'l L 57 (1963) 3, S.600f..

1988 Vgl. supra Zweiter Teil - 4. Kapitel - A. - V. - 4. - d. - aa. , S.153.

1989 BLUM (Israel), a.a.O. (Fn1982), §80 [Hervorh. von BLUM].

rechts im Nuklear-Zeitalter zu erweitern sei. Alles andere würde bedeuten, die Realität zu ignorieren.[1990]

Neben der auf Selbstverteidigung gestützten Argumentation verfolgte BLUM - wenngleich nicht annähernd so elaboriert und nur als Hilfserwägung - die Rechtfertigung über einen "andauernden Kriegszustand" zwischen Israel und Irak.[1991] Dieser Erwägung wurde weder im Sicherheitsrat[1992] noch in der späteren Aufarbeitung des Falles größere Beachtung geschenkt.[1993] Im vorliegenden Untersuchungszusammenhang spielt sie - unabhängig von ohnedies bestehenden Zweifeln an einem tatsächlich *fortdauernden* Kriegszustand[1994] - keine Rolle und wird daher nicht weiter berücksichtigt.

In der folgenden Diskussion im Sicherheitsrat wurde die israelische Aktion von sämtlichen Staatenvertretern - im Urteil und Wortwahl nuancierend - als völkerrechtswidrig eingestuft. Der Irak wies die Inanspruchnahme des Selbstverteidigungsrechts zurück - "[both], in fact and in law".[1995] Er verwies inbesondere auf die "elaborate preparation"[1996] des Bombardements. Von besonderer Klarheit in der rechtlichen Argumentation war die Stellungnahme Ugandas.[1997] Bezug nehmend auf die "requirements of self-defence, under what the representative of Israel has called *general international law*"[1998] wies der ugandische Vertreter mit Blick auf die monatelange Planung des israelischen Bombardements auf die Inkongruenz mit der im Caroline-Fall entwickelten WEBSTER-Formel hin; es habe keine "necessity of [...] self-defence, instant, overwhelming, leaving no choice of means and no moment for deliberation" vorgelegen. Und auch unter *Art.51 CVN* lasse sich die israelische Aktion nicht subsumieren, denn dieser erfordere einen "prior armed attack".[1999] Diese *zweisträngige* Argumentation griffen -

[1990] Vgl. BLUM (Israel), a.a.O. (Fn1982), §85. Vgl. hierzu auch das Gutachten der israelischen Regierung *The Iraqi Nuclear Threat - Why Israel had to act* v. 19. Oktober 1981, S/14732, S.35-38.

[1991] Vgl. BLUM (Israel), a.a.O. (Fn1969), §67 sowie a.a.O. (Fn1982), §§78,191.

[1992] Das Argument wurde als formaljuristisch zurückgewiesen, hilfsweise die Inkompatibilität des israelischen Bombardements mit Genfer Recht aufgezeigt, vgl. BEDJAOUI (Algerien) in der SR-Sitzung v. 12. Juni 1980, S/PV.2280, §§146ff..

[1993] Vgl. aber BIRNBERG, a.a.O. (Fn1958), S.97-102 sowie 106f., die im "state of war" gar den entscheidenden Rechtfertigungsgrund entdeckt.

[1994] Vgl. nur MALLISON/MALLISON, a.a.O. (Fn1958), S.433 und SCHINDLER, Die Grenzen des völkerrechtlichen Gewaltverbots, in: SCHINDLER/HAILBRONNER, Die Grenzen des völkerrechtlichen Gewaltverbots, BDGV 26 (1986), S.30f. m.w.N. in Fn56.

[1995] HAMMADI (Irak) in der Sitzung v. 12. Juni 1981, S/PV.2280, §48.

[1996] HAMMADI (Irak), a.a.O. (Fn1995), §51.

[1997] Vgl. OTUNNU (Uganda) in der SR-Sitzung v. 15. Juni 1981, S/PV.2282, §§13ff.

[1998] OTUNNU (Uganda), a.a.O. (Fn1997), §14 [Hervorh. hinzugef.].

[1999] OTUNNU (Uganda), a.a.O. (Fn1997), §19.

wenngleich verkürzt - auch der britische Vertreter PARSONS[2000] und der türkische Vertreter KIRCA auf. Letzterer führte aus, weder finde sich eine Grundlage in Art.51 CVN noch in "any special provision of international law."[2001] Ebenfalls mit einer deutlichen abstrakt-rechtlichen Betrachtung äußerte sich der Vertreter der DDR:

> "[A]nd when, in Article 51, it [the Charter] refers to the inherent right of self-defence, *it limits that right to a case of armed attack*. [...] The Charter does not allow for - indeed, if it did, that would amount to a return to the law of the jungle - any right to preventive action by which a Member State could set itself up as judge, party and policeman in respect to another country."[2002]

Für die Abgrenzung von *antizipierender* und *präemptiver Selbstverteidigung* ist die Stellungnahme des irischen Vertreters DORR von hervorzuhebender Bedeutung. Zwar äußerte sich dieser zur (dogmatischen) Frage, ob außerhalb von Art.51 CVN ein - etwa weitergehendes - Selbstverteidigungsrecht bestehe, nicht eindeutig; er betrachtete die israelische Aktion vielmehr ausschließlich unter der Einordnung als "pre-emptive strike"[2003]. DORR hob jedoch unter Betonung des kritischen Tatbestandsmerkmals eines "possible future threat"[2004] - was der hier gegebenen Definition *präemptiver Selbstverteidigung* entspricht[2005] - hervor, dass sich damit der Aktivlegitimation beanspruchende Staat, hier Israel, zum "sole arbiter and judge of where and when such a threat may exist"[2006] erhebe. Ein solch weites Recht könne aber nicht einmal unter Berücksichtigung der WEBSTER-Formel - eines "imminent threat" - aus Art.51 CVN gewonnen werden. Die Auslegung von Art.51 CVN, wie sie Israel unter Bezugnahme auf nukleare Gefahren in Anspruch nehme,[2007] sprenge selbst diesen Rahmen,[2008] konterkariere die Prinzipien der Charta und würde zu einem "virtually unlimited con-

---

2000 Vgl. PARSONS (Großbritannien) in der SR-Sitzung v. 15. Juni 1981, S/PV.2282, §106: "It has been argued that the Israeli attack was an act of self-defence. But it was not a *response to an armed attack* on Israel by Iraq. There was *no instant or overwhelming necessity for self-defence*. Nor can it be justified as a forcible measure of self-protection" [Hervorh. hinzugef.].

2001 KIRCA (Türkei) in der SR-Sitzung v. 17. Juni 1981, S/PV.2286, §49.

2002 Vgl. ZACHMANN (DDR) in der SR-Sitzung v. 15. Juni 1981, S/PV.2282, §78 [Hervorh. hinzugef.].

2003 Vgl. DORR (Irland) in der SR-Sitzung v. 15. Juni 1981, S/PV.2283, §§7, 21.

2004 DORR (Irland), a.a.O. (Fn2003), §23, vgl. hierzu auch §26: Der irische Vertreter legte die von Israel selbst prognostizierte Zeitspanne bis zum Besitz einer einsatzbereiten Atomwaffe seitens Irak an (3-5 Jahre, vgl. hierzu oben bei Fn1977).

2005 Vgl. hierzu supra Erster Teil - 3. Kapitel - C. - III. , S.99.

2006 DORR (Irland), ebd. (Fn2004).

2007 Vgl. bei Fn1989f..

2008 DORR (Irland), a.a.O. (Fn2003), §§25f..

cept of self-defence against all possible future dangers, subjectively assessed" führen.[2009] Eine vergleichbare Position nahm Guyana ein.[2010]

Jugoslawien wies die Rechtfertigung eines "preventive attack 'in self-defence'" zurück und stellte auf das Gleichheitsprinzip der Staaten ab.[2011] Der Vertreter Sierra-Leones KOROMA bezeichnete die "'anticipatory' or 'preventive aggression' in the guise of self-defence"[2012] als neue These und verwies - wie zuvor sein ugandischer, britischer und irischer Amtskollege sowie nachfolgend der nigerianische Vertreter OUMAROU[2013] - auf die Unvereinbarkeit einer monatelangen Planung mit der WEBSTER-Formel.[2014] Mexiko verwies darauf, dass das "concept of preventive war" durch die Charta der Vereinten Nationen endgültig abgeschafft worden sei,[2015] ebenso Syrien.[2016] Die Mongolei wies den "so-called preemptive attack in the exercise of its 'inherent right of self-defence'"[2017] schließlich ohne weitere dogmatische Differenzierung zurück, ebenso die Philippinen.[2018]

Mit Resolution 487[2019] verurteilte der Sicherheitsrat schließlich *einstimmig* den israelischen Angriff, ohne jedoch - wie vom irakischen und anderen Vertretern gefordert[2020] - zugleich Maßnahmen nach Kapitel VII CVN zu ergreifen. Die Resolution lautet:

> "Strongly condemns the military attack by Israel in clear violation of the Charter of the United Nations and the norms of international conduct."[2021]

Eine - auch nur präambuläre - Bezugnahme auf das Selbstverteidigungsrecht unterblieb dagegen. Aus amerikanischer Sicht beruhte die Verurteilung jedoch allein darauf, dass "Israel failed to exhaust peaceful means for the resolution of this dispute."[2022] Israel lehnte die Resolution als parteiisch und einseitig ab;[2023] es

---

2009 DORR (Irland), a.a.O. (Fn2003), §27.
2010 Vgl. ARCILLA (Philippinen) in der SR-Sitzung v. 17. Juni 1981, S/PV.2286, §15.
2011 Vgl. KOMATINA (Jugoslawien) in der SR-Sitzung v. 15. Juni 1981, S/PV.2283, §46.
2012 KOROMA (Sierra-Leone) in der SR-Sitzung v. 15. Juni 1981, S/PV.2283, §146.
2013 Vgl. OUMAROU (Nigeria) in der SR-Sitzung v. 16. Juni 1981, S/PV.2284, §11.
2014 Vgl. KOROMA (Sierra-Leone), a.a.O. (Fn2012), §§146-148.
2015 Vgl. MUNOZ LEDO (Mexiko) in der SR-Sitzung v. 19. Juni 1981, S/PV.2288, §115.
2016 Vgl. EL-FATTAL (Syrien) in der SR-Sitzung v. 16. Juni 1981, S/PV.2284, §66, der dabei den Konflikt mit den Kompetenzen des Sicherheitsrat unter Art.39 CVN hervorhob.
2017 ERDENECHULUUN (Mongolei) in der SR-Sitzung v. 15. Juni 1981, S/PV.2283, §167.
2018 Vgl. ARCILLA (Philippinen) in der SR-Sitzung v. 16. Juni 1981, S/PV.2284, §28.
2019 S/Res/487 (1981) v. 19. Juni 1981.
2020 Vgl. nur HAMMADI (Irak), a.a.O. (Fn1995), §52.
2021 S/Res 487 (1981) v. 19. Juni 1981, op. Abs.1.
2022 So KIRKPATRICK (USA) nach der Abstimmung am 19. Juni 1981, S/PV.2288, §157; zum gleichen Schluss kommt BIRNBERG, a.a.O. (Fn1958), S.106 bei Fn221.

habe lediglich sein Recht zur Selbstverteidigung ausgeübt.[2024] Ebenfalls am 19. Juni 1981 verurteilte das Europäische Parlament den israelischen Angriff.[2025] Bereits am 11. Juni 1981 hatte die LAS,[2026] am 12. Juni 1981 der IAEA-Gouverneursrat den israelischen Angriff als "vorsätzlich geplant und ungerechtfertigt" verurteilt.[2027] Verurteilungen folgten am 15. Juni 1981 durch den Ministerrat der OAU ("act of aggression"),[2028] und am 16. Juni 1981 durch die blockfreien Staaten.[2029] Am 11. November 1981 verurteilte schließlich auch die Generalversammlung das israelische Bombardement als "act of aggression" mit 109J:2N Stimmen (34E).[2030] Die Staatenreaktion war damit nahezu geschlossen ablehnend.[2031]

Dies darf freilich nicht darüber hinweg täuschen, dass eine ganze Reihe von Staaten - insbesondere außerhalb der Sicherheitsratsdebatte - das israelische Bombardement nur undifferenziert, *ohne Stellungnahme zur israelischen Rechtfertigung* verurteilten. Hierzu zählen etwa Ägypten[2032], Bangladesch[2033],

---

2023 Vgl. BLUM (Israel), a.a.O. (Fn1982), §188 nach der Abstimmung am 19. Juni 1981.

2024 Vgl. BLUM (Israel), a.a.O. (Fn1982), §190; vgl. auch *Israel Cabinet Statement on the Security Council Condemnation v. 21. Juni 1981*, ISRAEL MFA, a.a.O. (Fn1967), Bd.7 (1981/1982), Dok.35.

2025 Vgl. *Entschließung zum israelischen Bombenangriff auf das Atomzentrum von Tamuz* v. 19. Juni 1981, ABl. EG Nr. C 172 v. 13. Juli 1981, S.121; ebenfalls abgedr. ILM 20 (1981) 4, S.997.

2026 Vgl. *Letter dated 12 June 1981 from the Permanent Representative of Yemen to the United Nations addressed to the President of the Security Council*, S/14529, Annex.

2027 Vgl. *Telegram dated 12 June 1981 from the Director-General of the International Atomic Energy Agency addressed to the President of the Security Council*, S/14532. Abstimmungsergebnis: 29J:2N Stimmen (3E).

2028 Vgl. *Letter dated 17 June 1981 from the Acting Executive Secretary of the Organization of African Unity to the United Nations addressed to the President of the Security Council*, S/14553, Annex.

2029 Vgl. *Note verbale dated 16 June 1981 from the Permanent Mission of Cuba to the United Nations addressed to the President of the Security Council*, S/14544, Annex.

2030 A/Res/36/27 v. 13. November 1981.

2031 Vor diesem Hintergrund bedenklich die Bewertung von MCCREDIE, The April 14, 1986 bombing of Libya: Act of self-defense or reprisal?, Case W Res J Int'l L 19 (1987) 2, S.232 bei Fn140, wonach "general support existed for the action."

2032 Vgl. *Letter dated 9 June 1981 from the Permanent Representative of Egypt to the United Nations addressed to the President of the Secretary-General*, S/14513.

2033 Vgl. *Letter dated 13 June 1981 from the Permanent Representative of Bangladesh to the United Nations addressed to the President of the Security Council*, S/14530.

Grenada[2034], Indien[2035], Indonesien[2036], die Volksrepublik Jemen[2037], Japan[2038], Jordanien[2039], Libyen[2040], Pakistan[2041], Panama[2042], Polen[2043], Qatar[2044], Rumänien[2045], Spanien[2046], Suriname[2047], die Tschechoslowakei[2048], Ungarn[2049], Vietnam[2050] und Zambia[2051].

Angesprochen sei abschließend ein kanadisches Memorandum, welches offenbar im Zusammenhang mit der Verurteilung Israels in der Generalversammlung klarstellte, dass Selbstverteidigung in Anbetracht der modernen Waffentechnik

2034 Vgl. *Letter dated 15 June 1981 from the Permanent Representative of Grenada to the United Nations addressed to the President of the Security Council*, S/14549.

2035 Vgl. *Letter dated 12 June 1981 from the Permanent Representative of India to the United Nations addressed to the President of the Security Council*, S/14523, Annex.

2036 Vgl. *Letter dated 15 June 1981 from the Charge d'Affairs a.i. of the Permanent Mission of Indonesia to the United Nations addressed to the President of the Security Council*, S/14536.

2037 Vgl. *Letter dated 16 June 1981 from the Permanent Representative of Democratic Yemen to the United Nations addressed to the President of the Security Council*, S/14560.

2038 Vgl. *Letter dated 9 June 1981 from the Acting Permanent Representative of Japan to the United Nations addressed to the President of the Security Council*, S/14512, Annex.

2039 Vgl. *Letter dated 17 June 1981 from the Permanent Representative of Jordan to the United Nations addressed to the President of the Security Council*, S/14550, Annex.

2040 Vgl. *Letter dated 18 June 1981 from the Charge d'Affairs a.i. of the Permanent Mission of Libyan Arab Jamahiriya to the United Nations addressed to the President of the Security Council*, S/14559.

2041 Vgl. *Letter dated 11 June 1981 from the Acting Permanent Representative of Pakistan to the United Nations addressed to the Secretary-General*, S/14517.

2042 Vgl. *Letter dated 10 June 1981 from the Permanent Representative of Panama to the United Nations addressed to the President of the Security Council,* S/14515, Annex.

2043 Vgl. *Letter dated 15 June 1981 from the Acting Permanent Representative of Poland to the United Nations addressed to the Secretary-General*, S/14542, Annex.

2044 Vgl. *Letter dated 12 June 1981 from the Permanent Representative of Qatar to the United Nations addressed to the Secretary-General*, S/14535, Annex.

2045 Vgl. *Letter dated 12 June 1981 from the Permanent Representative of Romania to the United Nations addressed to the President of the Security Council*, S/14528, Annex.

2046 Vgl. *Letter dated 9 June 1981 from the Permanent Representative of Spain to the United Nations addressed to the President of the Security Council*, S/14511.

2047 Vgl. *Letter dated 17 June 1981 from the Charge d'Affairs a.i. of the Permanent Mission of Suriname to the United Nations addressed to the Secretary-General*, S/14552.

2048 Vgl. *Letter dated 15 June 1981 from the Permanent Representative of Czechoslovakia to the United Nations addressed to the President of the Security Council*, S/14533, Annex.

2049 Vgl. *Letter dated 12 June 1981 from the Permanent Representative of Hungary to the United Nations addressed to the President of the Security Council*, S/14527.

2050 Vgl. *Letter dated 12 June 1981 from the Charge d'Affairs a.i. of the Permanent Mission of Vietnam to the United Nations addressed to the Secretary-General*, S/14526, Annex.

2051 Vgl. *Letter dated 12 June 1981 from the Charge d'Affairs a.i. of the Permanent Mission of Zambia to the United Nations addressed to the President of the Security Council*, S/14522.

erlaubt sei, wenn "an armed aggression is *imminent* according to clear evidence based in the facts [and] this armed aggression, if allowed to happen, might put in *jeopardy the existence of the victim-State (as opposed to inflicting even serious damages).*"[2052]

2. Bewertung

a. Einordnung: Präemptive Selbstverteidigung

In tatsächlicher Hinsicht ist festzuhalten, dass nach der ganz überwiegenden Staatenreaktion *keine konkrete Gefahr* eines nuklearen Angriffes auf Israel gegeben war. Tatsächlich waren - selbst wenn man das Vorhandensein aller erforderlichen technischen Einrichtungen sowie des entsprechenden Know-How unterstellt - noch *wesentliche Zwischenschritte* bis zum Erreichen der Schwelle einer konkreten Gefahr erforderlich: So hätte Irak - unter anderem - zunächst Spaltmaterial in der Quantität der jeweiligen "kritischen Masse" besitzen müssen. In Bezug auf hochangereichertes Uran wäre dieser Zeitpunkt frühestens mit Lieferung der zweiten Charge über 24kg im September 1981 eingetreten.[2053] In Bezug auf Plutonium wäre der Zeitpunkt - trotz geringerer Quantität hinsichtlich der "kritischen Masse" - noch später gewesen, da das Plutonium zunächst aus abgebranntem Spaltmaterial in einer "heißen Zelle" hätte isoliert werden müssen und dabei jeweils nur in sehr geringen Mengen gewonnen worden wäre. Dafür wäre der Betrieb des Reaktors Tamuz 1 und der dazugehörigen Laboratorien - insbesondere einer "heißen Zelle" - für einen längeren Zeitraum erforderlich gewesen. Unterstellt, der Irak hätte den Bau einer Atombombe aus hochangereichertem Uran angestrebt, hätten die IAEA-Inspektionen erfolgreich umgangen und Brennelemente in "kritischer Masse" entwendet werden müssen. Danach wäre weitere Zeit zur Herstellung der Waffe bis zur Einsatzfähigkeit vergangen. Nach alledem lag also bestenfalls eine *abstrakte Gefahr* eines irakischen Angriffes vor.[2054] Damit betrifft der vorliegende Fall - nach der im 3. Kapitel dargelegten Terminologie - einen Fall *präemptiver Selbstverteidigung*[2055].

2052 *Memorandum of November 27, 1981, [of] the Legal Bureau*, Can YB Int'l L 19 (1981), S.304. Als Argument wurde - als indirekter Beleg - auf die Aggressionsdefinition Bezug genommen, vgl. hierzu bereits supra Zweiter Teil - 6. Kapitel - A. - II. - 3. - a. - bb. - (3.) - (d.) , S.313.

2053 Vgl. dazu in Fn1961.

2054 Ebenso DELBRÜCK, Proportionality, in: BERNHARDT ET AL, EPIL, Bd.3 (1997), S.1142; FRANCK, Recourse to force (2002), S.106; vgl. insb. auch MALLISON/MALLISON, a.a.O. (Fn1958), S.430, die sich hier auf einen "hypothetical plan involving many stages by which Iraq could construct nuclear weapons in the future" beziehen, der vom ehemaligen IAEA-Mitarbeiter RICHTER in einer Anhörung vor dem US-Senat (vgl. hierzu auch Fn1963) dargetan wurde.

2055 Vgl. zur Definition derselben supra Erster Teil - 3. Kapitel - C. - III. , S.99.

Die dogmatische Einordnung scheitert auch nicht daran, dass der israelische Vertreter BLUM seinerseits auf die WEBSTER-Formel Bezug genommen hat, die sich prinzipiell nur auf antizipatorische Fallgestaltung anwenden lässt. Unverkennbar ging es Israel hier nämlich um eine über die bloße Antizipation hinausgehende Erweiterung des Konzepts der Selbstverteidigung. Dies zeigt sich deutlich in der gleichsetzenden Nennung von "self-defence" and "self-preservation"[2056] sowie insbesondere an den mit Referenzen versehenen Ausführungen zu einer "realitätsnahen" Auslegung von Art.51 CVN bzw. der WEBSTER-Formel mit Blick auf das Nuklearzeitalter.

b. Opinio iuris

Als deutliche Gegner präemptiver Selbstverteidigung können nach entsprechenden Ausführungen Großbritannien, die Türkei, die DDR, Uganda, Irland, Guyana, Jugoslawien, Sierra-Leone, Nigeria, Mexiko und Syrien[2057] identifiziert werden, wobei die ersten drei Staaten explizit auch das Vorhandensein einer im Völkergewohnheitsrecht vorhandenen Rechtsgrundlage zurückgewiesen haben.[2058]

Der Irak[2059], die Philippinen und die Mongolei[2060], ferner Ägypten, Bangladesch, Grenada, Indien, Indonesien, die Volksrepublik Jemen, Japan, Jordanien, Libyen, Pakistan, Panama, Polen, Qatar, Rumänien, Spanien, Suriname, die Tschechoslowakei, Ungarn, Vietnam und Zambia[2061] können mangels substantiierter Ausführungen lediglich in die Reihe der kritischen Staaten eingeordnet werden, weil aus der jeweiligen Stellungnahme nicht hinreichend klar wurde, ob Tatsachen des Einzelfalles oder eine grundsätzliche Ablehnung eines präemptiven Selbstverteidigungsrechts zur verurteilenden Einschätzung führten.

Im Hinblick auf die Einordnung der USA[2062] wird aus der Erklärung nach der Abstimmung zwar gelegentlich der Rückschluss gezogen, die USA hätten im Grundsatz die Rechtsposition Israels (Präemption) geteilt.[2063] Dies kann jedoch nicht überzeugen. Israel ging im Rahmen der Sicherheitsratsdebatte de facto von

---

2056 Hierzu auch ASRAT, Prohibition of force under the UN Charter (1991), S.228. Zum weiten Konzept der "self-preservation", vgl. bereits supra Zweiter Teil - 4. Kapitel - A. - V. - 4. , S.148.

2057 Vgl. bei und m.N. in Fn1997-2016.

2058 Vgl. bei und m.N. in Fn2000-2002.

2059 Vgl. bei und m.N. in Fn1995f..

2060 Vgl. bei und m.N. in Fn2017f..

2061 Vgl. bei und m.N. in Fn2032-2051.

2062 Vgl. bei und m.N. in Fn2022.

2063 So etwa CASSESE, International Law (2001), S.309; in dieser Richtung auch FRANCK, Recourse to force (2002), S.108.

einem rechtlichen Konzept aus, das gerade nicht erfordert, dass *alle in Betracht kommenden friedlichen Mittel* erschöpft sind. Denn bezogen auf eine abstrakte Gefahr - die sich erst nach Durchlaufen wesentlicher Zwischenschritte zu einer konkreten Gefahr weiterentwickelt - bestehen nicht zuletzt in Anknüpfung an die wesentlichen Zwischenschritte weitere Möglichkeiten, der Konkretisierung der Gefahr entgegenzutreten. Das Ausschöpfen derartiger Bemühungen hat Israel vor dem Sicherheitsrat indes lediglich beiläufig behauptet, ohne hierfür substantiiert Belege anzuführen.[2064] Soweit nun die amerikanische Vertreterin KIRKPATRICK die Verurteilung seitens der USA darauf stützte, dass Israel nicht alle friedlichen Mittel ausgeschöpft habe, lässt sich dies bestenfalls als implizite Bestätigung des Konzepts der antizipatorischen Selbstverteidigung werten, die erst in Situationen "*leaving no choice of means, and no moment for deliberation*" ihren Anwendungsbereich findet. Als Befürworter *präemptiver* Selbstverteidigung verbleibt damit im vorliegend untersuchten Fall nur Israel.

Soweit Uganda, Großbritannien und die Türkei,[2065] ferner Irland und Guyana,[2066] Sierra-Leone und Nigeria[2067] sowie die USA[2068], die WEBSTER-Formel zur Prüfung herangezogen haben, ergibt sich freilich - inzident - ein Indiz für eine positive Haltung zum Konzept antizipatorischer Selbstverteidigung; gleiches gilt für die - freilich sehr enge - Stellungnahme Kanadas[2069] vom November 1981 (nur bei Bedrohung der staatlichen *Existenz*). Insofern lässt sich in materieller Hinsicht abschließend festhalten, dass der Tamuz-Fall - bei deutlicher *Ablehnung präemptiver Selbstverteidigung* - Hinweise für eine ein *antizipatorisches Selbstverteidigungsrecht* tragende 'opinio iuris' gibt.[2070]

[2064] Im *nachträglichen* Gutachten der israelischen Regierung *The Iraqi Nuclear Threat - Why Israel had to act* v. 19. Oktober 1981, a.a.O. (Fn1990), S.28-34 wird zwar ein "Diplomatic Effort" dargelegt. Tatsächlich handelte es sich hierbei aber nur um bilaterale Verhandlungen mit den Vertragspartnern Iraks (Frankreich und Italien) sowie den USA, die darauf abzielten, zu verhindern, dass Irak überhaupt beliefert werde. Eine direkte oder indirekte friedliche Konfliktlösung mit *Irak* wurde also gerade nicht gesucht; dies heben auch BIRNBERG, a.a.O. (Fn1958), S.96f. und MALLISON/MALLISON, a.a.O. (Fn1958), S.427f. hervor.

[2065] Vgl. bei und m.N. in Fn1997-2001.

[2066] Vgl. bei und m.N. in Fn2003-2010.

[2067] Vgl. bei und m.N. in Fn2012-2014.

[2068] Vgl. bei und m.N. in Fn2022.

[2069] Vgl. bei und m.N. in Fn2053.

[2070] Ebenso SCHACHTER, The right of states to use armed force, Mich L Rev 82.2 (1984) 5&6, S.1635; AREND/BECK, International law and the use of force (1993), S.78f. mit Nennung der selben Staaten für das antizipatorische Konzept. A.A. MALANCZUK, Akehurst's modern introduction to international law (1997), S.313.

c. Exkurs: Prozedurale Aspekte

Der Vorfall wird in der jüngeren Debatte als Leitfaden in prozeduraler Hinsicht herangezogen. So verweisen etwa SCHALLER und FROWEIN auf die "beeindruckend detaillierte Weise"[2071] des israelischen Sachvortrages, auf die "genaue Analyse [...], die den irakischen Plan, [...] einen Nuklearschlag vorzubereiten, jedenfalls mit hoher Plausibilität dargelegt hat."[2072] Dies könne im Hinblick auf die Darlegungs- und Beweislast "als *Maßstab* für die Fälle gelten, in denen sich Staaten auf ein Recht zur präventiven Selbstverteidigung berufen."[2073] Die Aussage dürfte dahingehend zu korrigieren sein, dass der von Israel betriebene Substantiierungsaufwand das *Mindestmaß* an schlüssiger Darlegung aufzeigt. Denn nicht zu vergessen ist, dass diverse Staatenvertreter bemängelten, dass Israel die nach der in Bezug genommenen WEBSTER-Formel erforderliche "no choice of means", die Erschöpfung aller friedlichen Streitlösungsmechanismen, gerade nicht hinreichend dargetan hatte, und im Übrigen nicht wenige der behaupteten Tatsachen bereits während der Sicherheitsratsdebatte widerlegt wurden.[2074]

IV. USA - Libyen: Bombardierung militärischer Objekte in Tripoli und Bengasi (15. April 1986)

1. Sachverhalt

a. Hintergrund

Ein *isoliertes* Hintergrundgeschehen lässt sich mit Blick auf die amerikanische Militäroperation am 15. April 1986 nicht fassen. Eingebettet war sie vielmehr in eine seit längerer Zeit schwelende, vielschichtige Konfliktlage zwischen den USA und Libyen. So hatten die USA wiederholt das sozialistisch ausgerichtete Libyen, vor allem aber den seit 1969 amtierenden Staatschef GADDAFI persönlich beschuldigt, in terroristische Anschlägen verwickelt zu sein, bei denen in jüngerer Zeit auch amerikanische Staatsangehörige getötet worden waren. Hierzu zählten unter anderem die Entführung von Flug TWA 847 (14.-30. Juni 1985)[2075] und des italienischen Kreuzfahrtschiffes Achille Lauro (7.-9. Oktober

---

2071 SCHALLER, Massenvernichtungswaffen und Präventivkrieg - Möglichkeiten der Rechtfertigung einer militärischen Intervention im Irak aus völkerrechtlicher Sicht, ZaöRV 62 (2002) 3, S.660.

2072 FROWEIN, a.a.O. (Fn1564), S.891 bei Fn58; a.A. aber FRANCK, Recourse to force (2002), S.106.

2073 SCHALLER, ebd. (Fn2071) [Hervorh. hinzugef.].

2074 Vgl. hierzu nur MALLISON/MALLISON, a.a.O. (Fn1958), S.431.

2075 Vgl. hierzu AdG, CD-Rom (2001), Dok Nr.28903 v. 30. Juni 1985 sowie Keesing's Rec World Events 31 (1985), S.33850.

1985)[2076], die Anschläge auf die Flughäfen von Wien und Rom am 27. Dezember 1985[2077], der Sprengstoffanschlag auf Flug TWA 840 am 2. April 1986[2078] sowie - insbesondere - der Sprengstoffanschlag auf die Berliner Diskothek "La Belle" am 5. April 1986.[2079]

Anlass zu Spannungen gab daneben Libyens - seit 1973 geltend gemachter und ganz überwiegend als völkerrechtswidrig eingestufter[2080] - Hoheitsanspruch auf Teile der Großen Syrte (Golf von Sidra) - einer weitgestreckten Bucht vor Libyen zwischen den Hafenstädten Misurata und Bengasi. Die USA führten vor und teilweise in diesem Bereich des Mittelmeers zur "Demonstration der Navigationsfreiheit"[2081] im Januar, Februar und März 1986 mehrtägige Flottenmanöver durch,[2082] die von Libyen als Provokation ausgelegt wurden.[2083] Im Rahmen der Manöver kam es immer wieder zu militärischen Zwischenfällen. Nach libyschen Raketenangriffen auf amerikanische Kampfflugzeuge, die in den Luftraum über der beanspruchten Bucht eingeflogen waren, wurden zuletzt am 24./25 März 1986 zwei libyische Kriegsschiffe und eine Radarstation bei der Stadt Syrte durch amerikanische Seestreitkräfte zerstört.[2084]

Der Sicherheitsrat befasste sich mit dieser Situation und dem - bei kursorischer Betrachtung wohl zutreffenden - amerikanischen Vorbringen, in Selbstverteidigung gehandelt zu haben, ohne jedoch zu einer Entscheidung zu kommen.[2085] Die Debatte endete am 31. März 1986 und wurde auf unbestimmte Zeit vertagt;[2086] ein sowjetisch-bulgarischer Resolutionsentwurf[2087] wurde nicht mehr

---

2076 Vgl. hierzu AdG, CD-Rom (2001), Dok Nr.29263 v. 15. Oktober 1985 sowie Keesing's Rec World Events 31 (1985), S.34074.

2077 Vgl. hierzu AdG, CD-Rom (2001), Dok Nr.29460 v. 27. Dezember 1985 sowie Keesing's Rec World Events 32 (1986), S.34260.

2078 Vgl. AdG, CD-Rom (2001), Dok Nr.29775 v. 2. April 1986 sowie Keesing's Rec World Events 32 (1986), S.34454.

2079 Vgl. AdG, CD-Rom (2001), Dok Nr.29778 v. 5. April 1986; Keesing's Rec World Events 32 (1986), S.34454. Zur libyschen Verwicklung in den Anschlag auf die Diskothek "La Belle" lesenswert BGH, Urt. v. 24. Juni 2004, Az: 5 StR 306/03, S.6ff.. Weiterführend zu den Hintergründen der libysch-amerikanischen Spannungen WEISBURD, Use of force - The practice of states since World War II (1997), S.293 und Keesing's Rec World Events 32 (1986), S.34201, 29 (1983) S.32166, 32167 sowie 28 (1982) S.31680 und 31181.

2080 Vgl. nur m.w.N. BLUM, The Gulf of Sidra Incident, Am J Int'l L 80 (1986) 3, S.668ff..

2081 So WALTERS (USA) in der SR-Sitzung v. 26. März 1986, S/PV.2668, S.18.

2082 Vgl. Keesing's Rec World Events 32 (1986), S.34454.

2083 Vgl. AZZAROUK (Libyen) in der SR-Sitzung v. 14. April 1986, S/PV.2673, S.4.

2084 Vgl. AdG, CD-Rom (2001), Dok Nr. 29740 v. 25. April 1986; Keesing's Rec World Events 32 (1986), S.34454; WEISBURD, Use of force - The practice of states since World War II (1997), S.294 m.w.N. in Fn186.

2085 Vgl. hierzu die Debatte im Sicherheitsrat in der Zeit vom 26.-31. März 1986, S/PV.2668 - S/PV.2671.

2086 Vgl. das Protokoll der SR-Sitzung v. 31. März 1986, S/PV.2671, S.39.

diskutiert.[2088] Erst zwei Tage vor der hier untersuchten amerikanischen Militäraktion - am 12. April - trat der Sicherheitsrat auf Ersuchen der Regierung Maltas wieder zusammen. Malta forderte den Sicherheitsrat auf "[to] take appropriate and urgent action to stop the repeated threat or use of force, as well as the imminent resort to armed attack in the central Mediterranean."[2089]

Die noch am selben Tag anberaumte Sitzung wurde jedoch - nach dem Vortrag Maltas - abermals vertagt[2090] und erst am 14. April 1986 - wenige Stunden vor dem Bombardement - fortgesetzt. In dieser Debatte hob der amerikanische Vertreter OKUN abermals die Verwicklung Libyens in terroristische Akte hervor, beurteilte dies als Verstoß gegen das Gewaltverbot und rechtfertigte die Versenkung der libyschen Schiffe als Selbstverteidigung nach Art.51 CVN.[2091] Der libysche Vertreter betonte unter Zurückweisung der Rechtfertigung darauf hin, dass "the situation is very grave; it is quickly approaching the point of explosion. For plans have already been made for an act of aggression. That is affirmed in the statements of all United States officials"[2092] und kritisierte die bisherige Untätigkeit des Sicherheitsrats.[2093] Der sowjetische Vertreter DUBININ teilte die Auffassung Libyens, dass die Lage außerordentlich angespannt sei,[2094] und wiederholte den Vorschlag GORBATSCHOWS zur Entspannung der Lage, sofort alle sowjetischen als auch amerikanischen Seestreitkräfte aus dem Mittelmeer abzuziehen.[2095] Nachdem weitere Stellungnahmen erst für den nächsten Tag angekündigt waren, wurde die Sitzung vertagt.[2096] Dass amerikanische Militärschläge möglicherweise bevorstünden, bestätigte - nach einschlägigen Presseberichten[2097] - am Abend des 14. April 1986 der stellvertretende US-Außenminister in einem Fernsehinterview: Die USA verzichteten nur auf Vergeltungschläge, wenn Libyen aufhöre, "Terroristen auszubilden, zu finanzieren und sie mit Waffen und Unterlagen zu versorgen."[2098] Mögliche Militärschläge gebe man in der Hoffnung bekannt, dass Libyen sein Verhalten ändere.[2099]

2087 S/17954.

2088 Vgl. auch WEISBURD, Use of force - The practice of states since World War II (1997), S.294.

2089 *Letter dated 12 April 1986 from the Chargé d'affaires a.i. of the Permanent Mission of Malta to the United Nations addressed to the President of the Security Council*, S/17982.

2090 Vgl. Protokoll der SR-Sitzung vom 12. April 1986, S/PV.2672, S.5.

2091 Vgl. OKUN (USA) in der SR-Sitzung v. 14. April 1986, S/PV.2673, S.12ff..

2092 Vgl. AZZAROUK (Libyen), a.a.O. (Fn2083), S.6.

2093 Vgl. AZZAROUK (Libyen), a.a.O. (Fn2083), S.9-10.

2094 Vgl. DUBININ (Sowjetunion) in der SR-Sitzung v. 14. April 1986, S/PV.2673, S.16-20.

2095 Vgl. DUBININ (Sowjetunion), a.a.O. (Fn2094), S.21.

2096 Vgl. Protokoll der SR-Sitzung v. 14. April 1986, S/PV.2673, S.22.

2097 AdG, CD-Rom (2001), Dok Nr. 29797-1 v. 15. April 1986.

2098 Stellvertretender US-Außenminister WHITEHEAD in dt. Übers. zit. in AdG, CD-Rom (2001), Dok Nr. 29797-1 v. 15. April 1986.

2099 Vgl. AdG, CD-Rom (2001), Dok Nr. 29797-1 v. 15. April 1986. Vgl. auch WEISBURD, Use of force - The practice of states since World War II (1997), S.295 m.w.N. in Fn190.

b. Gesehehensablauf und Staatenreaktion

In den frühen Morgenstunden des 15. April 1986 (Ortszeit) flog die amerikanische Luftwaffe mit über 30 Maschinen zuvor ausgewählte Ziele in Tripoli und Bengasi an. Ein Teil der eingesetzten Jagdbomber war dabei von einem amerikanischen Luftwaffenstützpunkt in Großbritannien gestartet und sodann - weil Frankreich und Spanien Überflugrechte verweigert hatten - über die Straße von Gibraltar in den Mittelmeerraum eingeflogen. Ein anderer Teil der eingesetzten Flugzeuge gehörte zu der im Mittelmeer manövrierenden US-Navy.

Ziel des Angriffs in der Hauptstadt Tripoli war die Azziziya-Kaserne und der Sidi Bilal Hafen - beides Einrichtungen, die von amerikanischer Seite als Ausbildungstätte von Terroristen beschrieben wurden - sowie der militärische Teil des Flughafens von Tripoli; in Bengasi wurden neben einer weiteren Kaserne der Militärflughafen "for military suppression purpose"[2100] bombardiert. Darüber hinaus wurden auch zivile Einrichtung und Wohnhäuser zerstört sowie einige diplomatische Vertretungen beschädigt.[2101]

In einer unmittelbar im Anschluss an den Einsatz gehaltenen Rede an die Nation beschrieb US-Präsident REAGAN die Aktion als "pre-emptive action" und eine "mission fully consistent with Art.51 of the UN-Charter"[2102]. Auch in der folgenden Sicherheitsratssitzung rechtfertigten die USA die Operation als Selbstverteidigung i.S.d. Art.51 CVN:

> "[I]n exercise of the inherent right of self-defence recognized in Article 51 of the Charter of the United Nations, United States military forces executed a series of *carefully planned air strikes against terrorist-related targets* […] that were part of Libya's military infrastructure - command and control systems, intelligence communications, logistics and training facilities.Those are the sites used to carry out Libya's harsh policy of international terrorism, including ongoing attacks against United States citizens and installations. This necessary and proportionate action *was designed to disrupt Libya's ability to carry out terrorist acts and to deter future terrorist acts by Libya.*"[2103]

Wohl hinsichtlich der *Subsidiarität* unilateraler Gewaltanwendung führte der amerikanische Vertreter WALTERS in der Sicherheitsratsdebatte weiter aus, die

---

[2100] Vgl. Keesing's Rec World Events 32 (1986), S.34454.

[2101] Vgl. AdG, CD-Rom (2001), Dok Nr. 29797-1 v. 15. April 1986; Keesing's Rec World Events 32 (1986), S.34454.

[2102] *President's adress to the nation* v. 14. April 1986, abgedr. US Dept St Bull 86 (1986), S.2.

[2103] WALTERS (USA) in der SR-Sitzung v. 15. April 1986, S/PV.2674, S.13f. [Hervorh. hinzugef.].

Selbstverteidigungsmaßnahmen seien erst ausgeführt worden, "after other repeated and protracted efforts to deter Libya from its ongoing attacks against the United States [...]". Es bestünde "direct, precise and irrefutable evidence"[2104], dass Libyen für den Sprengstoffanschlag in Berlin verantwortlich zeichne, wobei WALTERS Details über die Einschaltung des libyschen Volksbüros in Ost-Berlin nannte. In Anbetracht "klarer Beweise" ("clear evidence"), dass Libyen eine Reihe *weiterer Anschläge plane*, hätten sich die USA gezwungen gesehen, ihr Selbstverteidigungsrecht auszuüben. Als Beweise für zukünftige Terroranschläge zählte WALTERS - kaum mehr als kursorisch - Vorfälle aus der unmittelbaren Vergangenheit auf, darunter einen von der türkischen Polizei vereitelten Anschlagsversuch in Instanbul, die Ausweisung zweier Mitglieder des libyschen Volksbüros durch Frankreich wegen Verwicklung in eine Anschlagsplanung, einen Anschlagsversuch auf die US-Botschaft in Beirut.[2105] Konkrete Beweise für zukünftige "widespread attacks on Americans over the next several weeks, in Europa, Africa, Latin America and the Middle East"[2106] benannte WALTERS dagegen nicht.[2107]

Der britische Vertreter THOMSON führte aus,

> "the right of self defence is not an entirely passive one. It plainly includes the right to destroy or weaken the capacity of one's assailant, to reduce his ressources, and to weaken his will so as to discourage and *prevent further violence*."[2108]

Mit Blick auf die libysche Verwicklung in terroristische Anschläge stellte der britische Vertreter klar, dass "[t]errorism [...] is an act of common murder. But when it is carried out, whether overtly or covertly, by the agents of a State or a would-be State it is of different and worse kind; it is a deliberate *act of State policy*".[2109] Insofern habe die britische Regierung die Bombardierung klar definierter Ziele mit terroristischer Bedeutung unterstützt.[2110]

In der anschließenden Debatte wurde die amerikanische Militäroperation - insbesondere von Seiten der Ostblockländer - in scharfem Ton als Aggression verurteilt, wobei die Stellungnahmen mehrheitlich eine Rechtfertigung gem. Art.51

2104 WALTERS (USA), a.a.O. (Fn2103), S.16; ebenso der britische Vertreter THOMSON in der SR-Sitzung v. 17. April 1986, S/PV.2679, S.27.

2105 Vgl. WALTERS (USA), a.a.O. (Fn2103), S.17; ferner - etwas ausführlicher - auch THOMSON (Großbritannien), a.a.O. (Fn2104), S.21-26.

2106 WALTERS (USA), a.a.O. (Fn2103), S.18.

2107 Ebenso FRANCK, Recourse to force (2002), S.90.

2108 THOMSON (Großbritannien), a.a.O. (Fn2104) S.27.

2109 THOMSON (Großbritannien), a.a.O. (Fn2104), S.18 [Hervorh. hinzugef.].

2110 THOMSON (Großbritannien), a.a.O. (Fn2104), S.28 unter Zitierung der britischen Regierungschefin THATCHER.

CVN bzw. einem gewohnheitsrechtlichen Pendant nicht einmal in Betracht zogen.

Insofern undifferenziert verurteilend äußerten sich die Sojwetunion[2111], Syrien[2112], der Oman[2113], Bulgarien[2114], Kuba[2115], Indien[2116], China[2117], Jugoslawien[2118], die Ukraine[2119], die DDR[2120], die Mongolei[2121], Polen[2122], Ungarn[2123], Burkina Faso[2124], Saudi-Arabien[2125], Laos[2126], Benin[2127], Weißrussland[2128], Libyen[2129] und der Kongo[2130].

Vergleichsweise sachlich im Ton, mit Blick auf den Untersuchungsgegenstand in den rechtlichen Ausführungen indes ebenso unergiebig waren die verurteilen-

---

2111 Vgl. DUBININ (Sowjetunion) in der SR-Sitzung v. 15. April 1986, S/PV.2675, S.6-10; vgl. ferner *Letter dated 15 April 1986 from the Permanent Representative of the Union of Soviet Socialist Reublics to the United Nations addressed to the Secretary-General*, S/17999.

2112 Vgl. AL-ATASSI (Syrien) in der SR-Sitzung v. 15. April 1986, S/PV.2675, S.11-21.

2113 Vgl. AL-ANSI (Oman) in der SR-Sitzung v. 15. April 1986, S/PV.2675, S.22-30.

2114 Vgl. GARVALOV (Bulgarien) in der SR-Sitzung v. 15. April 1986, S/PV.2675, S.31-37; ferner *Letter dated 16 April 1986 from the Acting Permanent Representative of Bulgaria to the United Nations addressed to the Secretary-General*, S/18012 ("unprovoked armed attack").

2115 Vgl. VELASCO SAN JOSÉ (Kuba) in der SR-Sitzung v. 15. April 1986, S/PV.2675, S.37-41.

2116 Vgl. KUNADI (Indien) in der SR-Sitzung v. 15. April 1986, S/PV.2675, S.46-52.

2117 Vgl. LI LUYE (China) in der SR-Sitzung v. 15. April 1986, S/PV.2675, S.52f.

2118 Vgl. SEKULIC (Jugoslawien) in der SR-Sitzung v. 16. April 1986, S/PV.2676, S.9f..

2119 Vgl. OUDOVENKO (Unkraine) in der SR-Sitzung v. 16. April 1986, S/PV.2676, S.12-17.

2120 Vgl. HUCKE (DDR) in der SR-Sitzung v. 16. April 1986, S/PV.2676, S.22-27 unter Berufung auf Art.3 lit.b Aggressionsdefinition.

2121 Vgl. NYAMDOO (Mongolei) in der SR-Sitzung v. 16. April 1986, S/PV.2677, S.22-26; ferner *Letter dated 17 April 1986 from the Acting Permanent Representative of Mongolia to the United Nations addressed to the Secretary-General*, S/18015 ("act of aggression").

2122 Vgl. NOWORYTA (Polen) in der SR-Sitzung v. 16. April 1986, S/PV.2677, S.26-31.

2123 Vgl. ENDREFFY (Ungarn) in der SR-Sitzung v. 16. April 1986, S/PV.2677, S.31-33.

2124 Vgl. OUEDRAOGO (Burkina Faso) in der SR-Sitzung v. 16. April 1986, S/PV.2677, S.38-41.

2125 Vgl. SHIHABI (Saudi-Arabien) in der SR-Sitzung v. 16. April 1986, S/PV.2677, S.42-47.

2126 Vgl. SOMVORACHIT (Laos) in der SR-Sitzung v. 17. April 1986, S/PV.2678, S.8-11; ferner *Letter dated 16 April 1986 from the Chargé d'affaires a.i. of the Permanent Mission of Lao People's Democratic Republic to the United Nations addressed to the Secretary-General*, S/18009.

2127 Vgl. OGOUMA (Benin) in der SR-Sitzung v. 17. April 1986, S/PV.2678, S.14-20.

2128 Vgl. MAKSIMOV (Weißrussland) in der SR-Sitzung v. 18. April 1986, S/PV.2680, S.6-10.

2129 Vgl. TREIKI (Libyen) in der SR-Sitzung v. 18. April 1986, S/PV.2680, S.11-25.

2130 Vgl. GAYAMA (Kongo) in der SR-Sitzung v. 18. April 1986, S/PV.2680, S.25-30.

den Stellungnahmen Burundis[2131], Nigerias[2132] und Boliviens[2133]. Nur unter *kursorischer Bezugnahme auf Art.51 CVN* lehnten eine Rechtfertigung der Jemen[2134], Algerien[2135], die Ukraine[2136], Vietnam[2137], Afghanistan[2138], die Tschechoslowakei[2139], Iran[2140], Sudan[2141], Bangladesch[2142] und Nicaragua[2143] kategorisch ab.

Ohne die amerikanische Vorgehensweise zu beurteilen riefen Venezuela[2144], Pakistan[2145] und Malta[2146] zu einer friedlichen Lösung auf und betonten die Rolle der VN, insbesondere des Sicherheitsrates. Ebenso positionierte sich Australien[2147], freilich in expliziter Anerkennung, dass "there is a substantial body of evidence of Libyen involvement in and direction of international terrorism"[2148]. Dänemark versagte dem zwischenzeitlich von afrikanischen und arabischen Staaten vorgelegten, allein die USA verurteilenden Resolutionsentwurf[2149] seine Unterstützung, weil er die Wechselwirkungen von "Aktion und Reaktion" nicht hinreichend erfasst habe (ebenso Frankreich[2150]); mit Blick auf die Verhältnismäßigkeit der Mittel distanzierte sich Dänemark aber strikt von der amerikanischen Aktion.[2151]

2131 Vgl. *Letter dated 16 April 1986 from the Chargé d'affaires a.i. of the Permanent Mission of Burundi to the United Nations addressed to the Secretary-General*, S/18006 ("contrary to international law").

2132 Vgl. *Letter dated 21 April 1986 from the Acting Permanent Representative of Nigeria to the United Nations addressed to the Secretary-General*, S/18026 ("retaliation for alleged acts of terrorism master-minded by the Government Libyan Arab Jamahirija").

2133 Vgl. *Letter dated 18 April 1986 from the Chargé d'affaires a.i. of the Permanent Mission of Bolivia to the United Nations addressed to the Secretary-General*, S/18021.

2134 Vgl. AL-ALFI (Jemen) in der SR-Sitzung v. 15. April 1986, S/PV.2675, S.44-45.

2135 Vgl. DJOUDI (Algerien) in der SR-Sitzung v. 16. April 1986, S/PV.2676, S.4.

2136 Vgl. OUDOVENKO (Ukraine) in der SR-Sitzung v. 16. April 1986, S/PV.2676, S.14.

2137 Vgl. BI XUAN NHAT (Vietnam) in der SR-Sitzung v. 16. April 1986, S/PV.2677, S.36.

2138 Vgl. NENGRAHARY (Afghanistan) in der SR-Sitzung v. 17. April 1986, S/PV.2678, S.6.

2139 Vgl. CESAR (Tschechoslowakei) in der SR-Sitzung v. 17. April 1986, S/PV.2678, S.13.

2140 Vgl. DAMAVANDI KAMALI (Iran) in der SR-Sitzung v. 17. April 1986, S/PV.2678, S.21.

2141 Vgl. BIRIDO (Sudan) in der SR-Sitzung v. 17. April 1986, S/PV.2678, S.28ff..

2142 Vgl. SIDDIKY (Bangladesch) in der SR-Sitzung v. 17. April 1986, S/PV.2679, S.12.

2143 Vgl. BELLORINI PARRALES (Nicaragua) in der SR-Sitzung v. 18. April 1986, S/PV.2680, S.48; vgl. auch *Letter dated 16 April 1986 from the Chargé d'affaires a.i. of the Permanent Mission of Nicaragua to the United Nations addressed to the President of the Security Council*, S/18004.

2144 Vgl. AGUILAR (Venezuela) in der SR-Sitzung v. 17. April 1986, S/PV.2679, S.3-8

2145 Vgl. SHAH NAWAZ (Pakistan) in der SR-Sitzung v. 21. April 1986, S/PV.2682, S.6-9.

2146 Vgl. BORG (Malta) in der SR-Sitzung v. 21. April 1986, S/PV.2682, S.18-25.

2147 Vgl. WOOLCOTT (Australien) in der SR-Sitzung v. 16. April 1986, S/PV.2676, S.17-22.

2148 WOOLCOTT (Australien), a.a.O. (Fn2147), S.18.

2149 S/Res/18016/Rev.1 v. 21. April 1986, op.Abs.1 und 3.

2150 Vgl. KEMOULARIA (Frankreich) in der SR-Sitzung v. 21. April 1986, S/PV.2682, S.42 ("excessive and unbalanced").

2151 Vgl. BIERRING (Dänemark) in der SR-Sitzung v. 21. April 1986, S/PV.2682, S.32.

Danach lässt sich zunächst festhalten, dass die Reaktion auf den amerikanischen Militärschlag zwar ganz überwiegend *ablehnend* war, wobei eine rechtliche Auseinandersetzung mit den von den USA und Großbritannien vorgebrachten Argumenten - u.a. dem Präventionsgedanken - freilich kaum stattgefunden hat. Einen sicherer Rückschluss auf eine *prinzipielle* Ablehnnung präemptiver Selbstverteidigung durch die oben genannten Staaten lässt sich daher nicht ziehen. Etwas anderes gilt allerdings für die Stellungnahmen Ghanas, Ugandas, Thailands, Qatars und Madagaskars.

So wies der ghanaische Vertreter DUMEVI darauf hin, es sei - *unter allen möglichen Auslegungen* - zweifelhaft, ob tatsächlich i.S.d. Art.51 CVN ein bewaffneter Angriff gegen die USA *stattgefunden*[2152] habe. Denn die von den USA und Großbritannien geschilderten Vorfälle hätten sich nicht auf dem Territorium der USA ereignet, sondern in anderen souveränen Staaten, welche ihrerseits die Vorfälle nicht als bewaffneten Angriff eingestuft hätten. Daran ändere auch der Umstand nichts, dass teilweise amerikanische Staatsangehörige betroffen gewesen seien.[2153] Ferner könne Selbstverteidigung nur gegen den Angreifer geltend gemacht werden. Die Frage der Zurechnung zu Libyen sei aber noch nicht hinreichend belegt.[2154] Nach der ghanaischen Auffassung ist der Begriff des bewaffneten Angriffes damit sowohl im Hinblick auf die Art der Angriffshandlung als auch im Hinblick auf den zeitlichen Anwendungsbereich *eng* auszulegen. Darüber hinaus kommt nach ghanaischer Auffassung eine militärische Terrorismusbekämpfung im Rahmen einer Selbstverteidigungsmaßnahme nur in Betracht, wenn ein Zurechnungszusammenhang besteht.

Eine ganz ähnliche Interpretation von Art.51 CVN dokumentierte der ugandische Vertreter IRUMBA:

> "Article 51 of the Charter does *not give unlimited freedom* to strike at another State in the name of self-defence. The purpose of the Article is to grant the right of self-defence to any United Nations Member State which is *actually being attacked*, until the Security Council can take appropriate action. The evidence thus far proffered does not persuade us that an armed attack within the meaning of Article 51 *had taken place* […]."[2155]

2152 Vgl. DUMEVI (Ghana) in der SR-Sitzung v. 18. April 1986, S/PV.2680, S.32: "We have considered the nature of the incidents in question and have weighed them in the light of *the possible legal interpretations* of this aspect of Article 51 […]. In the first place it would seem to us doubtful that an armed attack within the meaning of this Article *has occurred* that would justify resort to the use of force in self-defence." [Hervorh. hinzugef.]

2153 Vgl. DUMEVI (Ghana), ebd. (Fn2152).

2154 Vgl. DUMEVI (Ghana), a.a.O. (Fn2152), S.33-35.

2155 IRUMBA (Uganda) in der SR-Sitzung v. 21. April 1986, S/PV.2682, S.16.

Besonders klar war daneben die Stellungnahme des thailändischen Vertreters KASEMARI, der nach eingehender Darstellung der Bemühungen und Erfolge der VN in der Terrorismusbekämpfung und unter Hervorhebung der Rolle des Sicherheitsrates äußerte: "[...] *the Charter does not go so far as to permit pre-emptive attack or reprisal as a valid substitute for its multilateral procedure.*"[2156]

Mit Blick auf den Anwendungsbereich von Art.51 CVN außerordentlich elaboriert war schließlich die Stellungnahme des qatarischen Vertreters AL-KAWARI "in replying to the allegedly objective argument of the aggressor"[2157]. Unter Betonung der Regel-Ausnahme-Systematik und der hieraus folgenden engen Auslegung von Art.51 CVN wies der Delegierte unter anderem darauf hin, dass "for the use to be legitimate, it must be *preceeded* by armed attacks"[2158]. Mit Blick auf das Akkumulationsargument führte AL-KAWARI aus, das Selbstverteidigungsrecht diene lediglich dazu,

> "to rebuff aggression and to prevent the aggressor from carrying out its objectives. If such aggression ceases, there is no longer any pretext for making use of force on ground of self-defence; otherwise such use of force would be mere retaliation, designed to teach the aggressor a lesson [...]."[2159]

Hinsichtlich der amerikanischen Rechtfertigung, zukünftige terroristische Akte zu unterbinden, führte der qatarische Vertreter aus

> "that in international law the concept of 'pre-emptive self-defence' does not exist, since armed aggression has to precede acts of self-defence [...]."[2160]

In diesem Zusammenhang bezog sich der Vertreter Qatars auf die WEBSTER-Formel, aus der sich die tatsächliche Reichweite des Selbstverteidigungsrechts ergäbe und hob in Bezug auf die amerikanische Aktion den Formelteil hervor, nach dem dem Verteidiger "no choice of means and no moment for deliberation" verbleiben dürfe; die amerikanischen Luftschläge stellten dagegen "premeditated and concerted operations" dar, "that left a good deal of time for choice and prudence"[2161]. Wie auch eine Reihe anderer Staatenvertreter[2162] betonte AL-

---

2156 KASEMARI (Thailand) in der SR-Sitzung v. 21. April 1986, S/PV.2682, S.41 [Hervorh. hinzugef.].

2157 AL-KAWARI (Qatar) in der SR-Sitzung v. 16. April 1986, S/PV.2677, S.4.

2158 AL-KAWARI (Qatar), a.a.O. (Fn2157), S.5 [Hervorh. hinzugef.].

2159 AL-KAWARI (Qatar), a.a.O. (Fn2157), S.6.

2160 AL-KAWARI (Qatar), a.a.O. (Fn2157), S.7 [Hervorh. hinzugef.].

2161 AL-KAWARI (Qatar), a.a.O. (Fn2157), S.7 a.E..

2162 Vgl. DUMEVI (Ghana), a.a.O. (Fn2152), S.33-36; IRUMBA (Uganda), a.a.O. (Fn2155); KASEMARI (Thailand), ebd. (Fn2156); in diese Richtung auch WOOLCOTT (Australien), ebd. (2147); eingehend der madagassische Vertreter RAKOTONDRAMBOA in der SR-

KAWARI in diesem Zusammenhang den Umstand, dass der amerikanische Luftschlag "[was] carried out [...] while the Security Council was meeting to consider peaceful means of settling the conflict in accordance with the Charter"[2163], womit der Aspekt der systematisch begründeten *doppelten Subsidiarität* unilateraler Gewaltanwendung[2164] angesprochen wurde.

Erwähnenswert ist schließlich auch die Stellungnahme Madagaskars. Die Delegation empfinde es als beunruhigend ("feel somewhat uneasy"), dass versucht werde, den Vorfall als "*reprisal* for an attack in a Berlin discotheque [...] as well as a *'preventive' act of self-defence* because of the discovery of plans for about 30 future attacks"[2165] zu rechtfertigen. Libyen streite jede Verwicklung kategorisch ab und die - wie von amerikanischer Seite behauptet - eindeutigen Beweise seien nicht vorgelegt worden.[2166] Dass Madagaskar dabei die unilaterale präventive Gewaltanwendung allerdings nicht völlig ausschloss - vielmehr aus Gründen des Einzelfalles zu einer kritischen Haltung gelangte - indizieren die Ausführungen zu den libyschen Kampfhandlungen am 24./25. März 1986 in der großen Syrte. In Anbetracht des amerikanischen Manövers seien diese ihrerseits "an entirely foreseeable consequence of this provocation"[2167] gewesen und "[i]ndeed, provocation constitutes, if not an absolute justification, at least an extenuating circumstance which can lend legitimacy to the attack in whole or in part."[2168]

Der Resolutionsentwurf scheiterte im Ergebnis am Veto der USA, Großbritanniens und Frankreichs. Am 20. November 1986 verurteilte die Generalversammlung mit 79J:28N Stimmen (33E) die amerikanische Militäroperation als "violation of the Charter of the United Nations and international law".[2169]

Sitzung v. 16. April 1986, S/PV.2677, S.13-17; in diese Richtung anklingend auch das *Communiqué adopted at an Emergency Session of the Ministerial-level Meeting of the Co-ordinating Bureau of the Movement of Non-Aligned Countries, held at New Delhi on 15 April 1986*, S/17996, Annex, Ziff.1 und 5.

2163 AL-KAWARI (Qatar), a.a.O. (Fn2157), S.8.

2164 Vgl. hierzu supra Zweiter Teil - 6. Kapitel - A. - II. - 3. - a. - bb. - (3.) - (b.) , S.311.

2165 So RAKOTONDRAMBOA (Madagaskar) in der SR-Sitzung v. 16. April 1986, S/PV.2677, S.12ff. [Hervorh. hinzugef.].

2166 Vgl. RAKOTONDRAMBOA (Madagaskar), a.a.O. (Fn2165), S.13-15.

2167 RAKOTONDRAMBOA (Madagaskar), a.a.O. (Fn2165), S.12.

2168 Vgl. zum - überkommenen - Konzept der Provokation supra Zweiter Teil - 4. Kapitel - A. - V. - 3. , S.142.

2169 A/Res/41/38 v. 20. November 1986.

2. Bewertung

a. Einordnung: Präemptive Selbstverteidigung

Der Vorfall ist nach den im 3. Kapitel erarbeiteten Definitionen als *präemptive Selbstverteidigung*[2170] einzuordnen. Die USA und Großbritannien behaupteten, klare Beweise für die Planung weiterer Anschläge seitens Libyen zu haben, führten jedoch nicht aus, dass es sich um unmittelbar bevorstehende Anschläge handelt. Für die Einordnung unter das Konzept der präemptiven Selbstverteidigung spricht - neben der freilich mit Vorsicht zu lesenden terminologischen Einordnung REAGANs, des thailändischen und qatarischen Vertreters als "preemptive action", "preemptive attack" bzw. "preemptive self-defence" - ferner der Umstand, dass die USA gezielt Infrastrukturen zerstörten, die - nach US-Angaben - der terroristischen Ausbildung dienten. Damit knüpfte die militärische Maßnahme hinsichtlich der Entwicklung der Gefahr eines terroristischen Angriffes gerade an einen *wesentlichen Zwischenschritt*, namentlich die Ausbildung von Terroristen an. Ferner war neben der Zerstörung materieller Grundlagen für terroristische Akte erklärtes Ziel, eine abschreckende - d.h. generalpräventive - Wirkung zu erreichen.[2171] Mithin stand im Vordergrund, der *abstrakten Gefahr* von durch Libyen unterstützten oder operativ ausgeführten terroristischen Anschlägen zu begegnen. Hiergegen spricht im Ergebnis auch nicht die beispielhafte Aufzählung von Terroranschläge *aus der Vergangenheit*. Diese wurden nämlich nicht zum Zwecke der Rechtfertigung einer *reaktiven* Selbstverteidigung akkumuliert[2172] (um *einen* hinreichend *gewichten* Anschlag zu konstruieren), die Berufung auf ein "ongoing pattern of attacks by the Government of Libya"[2173] wurde vielmehr als (Anscheins-)*Beweis* - also auf tatsächlicher Seite - für das Bestehen einer Anschlagsgefahr sowie eine zurechnungsbegründende Verstrickung Libyens angeführt.[2174]

2170 Vgl. zur Definition derselben supra Erster Teil - 3. Kapitel - C. - III. , S.99.

2171 Dies hebt auch SCHMALENBACH, Die Beurteilung von grenzüberschreitenden Militäreinsätzen gegen den internationalen Terrorismus aus völkerrechtlicher Sicht, NZWehrr 42 (2000) 5, S.186 hervor.

2172 Vgl. zur *Akkumulationsdoktrin* supra Zweiter Teil - 4. Kapitel - B. - III. - 3. - b. - 186.

2173 *Letter dated 14. April 1986 from the Acting Permanent Representative of the United States of America to the United Nations addressed to the President of the Security Council*, S/17990 sowie WALTERS (USA), a.a.O. (Fn2103), S.17.

2174 Ebenso BAKER, Terrorism and the inherent right of self-defense (a call to amend Article 51 of the United Nations Charter), Houston J Int'l L 10 (1987) 1, S.43 bei Fn98 sowie ROMANO, Combating terrorism and weapons of mass destruction: Reviving the doctrine of a state of necessity, Georgetown L J 87 (1999) 4, S.1040 in Fn118. Vgl. hierzu auch supra Zweiter Teil - 4. Kapitel - B. - III. - 3. - b. - bb. , S.190.

b. Opinio iuris

Zu den ein Recht zur präemptiven Selbstverteidigung klar ablehnenden Staaten zählen Ghana, Uganda, Thailand und Qatar[2175]. Soweit diese Staaten auf die Problematik einer Konkurrenz zu den Funktionen des Sicherheitsrat hingewiesen haben,[2176] spricht diese Positionierung *tendenziell* auch gegen ein Recht zur präemptiven Gewaltanwendung; denn jede unilaterale Präemption in Anbetracht einer nur abstrakten Gefahr kollidiert mit der Funktion des Sicherheitsrats, bei Friedensbedrohungen tätig zu werden.[2177]

Unter die Gruppe der kritischen Staaten fallen mangels differenzierter Ausführungen ("einfache" Verurteilung) - im Hinblick auf das Konzept präemptiver Selbstverteidigung - die Sojwetunion, Syrien, der Oman, Bulgarien, Kuba, Indien, China, Jugoslawien, die Ukraine, die DDR, die Mongolei, Polen, Ungarn, Burkina Faso, Saudi-Arabien, Laos, Benin, Weißrussland, Libyen, Kongo, Burundi, Nigeria und Bolivien, Jemen, Algerien, Ukraine, Vietnam, Afghanistan, Tschechoslowakei, Iran, Sudan, Bangladesch und Nicaragua[2178].

Die Stellungnahmen Venezuelas, Pakistans, Maltas und Australiens[2179] waren neutral. Die dänische und französische[2180] Positionierung lässt sich nicht klar einordnen; der Hinweis auf die mangelnde Abbildung von "Aktion und Reaktion" im afro-arabischen Resolutionsentwurf lässt sich in beide Richtungen interpretieren. Hinsichtlich der Ausführungen Madagaskars[2181] in Bezug auf das Konzept der Provokation, handelt es sich schließlich um eine vereinzelte Position, die an der bereits dargestellten desuetudo des Provokationskonzepts nichts zu ändern vermag.

Als Befürworter eines Rechts zur präemptiven Selbstverteidigung können damit nur die USA und Großbritannien[2182] benannt werden.[2183] Soweit Qatar[2184] die WEBSTER-Formel zur Prüfung des Selbstverteidigungsrecht herangezogen hat, ergibt sich freilich - inzident - ein Indiz für seine positive Haltung zum Konzept antizipatorischer Selbstverteidigung.

2175 Vgl. bei und m.N. in Fn2152-2164.

2176 Vgl. Nachweise in Fn2162.

2177 In diese Richtung auch BAKER, Terrorism and the inherent right of self-defense (a call to amend Article 51 of the United Nations Charter), Houston J Int'l L 10 (1987) 1, S.45.

2178 Vgl. bei und m.N. in Fn2111-2143.

2179 Vgl. bei und m.N. in Fn2144-2148.

2180 Vgl. bei und m.N. in Fn2150f..

2181 Vgl. bei und m.N. in Fn2167f..

2182 Vgl. bei und m.N. in Fn2102-2110.

2183 Ebenso BAKER, Terrorism and the inherent right of self-defense (a call to amend Article 51 of the United Nations Charter), Houston J Int'l L 10 (1987) 1, S.44, der freilich - in seiner eigenen Terminologie - von "anticipatory responses" spricht.

2184 Vgl. bei und m.N. in Fn2161.

V. USA - Sudan / Afghanistan: Raketenangriffe auf eine pharmazeutische Fabrik und mutmaßliche Terroristenausbildungslager (20. August 1998)

1. Sachverhalt

a. Hintergrund

Am 7. August 1998 verübten - zunächst unbekannte - Täter nahezu synchron Sprengstoffanschläge auf die amerikanischen Botschaften in Nairobi (Kenia) und Dar Es Salaam (Tansania). Dabei kamen - ohne Folgeopfer - ca. 250 Menschen ums Leben, darunter 11 amerikanische Staatsbürger; zwischen 3000 und 5500 Menschen wurden verletzt.[2185] Die Anschläge wurden vom Sicherheitsrat auf Schärfste verurteilt.[2186] Untersuchungen der Anschlagsorte und Ermittlungen durch amerikanische Beamte, die eng mit den örtlichen Behörden zusammenarbeiteten, verwiesen nach Festnahme mehrerer Verdächtiger[2187] auf das Terrornetzwerk BIN LADENS, was seitens der USA jedoch zunächst nicht mitgeteilt wurde. US-Präsident CLINTON kündigte an, die Attentäter aufzuspüren und vor Gericht zu stellen.[2188]

b. Vorbemerkung

Im Unterschied zu den zuvor besprochenen Fällen sind Informationen im Hinblick auf den amerikanischen Militärschlag vom 20. August 1998 ausgesprochen schlecht dokumentiert. Die CLINTON-Administration äußerte sich - offenbar bewusst - nur sukzessive und bruchstückhaft zu den Hintergründen, Planungen und Abläufen des Militärschlages.[2189] Offizielle schriftliche Einlassungen seitens der US-Regierung sind rar; insbesondere der amerikanische Tatsachenvortrag wurde

---

2185 Vgl. AdG, CD-Rom (2001), Dok.42976 v. 7. August 1998, Ziff.1; Keesing's Rec World Events 44 (1998), S.42438ff..

2186 Vgl. S/Res/1189 (1998) v. 13. August 1998.

2187 Vgl. zur späteren Anklage eingehend MURPHY, Contemporary practice of the United States relating to international law, Am J Int'l L 93 (1999) 1, S.165ff.; w.N. bei TALMON, Grenzen der "Grenzenlosen Gerechtigkeit", in: MÄRZ, FS-Vitzthum (2003), S.148 in Fn173.

2188 Vgl. *The President's radio address* v. 8. August 1998, Weekly Comp Pres Doc 34 (1998) 33, S.1592f.; vgl. auch *Remarks to the Opening Session of the 53d United Nations General Assembly in New York City* v. 21. September 1998, Weekly Comp Pres Doc 34 (1998) 39, S.1850f..

2189 Vgl. hierzu SCHEIDEMAN, Standards of proof in forcible responses to terrorism, Syracuse L Rev 50 (2000) 1, S.249ff., die den Vorfall unter dem Gesichtspunkt der hinreichenden Substantiierung untersucht hat; ROMANO, Combating terrorism and weapons of mass destruction: Reviving the doctrine of a state of necessity, Georgetown L J 87 (1999) 4, S.1041ff.; ferner RADEMACHER, Washington gibt immer noch keine Details bekannt, FAZ v. 24. August 1998, S.4.

zu einem wesentlichen Teil nur indirekt - als Verbalmitteilungen - über die Medien kommuniziert.[2190] Hinzu kommt, dass trotz entsprechender Aufforderung seitens des Sudan[2191] und anderer Staaten[2192] der Sicherheitsrat den Vorfall *nicht* in seine Agenda aufnahm und insofern keine dokumentierte Debatte stattfand.[2193] Daher muss sich auch die nachfolgende Darstellung - im tatsächlichen Bereich - zu einem wesentlichen Teil an Medienberichten orientieren.

2190 Es ist insofern bezeichnend, dass etwa SCHEIDEMAN, ebd. (Fn2189) und MURPHY, a.a.O. (Fn2187), S.161ff. (hier insb. bei Fn4f., 7-11, 13f., 16f., 22-24) Detailinformationen ganz überwiegend Presseberichten entnehmen.

2191 Vgl. *Letter dated 21 August 1998 from the Permanent Representative of the the Sudan to the United Nations addressed to the President of the Security Council*, S/1998/786, Annex, Ziff.10.

2192 Für die Gruppe der islamischen Staaten in den VN: *Letter dated 21 August 1998 from the Charge d'Affaires a.i. of the permanent Mission of Qatar to the United Nations addressed to the President of the Security Council*, S/1998/790; für die Gruppe der arabischen Staaten in den VN: *Letter dated 21 August 1998 from the Charge d'Affaires a.i. of the permanent Mission of Kuwait to the United Nations addressed to the President of the Security Council*, S/1998/791; für die Gruppe afrikanischer Staaten in den VN: *Letter dated 25 August 1998 from the Permanent Representative of the Namibia to the United Nations addressed to the President of the Security Council*, S/1998/802.

2193 Vgl. MURPHY, a.a.O. (Fn2187), S.165; LOBEL, The use of force to respond to terrorist attacks: The bombing of Sudan and Afghanistan, Yale J Int'l L 24 (1999) 2, S.556; Keesing's Rec World Events 44 (1998), S.42435; ferner *Daily press briefing of office of spokesman for Secretary-General* v. 21. und 24. August 1998, http://www.un.org/News/briefings/docs/1998/19980821.db082198.html und 19980824.db082498.html [beide Dokumente letzter Abruf: 7. November 2007]. Irreführend insofern VON BUTLAR, Rechtsstreit oder Glaubensstreit?, in: BRÖHMER ET AL, FS-Ress (2005), S.19 bei Fn19, soweit er durch die Aussage, der "Sicherheitsrat reagierte weder mit einer verurteilenden noch mit einer bestätigenden Resolution" suggeriert, es habe eine Befassung stattgefunden. I.R.d. zwischen dem 24. August und 24. September 1998 durchgeführten Ratssitzungen (vgl. die Protokolle S/PV.3918 - S/PV.3931) und der hierbei u.a. dabattierten Lage in Afghanistan wurden die US-Militärschläge nur zweimal kurz - und *off topic* - kommentiert, vgl. nämlich AKBAR (Pakistan) in der SR-Sitzung v. 28. August 1998, S/PV.3921, S.5 ("The recent air strikes by the United States in Afghanistan against alleged terrorist targets are likely to complicate the situation. This action has caused deep indignation, irrespective of the motives behind the air strikes. The violation of the sovereignty and territorial integrity of Afghanistan cannot but be a matter of grave concern.") sowie der Präsident von Burkina Faso COMPAORÉ als Vorsitzender der OAU in der SR-Sitzung v. 24. September 1998, S/PV.3931, S.3 ("The second matter has to do with the bombing of the pharmaceutical factory in the Sudan. Together with the Non-Aligned Movement and the States of the Arab League, the Organization of African Unity supports the sending of an international commission of inquiry, as requested by the Sudan, to clarify fully this matter. For this purpose, and in order to avoid in the future this kind of unacceptable reprisal carried out indiscriminately in the name of combating terrorism, it seems particularly urgent that the international community address the question of terrorism in general, a barbarous and vile practice which we vigorously condemn. As it is a matter of worldwide impact, it is the international community which should find a solution to it and an appropriate response.")

c. Geschehensablauf und Staatenreaktion

Am 20. August 1998 beschoss das US-Militär mit Marschflugkörpern ein Fabrikgebäude in Khartum (Sudan) sowie einen Gebäude- und Zeltkomplex im Süden Afghanistans. Die Raketen wurden von im Roten und Arabischen Meer stationierten US-Marineeinheiten abgefeuert.[2194] Von den überflogenen Anrainerstaaten (Ägypten, Eritrea und Pakistan) waren zuvor keine Überfluggenehmigungen eingeholt worden.[2195] Die Berichte über Schäden und Opfer des amerikanischen Militärschlages variierten - je nach Quelle - nicht unerheblich, wobei feststand, dass jedenfalls die sudanesische Fabrik vollständig zerstört wurde.[2196]

In einer kurzen Ansprache vom selben Tag teilte US-Präsident CLINTON mit, dass das US-Militär terroristische Einrichtungen in Afghanistan and Sudan angegriffen habe. Diese zählten zum Netzwerk Bin Ladens,

> "a network *not sponsored by any state* but as dangerous as any we face."[2197]

Einsatzziel des Militärschlags sei die *Operationsbasis* und weitere *Infrastruktur* der Terrororganisation gewesen, um deren *Fähigkeit, künftig Anschläge* durchzuführen, zu schwächen. Bei der im Sudan befindlichen Einrichtung handele es sich um einen Standort zur Herstellung von Chemiewaffen. Der Militärschlag sei angeordnet worden, weil überzeugende Beweise belegten, dass das Netzwerk Bin Ladens für die jüngsten Anschläge in Nairobi und Dar Es Salaam ebenso verantwortlich zeichne wie für andere Anschläge gegen amerikanische Einrichtungen in der Vergangenheit und zwingende Beweise für die Planung weiterer Anschläge vorlägen. Außerdem versuche das Netzwerk in den Besitz von Che-

---

2194 RADEMACHER, ebd. (Fn2189); AdG, CD-Rom (2001), Dok.42976 v. 7. August 1998, Ziff.2; Keesing's Rec World Events 44 (1998), S.42434; MURPHY, a.a.O. (Fn2187), S.161ff. m.w.N. aus der US-Medienberichterstattung.

2195 Vgl. *Letter dated 24 August 1998 from the Permanent Representative of Pakistan to the United Nations addressed to the President of the Security Council*, S/1998/794; MURPHY, a.a.O. (Fn2187), S.165 m.N. in Fn17; FAZ v. 22. August 1998, S.1. Hierzu auch WEDGWOOD, Responding to terrorism: The strikes against bin Laden, Yale J Int'l L 24 (1999) 2, S.568.

2196 Vgl. MURPHY, a.a.O. (Fn2187), S.163f.; RADEMACHER, ebd. (Fn2189); FAZ v. 24. August 1998, S.1 sowie - bestätigend - *Letter dated 21 August 1998 from the Permanent Representative of the Sudan to the United Nations addressed to the President of the Security Council*, S/1998/786, Annex, Ziff.1 sowie *Letter dated 22 August 1998 from the Permanent Representative of the Sudan to the United Nations addressed to the President of the Security Council*, S/1998/792, Annex, S.2 a.E. (über 40 Mio. US-$ Schaden).

2197 *Remarks on departure for Washington, DC, from Martha's Vineyard, Massachusetts, Military action against terrorist sites in Afghanistan and Sudan* v. 20. August 1998, Weekly Comp Pres Doc 34 (1998) 34, S.1642 [Hervorh. hinzugef.].

miewaffen zu gelangen.[2198] In einer Rede zur Nation am selben Tag führte CLINTON weiter aus,

> "[t]oday I ordered our Armed Forces to strike at terrorist-related facilities [...] because of the *imminent threat they presented to our national security*. [...] With compelling evidence that the bin Ladin network of terrorist groups *was planning to mount further attacks* against Americans and other freedom-loving people, I decided America must act. [...] [W]e knew before our attack that these groups already had planned further actions against us and others."[2199]

Ebenfalls am 20. August 1998 informierten die USA den Sicherheitsrat, dass sie von ihrem Selbstverteidigungsrecht gem. Art.51 CVN Gebrauch gemacht hätten. Man verfüge über eindeutige Beweise, dass die "Bin Ladin organization" ein ausgedehntes Netzwerk von Camps, Waffenlagern, Trainings- und Nachschubeinrichtungen in Afghanistan und Hilfseinrichtungen in Sudan unterhalte, die zur Vorbereitung terroristischer Anschläge verwendet würden.[2200] Der amerikanische Vertreter RICHARDSON führte dann weiter aus

> "[...] the Bin Ladin organization [...] has issued a series of blatant warnings that 'strikes will continue from everywhere' against American targets, and we have convincing evidence that *further such attacks were in preparation from these same terrorist facilities*. The United States, *therefore*, had no choice but to use armed force *to prevent these attacks from continuing*." [2201]

Die amerikanische Militäraktion sei insofern "a necessary and proportionate response *to the imminent threat of further terrorist attacks*" gewesen und sei erst nach "repeated efforts to convince the Government of Sudan and the Taliban regime in Afghanistan to shut these terrorist activities down".[2202] Die - vorgeblich

---

2198 Vgl. *Remarks on departure for Washington* [...], a.a.O. (Fn2197), S.1642f..

2199 *Address to the Nation on military action against terrorist sites in Afghanistan and Sudan* v. 20. August 1998, Weekly Comp Pres Doc 34 (1998) 34, S.1643f. [Hervorh. hinzugef.]; in dt. Übers. abgedr. in AdG, CD-Rom (2001), Dok.42976 v. 7 August 1998, Ziff.2 sowie FAZ v. 22. August 1998, S.2.

2200 Vgl. *Letter dated 20 August 1998 from the Permanent Representative of the United States of America to the United Nations addressed to the President of the Security Council*, S/1998/780.

2201 *Letter dated 20 August 1998* [...], ebd. (Fn2200) [Hervorh. hinzugef.].

2202 *Letter dated 20 August 1998* [...], ebd. (Fn2200) [Hervorh. hinzugef.]; vgl. im Übrigen - nahezu inhaltsgleich - *Letter to Congressional leaders reporting on military action against terrorist sites in Afghanistan and Sudan* v. 21. August 1998, Weekly Comp Pres Doc 34 (1998) 34, S.1650f..

zwingende - Beweislage wurde jedoch ebenso wenig wie die genauen Umstände des Militärschlages kommuniziert.[2203]

In den folgenden Tagen teilte die US-Regierung über die Medien noch bruchstückhaft Einzelinformationen mit; eine vollständige und schlüssige Darlegung der Zusammenhänge unterblieb allerdings. So wurden etwa Hinweise auf bevorstehende Anschläge behauptet, aber nicht konkretisiert benannt.[2204] Mit Blick auf die angebliche Chemiewaffenfabrik wurde ausgeführt, eine früher entnommene Bodenprobe des Fabrikgeländes habe einen Stoff enthalten, der auf die Herstellung des Nervengases VX hindeute. Im Hinblick auf die Verbindung zu BIN LADEN wurde seitens der US-Regierung behauptet, die Fabrik sei mit finanzieller Unterstützung BIN LADENS gebaut worden. Im Übrigen bestünden Kontakte in den Irak, der damit die VN-Waffeninspektionen umgehe.[2205]

Die Tatsachenbehauptungen wurden vom Sudan vehement und unter großem Substantiierungsaufwand bestritten. Den VN wurde eine Inspektion der Örtlichkeit sowie sämtlicher erforderlichen Unterlagen angeboten.[2206] In der Fabrik seien ausschließlich Arzneimittel hergestellt worden, die zu 50% den sudanesischen Bedarf deckten, darüber hinaus sei in Nachbarländer exportiert worden. Zudem sei der Fabrik im Rahmen des "Oil-for-Food"-Projekts von der gem. Resolution 661 (1990)[2207] errichteten SR-Kommission der Export von medizinischen Produkten in den Irak genehmigt worden.[2208] BIN LADEN sei 1996 - in Ab-

---

2203 Vgl. hierzu auch FAZ v. 22. August 1998, S.1: "Washington, das den [Sicherheitsr]atsvorsitzenden Turk in einem Schreiben über seinen Akt der 'Selbstverteidigung' informierte, hat [...] eine zunächst für Freitag [21. August 1998] geplante ausführliche Information des Sicherheitsrates verschoben".

2204 Vgl. hierzu insb. LOBEL, a.a.O. (Fn2193), S.550 bei Fn68ff.; ferner auch SCHEIDEMAN, ebd. (Fn2189).

2205 Vgl. FAZ v. 30. August 1998, S.7; Keesing's Rec World Events 44 (1998), S.42435; ferner MURPHY, a.a.O. (Fn2187), S.164 m.w.N. aus der US-Medienberichterstattung in Fn8 und LOBEL, a.a.O. (Fn2193), S.544ff. m.w.N. in Fn37ff.

2206 Vgl. *Letter dated 21 August 1998 from the Permanent Representative of the Sudan to the United Nations addressed to the President of the Security Council*, S/1998/786; *Letter dated 22 August 1998 from the Permanent Representative of the Sudan to the United Nations addressed to the President of the Security Council*, S/1998/792, Annex (eingehend zu den tatsächlichen Produktions- und Eigentumsverhältnissen der Fabrik).

2207 S/Res/661 (1990) v. 6. August 1990, op. Abs.6.

2208 Vgl. *Letter dated 21 August 1998 from the Permanent Representative of the Sudan to the United Nations addressed to the President of the Security Council*, S/1998/786, Annex, Ziff.3f. sowie Enclosure (Genehmigung S/AC.25/1998/986/OC.1401 v. 13. Januar 1998); die Genehmigung wurde sudanesischen Angaben zu Folge unter S/AC.25/1998/986/OC.1402/Exit am 12. Juli 1998 erneuert (vgl. *Letter dated 22 August 1998 from the Permanent Representative of the Sudan to the United Nations addressed to the President of the Security Council*, S/1998/792, S.2f.).

stimmung mit den USA - aus dem Sudan ausgewiesen worden[2209] und habe keinerlei Verbindung zur Fabrik unterhalten.[2210] Ferner hätten die USA "never previously expressed any doubts or [...] accusations concerning this installation, its ownership or the nature of its output."[2211] Entsprechend negierte der Sudan die seitens der USA beanspruchte Rechtfertigung gem. Art.51 CVN als

> "ironic [...], naive, illogical and baseless since it has not committed any action that could be regareded as an attack or a threat against the United States of America."[2212]

Die Gruppen der afrikanischen, islamischen und arabischen Staaten in den VN forderten die Einrichtung einer "fact-finding mission" durch den Sicherheitsrat, die die Behauptungen der USA zur angeblichen Produktion von chemischen Kampfstoffen in der bombardierten Fabrik im Sudan klären sollte.[2213] Die USA lehnten dies wiederholt ab;[2214] einer später eingeholten unabhängigen Untersuchung zu Folge handelte es sich bei der zerstörten Fabrik tatsächlich lediglich um eine pharmazeutische Produktionsstätte.[2215]

Der amerikanische Militärschlag wurde in der afrikanischen und arabischen Welt geschlossen verurteilt. Kuwait übermittelte im Namen der Gruppe der arabischen Staaten in den VN bereits am 21. August 1998 eine Stellungnahme des LAS-Sekretariats, die das amerikanische Vorgehen als

> "unjustified act of blatant violation of the sovereignty of a State member of the League of Arab States, and of its territorial integrity, as well as against all international laws and tradition, above all the Charter of the United Nations"[2216]

[2209] Vgl. ERWA (Sudan) in der Sitzung des 6.GV-Auschusses v. 11. November 1998, A/C.6/53/SR.25, §15; ferner FAZ v. 22. August 1998, S.3.

[2210] Vgl. *Letter dated 22 August 1998 from the Permanent Representative of the Sudan to the United Nations addressed to the President of the Security Council*, S/1998/792, Annex.

[2211] *Letter dated 21 August 1998 from the Permanent Representative of the Sudan to the United Nations addressed to the President of the Security Council*, S/1998/786, Annex, Ziff.6.

[2212] Vgl. *Letter dated 21 August 1998 from the Permanent Representative of the Sudan to the United Nations addressed to the President of the Security Council*, S/1998/786, Annex, Ziff.8.

[2213] Vgl. die Nachweise in Fn2192 sowie MURPHY, a.a.O. (Fn2187), S.165.

[2214] Vgl. WILLSON (USA) in der Sitzung des 6.GV-Auschusses v. 11. November 1998, A/C.6/53/SR.25, §§54f.; Press Release GA/9457, http://www.un.org/News/Press/docs/1998/19980929.ga9457.html [letzter Abruf: 7. November 2007]; vgl. hierzu auch LOBEL, a.a.O. (Fn2193), S.552f..

[2215] Vgl. Keesing's Rec World Events 45 (1999), S.42766.

[2216] *Letter dated 21 August 1998 from the Charge d'Affaires a.i. of the permanent Mission of Kuwait to the United Nations addressed to the President of the Security Council*, S/1998/789, Annex.

einordnete. Am 24. August und 17. September 1998 *verurteilte* der LAS-Rat den amerikanischen Militärschlag auf dem Resolutionsweg explizit als völkerrechtswidrigen "act of aggression".[2217] Der Jemen, Iran, Irak und Libyen äußerten sich jeweils auch individuell über die Medien deutlich ablehnend;[2218] kritisch positionierten sich auf diesem Wege auch Russland und China;[2219] Jugoslawien kritisierte schließlich den unilateralen Ansatz der USA.[2220] Gemäß der Abschlusserklärung der XII. Gipfelkonferenz der blockfreien Staaten v. 2./3. September 1998 *verurteilte* diese Staatengruppe den amerikanischen Militärschlag einstimmig als

> "serious violation of the principles of international law and the Charter of the United Nations and contrary to the principles of peaceful stellement of disputes", "a unilateral and unwarranted act [...] of aggression".[2221]

Lediglich Teile der westlichen Welt reagierten zurückhaltend unterstützend auf die amerikanische Militäraktion. Die über die Medien mitgeteilten Stellungnahmen Australiens, Japans, Israels, Italiens, Neuseelands, Spaniens und Deutschlands konzentrierten sich vorrangig auf die (politische) Zielsetzung einer wirksamen Terrorbekämpfung.[2222] In einer Stellungnahme des französischen Staatspräsidenten CHIRAC und des Premierministers JOSPIN wurde der amerikanische

---

[2217] Vgl. *Letter dated 24 August 1998 from the Charge d'Affaires a.i. of the permanent Mission of Kuwait to the United Nations addressed to the President of the Security Council*, S/1998/800, Annex, op. Abs.1 sowie *Letter dated 25 September 1998 from the Permanent Representative of Lebanon to the United Nations addressed to the President of the Security Council*, S/1998/894, Annex, op. Abs.1.

[2218] Vgl. FAZ v. 22. August 1998, S.2f.; MURPHY, a.a.O. (Fn2187), S.165 mit zahlreichen Nachweisen aus der US-Medienberichterstattung in Fn14.

[2219] Vgl. FAZ v. 22. August 1998, S.2; BIGGIO, Neutralizing the threat: Reconsidering existing doctrines in the emerging, Case W Res J Int'l L 34 (2002) 1, S.15 m.w.N. aus der US-Medienberichterstattung in Fn88 sowie ROMANO, a.a.O. (Fn2189), S.1043 in Fn129f.; LOBEL, a.a.O. (Fn2193), S.538 in Fn8f..

[2220] Vgl. *Letter dated 24 August 1998 from the Chargé d'Affaires a.i. of the Permanent Mission of Yugoslavia to the United Nations addressed to the Secretary-General*, A/53/285, Annex.

[2221] *Letter dated 21 September 1998 from the Permanent Representative of the Sudan to the United Nations addressed to the President of the Security Council*, S/1998/879, Annex, §179. Die vollständige Abschlusserklärung der XII. Gipfelkonferenz der blockfreien Staaten kann - wie auch eine Liste der 102 teilnehmenden Staaten - über die südamerikanische Webpräsenz http://www.nam.gov.za/xiisummit/index.html [letzter Abruf: 7. November 2007] abgerufen werden.

[2222] Vgl. FAZ v. 22. August 1998, S.2; Keesing's Rec World Events 44 (1998), S.42436; MURPHY, a.a.O. (Fn2187), S.165 m.w.N. aus der US-Medienberichterstattung in Fn16; w.N. auch bei BIGGIO, a.a.O. (Fn2219), S.15 in Fn86 und LOBEL, a.a.O. (Fn2193), S.538 in Fn6f..

Militärschlag als "Akt der legitimen Verteidigung" zur Kenntnis genommen worden; ebenso äußerte sich später der britische Premierminister BLAIR.[2223]

2. Bewertung

a. Einordnung: Präemptive Gewaltanwendung

Der Vorfall ist unter das Konzept der *präemptiven Gewaltanwendung*[2224] zu subsumieren. Im Hinblick auf den Gefährdungsgrad betonte die CLINTON-Administration durchgängig, der Militärschlag sollte das *Potential zukünftiger terroristischer Anschläge* schwächen; Planungen konkreter Anschläge wurden dagegen nicht benannt, vom unmittelbaren Bevorstehen ganz zu schweigen. Für die Annahme einer nur *abstrakten Gefahr* spricht - wie schon bei den Luftangriffen auf Libyen 1986[2225] - im Übrigen die Auswahl der Ziele der Militäraktion: Nach US-Angaben handelte es sich sowohl bei der Fabrik im Sudan als auch bei dem Gebäude- und Zeltkomplex in Afghanistan um *Infrastruktureinrichtungen* der "Bin Ladin organization". Insofern knüpfte die amerikanische Aktion nach eigenem Vortrag zur Prävention an wesentlichen Zwischenschritten bei der Entwicklung konkreter Anschläge an, namentlich bei der terroristischen Ausbildung und Waffenproduktion.[2226]

Im *Gegensatz* zum Bombardement in Libyen 1986 wurden seitens der USA jedoch keine ernsthaften Bemühungen unternommen, eine *hinreichende Zurechnung* der Anschlagsgefahr zu den territorial betroffenen Staaten - hier insbesondere dem Sudan - zu behaupten. Vielmehr betonte Präsident Clinton, die Aktion ziele auf "a network *not sponsored by any state*", also eine private Gruppierung.[2227] Die Ausführungen RICHARDSONS gegenüber dem Sicherheitsrat, die Beschießung der Ziele habe erst nach mehrfacher Warnung gegenüber Sudan

---

2223 Vgl. FAZ v. 22. August 1998, S.2. Nach FRANCK, Recourse to force (2002), S.95 bei und m.N. in Fn122 meinte Blair, "the USA must have the right to defend itself against terrorism."

2224 Vgl. zur Definiton supra Erster Teil - 3. Kapitel - C. - IV. , S.99.

2225 Vgl. supra Dritter Teil - 7. Kapitel - B. - IV. - 2. - a. , S.418.

2226 Hierauf weisen auch ROMANO, a.a.O. (Fn2189), S.1041f. bei Fn123f. sowie BRENNAN, Avoiding anarchy: Bin Laden terrorism, the U.S. response, and the role of customary international law, La L Rev 59 (1999) 4, S.1209f. hin. Nach a.A. stellten die amerikanischen Militärschläge - nach den Ausführungen der CLINTON-Administration - reaktive Selbstverteidigungsmaßnahmen im Hinblick auf die Bombenanschläge in Nairobi und Dar Es Salaam dar, vgl. etwa KIRGIS, Cruise Missile strikes in Afghanistan and Sudan, Am Soc'y Int'l L Insights 24 (8/1998), http://www.asil.org/insights/insigh24.htm [letzter Abruf: 7. November 2007]; LOBEL, a.a.O. (Fn2193), S.543f. (ausgehend von der Akkumulationstheorie).

2227 Ebenso ANTONOPOULOS, The unilateral use of force by states after the end of the Cold War, J Arm'd Conf L 4 (1999) 1, S.143 m.w.N. in Fn109.

und Afghanistan stattgefunden, die terroristischen Aktivitäten zu unterbinden, bezog sich dagegen auf die - nach dem oben Gesagten: unsubstantiierte - Behauptung, es handele sich um einen "*imminent* threat of further terrorist attacks".

b. Opinio iuris

Die 21 Mitgliedstaaten der LAS[2228] sowie (teilweise freilich überschneidend) die 102 an der XII. Gipfelkonferenz der blockfreien Staaten teilnehmenden Staaten[2229] verurteilten die amerikanische Militäraktion *explizit als völkerrechtswidrig*; jedenfalls über die Medien kritisch äußerten sich China, Russland und Jugoslawien.[2230] Demgegenüber positionierten sich gerade einmal 9 Staaten proamerikanisch - Australien, Frankreich, Großbritannien, Japan, Israel, Italien, Neuseeland, Spanien und Deutschland.[2231] Soweit vor diesem Hintergrund einige Autoren den Schluss ziehen, die amerikanische Militäraktion - und damit das dahinterstehende Konzept unilateraler Gewaltanwendung - sei von der Staatenwelt "grundsätzlich gebilligt"[2232] worden, kann diese Folgerung nicht überzeugen.[2233] Tatsächlich ist das Gegenteil der Fall.

VI. USA / Großbritannien u.a. - Taliban / Al Qaida in Afghanistan: Operation Enduring Freedom (seit 7. Oktober 2001)

1. Sachverhalt

a. Hintergrund

Nach Abzug der sowjetischen Truppen 1989 entbrannte in Afghanistan ein Bürgerkrieg, in dessen Zuge sich etwa ab Mitte der 1990er Jahre die Taliban als stärkste Fraktion behaupten konnten. Bis 2001 kontrollierte das Regime - bei

---

2228 Vgl. bei und m.N. in Fn2216-2218.

2229 Vgl. bei und m.N. in Fn2221.

2230 Vgl. bei und m.N. in Fn2219f..

2231 Vgl. bei und m.N. in Fn2222f..

2232 So etwa TIETJE/NOWROT, Völkerrechtliche Aspekte militärischer Maßnahmen gegen den internationalen Terrorismus, NZWehrR 44 (2002) 1, S.14 m.w.N. in Fn81; äußerst bedenklich schließlich FRANCK, a.a.O (Fn2223), S.95f. der - in Kenntnis der Abschlusserklärung der XII. Gipfelkonferenz der blockfreien Staaten (vgl. nämlich in dessen Fn123) - ausführt "[e]xcept for condemnation by Libya and Iraq, the US move was met *with silence* [sic! - vgl. bei und m.N. in Fn2216-2218] by other Arab mideast governments. [...] This left protesting Sudanese and Taliban leaders somewhat isolated. [...] Notably, there was no effort in the UN to argue that such recourse to force was *ipso facto* illegal." [erste Hervorh. hinzugef./zweite Hervorh. v. FRANCK].

2233 Ebenso LOBEL, a.a.O. (Fn2193), S.556f..

fortdauernden Kämpfen mit der Nordallianz - große Teile des Landes und rief das *Islamische Emirat Afghanistan* aus.[2234] Anerkannt wurde das Talibanregime jedoch nur von Saudi-Arabien, Pakistan und den Vereinigten Arabischen Emiraten[2235] und wurde überwiegend als de facto-Regime eingeordnet.[2236] Der Sicherheitsrat beschäftigte sich zu dieser Zeit in zahlreichen Resolutionen mit der Lage in Afghanistan. Gegenstand war - neben der humanitären und menschenrechtlichen Situation sowie dem Drogenanbau - vor allem die Kollaboration des Talibanregimes mit terroristischen Kräften auf dem von den Taliban beherrschten Gebiet. In diesem Zusammenhang forderte der Sicherheitsrat die Taliban wiederholt auf, Terroristen keine Zuflucht zu gewähren sowie - im Hinblick auf die Anschläge in Nairobi und Dar Es Salaam[2237] - bekannte Terroristen zur Rechenschaft zu ziehen und insbesondere BIN LADEN auszuliefern.[2238] Die Nichterfüllung der Verpflichtungen durch die Taliban wurden vom Sicherheitsrat als Friedensgefährdung eingeordnet.[2239]

Am 11. September 2001 brachten zunächst unbekannte Täter vier in den USA gestartete Verkehrsflugzeuge in ihre Gewalt. Zwei der Maschinen wurden durch die Täter in die Türme des World Trade Center in New York gelenkt, welche weniger Stunden später einstürzten; eine Maschine wurde auf den Bau des US-Verteidigungsministeriums zum Absturz gebracht, das vierte Flugzeug stürzte

---

2234 Vgl. eingehend WOLFRUM/PHILIPP, The status of the Taliban: Their obligations and rights under international law, Max Planck YB UN L 6 (2002), S.561- 567; MURPHY, Contemporary practice of the United States relating to international law, Am J Int'l L 96 (2002) 1, S.239 in Fn14 sowie S.250.

2235 Vgl. STAHN, International law at a crossroads? - The impact of September 11, ZaöRV 62 (2002) 1/2, S.213 in Fn146 m.w.N; BYERS, Terrorism, the use of force and international law after 11 September, Int'l Comp L Q 51 (2002) 2, S.403f.. Nach den Anschlägen brachen Saudi-Arabien und die VAE die diplomatischen Beziehungen ab, vgl. MURPHY, a.a.O. (Fn2234), S.245 bei Fn54.

2236 Vgl. eingehend WOLFRUM/PHILIPP, a.a.O. (Fn2234), S.584ff.; ferner BRUHA/BORTFELD, Terrorismus und Selbstverteidigung, VN 49 (2001) 5, S.166; STAHN, a.a.O. (Fn2235), S.229f.. Teilweise wurden die Taliban nicht als eigenständiges de facto-Regime, sondern als de facto-Regierung Afghanistans eingeordnet. Im Untersuchungszusammenhang macht dies keinen Unterschied, da de facto-Regime i.R.d. Gewaltregelungsregimes Staaten weitestgehend gleichgestellt sind, vgl. supra Erster Teil - 1. Kapitel - B. - II. - 4. , S.38.

2237 Vgl. hierzu bereits supra Dritter Teil - 7. Kapitel - B. - V. , S.420.

2238 Vgl. S/Res/1214 (1998) v. 8. Dezember 1998, op. Abs.13; S/Res/1267 (1999) v. 15. Oktober 1999, präamb. Abs.5-7, op. Abs.1,2; S/Res/1333 v. 19. Dezember 2000, präamb. Abs.7, 10, 11, op. Abs.1-3. Vgl. auch MEISER/VON BUTTLAR, Militärische Terrorismusbekämpfung unter dem Regime der UN Charta (2005), S.23; STAHN, a.a.O. (Fn2235), S.225f.; WOLFRUM, The attack of September 11, 2001, the wars against the Taliban and Iraq: Is there a need to reconsider international law on the recourse to force and the rules in armed conflict?, in Max Planck YB UN L 7 (2003), S.35ff..

2239 Vgl. S/Res/1267 (1999) v. 15. Oktober 1999, präamb. Abs.8; S/Res/1333 v. 19. Dezember 2000, präamb. Abs.14.

bei Shanksville (Pensylvania) auf offenes Feld. Bei den Anschlägen, für die weder die al-Qaida noch BIN LADEN offiziell die Verantwortung übernahmen,[2240] starben mehr als 3000 Menschen. Die Anschläge wurden mit wenigen Ausnahmen weltweit aufs Schärfste verurteilt.[2241] Mit Resolution 1368 (2001) verurteilte auch der Sicherheitsrat unter präambulärer Anerkennung des "inherent right of individual or collective self-defence in accordance with the Charter"[2242] die Anschläge, bezeichnete sie "like any act of international terrorism" als Bedrohung des Weltfriedens und drückte seine Bereitschaft aus, "to take all necessary steps to respond to the terrorist attacks of 11 September 2001, and to combat all forms of terrorism."[2243] Mit Resolution 1373 (2001), die abermals präambulär das Selbstverteidigungsrecht bestätigte[2244], forderte der Sicherheitsrat die Staatenwelt zu einer Reihe - gewaltloser[2245] - Antiterrormaßnahmen auf. Die Generalversammlung verurteilte die Anschläge ohne Nennung des Selbstverteidigungsrechts, betonte vielmehr den Aspekt der internationalen Zusammenarbeit, sowohl "to bring to justice the perpetrators, organizers and sponsors of the outrages" als auch "to prevent and eradicate acts of terrorism".[2246]

Am 20. September 2001 führte US-Präsident BUSH vor dem amerikanischen Kongress zu den bisherigen Ermittlungsergebnisses aus. Er teilte mit, dass alle Hinweise "points to a *collection of loosely affiliated terrorist organizations* known as Al Qaida"[2247], ein Netzwerk unter Führung von BIN LADEN, das auch

---

2240 Vgl. hierzu aber auch MURPHY, a.a.O. (Fn2234), S.241 in Fn23.

2241 Vgl. Keesing's Rec World Events 47 (2001), S.44333; AdG, CD-Rom (2001), Dok.45182-1 v. 11. September 2001; MURPHY, a.a.O. (Fn2234), S.237ff..

2242 S/Res/1368 (2001) v. 12. September 2001, präamb. Abs.3.

2243 S/Res/1368 (2001) v. 12. September 2001, op. Abs.1, 5.

2244 S/Res/1373 (2001) v. 28. September 2001, präamb. Abs.4: "Reaffirming the inherent right of individual or collective self-defence as recognized by the Charter of the United Nations as reiterated in resolution 1368 (2001)".

2245 Zur Frage, ob Resolution 1373 (2001) eine allgemeine *Rechtsgrundlage für ein unilaterales Recht zur präventiven Gewaltanwendung* geschaffen hat, verneinend supra Zweiter Teil - 6. Kapitel - A. - II. - 1. , S.289). In der Literatur wurde ferner die Frage erörtert, ob die Sicherheitsratsresolutionen 1368 und 1373 (2001) als *Mandat für die Operation Enduring Freedom* angesehen werden kann. Zu Recht verneinend BYERS, a.a.O. (Fn2235), S.401ff.; DELBRÜCK, The fight against global terrorism: Self-defense or collective security as international policy action? Some comments in the international legal implications of the "war against terrorism", Ger YB Int'l L 44 (2001), S.13 a.E.; MEISER/VON BUTTLAR, a.a.O. (Fn2238), S.26 m.w.N. in Fn101; KRAJEWSKI, Selbstverteidigung gegen bewaffnete Angriffe nicht-staatlicher Organisationen - Der 11. September 2001 und seine Folgen, AVR 40 (2002) 2, S.184 m.w.N. in Fn5; STAHN, a.a.O. (Fn2235), S.239f.; TALMON, Grenzen der "Grenzenlosen Gerechtigkeit", in: MÄRZ, FS-Vitzthum (2003), S.132 m.w.N. in Fn111.

2246 Vgl. A/Res/56/1 v. 18. September 2001, Abs.1, 3 und 4.

2247 *Address before a Joint Session of the Congress on the United States response to the terrorist attacks of September 11* v. 20. September 2001, Weekly Comp Pres Doc 37 (2001) 38, S.1348 [Hervorh. hinzugef.].

für die Anschläge in Nairobi und Dar Es Salaam sowie einen Anschlag auf die USS Cole im Hafen von Aden 2000 verantwortlich sei. Al-Qaida Kämpfer befänden sich in über 60 Staaten und würden in Lagern in Afghanistan ausgebildet, wo

> "[t]he leadership of Al Qaida has great influence [...] and *supports the Taliban regime* in controlling most of that country."[2248]

Vor diesem Hintergrund forderte BUSH die Taliban auf:

> "Deliver to United States authorities all the leaders of Al Qaida who hide in your land. [...] Close immediately and permanently every terrorist training camp in Afghanistan, and hand over every terrorist and every person in their support structure to appropriate authorities. Give the United States full access to terrorist training camps, so we can make sure they are no longer operating. These demands are not open to negotiation or discussion."[2249]

Die Forderungen wurden von den Taliban zurückgewiesen.[2250]

b. Geschehensablauf und Staatenreaktion

aa. Operation Enduring Freedom

Am 7. Oktober 2001 gab US-Präsident BUSH den Beginn der *Operation Enduring Freedom*[2251] (nachfolgend: OEF) in Afghanistan bekannt; die Taliban seien

2248 *Address before a Joint Session of the Congress [...]*, ebd. (Fn2247) [Hervorh. hinzugef.].

2249 *Address before a Joint Session of the Congress [...]*, ebd. (Fn2247); vgl. hierzu auch Keesing's Rec World Events 47 (2001), S.44337; vgl. hierzu auch AdG, CD-Rom (2001), Dok.45182-2 v. 11. September 2001. Die amerikanische Forderung wurde - mangels diplomatischer Beziehungen zu den Taliban - über die Regierung von Pakistan vermittelt, vgl. MURPHY, a.a.O. (Fn2234), S.243f..

2250 Ein Verhandlungsangebot der Taliban, BIN LADEN an einen dritten, neutralen Staat auszuliefern, wurde von Seiten der USA abgelehnt, vgl. hierzu MURPHY, a.a.O. (Fn2234), S.245, m.w.N. in Fn57f. sowie - nach Beginn der Militäraktion - S.248 bei Fn77; STAHN, a.a.O. (Fn2235), S.231 bei Fn233.

2251 Nach Angaben des die OEF führenden US CENTCOM zählen zu den Koalitionären der OEF - neben der 'Vereinigten Front für die Rettung Afghanistans' ("Nordallianz") - gegenwärtig Ägypten, Äthiopien, Albanien, Armenien, Australien, Aserbaidschan, Belgien, Bosnien-Herzegovina, Bulgarien, Dänemark, Djibouti, die Dominikanische Repubik, El Salvador, Eritrea, Estland, Fiji, Finnland, Georgien, Griechenland, Italien, Japan, Jordanien, Kasachstan, Kenia, Kroatien, Kuwait, Kirgisien, Lettland, Litauen, Mazedonien, Moldavien, Mongolei, Marokko, Nepal, Nicaragua, Norwegen, Pakistan, Portugal, Qatar, Rumänien, Russland, Saudi Arabien, Schweden, Singapur, Slowakei, Slowenien, Spanien, Südkorea, Tadschikistan, Thailand, Tschechien, Tonga, die Türkei, Ukraine,

den amerikanischen Forderungen - u.a. auf Auslieferung BIN LADENS - nicht nachgekommen. Die Militärschläge seien

> "designed to disrupt the use of Afghanistan as a terrorist base of operations and to attack the military capability of the Taliban regime."[2252]

Am selben Tag teilte der amerikanische Vertreter bei den VN NEGROPONTE mit, dass die USA in Ausübung ihres Selbstverteidigungsrechts militärische Maßnahmen ergriffen hätten.[2253] Zur Begründung hieß es, die amerikanische Regierung

> "has obtained clear and compelling information that the Al-Qaeda organization, which is supported by the Taliban regime in Afghanistan, had a *central role* in the attacks. There is still much we do not know. Our inquiry is in its early stages. We may find that our self-defence requires further actions with respect to other organizations and other States.
>
> The attacks on 11 September 2001 and the *ongoing threat to the United States* [...] posed by the Al-Qaeda organization have been made possible by the decision of the Taliban regime to allow the parts of Afghanistan that it controls to be used by this organization as a base of operation. Despite every effort by the United States and the international community, the Taliban regime has refused to change its policy. *From the territory of Afghanistan, the Al-Qaeda organization continues to train and support agents of terror* [...].
>
> In response to these attacks [...] the United States armed forces have initiated actions designed *to prevent and deter further attacks* in the United States. These actions include measures against Al-Qaeda terrorist training camps and military installations of the Taliban regime in Afghanistan."[2254]

Ungarn, die Vereinigten Arabischen Emirate und der Yemen. Von den - einschließlich der USA - 65 Koalitionsstaaten haben bislang 21 Streitkräfte zur Verfügung gestellt; im Übrigen beschränkt sich die Unterstützung auf die Gewährung von Überflugsrechten, logistische Unterstützung und humanitäre Hilfeleistung. Vgl. - mit näheren Informationen zur genauen Beteiligung der genannten Staaten - http://www.centcom.mil, Menüpunkt "Coalition Fighting the Global War on Terrorism" [letzter Abruf: 10. November 2007].

2252 Vgl. *Address to the Nation announcing strikes against Al Qaida training camps and Taliban military installations in Afghanistan* v. 7. Oktober 2001, Weekly Comp Pres Doc 37 (2001) 41, S.1432f..

2253 *Letter dated 7 October 2001 from the Permanent Representative of the United States of America to the United Nations addressed to the President of the Security Council*, S/2001/946.

2254 *Letter dated 7 October 2001* [...], ebd. (Fn2253) [Hervorh. hinzgef.].

Ebenfalls am 7. Oktober 2001 informierte auch Großbritannien den Sicherheitsrat, wobei auch hier der Präventionsgedanke zum Ausdruck kam[2255]:

> "[F]orces have now been employed in excercise of the inherent right of individual and collective self-defence, recognized in Article 51, following the outrage of 11 September, to *avert the continuing threat of attacks from the same source.* [...] This military action has been carefully planned, and is directed against Usama Bin Laden's Al-Qaeda terrorist organization and the Taliban regime that is supporting it."[2256]

Daneben legte die britische Regierung ein Dossier vor (*Responsibility for the terrorist atrocities in the United States, 11 September 2001*[2257]), in dem unter Anderem dargelegt wurde, dass al-Qaida und das Talibanregime eine "close and mutually dependent alliance" bildeten. BIN LADEN und die al-Qaida unterstützten das Talibanregime materiell, finanziell und militärisch. Im Gegenzug erlaubten die Taliban, dass BIN LADEN Ausbildungscamps in Afghanistan betreibe, und schützten diese vor Angriffen von außen. BIN LADEN könne ohne "the alliance and support" des Talibanregimes seine terroristischen Aktivitäten nicht durchführen; aber auch die Stärke der Taliban wäre ohne die militärische und finanzielle Unterstützung BIN LADENS "seriously weakened".[2258]

Wiederholt wurde betont, dass "Bin Laden and the Taleban régime have a close alliance on which both *depend for their continued existence.*" BIN LADEN sei "closely involved with Taleban military training, planning and operations. He has representatives in the Taleban military command structure. [...] Forces under the control of Usama Bin Laden have fought alongside the Taleban in the civil war in Afghanistan."[2259]

2255 WARBRICK/MCGOLDRICK, September 11 and the UK response, Int'l & Comp L Q 52 (2003) 1, S.249 bewerten das britische Vorbringen sogar dahingehend, dass "the use of force was regarded as legitimate *only* in relation to activity designed to thwart *future attacks* planned by Al Qaeda [...]" [Hervorh. hinzughef.].

2256 *Letter dated 7 October 2001 from the Chargé d'affaires a.i. of the Permanent Mission of the United Kingdom of Great Britain and Northern Ireland to the United Nations addressed to the President of the Security Council*, S/2001/947 [Hervorh. hinzgef.]. Vgl. zur britischen Rechtfertigung aber auch die - den Präventionsgedanken weniger betonenden - Ausführungen des britischen Außenministers vor dem Unterhaus am 4. Oktober 2001, abgedr. bei WARBRICK/MCGOLDRICK, a.a.O. (Fn2255), S.249 m.N. in Fn23.

2257 *Letter dated 8 October 2001 from the Permanent Representative of the United Kingdom of Great Britain and Northern Ireland to the United Nations addressed to the President of the Security Council*, S/2001/949, Annex.

2258 *Letter dated 8 October 2001* [...], ebd. (Fn2257), Ziff.4, vierter Aufzählungspunkt.

2259 *Letter dated 8 October 2001* [...], ebd. (Fn2257), Ziff.11ff. [Hervorh. hinzugef.].

Schließlich wurde ein früherer Regierungsmitarbeiter Afghanistans zitiert, nach dem die Taliban und BIN LADEN "[were] two sides of the same coin".[2260]

Der Sicherheitsrat nahm von den Benachrichtigungen - ohne Stellungnahme - Kenntnis. In einem informellen Treffen der SR-Mitglieder am 8. Oktober 2001 verdeutlichten die Vertreter der USA und Großbritanniens, dass "the military action [...] was taken in self-defence and directed at terrorists and those who harboured them."[2261]

bb. ISAF unter NATO-Führung

Außer in der - *unilateralen* - OEF engagierten sich in der Folgezeit zahlreiche Mitglieder der Staatengemeinschaft im Rahmen des ISAF-Mandats.[2262] Auf Basis der Ergebnisse der Petersberger Konferenz 2001[2263] und der Einwilligung der afghanischen Übergangsverwaltung[2264] authorisierte der Sicherheitsrat Ende 2001 nach Kapitel VII CVN die Aufstellung der ISAF, [2265] die seit August 2003 operativ unter NATO-Führung steht. Das ISAF-Mandat umfasst die Aufrechterhaltung der inneren Sicherheit in den in Absprache mit der afghanischen Regierung definierten Gebieten Afghanistans (ursprünglich nur Kabul und Umge-

---

2260 *Letter dated 8 October 2001* [...], ebd. (Fn2257), Ziff.19.

2261 Vgl. *Letter dated 31 Dezember 2001 from the Permanent Representative of Ireland to the United Nations addressed to the President of the Security Council*, S/2001/1298, Annex, S.15f..

2262 Nach Informationen des NATO-Oberkommandos, http://www.nato.int/isaf/docu/epub/pdf/isaf_placemat.pdf [letzter Abruf: 12. November 2007 / Stand: 22. Oktober 2007] stellen i.R.d. ISAF 28 Staaten Truppenkontingente zur Verfügung: Albanien, Australien, Aserbeidschan, Belgien, Bulgarien, Dänemark, Deutschland, Estland, Finnland, Frankreich, Georgien, Griechenland, Großbritannien, Island, Irland, Italien, Kanada, Kroatien, Litauen, Lettland, Luxemburg, Mazedonien, die Niederlande, Neuseeland, Norwegen, Österreich, Polen, Portugal, Rumänien, Schweden, die Schweiz, Slowakei, Slowenien, Spanien, Tschechien, die Türkei, Ungarn, USA.

2263 *Agreement on provisional arrangements in Afghanistan pending the re-establishment of permanent government institutions* v. 5. Dezember 2001, *Annex I, International Security Force* (abgedr. in S/2001/1154, Annex).

2264 Vgl. *Letter dated 19 December 2001 from the Permanent Representative of Afghanistan to the United Nations addressed to the President of the Security Council*, S/2001/1223, Annex. Der afghanische Außenminister ABDULLAH betonte in dem Schreiben, dass "in each case of deployment of forces, earlier coordination terms are to be agreed upon with the Afghan authorities [...]." Zur Erweiterung des Mandats seit Oktober 2003 vgl. *Letter dated 13 October 2003 from the Secretary-General addressed to the President of the Security Council*, S/2003/986, Annex v. 10. Oktober 2003.

2265 S/Res/1386 (2001) v. 20. Dezember 2001. Das Mandat ist zunächst durch S/Res/1413 (2002) v. 23. Mai 2002 und S/Res/1444 (2001) v. 27. November 2002 verlängert und seit S/Res/1510 (2003) v. 13. Oktober 2003 sukzessive (örtlich) erweitert und verlängert worden, vgl. nachfolgend S/Res/1563 (2004) v. 17. September 2004, S/Res/1623 (2005) v. 13. September 2005, S/Res/1707 (2006) v. 12. September 2006 sowie S/Res/1776 (2007) v. 19. September 2007.

bung, inzwischen erweitert) und dient der Sicherung des politischen Wiederaufbaus durch die afghanische Regierung und dem Schutz des VN-Personals.[2266]

In rechtlicher Hinsicht ist das auf Kapitel VII CVN basierende ISAF-Mandat damit klar von der Rechtsgrundlage der - unilateralen - OEF zu trennen.[2267] Die rechtliche Betrachtung darf freilich nicht darüber hinwegtäuschen, dass ISAF und OEF - verstärkt seit Übernahme des ISAF-Mandats durch die NATO - operativ eng miteinander verzahnt worden sind.[2268]

cc. Staatenreaktion

Die ersten relevanten Stellungnahmen waren unmittelbar nach den Anschlägen und *noch vor Beginn der OEF* zu verzeichnen. Hierzu zählten zunächst die jeweils einstimmig angenommenen Resolution 1368 und 1373 (2001), in deren Präambeln der Sicherheitsrat das Selbstverteidigungsrecht anerkannte.[2269] Insofern ist freilich festzuhalten, dass die Stellungnahmen der Sicherheitsratsmitglieder zur Abstimmung - soweit sie überhaupt stattgefunden hat[2270] - im Übrigen keinerlei Hinweis auf unilaterale Gewaltmaßnahmen enthielten, von der Möglichkeit *präventiver* Gewaltanwendung ganz zu schweigen.[2271] Wie bereits an anderer Stelle ausgeführt wurde, bestehen daneben nicht unerhebliche Zweifel, dass der Sicherheitsrat das Selbstverteidigungsrecht *gerade gegen einen nicht-staatlichen Akteur* feststellen wollte.[2272]

Im Grundsatz gilt dies auch für die in den folgenden drei Wochen getroffenen Feststellungen zum casus foederis von ANZUS[2273]-, Rio-[2274] und NATO-

---

2266 S/Res/1386 (2001) v. 20. Dezember 2001, op. Abs.1.

2267 Vgl. hierzu auch *Letter dated 19 December 2001 from the Permanent Representative of theUnited Kingdom of Great Britain and Northern Ireland to the United Nations addressed to the President of the Security Council*, S/2001/1217, Annex: "The [ISAF] will have a particular mission authorized by a Security Council resolution that is distinct from [OEF]."

2268 Vgl. hierzu WARBRICK/MCGOLDRICK, a.a.O. (Fn2255), S.247.

2269 Vgl. S/Res/1368 (2001) v. 12. September 2001, präamb. Abs.3; S/Res/1373 (2001) v. 28. September, präamb. Abs.4.

2270 Resolution 1373 (2001) wurde ohne (dokumentierte) Aussprache angenommen, vgl. das Protokoll der SR-Sitzung v. 28. September 2001, S/PV.4385.

2271 Vgl. das Protokoll zur SR-Sitzung v. 12. September 2001, S/PV.4370.

2272 Vgl. supra Zweiter Teil - 6. Kapitel - A. - II. - 3. - b. - bb. - (2.) - (d.) , S.337.

2273 *Security Treaty between Australia, New Zealand and the United States of America* v. 1. September 1951, ATS (electr.) 1952, Nr.2, http://www.austlii.edu.au/au/other/dfat/treaties/1952/2.html [letzter Abruf: 12. November 2007]. Der hier einschlägige Art.4 ANZUS-Vertrag lautet: Each Party recognizes that an armed attack in the Pacific Area on any of the Parties would be dangerous to its own peace and safety and declares that it would act to meet the common danger in accordance with its constitutional processes.

Vertrag[2275]. So stellte Australiens Premierminister HOWARD am 17. September 2001 zwar vor dem australischen Parlament fest, dass mit Blick auf die Anschläge (also reaktiv) der ANZUS-Vertrag eingreife;[2276] dagegen wurde - nicht zuletzt wegen der noch unklaren Tatsachenlage hinsichtlich der Urheber der Anschläge - aber nicht determiniert, gegen wen sich die kollektive Selbstverteidigung richten solle. In Anbetracht der ersten Hinweise, dass das al-Qaida Netzwerk in die Anschläge verwickelt sein könnte, wurde vielmehr zu bedenken gegeben:

> "If, as it seems likely, the bin Laden organisation is confirmed as a group with significant responsibility for the attacks, we must think very carefully about the nature of our response. If this is war, *it is war against an enemy who is a man and not a state*. It will be war against an enemy who has no structured organisation, no headquarters, no fixed address. It will be war against an enemy whose followers live in different countries and who feel loyalty not so much to bin Laden the man as to the ideology of militant Islam."[2277]

Nur unwesentlich konkreter war die Positionierung der NATO, die am 2. Oktober 2001 bekanntgab, dass nach Darlegung der bisherigen Ermittlungserkenntnisse seitens der USA festgestellt worden sei, dass der Angriff "was directed from abroad and shall therefore be regarded as an action covered by Article 5 of the Washington Treaty". Zwar führte NATO-Generalsekretär ROBERTSON aus, dass die von den USA präsentierten Informationen "points conclusively to an Al-Qaida role in the 11 September attacks", namentlich dass die Anschläge von Mitgliedern des Terrornetzwerks durchgeführt worden seien, welches von den Taliban geschützt werde. Ob indes hiernach die al-Qaida *und/oder* das de facto-Regime der Taliban als - rechtlicher - Angreifer identifiziert wurden, legte ROBERSTON aus Geheimhaltungsgründen ebensowenig dar, wie er zur Rechtmäßig-

---

Any such armed attack and all measures taken as a result thereof shall be immediately reported to the Security Council of the United Nations. Such measures shall be terminated when the Security Council has taken the measures necessary to restore and maintain international peace and security. Art.5 ANZUS-Vertrag lautet: For the purpose of Article IV, an armed attack on any of the Parties is deemed to include an armed attack on the metropolitan territory of any of the Parties, or on the island territories under its jurisdiction in the Pacific or on its armed forces, public vessels or aircraft in the Pacific.

2274 *Inter-American Treaty of Reciprocal Assistance* v. 2. September 1947, abgedr. in UNTS 21 (1948), S.77.

2275 *The North Atlantic Treaty* v. 4. April 1949, abgedr. in UNTS 34 (1949), S.243.

2276 Vgl. House Of Representatives, Official Hansard 14 (2001), 17. September 2001, 39th Parliament, 1st Session, 10th Period, S.30742.

2277 So der Abgeordnete BRERETON, House Of Representatives, Official Hansard 14 (2001), 17. September 2001, 39th Parliament, 1st Session, 10th Period, S. 30753 [Hervorh. hinzugef.].

keit von unilateralen *präventiven* Maßnahmen ausführte.[2278] Zumindest hinsichtlich des letztgenannten Aspektes aussagekräftiger war der Beschluss der OAS. Darin wurde nicht nur feststellt, dass die Anschläge als Angriff gegen alle Vertragsparteien angesehen werden und insofern das *reaktive* Selbstverteidigungsrecht auslösen. Darüber hinaus hieß es,

> "that in accordance with all the relevant provisions of the [...] Rio Treaty [...] and the principle of continental solidarity, all States Parties to the Rio Treaty shall provide effective reciprocal assistance to address such attacks *and the threat of any similar attacks against any American state, and to maintain the peace and security of the continent.*"[2279]

Wenngleich auch die OAS damit die Frage der *Passivlegitimation* offen ließ, bezeichnet der Beschluss jedenfalls im Ansatz auch unilaterale präventive Maßnahmen. Die Aufforderung "[to] provide effective reciprocal assistance" lässt dabei allerdings keinen zwingenden Rückschluss auf die Rechtfertigung unilateraler *Gewaltanwendung* zu - gegenseitige Hilfeleistungen können, wie später auch von Resolutioen 1373 (2001) gefordert, auch und gerade gewaltlose Kooperationsmaßnahmen betreffen.

Im Zusammenhang mit der Geltendmachung der vorgenannten Beistands- und Verteidigungsbündnisse seien schließlich diejenigen Staaten genannt, die sich nach Beginn der OEF selbst explizit auf das *Selbstverteidigungsrecht* beriefen, namentlich Kanda, Frankreich, Australien, Deutschland, die Niederlande, Neuseeland und Polen. Im Kenntnisgabeschreiben gem. Art.51 S.2 1.Hs CVN stellten diese Staaten (wie zuvor die USA und Großbritannien) - mit Blick auf den passivlegitimierten Adressaten - jeweils heraus, dass sich die Maßnahmen gegen die al-Qaida (bzw. BIN LADEN) und das Talibanregime richteten, nicht aber gegen den Staat Afghanistan bzw. den Islam.[2280] Im Übrigen beriefen sich alle sie-

---

2278 *Statement by NATO Secretary General, Lord Robertson* v. 2. Oktober 2001, http://www.nato.int/docu/speech/2001/s011002a.htm [letzter Abruf: 12. November 2007; Hervorh. hinzugef.]. Vgl. hierzu auch die Ankündigung der Prüfung des casus foederis in *Statement by the North Atlantic Council* v. 12. September 2001, Press Release (2001) 124, http://www.nato.int/docu/pr/2001/p01-124e.htm [letzter Abruf: 19. August 2007]. Vgl. hierzu auch RATNER, Jus ad bellum and jus in bello after September 11, Am J Int'l L 96 (2002) 4, S.913 a.E..

2279 OAS-Dok. OEA/Ser.F/II.24 RC.24/RES.1/01 v. 21. September 2001 [Hervorh. hinzugef.].

2280 Vgl. mit Ausnahme Frankreichs und Polens: *Letter dated 24 October from the Chargé d'affaires a.i. of the Permanent Mission of Canada to the United Nations addressed to the President of the Security Council*, S/2001/1005; *Letter dated 23 November 2001 from the Permanent Representative of Australia to the United Nations addressed to the President of the Security Council*, S/2001/1104; *Letter dated 29 November 2001 from the Permanent Representative of Germany to the United Nations addressed to the Presi-*

ben Staaten explizit auf ihr Selbstverteidigungsrecht "*following* the armed" bzw. "terrorist attacks"[2281] *ohne* zu einer präventiven Reichweite auszuführen.

Mit deutlicher Betonung der *Reaktion*, im Hinblick auf die maßgebliche Rechtsgrundlage freilich eher auf eine Mandatierung hinweisend, äußerte sich - noch vor Beginn der OEF - namens der EU-Mitglieder[2282] auch der Europäische Rat und teilte mit, dass

> "[o]n the basis of Security Council Resolution 1368, a riposte by the US is legitimate."[2283]

Eine modifizierte Ansicht nahmen die EU-Mitglieder jedoch *nach Beginn* der Kampfhandlungen ein; ab diesem Zeitpunkt bestätigte der Rat der Europäischen Union wiederholt "its wholehearted support for the action *taken in the context of legitimate defence and in accordance with the Charter of the United Nations and Security Council resolution 1368 (2001)*"[2284] und zog damit neben Resolution 1368 (2001) nun auch das Selbstverteidigungsrecht heran - mit der Formulierung "in the context of legitimate defence" freilich noch eher zögerlich. Dabei identifizierten die 15 EU-Staaten offenbar *sowohl* das Talibanregime *als auch* die al-Qaida als passivlegitimierte Partei. Grundlage der Passivlegitimation der al-Qaida war hierbei die Verübung der Anschläge, während hinsichtlich des Talibanregimes die Nichtauslieferung der Verantwortlichen hervorgehoben wurde. Wörtlich heißt es:

---

dent of the Security Council, S/2001/1127; *Letter dated 6 Dezember 2001 from the Permanent Representative of the Netherlands to the United Nations addressed to the President of the Security Council*, S/2001/1171; *Letter dated 17 December 2001 from the Permanent Representative of New Zealand to the United Nations addressed to the President of the Security Council*, S/2001/1193.

2281 Neben den in Fn2280 gennanten Schreiben *Letter dated 23 November 2001 from the Permanent Representative of France to the United Nations addressed to the President of the Security Council*, S/2001/1103 sowie *Letter dated 15 March 2002 from the Permanent Representative of Poland to the United Nations addressed to the President of the Security Council*, S/2002/275.

2282 Namentlich: Belgien, Dänemark, Deutschland, Finnland, Frankreich, Griechenland, Großbritannien, Italien, Irland, Luxemburg, die Niederlande, Österreich, Portugal, Spanien, Schweden.

2283 *Identical letters dated 25 September 2001 from the Permanent Representative of Belgium to the United Nations addressed to the Secretary-General and the President of the Security Council*, S/2001/909, Annex, S.2, Ziff.1 [Hervorh. hinzugef.].

2284 Vgl. *Letter dated 17 October 2001 from the Permanent Representative of Belgium to the United Nations addressed to the Secretary-General*, S/2001/980, Annex, Ziff.1f. [Hervorh. hinzugef.], vgl. ferner - nahezu gleichlautend - *Letter dated 8 October 2001 from the Permanent Representative of Belgium to the United Nations addressed to the Secretary-General*, S/2001/967, Annex, S.2 und *Letter dated 20 November 2001 from the Permanent Representative of Belgium to the United Nations addressed to the Secretary-General*, S/2001/1101, Annex, S.2.

> "All the information points clearly and convincingly to the responsibility of Osama bin Laden and the al-Qa'idah network for the 11 September attacks. A month later, and despite repeated pressure, the Taliban regime has refused to take responsibility for handling over those suspected so that they could be brought to justice. *The al-Qa'idah network and the regime that supports and harbours it are now facing the consequences of their action.*"[2285]

Die zwölf der EU zwischenzeitlich beigetretenen Staaten[2286] sowie Island, Liechtenstein, Norwegen und die Türkei schlossen sich der Gesamtbeurteilung durch den Rat der Europäischen Union ausdrücklich an.[2287] Frankreich führte später nochmals aus, dass "*pursuant to [...] resolution [1368 (2001)], and in exercise of its right of self-defence*, the United States has undertaken an armed reponse against Osama bin Laden and the Al Qaeda network and against the Taliban system that supports them."[2288] Norwegen betonte neben dem Selbstverteidigungsrecht die Nichterfüllung früherer SR-Resolutionen[2289]:

> "The refusal by the Taliban regime to comply continued even after it became clear that terrorists based and trained in Afghanistan were behind the attacks on 11 September. *This left no alternative but to use military force - in accordance with the right of self-defence.*"[2290]

Eine explizit *präventive* Zielrichtung des Selbstverteidigungsrechts wurde von europäischer Seite jedoch kaum verbalisiert.[2291]

2285 *Letter dated 8 October 2001* […], ebd. (Fn2284) [Hervorh. hinzugef.].

2286 Namentlich: Bulgarien, Estland, Lettland, Litauen, Malta, Polen, Rumänien, Slowenien, Slowakei, Tschechien, Ungarn und Zypern.

2287 Vgl. *Letter dated 8 October 2001* […], a.a.O. (Fn2284), Annex, S.2 a.E., wonach sich die aufgezählten Staaten "align themselves with the present statement." Für Tschechien vgl. ferner *Letter dated 27 December 2001 from the Chairman of the Security Council Committee established pursuant to resolution 1373 (2001) concerning counter-terrorism addressed to the President of the Security Council*, S/2001/1302, Annex, S.18.

2288 VÉDRINE (Frankreich) in der SR-Sitzung v. 12. November 2001, S/PV.4413, S6f. [Hervorh. hinzugef.].

2289 Dies sind S/Res/1214 (1998) v. 8. Dezember 1998; S/Res/1267 (1999) v. 15. Oktober 1999; S/Res/1333 v. 19. Dezember 2000.

2290 PETERSEN (Norwegen) in der SR-Sitzung v. 13. November 2001, S/PV.4414, S13 [Hervorh. hinzugef.].

2291 Vgl. aber die Ausführungen Großbritanniens bei und m.N. in Fn2256. Lediglich anklingend bei COWEN (Irland) in der GV-Sitzung v. 2. Oktober 2001, A/56/PV.14, S.7: "Who can reasonably argue that the United States does not have the right to defend itself, in a targeted and proportionate manner, by bringing to justice those who planned, perpetrated and assisted in these outrages and *who continue to threaten international peace and security?*" [Hervorh. hinzugef.] sowie SCHURI (Schweden) in der GV-Sitzung v. 3. Oktober 2001: "My Government recognizes that right to take measures of self-defence to prevent a similar atrocity, and notes that any response would have to seek to avoid civilian casualties."

Lediglich mit einer "positiven Bewertung" - ohne Bezugnahme auf eine spezifische Rechtsgrundlage und ohne klare Einordnung unter die Konzepte der Reaktion und Prävention - äußerten sich die 12 GUS-Staaten[2292]:

> "We [...] assess positively the conduct of the anti-terrorist operation by the international coalition of Afghanistan. We note that its coordination with the successful military action by the forces of the United Front ["Nordallianz"] has made it possible to strike a serious blow at the infrastructure of global terrorism [...] in the territory of Afghanistan, including the Taliban [...]."[2293]

Hinsichtlich der Rechtsgrundlage spezifischer war indes die einzelstaatliche Stellungnahme Moldawiens, das bei späterer Gelegenheit betonte, dass es die Militäraktion der USA "in its legitimate *self-defence and in accordance with the United Nations Charter and Security Council resolution 1368 (2001)*"[2294] unterstützt. Ähnlich äußerte sich auch Chile, das die Bedeutung der Resolution 1368 hervorhob und feststellte, dass "[i]n our view, *that resolution, together with Article 51 of the Charter*, provides the necessary legitimacy and the support of international law to actions directed at punishing those responsible for this act of terrorism."[2295] In diese Richtung zielte offenbar auch die Stellungnahme Costa Ricas, das hervorhob, dass erstmals ein Selbstverteidigungsrecht gegen nichtstaatliche Angriffe anerkannt worden sei[2296]. Mit Blick auf die Gefahr der Aushöhlung des Gewaltverbotes nahm Costa Rica freilich die Position ein, dass

> "with the *very limited exception of the right of self-defence*, advance authorization from the Security Council is essential for any initative that may require the use of force."[2297]

Deutlich äußerten sich schließlich auch Israel und Kuba. Israel nahm die Position ein, durch die Resolutionen 1368 und 1373 (2001) sei anerkannt worden, dass "States have an inherent right to individual and collective self-defence against [terrorism]." Beide Resolutionen hätten deutlich gemacht, dass

---

2292 Namentlich: Armenien, Aserbaidschan, Georgien, Kasachstan, Kirgisien, Moldawien, Russland, Tadschikistan, Turkmenistan, Ukraine, Usbekistan, Weißrussland.

2293 Vgl. *Letter dated 7 December 2001 from the Permanent Representative of the Russian Federation to the United Nations addressed to the Secretary-General*, S/2001/1169, Annex, S.2.

2294 DUDAU (Moldawien) in der GV-Sitzung v. 16. November 2001, A/56/PV.56, S.10.

2295 VALDES (Chile) in der GV-Sitzung v. 1. Oktober 2001, A/56/PV.13, S.21 [Hervorh. hinzugef.].

2296 In diese Richtung wohl auch SEMAKULA KIWANUKA (Uganda) in der GV-Sitzung v. 16. Oktober 2001, A/56/PV.28, S.10.

2297 NIEHAUS (Costa Rica) in der GV-Sitzung v. 15. Oktober 2001, A/56/PV.25, S.3.

"terrorists do not operate in vacuum and that we will never be successful if we go only after the terrorists themselves. Rather terrorists depend on the support, assistance and safe habour granted by States, *and it is the States that provide such assistance to terrorist organizations that must be targeted, no less than the terrorists themselves."*[2298]

Wiewohl damit keine Stellungnahme zum Konzept unilateraler präventiver Gewaltanwendung verbunden war, kam doch deutlich zum Ausdruck, dass jedenfalls die reaktive Selbstverteidigung sowohl gegen die Terroristen als auch gegen solche Staaten ausgeübt werden dürfe, die Terroristen Unterschlupf gewähren. Kuba stellte sich dagegen klar gegen ein unilaterales Recht zur Gewaltanwendung im Hinblick auf die Terrorismusbekämpfung. In der GV führte der kubanische Vertreter unter Hervorhebung der Vereinten Nationen als "precisely the universal coalition we need to fight terrorism" aus:

"Terrorist acts are usually carried out by extremist groups or even individuals. Faced with such an event, however serious it might be, a powerful State must not invoke the right to self-defence in order unilaterally to unkleash a war that might have unpredictable effects on a global scale and result in the death of an incalculable number of innocent people. Instead, the right of all to the common defence[2299] of all must be exercised."[2300]

2. Bewertung

a. Einordnung: Unilaterale Präemption

Vergleichsweise unproblematisch lässt sich zunächst das Konzept der unilateralen *Präemption* identifizieren: Sowohl die USA als auch Großbritannien führten aus, dass sich die in Ausübung des *Selbstverteidigungsrechts* ergriffenen militärischen Maßnahmen gegen einen "ongoing" bzw. "continuing threat of attacks from the same source" richteten,[2301] wobei jedoch keine konkrete Anschlagsgefahr behauptet wurde.[2302] Für die Annahme einer bloß *abstrakten Gefahr* spricht

---

2298 JACOB (Israel) in der SR-Sitzung v. 15. April 2002, S/PV.4512 (Resumption1), S.12.

2299 Wie sich aus dem Zusammenhang ergibt, meint der kubanische Vertreter mit "common defence" eine Maßnahme des Systems kollektiver Sicherheit und nicht der kollektiven Verteidigung.

2300 RODRÍGUEZ PARRILLA (Kuba) in der GV-Sitzung v. 1 Oktober 2001, A/56/PV.13, S.15.

2301 Vgl. bei und m.N. in Fn2254, 2256.

2302 Dies verkennt BRUHA, Neuer internationaler Terrorismus: Völkerrecht im Wandel?, in: KOCH, Terrorismus - Rechtsfragen der äußeren und inneren Sicherheit (2002), S.66, der hier in bedenklicher Weise seine Argumentation auf unbelegte Behauptungen und Vermutungen stützt: "[S]o wird man auch mit Beginn der Operation 'Enduring Freedom' am 7. Oktober 2001 noch von einem gegenwärtigen, da jederzeit wiederholbaren Angriff

- wie bereits im Rahmen der amerikanischen Luftschläge in Libyen 1986 sowie Sudan/Afghanistan 1998 - ferner die operative Zielsetzung, *Trainingscamps* der al-Qaida zerstören zu wollen, welche im Hinblick auf die Gefahrentwicklung bei einem wesentlichen Zwischenschritt (Ausbildung von Terroristen) anzusiedeln sind.[2303]

Unklar ist dagegen die Einordnung der OEF hinsichtlich der *Passivlegitimation* - und damit hinsichtlich der Differenzierung zwischen *präemptiver Gewaltanwendung* und *präemptiver Selbstverteidigung*.[2304]

Einerseits führten die USA und Großbritannien explizit die al-Qaida *und* das Talibanregime als Selbstverteidigungsgegner (und damit rechtliche Adressaten) an, womit die OEF auf *zwei* quasi parallel verlaufenden Rechtsverhältnissen beruhen würde: Einerseits auf der präemptiven Gewaltanwendung gegen die al-Qaida, andererseits auf der präemptiven Selbstverteidigung gegen das de facto-Regime der Taliban. Damit wäre zugleich das Problem der - de lege lata mangelnden[2305] - Zurechnung umgangen; auf die bisher nicht als geltender Zurechnungssatz anerkannte "harbouring doctrine" käme es insofern nicht an.[2306]

Andererseits bemühte sich inbesondere Großbritannien eine weit über die bloße Gebietsüberlassung hinausgehende Beziehung zwischen Taliban und al-Qaida darzulegen ("close and mutually dependent alliance"), die nicht nur durch die wechselseitige *existenzielle Abhängigkeit* gekennzeichnet sei, sondern vor allem durch das Ineinandergreifen der jeweiligen Führungsstrukturen.[2307] Gipfelt all dies in der Aussage, dass die Taliban und BIN LADEN als behaupteter Führer der al-Qaida *zwei Seiten derselben Medaille* seien,[2308] wird damit eine *körperschaftliche Identität* von Taliban und al-Qaida suggeriert. In diese Richtung geht auch die amerikanische Darlegung, dass die *al-Qaida das Talibanregime* unterstüt-

---

auf die USA ausgehen können. Entsprechende Drohungen seitens der al-Qaida waren offen erhoben worden [Anm.: bleibt unbelegt] bzw. *durften aus den Vorgängen vom 11. September geschlossen werden*." [Hervorh. hinzugef.].

2303 Im Ergebnis in der Einordnung wie hier BYERS, a.a.O. (Fn2235), S.410f.; wohl auch O'CONNELL, The myth of preemptive self-defense, Am Soc'y Int'l L Papers (8/2002), http://www.asil.org/taskforce/oconnell.pdf [letzter Abruf: 29. September 2006], S.10f.; a.A. - OEF als reaktive Selbstverteidigung - KRAJEWSKI, a.a.O. (Fn2245), S.201 in Fn95.

2304 Vgl. zur Definition derselben supra Erster Teil - 3. Kapitel - C. , S.98.

2305 Vgl. hierzu eingehend KRAJEWSKI, a.a.O. (Fn2245), S.189-195; RATNER, a.a.O. (Fn2278), S.907f.; STAHN, a.a.O. (Fn2235), S.216-228; SEIDEL, Quo vadis Völkerrecht, in: AVR 41 (2003) 4, S.463-465.

2306 Vgl. hierzu bereits supra Zweiter Teil - 6. Kapitel - A. - II. - 3. - b. - aa. - (2.) , S.325, insb. S330 m.N. in Fn1587.

2307 Vgl. bei und m.N. in Fn2257-2259.

2308 Vgl. bei und m.N. in Fn2260.

ze[2309] sowie die Stellungnahme BUSHs vor der Generalversammlung nach Beginn der OEF, in der er ausführte, dass "[t]hat regime [Taliban] and the terrorists who support it are *virtually indistinguishable*."[2310] Entgegen der begrifflichen Unterscheidung - Taliban einerseits, al-Qaida andererseits - wäre hiernach *rechtlich* nur von einem Gegner auszugehen, dem verkörpert im de facto-Regime der Taliban Völkerrechtssubjektivität zukommt. Folgt man diesen Darlegungen, läge der OEF nur *ein* Rechtsverhältnis (präemptive Selbstverteidigung) zugrunde.

b. Opinio iuris

Bei der Analyse der Staatenreaktion fällt zunächst auf, dass eine namhafte Zahl von Staaten, die - wie die USA und Großbritannien - *explizit sowohl das Talibanregime als auch die al-Qaida* als passivlegitimierte Adressaten bezeichneten, offenbar das Selbstverteidigungsrecht nicht als alleinige Rechtsgrundlage identifizierten, sondern ausdrücklich auf die *Verbindung mit*[2311] *Resolution 1368 (2001)* abstellten.[2312] Umgekehrt wurde seitens der NATO, der OAS und Australiens (im Rahmen des ANZUS-Vertrags) die Anwendbarkeit des Selbstverteidigungsrechts *ohne Verbindung zu Resolution 1368 (2001)* festgestellt, dann aber die passivlegitimierte Partei nicht näher determiniert.[2313]

Soweit danach eine nicht unbedeutende Zahl von Staaten einen zumindest feststellenden Akt des Systems kollektiver Sicherheit als erforderlich ansehen, um eine hinreichende Rechtsgrundlage zu schaffen, handelt es sich nach deren Rechtsauffassung nicht um ein unilaterales Recht, sondern um einen *Hybridtatbestand*.[2314] Da allgemein anerkannt ist, dass das - zwischenstaatliche - Selbst-

---

2309 Vgl. bei und m.N. in Fn2248. In diesem Zusammenhang wurde gelegentlich in Anlehnung an den Begriff des "state-sponsored terrorism" auch von einem "terrorist-supported state" gesprochen, vgl. STAHN, a.a.O. (Fn2235), S.231 bei und m.N. in Fn235.

2310 *Remarks to the United Nations General Assembly in New York City* v. 10. November 2001, Weekly Comp Pres Doc 37 (2001) 46, S.1639 [Hervorh. hinzugef.]. Diese mutmaßlich auch bei der unveröffentlichten US-Präsentation vor der NATO dargelegten "very close ties" zwischen Taliban und al-Qaida hält RATNER, a.a.O. (Fn2278), S.913 für den eigentlichen Grund der prinzipiell positiven Staatenreaktion.

2311 Vgl. die Formulierungen: "on the basis of", "in accordance with", "pursuant to", "together with".

2312 So etwa die Stellungnahmen von Europäischem Rat und Rat der Europäischen Union (bei und m.N. in Fn2283f.), dem sich die zwölf EU-Beitrittsländer sowie Island, Liechtenstein, Norwegen und die Türkei anschlossen (bei und m.N. in Fn2287); in diese Richtung auch Moldawien (bei und m.N. in Fn2294), Chile (bei und m.N. in Fn2295), Costa Rica (bei und m.N. in Fn2297) und Israel (bei und m.N. in Fn2298).

2313 Vgl. bei und m.N. in Fn2273-2279.

2314 In diese Richtung auch BYERS, a.a.O. (Fn2235), S.413 bei Fn63; RUFFERT, Terrorismusbekämpfung zwischen Selbstverteidigung und kollektiver Sicherheit - Die Anschläge vom 11.9.2001 und die Intervention in Afghanistan, ZRP 35 (2002) 6, S.251; STAHN,

verteidigungsrecht ohne vorherige Feststellung durch den Sicherheitsrat besteht,[2315] könnte man hieraus den Schluss ziehen, dass sich die offenbar als konstitutiv betrachete Mitwirkungshandlung des Sicherheitsrats nur auf die Maßnahmen *gegenüber dem nicht-staatlichen Akteur bezieht* und insofern etwa als Anordnung eines Duldungstitels gegenüber dem territorial betroffenen Staat bzw. - hier - dem territorial betroffenen de facto-Regime dient. In diese Richtung ließe sich ggf. auch die Stellungnahme Norwegens deuten, das auf die mangelnde Erfüllung der vom Sicherheitsrat geforderten Auslieferung BIN LADENS ab- und insofern feststellte, dass "this left no alternative but to use force - in accordance with the right of self-defence."[2316] Mangels weiterführender Stellungnahmen in der Staatenwelt bleibt die Konstruktion freilich eine Vermutung. Auffallend ist ferner, dass neben den USA und Großbritannien nur wenige Staaten explizit den Gedanken *unilateraler gewaltsamer Prävention* unterstützt haben,[2317] während die militärischen Maßnahmen im Rahmen der OEF vielfach als *unmittelbare Reaktion auf die Anschläge vom 11. September 2001* begriffen wurden,[2318] insbesondere dort, wo ausschließlich auf das Selbstverteidigungsrecht als Rechtsgrundlage rekurriert wurde.[2319]

Im Ergebnis lässt sich damit festhalten, dass die Praxis zur OEF keinen Rückschluss auf ein *konkret bestimmtes* Recht zur präventiven Gewaltanwendung zulässt. Die Darlegungen der Aktivlegitimation beanspruchenden Staaten wie auch die Reaktionen hierauf sind in Bezug auf die wesentlichen Aspekte - insbesondere hinsichtlich der Adressatenfrage - widersprüchlich oder lückenhaft und lassen keine *allgemeine* Rechtsauffassung erkennen. Unabhängig von der Frage der *unilateralen präventiven* Gewaltanwendung lässt die Staatenreaktion auf die

---

a.a.O. (Fn2235), S.238 a.E. sowie S.240; wohl auch TIETJE/NOWROT, Völkerrechtliche Aspekte militärischer Maßnahmen gegen den internationalen Terrorismus, NZWehrR 44 (2002) 1, S.17 ("neuartige Form der Autorisierung von Zwangsmaßnahmen"). Unklar MEISER/VON BUTTLAR, a.a.O. (Fn2238), S.27 einerseits, S.29 andererseits.

2315 Vgl. etwa BRUHA/BORTFELD, a.a.O. (Fn2236), S.164; STAHN, Security Council Resolutions 1368 (2001) and 1373 (2001): What they say and what they do not say, http://www.ejil.org/forum_WTC/ny-stahn.pdf [letzter Abruf: 17. November 2001], S.11 nach Fn34.

2316 Vgl. bei und m.N. in Fn2290. In der Literatur wird dieser Aspekt - Nichtbefolgung der Resolutionen 1267 (1999) und 1333 (2000) - dagegen vorwiegend i.R.d. *Zurechnung* der Anschläge vom 11. September 2001 zu den Taliban berücksichtigt, ohne freilich klarzustellen welcher konkrete *Zurechnungstatbestand* hierdurch erfüllt worden sein soll, vgl. etwa TOMUSCHAT, Der 11. September 2001 und seine rechtlichen Konsequenzen, EuGRZ 28 (2001) 21/23, S.542 m.w.N. in Fn49; WOLFRUM, a.a.O. (Fn2238), S.38f.. Zu Recht krit. daher KRAJEWSKI, a.a.O. (Fn2245), S.195 bei Fn67f.. Unklar schließlich WOLFRUM/PHILIPP, a.a.O. (Fn2234), S.593 einerseits und S.596 andererseits.

2317 Vgl. m.N. in Fn2291 (Schweden, Irland).

2318 Vgl. bei und m.N. in Fn2276 (ANZUS), Fn2278 (NATO), Fn2283, 2285, 2287 (EU einschließlich Beitrittsstaaten und EFTA-Staaten).

2319 Vgl. bei und m.N. in Fn2280f. (Kanda, Frankreich, Australien, Deutschland, die Niederlande, Neuseeland und Polen).

Anschläge vom 11. September 2001 und die darauf folgende OEF jedoch die Tendenz erkennen, die Adressierung nicht-staatlicher Akteure im Rahmen eines die Gewaltanwendung rechtfertigenden Rechtsverhältnisses von einem Akt des Systems kollektiver Sicherheit abhängig zu machen ("Hybridtatbestand"). Die exakte legitimatorische Wirkung dieses Aktes - sei es Anerkennung der Völkerrechtssubjektivität, Zurechnungssatz, Duldungstitel oder gar Mandat - lässt sich allerdings mangels konkretisierender Stellungnahmen aus der Staatenwelt - bislang - nicht determinieren.

VII. USA / Großbritannien u.a. - Irak: Operation Iraqi Freedom (seit 19. März 2003)

1. Sachverhalt

a. Hintergrund

Die Hintergründe der *Operation Iraqi Freedom* (nachfolgend: OIF) im Jahr 2003 reichen bis zum Ersten Golfkrieg 1990 zurück: Nach der völkerrechtswidrigen Invasion Iraks in Kuwait,[2320] verabschiedete der Sicherheitsrat eine Reihe von Resolutionen,[2321] in denen er den Irak wiederholt zum sofortigen und bedingungslosen Rückzug aufforderte,[2322] das individuelle und kollektive Selbstverteidigungsrecht Kuwaits anerkannte[2323] und - zunächst - *gewaltlose* Sanktionen gegen Irak verhängte, um ihn zum Rückzug zu veranlassen. Ende November 1990 entschied der Sicherheitsrat dann mit Resolution 678 (1990),

> "while maintaining all its decisions, to allow Iraq one *final opportunity*, as a pause of goodwill, to do so."[2324]

Insofern *aufschiebend bedingt* authorisierte der Sicherheitsrat

---

[2320] Vgl. zur irakischen Rechtfertigung und zur ersten Staatenreaktion AdG, CD-Rom (2001), Dok.34762 v. 2. August 1990.

[2321] S/Res/660 (1990) v. 2. August 1990; S/Res/661 (1990) v. 6. August 1990; S/Res/662 (1990) v. 9. August 1990; S/Res/664 (1990) v. 18. August 1990; S/Res/665 (1990) v. 25. August 1990; S/Res/666 (1990) v. 13. September 1990; S/Res/667 (1990) v. 16. September 1990; S/Res/669 (1990) v. 24. September 1990; S/Res/670 v. 25. September 1990; S/Res/674 v. 29. Oktober 1990; S/Res/677 v. 28. November 1990.

[2322] Grundlegend und in nachfolgenden Resolutionen in Bezug genommen: S/Res/660 (1990) v. 2. August 1990.

[2323] Vgl. S/Res/661 (1990) v. 6. August 1990, präamb. Abs.6: "Affirming the inherent right of individual and collective self-defence, in respect of the armed attack by Iraq against Kuwait, in accordance with Article 51 of the Charter." [Hervorh. im Orig. weggelassen].

[2324] S/Res/678 (1990) v. 29. November 1990, op. Abs.1 [Hervorh. hinzugef.].

"Member States co-operating with the Government of Kuwait, unless Iraq on or before 15 January 1991 fully implements, as set forth in paragraph 1 above[2325], the above mentioned resolutions[2326], to *use all necessary means* to uphold and implement resolution 660 (1990) and all *subsequent relevant resolutions* and to *restore* international peace and security in the area." [2327]

Der Irak nutzte auch diese "letzte Möglichkeit" nicht, manifestierte vielmehr seine Absicht, Kuwait zu annektieren[2328]. Auf Basis des VN-Mandates und unter Einsatz massiver Waffengewalt befreite daraufhin eine US-geführte Koalition Kuwait (*Operation Desert Storm*).[2329] Nach Anzeige seitens des Irak, nun doch sämtliche Resolutionen befolgen zu wollen,[2330] verabschiedete der Sicherheitsrat Resolution 686 (1991), mit der der Irak zwecks Vorbereitung eines Waffenstillstandes zu zahlreichen Maßnahmen[2331] verpflichtet wurde; in diesem Zusammenhang stellte der Sicherheitsrat fest, dass

---

2325 Vgl. bei Fn2324.

2326 Die in Fn2321 genannten Resolutionen.

2327 S/Res/678 (1990) v. 29. November 1990, op. Abs.2 [Hervorh. hinzugef.]. Zur irakischen Reaktion vgl. AdG, CD-Rom (2001), Dok.35098-2 v. 29. November 1990.

2328 Die Einverleibung Kuwaits als 19. Provinz war bereits mit Präsidialdekret HUSSEINS am 27. August 1990 bekannt gegeben worden, vgl. AdG, CD-Rom (2001), Dok.34947-1 v. 14. Oktober 1990.

2329 Vereinzelt wurde als Rechtsgrundlage auch das Selbstverteidigungsrecht gem Art.51 CVN in Betracht gezogen, so etwa DINSTEIN, War, aggression and self-defence (2001), S.244ff.; nach wohl überwiegender und zutreffender Ansicht handelte es sich bei der *Operation Desert Strom* jedoch um eine Maßnahme des Systems kollektiver Sicherheit, die nicht zuletzt wegen Art.51 S.1 2.Hs CVN gegenüber dem Selbstverteidigungsrecht vorrangig ist, vgl. hierzu jeweils mit zahlreichen Nachweisen nur SCHALLER, Massenvernichtungswaffen und Präventivkrieg - Möglichkeiten der Rechtfertigung einer militärischen Intervention im Irak aus völkerrechtlicher Sicht, ZaöRV 62 (2002) 3, S.646 m.w.N. in Fn14; BLUMENWITZ, Die völkerrechtlichen Aspekte des Irak-Konfliktes, ZfP 50 (2003) 3, S.303 m.w.N. in Fn7. Zu Vorbereitung und Ablauf der *Operation Desert Storm* vgl. AdG, CD-Rom (2001), Dok.34831-1 und 34831-2 v. 25. August 1990, Dok. 35098-1 und Dok.35098-2 v. 29. November 1990, Dok.35231-1 und 25231-2 v. 15. Januar 1990, Dok.35255-1 und 35255-2 v. 17. Januar 1991, Dok. 35333-1 und 35333-2 v. 12. Februar 1991, Dok. 35375-1 und 35375-2 v. 27. Februar 1991, Dok. 35387-1, 35387-2 und 35387-3 v. 28. Februar 1991.

2330 *Letter dated 27 Februrary 1991 from the Permanent Representative of Iraq to the United Nations addressed to the President of the Security Council*, S/22275, Annex; hierzu auch AdG, CD-Rom (2001), Dok.35387-3 v. 28. Febraur 1991, Ziff.17.

2331 Unter Anderem Widerruf aller zur Annexion Kuwaits durchgeführten Akte, Anerkenntnis von Ersatzverpflichtungen gegenüber Kuwait und geschädigten Drittstaaten, Freisetzung aller Gefangenen, Rückgabe kuwaitischen Eigentums, Beendigung aller feindlichen Akte gegen Koalitionsstaaten, etc.. Vgl. im Detail S/Res/686 (1991) v. 2. März 1991, op. Abs.2, 3.

"*during the period* required for Iraq to comply [mit diesen Maßnahmen], the provisions of paragraph 2 of resolution 678 (1990)[2332] *remain valid.*"[2333]

Danach sollte das zur Gewaltanwendung berechtigende Mandat *solange* in Kraft bleiben, bis der Irak die Bedingungen für den Waffenstillstand erfüllt hatte. Einen Monat später verabschiedete der Sicherheitsrat Resolution 687 (1991), die detaillierte Bedingungen für den Waffenstillstand enthielt, unter anderem die Verpflichtung Iraks zur totalen Abrüstung von ABC-Waffen sowie ballistischen Trägersystemen mit einer Reichweite über 150km.[2334] In diesem Zusammenhang wurde der Irak auch verpflichtet, sich vollständig über Besitz und/oder Entwicklung derartiger Waffensysteme zu erklären und in internationale Inspektionen einzuwilligen.[2335] Der Sicherheitsrat bestätigte dabei die fortdauernde Wirksamkeit der früheren Resolutionen, *soweit* sie nicht durch Resolution 687 (1991) zur Erreichung der darin genannten Ziele, einschließlich des Waffenstillstandes, geändert seien;[2336] sobald der Irak die Bedingungen akzeptiere, trete ein Waffenstillstand zwischen Irak einerseits und Kuwait sowie den gem. Resolution 678 (1990), op. Abs.2 handelnden Staaten andererseits in Kraft.[2337]

Der Irak akzeptierte die Waffenstillstandsbedingungen;[2338] mit Schreiben vom 11. April 1991 stellte der SR-Präsident die Wirksamkeit des Waffenstillstandes fest.[2339]

In den folgenden Jahren zeigte sich, dass der Irak - insbesondere hinsichtlich der Offenlegung seiner Aktivitäten bezüglich Massenvernichtungswaffen sowie der Duldung der durch UNSCOM bzw. (später[2340]) UNMOVIC und IAEA durchge-

---

2332 Abgedr. bei Fn2327.

2333 S/Res/686 (1991) v. 2. März 1991, op. Abs.4 [Hervorh. hinzugef.].

2334 S/Res/687 (1991) v. 3. April 1991, op. Abs.8.

2335 S/Res/687 (1991) v. 3. April 1991, op. Abs.9; vgl. zu den Inspektionen insbesondere auch S/Res/715 (1991) v. 11. Oktober 1991, op. Abs.2-5.

2336 S/Res/687 (1991) v. 3. April 1991, op. Abs.1.

2337 S/Res/687 (1991) v. 3. April 1991, op. Abs.33.

2338 Vgl. *Identical letters dated 6 April 1991 from the Permanent Representative of Iraq to the United Nations addressed to the Secretary-General and the President of the Security Council*, S/22456, S.7 (Zustimmung des Außenministers HUSSEIN); *Letter dated 10 April 1991 from the Permanent Representative of Iraq to the United Nations addressed to the President of the Security Council*, S/22480, Annex (Zustimmung des irakischen Parlaments).

2339 Vgl. *Letter dated 11 April 1991 from the President of the Security Council addressed to the Permanent Representative of Iraq to the United Nations*, S/22485.

2340 Vgl. zur Ablösung der UNSCOM durch die UNMOVIC S/Res/1284 (1999), op. Abs.1. Weiterführende Informationen zur UNSCOM auf http://www.un.org/Depts/unscom sowie zur UNMOVIC auf http://www.unmovic.org [beide Seiten letzter Abruf: 1. Dezember 2007].

führten Inspektionen - seinen Verpflichtungen nicht nachkam, was zu zahlreichen Verurteilungen durch den Sicherheitsrat führte.[2341]

b. Geschehensablauf und Staatenreaktion

aa. Resolution 1441 (2002)

Seine Mißbilligung brachte der Sicherheitsrat vor Beginn der OIF letztmals in Resolution 1441 (2002) zum Ausdruck[2342], in der er die "erhebliche Verletzung" ("material breach") der dem Irak auf Grund der Waffenstillstandsvereinbarung obliegenden Verpflichtungen feststellte[2343] und entschied

> "[...] to afford Iraq, by this resolution, a *final opportunity* to comply with its disarmament obligations [...]; and accordingly decides to set up an enhanced inspection regime with the aim of bringing to full and verified completion the disarmament process established by resolution 687 (1991) and subsequent resolutions of the Council".[2344]

Zugleich wurde durch Resolution 1441 (2001) das Inspektionsregime durch konkret beschriebene Duldungs- und Verhaltenspflichten des Irak gegenüber den UNMOVIC- und IAEA-Inspekteuren gestärkt.[2345] Trotz gewisser grammatischer Parallelen zur Mandatsresolution 678 (1991) - hier insbesondere der Einräumung einer "final opportunity" - enthielt Resolution 1441 (2002) jedoch explizit weder ein Ultimatum noch eine Ermächtigung zur Gewaltanwendung. Der Sicherheitsrat rief lediglich seine wiederholte Warnung in Erinnerung, dass Irak

> "will face *serious consequences* as a result of its continued violations of its obligations",[2346]

und entschied, mit der Sache befasst zu bleiben. Am 27. November 2002 wurden die UNMOVIC- und IAEA-Inspektionen in intensivierter Form wieder auf-

---

[2341] S/Res/707 (1991) v. 15. August 1991, op. Abs.1; S/Res/1060 (1996) v. 12. Juni 1996, op. Abs.1 und 2; S/Res/1115 (1997) v. 21. Juni 1997, op. Abs.1; S/Res/1134 (1991) v. 23. Oktober 1991, op. Abs.1; S/Res/1137 (1997) v. 12. November 1997, op. Abs.1; S/Res/1154 (1998) v. 2. März 1998, op. Abs.4 (Feststellung der Pflichtverletzung ohne Verurteilung); S/Res/1194 (1998) v. 9. September 1998, op. Abs.1; S/Res/1205 (1998) v. 5. November 1998, op. Abs.1.

[2342] Vgl. S/Res/1441 (2002) v. 8. November 2002, präamb. Abs.6-8.

[2343] Vgl. S/Res/1441 (2002) v. 8. November 2002, op. Abs.1.

[2344] Vgl. S/Res/1441 (2002) v. 8. November 2002, op. Abs.2 [Hervorh. hinzugef.].

[2345] Vgl. S/Res/1441 (2002) v. 8. November 2002, op. Abs.3, 5-8.

[2346] Vgl. S/Res/1441 (2002) v. 8. November 2002, op. Abs.13 [Hervorh. hinzugef.].

genommen.[2347] Am 7. Dezember 2002 legte der Irak, Bezug nehmend auf seine Verpflichtung aus Resolution 1441 (2001), einen über 12.000 Seiten starken Bericht hinsichtlich Besitz, Verbleib und Entwicklung von Massenvernichtungswaffen sowie Trägersystemen vor.[2348]

bb. US-Präsentation im Sicherheitsrat am 5. Februar 2003

Am 5. Februar 2003 präsentierte US-Außenminister POWELL im Sicherheitsrat zahlreiche Materialien - u.a. Mitschnitte abgehörter Telefonate, Satellitenaufnahmen und Zeugnisse namentlich nicht genannter irakischer Überläufer - zum Beweis der Behauptung, dass Irak nach wie vor über einsatzfähige Massenvernichtungswaffen nebst geeigneter Trägersysteme verfüge;[2349] daneben führte POWELL aus, dass Irak enge Verbindungen zur al-Qaida unterhalte, was die explizit geäußerte Befürchtung einschloss, dass Massenvernichtungswaffen an Terroristen weitergegeben werden könnten.[2350] POWELL appellierte vor diesem Hintergrund, der Sicherheitsrat müsse nun für die Durchsetzung seiner Resolutionen sorgen.[2351] Bereits im Vorfeld der Präsentation hatte US-Präsident BUSH klargestellt, dass die USA nötigenfalls die Abrüstungsverpflichtung auch gewaltsam durchsetzen würden; eine entsprechende Sicherheitsratsresolution sei wünschenswert, man werde aber auch im Fall der Uneinigkeit des Rates handeln.[2352]

2347 Die Inspektionen waren am 16. Dezember 1998 auf Grund der bevorstehenden amerikanischen *Operation Desert Fox* ausgesetzt worden; der Großteil der Inspektoren hatte daraufhin den Irak verlassen. Mit Dekret vom 26. Dezember 1998 hatte das irakische Parlament die Rückkehr der Inspektoren ausgeschlossen. Vgl. hierzu *Letter dated 27 January 2003 from the Secretary-General addressed to the President of the Security Council*, S/2003/95, Enclosure, §3 sowie - zur irakischen Entscheidung - AdG, CD-Rom (2001), Dok.43236 v. 19. Dezember 1988.

2348 Vgl. UNYB 56 (2002), S.288; UNYB 57 (2003), S.317; MURPHY, Contemporary practice of the United States relating to international law, Am J Int'l L 97 (2003) 2, S.419. Nach Bewertung des UNMOVIC-Vorsitzenden BLIX beinhaltete der Bericht indes wenig substantiell Neues, vgl. *Note by the Secretary-General* v. 28. Februar 2002, S/2003/232, Annex, §§3, 71.

2349 POWELL (USA) in der SR-Sitzung v. 5. Februar 2003, S/PV.4701, S.2ff..

2350 POWELL (USA), a.a.O. (Fn2349), S.14ff.. Vgl. hierzu auch das Irak-Dossier der britischen Regierung, http://www.number10.gov.uk/files/pdf/iraqdossier.pdf [letzter Abruf: 1. Dezember 2007], S.17-32 sowie DAALDER, The use of force in a changing world - US and European perspectives, Leiden J Int'l L 16 (2003) 1, S.179.

2351 POWELL (USA), a.a.O. (Fn2349), S.17; Zusammenfassung der US-Präsentation in UNYB 57 (2003), S.324f..

2352 Vgl. exemplarisch *Address Before a Joint Session of the Congress on the State of the Union* v. 28. Januar 2003, Weekly Comp Pres Doc 39 (2003) 5, S.116: "But let there be no misunderstanding: If Saddam Hussein does not fully disarm, for the safety of our people and for the peace of the world, we will lead a coalition to disarm him." Ferner

Ebenso positionierten sich Großbritannien[2353] und Spanien.[2354] Unterstützung im Bemühen um eine neue - "robuste" - Sicherheitsratsresolution erhielten die USA von Albanien, Australien, Bolivien, El Salvador, Georgien, Kolumbien, Lettland, Nicaragua, Serbien und Montenegro sowie Usbekistan;[2355] außerhalb des Rates hatten bereits Ende Januar auch Dänemark, Italien, Polen, Portugal, Tschechien und Ungarn erklärt, dass es wohl bewaffneter Gewalt zur Abrüstung des Irak bedürfe.[2356]

Die übrigen zwölf Ratsmitglieder betonten dagegen die Bedeutung einer multilateralen, friedlichen Konfliktlösung unter dem Dach der VN im Rahmen des durch Resolution 1441 (2002) gestärkten Inspektionsregimes;[2357] zu der - wie

---

Remarks on the Iraqi Regime's Noncompliance With United Nations Resolutions v. 6. Februar 2003, Weekly Comp Pres Doc 39 (2003) 6, S.164.

2353 STRAW (Großbritannien) in der SR-Sitzung v. 5. Februar 2003, S/PV.4701, S.18ff., insb. S.20: "Saddam must be left in no doubt as to the serious consequences and the serious situation which he now faces. The United Kingdom does not want war. What we want is for the United Nations system to be upheld. But the logic of resolution 1441 (2002) is inescapable. Time is now very short. The Council will have further reports from the inspectors on Friday week, 14 February. If non-cooperation continues, the Council must meet its responsibilities."

2354 VALLELERSUNDI (Spanien) in der SR-Sitzung v. 5. Februar 2003, S/PV.4701, S.28f..

2355 Vgl. NESHO (Albanien) in der SR-Sitzung v. 19. Februar, S/PV.4709 (Resumption 1), S.21; DAUTH (Australien) in der SR-Sitzung v. 18. Februar, S/PV.4709, S.18ff. sowie in der SR-Sitzung v. 16. März 2003, S/PV.4725 (Resumption 1), S.9ff.; ORTIZ GANDARILLAS (Bolivien) in der SR-Sitzung v. 12. März 2003, S/PV.4717 (Resumption 1), S.11f., in derselben Sitzung LAGOS PIZZATI (El Salvador), S.9f.; ADAMIA (Georgien) in der SR-Sitzung v. 19. Februar, S/PV.4709 (Resumption 1), S.29f., GIRALDO (Kolumbien) in der SR-Sitzung v. 12. März 2003, S/PV.4717 (Resumption 1), S.22f.; JEGERMANIS (Lettland) in der SR-Sitzung v. 19. Februar, S/PV.4709 (Resumption 1), S.32, in derselben Sitzung SEVILLA SOMOZA (Nicaragua), S.20, NINČIĆ (Serbien und Montenegro), S.31f. und schließlich VOHIDOV (Usbekistan), S.21f..

2356 Vgl. MURPHY, a.a.O. (Fn2348), S.421 m.N. in Fn23.

2357 Vgl. jeweils in der SR-Sitzung v. 5. Februar 2003, S/PV.4701: TANG JIAXUAN (China), S.17f.; IVANOV (Russland), S.20ff., sehr deutlich NGOUBEYOU (Kamerun), S.22f.; DE VILLEPIN (Frankreich), S.23ff.; DERBEZ (Mexiko), S.25f.; PASSY (Bugarien), S.26f.; KASURI (Pakistan), S.27f.; VALENZUELA (Chile), S.30f.; CHIKOTI (Angola), S.31f.; WEHBE (Syrien), S.32ff.; TRAORÉ (Guinea), S.34ff.; FISCHER (Deutschland), S.36f.. Vgl. zur Position Frankreichs, Deutschlands und Russlands ferner *Letter dated 10 February 2003 from the Permanent Representatives of France, Germany and the Russian Federation to the United Nations addressed to the President of the Security Council*, S/2003/164, Annex; *Letter dated 24 February 2003 from the Permanent Representatives of France, Germany and the Russian Federation to the United Nations addressed to the President of the Security Council*, S/2003/214, Annex; *Letter dated 5 March 2003 from the Permanent Representatives of France, Germany and the Russian Federation to the United Nations addressed to the President of the Security Council*, S/2003/253, Annex sowie *Letter dated 15 March 2003 from the Permanent Representative of Germany to the United Nations addressed to the President of the Security Council*, S/2003/320, Annex. Zur Position Chinas und Russlands ferner *Letter dated 28 February 2003 from the*

von den USA, Großbritannien und Spanien verfolgt "robusten" Sicherheitsratsresolution - kam es daher nicht.[2358] Auch außerhalb des Rates sprachen sich zahlreiche weitere Staaten[2359] (u.a. auch im Rahmen offizieller Stellungnahmen der LAS[2360], der OIC[2361] und der Organisation blockfreier Staaten[2362]) deutlich gegen

---

Permanent Representatives of China and the Russian Federation to the United Nations addressed to the Secretary-General, S/2003/238, Annex II.

2358 Vgl. m.N. MURPHY, a.a.O. (Fn2348), S.423f..

2359 Vgl. hierzu - in ihrer Deutlichkeit freilich nuancierend - die einzelstaatlichen Stellungnahmen in der SR-Sitzung v. 18. Februar, S/PV.4709: KUMALO (Südafrika), S.3ff. (auch im Namen der blockfreien Staaten); AL-OTAIBI (Kuwait), S.7ff.; LOULICHKI (Marokko), S.9f.; ZARIF (Iran), S.12f.; BENMEHIDI (Algeria), S.13ff.; ALMANSOOR (Bahrain), S.15f.; ZEID RA'AD ZEID AL-HUSSEIN (Jordanien), S.16f.; PAMIR (Türkei), S.20f.; MOURA (Braslien), S.21f.; NGO DUC THANG (Vietnam), S.22f.; DE RIVERO (Peru), S.23f.; HARAGUCHI (Japan), S.24; MACKAY (Neuseeland), S.24f.; KUCHINSKY (Ukraine), S.26f.; AL-HINAI (Oman), S.27f.; ALSAIDI (Jemen), S.28ff.; VASSILAKIS (Griechenland), S.30f. (im Namen der Europäischen Union); MANIS (Sudan), S.32f.; HUNTLEY (St. Lucia), S.33f. (im Namen der 14 Staaten der CARICOM); IVANOV (Weißrussland), S.34; NAMBIAR (Indien), S.34f.. Ferner in der SR-Sitzung v. 19. Februar, S/PV.4709 (Resumption 1): AL-NASSER (Qatar), S.2f. (auch im Namen der OIC, S.3); ABOUL GHEIT (Ägypten), S.3ff.; STAGNO (Costa Rica), S.5; HELG (Schweiz), S.6f.; SUN JOUN-YUNG (Südkorea), S.7; DJUMALA (Indonesien), S.8; ZAINUDDIN (Malaysia), S.9f.; SHOBOKSHI (Saudi Arabien), S.10ff.; PAOLILLO (Uruguay), S.12; deutlich NDEKHEDEHE (Nigeria), S.12f. ("enforcement action should be the result of the collective will and decisions of the Security Council, under Article 42 of the Charter"); OWN (Libyen), S.13ff.; YÉPEZ LASSO (Ecuador), S.15; KASEMSARN (Thailand), S.15f.; WENAWESER (Liechtenstein), S.16f.; KERIM (Mazedonien), S.17f.; TAN (Singapur), S.18f.; YAUVOLI (Fiji), S.19f.; CAPELLE (Marschallinseln), S.22; MAHENDRAN (Sri Lanka), S.22; AL-SHAMSI (Vereinigte Arabische Emirate), S.22ff.; ACOSTA BONILLA (Honduras), S.24f.; KOONJUL (Mauritius), S.25f.; dezidiert KOLBY (Norwegen), S.26 ("Time has not run out. The use of force is not unavoidable. We must do everything in our power to achieve a peaceful solution."); LOIZAGA (Paraguay), S.26f.; INGÓLFSSON (Island), S.27f.; HEINBECKER (Kanada), S.28f.; DIAB (Libanon), S.30f.; MARTINO (Heiliger Stuhl), S.33f.. Ferner - bereits genannte Staaten nicht nochmals berücksichtigt - in der SR-Sitzung v. 11. März 2003, S/PV.4717: KITTIKHOUN (Laos), S.29 sowie in der SR-Sitzung v. 12. März 2003, S/PV.4717 (Resumption 1): MANALO (Philippinen), S.4; LISTRE (Argentinien), S.7f.; HACHANI (Tunisia), S.13f.; MUSAMBACHIME (Zambia), S.14f.; LAMBA (Malawi), S.17f.; ALCALAY (Venezuela), S.18f.; FALL (Senegal), S.19ff.; AISI (Papua Neuguinea), S.21; DE RIVERO (Peru), S.22.

2360 Vgl. *Letter dated 3 March 2003 from the Permanent Observer for the League of Arab States to the United Nations addressed to the President of the Security Council*, S/2003/254, Annex I, op. Abs.1 ("categorical rejection of a strike against Iraq"); ferner MAHMASSANI (LAS) in der SR-Sitzung v. 11. März 2003, S/PV.4717, S.9ff..

2361 Vgl. *Letter dated 6 March 2003 from the Permanent Representative of Qatar to the United Nations addressed to the Secretary-General*, S/2003/288, *Annex, Communiqué on Iraq adopted at the second emergency session of the Islamic Summit Conference*, Ziff.2; ferner LAMANI (OIC) in der SR-Sitzung v. 11. März 2003, S/PV.4717, S.32f..

2362 Vgl. *Letter dated 4 March 2003 from the Chargé d'affaires a.i. of the Permanent Mission of Malaysia to the United Nations addressed to the Secretary-General*, S/2003/329, Annex, Abs.4.

ein gewaltsames Vorgehen und für eine zunächst unbefristete Verlängerung der Inspektionen aus. Für eine Fortführung der Inspektionen plädierten auch der IAEA-Generaldirektor EL BARADEI und der UNMOVIC-Vorsitzende BLIX, die seit Wiederaufnahme der Inspektionen bis kurz vor Beginn der OIF berichteten, dass keine sicheren Hinweise hinsichtlich der Fortführung oder Wiederaufnahme von Programmen zur Entwicklung von Massenvernichtungswaffen gefunden worden seien. Die Inspektionen seien trotz noch verbesserungswürdiger Kooperation des Irak wirksam, bedürften aber zur Erfüllung des Inspektionsauftrages noch deutlich mehr Zeit.[2363]

Hervorgehoben sei schließlich, dass im Verlauf der Sitzungen des Sicherheitsrats im Vorfeld der OIF gerade einmal *vier* Staaten (Kuba[2364], Gambia[2365], Simbambwe[2366] und Sudan[2367]) die Situation explizit in Bezug auf das von US-Präsident BUSH erst ein halbes Jahr zuvor - im Rahmen der Nationalen Sicherheitsstrategie[2368] - definierte Konzept der *Präemption* kommentierten, wobei die in der NSS zum Ausdruck kommende amerikanische Rechtsauffassung[2369] durchweg abgelehnt wurde.

cc. Azorengipfel und US-Ultimatum

An der militärischen Option festhaltend verkündeten die USA, Großbritannien, Portugal und Spanien anläßlich des Azoren Gipfels (16. März 2003) schließlich

---

2363 Vgl. *Letter dated 27 January 2003 from the Secretary-General addressed to the President of the Security Council*, S/2003/95, *Enclosure*, §71 (Bericht EL BARADEI); *Note by the Secretary-General* v. 28. Februar 2002, S/2003/232, Annex, §72 a.E. (Bericht BLIX); vgl. eingehend die mündlichen Berichte in der SR-Sitzung v. 27. Januar 2003, S/PV.4692, S.2ff. (BLIX) und S.9ff. (EL BARADEI), in der SR-Sitzung v. 14. Februar 2003, S/PV.4707, S.2ff. (BLIX) und S.6ff. (EL BARADEI), in der Sitzung v. 7. März 2003, S/PV.4714, S.2ff. (BLIX) und S.6ff. (EL BARADEI); zusammenfassend UNYB 57 (2003), S.316-332.

2364 Vgl. RODRÍGUEZ PARRILLA (Kuba) in der SR-Sitzung v. 18. Februar 2003, S/PV.4709, S.11 ("The new doctrine of pre-emptive attack that some seek to impose advocates the right to use or threaten to use force in international relations and the right to take unilateral military action against other States, in advance and in the face of indeterminate and vague threats. That is a flagrant violation of the spirit and the letter of the Charter of the United Nations and seeks to turn the inherent right of legitimate self-defence into a blank check."). Nochmals in der SR-Sitzung v. 11. März 2003, S/PV.4717, S.25f..

2365 Vgl. GREY-JOHNSON (Gambia) in der SR-Sitzung v. 18. Februar, S/PV.4709,S.17ff..

2366 Vgl. MUCHETWA (Simbabwe) in der SR-Sitzung v. 19. Februar, S/PV.4709 (Resumption 1), S.32f..

2367 Vgl. ERWA (Sudan) in der SR-Sitzung v. 12. März 2003, S/PV.4717 (Resumption 1), S.3.

2368 *The National Security Strategy of the United States of America* v. 17. September 2002, http://www.whitehouse.gov/nsc/nss/2002/nss.pdf [letzter Abruf: 15. Oktober 2007].

2369 Vgl. hierzu supra Erster Teil - 3. Kapitel - B. - I. - 4. , S.94f. bei und m.w.N. in Fn437ff..

die *Vision for Iraq and the Iraqi People*. Darin wurde ausgeführt, dass der irakische Präsident HUSSEIN seit zwölf Jahren durch fortdauernden Verstoß gegen die Abrüstungsverpflichtungen die internationale Gemeinschaft herausfordere und bei weiter ausbleibender Kooperation mit den VN die in Resolution 1441 (2002) angekündigten "serious consequences" tragen müsse. Die vier Staaten stellten in Aussicht, dem irakischen Volk bei dem Aufbau eines neuen Irak zu helfen, in dem es frei von Tyrannei und selbstbestimmt leben könne. Man werde Terrorismus in allen Formen bekämpfen und dafür sorgen, dass der Irak keine Zufluchtsstätte für Terroristen mehr biete.[2370] Abschließend heißt es:

> "Any military presence, should it be necessary, will be temporary and intended to promote security and elimination of weapons of mass destruction; the delivery of humanitarian aid; and the conditions for the reconstruction of Iraq. Our commitment to support the people of Iraq will be for the long term. We call upon the international community to join with us in helping to realize a better future for the Iraqi people."[2371]

Dieser impliziten Ankündigung einer gewaltsamen Durchsetzung der Waffenstillstandsbedingungen folgte am 17. März 2003 das Ultimatum seitens US-Präsident BUSH, in dem er den irakischen Präsidenten HUSSEIN aufforderte, den Irak binnen 48 Stunden zu verlassen;[2372] das Ultimatum wurde von irakischer Seite zurückgewiesen.[2373] Noch am selben Tag nahm Russland auf die Erklärung des Azoren Gipfels Bezug und erklärte,

> "[o]n the whole, we are convinced that the Iraq crisis, which now no longer poses a threat to international peace and security, must be finally settled on the basis of all the existing Security Council decisions on the subject. In these circumstances *the use of force against Iraq, all the more so with reference to previous Security Council resolutions, is without foundation, including legal foundation*[2374]. Resolution 1441 directly indicates, in paragraph 12, that the Council will if necessary

[2370] Vgl. *Letter dated 18 March 2003 from the Permanent Representatives of Portugal, Spain, the United Kingdom of Great Britain and Northern Ireland and the United States of America to the United Nations addressed to the President of the Security Council*, S/2003/335, Annex.

[2371] *Letter dated 18 March 2003*, ebd. (Fn2370).

[2372] *Address to the Nation on Iraq* v. 17. März 2003, Weekly Comp Pres Doc 39 (2002) 12, S.338ff.; BLUMENWITZ, Der Präventivkrieg und das Völkerrecht, Politische Studien 54 (2003) 5, S.28 in Fn51 deutet dies als "Ultimatum mit bedingter Kriegserklärung", auf Grund dessen die USA zumindest Art.1 III.Haager Abkommen über den Begin der Feindseligkeiten v. 18. Oktober 1907 genügt haben.

[2373] Vgl. FAZ v. 18. März 2003; MURPHY, a.a.O. (Fn2348), S.425.

[2374] Vgl. hierzu auch das Rechsgutachten des russischen Außenministeriums, *Legal Assesment of the use of force against Iraq* [März 2003], abgedr. in Int'l Comp L Q 52 (2003) 4, S.1059-1063.

meet immediately to ensure full compliance with the relevant resolutions. Thus, resolution 1441 gives no one the right to the automatic use of force. The Russian Federation considers that a settlement in Iraq must continue to remain under the control of the Security Council, which bears the primary responsibility for the maintenance of international peace and security."[2375]

dd. Beginn der OIF am 20. März 2003

Am 20. März 2003 zeigten die USA, Großbritannien und Australien gegenüber dem Sicherheitsrat an, dass "[c]oalition forces have commenced military operations in Iraq"[2376]. Dabei berief sich keiner der Staaten (materiell) auf sein Selbstverteidigungsrecht bzw. (formell) auf die Kenntnisgabepflicht gem. Art.51 S.2 1.Hs CVN. Zur Begründung stützten sich die drei Staaten[2377] vielmehr auf die andauernde *erhebliche Verletzung* ("material breach") der *Abrüstungs- und Waffenkontrollverpflichtungen*, die dem Irak durch Resolution 687 (1991) auferlegt worden seien.[2378] Der fortdauernde Verstoß sei vom Sicherheitsrat in Resolution 1441 (2002) bestätigt worden, zugleich sei bestimmt worden, dass der Irak bei weiterbestehender Mißachtung seiner Verpflichtungen "serious consequences" zu befürchten habe. Konsequenz dieser erheblichen Verletzung sei der Wegfall der Grundlagen des Waffenstillstandes und das Wiederaufleben des Mandats zur

---

2375 *Letter dated 17 March 2003 from the Permanent Representative of the Russian Federation to the United Nations addressed to the Secretary-General*, S/2003/347, Annex

2376 *Letter dated 20 March 2003 from the Permanent Representative of the United States of America to the United Nations addressed to the President of the Security Council*, S/2003/351. Vgl. auch *Letter dated 20 March 2003 from the Permanent Representative of the United Kingdom of Great Britain and Northern Ireland to the United Nations addressed to the President of the Security Council*, S/2003/350 und *Letter dated 20 March 2003 from the Permanent Representative of Australia to the United Nations addressed to the President of the Security Council*, S/2003/352.

2377 Nach Beginn der OIF, an der sich initial neben den USA, Großbritannien und Australien nur Polen mit Truppenkontingenten beteiligte (vgl. MURPHY, a.a.O. (Fn2348), S.428 bei Fn68), stellten bis zum Jahresende 2003 weitere 16 Staaten Kampfeinheiten zur Verfügung, namentlich Aserbaidschan, Bulgarien, Tschechien, Dänemark, El Salvador, Georgien, Kasachstan, Lettland, Litauen, Mazedonien, Moldawien, Polen, Rumänien, Singapur, Slovakei, Ukraine; derzeit umfasst die OIF 26 Staaten, vgl. die Informationen des die OIF führenden US CENTCOM, http://www.mnf-iraq.com, Menüpunkt "News / MNFI Coalition Partners" [letzter Abruf: 2. Dezember 2007 / Stand: 1. Juni 2007].

2378 Vgl. die in Fn2376 genannten Schreiben an den Sicherheitsrat. Vgl. ergänzend zur Rechtsauffassung Großbritanniens das Irak-Dossier der britischen Regierung, a.a.O. (Fn2350), zur Rechtsauffassung Australiens das Rechtsgutachen der australischen Regierung, *Memorandum of Advice to the Commonwealth Government on the use of force against Iraq*, abgedr. in Melb J Int'l L 4 (2004) 1, S.178-182 sowie *Advice to Hon Simon Crean MP on the use of force against Iraq*, abgedr. in Melb J Int'l L 4 (2004) 1, S.183-189.

Anwendung von Gewalt gem. Resolution 678 (1990). Wörtlich heißt es im Schreiben der USA:

> "The actions being taken are authorized under existing Council resolutions, including its resolutions 678 (1990) and 687 (1991). Resolution 687 (1991) imposed a series of obligations on Iraq, including, most importantly, extensive disarmament obligations, that were conditions of the ceasefire established under it. It has been long recognized and understood that a material breach of these obligations removes the basis of the ceasefire and revives the authority to use force under resolution 678 (1990). [...]
>
> Iraq continues to be in material breach of its disarmament obligations under resolution 687 (1991), as the Council affirmed in its resolution 1441 (2002). Acting under the authority of Chapter VII of the Charter of the United Nations, the Council unanimously decided that Iraq has been and remained in material breach of its obligations and recalled its repeated warnings to Iraq that it will face serious consequences as a result of its continued violations of its obligations. The resolution then provided Iraq a "final opportunity" to comply, but stated specifically that violations by Iraq of its obligations under resolution 1441 (2002) to present a currently accurate, full and complete declaration of all aspects of its weapons of mass destruction programmes and to comply with and cooperate fully in the implementation of the resolution would constitute a further material breach.
>
> The Government of Iraq decided not to avail itself of its final opportunity under resolution 1441 (2002) and has clearly committed additional violations. In view of Iraq's material breaches, *the basis for the ceasefire has been removed and use of force is authorized under resolution 678 (1990).*"

Lediglich die USA erwähnten - nach der vorstehend zitierten, ausführlichen Rechtfertigung über ein Wiederaufleben der Mandatsresolution 678 (1990) freilich nur beiläufig -, dass die ergriffenen Maßnahmen

> "are necessary steps to *defend the United States* and the international community from the threat posed by Iraq and to restore international peace and security in the area." [2379]

[2379] *Letter dated 20 March 2003 from the Permanent Representative of the United States of America to the United Nations addressed to the President of the Security Council*, S/2003/351 [Hervorh. hinzugef.].

ee. Sicherheitsratsdebatte vom 26./27. März 2003

Eine Berufung auf das Selbstverteidigungsrecht als unilaterales Gewaltrecht sollte dieser Passus indes wohl auch aus amerikanischer Sicht nicht darstellen,[2380] wie die Stellungnahme des amerikanischen Vertreters NEGROPONTE in der Sicherheitsratsdebatte vom 26./27. März 2003 verdeutlicht. Nicht nur rechtfertigte NEGROPONTE das militärische Vorgehen einzig über das *Wiederaufleben des Mandats aus Resolution 678 (1990)*, er resümmierte insofern auch, dass

> "[t]he coalition response is legitimate and *not unilateral*."[2381]

Und auch der britische Vertreter GREENSTOCK betonte, dass

> "[t]he action that the United Kingdom is now taking with its coalition partners to uphold United Nations resolutions is both legitimate and *multilateral*. The use of force is authorized in the current circumstances under Security Council resolutions 678 (1990), 687 (1991) and 1441 (2002)."[2382]

Unter Heranziehung der Resolutionen 678 (1990), 687 (1991) sowie insbesondere 1441 (2002) - jedoch ausnahmslos ohne Bezugnahme auf das Selbstverteidigungsrecht, von einem Recht zur *präventiven* Gewaltanwendnung ganz zu schweigen - äußerten sich auch diejenigen Staaten, die die OIF befürworteten bzw. aktiv unterstützten: Albanien[2383], Australien[2384], Bulgarien[2385], Georgien[2386],

---

[2380] Im Ergebnis ebenso BOTHE, Der Irak-Krieg und das völkerrechtliche Gewaltverbot, AVR 41 (2003) 3, S.260; FROWEIN, Ist das Völkerrecht tot?, FAZ v. 23. Juli 2003, S.6 (unter Ziff. II.); JOHNSTONE, US-UN relations after Iraq: The end of the world (order) as we know it?, Eur J Int'l L 15 (2004) 4, S.830f.; KUNDE, Der Präventivkrieg (2007), S.212 m.w.N. in Fn271; ferner BVerwG, Urt. v. 21. Juni 2005, Az. 2 WD 12/04, NJW 59 (2006) 1, S.95. A.A. TOMUSCHAT, Völkerrecht ist kein Zweiklassenrecht, VN 51 (2003) 2, S.41 und WOLFRUM, Irak - eine Krise auch für das System der kollektiven Sicherheit (2003), http://www.mpil.de/shared/data/pdf/irak4.pdf [letzter Abruf: 21. Juli 2006], S.5.

[2381] Vgl. NEGROPONTE (USA) in der SR-Sitzung v. 27. März 2003, S/PV.4726 (Resumption 1), S.25 [Hervorh. hinzugef.].

[2382] Vgl. GREENSTOCK (Großbritannien) in der SR-Sitzung v. 27. März 2003, S/PV.4726 (Resumption 1), S.23: "Coalition action is therefore now under way to enforce Security Council decisions on complete Iraqi disarmament. […] The action that the United Kingdom is now taking with its coalition partners to uphold United Nations resolutions is both legitimate and multilateral. The use of force is authorized in the current circumstances under Security Council resolutions 678 (1990), 687 (1991) and 1441 (2002)."

[2383] Vgl. NESHO (Albania) in der SR-Sitzung v. 26. März 2003, S/PV.4726, S.45.

[2384] Vgl. DAUTH (Australien) in der SR-Sitzung v. 26. März 2003, S/PV.4726, S.26f..

[2385] Vgl. TAFROV (Bulgarien) in der SR-Sitzung v. 27. März 2003, S/PV.4726 (Resumption 1), S.31f..

[2386] Vgl. ADAMIA (Georgien) in der SR-Sitzung v. 26. März 2003, S/PV.4726, S.41.

Island[2387], Japan[2388], Kuwait[2389], Lettland[2390], Litauen[2391], Mazedonien[2392], Mikronesien[2393], Nicaragua[2394], Polen[2395], Uganda[2396], Spanien[2397] und Südkorea[2398].

Die Mehrzahl der Staaten folgte indes der Rechtfertigung über ein Wiederaufleben von Resolution 678 (1990) nicht und ordnete - mehr oder minder scharf - das Vorgehen der Koalition als völkerrechtswidrig ein. Hierzu zählten neben den Staaten der LAS, welche bereits am 24. März 2003 das Vorgehen der US-geführten Koalition als "act of aggression" verurteilt hatten[2399] u.a. Brasilien[2400], China[2401], Indien[2402], Indonesien[2403], Iran[2404], Jemen[2405], Kirgisien[2406], Laos[2407], Libanon[2408], Libyen[2409], Malaysia (auch im Namen der Bewegung der blockfreien

2387 Vgl. INGÓLFSSON (Island) in der SR-Sitzung v. 26. März 2003, S/PV.4726, S.46.
2388 Vgl. HARAGUCHI (Japan) in der SR-Sitzung v. 26. März 2003, S/PV.4726, S.39.
2389 Vgl. ABULHASAN (Kuwait) in der SR-Sitzung v. 26. März 2003, S/PV.4726, S.15.
2390 Vgl. JEGERMANIS (Lettland) in der SR-Sitzung v. 26. März 2003, S/PV.4726, S.41f..
2391 Vgl. ŠERKŠNYS (Litauen) in der SR-Sitzung v. 27. März 2003, S/PV.4726 (Resumption 1), S.5.
2392 Vgl. KERIM (Mazedonien) in der SR-Sitzung v. 26. März 2003, S/PV.4726, S.40.
2393 Vgl. NAKAYAMA (Mikronesien) in der SR-Sitzung v. 27. März 2003, S/PV.4726 (Resumption 1), S.8.
2394 Vgl. SEVILLA SOMOZA (Nicaragua) in der SR-Sitzung v. 26. März 2003, S/PV.4726, S.42.
2395 Vgl. STAŃCZYK (Polen) in der SR-Sitzung v. 26. März 2003, S/PV.4726, S.24f..
2396 Vgl. BEYENDEZA (Uganda) in der SR-Sitzung v. 27. März 2003, S/PV.4726 (Resumption 1), S.13f.; ferner *Letter dated 24 March 2003 from the Chargé d'affaires a.i. of the Permanent Mission of Uganda to the United Nations addressed to the President of the Security Council*, S/2003/373, Annex.
2397 Vgl. ARIAS (Spanien) in der SR-Sitzung v. 27. März 2003, S/PV.4726 (Resumption 1), S.29.
2398 Vgl. SUN JOUN-YUNG (Südkorea) in der SR-Sitzung v. 26. März 2003, S/PV.4726, S.34f..
2399 Vgl. *Letter dated 24 March 2003 from the Permanent Observer of the League of Arab States to the United Nations addressed to the President of the Security Council*, S/2003/365, Annex; vgl. auch die Ausführungen des LAS-Vertreters MAHMASSANI in der SR-Sitzung v. 26. März 2003, S/PV.4726, S.8f..
2400 Vgl. SARDENBERG (Brasilien) in der SR-Sitzung v. 26. März 2003, S/PV.4726, S.28.
2401 Vgl. WANG YINGFAN (China) in der SR-Sitzung v. 27. März 2003, S/PV.4726 (Resumption 1), S.28f..
2402 Vgl. NAMBIAR (Indien) in der SR-Sitzung v. 26. März 2003, S/PV.4726, S.23.
2403 Vgl. HIDAYAT (Indonesia) in der SR-Sitzung v. 26. März 2003, S/PV.4726, S.19.
2404 Vgl. ZARIF (Iran) in der SR-Sitzung v. 26. März 2003, S/PV.4726, S.33.
2405 Vgl. ALSAIDI (Jemen) in der SR-Sitzung v. 26. März 2003, S/PV.4726, S.13.
2406 Vgl. BAIALINOV (Kirgisien) in der SR-Sitzung v. 27. März 2003, S/PV.4726 (Resumption 1), S.16.
2407 Vgl. KITTIKHOUN (Laos) in der SR-Sitzung v. 26. März 2003, S/PV.4726, S.47.
2408 Vgl. DIAB (Libanon) in der SR-Sitzung v. 26. März 2003, S/PV.4726, S.35.
2409 Vgl. OWN (Libyen) in der SR-Sitzung v. 26. März 2003, S/PV.4726, S.16f..

Staaten)[2410], Russland[2411], die Schweiz[2412], Südafrika[2413], Sudan[2414], Syrien[2415], Tansania[2416] und Weißrussland[2417]. Die Vertreter dieser Staaten hoben nahezu einmütig hervor, dass die Ergreifung militärischer Maßnahmen unter Umgehung einer expliziten Ermächtigung durch den Sicherheitsrat mit der Charta der Vereinten Nationen und dem System kollektiver Sicherheit unvereinbar sei.

Interessanterweise gingen - auch nach Beginn der OIF[2418] - nur die wenigsten Staaten auf das Konzept der unilateralen *Präemption* ein. Klar ablehnend - und zwar über den Einzelfall hinaus - äußerten sich hier Iran[2419], Jamaica[2420], Jemen[2421], Kuba[2422], Malaysia[2423] und Vietnam[2424]; Iran und Jemen stellten dabei - neben dem Libanon[2425] - zugleich heraus, dass die OIF mangels Angriffes durch den Irak auch nicht als Selbstverteidigung zu rechtfertigen sei. Ohne zur Rechtfertigung der OIF Stellung zu beziehen, äußerten sich im Sicherheitsrat schließlich eine Reihe von Staaten der westlichen Hemisphäre[2426], des pazifischen und südostasiatischen Raums[2427] sowie Europas[2428].

2410 Vgl. MOHD ISA (Malaysia) in der SR-Sitzung v. 26. März 2003, S/PV.4726, S.6, 8.

2411 Vgl. LAVROV (Russland) in der SR-Sitzung v. 27. März 2003, S/PV.4726 (Resumption 1), S.26; ferner *Letter dated 20 March 2003 from the Permanent Representative of the Russian Federation to the United Nations addressed to the Secretary-General*, S/2003/348, Annex.

2412 Vgl. STAEHELIN (Schweiz) in der SR-Sitzung v. 26. März 2003, S/PV.4726, S.30.

2413 Vgl. KUMALO (South Africa) in der SR-Sitzung v. 26. März 2003, S/PV.4726, S.20f..

2414 Vgl. ERWA (Sudan) in der SR-Sitzung v. 26. März 2003, S/PV.4726, S.31.

2415 Vgl. WEHBE (Syrien) in der SR-Sitzung v. 27. März 2003, S/PV.4726 (Resumption 1), S.32.

2416 Vgl. MULAMULA (Tansania) in der SR-Sitzung v. 27. März 2003, S/PV.4726 (Resumption 1), S.9.

2417 Vgl. IVANOU (Weißrussland) in der SR-Sitzung v. 26. März 2003, S/PV.4726, S.38.

2418 Vgl. zu expliziten Stellungnahmen zum Konzpet der Präemption *vor Beginn der OIF* supra Dritter Teil - 7. Kapitel - B. - VII. - 1. - b. - bb. , S.452 m.N. in Fn2364-2367.

2419 Vgl. ZARIF (Iran), ebd. (Fn2404).

2420 Vgl. NEIL (Jamaica) in der SR-Sitzung v. 26. März 2003, S/PV.4726, S.33.

2421 Vgl. ALSAIDI (Jemen), ebd. (Fn2405).

2422 Vgl. RODRÍGUEZ PARRILLA (Kuba) in der SR-Sitzung v. 26. März 2003, S/PV.4726, S.21f..

2423 Vgl. MOHD ISA (Malaysia), a.a.O. (Fn2410), S.8.

2424 Vgl. NGUYEN THANH CHAU (Vietnam) in der SR-Sitzung v. 26. März 2003, S/PV.4726, S.32.

2425 Vgl. DIAB (Libanon), ebd. (Fn2408).

2426 Vgl. VALDÉS (Chile) in der SR-Sitzung v. 27. März 2003, S/PV.4726 (Resumption 1), S.30f.; UGARTE (Costa Rica) in der SR-Sitzung v. 27. März 2003, S/PV.4726 (Resumption 1), S.10f.; LAGOS PIZZATI (El Salvador) in der SR-Sitzung v. 27. März 2003, S/PV.4726 (Resumption 1), S.6f.; ROSENTHAL (Guatemala) in der SR-Sitzung v. 26. März 2003, S/PV.4726, S.48; ACOSTA BONILLA (Honduras) in der SR-Sitzung v. 27. März 2003, S/PV.4726 (Resumption 1), S.12f.; HEINBECKER (Kanada) in der SR-Sitzung v. 27. März 2003, S/PV.4726 (Resumption 1), S.3; GIRALDO (Kolumbien) in der SR-Sitzung v. 26. März 2003, S/PV.4726, S.40f.; PAOLILLO (Uruguay) in der SR-

2. Bewertung

a. Einordnung: Unilaterale Präemption oder "enforcement of the collective will"

Die Einordnung der OIF in den Untersuchungszusammenhang bereitet gewisse Schwierigkeiten - STAHN spricht in diesem Zusammenhang von einer "gray area between Chapter VII and Article 51"[2429]:

So lassen sich durchaus Merkmale der *unilateralen Präemption* identifizieren: Betont man nämlich die Zielsetzung, nach der verhindert werden sollte, dass *der Irak* über einsatzfähige Massenvernichtungswaffen verfügt, könnte man annehmen, dass damit gerade der abstrakten[2430] Gefahr eines existenzvernichtenden *staatlichen Angriffes* vorgebeugt werden sollte; insofern wäre von einem Fall *präemptiver Selbstverteidigung*[2431] auszugehen. Stellt man daneben auf die verbalisierte Befürchtung ab, derartige Waffen könnten in Zukunft an *die al-Qaida* weitergegeben werden, lassen sich zugleich Merkmale der *präemptiven Gewaltanwendung*[2432] feststellen: Soweit nämlich hinsichtlich der Zurechnung möglicher terroristischer Anschläge zum Irak (oder einem anderen Staat) nichts vorgetragen wurde, hätte die OIF insoweit auch dem Ziel gedient, die abstrakte Gefahr eines existenzvernichtenden *angriffsgleichen Geschehens nicht-staatlicher Herkunft* zu verhindern.

Bezieht man aber bei der Einordnung der OIF den *Hintergrund* und die konkrete *Rechtfertigungsargumentation* der Koalitionäre mit ein, gelangt man zu einem

---

Sitzung v. 27. März 2003, S/PV.4726 (Resumption 1), S.4 und ALCALAY (Venezuela) in der SR-Sitzung v. 26. März 2003, S/PV.4726, S.45f..

2427 Vgl. CAPELLE (Marschall Inseln) in der SR-Sitzung v. 27. März 2003, S/PV.4726 (Resumption 1), S.4; MACKAY (Neuseeland) in der SR-Sitzung v. 26. März 2003, S/PV.4726, S.23; MAHENDRAN (Sri Lanka) in der SR-Sitzung v. 27. März 2003, S/PV.4726 (Resumption 1), S.14f.; MAHBUBANI (Singapur) in der SR-Sitzung v. 26. März 2003, S/PV.4726, S.25f. und KASEMSARN (Thailand) in der SR-Sitzung v. 27. März 2003, S/PV.4726 (Resumption 1), S.4f..

2428 Vgl. VASSILAKIS (Griechenland) in der SR-Sitzung v. 26. März 2003, S/PV.4726, S.18f. - zugleich im Namen der EU-Staaten; mit eigener Stellungnahme PLEUGER (Deutschland) in der SR-Sitzung v. 27. März 2003, S/PV.4726 (Resumption 1), S.33f.; KOLBY (Norway) in der SR-Sitzung v. 26. März 2003, S/PV.4726, S.43f.; NOVOTNÁ (Slowakei) in der SR-Sitzung v. 27. März 2003, S/PV.4726 (Resumption 1), S.5f. sowie PAMIR (Türkei) in der SR-Sitzung v. 26. März 2003, S/PV.4726, S.28f..

2429 STAHN, Enforcement of the collective will after Iraq, Am J Int'l L 97 (2003) 4, S.805 spricht insofern plakativ von einer "gray area between Chapter VII and Article 51."

2430 Zu keinem Zeitpunkt wurde seitens der Koalitionäre behauptet, ein irakischer Angriff stehe unmittelbar bevor.

2431 Vgl. zur Definition derselben supra Erster Teil - 3. Kapitel - C. - III. , S.99.

2432 Vgl. zur Definition derselben supra Erster Teil - 3. Kapitel - C. - IV. , S.99.

ganz anderen Ergebnis: Soweit nämlich gerade im Hinblick auf die *Verpflichtungen aus der Waffenstillstandsresolution 687 (1991)* verhindert werden sollte, dass der Irak über Massenvernichtungswaffen verfügt, und insofern seitens der Koalition - aufbauend auf die in Resolution 1441 (2002) genannte "final opportunity" und der in Aussicht gestellten "serious consequences" - als konkrete Rechtsgrundlage der Gewaltanwendung ausschließlich *Resolution 678 (1991)* bezeichnet wurde,[2433] stellt die OIF gerade keinen Präzedenzfall *unilateraler* Präemption dar.[2434] So betrachtet ging es nämlich nicht um Selbstschutz[2435] (im Interesse der Koalitionsstaaten), sondern um die Durchsetzung der in Waffenstillstandsresolution 687 (1991) bezeichneten Abrüstungsverpflichtungen des Irak *auf Basis eines wiederaufgelebten VN-Mandats* (im Interesse der Staatengemeinschaft als Ganzes). Eben vor diesem Hintergrund haben die Vertreter der USA und Großbritanniens betont, die OIF sei eine *multilaterale*[2436] Aktion; eben vor diesem Hintergrund hat auch die ganz überwiegende Zahl der Staaten die OIF unter dem Aspekt eines VN-Mandats kommentiert - und gerade nicht unter Bezugnahme auf das Selbstverteidigungsrecht bzw. ein unilaterales Recht zur präventiven Gewaltanwendung.[2437]

b. Opinio iuris

Die OIF mag in der wissenschaftlichen Betrachtung wegen der Zweifelhaftigkeit eines Wiederauflebens von Resolution 678 (1991)[2438] zutreffend als "*unilateral* enforcement of the collective will"[2439] beurteilt worden sein. Dies ändert jedoch nichts an dem Umstand, dass sowohl die Koalitionäre als auch der ganz überwiegende Teil der unbeteiligten Staatengemeinschaft die OIF gerade nicht als einen Anwendungsfall der unilateralen präventiven Gewaltanwendung eingeordnet hat.

Insofern ergibt die Analyse der Staatenreaktion *im Hinblick auf* den *Untersuchungsgegenstand* ein vergleichsweise klares Bild: Zwar befürwortete eine nicht unerhebliche Zahl von Staaten bereits im Vorfeld der OIF ein *gewaltsames* Vor-

---

[2433] Vgl. bei und m.N. in Fn2376-2378;

[2434] So - zu Recht - KUNDE, a.a.O. (Fn2380), S.208-213; BOTHE, a.a.O. (Fn2380), S.262.

[2435] Vgl. die Nachweise in Fn2380.

[2436] Vgl. NEGROPONTE (USA) bei und m.N. in Fn2381 sowie GREENSTOCK bei und m.N. in Fn2382.

[2437] Vgl. bei und m.N. in Fn2383-2398 (Befürworter) und Fn2400-2417 (Gegner).

[2438] So wohl die h.L.: BLUMENWITZ, a.a.O. (Fn2329), S.304; NEUHOLD, Law and force in international relations - European and American positions, ZaöRV 64 (2004) 2, S.274-279, insb. S.276 a.E. m.w.N. in Fn40; SCHALLER, a.a.O. (Fn2329), S.649 m.w.N. in Fn27; STAHN, a.a.O. (Fn2429), S.806 m.w.N. in Fn10; TOMUSCHAT, a.a.O. (Fn2380), S.43.

[2439] So etwa STAHN, a.a.O. (Fn2429), S.810, 815; BLUMENWITZ, a.a.O. (Fn2329), S.302ff. [Hervorh. hinzugef.].

gehen gegen den Irak. Rechtsgrundlage hierfür sollte allerdings eine über Resolution 1441 (2002) hinausgehende "robuste" Sicherheitsratsresolution sein,[2440] womit ein *unilaterales* Vorgehen gerade nicht unterstützt wurde. Und auch nach Beginn der OIF waren die vier Hauptkoalitionäre - USA, Großbritannien, Australien und Polen[2441] mit der Auffassung, dass die Gewaltanwendung gerechtfertigt sei, keineswegs isoliert. Unterstützung erhielten sie aber auch hier nur in Bezug auf den vorgetragenen Rechtfertigungsansatz eines in Zusammenschau mit Resolution 1441 (2002) wiederaufgelebten Mandats aus Resolution 678 (1991).[2442]

Für ein *unilaterales* Recht zur präventiven Gewaltanwendung - sei es in Form der präemptiven *Selbstverteidigung* oder der präemptiven *Gewaltanwendung* - hat sich nach den hier untersuchten Stellungnahmen tatsächlich *kein Staat* ausgesprochen, nicht einmal die Koalitionäre selbst. Dagegen haben Gambia, Iran, Jamaica, Jemen, Kuba, Malaysia, Simbambwe, Sudan und Vietnam[2443] die OIF zum Anlass genommen, ihre Ablehnung gegenüber unilateralen präemptiven Konzepten zum Ausdruck zu bringen.

C. Zusammenfassendes Ergebnis zum 7. Kapitel

Im 7. Kapitel wurden sieben in Völkerrechtswissenschaft und Praxis häufig als "Präzendenzfälle" der unilateralen präventiven Gewaltanwendung beschriebene Fälle untersucht. Die detaillierte Betrachtung des *Sachverhaltes*, der von den Aktivlegitimation beanspruchenden Staaten vorgetragenen *Rechtfertigung* sowie der *hierauf bezogenen Staatenreaktion* hat dabei gezeigt, dass ein Recht zur unilateralen präventiven Gewaltanwendung - gleich in welcher Form - tatsächlich nur wenige Fürsprecher findet.

Auffällig ist dabei zunächst, dass es bereits *diejenigen Staaten, die Gewalt anwenden* - trotz objektiver Anhaltspunkte für die Annahme eines unilateren präventiven Vorgehens - im Rahmen der Rechtfertigung *tendenziell* vermeiden, überhaupt auf ein Recht zur unilateralen präventiven Gewaltanwendung zu rekurrieren: So bemühten sich die USA die Quarantänemaßnahmen während der Kuba-Krise auf einen Beschluss der OAS gem. Art.6, 8 Rio-Vertrag und gerade nicht auf Art.51 CVN oder ein gewohnheitsrechtliches Selbstverteidigungsrecht zu stützen. Isreal rechtfertigte im Sechs-Tage-Krieg sein Vorgehen zunächst als *reaktive* Selbstverteidigung - man habe lediglich auf einen bereits begonnenen Angriff Ägyptens, Jordaniens und Syriens geantwortet. Im Rahmen der Operati-

[2440] Vgl. bei und m.N. in Fn2351, 2353-2356.
[2441] Vgl. m.N. in Fn2377.
[2442] Vgl. bei und m.N. in Fn2383-2398
[2443] Vgl. bei und m.N. in Fn2364-2367 sowie Fn2419-2424.

on Iraqi Freedom schließlich stützten sich die Koalitionsstaaten auf ein - wiederaufgelebtes - Mandat des Sicherheitsrates und führten insofern explizit aus, es handele sich nicht um eine uni- sondern um ein multilaterales Vorgehen.

Soweit zur Rechtfertigung *explizit* ein Recht zur unilateralen präventiven Gewaltanwendung behauptet wurde (Zerstörung des irakischen Atomreaktors Tamuz 1 durch Israel; Bombardierung militärischer Objekte in Tripoli und Bengasi durch die USA; Raketenangriffe auf eine pharmazeutische Fabrik im Sudan und mutmaßliche Terroristenausbildungslager in Afghanistan durch die USA) handelte es sich durchweg um *präemptive Konzepte*; die Staatenreaktion hierauf war überwiegend kritisch bis dezidiert ablehnend.

Lediglich eine geringe Zahl von Staaten hat schließlich im Rahmen der untersuchten Fälle - insbesondere durch Bezugnahme auf die WEBSTER-Formel - zum Ausdruck gebracht, dass sie bei gleichzeitiger Ablehnung präemptiver Konzepte jedenfalls die gewaltsame *Antizipation* eines konkret drohenden bewaffneten Angriffes i.S.d. Art.51 CVN als völkerrechtsgemäß erachtet; von einer *allgemeinen* Rechtsauffassung kann aber nicht gesprochen werden.

Was schließlich die Teilproblematik einer Adressatenlücke bei Gewaltanwendung *gegenüber transnationalen terroristischen Organisationen* betrifft, hat sich in der Praxis bislang noch keine klare Handhabung herauskristallisiert. Tendenziell scheint aber - wie bei der Untersuchung der Operation Enduring Freedom festgestellt werden konnte - eine nicht unerheblich Zahl von Staaten neben dem Rechtstitel zur unilateralen Gewaltanwendung zusätzlich einen legitimatorischen Akt des Systems kollektiver Sicherheit zu fordern ("Hybridtatbestand"). Ob sich diese Konstruktion - unabhängig von der Frage nach einem Recht zur *präventiven* Gewaltanwendung - etabliert und zu einer gewohnheitsrechtlichen Erweiterung des Kreises *passivlegitimierter* Adressaten von subjektiven Gewaltrechten führt, lässt sich noch nicht absehen; gegenwärtig fehlt es jedenfalls an der Dauerhaftigkeit einer entsprechenden Übung.

Die eingangs des Kapitels aufgeworfene Frage, ob die Staatenpraxis eine erweiternde Auslegung hinsichtlich des zeitlichen Anwendungsbereiches von Art.51 CVN trägt bzw. eine völkergewohnheitsrechtliche Grundlage eines Rechts zur präventiven Gewaltanwendung erkennen lässt, ist danach zu verneinen.

ZUSAMMENFASSUNG UND ERGEBNIS DER UNTERSUCHUNG

Gegenstand der Untersuchung war die Frage, ob und ggf. in welchem Umfang im Rahmen des gegenwärtigen Gewaltregelungsregimes ein unilaterales *Recht zur präventiven Gewaltanwendung mit Blick auf die Gefahr eines bewaffneten Angriffes bzw. eines nicht-staatlichen Angriffsgeschehens* existiert.

Nicht zuletzt wegen des grundlegenden Wandels der tatbestandsrelevanten Lebenswirklichkeit im Verlauf des 19. und 20. Jahrhundert - insbesondere hinsichtlich des Kreises der faktischen Konfliktakteure und der zu berücksichtigenden Gefahren - galt es in einem ersten Schritt, den möglichen *persönlichen und sachlichen Anwendungsbereich* eines Rechts zur präventiven Gewaltanwendung zu beleuchten, und hiernach verschiedene Ausprägungen des Konzepts der unilateralen präventiven Gewaltanwendung zu differenzieren und zu definieren. Ausgehend von der Überlegung, dass das physische Bedrohungsverhalten eines Konfliktakteurs in einem Rechtsverhältnis nur erfasst werden kann, wenn er selbst über Völkerrechtssubjektivität verfügt, sein Bedrohungsverhalten einem anderen Völkerrechtssubjekt zurechenbar ist oder dieses unter Heranziehung eines "Auffangadressaten" als objektive Bedingung des Tatbestandes eingeordnet wird, konnte im Hinblick auf den persönlichen Anwendungsbereich zunächst festgestellt werden, dass bei 'failed states', insbesondere aber bei Beteiligung von transnationalen terroristischen Vereinigungen bereits erhebliche Probleme hinsichtlich der rechtlichen Adressierbarkeit bestehen ("Adressatenlücke").[2444]

Mit Blick auf den sachlichen Anwendungsbereich konnte nach Betrachtung der historischen Entwicklung realer Gefährdungsszenarien herausgearbeitet werden, dass im Verlauf der weiteren Untersuchung zwischen der konkreten und abstrakten Gefahr eines bewaffneten Angriffes bzw. eines nicht-staatlichen Angriffsgeschehens zu differenzieren ist. Als praxisnahe Abgrenzungskriterien wurden die persönliche, temporale und mediale Individualisierbarkeit, die Wahrscheinlichkeit und die Unmittelbarkeit der Gefahr bestimmt.[2445]

Unter Berücksichtigung dieser Ergebnisse war der *Untersuchungsgegenstand in vier Einzelkonzepte zu differenzieren*, namentlich

- die interzipierende Selbstverteidigung,
- die antizipierte Selbstverteidigung und
- die präemptive Selbstverteidigung

[2444] Vgl. supra Erster Teil - 1. Kapitel .
[2445] Vgl. supra Erster Teil - 2. Kapitel .

- soweit die bereits manifestierte, konkrete oder abstrakte Gefahr eines Angriffes i.S.d. Art.51 CVN von einem Staat ausgeht oder diesem zurechenbar ist - sowie

- die präemptive Gewaltanwendung

- soweit die tatbestandliche Gefahrenlage in der abstrakten Gefahr eines nichtstaatlichen (einem solchen auch nicht zurechenbaren) Angriffsgeschehens besteht.[2446]

Im zweiten Schritt wurden sodann die möglichen konkreten *Rechtsgrundlagen* eines Rechts zur präventiven Gewaltanwendung untersucht.

Da in der wissenschaftlichen Diskussion wiederkehrend auf prächartiale Konzepte und Rechtsfiguren Bezug genommen wird, galt es zunächst die *historische Entwicklung des völkerrechtlichen Gewaltregelungsregimes* - unter besonderer *Berücksichtigung der präventiven Gewaltanwendung* - nachzuzeichnen. In diesem Zuge konnte dargelegt werden, dass das Konzept des gerechten Kriegs ('bellum iustum'), der freien Kriegführung ('liberum ius ad bellum'), des Gleichgewichts der Kräfte, der Provokation und der Selbsterhaltung als Rechtsgrundlage ausscheiden, da sie schon vor Gründung der VN nicht oder nicht mehr zum Bestand geltender völkerrechtlicher Normen gezählt haben. Als grundsätzlich in Betracht zu ziehende Rechtsfiguren konnten dagegen das - gewohnheitsrechtliche wie auch in Art.51 CVN kodifizierte - Selbstverteidigungsrecht, der Notstand und die Geschäftsführung ohne Auftrag identifiziert werden.[2447]

Mit Blick auf das Verhältnis von prä- zu postchartialem Gewaltregelungsregime wurde im Anschluss der Frage nachgegangen, ob mit der Charta der Vereinten Nationen ein abschließendes Gewaltregelungsregime geschaffen worden ist - mit der Folge, dass etwa prächartial bestehende unilaterale Gewaltrechte (unabhängig von ihrer möglichen tatbestandlichen Tragfähigkeit hinsichtlich der *präventiven* Gewaltanwendung) jedenfalls derogiert worden sind. Nach Auslegung der maßgeblichen Normen konnte hierzu festgestellt werden, dass die Charta (lediglich) ein *formell abschließendes Gewaltregelungsregime* darstellt, mithin Rechtstitel zur Anwendung von Gewalt grundsätzlich auch außerhalb der Charta bestehen können. Zur Vereinbarkeit mit der Charta, insbesondere Art.2 Ziff.4 CVN, bedarf es dann aber eines durch die Charta selbst angeordneten Dispenses vom Gewaltverbot ("Brückennorm"). In diesem Zusammenhang konnte das Verhältnis zwischen Art.51 CVN und dem gewohnheitsrechtlichen Selbstverteidigungsrecht dahingehend geklärt werden, dass beide Tatbestände - bei strukturelle Ähnlichkeit: namentlich als subjektives Gewaltrecht gegen "bewaffnete

[2446] Vgl. supra Erster Teil - 3. Kapitel .
[2447] Vgl. supra Zweiter Teil - 4. Kapitel .

Angriffe" - in ihrem zeitlichen und persönlichen Anwendungsbereich grundsätzlich voneinander abweichen können.[2448]

Aufbauend auf der Erkenntnis, dass die Charta ein formell abschließendes Gewaltregelungsregime darstellt, wurden sodann die verbleibenden *konkreten Begründungsansätze* für ein gegenwärtig bestehendes Recht zur präventiven Gewaltanwendung untersucht: Gegenstand der Prüfung war außerchartiales Vertragsrecht, Sicherheitsratsresolutionen als derivatives Vertragsrecht, eine analoge Anwendung der Feindstaatenklauseln, das Selbstverteidigungsrecht nach Art.51 CVN und Völkergewohnheitsrecht, die allgemeinen Rechtsgrundsätze des Notstandes und der Geschäftsführung ohne Auftrag sowie die von HERDEGEN vertretene Quelle des "konstruktiven Völkerrechts". Im Ergebnis konnte gezeigt werden, dass alleine das Selbstverteidigungsrecht - vertraglich wie gewohnheitsrechtlich - als Rechtgrundlage in Betracht zu ziehen ist.

Nach Auslegung von Art.51 CVN konnte dabei festgestellt werden, dass das vertragsrechtliche Selbstverteidigungsrecht - ohne Berücksichtigung einer späteren Übung - lediglich ein Recht zur interzipierenden Selbstverteidigung gewährt. In diesem Zusammenhang konnte schließlich auch gezeigt werden, dass Art.51 CVN nicht-staatliche Akteure - namentlich transantionale terroristische Vereinigungen - nicht zu adressieren vermag. Als mögliche Rechtsgrundlage im Verhältnis von Staaten zu nicht-staatlichen Akteuren bleibt danach im Fall mangelnder Zurechenbarkeit des nicht-staatlichen Bedrohungsverhaltens nur ein gewohnheitsrechtliches Selbstverteidigungsrecht.[2449]

Die hiernach noch offene Frage, ob Art.51 CVN nach dynamischer Auslegung einen über die interzipierende Selbstverteidigung hinausgehenden zeitlichen Anwendungsbereich hat und/oder ein völkergewohnheitsrechtliches Selbstverteidigungsrecht die Konzepte der antizipierten und präemptiven Selbstverteidigung bzw. Gewaltanwendung trägt, konnte nach Untersuchung einschlägiger Fallpraxis verneint werden.[2450]

Damit lässt sich als These der Untersuchung formulieren: Das gegenwärtige völkerrechtliche Gewaltregelungsregime kennt im Hinblick auf die unilaterale präventive Gewaltanwendung lediglich ein Recht zur interzipierenden Selbstverteidigung gem. Art.51 CVN. Diese deckt nur die gewaltsamen Verteidigungshandlungen, die ein Staat nach Beginn eines bewaffneten Angriffes, aber noch vor Eintritt des Angriffserfolges unternimmt.

[2448] Vgl. supra Zweiter Teil - 5. Kapitel .

[2449] Vgl. supra Zweiter Teil - 6. Kapitel .

[2450] Vgl. supra Dritter Teil - 7. Kapitel .

LITERATURVERZEICHNIS

ADDICOTT, JEFFREY F., Legal and policy implications for a new era: The "War on Terror", in: The Scholar: St. Mary's Law Review on Minority Issues 4 (2002) 2, S.209-259

AKEHURST, MICHAEL B., A modern introduction to international law, 6. Aufl., London, 1987

ALBERTUS-MAGNUS-AKADEMIE WALBERBERG, Die deutsche Thomas - Ausgabe, Heidelberg, Graz, Wien, Köln, 1959 (Bd.17a), 1966 (Bd.17b)

ALEXANDROV, STANIMIR A., Self-defense against the use of force in international law, The Hague, 1996

ANTONOPOULOS, CONSTANTINE, The unilateral use of force by states after the end of the Cold War, in: Journal of Armed Conflict Law 4 (1999) 1, S.117-160

ANTONOPOULOS, CONSTANTINE, The unilateral use of force by states in international law, Athen, Komotini, 1997

ARBEITSGEMEINSCHAFT FÜR VÖLKERRECHT BEIM INSTITUT FÜR INTERNATIONALE BEZIEHUNGEN AN DER AKADEMIE FÜR STAATS- UND RECHTSWISSENSCHAFTEN DER DDR, Völkerrecht, Berlin [Ost], 1973, zit. als: AGFVR DDR, Völkerrecht (1973)

AREND, ANTHONY CLARK, International law and rogue states: The failure of the Charter framework, in: New England Law Review 36 (2002) 4, S. 735-753

AREND, ANTHONY CLARK, International law and the preemptive use of military force, in: Washington Quarterly 26 (2003) 2, S.89-103

AREND, ANTHONY CLARK, International law and the recourse to force: A shift of paradigms, in: Stanford Journal of International Law 27 (1990) 1, S.1-47

AREND, ANTHONY CLARK/BECK, ROBERT J., International law and the use of force - Beyond the Charter paradigm, London, New York, 1993

ARZINGER, RUDOLF, Gegenwartsproblme des Völkerrechts, Berlin [Ost] 1962, zit. als: ARZINGER, Gegenwartsproblme des Völkerrechts (1962)

ASRAT, BELATCHEW, Prohibition of force under the UN Charter - A study of Art. 2 (4), Uppsala, 1991

ASTON, JURIJ D., Die Bekämpfung abstrakter Gefahren für den Weltfrieden durch legislative Maßnahmen des Sicherheitsrats - Resolution 1373 (2001) im Kontext, in: Zeitschrift für ausländisches öffentliches Recht und Völkerrecht 62 (2002) 1-2, S.257-291

AUGUSTINUS, AURELIUS, De civitas dei, o.O., o.D.

AYALA, BALTHAZAR, De jure et officiis bellicis et disciplina militari libri tres, o.O., 1582

BAKER, MARK B., Terrorism and the inherent right of self-defense (a call to amend Article 51 of the United Nations Charter), in: Houston Journal of International Law 10 (1987) 1, S.25-49

BARBERIS, JULIO A., Nouvelles questions concernant la personnalité juridique internationale, in: Receuil des Cours de l'Académie de Droit International de La Haye 179 (1983-I), S.145-304

BARCIA TRELLES, CAMILO [gefeierte Person], Estudios de derecho internacional, Homenaje al Profesor Camilo Barcia Trelles, Santiago de Compostella, 1958

BARDENHEWER, O./SCHERMANN, TH./WEYMAN, K., Bibliothek der Kirchenväter, Eine Auswahl patristischer Werke in deutscher Übersetzung, Des Heiligen Kirchenvaters Aurelius Augustinus ausgewählte Schriften aus dem Lateinischen übersetzt (Bd.1, 2, 3), Kempten, München, 1911 (Bd.1), 1914 (Bd.2), 1916 (Bd.3), zit. als: BARDENHEWER/ SCHERMANN/WEYMAN, Bibliothek der Kirchenväter

BARTL, JÜRGEN, Die humanitäre Intervention durch den Sicherheitsrat der Vereinten Nationen im "Failed State", Das Beispiel Somalia, Frankfurt am Main, Berlin, Bern, 1999

BATE, JOHN PAWLEY, The translation, in: →CARNEGIE ENDOWMENT FOR INTERNATIONAL PEACE, Classics of international law, Bd.2-II (1912)

BATE, JOHN PAWLEY, The translation, in: →CARNEGIE ENDOWMENT FOR INTERNATIONAL PEACE, Classics of international law, Bd.5-II (1916)

BATHURST, MAURICE EDWARD, Legal aspects of the international control of atomic energy, in: British Year Book of International Law 24 (1947), S.1-32

BECKETT, WILLIAM ERIC, The North Atlantic Treaty, the Brussels Treaty and the Charter of the United Nations, London, 1950

BENVENISTI, EYAL, The Israeli-Palestinian declaration of principles, A framework for future settlement, in: European Journal of International Law 4 (1993) 4, S.542-554

BERBER, FRIEDRICH, Lehrbuch des Völkerrechts, München, 2. Aufl. 1975 (Bd.1), 1969 (Bd.2), 1977 (Bd.3)

BERES, LOUIS RENÉ, Israel, Iran and preemption: Choosing the least unattractive option under international law, in: Dickinson Journal of International Law 14 (1996) 2, S.187-206

BERES, LOUIS RENÉ, On assassination as anticipatory self-defense: The case of Israel, in: Hofstra Law Review 20 (1991) 2, S.321-340

BERES, LOUIS RENE/TSIDDON-CHATTO, YOASH, In support of anticipatory self-defence: Israel, Osiraq and international law, in: Contemporary Security Policy 19 (1998) 2, S.111-114

BERES, LOUIS RENE/TSIDDON-CHATTO, YOASH, Reconsidering Israel's destruction of Iraq's Osiraq nuclear reactor, in: Temple International and Comparative Law Journal 9 (1995) 2, S.437-440

BERNHARDT, RUDOLF, Article 103, in: →SIMMA ET AL, Commentary (2002), Bd.2, S.1292-1301

BERNHARDT, RUDOLF, Ungeschriebenes Völkerrecht, in: Zeitschrift für ausländisches öffentliches Recht und Völkerrecht 36 (1976) 1, S.50-76

BERNHARDT, RUDOLF/BINDSCHEDLER, RUDOLF L./MACALISTER-SMITH, PETER, Ecyclopedia of public international law, Amsterdam, 1992

(Bd.1), 1995 (Bd.2), 1997 (Bd.3), 2000 (Bd.4), zit. als: BERNHARDT ET AL, EPIL

BERNHARDT, RUDOLF/DOEHRING, KARL/FROWEIN, JOCHEN ABRAHAM, Völkerrecht als Rechtsordnung, Festschrift für Hermann Mosler, Berlin, Heidelberg, New York 1983, zit. als: BERNHARDT ET AL, FS-Mosler (1983)

BEYERLIN, ULRICH/BOTHE, MICHAEL/HOFMANN, RAINER/PETERSMANN, ERNST-ULRICH, Recht zwischen Umbruch und Bewahrung, Völkerrecht, Europarecht, Staatsrecht, Festschrift für Rudolf Bernhardt, Berlin, Heidelberg, New York, u.a., 1995, zit. als: BEYERLIN ET AL, FS-Bernhardt (1995)

BIGGIO, FRANK A., Neutralizing the threat: Reconsidering existing doctrines in the emerging war on terrorism, in: Case Western Reserve Journal of International Law 34 (2002) 1, S.1-43

BILFINGER, CARL, Vollendete Tatsache und Völkerrecht, in: Zeitschrift für ausländisches öffentliches Recht 15 (1953/1954) 3, S.453-481

BINDSCHEDLER, RUDOLF L., Die Neutralität im modernen Völkerrecht, in: Zeitschrift für ausländisches öffentliches und Völkerrecht 17 (1956) 1, S.1-37

BIRNBERG, JOANNE E., The sun sets in Tamuz 1: The Israeli raid on Iraq's nuclear reactor, in: California Western International Law Journal 13 (1983) 1, S.86-115

BLACKSHIELD, ANTHONY R., Legal change, Essays in honour of Julius Stone, Sydney, Merburne, 1983, zit. als: BLACKSHIELD, FS-Stone (1983)

BLECKMANN, ALBERT, Grundprobleme und Methoden des Völkerrechts, Freiburg, München, 1982

BLECKMANN, ALBERT, Völkergewohnheitsrecht trotz widersprüchlicher Praxis?, in: Zeitschrift für ausländisches öffentliches Recht 36 (1976) 1-3, S.374-406

BLECKMANN, ALBERT, Völkerrecht, Baden-Baden, 2001

BLECKMANN, ALBERT, Zur Feststellung und Auslegung von Völkergewohnheitsrecht, in : Zeitschrift für ausländisches öffentliches und Völkerrecht 37 (1977) 1, S.504-529

BLUM, YEHUDA Z., The Gulf of Sidra Incident, in: American Journal of International Law 80 (1986) 3, S.668-677

BLUM, YEHUDA Z., Historic rights, in: →BERNHARDT ET AL, EPIL, Bd.2 (1995), S.710-715

BLUM, YEHUDA Z., Historic titles in international law, The Hague, 1965

BLUM, YEHUDA Z., State response to acts of terrorism, in: German Yearbook of International Law 19 (1976), S.223-237

BLUMENWITZ, DIETER, Das universelle Gewaltanwendungsverbot und die Bekämpfung des grenzüberschreitenden Terrorismus, in: Bayerische Verwaltungsblätter 32 (1986) 24, S.737-743

BLUMENWITZ, DIETER, Der Präventivkrieg und das Völkerrecht, in: Politische Studien 54 (2003) 5, S.21-32

BLUMENWITZ, DIETER, Die völkerrechtlichen Aspekte des Irak-Konfliktes, in: Zeitschrift für Politik, 50 (2003) 3, S.301-334

BLUMENWITZ, DIETER, Einsatzmöglichkeiten der Bundeswehr im Kampf gegen den Terrorismus, in: Zeitschrift für Rechtspolitik 35 (2002) 3, S.102-106

BLUMENWITZ, DIETER, Enemy State Clause in the United Nations Charter, in: →BERNHARDT ET AL, EPIL, Bd.2 (1995), S.90-95

BLUMENWITZ, DIETER/RANDELZHOFER, ALBRECHT, Festschrift für Friedrich Berber zum 75. Geburtstag, München, 1973, zit. als: BLUMENWITZ/RANDELZHOFER, FS-Berber (1973)

BONAFEDE, MICHAEL C., Here, there, and everywhere: Assessing the proportionality doctrine and U.S. uses of force in response to terrorism after the September 11 attacks, in: Cornell Law Review 88 (2002) 1 S.155-214

BORCHARD, EDWIN, The Dumbarton Oaks Conference, in: American Journal of International Law 39 (1945) 1, S.97-101

BOTHE, MICHAEL, Das Gewaltverbot im allgemeinen, in: →SCHAUMANN, Völkerrechtliches Gewaltverbot und Friedenssicherung (1971), S.11-31

BOTHE, MICHAEL, Der Irak-Krieg und das völkerrechtliche Gewaltverbot, in: Archiv des Völkerrechts 41 (2003) 3, S.255-271

BOTHE, MICHAEL, Die Erklärung der Generalversammlung der Vereinten Nationen über die Definition der Aggression, in: Jahrbuch für Internationales Recht 18 (1975), S.127-145

BOTHE, MICHAEL, Friedenssicherung und Kriegsrecht, in: →VITZTHUM, Völkerrecht (2007), S.637-725

BOTHE, MICHAEL, Occupation, belligerent, in: →BERNHARDT ET AL, EPIL, Bd.3 (1997), S.763-766

BOTHE, MICHAEL, Terrorism and the legality of pre-emptive force, in: European Journal of International Law 14 (2003) 2, S.227-240

BOTHE, MICHAEL/MARTENCZUK, BERND, Die NATO und die Vereinten Nationen nach dem Kosovo-Konflikt, Eine völkerrechtliche Standortbestimmung, in: Vereinte Nationen 47 (1999) 4, S.125-132

BOWETT, DEREK WILLIAM, Reprisals involving recourse to armed force, in: American Journal of International Law 66 (1972) 1, S.1-36

BOWETT, DEREK WILLIAM, Self-defence in international law, Manchester, 1958

BOWETT, DEREK WILLIAM, The use of force for the protection of nationals abroad, in: →CASSESE, The current legal regulation of the use of force (1986), S.39-55

BRENNAN, MAUREEN F., Avoiding anarchy: Bin Laden terrorism, the U.S. response, and the role of customary international law, in: Louisiana Law Review 59 (1999) 4, S.1195-1223

BRIERLY, JAMES L., The theory of implied state complicity in international claims, in: British Yearbook of International Law 9 (1928), S.42-49

BRIERLY, JAMES L./WALDOCK, HUMPHREY, The law of nations, 6. Aufl., Oxford, 1963

BRÖHMER, JÜRGEN/BIEBER, ROLAND/CALLIESS CHRISTIAN/LANGENFELD, CHRISTINE/WEBER, STEFAN/WOLF, JOACHIM, Internationale Gemeinschaft und Menschenrechte, Festschrift für Georg Ress zum 70.

Geburtstag am 21. Januar 2005, Köln, Berlin, München 2005, zit. als: BRÖHMER ET AL, FS-Ress (2005)

BROWNLIE, IAN, International law and the use of force by states, Oxford, 1963

BROWNLIE, IAN, The principle of the non-use of force in contemporary international law, in: →BUTLER, The non-use of force in international law (1989), S.17-27

BROWNLIE, IAN, The U.N. Charter and the use of force, 1945-1985, in: →CASSESE, The current legal regulation of the use of force (1986), S.491-504

BRUHA, THOMAS, Die Definition der Aggression, Faktizität und Normativität des UN-Konsensbildungsprozesses der Jahre 1968 bis 1974 Berlin, 1980

BRUHA, THOMAS, Neuer internationaler Terrorismus: Völkerrecht im Wandel?, in: →KOCH, Terrorismus - Rechtsfragen der äußeren und inneren Sicherheit (2002), S.51-82

BRUHA, THOMAS, Use of force, Prohibition of, in: →WOLFRUM ET AL, United Nations: Law, policies and practice (1995), S.1387-1399

BRUHA, THOMAS/BORTFELD, MATTHIAS, Terrorismus und Selbstverteidigung, Voraussetzungen und Umfang erlaubter Selbstverteidigungsmaßnahmen nach den Anschlägen vom 11. September 2001, in: Vereinte Nationen 49 (2001) 5, S.161-167

BRUHA, THOMAS/TAMS, CHRISTIAN J., Die Vereinten Nationen und das Völkerrecht, in: Aus Politik und Zeitgeschichte 22/2005, S.32-39

BRYDE, BRUN-OTTO, Self-defence, in: →BERNHARDT ET AL, EPIL, Bd.4 (2000), S.361 361

BÜCHNER, KARL, Der Staat, 5. Aufl., München, 1993

BÜCHNER, KARL, Vom rechten Handeln, 5.Aufl., Düsseldorf, 2001

BUNDESKRIMINALAMT, Islamischer Terrorismus, Neuwied 2002, zit. als: BKA, Islamischer Terrorismus (2002)

BUTLER, WILLIAM E., The non-use of force in international law, Dordrecht, 1989, zit. als: BUTLER, The non-use of force in international law (1989)

BYERS, MICHAEL, Iraq and the "Bush doctrine" of pre-emptive self-defence, abrufbar: http://www.crimesofwar.org/print/expert/bush-Byers-print.html [letzter Abruf: 29. September 2006]

BYERS, MICHAEL, Terrorism, the use of force and international law after 11 September, in: International and Comparative Law Quarterly 51 (2002) 2, S.401-414

CANADA DEPARTMENT OF EXTERNAL AFFAIRS, Report on the United Nations Conference on International Organization - held at San Francisco, 25th April - 26th June, 1945, Ottawa, 1945

CANYES, MANUEL S., The Inter-American system and the Conference of Chapultepec, in: American Journal of International Law 39 (1945) 3, S.504-517

CARLTON, DAVID/SCHAERF, CARLO, International terrorism and world security, London, 1975, zit. als: CARLTON/SCHAERF, International terrorism (1975)

CARNEGIE ENDOWMENT FOR INTERNATIONAL PEACE, Classics of International Law, Bd.2-I Balthazar Ayala, De jure et officiis bellicis et disciplina militari libri tres, Bd.2-II The translation (→BATE), Bd.5-I Samuel Rachel, De jure naturae et gentium dissertationes, Bd.5-II The translation (→BATE), Bd.16-I Alberico Gentili, De iure belli libri tres, Bd.16-II A Translation of the Text (→ROLFE), Washington, 1912 (Bd.2-I, 2-II), 1916 (Bd.5-I, 5-II); Oxford, London 1933 (Bd.16-I, 16-II)

CASSESE, ANTONIO, International law in a divided world, Oxford, 1986

CASSESE, ANTONIO, International Law, Oxford, 2001

CASSESE, ANTONIO, Terrorism is also disrupting some crucial legal categories of international law, in: European Journal of International Law 12 (2001) 5, S.993-1001

CASSESE, ANTONIO, The current legal regulation of the use of force, Dordrecht, Boston, Lancaster, 1986, zit. als: CASSESE, The current legal regulation of the use of force (1986)

CASSESE, ANTONIO, The international community's "legal" response to terrorism, in: International and Comparative Law Quarterly 38 (1989) 3, S.589-608

CASSIN, VERNON/DEBEVOISE, WHITNEY/KAILES, HOWARD/THOMPSON, TERENCE W., The General Assembly, 29th Session: The definition of aggression, in: Harvard International Law Journal 16 (1975) 3, S.589-613

CHAYES, ABRAM, The Cuban Missile Crises, International crises and the role of law, Lanham, 1987

CHENG, BIN, General principles of law as applied by international courts and tribunals, London, 1953

CHINKIN, CHRISTINE, A critique of public/private dimension, in: European Journal of International Law 10 (1999) 2, S.387-395

CICERO, MARCUS TULLIUS, De officiis ad Marcum filium libri tres, o.O., o.D.

CICERO, MARCUS TULLIUS, De re publica, o.O., o.D.

COLL, ALBERTO R., The limits of global consciousness and legal absolutism: Protecting international law from some of ist best friends, in: Harvard International Law Journal 27 (1986) 2, S.599-620

DAALDER, IVO H., The use of force in a changing world - US and European perspectives, in: Leiden Journal of International Law 16 (2003) 1, S.171-180

DAHM, GEORG, Das Verbot der Gewaltanwendung nach Art. 2 (4) der UNO-Charta und die Selbsthilfe gegenüber Völkerrechtsverletzungen, die keinen bewaffneten Angriff enthalten, in: Jahrbuch für Internationales Recht 11 (1962), S.48-72 [zugleich Festschrift für Rudolf Laun zu seinem achtzigsten Geburtstag]

DAHM, GEORG, Völkerrecht, Stuttgart, 1961

DAHM, GEORG/DELBRÜCK, JOST/WOLFRUM, RÜDIGER, Völkerrecht, 2. Aufl., Berlin, 2002

DAMROSCH, LORI F./DANILENKO, GENNADY M./MÜLLERSON, REIN, Beyond confrontation, International law for the post-Cold War era, Boulder, San Francisco, Oxford, 1995, zit. als: DAMROSCH ET AL, Beyond confrontation (1995)

DAMROSCH, LORI F./SCHEFFER DAVID J., Law and force in the new international order, Boulder, San Francisco, Oxford 1991, zit. als: DAMROSCH/SCHEFFER, Law and force in the new international order (1991)

DÄNIKER, GUSTAV, Der totale Krieg, in: →RAUCHENSTEINER/SCHMIEDL, Formen des Krieges (1991), S.139-158

DARBY, JOSPEH J., Self-Defense in Public International Law: the Doctrine of Pre-emption and Its Discontents, in: →BRÖHMER ET AL, FS-Ress (2005), S.29-33

DAVID, RENÉ, International Encyclopedia of Comparative Law, Tübingen, Paris, New York, 1971-2006, zit. als: DAVID, IECL

DE VRIES, JOSEF, Francisco Suárez, Ausgewählte Texte zum Völkerrecht, in: →SCHÄTZEL, Die Klassiker des Völkerrechts, Bd.4 (1965), S.20-205

DEFORREST, MARK EDWARD, Just war theory and the recent U.S. air strikes against Iraq, in: Across Borders Gonzaga International Law Journal 1 (1997-1998)

DELBRÜCK, JOST, "Failed States" - eine neue Aufgabe für den UN-Treuhandrat?, in: →IPSEN/SCHMIDT-JORZIG, FS-Rauschning (2001), S.427-439

DELBRÜCK, JOST, Article 24, in: →SIMMA ET AL, Commentary (2002), Bd.1, S.442-452

DELBRÜCK, JOST, Proportionality, in: →BERNHARDT ET AL, EPIL, Bd.3 (1997), S.1140-1144

DELBRÜCK, JOST, Structural changes in the international system and its legal order: International law in the era of globalization, in: Schweizer Zeitschrift für internationales und europäisches Recht 11 (2001) 1, S.1-36

DELBRÜCK, JOST, The fight against global terrorism: Self-defense or collective security as international policy action? Some comments in the international legal implications of the "war against terrorism", in: German Yearbook of International Law 44 (2001), S.9-24

DELBRÜCK, JOST, Zur Effektivität völkerrechtlicher Vertragsregime am Ende des 20. Jahrhunderts, Effektivität des UN-Gewaltverbotes, Bedarf es einer Modifikation der Reichweite des Art.2(4) UN-Charta?, in: Die Friedenswarte 74 (1999) 1/2, S.139-158

DEPARTMENT OF STATE, The international control of atomic energy, Growth of a policy, Department of State Publication 2702, Washington, D.C., 1946

DETTER, INGRID, The law of war, 2.Aufl., Cambridge, 2000

DEUERLEIN, ERNST, Die Einheit Deutschlands, Ihre Erörterung und Behandlung auf den Kriegs- und Nachkriegskonferenzen 1941-1949, Frankfurt am Main, 1957

Dickmann, Fritz, Friedensrecht und Friedenssicherung, Studien zum Friedensproblem in der neueren Geschichte, Göttingen, 1971

Dinstein, Yoram, Comment, abrufbar: http://edoc.mpil.de/conference-on-terror/present/dinstein.pdf [letzter Abruf: 12. Februar 2004]

Dinstein, Yoram, War, aggression and self-defence, 3. Aufl., Cambridge, 2001

Doehring, Karl, Self-Determination, in: →Simma et al, Commentary (2002), Bd.1, S.47-63

Doehring, Karl, Völkerrecht, 2.Aufl., Heidelberg, 2004

Donner, Herbert, Geschichte des Volkes Israel und seiner Nachbarn in Grundzügen, 3.Aufl., Göttingen 2000 (Bd.1), 2001 (Bd.2)

Dressler, Hermigild/Russel, Robert P./Halton, Thomas P./Tongue, William R./Brennan, M. Josephine, The Fathers of the Church, Writings of Saint Augustine (Bd.30/IV), New York/Washington, D.C., 1977, zit. als: Dressler et Al, The Fathers of the Church, Saint Augustine, Bd.30/IV (1977)

Dunn, Lewis A., Can al Quaeda be deterred from using nuclear weapons?, abrufbar: Nat'l Def U WMD Center Occasional Papers 11 (2005) 3,, abrufbar: http://www.ndu.edu/WMDCenter/docUploaded/206-186_CSWMD_OCP3WEB.pdf [letzter Abruf: 4. September 2007]

Eagleton, Clyde, An attempt to define war, in: International Conciliation 291 (6/1933), S.237ff.

Eick, Christopher, "Präemption", "Prävention" und die Weiterentwicklung des Völkerrechts, in: Zeitschrift für Rechtspolitik 37 (2004) 6, S.200-203

Epiney, Astrid, Die völkerrechtliche Verantwortlichkeit von Staaten für rechtswidriges Verhalten im Zusammenhang mit Aktionen Privater, Baden-Baden, 1992

Espenberger, Nepomuk, Aurelius Augustinus, in: →Bardenhewer/Schermann/Weyman, Bibliothek der Kirchenväter, Bd. 1 (1911), S.I-LIII

Euler, Wilhelm, Emer de Vattel, Das Völkerrecht oder Grundsätze des Naturrechts in ihrer Anwendung auf das Verhalten und die Angelegenheiten der Staaten und der Staatsoberhäupter, in: →Schätzel, Die Klassiker des Völkerrechts, Bd.3 (1959)

Evatt, Herbert Vere, Die Vereinten Nationen, Frankfurt am Main, 1951

Falk, Richard A., The Beirut raid and the international law of retaliation, in: American Journal of International Law 63 (1969) 3, S.415-443

Fassbender, Bardo/Bleckmann, Albert, Article 2 (1), in: →Simma et al, Commentary (2002), Bd.1, S.47-63, Bd.1, S.70-90

Fastenrath, Ulrich, Lücken im Völkerrecht, Berlin, 1991

Fawcett, James E. S., Intervention in international law, A study of some recent cases, in: Receuil des Cours de l'Académie de Droit International de La Haye 103 (1961-II), S.348-421

FEDER, NORMAN MENACHEM, Reading the U.N. Charter connotatively: Toward a new definition of armed attack, in: New York University Journal of International Law and Politics 19 (1987) 2, S.395-432

FEINSTEIN, BARRY, Self-defence and Israel in international law: A reappraisal, in: Israel Law Review 11 (1976) 4, S.516-562

FENWICK, CHARLES G., The quarantine against Cuba: Legal or illegal?, in: American Journal of International Law 57 (1963) 3, S.588-592

FINKE, JASPER/WANDSCHER, CHRISTIANE, Terrorismusbekämpfung jenseits militärischer Gewalt, Ansätze der Vereinten Nationen zur Verhütung und Beseitigung des internationalen Terrorismus, in: Vereinten Nationen 40 (2001) 5, S.168-173

FITZMAURICE, GERALD, The general principles of international law considered from the standpoint of the rule of law, in: Receuil des Cours de l'Académie de Droit International de La Haye 92 (1957-II), S.5-227

FORD, STUART, Legal processes of change: Article 2 (4) and the Vienna Convention On The Law Of Treaties, in: Journal of Armed Conflict Law 4 (1999) 1, S.75-116

FORDE, FRANCIS M./EVATT, HERBERT VERE, United Nations Conference on International Organization held at San Francisco, U.S.A., from 25th April to 26th June, 1945. Report by the Australien delegates, Canberra, 1945

FOX, WILLIAM T. R., Collective enforcement of peace and security, in: American Political Science Review 39 (1945) 5, S.970-981

FRANCK, THOMAS M., Fairness in international law and institutions, Oxford, 1995

FRANCK, THOMAS M., Recourse to force, State action against threats and armed attacks, Cambridge, 2002

FRANCK, THOMAS M., Terrorism and the right of self-defense, in: American Journal of International Law 95 (2001) 4, S.839-843

FRANCK, THOMAS M., When, if ever, may states deploy military force without prior Security Council authorization?, in: Washington University Journal of Law and Policy 5 (2001), S.51-68

FRANCK, THOMAS M., Who killed article 2 (4)? or: Changing norms governing the use of force by states, in: American Journal of International Law 64 (1970) 5, S.809-837

FRANZKE, HANS-GEORG, Die militärische Abwehr von Angriffen auf Staatsangehörige im Ausland - insbesondere ihre Zulässigkeit nach der Satzung der Vereinten Nationen, in: Östereichische Zeitschrift für Öffentliches Recht (Neue Folge) 16 (1966) 1-2, S.128-175

FRENZKE, DIETRICH/HACKER, JENS/USCHAKOW, ALEXANDER, Die Feindstaatenartikel und das Problem des Gewaltverzichts, Berlin, 1971

FRIEDLANDER, ROBERT A./MARAUHN, THILO, Terrorism, in: →BERNHARDT ET AL, EPIL, Bd.4 (2000), S.361-364

FROWEIN, JOCHEN ABRAHAM, Das de facto-Regime im Völkerrecht, Eine Untersuchung zur Rechtsstellung 'nichtanerkannter Staaten' und ähnlicher Gebilde, Köln, Berlin, 1968

Frowein, Jochen Abraham, Der Terrorismus als Herausforderung für das Völkerrecht, in: Zeitschrift für ausländisches öffentliches Recht 62 (2002) 4, S.879-905

Frowein, Jochen Abraham, Jus Cogens, in: →Bernhardt et al, EPIL, Bd.3 (1997), S.65-69

Frowein, Jochen Abraham/Krisch, Nico, Article 39, in: →Simma et al, Commentary (2002), Bd.1, S.442-452, Bd.1, S.717-729

Frowein, Jochen Abraham/Krisch, Nico, Article 42, in: →Simma et al, Commentary (2002), Bd.1, S.749-759

Frowein, Jochen Abraham/Krisch, Nico, Introduction to Chapter VII, in: →Simma et al, Commentary (2002), Bd.1, S.701-716

Gaja, Giorgio, In what sense was there an 'armed attack'?, in: European Journal of International Law Discussion Forum, abrufbar: http://www.ejil.org/forum_WTC/ny-gaja.html [letzter Abruf: 1. September 2007]

Gardner, Richard N., Commentary on the law of self-defense, in: →Damrosch/Scheffer, Law and force in the new international order (1991), S.49-53

Geiger, Rudlof, "Präventiver Angriff?", Vom Völkerrecht in einer Zeit des Umbruchs, Abschiedsvorlesung vom 30. Januar 2003 gehalten an der Juristenfakultät der Universität Leipzig, abrufbar: http://www.uni-leipzig.de/~eurlaw/abschied/vortrag.php [letzter Abruf: 29. September 2006]

Geiß, Robin, "Failed States", Die normative Erfassung gescheiterter Staaten, Berlin, 2005

Genoni, Maurizio, Die Notwehr im Völkerrecht, Zürich, 1987

Gentili, Alberico, De iure belli libri tres, o.O., 1612

Ginther, Konrad, Liberation movements, in: →Bernhardt et al, EPIL, Bd.3 (1997), S.211-215

Giraud, Emile, La théorie de la légitime défense, in: Receuil des Cours de l'Académie de Droit International de La Haye 49 (1934-III), S.687-890

Glennon, Michael J., Limits of law, prerogatives of power: interventionism after Kosovo, Basingstoke, 2001

Glennon, Michael J., The fog of law: Self-defense, inherence, and incoherence in Article 51 of the United Nations Charter, in: Harvard Journal of Law and Public Policy 25 (2002) 2, S.539-558

Göhler, Hanns, Freies Kriegsführungsrecht und Kriegsschuld, Leipzig, 1931

Goodrich, Leland M./Hambro, Edvard, Charter of the United Nations - Commentary and documents, 2. Aufl., Boston 1949

Görner, Gunter/Schulz, Joachim/Süss, Herbert, Die völkerrechtlichen Mittel zur Durchsetzung des Grundprinzips des Gewaltverbots, in: →AGfVR DDR, Völkerrecht (1973), Bd.2, S.223-275

Gray, Christine, International law and the use of force, Oxford, 2000

GRAY, CHRISTINE, A crisis of legitimacy for the UN collective security system?, in: International and Comparative Law Quarterly 56 (2007) 1, S.157-170

GREENWOOD, CHRISTOPHER, International law and the United States' air operation against Libya, in: West Virginia Law Review 89 (1987) 4, S.933-960

GREIG, DONALD W., International law 2. Aufl., London, 1976

GREIG, DONALD W., Self-defence and the Security Council: What does Article 51 require?, in: International and Comparative Law Quarterly 40 (1991) 2, S.366-402

GREWE, WILHELM G., Epochen der Völkerrechtsgeschichte, Baden-Baden, 1984

GREWE, WILHELM G./KHAN DANIEL-ERASMUS, Drafting history, in: →SIMMA ET AL, Commentary (2002), Bd.1, S.1-12

GREY, F.T., Aggression and the aggressor, in: Transactions of the Grotius Society 24 (1938), S.169-178

GROSS, LAURENCE M., The legal implication of Israel's 1982 invasion into Lebanon, in: California Western International Law Journal 13 (1983) 3, S.458-492

GROTE, RAINER, Between crime prevention and the laws of war: Are the traditional categories of international law adequate for assesing the use of force against international terrorism?, abrufbar: http://edoc.mpil.de/conference-on-terror/present/grote.pdf [letzter Abruf: 12. Februar 2004]

GROTIUS, HUGO, De jure belli ac pacis libri tres, Paris, 1625

GRZESZICK, BERND, Die Staatsgewalt in der UN-Charta, in: Archiv des Völkerrechts 41 (2003) 4, S.484-505

GUGGENHEIM, PAUL, Emer de Vattel und das Völkerrecht, in: →SCHÄTZEL, Die Klassiker des Völkerrechts, Bd.3 (1959), S.XV-XXXII

GUGGENHEIM, PAUL, Lehrbuch des Völkerrechts, Basel, 1951

HAASS, RICHARD N., Intervention - The use of American military force in the post-Cold War world, Washington D.C., 1999

HADROSSEK, PAUL, Leben und Werk des Franciscus de Victoria, in: →SCHÄTZEL, Die Klassiker des Völkerrechts, Bd.2 (1952), S.XI-XXX

HAILBRONNER, KAY, Der Staat und der Einzelne als Völkerrechtssubjekte, in: →VITZTHUM, Völkerrecht (2007),, S.157-264

HAILBRONNER, KAY, Die Grenzen des völkerrechtlichen Gewaltverbots, in: →SCHINDLER/HAILBRONNER, Die Grenzen des völkerrechtlichen Gewaltverbots, BDGV 26 (1986), S.49-111

HAILBRONNER, KAY/RESS, GEORG/STEIN, TORSTEN, Staat und Völkerrechtsordnung, Festschrift für Karl Doehring, Berlin, Heidelberg, New York, 1989, zit. als: HAILBRONNER ET AL, FS-Doehring (1989)

HANNIKAINEN, LAURI, Peremptory norms (jus cogens) in international law, Historical development, criteria, present status, Helsinki, 1988

HÄUßLER, ULF, Der Schutz der Rechtsidee, Zur Notwendigkeit effektiver Terrorismusbekämpfung nach geltendem Völkerrecht, in: Zeitschrift für Rechtspolitik 34 (2001) 12, S.537-541

HEINTZEN, MARKUS, Das staatliche Gewaltmononpol als Strukturelement des Völkerrechts, in: Der Staat 25 (1986), 1, S.17-33

HENKIN, LOUIS, Force, intervention, and neutrality in contemporary international law, in: American Society of International Law, Proceedings 57 (1963), S.147-163

HENKIN, LOUIS, How nations behave, Law and foreign policy, 2. Aufl., New York, 1979

HENKIN, LOUIS, The reports of the death of Article 2 (4) are greatly exaggerated, in: American Journal of International Law 65 (1971) 3, S.544-548

HERBERG-ROTHE, ANDREAS, Der Krieg, Geschichte und Gegenwart, Frankfurt am Main, 2001

HERDEGEN, MATTHIAS, Asymmetrien in der Staatenwelt und die Herausforderungen des "konstruktiven Völkerrechts", in: Zeitschrift für ausländisches öffentliches Recht 64 (2004) 3, S.571 -582

HERDEGEN, MATTHIAS, Der Wegfall effektiver Staatsgewalt im Völkerrecht: "The failed state", in: →THÜRER/HERDEGEN/HOHLOCH, Der Wegfall effektiver Staatsgewalt: "The failed state", BDGV 34 (1996), S.9-47

HERDEGEN, MATTHIAS, Völkerrecht, München, 5. Aufl. 2006

HERDEGEN, MATTHIAS, Zur Geschäftsführung ohne Auftrag (negotiorum gestio) im Völkerrecht, in: →HAILBRONNER ET AL, FS-Doehring (1989) S.303-321

HERSHEY, AMOS S., The essentials of international public law and organization, New York, 1927

HERTZ, WILHELM G., Das Problem des völkerrechtlichen Angriffs, 2. Aufl., Leiden, 1936

HERZOG, THOMAS, Terrorismus - Versuch einer Definition und Analyse internationaler Übereinkommen zu seiner Bekämpfung, Frankfurt am Main, Bern, New York, Paris, 1991

HIGGINS, ROSALYN, Problems and process, International law and how we use it, Oxford, 1994

HIGGINS, ROSALYN, The development of international law through the political organs of the United Nations, London, New York, Toronto, 1963

HILLGRUBER, CHRISTIAN, Das Verhältnis von Frieden und Gerechtigkeit - völkerrechtlich betrachtet, in: Zeitschrift für Politik 50 (2003) 3, S.245-256

HILLGRUBER, CHRISTIAN, Die Aufnahme neuer Staaten in die Völkerrechtsgemeinschaft, Das völkerrechtliche Institut der Anerkennung von Neustaaten in der Praxis des 19. und 20. Jahrhunderts, Frankfurt am Main, Berlin, Bern, 1998

HOBE, STEPHAN, Wir, die Völker der Vereinten Nationen - fest entschlossen, Bedingungen zu schaffen, unter denen Gerechtigkeit und die Achtung vor den Verpflichtungenaus Verträgen und anderen Quellen des Völkerrechts gewahrt werden können, ..., in: →HOBE, Die Präambel der

UN-Charta im Lichte der aktuellen Völkerrechtsentwicklung (1997) S.59-76

HOBE, STEPHAN, Die Präambel der UN-Charta im Lichte der aktuellen Völkerrechtsentwicklung, Berlin, 1997, zit. als: HOBE, Die Präambel der UN-Charta im Lichte der aktuellen Völkerrechtsentwicklung (1997)

HOBE, STEPHAN/KIMMINICH, OTTO, Einführung in das Völkerrecht, Tübingen, Basel, 8.Aufl. 2004

HOFFMAN, BRUCE, Terrorismus, Der unerklärte Krieg, 4. Aufl., Frankfurt am Main, 2002

HOFMANN, RAINER, International law and the use of military force against Iraq, in: German Yearbook of International Law 45 (2002), S.9-34

HULME, CLIFFORD, San Francisco Conference, Manchester, 1945

HUMMER, WALDEMAR, Sicherheit und Terrorismus, Frankfurt am Main, 2005, zit. als: HUMMER, Sicherheit und Terrorismus (2005)

HUMMER, WALDEMAR/SCHWEITZER, MICHAEL, Article 52, in: →SIMMA ET AL, Commentary (2002), Bd.1, S.807-853

HYDE, CHARLES CHENEY, International law, Chiefly as interpreted and applied by the United States, 2. Aufl., Boston, 1947

INTERNATIONALER MILITÄRGERICHTSHOF NÜRNBERG, Der Nürnberger Prozess gegen die Hauptkriegsverbrecher vom 14. November 1945 - 1. Oktober 1946, Amtlicher Text in deutscher Sprache, Nürnberg, 1947

INTOCCIA, GREGORY FRANCIS, American bombing of Libya: An international legal analysis, in: Case Western Reserve Journal of International Law 19 (1987) 2, S.177-213

IPSEN, JÖRN/SCHMIDT-JORTZIG, EDZARD, Recht - Staat - Gemeinwohl, Festschrift für Dietrich Rauschning, Köln, Berlin, Bonn, München, 2001, zit. als: IPSEN/SCHMIDT-JORZIG, FS-Rauschning (2001)

IPSEN, KNUT/EPPING, VOLKER/FISCHER, HORST/GLORIA, CHRISTIAN/VON HEINEGG, WOLFF HEINTSCHEL/HEINTZE, HANS JOACHIM, Völkerrecht, 5. Aufl., München 2004

JACOBS, RAOUL, Mandant und Treuhand im Völkerrecht, Göttingen, 2004, abrufbar: http://webdoc.sub.gwdg.de/diss/2004/jacobs/jacobs.pdf [letzter Abruf: 21. Januar 2008]

JENKINS, BRIAN MICHAEL, International terrorism: A new mode of conflict, in: →CARLTON/SCHAERF, International terrorism (1975), S.13-49

JENKINS, BRIAN MICHAEL, High technology terrorism and surrogate war: the impact of new technology on low level violence, RAND Paper Nr. P-5339, Santa Monica, 1975

JENKINS, BRIAN MICHAEL, Countering Al Quaeda, An appreciation of the situation and suggestions for strategy, Santa Monica, 2002

JENNINGS, ROBERT Y., The Caroline and McLeod cases, in: American Journal of International Law 32 (1938) 1, S.82-99

JESSUP, PHILIP C., Modernes Völkerrecht, Wien, Stuttgart, 1950

Jiménez de Aréchaga, Eduardo, International law in the past third of a century, in: Receuil des Cours de l'Académie de Droit International de La Haye 159 (1978-I), S.1-344

Jiménez de Aréchaga, Eduardo, La coordination des systèmes de l'ONU et de l'Organisation des États Américains pour le règlement pacifique des différends et la sécurité collective, in: Receuil des Cours de l'Académie de Droit International de La Haye 111 (1964-I), S.423-526

Johnstone, Ian, US-UN relations after Iraq: The end of the world (order) as we know it?, in: European Journal of International Law 15 (2004) 4, S.813-838

Jorasch, Reinhard, Individuelle und kollektive Selbstverteidigung, in: Neue Zeitschrift für Wehrrecht 23 (1981), S.201-216

Joyner, Christopher C./Grimaldi, Michael A., The United States and Nicaragua: Reflections on the lawfulness of contemporary intervention, in: Virginia Journal of International Law 25 (1985) 3, S.621-689

Kadelbach, Stefan, Zwingendes Völkerrecht, Berlin 1992

Kahgan, Carin, Jus cogens and the inherent right to self-defense, in: International Law Students Association Journal of International & Comparative Law 3 (1997) 3, S.767-827

Kaplan, Morton A./Katzenbach, Nicholas, The political foundations of international law, New York, London, 1961

Karl, Wolfram, Vertrag und spätere Praxis im Völkerrecht, Berlin, Heidelberg, New York, Tokyo, 1983

Karl, Wolfram/Mützelburg, Bernd/Witschel, Georg, Article 108, in: →Simma et al, Commentary (2002), Bd.2, S.1341-1363

Karl, Wolfram/Mützelburg, Bernd/Witschel, Georg, Article 109, in: →Simma et al, Commentary (2002), Bd.2, S.1364-1372

Kastner, Klaus, Vom 'gerechten Krieg' zur Ächtung des Krieges, in: JA 31 (1999) 8/9, S.705-712

Kearley, Timothy, Raising the Caroline, in: Wisconsin International Law Journal 17 (1999) 2, S.325-346

Kearley, Timothy, Regulation of preventive and preemptive force in the United Nations charter: A search for original intent, in: Wyoming Law Review 3 (2003) 2, S.663-732

Kelsen, Hans, Collective security and collective self-defense under the Charter of the United Nations, in: American Journal of International Law 42 (1948) 4, S.783-796

Kelsen, Hans, Limitations on the functions of the United Nations, in: Yale Law Journal 55 (1946) 5, S.997-1015

Kelsen, Hans, The law of the United Nations, A critical analysis of its fundamental problems, London, 1950

Kelsen, Hans, The old and the new League: The Covenant and the Dumbarton Oaks Proposals, in: American Journal of International Law 39 (1945) 1, S.45-83

Kenny, Kevin C., Self-defence, in: →Wolfrum et al, United Nations: Law, policies and practice (1995), S.1162-1170

KERSTING, KLAUS, "Act of aggression" und "armed attack", Anmerkungen zur Aggressionsdefinition der UN, in: Neue Zeitschrift für Wehrrecht 22 (1981), S.130-143

KEY, L.C., Australia in Commonwealth and world affairs, 1939 to 1944, in: International Affairs 21 (1945) 1, S.60-73

KILIAN, MICHAEL, Zur völkerrechtlichen Verantwortlichkeit des Staates bei Akten des Internationalen Terrorismus, in: Neue Zeitschrift für Wehrrecht 24 (1982) 4, S.121-137

KIMMINICH, OTTO/HOBE, STEPHAN, Einführung in das Völkerrecht, Tübingen, Basel, 7.Aufl. 2000

KIRCHNER, JÖRG, Völkergewohnheiten aus Sicht der Rechtsanwendung, Möglichkeiten und Grenzen bei der Ermittlung völkergewohnheitsrechtlicher Normen, München, 1989

KIRCHNER, STEFAN, Conference report - The role of non-state actors in international law and the perpetual war against terrorism - *"From Government to Governance?"* - 6th ASIL/NVIR Joint Conference in The Hague, 3 - 5 July 2003, in: German Law Journal 4 (2003) 8, S.827-850

KIRGIS, FREDERIC L., Pre-emptive action to forestall terrorism, in: American Society of International Law Insights 88 (June 2002), abrufbar: http://www.asil.org/insights/insigh88.htm [letzter Abruf: 14. August 2007]

KIRGIS, FREDERIC L., The Security Council's first fifty years, in: American Journal of International Law 89 (1995) 3, S.506-539

KIRGIS, FREDERIC L., Cruise Missile strikes in Afghanistan and Sudan, in: American Society of International Law Insights 24 (August 1998), abrufbar: http://www.asil.org/insights/insigh24.htm [letzter Abruf: 7. November 2007]

KIRK, GRAYSON, The enforcement of security, in: Yale Law Journal 55 (1946) 5, S.1081-1096

KLEIN, ECKART, Nationale Befreiungskämpfe und Dekolonisierungspolitik der Vereinten Nationen: Zu einigen völkerrechtlichen Tendenzen, in: Zeitschrift für ausländisches öffentliches Recht 36 (1976) 1-3, S.618-653

KLÜBER, JOHANN LUDWIG/MORSTADT, CARL EDUARD, Europäisches Völkerrecht, 2. Aufl., Schaffhausen, 1851

KLUYVER, C.A., Documents on the League of Nations, Leiden, 1920

KNÖBL, WOLFGANG/SCHMIDT, GUNNAR, Die Gegenwart des Krieges, Frankfurt am Main, 2000, zit. als: KNÖBL/SCHMIDT, Die Gegenwart des Krieges (2000)

KOCH, HANS-JOACHIM, Terrorismus - Rechtsfragen der äußeren und inneren Sicherheit, Baden-Baden, 2002, zit. als: KOCH, Terrorismus - Rechtsfragen der äußeren und inneren Sicherheit (2002)

KOKOTT, JULIANE, Mißbrauch und Verwirkung von Souveränitätsrechten bei gravierenden Völkerrechtsverstößen, in: →BEYERLIN ET AL, FS-Bernhardt (1995), S.135-151

KOLESNIK, D. N., The development of the right to self-defence, in: →BUTLER, The non-use of force in international law (1989), S.153-159

Komarnicki, M. Waclaw, La définition de l'aggresseur dans le droit international moderne, in: Receuil des Cours de l'Académie de Droit International de La Haye 75 (1949-II), S.5-113

Koos, Heinrich, Völkerrechtliche Würdigung der Blockademassnahmen der USA gegen Kuba, Würzburg, 1967

Körbs, Hartmut, Die Friedenssicherung durch die Vereinten Nationen und Regionalorganisationen nach Kapitel VIII der Satzung der Vereinten Nationen, Bochum, 1997

Kotzsch, Lothar, The concept of war in contemporary history and international law, Genf, 1956

Kotzur, Markus, "Krieg gegen den Terrorismus" - politische Rhetorik oder neue Konturen des "Kriegsbegriffs" im Völkerrecht?, in: Archiv des Völkerrechts 40 (2002) 4, S.454-479

Krajewski, Markus, Preventive use of force and military actions against non-state actors: Revisiting the right of self-defence in insecure times, in: Baltic Yearbook of International Law 5 (2005), S.1-26

Krajewski, Markus, Selbstverteidigung gegen bewaffnete Angriffe nichtstaatlicher Organisationen - Der 11. September 2001 und seine Folgen, in: Archiv des Völkerrechts 40 (2002) 2, S.183-214

Kratzsch, Susanne, Rechtsquellen des Völkerrechts außerhalb von Artikel 38 Absatz 1 IGH-Statut, Tübingen, 2000

Kraus, Herbert, Die Monroedoktrin in ihren Beziehungen zur amerikanischen Diplomatie und zum Völkerrecht, Berlin, 1913

Kreß, Claus, Die Rettungsoperation der Bundeswehr in Albanien am 14. März 1997 aus völker- und verfassungsrechtlicher Sicht, in: Zeitschrift für ausländisches öffentliches und Völkerrecht 57 (1999) 2/3, S.329-362

Kreß, Claus, Gewaltverbot und Selbstverteidigungsrecht nach der Satzung der Vereinten Nationen bei staatlicher Verwicklung in Gewaltakte Private, Berlin, Köln, 1995

Krisch, Nico, Selbstverteidigung und kollektive Sicherheit, Berlin, Heidelberg, New York, 2001

Krönert, Ole, Die Stellung nationaler Befreiungsbewegungen im Völkerrecht, Frankfurt am Main, Bern, New York, 1984

Kröning, Volker, Prävention oder Präemption?, in: Humanitäres Völkerrecht - Informationsschriften 16 (2003) 2, S.82

Krüger, Herbert, Geschäftsführung ohne Auftrag für die Völkergemeinschaft, in: →Mosler/Schreiber, FS-Bilfinger (1954), S.169-204

Kühn, T. M., Terrorism and the right of self-defence, in: South African Yearbook of International Law 6 (1980), S.42-52

Kunde, Martin, Der Präventivkrieg, Geschichte und Entwicklung und gegenwärtige Bedeutung, Frankfurt am Main, 2007

Kunig, Philipp, Das völkerrechtliche Gewaltverbot, in: Jura 29 (1998) 12, S.664-668

Kunz, Josef L., Bellum justum and bellum legale, in: American Journal of International Law 45 (1951) 3, S.528-534

Kunz, Josef L., Individual and collective self-defense in Article 51 of the Charter of the United Nations, in: American Journal of International Law 41 (1947) 4, S.872-879

Kunz, Josef L., Neutrality and the European War 1939-1940, in: Michigan Law Review 29 (1941) 5, S.719-754

Kunz, Josef L., The Inter-American system and the United Nations Organization, in: American Journal of International Law 39 (1945) 4, S.758-767

Kunz, Josef L., The nature of customary international law, in: American Journal of International Law 47 (1953) 4, S.662-669

Kurth, Michael E., Der dritte Golfkrieg aus völkerrechtlicher Sicht, in: Zeitschrift für Rechtspolitik 36 (2003) 6, S.195-198

Laubach, Birgit/Preuß, Ulrich K./Schmierer, Joscha/Stoll, Peter Tobias, Memorandum, Die Rolle des Völkerrechts in einer globalisierten Welt, Sicherheitspolitische Herausforderungen an die internationale Ordnung zu Beginn des 21. Jahrhunderts, Berlin, 2004, abrufbar: http://www.heinrich-boell-stiftung.de

Levenfeld, Barry, Israel's counter-FEDAYEEN tactics in Lebanon: Self-defense and reprisal under modern international law, in: Columbia Journal of Transnational Law 21 (1982) 1, S.1-48

Levitt, Geoffrey M., Intervention to combat terrrorism and drug trafficking, in: →Damrosch/Scheffer, Law and force in the new international order (1991), S.224-232

Liang, Yuen-Li, Regional arrangements and international security, in: Transactions of the Grotius Society 31 (1945), S.216-231

Linnan, David K., Iran Air flight 655 and beyond: Free passage, mistaken self-defense, and state responsibility, in: Yale Journal of International Law 16 (1991) 2, S.245-389

Lobel, Jules, Covert war and congressional authority, in: University of Pennsylvania Law Review 134 (1986) 5, S.1035-1110

Lobel, Jules, The use of force to respond to terrorist attacks: The bombing of Sudan and Afghanistan, in: Yale Journal of International Law 24 (1999) 2, S.537-557

Magenheimer, Heinz, Die Kuba-Krise vom Oktober 1962 als Beispiel für strategisches Krisenmanagement, in: →Rauchensteiner/Schmiedl, Formen des Krieges (1991), S.159-176

Malanczuk, Peter, Countermeasures and self-defence as circumstances precluding wrongfulness in the International Law Commission's draft articles on state responsibility, in: Zeitschrift für ausländisches öffentliches Recht 43 (1983) 4, S.705-812

Malanczuk, Peter, Israel: Status, territory and occupied territories, in: →Bernhardt et al, EPIL, Bd.2 (1995), S.1468-1508

Malanczuk, Peter, Monroe Doctrine, in: →Bernhardt et al, EPIL, Bd.3 (1997), S.460-464

Malanczuk, Peter, Some basic aspects of the agreements between Israel and the PLO from the perspective of international law, in: European Journal of International Law 7 (1996) 4, S.485-500
Malanczuk, Peter/Akehurst, Michael B., Akehurst's modern introduction to international law, 7. Aufl., London, New York, 1997
Mallison, Sally V., A juridical analysis of the Israeli settlements in the occupied territories, in: →UNISPAL/DPR, Question of Palestine, Legal aspects (1991)
Mallison, W. Thomas, Limited naval blockade or quarantine-interdiction: National and collective defense claims valid under international law, in: George Washington Law Review 31 (1962) 2, S.335-398
Mallison, W. Thomas/Mallison, Sally V., The Israeli aerial attack of June 7, 1981, upon the iraqui nuclear reactor: Aggression or self-defense?, in: Vanderbilt Journal of Transnational Law 15 (1982) 3, S.417-449
März, Wolfgang, An den Grenzen des Rechts, Kolloquium zum 60. Geburtstag von Wolfgang Graf Vitzthum, Berlin, 2003, zit. als: März, FS-Vitzthum (2003)
McCormack, Timothy L. H., Anticipatory self-defence in the legislative history of the United Nations Charter, in: Israel Law Review 25 (1991) 1, S.1-42
McCormack, Timothy L. H., Self-defense in international law, The Israeli raid on the Iraqi nuclear reactor, New York, 1997
McCredie, Jeffrey Allen, The April 14, 1986 bombing of Libya: Act of self-defense or reprisal?, in: Case Western Reserve Journal of International Law 19 (1987) 2, S.215-242
McDevitt, Joseph B., The UN Charter and the Cuban quarantine, in: The JAG Journal 17 (1963) 3, S.71-80
McDougal, Myres S., The Soviet-Cuban quarantine and self-defense, in: American Journal of International Law 57 (1963) 3, S.597-604
McDougal, Myres S./Feliciano, Florentino P., Law and minimum world public order, New Haven, London, 1961
Meeker, Leonard C., Defensiv quarantine and the law, in: American Journal of International Law 57 (1963) 3, S.515-524
Mégret, Frédéric, "Krieg?" - Völkerrechtssemantik und der Kampf gegen den Terrorismus, in: Kritische Justiz 35 (2002) 2, S.157-179
Meier, Gert, Der Begriff des bewaffneten Angriffs, in: Archiv des Völkerrechts 16 (1974/75) 4, S.375-386
Meier, Gert, Der bewaffnete Angriff, Begriff und rechtliche Bedeutung in der Satzung der Vereinten Nationen, im Brüsseler Vertrag und im Nato-Vertrag, München, Göttingen, 1963
Meiser, Christian/von Buttlar, Christian, Militärische Terrorismusbekämpfung unter dem Regime der UN Charta, Baden-Baden, 2005
Meng, Werner, The Caroline, in: →Bernhardt et al, EPIL, Bd.1 (1992), S.537-538
Meng, Werner, War, in: →Bernhardt et al, EPIL, Bd.4 (2000), S.1334-1342

MENK, THOMAS MICHAEL, Gewalt für den Frieden, Die Idee der kollektiven Sicherheit und die Pathognomie des Krieges im 20. Jahrhundert, Berlin, 1992

MEYN, KARL-ULRICH, Funktion und Bedeutung der Präambel der UN-Charta, Programm des Friedens als Rechtsordnung, in: →HOBE, Die Präambel der UN-Charta im Lichte der aktuellen Völkerrechtsentwicklung (1997), S.25-33

MINNEROP, PETRA, Rogue states - State sponsors of terrorism?, in: German Law Journal 3 (2002) 9, abrufbar: http://www.germanlawjournal.com/article.php?id=188 [letzter Abruf: 29. September 2006]

MONACO, RICCARDO, Sources of international law, in: →BERNHARDT ET AL, EPIL, Bd.4 (2000), S.467-477

MOSER, JOHANN JAKOB, Grund-Säze des Europäischen Völcker-Rechts in Kriegs-Zeiten Tübingen, 1752

MOSLER, HERMANN, Die Erweiterung des Kreises der Völkerrechtssubjekte, in: Zeitschrift für ausländisches öffentliches Recht und Völkerrecht 22 (1962) 1, S.1-48

MOSLER, HERMANN/SCHREIBER, GEORG, Festgabe Carl Bilfinger zum 75. Geburtstag am 21. Januar 1954, Köln, Berlin, 1954, zit. als: MOSLER/SCHREIBER, FS-Bilfinger (1954)

MRAZEK, JOSEF, Prohibition of the use of force: Self-defence and self-help in international law, in: Canadian Yearbook of International Law 27 (1989), S.81-111

MÜLLERSON, REIN/SCHEFFER, DAVID J., Legal regulation of the use of force, in: →DAMROSCH ET AL, Beyond confrontation (1995), S.93-139

MÜNCH, FRITZ, Bemerkungen zum ius cogens, in: →BERNHARDT ET AL, FS-Mosler (1983), S.617-628

MÜNKLER, HERFRIED, Der Wandel des Krieges. Von der Symmetrie zur Asymmetrie, Weilerswist, 2006

MÜNKLER, HERFRIED, Die Kriege der Zukunft und die Zukunft der Staaten, in: KNÖBL/SCHMIDT, Die Gegenwart des Krieges (2000), S.52-71

MÜNKLER, HERFRIED, Die neuen Kriege, 4. Aufl., Hamburg 2003

MÜNKLER, HERFRIED, Über den Krieg, Stationen der Kriegsgeschichte im Siegel ihrer theoretischen Reflexionen, 2. Aufl., Göttingen 2003

MURPHY, SEAN D., Contemporary practice of the United States relating to international law, in: American Journal of International Law 93 (1999) 1, S.161-194

MURPHY, SEAN D., Contemporary practice of the United States relating to international law, in: American Journal of International Law 96 (2002) 1, S.237-255

MURPHY, SEAN D., Contemporary practice of the United States relating to international law, in: American Journal of International Law 97 (2002) 2, S.419-432

MURSWIEK, DIETRICH, Die amerikanische Präventivkriegsstrategie und das Völkerrecht, in: Neue Juristische Wochenschrift 56 (2003) 14, S.1014-1020

Naert, Frederik, The impact of the fight against international terrorism on the ius ad bellum after '11 September', in: Kath U Leuven Fac L Inst Int'l L Working Papers 68 (Januar 2005), abrufbar: http://www.law.kuleuven.ac.be/iir/nl/wp/WP/WP68e.pdf [letzter Abruf: 18. August 2007]

Neuberger, Stephan, Befreiungskriege und allgemeines Gewaltverbot unter besonderer Berücksichtigung der sowjetischen Auffassung, Würzburg, 1980

Neuhold, Hanspeter, Internationale Konflikte - verbotene und erlaubte Mittel ihrer Austragung, Wien, New York, 1977

Neuhold, Hanspeter, Law and force in international relations - European and American positions, in: Zeitschrift für ausländisches öffentliches Recht und Völkerrecht 64 (2004) 2, S.263-279,

Neuhold, hanspeter/Hummer, Waldemar/Schreuer, Christoph, Österrreichisches Handbuch des Völkerrechts, 3. Auflage, Wien, 1997,

Nickel, Rainer, Marcus Tullius Cicero, De legibus Paradoxa stoicorum Über die Gesetze Stoische Paradoxien, München, Zürich, 1994

Nussbaum, Arthur, Just war: A legal concept?, in: Michigan Law Review 42 (1943) 3, S.453-479

o.N. [Editorial Comment]**,** Secretary Bryan's peace plan, in: American Journal of International Law 9 (1951) 1, S.175-177

O'Brien, William V., Reprisals, deterrence and self-defense in counterterror operations, in: Virginia Journal of International Law 30 (1989/90) 2, S.421-478

O'Connell, Mary Ellen, The myth of preemptive self-defense, in: American Society of International Law Task Force on Terrorism Papers, August 2002, abrufbar: http://www.asil.org/taskforce/oconnell.pdf [letzter Abruf: 29. September 2006]

Oeser, Edith/Steiniger, Peter A./Graefrath, Bernhard, Völkerrechtliche Verantwortlichkeit der Staaten, Berlin [Ost], 1977

Oppenheim, Lassa F./Jennings, Robert/Watts, Arthur, Oppenheim's international law, 9. Aufl., London, 1992

Oppenheim, Lassa F./Lauterpacht, Hersch, Oppenheim's international law - A treatise, 8. Aufl., London, New York, Toronto, 1955

Oppermann, Thomas, Der Beitrag des Internationalen Rechts zur Bekämpfung des internationalen Terrorismus, in: →von Münch, FS-Schlochauer (1981), S.495-514

Parry, Clive, League of Nations, in: →Bernhardt et al, EPIL, Bd.3 (1997), S.177-186

Parry, Clive, The consolidated treaty series, New York, 1969-1981

Parsons, Wilfrid, Saint Augustine letters, in: →Dressler et al, The Fathers of the Church, Saint Augustine, Bd.30/IV (1977)

Partsch, Karl Josef, Israel and the Arab States, in: →Bernhardt et al, EPIL, Bd.2 (1995), S.1460-1468

PARTSCH, KARL JOSEF, Reprisals, in: →BERNHARDT ET AL, EPIL, Bd.4 (2000), S.200-205

PARTSCH, KARL JOSEF, Self-Preservation, in: →BERNHARDT ET AL, EPIL, Bd.4 (2000), S.380-383

PELLET, ALAIN, Article 38, in: →ZIMMERMANN/TOMUSCHAT/OELLERS-FRAHM, Commentary (2006)

PHILLIPSON, COLEMANN, Introduction, in: →CARNEGIE ENDOWMENT FOR INTERNATIONAL PEACE, Classics of International Law, Bd.16-II (1933), S.9a-51a

PICKARD, DANIEL B., Legalizing assassination? Terrorism, the central intelligence agency, and international law, in: Georgia Journal of International and Comparative Law 30 (2001) 1, S.1-35

POSTERARO, CHRISTOPHER CLARKE, Intervention in Iraq: Towards a doctrine of anticipatory counter-terrorism, counter-proliferation intervention, in: Florida Journal of International Law 15 (2002) 2, S.151-213

QUARITSCH, HELMUT, Bodins Souveränität und das Völkerrecht, in: Archiv des Völkerrechts 17 (1977-78) 3/4, S.257-273

QUIGLEY, JOHN, Israel's destruction of Iraq's nuclear reactor: A reply, in: Temple International and Comparative Law Journal 9 (1995) 2, S.441ff.

QUIGLEY, JOHN, The United Nations actions against Iraq: A precedent for Israel's Arab territories, in: Duke Journal of Comparative and International Law 2 (1992) 2, S.195-228

RACHEL, SAMUEL, De jure naturae et gentium dissertationes, o.O., 1676

RANDELZHOFER, ALBRECHT, Article 2 (4), in: →SIMMA ET AL, Commentary (2002), Bd.1, S.112-136

RANDELZHOFER, ALBRECHT, Article 51, in: →SIMMA ET AL, Commentary (2002), Bd.1, S.788-806

RANDELZHOFER, ALBRECHT, Gründe für den nur beschränkten Erfolg der Kriegsverhütung durch Völkerrecht, in: →HAILBRONNER ET AL, FS-Doehring (1989) S.745-777

RANDELZHOFER, ALBRECHT, Use of force, in: →BERNHARDT ET AL, EPIL, Bd.4 (2000), S.1246-1258

RATNER, STEVEN R., Jus ad bellum and jus in bello after September 11, in: American Journal of International Law 96 (2002) 4, S.905ff.

RAUCHENSTEINER, MANFRIED, An der Schwelle zum Krieg - historische Dimensionen des "Low Intensity Conflict", in: →RAUCHENSTEINER/SCHMIEDL, Formen des Krieges (1991), S.177-205

RAUCHENSTEINER, MANFRIED/SCHMIEDL, ERWIN A., Formen des Krieges, Graz, Wien, Köln, 1991, zit. als: RAUCHENSTEINER/SCHMIEDL, Formen des Krieges (1991)

RAUSCHNING, DIETRICH, Die Geltung des völkerrechtlichen Gewaltverbots in Bürgerkriegssituationen, in: →SCHAUMANN, Völkerrechtliches Gewaltverbot und Friedenssicherung (1971), S.75-88

Rauschning, Dietrich/Randelzhofer, Albrecht, Staatenverantwortlichkeit, Heidelberg, 1984

Reisman, Michael W., Comment to the presentations by Nico Krisch and Carsten Stahn, abrufbar: http://edoc.mpil.de/conference-on-terror/present/reisman.pdf [letzter Abruf: 20. Februar 2004]

Reisman, Michael W., Criteria for the lawful use of force in international law, in: Yale Journal of International Law 10 (1985) 2, S.279-285

Ress, Georg, Article 107, in: →Simma et al, Commentary (2002), Bd.2, S.1330-1340

Ress, Georg, The interpretation of the Charter, in: →Simma et al, Commentary (2002), Bd.1, S.13-32

Ress, Georg/Bröhmer, Jürgen, Article 53, in: →Simma et al, Commentary (2002), Bd.1, S.854-889

Riedel, Eibe H., Recognition of belligerency, in: →Bernhardt et al, EPIL, Bd.4 (2000), S.47-50

Riedel, Eibe H., Recognition of insurgency, in: →Bernhardt et al, EPIL, Bd.4 (2000), S.54-56

Roberts, Anthea Elizabeth, Traditional and modern approaches to customary international law: A reconciliation, in: American Journal of International Law 95 (2001) 4, S.757-791

Rodick, Burleigh C., The doctrine of necessity on international law, New York, 1928

Rogoff, Martin A./Collins, Edward Jr., The Caroline incident and the development of international law, in: Brooklyn Journal of International Law 16 (1990) 3, S.493-527

Rolfe, John C., A translation of the edition of 1612, in: →Carnegie Endowment for International Peace, Classics of International Law, Bd.16-II (1933)

Röling, Bert V. A., Aspects of the ban on force, in: Netherlands International Law Review 24 (1977) 1/2, S.242-259

Röling, Bert V. A., On the prohibition of the use of force, in: →Blackshield, FS-Stone (1983), S.274-298

Röling, Bert V. A., The ban on the use of force and the U.N. Charter, in: →Cassese, The current legal regulation of the use of force (1986), S.3-8

Röling, Bert V. A., On aggression, on international criminal law, on international criminal jurisdiction, in: Netherlands International Law Review 2 (1955) 2, S.167-196

Romano, John-Alex, Combating terrorism and weapons of mass destruction: Reviving the doctrine of a state of necessity, in: Georgetown Law Journal 87 (1999) 4, S.1023-1057

Rostow, Eugene V., The legality of the international use of force by and from states, in: Yale Journal of International Law 10 (1985) 2, S.286-290

Roth, Jürgen, Netzwerke des Terrors, abrufbar: http://www.bpb.de/veranstaltungen/PDNE03,0,0,Netzwerke_des_Terrors.html [letzter Abruf: 1. September 2007]

RUFFERT, MATTHIAS, Terrorismusbekämpfung zwischen Selbstverteidigung und kollektiver Sicherheit - Die Anschläge vom 11.9.2001 und die Intervention in Afghanistan, in: Zeitschrift für Rechtspolitik 35 (2002) 6, S.247-252

RÜHL, LOTHAR, Interventions- und Eskalationsproblematik bei der militärischen Konfliktbewältigung - Die "Ultima ratio" des bewaffneten Eingriffs als Mittel der Sicherheitspolitik, in: Aus Politik und Zeitgeschichte, B24/2002, S.5-11

RUSSELL, RUTH B./MUTHER, JEANETTE E., A history of the United Nations Charter The role of the United States 1940-1945 Washington D.C., 1958

RUYS, TOM/VERHOEVEN, STEN, Attacks by private actors and the right of self-defence, in: Journal of Conflict and Security Law 10 (2005) 3, S.289-320

SADURSKA, ROMANA, Threats of force, in: American Journal of International Law 82 (1988) 2, S.239-268

SCHACHTER, OSCAR, International law in theory and practice - General course in public international law, in: Receuil des Cours de l'Académie de Droit International de La Haye 178 (1982-V), S.9-396

SCHACHTER, OSCAR, Self-defense and the rule of law, in: American Journal of International Law 83 (1989) 2, S.259-277

SCHACHTER, OSCAR, The right of states to use armed force, in: Michigan Law Review 82.2 (1983-1984) 5&6, S.1620-1646

SCHALLER, CHRISTIAN, Massenvernichtungswaffen und Präventivkrieg - Möglichkeiten der Rechtfertigung einer militärischen Intervention im Irak aus völkerrechtlicher Sicht, in: Zeitschrift für ausländisches öffentliches Recht 62 (2002) 3, S.641-668

SCHARMASANASCHWILI, G. W., Der Begriff der Selbsthilfe im Völkerrecht, in: →ARZINGER, Gegenwartsproblme des Völkerrechts (1962), S.248-260

SCHÄTZEL, WALTER, Die Klassiker des Völkerrechts, Bd.1 Hugo Grotius, Drei Bücher vom Recht des Kriegs und des Friedens, Bd.2 Franciscus de Victoria, De indis recenter inventis et de jure belli hispanorum in barbaros, Relectiones, Bd.3 Emer de Vattel, Das Völkerrecht oder Grundsätze des Naturrechts in ihrer Anwendung auf das Verhalten und die Angelegenheiten der Staaten und der Staatsoberhäupter, Bd.4 Francisco Suárez, Ausgewählte Texte zum Völkerrecht, Tübingen, 1950 (Bd.1), 1952 (Bd.2), 1959 (Bd.3), 1965 (Bd.4)

SCHAUMANN, WILFRIED, Völkerrechtliches Gewaltverbot und Friedenssicherung, Baden-Baden, 1971

SCHEIDEMAN, SARA N., Standards of proof in forcible responses to terrorism, in: Syracuse Law Review 50 (2000) 1, S.249-284

SCHEUNER, ULRICH, Kollektive Sicherheit, in: →STRUPP/SCHLOCHAUER, Wörterbuch des Völkerrechts (1961), Bd.2, S.242-251

SCHEUNER, ULRICH, Krieg und Bürgerkrieg in der Staatenwelt der Gegenwart, in: →BLUMENWITZ/RANDELZHOFER, FS-Berber (1973) S.466-487

SCHILD, GEORG, Bretton Woods and Dumbarton Oaks, American economic and political postwar planning in the summer of 1944, New York, 1995

SCHINDLER, DIETRICH, Die Grenzen des völkerrechtlichen Gewaltverbots, in: →SCHINDLER/HAILBRONNER, Die Grenzen des völkerrechtlichen Gewaltverbots, BDGV 26 (1986), S.11-47

SCHINDLER, DIETRICH/HAILBRONNER, KAY, Die Grenzen des völkerrechtlichen Gewaltverbots, Heidelberg, 1986, zit. als: SCHINDLER/HAILBRONNER, Die Grenzen des völkerrechtlichen Gewaltverbots, BDGV 26 (1986)

SCHLEI, NORBERT A., Anticipatory self-defense, A 1962 OLC opinion on lawful alternatives for the U.S. in the Cuban Missile Crisis, in: The Green Bag (Second Series) 6 (2003) 1, S.195-201

SCHMALENBACH, KIRSTEN, Der internationale Terrorismus - Ein Definitionsversuch, in: Neue Zeitschrift für Wehrrecht 42 (2000) 1, S.15-20

SCHMALENBACH, KIRSTEN, Die Beurteilung von grenzüberschreitenden Militäreinsätzen gegen den internationalen Terrorismus aus völkerrechtlicher Sicht, in: Neue Zeitschrift für Wehrrecht 42 (2000) 5, S.177-188

SCHMIEDL, ERWIN A., Kolonialkriege: Zwischen großen Kriegen und kleinem Frieden, in: →RAUCHENSTEINER/SCHMIEDL, Formen des Krieges (1991), S.111-138

SCHMITT, MICHAEL N., Counter-terrorism and the use of force in international law, The Marshall Center Papers No.5 (November 2002), Garmisch-Partenkrichen, 2002

SCHNECKENER, ULRICH, Netzwerke des Terrors, Charakter und Strukturen des transnationalen Terrorismus, Berlin, 2002

SCHNEIDER, HANNS C., Die Charter der Vereinten Nationen und das Sonderrecht für die im Zweiten Weltkrieg unterlegenen Nationen, Bonn, 1967

SCHNEIDER, PATRICIA, Frieden durch Recht, Ein historisch-systematischer Abriß, in: Institut für Friedensforschung und Sicherheitspolitik an der Universität Hamburg, Hamburger Beiträge zur Friedensforschung und Sicherheitspolitik, Heft 117 (1999)

SCHNEIDER, WOLFGANG, Das völkerrechtliche Mandat, Stuttgart, 1926

SCHREUER, CHRISTOPH, Is there a legal basis for the air strikes against Iraq?, in: International Law Forum du droit international 3 (2001) 2, S.72-75

SCHRÖDER, ALFRED, Des Heiligen Kirchenvaters Aurelius Augustinus zweiundzwanzig Bücher über den Gottesstaat, Bd. 1 (Buch I-VIII), Bd. 2 (Buch IX-XVI), Bd. 3 (Buch XVII-XXII), in: →BARDENHEWER/SCHERMANN/WEYMAN, Bibliothek der Kirchenväter, Bd.1-3

SCHRÖDER, MEINHARD, Verantwortlichkeit, Völkerstrafrecht, Streitbeilegung und Sanktionen, in: →VITZTHUM, Völkerrecht (2007), S.577-636

SCHÜCKING, WALTHER/WEHBERG, HANS, Die Satzung des Völkerbundes, 2. Aufl., Berlin, 1924

SCHWARZENBERGER, GEORG, The inductive approach to international law, London, New York, 1965

SCHWARZENBERGER, GEORG, The legality of nuclear weapons, London, 1958

SCHWARZENBERGER, GEORG, The principle of self-defence in international judicial practice, in: →BARCIA TRELLES, Estudios de derecho internacional (1958), S.213-219

SCHWEBEL, STEPHEN M., Aggression, intervention and self-defence in modern international law, in: Receuil des Cours de l'Académie de Droit International de La Haye 136 (1972-II), S.411-498

SCHWEBEL, STEPHEN M., What weight to conquest?, in: American Journal of International Law 64 (1970) 2, S.344-347

SCHWEISFURTH, THEODOR, Völkerrecht, Tübingen, 2006

SEIDEL, GERD, Die Völkerrechtsordnung an der Schwelle zum 21. Jahrhundert, in: Archiv des Völkerrechts 38 (2000) 1, S.23-47

SEIDEL, GERD, Quo vadis Völkerrecht?, in: Archiv des Völkerrechts 41 (2003) 4, S.449-483

SEIDEL, GERD/SCHÖNFELDT, HANS-ANDREAS, Das Verbot des Einsatzes von Nuklearwaffen durch das Völkerrecht, in: Neue Justiz (DDR) 41 (1987) 12, S.470-473

SEIDL-HOHENVELDERN, IGNAZ/STEIN, TORSTEN, Völkerrecht, 10. Aufl., Köln, Berlin, Bonn, München, 2000

SEILER, HANS HERMANN, Der Tatbestand der negotiorum gestio im römischen Recht, Köln, 1968

SERENI, ANGELO PIERO, Agency in international law, in: American Journal of International Law 34 (1940) 4, S.638-660

SHAW, MALCOLM N., International law, 4. Aufl., Cambridge, 1997

SILAGI, MICHAEL, Preferential claims against Venezuela arbitration, in: →BERNHARDT ET AL, EPIL, Bd.3 (1997), S.1098f.

SIMMA, BRUNO, NATO, the UN and the use of force: Legal aspects, in: European Journal of International Law 10 (1999) 1, S.1-22

SIMMA, BRUNO/MOSLER, HERMANN/RANDELZHOFER, ALBRECHT/TOMUSCHAT, CHRISTIAN/WOLFRUM, RÜDIGER, The Charter of the United Nations - A commentary, 2. Aufl., München, 2002, zit. als: SIMMA ET AL, Commentary (2002)

SIMMA, BRUNO/BRUNNER, STEFAN/KAUL, HANS-PETER, Article 27, in: →SIMMA ET AL, Commentary (2002), Bd.1, S.476-522

SINA, STEPHAN, Der völkerrechtliche Status des Westjordanlandes und des Gaza-Streifens nach den Osloer Verträgen, Berlin, Heidelberg, New York, 2004

SINGH, M. NAGENDRA, The right of self-defence in relation to the use of nuclear weapons, in: Indian Yearbook of International Affairs 5 (1956), S.3-37

SINGH, NAGENDRA/MCWHINNEY, EDWARD, Nuclear weapons and contemporary international law, Dordrecht, Boston, London, 1988

SKUBISZEWSKI, K., Use of force by states, Collective security, Law of war and neutrality, in: →SØRENSEN, Manual of public international law (1968), S.740-781

SLOSS, DAVID, Forcible arms control: preemptive attacks on nuclear facilities, in: Chicago Journal of International Law 4 (2003) 1, S.39-57

SODER, JOSEF, Franz Suárez und sein Werk, in: →SCHÄTZEL, Die Klassiker des Völkerrechts, Bd.4 (1965), S.1-19

SOFAER, ABRAHAM D., On the necessity of pre-emption, in: European Journal of International Law 14 (2003) 2, S.209-226

SOMER, JONATHAN, Acts of non-state armed groups and the law governing armed conflict, in: American Society of International Law Insights 10 (2006) 21, abrufbar: http://www.asil.org/insights/2006/08/insights 060824.html [letzter Abruf: 25. Oktober 2007]

SOMMEREYNS, RAYMOND/BOTHE, MICHAEL, United Nations Forces, in: →BERNHARDT ET AL, EPIL, Bd.4 (2000), S.1106-1119

SØRENSEN, MAX, Manual of public international law, London, Melbourne, Toronto, New York, 1968, zit. als: SØRENSEN, Manual of public international law (1968)

SPIEGEL, MANKA, Das völkerrechtliche Mandat und seine Anwendung auf Palästina, Graz, Wien, Leipzig, 1928

STAHN, CARSTEN, "Nicaragua is dead, long live Nicaragua" - the right to self-defence under Art.51 UN Charter and international terrorism, abrufbar: http://edoc.mpil.de/conference-on-terror/present/stahn.pdf [letzter Abruf: 12. Februar 2004]

STAHN, CARSTEN, Enforcement of the collective will after Iraq, in: American Journal of International Law 97 (2003) 4, S.804-823

STAHN, CARSTEN, International law at a crossroads? - The impact of September 11, in: Zeitschrift für ausländisches öffentliches Recht 62 (2002) 1/2, S.183-255

STAHN, CARSTEN, Security Council Resolutions 1368 (2001) an 1373 (2001): What they say and what they do not say, abrufbar: http://www.ejil.org/forum_WTC/ny-stahn.pdf [letzter Abruf: 17. November 2001]

STEIN, ERIC, Impact of new weapons technology on international law: Selected aspects, in: Receuil des Cours de l'Académie de Droit International de La Haye 133 (1971-II), S.223-388

STEIN, TORSTEN/VON BUTLAR, CHRISTIAN, Völkerrecht, 11. Aufl., Köln, Berlin, München 2005

STEINBERGER, HELMUT, Sovereignty, in: →BERNHARDT ET AL, EPIL, Bd.4 (2000), S.500-521

STEINICKE, DIETRICH, Quellenindex zur Cubakrise, Eine Zusammenstellung aller im Zusammenhang mit er Quarantäne Cubas im Jahre 1962 bekanntgewordenen Dokumente mit Inhaltsangaben sowie mit einem völkerrechtlichen Schlagwortverzeichnis, Hamburg, 1969

STEINLEIN, WILHELM, Der Begriff des nicht herausgeforderten Angriffs in Bündnisverträgen seit 1870 und insbesondere im Locarno-Vertrag, Leipzig, 1927

STETTINIUS, EDWARD R. JR., Charter of the United Nations, Report to the President on the results of the San Francisco conference by the chairman of the United States Delegation, the Secretary of State, New York, 1969

STETTINIUS, EDWARD R. JR., What the Dumbarton Oaks peace plan means, in: United States Department of State Bulletin 12 (1945) 292, S.115-119

STOLJAR, SAMUEL J., Restitution - unjust enrichment and negotiorum gestio, in: →DAVID, IECL, Bd.10, Kap.17 (1984)

STONE, JULIUS, Aggression and world order, A critique of United Nations theories of aggression, Berkley, Los Angeles, 1958

STONE, JULIUS, Conflict through consensus, United Nations approaches to aggression, Baltimore, London, 1977

STOWELL, ELLERY C., Intervention in international law, Littleton, 1983 (Nachdruck von 1921)

STRUPP, KARL/SCHLOCHAUER, HANS-JÜRGEN, Wörterbuch des Völkerrechts, Berlin, 1961, zit. als: STRUPP/SCHLOCHAUER, Wörterbuch des Völkerrechts (1961)

STÜRCHLER, NIKOLAS, The threat of force in international law, Cambridge, New York, Melburne, 2007

SUAREZ, FRANCISCO, De triplici virtue theologica, Tractatus III, Disputatio XIII. De bello, o.O., 1621

SVARLIEN, OSCAR, An introduction to the law of nations, New York, Toronto, London, 1955

SZASZ, PAUL C., The Security Council starts legislating, in: American Journal of International Law 96 (2002) 4, S.901-905

TALMON, STEFAN, Grenzen der "Grenzenlosen Gerechtigkeit", Die völkerrechtlichen Grenzen der Bekämpfung des internationalen Terrorismus nach dem 11. September 2001, in: →MÄRZ, FS-Vitzthum (2003), S.101-183

TALMON, STEFAN, The Security Council as world legislature, in: American Journal of International Law 99 (2005) 4, S.175-193

TAMS, CHRISTIAN J., Light treatment of a complex problem: The law of self-defence in the Wall case, in: European Journal of International Law 16 (2005) 5, S.963-978

THOMAS VON AQUIN, Summa Theologica, o.O., o.D.

THÜRER, DANIEL, Der Wegfall effektiver Staatsgewalt: "The failed state", in: →THÜRER/HERDEGEN/HOHLOCH, Der Wegfall effektiver Staatsgewalt: "The failed state", BDGV 34 (1996), S.9-47

THÜRER, DANIEL/HERDEGEN, MATTHIAS/HOHLOCH, GERHARD, Der Wegfall effektiver Staatsgewalt: "The failed state", (The breakdown of effective government), Heidelberg, 1996, zit. als: THÜRER/HERDEGEN/HOHLOCH, Der Wegfall effektiver Staatsgewalt: "The failed state", BDGV 34 (1996)

TIBI, BASSAM, Fundamentalismus und die Quelle des Terrorismus, in: →BKA, Islamischer Terrorismus (2002), S.93-110

TIETJE, CHRISTIAN/NOWROT, KARSTEN, Völkerrechtliche Aspekte militärischer Maßnahmen gegen den internationalen Terrorismus, in: Neue Zeitschrift für Wehrrecht 44 (2002) 1, S.1-18

TILCH, HORST, Deutsches Rechts-Lexikon, 3. Aufl., München, 2001

TOMUSCHAT, CHRISTIAN, Der 11. September 2001 und seine rechtlichen Konsequenzen, in: Europäische Grundrechte-Zeitschrift 28 (2001) 21/23, S. 535-545

Tomuschat, Christian, Deutsche Rechtsprechung in völkerrechtlichen Fragen 1958-1965, in: Zeitschrift für ausländisches öffentliches und Völkerrecht 28 (1968) 1, S.48-147

Tomuschat, Christian, Völkerrecht ist kein Zweiklassenrecht, Der Irak-Krieg und seine Folgen, in: Vereinte Nationen 51 (2003) 2, S.41-46

Tomuschat, Christian, Article 2 (3), in: →Simma et al, Commentary (2002), Bd.1, S.101-111

Trapp, Kimberly N., Back to basics: Necessity, proportionality, and the right of self-defence against non-state terrorist actors, in: International and Comparative Law Quarterly 56 (2007) 1, S.141-156

Travalio, Gregory M., Terrorism, international law, and the use of military force, in: Wisconsin International Law Journal 18 (2000) 1, S.145-191

Tucker, Robert W., The just war, A study in contemporary American doctrine, Baltimore, 1960

Uibopuu, Henn-Jüri, Wars of national liberation, in: →Bernhardt et al, EPIL, Bd.4 (2000), S.1405-1409

Umbach, Frank, Das rote Bündnis, Entwicklung Zerfall des Warschauer Paktes 1955-1991, in: Militärgeschichte der DDR, 10 (2005)

United Nations Information System on the Question of Palestine/Division for Palestinian Rights, Die Palästinafrage, Ein kurzer historischer Überblick, New York 1983, abrufbar: http://domino.un.org/UNISPAL.nsf/99818751a6a4c9c6852560690077ef61/015a2ac6fec46d8585256cd20066e9d7!OpenDocument [letzter Abruf: 26. Juli 2006]

United Nations Information System on the Question of Palestine/Division for Palestinian Rights, Question of Palestine: Legal aspects, A compilation of papers presented at the United Nations seminars on the question of Palestine in 1980-1986, New York 1991, abrufbar: http://domino.un.org/UNISPAL.nsf/eed216406b50bf6485256ce10072f637/ed4c9480931667c78525611c00567ce0!OpenDocument [letzter Abruf: 9. August 2006]

Vagts, Alfred/Vagts, Detlev, Balance of Power, in: →Bernhardt et al, EPIL, Bd.1 (1992), S.313-315

Vagts, Alfred/Vagts, Detlev, The balance of power in international law: A history of an idea, in: American Journal of International Law 73 (1979) 4, S.555-580

van Greveld, Martin, Die Zukunft des Krieges, 2. Aufl., München 2001

Vattel, Emer de, Le droit des gens ou principes de la loi naturelle appliqués à la conduite et aux affaires des nations et des souverains, London, 1758

Verdross, Alfred, Idées directrices de l'Organisation des Nations Unies, in: Receuil des Cours de l'Académie de Droit International de La Haye 83 (1953-II), S.7-74

Verdross, Alfred, Règles générales du droit international de la paix, in: Receuil des Cours de l'Académie de Droit International de La Haye 30 (1929-V), S.271-517

VERDROSS, ALFRED/SIMMA, BRUNO, Universelles Völkerrecht, Theorie und Praxis, 3. Aufl., Berlin, 1984

VERDROSS, ALFRED/VEROSTA, STEPHAN/ZEMANEK, KARL, Völkerrecht, 5. Aufl., Wien, 1964

VEROSTA, STEFAN, History of the law of nations 1648 to 1815, in: →BERNHARDT ET AL, EPIL, Bd.2 (1995), S.749-767

VICTORIA, FRANCISO DE, De indis recenter inventis et de jure belli hispanorum in barbaros, o.O., o.D.

VITZTHUM, WOLFGANG, Begriff, Geschichte und Quellen des Völkerrechts, in: →VITZTHUM, Völkerrecht (2007), S.1-79

VITZTHUM, WOLFGANG, Raum und Umwelt im Völkerrecht, in: →VITZTHUM, Völkerrecht (2007), S.387-489

VITZTHUM, WOLFGANG, Völkerrecht, 4. Aufl., Berlin, 2007

VOIGTLÄNDER, RENÉ, Notwehrrecht und kollektive Verantwortung, Frankfurt am Main, Berlin, Bern, 2001

VOLK, DANIEL, Die Begrenzung kriegerischer Konflikte durch das moderne Völkerrecht, Frankfurt am Main, 2005

VON BUTTLAR, CHRISTIAN, Rechtsstreit oder Glaubensstreit?, Anmerkungen zur Debatte um die präventive Selbstverteidigung im Völkerrecht, in: →BRÖHMER ET AL, FS-Ress (2005), S.15-28

VON CLAUSEWITZ, CARL, Vom Kriege, Hinterlassenes Werk des Generals Carl von Clausewitz, 18. Aufl., Bonn 1972

VON DER HEYDTE, FRIEDRICH AUGUST FREIHERR, Die Feindstaatenklauseln in der Satzung der UNO, in: →SCHAUMANN, Völkerrechtliches Gewaltverbot und Friedenssicherung (1971), S.247-260

VON ELBE, JOACHIM, The evolution of the concept of just war in international law, in: American Journal of International Law 33 (1939) 4, S.665-688

VON MANGOLDT, HANS, San Francisco Charta der Vereinten Nationen, Postdamer Erklärungen und andere Dokumente aus der Übergangszeit zwischen Krieg und Frieden, Hamburg, 1948

VON MÜNCH, INGO, Das völkerrechtliche Delikt in der modernen Entwicklung der Völkerrechtsgemeinschaft, Frankfurt am Main, 1963

VON MÜNCH, INGO, Staatsrecht -Völkerrecht - Europarecht, Festschrift für Hans-Jürgen Schlochauer zum 75. Geburtstag am 28. März 1981, Berlin, New York, 1981, zit. als: VON MÜNCH, FS-Schlochauer (1981)

WAGNER, MARKUS, Die wirtschaftlichen Maßnahmen des Sicherheitsrats nach dem 11. September 2001 im völkerrechtlichen Kontext - Von Wirtschaftssanktionen zur Wirtschaftsgesetzgebung?, in: Zeitschrift für ausländisches öffentliches Recht und Völkerrecht 63 (2003) 4, S.879-920

WALDOCK, C. HUMPHREY MERIDITH, The regulation of the use of force by individual states in international law, in: Receuil des Cours de l'Académie de Droit International de La Haye 81 (1952-II), S.451-517

WALKER, GEORGE K., Anticipatory collective self-defense in the Charter era: What the treaties have said, in: Cornell International Law Journal 31 (1998) 2, S.321-376

WALTER, CHRISTIAN, Vereinte Nationen und Regionalorganisationen, Berlin, Heidelberg, New York, 1995

WARBRICK, COLIN/MCGOLDRICK, DOMINIC, September 11 and the UK response, in: International and Comparative Law Quarterly 52 (2003) 1, S.245-255

WEBER, HERMANN, Gewalt, Gegengewalt, Gewaltverbot, in: Vereinte Nationen 35 (1987) 2, S.50-55

WEBER, LUDWIG, Cuban Quarantine, in: →BERNHARDT ET AL, EPIL, Bd.1 (1992), S.882-885

WEDGWOOD, RUTH, Responding to terrorism: The strikes against bin Laden, in: Yale Journal of International Law 24 (1999) 2, S.559-576

WEHBERG, HANS, Beruht das Recht zur Selbstverteidigung auf einer Regel des Völkerrechts?, Gutachten, Ohne Ort, 1952

WEHBERG, HANS, Die Vorschläge der 200 amerikanischen Juristen und Publizisten und die Empfehlungen von Dumbarton Oaks, in: Die Friedenswarte 44 (1944) 6, S.369-380

WEHBERG, HANS, Krieg und Eroberung im Wandel des Völkerrechts, Frankfurt am Main, Berlin, 1953

WEISBURD, A. MARK, Use of force - The practice of states since World War II, Pennsylvania State University Press, 1997

WENGLER, WILHELM, Das völkerrechtliche Gewaltverbot - Probleme und Tendenzen, Berlin, 1967

WENGLER, WILHELM, Der Begriff des Völkerrechtssubjektes im Lichte der politischen Gegenwart, in: Die Friedenswarte 51 (1951-53), S.113-142

WESTLAKE, JOHN, International law, Cambridge, 1904

WILDHABER, LUZIUS, Gewaltverbot und Selbstverteidigung, in: →SCHAUMANN, Völkerrechtliches Gewaltverbot und Friedenssicherung (1971), S.147-173

WILLIAMS, IAN, Amerikas Krieg gegen den Terrorismus, in: Vereinten Nationen 40 (2001) 6, S.209-214

WILSON, HEATHER A., International law and the use of force by national liberation movements, Oxford, 1988

WITTIG, PETER, Der Aggressionsbegriff im internationalen Sprachgebrauch, in: →SCHAUMANN, Völkerrechtliches Gewaltverbot und Friedenssicherung (1971), S.33-73

WOLF, ERIK, Johann Jacob Moser, Grundsätze des Völkerrechts, Frankfurt am Main, 1959

WOLF, JOACHIM, Terrorismusbekämpfung unter Beweisnot - Völkerrechtliche Informationsanforderungen im bewaffneten Konflikt, in: Humanitäres Völkerrecht - Informationsschriften 14 (2001) 4, S.204-215

WOLF, JOACHIM, Zurechnungsfragen bei Handlungen von Privatpersonen, in: Zeitschrift für ausländisches öffentliches Recht und Völkerrecht 45 (1985) 2, S.232-264

Wolfrum, Rüdiger, Irak - eine Krise auch für das System der kollektiven Sicherheit, abrufbar: http://www.mpil.de/shared/data/pdf/irak4.pdf [letzter Abruf: 21. Juli 2006]

Wolfrum, Rüdiger, Preamble, in: →Simma et al, Commentary (2002), Bd.1, S.33-37

Wolfrum, Rüdiger, The attack of September 11, 2001, the wars against the Taliban and Iraq: Is there a need to reconsider international law on the recourse to force and the rules in armed conflict?, in: Max Planck Yearbook of United Nations Law 7 (2003), S.1-78

Wolfrum, Rüdiger/Philipp, Christiane E., United Nations: Law, policies and practice, München, 1995

Wolfrum, Rüdiger/Philipp, Christiane E., The status of the Taliban: Their obligations and rights under international law, in: Max Planck Yearbook of United Nations Law 6 (2002), S.559-601

Wright, Quincy, Changes in the conception of war, in: American Journal of International Law 18 (1924) 4, S.755-767

Wright, Quincy, The Cuban quarantine, in: American Journal of International Law 57 (1963) 3, S.546-565

Wright, Quincy, The meaning of the Pact of Paris, in: American Journal of International Law 27 (1933) 1, S.39-61

Zanardi, Pierluigi L., Indirect military aggression, in: →Cassese, The current legal regulation of the use of force (1986), S.111-119

Zemanek, Karl, Völkerrechtliche Voraussetzungen, Rahmenbedingungen und Mittel zur Bekämpfung des internationalen Terrorismus, in: →Hummer, Sicherheit und Terrorismus (2005), S.111-125

Ziegler, Karl-Hainz, Zur Entwicklung von Kriegsrecht und Kriegsverhütung im Völkerrecht des 19. und frühen 20. Jahrhuhnderts, in: Archiv des Völkerrechts 42 (2004) 3, S.271-293

Ziegler, Karl-Hainz, Völkerrechtsgeschichte: ein Studienbuch, München, 1994

Zimmer, Gerhard, Terrorismus und Völkerrecht, Militärische Zwangsanwendung, Selbstverteidigung und Schutz der internationalen Sicherheit, Aachen, 1998

Zimmermann, Andreas/Elberling, Björn, Grenzen der Legislativbefugnisse des Sicherheitsrats, Resolution 1540 und abstrakte Bedrohungen des Weltfriedens, in: Vereinte Nationen 52 (2004) 3, S.71-77

Zimmermann, Andreas/Tomuschat, Christian/Oellers-Frahm, Karin, The Statute of the International Court of Justice - A Commentary, Oxford, New York, 2006, zit. als: Zimmermann/Tomuschat/Oellers-Frahm, Commentary (2006)

Zischg, Robert, Nicht-internationaler bewaffneter Konflikt und Völkerrecht, Zur Zulässigkeit der Unterstützung der Konfliktparteien durch dritte Staaten, Baden-Baden, 1996

Öffentliches und Internationales Recht

Herausgegeben von Udo Fink, Dieter Dörr und Rolf Schwartmann

Band 1 Tim Schönborn: Die Causa Austria. Zur Zulässigkeit bilateraler Sanktionen zwischen den Mitgliedstaaten der Europäischen Union. 2005.

Band 2 Marc Torsten Hausmann: Das Cotonou-Handelsregime und das Recht der WTO. 2006.

Band 3 Hortense Ute Demme: Hegemonialstellungen im Völkerrecht: Der ständige Sitz im Sicherheitsrat der Vereinten Nationen. 2006.

Band 4 Theofaneia Rizou: Zugang zu Gerichten im Umweltrecht. Eine vergleichende Studie des deutschen und griechischen Rechts. 2006.

Band 5 Matthias Meyer: Die Bewertung parafiskalischer Abgaben aus der Sicht des europäischen Beihilferechts. 2007.

Band 6 Moritz Maus: Der grundrechtliche Schutz des Privaten im europäischen Recht. 2007.

Band 7 Roman Ringwald: Daseinsvorsorge als Rechtsbegriff. Forsthoff, Grundgesetz und Grundversorgung. 2008.

Band 8 Christine Heer-Reißmann: Die Letztentscheidungskompetenz des Europäischen Gerichtshofes für Menschenrechte in Europa. Eine Untersuchung zum Verhältnis von EGMR und EuGH in Menschenrechtsfragen unter Berücksichtigung des Verhältnisses des BVerfG zum EuGH. 2008

Band 9 Caroline Volkmann: Die Strafverfolgung des Völkermordes nach dem Weltrechtsprinzip im internationalen Strafrecht und im Völkerstrafrecht. Untersucht am Beispiel der deutschen Rechtsordnung. 2009.

Band 10 Tobias O. Keber: Der Begriff des Terrorismus im Völkerrecht. Entwicklungslinien im Vertrags- und Gewohnheitsrecht unter besonderer Berücksichtigung der Arbeiten zu einem „Umfassenden Übereinkommen zur Bekämpfung des Terrorismus“. 2009.

Band 11 Michael Kühn: Unilaterale präventive Gewaltanwendung. Eine Untersuchung zur „präventiven Selbstverteidigung" im Völkerrecht. 2009.

www.peterlang.de

MIX

Papier | Fördert gute Waldnutzung

FSC® C083411

Kolibri 360 GmbH
Ferdinand-Jühlke-Straße 7
99095 Erfurt, Deutschland
produktsicherheit@kolibri360.de

Druck:
CPI Druckdienstleistungen GmbH
im Auftrag der
Kolibri 360 GmbH
Ferdinand-Jühlke-Str. 7
99095 Erfurt